세계의 철학자들, 철학과 세계를 논하다

제24회 북경 세계철학대회 대표철학자 25인 사전 인터뷰

연구총서 47

세계의 철학자들, 철학과 세계를 논하다
— 제24회 북경 세계철학대회 대표철학자 25인 사전 인터뷰

主編者   李念
옮긴이   오현중
펴낸이   오정혜
펴낸곳   예문서원

편 집   김병훈
인쇄 및 제책   주) 상지사 P&B

초판 1쇄   2020년 12월 21일

주   소   서울시 성북구 안암로9길 13
출판등록   1993년 1월 7일 (제307-2010-51호)
전화번호   925-5913~4 / 팩시밀리 929-2285
E-mail   yemoonsw@empas.com

ISBN 978-89-7646-413-2   03100

YEMOONSEOWON 13, Anam-ro 9-gil, Seongbuk-Gu Seoul KOREA 02857
Tel) 02-925-5913~4, Fax) 02-929-2285

값 33,000원

연구총서 47

세계의 철학자들, 철학과 세계를 논하다

제24회 북경 세계철학대회 대표철학자 25인 사전 인터뷰

李念 主編

오현중 옮김

예문서원

책머리에

2018년 8월 20일부터 8일간에 걸쳐 북경 국립컨벤션센터에서 열렸던 제24차 세계철학대회가 끝이 났다. 북적대던 세계철학대회의 막이 내린 지도 어느덧 한 달이 지났지만 그 풍부했던 사유의 흔적들이 여전히 우리 안에 메아리치는 듯하다. 이념李念 여사가 주편한 『세계의 철학자들, 철학과 세계를 논하다』(원제: 在這裏, 中國哲學與世界相遇 — 24位世界哲學家訪談錄)는 그야말로 세계철학대회가 남긴 귀중한 유산이라 할 것이다.

지난 아테네 세계철학대회가 막을 내리고 차기 대회의 개최지가 북경으로 결정되자마자 대회를 위한 분주한 준비작업이 시작되었다. 2014년 9월 3일의 첫 회의를 시작으로 국제철학연맹(FISP) 국제프로그램위원회가 주관하는 준비회의가 매년 북경대학교에서 개최되었다. 국제철학연맹의 회장 더못 모란(Dermot Moran), 사무총장 루카 스카란티노(Luca M. Scarantino) 외에도 국제프로그램위원회의 위원장을 맡은 리카르도 포초(Riccardo Pozzo)를 위시하여 국제 위원과 중국 위원 각 5명이 회의에 참석하였다. 국제 위원은 각각 미국, 그리스, 남아공, 러시아, 한국의 학자들로 이루어져 있었고, 중국 위원은 두유명杜維明, 왕박王博, 사지곤謝地坤, 강이江怡 그리고 나(손향신) 이렇게 5명이었다. 북경대학교의 유철劉哲 선생 역시 이 방대한 준비작업에 빠짐없이 참석해 주었다. 4년의 시간, 제24차 북경 세계철학대회를 준비하는 기간 동안 우리 모두는 깊은 우정과 친선을 다졌다. 더 이상 세계철학대회는 남의 일이 아니라, 진정으로 우리의 일이 된 듯한 느낌이었다. 대회준비는 실로 복잡했다. 대회의 주제를 여러 언어로 번역하는 작업에서부터 각 분과회의의 주제를 정하는 일, 회의장의 조직 구성, 주요 귀빈에 대한 참석 요청, 로고의 설계 및 각계각층에 대한 연락까지, 해야 할 일들이 끝없이 쏟아지는 것 같았다. 철학이라는 이름으로 각 대륙의 철학자들이 한자리에 모여 문명 간 토론을 벌이는 이 교류의 장은 더없이 가치 있는 일일 것이다.

이번 회의는 규모, 분과회의의 횟수, 참가 인원, 풍부한 의제만으로도 역사에 기록될 만하지만 무엇보다 이 회의가 중국과 세계에 남긴 의의에 대해 눈여겨보지 않을 수 없다. 이번 회의의 주제는 바로 "학이성인學以成人"(Learning to be human, 배움을 통해 인간이 되다)이다. 중국적 색채가 물씬 풍기는 이 주제는 이 책의 인터뷰에서도 확인할 수 있듯 세계 학계에서 두루 환영을 받았다. 하지만 오히려 국내(중국)에서는 별다른 쟁점이 되지 못했는데, 철학성이 부족하고 지나치게 중국적이라는 것이 그 이유였다. 이러한 반응은 미처 예상하지 못한 것이었다. 중국적인 것은 세계적인 것일 수 없고, 철학은 반드시 어떠한 기준에 부합해야만 한다는 편협한 관점 때문이었다. 이러한 관점을 지닌 채 급변하는 세계의 철학을 뒤쫓는다면 결국 자기 자신을 잃어버리게 될 것이다.

고대그리스철학이든 히브리전통이든, 아니면 인도문명이든, 사실 모든 전통은 풍부한 '학學'적 사상을 담고 있다. '학'이란 단순히 교육의 문제만을 말하는 것이 아니라 각 문명체계 속에서 언제나 일정한 존재론적 지위를 지니고 있다. '학'은 하나의 다리로서, 서로 다른 세계, 서로 다른 사회, 서로 다른 세대를 연결하는 매개체의 역할을 한다. 이러한 '연결' 속에서 비로소 '성인成人'은 가능해진다. 따라서 지금 이 세계화 시대에 이 주제는 철학적 토론으로서 매우 큰 가치를 지닐 수 있다. 다소 중국적일 수 있는 주제에 지나친 자부심을 가지는 것도 문제겠지만, 그렇다고 함부로 자기비하에 빠져서도 안 된다. 중국적 색채 짙은 이 표현방식으로 인류 공동의 관심사를 드러내는 것이야말로 이번 북경 세계철학대회에 우리가 기여할 수 있는 가장 멋진 바가 아닐까.

세계철학대회에 7000명이나 되는 대규모 인원이 참가한 것은 전례 없는 일이었다. 대회장은 오가는 사람들로 인산인해를 이루어 흡사 '광장'에 사람들이 가득 모인 것 같았다. 소크라테스가 그 옛날 광장에서 철학을 논했을 때만 해도 철학이 이런 규모로 발전하리라고는 상상하지 못했을 것이다. 누군가는 이를 '난장'이라 비꼴 수도 있겠지만, 나는 오히려 자부심을 느낀다. 현대의 학과 체제에서 학술활동은 점점 더 전문화된 방식으로 이루어지고 있고, 논제 또한 점차 협소해지고 있다. 서로 다른 학과들 사이의 교류는 거의 이루어지지 않으며, 심지어는 서로 거들떠보지도 않는 상황이다. 이러한 모습은 현재 인간에게 반드시 필요한, 삶에 대한 진지한 성찰과는 거리가 먼 태도다. 121개 지역에서 온 학자들은 저마다 사유의 다양성과 풍부함을 바탕으로 총 99개로 나뉜 분과토론장과 각종 초청회의 및 원탁회의에서 총 천여 회나 되는 철학활동을 진행하였다. 이는 서로 다른 문명의 사람들이 모여 현대사상이 직면한 도전들에 힘을 합쳐 대응할 수 있는 좋은 기회가 되었다. 이런 철학 포럼은 현재의 그 어떤 다른 철학활동과도 비교할 수 없을 정도로 큰 규모와 깊이를 자랑하는 만큼, 이러한 전 세계적 학술활동의 기회를 우리는 소중히 여겨야 할 것이다.

세계철학대회는 학술계의 전문인사들 외에도 많은 사회인들의 참여를 이끌었다. 철학애호가에서부터 학교의 선생님, 비즈니스계의 인물들까지, 현대사회에서도 철학이 이토록 흡입력을 지닐 수 있음이 확인되는 순간이었다. 나의 한 중학교 동창의 아들 녀석은 이제 겨우 고등학생이 되었는데도 상해에서 이곳 북경까지 찾아와 총 8일 간에 걸친 회의에 매일같이 참석하였다. 이해하지 못하고 알아듣지 못하는 부분이 많았을 터인데도 매우 흥미진진하게 회의를 경청했다. 그런데 나는 이것이 특별한 하나의 사례에 그치는 것은 아닐 것이라고 생각한다. 이는 중국 사회가 끊임없이 진보하고 있음을 말해 준 것이며, 또한 이것이 바로 철학대회가 가진 매력인 것이다. 유네스코 산하에는 세계역사대회, 세계사회학대회, 세계예술사학대회와 같은 다양한 국제적 학문분과 회의가 있다. 하지만 세계철학대회만이 사회의 이런 광범위한 관심을 불러일으킬 수 있지 않을까 싶다.

물론 회의장에서의 반응을 살펴보면 철학에 종사하지 않는 사회인들은 아직까지는 철학 의제를 낯설어 하는 경향이 있고, 그들이 철학에 참여하는 방식 역시 학계와는 상당한 괴리가 있음을 발견할 수 있다. 유럽의 많은 나라들이 중등교육에서부터 철학을 체계적으로 가르치고 있고 미국의 경우 대학의 교양교육에서 철학을 매우 중시하고 있는 반면, 중국의 현 교육체제는 국민들에게 충분한 철학 교육과 훈련을 제공하기에 턱없이 부족하다. 국민들에 대한 철학 교육 측면에서 아직도 많은 부분 개선이 이루어져야 한다는 사실이 이번 철학대회를 통해 여실히 드러났다. 이 책의 출판은 바로 이러한 방면의 결함을 보완할 수 있을 것이다.

이번 세계철학대회는 국내 학계에서 상상을 뛰어넘는 뜨거운 반향을 불러일으켰다. 전국의 철학계가 대회 참가의 열기로 들썩일 정도였다. 이러한 열정은 우리 사회에 아직 전국적이고 전면적인 철학 토론의 장이 부족하다는 사실을 반영한다. 세계철학대회의 자리를 빌려 국내 철학계 인사들이 모두 모이는 기회가 겨우 마련될 수 있었다. 세계에 올림픽이 있다면 국내에는 전국체전이 있고, 세계에 올림피아드 경시대회가 있다면 국내에 역시 전국경시대회가 있지만, 세계에 세계철학대회가 있음에도 국내에는 아직 이렇다 할 전국 단위의 철학학회가 없지 않은가. 현재는 중국의 학과 분류를 기준으로 세부학과에 해당하는 학회들, 예컨대 중국철학사학회, 외국철학사학회 등만이 존재할 뿐이다. 이러한 상황은 철학 교육 및 훈련에 상당히 불리하다. 심지어 국제철학연맹의 집행위원 역시 전국단위 철학학회의 추천이 없다는 이유로 선출에 어려움이 있다. 이 책의 선집 방식은 장벽이 없는 철학의 특징과 매력을 그대로 반영하고 있다. 영미철학, 유럽철학, 중국철학, 인도·이란·터키·남아공의 철학 등 세상에는 다양한 철학이 존재하며, 사회비판 전통이나 여성주의 입장도 있다. 이것이 바로 철학적 창조를 위해 반드시 필요한 다원적 환경이다. 이번 세계철학대회가 이곳 북경에서 일으킨 열기를 빌려서 우리 역시 전국 단위의 철학학회를 탄생시켜야 하지 않을까?

이제 세계철학대회라는 만남을 통해 각종 스타일의 철학이 중국의 지식사회 속으로 들어오게 되면 그 후로도 지속적으로 중국 사회에 영향을 미치게 될 것이라 생각한다. 이 책 역시 그 여운을 전달하며 함께 나아갈 것이다. 이 책은 가장 꾸밈없는 방식으로 우리에게 "이 세계의 철학자들은 어떻게 해서 철학의 길로 들어오게 되었는가? 그들은 무엇을 사고하고 무엇에 관심을 가지는가?"를 주제로 말을 건넨다.

이념李念 여사가 주관하여 진행하는 문회강당文匯講堂은 줄곧 매우 예민한 감각으로 학술세계를 직관해 왔다. 그녀는 세계철학대회가 열리기 전에 24인의 철학자에 대한 인터뷰를 갖고자 기획했다.(실제로는 인연이 닿아 최후에 한 편이 더 추가되어 25인의 인터뷰로 마무리되었다.) 이 기획은 그 창의성을 인정받아 복단대학교 철학부와 화동사범대학교 철학과의 적극적인 지지를 얻어냈고, 북경 조직위원회의 지원하에 이념李念 편집장, 복단대학교 재청화才清華 선생, 화동사범대학교 유양검劉梁劍 선생을 대표로 하는 프로젝트 팀이 짧은 시간 내에 구성을 마쳤다. 재청화, 유양검 두 선생이 각국의 철학자들과 연락하며 인터뷰 기회를 마련했고, 문회강당 팀은 방대한 양의 편집 작업을 담당해 주었다. 이러한 노력을 거쳐 결국 제24차 세계철학대회 개막 전 인터뷰 편집과 업로드 작업을 모두 무사히 완성할 수 있었다. 이념李念 여사가 이를 위해 각고의 노력을 기울였음은 두말할 필요가 없다. 나는 대회가 개최되는 전체 과정 동안 한 편 한 편 심도 깊은 인터뷰를 읽을 수 있었는데, 군더더기 없이 일사천리로 진행된 이 기획에 실로 감탄을 금할 수 없었다. 아주 짧은 시간 내에 상당한 수준의 인터뷰를 완성한 것은 물론이고, 아메리카, 유럽, 아프리카, 아시아 등 다양한 국가의 철학자들과 그 언어를 훌륭히 다루어 냈다. 굉장히 놀라운 작업이 아닐 수 없다.

세상만사는 다양한 인연으로 얽혀 있는 법. 대부분의 인터뷰는 학계 여러 학자들의 연락을 통해 성사되었는데, 후일 인터뷰를 진행했던 철학자들이 한자리에 모였을 때 놀랍게도 이들 대부분이 복단대학교를 방문한 적이 있고 중국의 여러 학자들과 좋은 친구관계를 맺고 있다는 사실을 알게 되었다. 그들의 인터뷰를 읽으며 세계철학대회 때는 추상적으로만 느껴지던 장면들이 생동감 넘치는 형상으로 변해 가는 것을 느낄 수 있었다. 로버트 브랜덤(Robert Brandom) 교수가 복단대학교 "듀이 강좌"에서 강연을 하던 모습, 백세에 가까운 장세영張世英 선생의 명석한 사고와 청년학자들에게 보인 열렬한 관심, 영미철학에 어떤 편견도 가지지 않던 뱅상 데콩브(Vincent Descombes) 교수의 '프랑스'철학, 친절하고 다정한 로저 에임스(Roger T. Ames) 교수의 중국철학에 대한 심도 있는 통찰, 테리 핀카드(Terry Pinkard) 교수가 추진하고자 노력하는 중국-미국-독일 삼자 간의 연합연구, 폴커 게르하르트(Volker Gerhardt) 교수가 베를린 훔볼트대학교 헤겔의 책상 앞에서 찍은 단체사진, 군나르 시르베크(Gunnar Skirbekk) 교수가 다원적 근대성을 토론하던 모습, 이문조李文潮 선생이 포츠담에서 라이프니츠의 자필 원고를 보여 주던 일 등등이 마치 영화의 한 장면처럼 끝없이 눈앞에 펼쳐졌다. 1993년부터 나는 복단대학교에 머물며 강의를 시작했다. 이후 2018년 국제철학연맹 지도위원회의 신임위원에 선출되기까지 25년간의 시간 동안 나 스스로도 많은 성장을 이루었지만, 중국 철학자들이 세계 철학계에 진출하고 융화되는 모습 또한 수없이 목격할 수 있었다.

1996년 복단대학교에서 나는 첫 번째로 해외 학자를 맞이하게 되었는

데, 바로 윌리엄 맥브라이드(William Leon McBride) 교수였다. 그는 복단대
학교 철학과를 방문하여 사르트르, 여성주의 윤리학, 정치철학 등에
관한 강좌를 진행했다. 강좌는 매우 성공적이었다. 정치철학에서부터
중국문화전통, 사르트르, 중국의 삼대 협곡에 이르기까지 다양한 주제로
나눈 그와의 대화는 매우 즐거웠다. 당시 나는 그를 대동하고 상해
예원을 관람하였는데, 중국문화에 대해 높은 관심과 경의를 표하던
그가 특별히 중국화 한 폭을 사던 기억이 아직도 생생하다. 당시는
아직 상해 홍교공항에 고가도로가 설치되지 않았던 때라 울퉁불퉁한
길에 차까지 막혀, 귀국행 비행기 시간이 급해진 맥브라이드 교수가
발을 동동 굴렀던 일도 하나의 해프닝으로 남아 있다. 그가 고국으로
돌아간 이후에도 우리는 계속해서 연락을 주고받았다. 전화도 메일도
없던 시절이라 구식 타자기로 국제우편을 주고받다가 2004년 시카고에
서 열린 미국 중서부 철학 연례회의에서 다시 그와 상봉할 수 있었다.
미국철학과 중국철학, 여성주의와 마르크스철학까지 다양한 주제로
우리는 이야기를 이어 나갔다. 한 번은 퐁텐블로에서 결혼기념일을
보내던 맥브라이드 교수 부부와 우연히 조우한 적도 있었다. 2006년
그는 국제철학연맹 사무총장의 자격으로 국제철학계을 대표하여 복단
대학교를 방문, 복단대학교 철학과 건립 50주년 및 철학부 건립 축하행사
에 참여하기도 했다. 2013년에는 국제철학연맹 회장으로서 제23차 아테

네 세계철학대회를 주관하였다. 지난 25년간 맥브라이드 교수는 중국을 여러 차례 방문하면서 각 방면에 걸친 중국의 맹렬한 발전을 직접 목격하였는데, 이 과정에서 중국철학이 세계와 깊은 교류를 맺어 나갈 수 있도록 성심을 다해 도운 것 또한 빼놓을 수 없다.

2006년 홍콩중문대학교 철학과의 "아시아 현상학 회의"(SPA)에서 처음으로 더못 모란(Dermot Moran) 교수를 알게 되었다. 그가 쓴 현상학의 대작 『현상학 입문』(Introduction to Phenomenology)은 현상학계의 필독서다. 최근 몇 년 사이에 2018년 북경 세계철학대회의 준비를 위해 매년 북경에서 만나며 그와도 돈독한 우정을 맺게 되었다. 모란 교수는 국제철학계를 훤히 꿰뚫고 있는 인물로서, 우리가 다룬 각 철학자들의 연구와 저작 등을 속속들이 알고 있었다. 특히 철학의 다양성을 존중하는 그는 영미철학 전통과 유럽대륙철학 전통의 간극을 메우기 위해 노력하였는데, 그의 이러한 열정은 사람들에게 강렬한 인상을 남겼다. 2018년 제24차 세계철학대회가 끝나고 그 역시 국제철학연맹의 회장이라는 중임으로부터 벗어났다. 동시에 아일랜드 더블린대학교에서도 퇴직한 그는 미국 보스턴칼리지로 자리를 옮겨 계속해서 철학자로서의 삶을 이어 나갔다. 매우 감사하게도 나 역시 그의 초청을 받아 내년(2019년)에 보스턴을 방문하게 되었다. 앞으로도 계속해서 그와 중국 현상학에 관한 대화를 나누게 되기를 기대해 본다.

2016년 10월 루카 스카란티노(Luca M. Scarantino) 교수는 국제철학연맹 사무총장으로서 다시 한 번 국제철학계를 대표하여 복단대학교를 방문, 철학과 건립 60주년 행사에 참가하였다. 그의 열정 가득한 발언은 회의장의 모든 교우에게 깊은 감동을 주었다. 그는 개방성, 다원성, 포용성을 두루 갖추었으며 이해력과 친화력, 추진력 또한 비범했다. 2017년 그가 아내와 함께 복단대학교를 찾아 강연을 했을 때, 모두가 함께 어울려 대학가에서 맥주를 마시며 철학을 논하던 기억이 생생하다. 그는 중국의 아름다움과 따뜻한 우정에 반해 상해에서 일하고 싶다는 이야기를 하곤 했었다. 이후 2018년 그는 국제철학연맹의 차기 회장으로 당선되었다.

이 세 명의 국제철학연맹 회장은 먼지 가득한 상해의 도로에서 행여 비행기를 놓칠세라 발을 구르기도 하고 중국 학자들의 작업에 참여하기도 하면서 중국철학자 무리에 융화되고자 노력하였다. 최근 중국이 세계와 진행하는 대화와 교류의 밀도와 정도는 철학에도 그대로 반영되어 있다. 철학은 세계를 이해하는 가장 심층적인 방식으로서, 철학적 교류를 통해 세계는 더욱 긴밀히 융화된다. 하지만 상호이해라는 과제는 여전히 험난한 과정으로 남아 있다. 세계의 많은 철학자들이 중국철학이 세계 철학의 판도에 미칠 영향에 대해 많은 기대를 지니고 있음을 이번 인터뷰를 통해 살펴볼 수 있었다. 나 또한 이번 세계철학대회가 중국의 새로운 문을 열어젖힐 것을 바라 마지않는다.

이번 인터뷰는 그간 철학자들을 둘러싸고 있던 신비의 베일을 벗기고 그들의 작업을 직접 중국의 대중들과 마주할 수 있도록 하였다. 중국에서는 여전히 철학에 대한 편견과 오해의 시선이 존재한다. 학문의 방식으로 철학을 이해하려 하지 않거나, 심오하다는 핑계로 무조건 철학을 기피하려고만 하는 것이다. 이제 세계의 일류 철학자들이 가장 알아듣기 쉬운 방식으로 중국의 대중들에게 신비를 벗어던지고 담담히 그 철학을 논하려 한다. 철학의 신비를 타파하여 직접 세계 철학의 동태를 살필 수 있는 매우 뜻 깊은 기회가 아닐 수 없다. 문회강당, 복단대학교 철학부, 화동사범대학교 철학과에서 함께 진행한 이번 작업을 통해 철학자들의 작업이 직접적이고 솔직한 모습으로 대중들 앞에 다가갈 수 있게 되었다. 사실 철학은 지극히 따뜻하고 절실한 마음으로 이 세계를 바라본다. 그 방식은 다양한 형태로 나타나지만 근저에 자리한 근본사상은 어디까지나 일치한다. 앞으로도 더 많은 작품이 세상 사람들에게 선보이기를 간절히 희망해 본다.

손향신孫向晨
복단대학교 철학부 교수 및 학장
제24차 세계철학대회 프로그램 위원회 위원
국제철학연맹 지도위원회 위원(2018년부터)

옮긴이의 말

　2018년 8월 13일부터 20일까지, 아시아에서는 두 번째로 북경에서 세계철학대회가 열렸다. 올해로 24회를 맞이하는 이 대회는 그야말로 세계 철학인들의 축제이자 인류 지성사를 수놓는 역사의 한 장이라 할 수 있다. 이번 세계철학대회에 중국이 보인 관심은 실로 어마어마했다. 조직위원회의 예상을 훌쩍 뛰어넘는 7000명이나 되는 인원이 회의참가를 신청, 원래 북경대학교에서 열리기로 했던 대회는 부랴부랴 장소를 변경할 수밖에 없었다. 대회의 개막식은 중국 정치의 심장과도 같은 인민대회당에서 거행되었다. 이 대회에 임하는 중국인들의 자세를 살펴볼 수 있는 대목이다.

　외적인 측면을 제외하고 내적인 측면만 보더라도 세계철학대회를 하나의 발판으로 삼아 전 세계로 발돋움하려는 중국과 중국 학계의 야심찬 희망이 여실히 드러난다. 중국은 현재 정치, 경제, 외교, 문화 등 여러 가지 측면에서 일대 기로에 서 있다. 그 앞에 놓인 갈림길은 다름 아닌 중국 근대화의 방향성을 가리키는 이정표다. 중국은 서구적 근대화 혹은 미국화라는 길이 아니라 중국식 근대화의 길을 걷고자 한다. 이러한 염원은 학술계에서도 예외는 아니다. 어떻게 하면 중국철학과 서양철학을 서로 조화시켜 새로운 시대를 이끌어 갈 이념을 탄생시킬 수 있을지, 중국 학계는 그 어느 때보다 고민이 깊다. 이러한 상황 속에서 다원화라는 키워드는 중국 학술계가 딛고 서야 할 가장 튼튼한 토대가 된다.

세계철학대회를 맞이하여 세계 각지의 저명한 철학자 25인(원래는 24인으로 기획되었으나 추후 한 명이 추가되어 총 25인이 되었다.)을 인터뷰한 『세계의 철학자들, 철학과 세계를 논하다』(원제: 在這裏, 中國哲學與世界相遇 ─ 24位世界哲學家訪談錄) 역시 이러한 고민을 그대로 담고 있다. 이는 인터뷰한 철학자들의 구성에서도 잘 드러난다. 현대 철학계의 가장 큰 두 흐름이라 할 수 있는 분석철학과 현상학은 물론이고, 아프리카철학, 인도철학, 이슬람철학, 중국철학 등 세계 각지의 '지역적' 담론을 다양하게 배치하여 서양철학만이 유일한 보편이 아님을 강조했다. 이 외에도 여성주의철학, 동물윤리 등 현실참여적 이론가들을 소개하면서 철학이 더 이상 상아탑에만 머물러서는 안 된다는 것을 보여 주고자 하였다. 중국철학에 종사하는 4인의 면면도 다채롭다. 본토 출신의 대가들이 있는가 하면, 중국에서 활동하는 미국 학자도 있고, 미국에서 활동했던 중국 학자도 있다. 또한 과학기술윤리나 인지과학 분야 전문가들의 인터뷰도 눈에 띈다. 급속히 발달한 과학기술의 시대, 철학이 과연 무엇을 말할 수 있으며 무엇을 말해야 하는가 하는 문제는 비단 철학 영역에 국한될 수 없는 인류 공동의 과제다.

"철학과 세계와의 관계는 무엇이라고 생각합니까?" 인터뷰 말미에 모든 철학자에게 공통으로 던져진 이 질문은 이 책을 관통하는 가장 핵심적인 주제인 동시에, 이 시대 독자들이 다함께 고민해 보아야 할 가장 광범위한 주제다. 철학은 다양한 방식으로 다양한 측면에서 세계와 관계한다. 이는 다원화 세계를 희망하는 중국철학의 바람으로 나타나기도 하고, 현실의 문제에 직면한 선구자들의 고민으로 나타나기도 한다. 25인의 철학자들이 각기 어떤 방식으로 세계에 다가가려 하는지, 천천히 책장을 넘기며 음미해 보는 것은 어떨까.

2020년 7월 오현중 씀

로버트 브랜덤
Robert Brandom

'이유 공간' 속에서 사회의 원활한 운용을 촉진시킬 중점을 모색하다

분석철학과 신실용주의의 대표주자

로버트 브랜덤

인터뷰이 : 로버트 브랜덤(Robert Brandom), 이하 '브랜덤'으로 약칭
　　　　　(미국 피츠버그대학교 석좌교수, 미국 예술과학아카데미 회원)

인터뷰어 : 손녕孫寧(복단대학교 철학부 강사)
　　　　　주정周靖(복단듀이센터 박사후 연구원)
　　　　　이념李念(『문회보』 기자)
　　　　　—— 이하 '문회'로 대칭

인터뷰 일시 : 2018년 4월 초(메일 인터뷰), 4월 29일(대면 인터뷰)

"언어는 인간을 인간일 수 있게 한다. 이성적 인간이란 이유를 제시하고 요구할 수 있는 존재로서 이것이 그 삶을 이룬다." 브랜덤의 철학 전반은 바로 이러한 통찰에 기초하고 있다. 그가 내세우는 의미론적 추론주의(Semantic Inferentalism) 혹은 논리적 표현주의(Logical Expressivism) 등은 하나같이 '이유 공간'(the space of reasons)을 확장하고자 하는 갈망을 드러낸다. 2016년 미국의 한 인터넷 교육 사이트에서 전 세계적으로 가장 영향력이 있는 50명의 철학자를 선정하였는데, 이 순위에서 그는 4위에 올랐다.

2018년 4월 하순, 피츠버그대학의 브랜덤 석좌교수는 복단대학교의 듀이 센터를 찾아 1주일간 강좌를 진행하였다. 그는 "이유의 구조"라는 주제로 세 번의 강연을 진행하면서 의미론적 추론주의 및 논리적 표현주의, 분석적 실용주의 등의 사상을 체계적으로 소개하였다. 브랜덤의 저서는 종종 학자들로부터 "지나치게 딱딱하다"는 불만을 듣는다. 사용하는 언어의 난해함과 너무 기술적인 서술방식 때문이다. 하지만 치밀하게 그의 책을 읽은 독자라면 두껍고 난해한 책장들 사이에서 그의 따뜻한 마음을 발견할 수 있다. 그 따뜻한 마음이란 관심과 염려로 충만한 마음 그리고 호기심으로 가득 찬 마음이다. 그가 관심과 염려를 가지고 늘 살피는 바는 인간사회의 원활한 운용이며, 그가 호기심을 가지고 탐구하는 바는 바로 인간의 원만한 교류를 위한 방안이다.

일상생활 속에서 만난 브랜덤은 68세라는 나이가 느껴지지 않을 정도로 순진하고 순수하며 유쾌한 사람이었다. 가슴팍까지 길게 드리운 순백의 수염은 그가 온전히 학자의 삶을 살아가는 순수한 철학자임을 잘 말해 주는 듯했다. 그는 마치 칸트와 같은 규칙적인 생활습관을 지니고 있다. 아침 6시면 일어나 적어도 3시간 동안은 창작활동에 몰두한다. 이때에는 벼락이 치더라도 꿈쩍하지 않는 무서운 집중력을 발휘한다. 이 역시 그의 성공비결 중 하나이다. 저녁에는 침대에 누워 해결되지 않은 문제들을 생각한다. 그렇다고 해서 이런 규칙적인 삶이 그가 평소 기탄없이 미식과 음주를 즐기는 것에 지장을 주지는 않는다. 그의 이번 중국 방문은 학술교류라는 성과 외에도 그가 평소 가지고 있던 중국문화에 대한 상상도 충분히 만족시켰다. 예를 들면, 길을 걷다 신기한 문물을 목격하면 그 자리에 멈추어 마치 논리분석을 하듯 한참동안을 그저 응시하고 관찰하였고, 특별히 마음에 드는 조각상을 만나면 무엇인가 남겨 놓으려는 마음에 이미 뒤쳐질 때로 뒤쳐진 폴더식 휴대폰을 꺼내어 사진을 남기곤 했다. 하지만 철학을 논하기 시작하면 곧바로 진지한 모습으로 돌변하였는데, 그 모습은 흡사 흰 수염 올올이 선 논리학의 전사와 같았다.……

【철학과의 인연 그리고 궤적】

문회 : 대학 시절에는 철학과가 아니셨습니다. 언제부터 철학에 뜻을 두고 평생의 업으로 삼으셨나요?

수학에서 형식의미론(formal semantics)에로의 전향, 개념에 대한 관심에 서 출발

브랜덤 : 예일대에서 학부 시절에는 수학을 전공했습니다. 당시에는 만약 더 이상 수학을 하지 못하게 된다면 물리를 공부하러 갈 것이라 생각했었습니다. 그런데 공부가 깊어질수록 점점 더 기본적인 개념 문제에 흥미를 가지게 되더군요. 1960년대 말부터 70년대 초까지 학부와 대학원 과정에서 공부를 했습니다. 수리논리학 가운데 모형론이라는 분야가 있는데, 이는 가능세계에 적용될 수 있는 형식의미론으로 발전될 여지가 충분합니다. 나는 여기에 깊이 매료되어 강한 자극을 받았습니다. 이러한 형식의미론은 수학적 방법을 통해 의미와 표상 그리고 개념내용을 이해할 수 있습니다. 이 구도 속에서 많은 깨달음을 얻을 수 있었지요. 하지만 나는 당시부터, 심지어 현재까지도 형식의미론의 서사방식에는 불만이 있습니다. 형식의미론은 수학적 형식주의에 의미, 표상과 같은 핵심적인 철학 논제들을 연결시켰습니다. 하지만 내 생각에

우리에게 더욱 필요한 것은 언어와 의미를 연구하는 수학적 방식을 인류학적 방식과 결합시키는 일입니다. 후자는 전형적으로 (후기 비트겐슈타인을 포함하는) 실용주의자들에게서 잘 나타나지요.

문회 : 대학원은 분석주의철학의 본거지인 프린스턴대학교를 선택하여 1977년 박사학위를 받으셨습니다. 당시에 어떤 일들이 있었는지 말씀을 부탁드립니다.

프린스턴대학교에서 분석철학계의 영걸들과 교류하다

브랜덤 : 내가 프린스턴에서 대학원 과정을 시작했을 때 굉장히 걸출한 선생님들을 만날 수 있었습니다. 대학원 과정에서 가장 흥미로웠던 일을 들자면 이것이 아닐까요. 우선 1941년생인 데이비드 루이스(David Kellogg Lewis)가 있습니다. 이분은 명백히 세계 언어학계에서 가장 영향력 있는 학자 중의 한 분이십니다. 이와 비슷한 연배의 크립키(Saul Kripke) 역시 동세대에서 가장 천재적인 철학자로, 고작 17세에 양상논리 의미론의 완전성 정리를 완성해 내었고, 이후 4~5년마다 한 번씩 혁명적인 학문성과를 내놓았습니다. 특히 비트겐슈타인 해석에 관해서는 '크립켄슈타인'(Kripkenstein)이라는 말까지 생겨날 정도였습니다. 때문에 그는 현대 분석철학의 역사적 전환을 이끌어 냈다는 평가를 받습니다. 하지만 그는 성격이 굉장히 독특하셨죠. 다소 기괴하다고 말할 수도 있겠네요. 그리고 또 한 분, 나의 박사 지도교수이신 리처드 로티(Richard Rorty)도 있습니다.

문회 : 그럼 이제 지도교수이셨던 로티 교수와의 우정에 관해 이야기를 나누어 볼까요? 로티는 현대 미국의 가장 유명한 네 명의 철학자가 데이비슨(Donald Davidson), 퍼트남(Hilary Whitehall Putnam), 콰인(Willard Van Orman Quine), 그리고 본인 로티(Richard Rorty)가 아니라 콰인, 셀러스(Wilfrid Sellars), 데이비슨, 브랜덤이라고 말씀하신 적이 있습니다. 본인의 이름을 브랜덤 선생님의 이름으로 바꾸어 넣었지

요. 여기에 대해서 어떻게 생각하십니까? 로티 교수와는 19살의 나이차가 있는데 그와 나누었던 우정에 관해 들려주실 수 있을까요? 로티 교수는 1980년 후반에 프린스턴 대학을 떠났습니다. 이 사건은 그가 분석철학을 떠나 문학 영역에 가까운 '포스트모던 문예철학'으로 전향한 것으로 여겨집니다. 또한 1998년 만년의 로티 교수는 하이데거, 데리다, 마르크스의 뒤를 이은 문화좌파들을 강력히 비판했는데, 여기에 대해서는 어떻게 평가하십니까?

헌신적인 도움을 베푼 로티 교수, 그가 프린스턴을 떠난 이유를 이해해

브랜덤 : 로티는 철학사에 굉장히 정통하셨습니다. 고대그리스부터 현대에까지 빠짐이 없었습니다. 사실 그는 한 번도 분석철학을 떠난 적이 없습니다. 스스로를 실용주의자라고 여겼지만 분석철학자라고도 하셨지요. 다만 그의 철학적 구상이 분석철학의 관점에서 말하자면 지나치게 방대했다고 할까요. 뿐만 아니라 로티가 그린 실용주의의 구상은 미국 실용주의의 범주를 넘어 초기의 하이데거와 후기 비트겐슈타인까지도 포용합니다. 그는 이러한 사상 자원을 자신만의 독특한 철학 형태로 종합해 냈습니다. 로티는 특히 셀러스를 높이 평가했습니다. 그와 셀러스는 한 가지 공통점이 있었습니다. 둘 모두 뛰어난 역사적 감각을 바탕으로 철학사에 정통했다는 것입니다. 로티가 1967년에 출간한 『언어적 전환』(*The Linguistic Turn*)은 이를 보여 주는 하나의 좋은 사례라 할 수 있습니다.

로티는 듀이처럼 중국문화 애호가였습니다. 내가 프린스턴대학교를 선택한 것은 바로 로티가 있었기 때문이었는데, 로티를 통해 셀러스에 관해 배우는 것이 혼자서 셀러스에게서 배우는 것보다 오히려 더 낫다는 생각을 했었습니다. 당시 프린스턴의 철학과는 형식의미론이 주도하고 있었습니다. 로티와는 잘 맞지 않았지요. 내가 만약 로티의 철학만을 했다면 나 역시 잘 맞지 않았을 것이고, 결국에는 루이스 교수에게로 옮겨갔거나 로티의 철학과 프린스턴의 철학을 종합해 보고자 시도했을 겁니다. 로티는 늘 내게 분석철학으로 지나치게 편중되는 것을 경계하라고 일러 주셨습니다. 또한 항상 다른 철학자들에게 최선을 다해 나를 추천하곤 하셨습니다. 한 번은 하버마스에게 나의 저작 『명료하게 하기』(*Making It Explicit*)를 추천하면서 이 책이 언어이론에서 정치철학의 기초를 찾으려는 그의 작업에 큰 도움이 될 거라고 하신 적도 있습니다.

문회 : 또 어떤 철학자들로부터 영향을 받으셨는지요? 구체적으로 어떤 영향이었습니까?

칸트와 헤겔을 존경, 프레게와 비트겐슈타인에 심취

브랜덤 : 방금 말했던 것과 같이 운 좋게도 직접 만나서 교류할 수 있었던 철학가들 가운데에서 내게 가장 큰 영향을 주었던 분은 아무래도 지도교수였던 로티와 피츠버그대학교의 선배인 셀러스, 그리고 영국의 분석철학자 더밋(Michael Dummett)이 아닐까 합니다. 이들은 언어철학에 존재하는 각각의 다른 문제들이 어떻게 서로 연관되어 있는지를 보는 방법을 가르쳐 주었습니다. 이미 서거한 위대한 철학자들 가운데에서 고른다면 독일고전철학의 칸트와 헤겔, 그리고 분석철학계에서는 프레게와 비트겐슈타인이 있겠네요. 정말 그들의 저작에 마치 무언가에 홀린 듯 심취하여 오랫동안 연구를 해 왔습니다. 책 속에서 그들의 사상과 씨름하며 많은 것을 얻었지요.

문회 : 부인과는 17세에 만나 지금까지도 소꿉친구와 같은 풋풋한 감정으로 서로 변함없는 믿음을 주고받으며 사신다고 들었습니다.

브랜덤 : 내가 17세에 아내를 만나게 된 것은 분명 일생의 행운인 것 같습니다. 아내는 우수한 소아과 의사로, 그녀가 창설한 분야에 상당한 공로를 지니고 있습니다. 하지만 처음에는 굉장히 힘든 시간을 보냈기 때문에 나는 아주 오랜 시간 동안 두 아들의 양육을 자임했습니다.

지금은 아이들이 장성하여 둘 모두 작가가 되었습니다. 그 중 하나는 뉴미디어 전문 잡지에서 일하고 있습니다. 부모 양쪽의 영향을 동시에 받지 않았나 하는 생각이 듭니다.

문회 : 선생님의 그 아름다운 수염에 관한 이야기해 보아도 될까요? 이번 복단대학교 강연을 마친 후 회의 사진이 공개되었을 때 사람들이 선생님의 눈빛과 수염을 보고 대략 세 가지 반응을 보였습니다. 하나는 선생님이 인도의 시인 타고르와 닮았다는 것, 다른 하나는 종교계의 대부 같다는 것, 나머지 하나는 엥겔스와 닮았다는 것입니다. 사람들은 모두 선생님이 깊은 학식을 지니고 있다는 인상을 받는 것 같습니다.

여러 문화권 속에서 긴 수염은 지혜와 학식을 상징

브랜덤 : (웃음) 철학자를 볼 때는 겉모습을 볼 것이 아니라 그의 저서를 읽어야 합니다. 그런데 내가 존경하는 철학 영웅들을 놓고 보면 퍼스, 제임스, 프레게 모두 수염이 있군요. 여러 문화권에서 긴 수염은 항상 지혜와 학식을 상징해 왔습니다. 내 아내 역시 이 수염을 매우 좋아합니다.

문회 : 선생님은 미국예술과학아카데미의 회원입니다. 어떤 특별한 공헌을 하셨는지 궁금합니다.

브랜덤 : 아주 큰 영광이지요. 굉장히 소중하게 생각합니다. 내 경우는 그저 연구를 열심히 한 것밖에 없습니다. 아주 중요한 주제를 다룰 때에 나는 창작 이전에 충분한 시간을 들여 사고하고 숙성시킨 후에 글로 표현합니다. 예를 들어, 『명료하게 하기』를 집필하는 데 장장 18년의 시간을 들였고, 헤겔의 관한 책을 쓰는 데는 30년이 걸렸습니다.

【철학사상과 업적】

문회 : 선생님이 판단하기에 본인의 학술상 최대의 업적은 무엇이라고 생각하십니까? 기존 출판된 본인의 서적 가운데에서 어떤 것이 가장 중요하며, 왜 그렇다고 생각하십니까?

가장 중요한 세 권의 책 :『명료하게 하기』,『말과 행동의 사이』,『신뢰의 정신』

브랜덤 : 세월이 흘러 시대가 바뀌면 철학사가들이 냉정하고 객관적인 시각으로 내 저작을 평가하게 될 겁니다. 아마도 그들이 나를 평가한다면『명료하게 하기』(*Making It Explicit*),『말과 행동의 사이』(*Between Saying and Doing* : 이 책은 내가 옥스포드대학의 존 로크 강좌에서 했던 강의 원고를 바탕으로 집필한 것입니다.) 그리고 곧 완성될 헤겔 연구서『믿음의 정신 : 헤겔 현상학에 대한 독해』(*A Spirit of Trust : A Reading of Hegel's Phenomenology*), 이 세 권을 가장 큰 업적으로 여길 것이라고 봅니다. 『명료하게 하기』를 쓸 때는 18년의 시간을 들였고, 헤겔 연구서는 이미 30년의 시간을 들였습니다. 갈 길은 멀지만 인생이 너무 짧군요. 그리고 예전의 지도학생인 울프 흘로빌(Ulf Hlobil), 댄 카플란(Dan Kaplan)과 함께 쓴 논리철학 저작『결과논리학』(*Logics of Consequences*) 역시 중요한 의미가 있음을 사람들이 알아주었으면 합니다.

문회 : 중국의 학자들을 포함한 여러 철학자들은 셀러스, 맥도웰과 선생님이 '피츠버그학파'를 이루고 있다고 여깁니다. 본인도 이를 받아들이십니까?

'피츠버그학파' 셀러스, 맥도웰과의 공통점과 차이점

브랜덤 : 물론 기꺼이 그 명칭을 받아들일 뿐만 아니라 아주 자랑스럽게 여깁니다. 내가 볼 때 셀러스는 동시대의 철학자들 가운데 사상이 가장 심오하고 중요한 학자입니다. 이런 점에서 그는 미국 실용주의의

기틀을 닦은 퍼스와 견줄 만합니다. 퍼스의 사상 역시 굉장히 깊고 심오하며, 그 역시 동시대 인물 가운데 가장 훌륭한 미국철학자로 손꼽힙니다. 셀러스는 분석철학을 흄의 단계에서 칸트의 단계로 끌어올리는 것이 자신의 철학적 포부라 늘 말해 왔습니다. 나의 스승인 로티가 바로 이 말을 받아서 자신의 철학적 작업이 분석철학을 초기인 칸트의 단계에서 완성형인 헤겔의 단계로 끌어올리는 것이라 표현하였지요. 동시대의 분석철학자들 가운데에서도 셀러스가 두드러지는 점은, 바로 언어철학과 심리철학에 대해 이루어지던 기술적 분석을 역사적이고 계통적인 철학 사고에 결합시켰다는 점입니다. 나 역시 이러한 시도를 계승하였습니다.

나의 동료인 맥도웰(John Henry McDowell) 역시 내가 극찬해 마지않는 현대철학자입니다. 그의 철학적 접근법은 철학병에 진단을 내리는 일종의 치료법으로, 후기 비트겐슈타인의 이론인 정적주의(寂靜主義)와 유사합니다. 하지만 그는 셀러스의 철학으로부터도 관념적 재료를 발굴하여, (우리 같은 문화권의 산물이 지니는 어쩌면 가장 자연스러운 특징인) 논변적(discursive) 이해방식은 왜 사람들에게 자연과학과는 판이한 방법으로 이론적 탐구를 하도록 요구하는지를 깨닫게 되었습니다. 최근 몇 년간 우리 둘 사이에서 가장 많이 언급되고 또 가장 큰 성과를 보였던 대화 주제는 모두 칸트, 헤겔, 비트겐슈타인, 셀러스에 집중되어 있습니다. 우리 둘의 의견이 실질적으로 갈라지는 부분과 실질적으로 일치하는 부분 모두에서 논변 규범성의 중요한 의미가 확연히 드러납니다. 맥도웰은 자신만의 방식을 사용하여 이를 우리 인간의 핵심적인 요소로 풀이하였습니다.

문회 : 미국철학의 현재 상황과 미래의 발전방향에 대해서 어떻게 평가를 하십니까?

미국철학계의 사상적 분열이 통섭적 대화를 통해 봉합될 수 있을 것

브랜덤 : 아주 오래 전부터 미국의 철학계 내에는 항상 사상적 분열이라 할 수 있는 것들이 존재해 왔습니다. 주로 기술적인 측면에 초점을 맞추는 분석철학자들이 있는가 하면, 문학적인 면에 관심을 가지는 대륙철학자들이 있고, 또 미국의 실용주의자들도 있습니다. 과거의 경우 이 전통적 경계를 넘어서려는 시도 속에서 가치 있는 대화들이 많이 이루어지지는 않았던 것이 사실입니다. 하지만 현재는 가장 훌륭한 추세로 나아가고 있습니다. 이미 상당 부분에서는 진영적 분기가 극복된 상황입니다. 물론 여전히 산발적으로는 뜻을 굽히지 않는 완고한 학자들이 존재하고 있습니다만, 새로 부상하는 젊은 세대들을 위시한 대부분의 미국 철학자들은 동료들 간의 서로 다른 철학 연구방식이 갖는 가치를 충분히 인식하고 있고, 또 경계를 넘어 서로 다른 시각에서 학문적 수화을 이루어 내는 법을 알고 있습니다. 나 또한 적극적으로 이러한 교류를 촉진하고 분석철학과 독일관념론이라는 상이한 두 전통 간의 대화를 이끌어 내고자 노력하고 있습니다. 이 두 전통은 퍼스, 제임스, 듀이를 포함한 실용주의 전통과도 합치되는 지점이 있을 뿐 아니라 초기 하이데거, 후기 비트겐슈타인, 콰인, 셀러스, 로티 등의 많은 학자들과도 한목소리를 내고 있습니다.

문회 : 선생님의 사상을 보다 쉽게 이해하기 위해, 그리고 현재 선생님의 철학을 연구하는 학자와 학생들을 위해 조언을 부탁드립니다.

세 가지 핵심적 사상 기초 : 의미론적 추론주의, 규범적 실용주의, 논리적 표현주의

브랜덤 : 나의 저작 가운데에는 세 가지 핵심적 사상 기초가 있습니다. 바로 의미론적 추론주의, 규범적 실용주의, 논리적 표현주의입니다. 추론주의는 개념이 추론 과정에서 일으키는 작용에 근거하여 그 개념들을 이해하고자 합니다. 이러한 작용은 바로 추론 중에서 전제

혹은 결론을 담당할 수 있는 것으로, 긍정 또는 반대의 의미로서 다른 개념을 사용할 수 있다는 증거가 되며, 그 작용 자체를 긍정하거나 반대할 수 있는 증거를 지니기도 합니다.

규범적 실용주의에서는, 인식할 수 있고 의도적으로 행동할 수 있는 인간을 그렇지 못한 '단순한' 자연생물과 구분시켜 주는 것은 우리 인간이 하나의 규범적 이유 공간 속에서 살아가고 또 그러한 공간에서 행동하면서 자신의 동반자들과 만나는 점 때문이라고 여깁니다. 신념과 의향은 바로 우리의 승낙을 표현합니다. 따라서 특수한 경우 우리는 자신의 신념과 의향에 대해 책임을 져야 하며, 우리의 권위를 이들이 대신해서 행사한다고 볼 수도 있습니다. 승낙과 책임과 권위는 모두 규범적인 개념입니다. 규범적 실용주의자는 후기 비트겐슈타인과 같이 규칙이나 원칙과 같은 형식 속에는 명료하게 규범이 나타난다고 여깁니다. 하지만 근본적으로 우리는 오직 사회적 실천 속에 숨어 있는 규범에 근거해서만 이러한 명료한 형식의 규범을 이해할 수 있습니다.

표현주의에서는 언어를 우리가 명료하게 만들 수 있는 것, 우리가 말할 수 있거나 우리의 행동 가운데 은연중에 내포되는 것으로 여깁니다. 논리적 표현주의에서는 구체적인 논리어휘(예를 들자면 조건절, 부정어구, 진리양상어휘 등)를 이미 우리가 명료화시킨 것, 이미 말해질 수 있는 것이라 여깁니다. 또한 우리가 유일하게 할 수 있는 것은 오직 '언설'뿐이라고 여깁니다.

문회 : 현재 어떤 사상적 전환을 경험하고 있지는 않으신가요? 현재 진행중인 연구 혹은 근래의 연구계획이 있다면 소개 부탁드립니다.

최근 십년의 작업 : 표현주의 방법을 통한 논리 연구

브랜덤 : 앞에서 언급한 바와 같이 나는 여러 해를 달려온 기나긴 항해를

마치고 목표했던 항구에 입선할 날만을 기다리고 있습니다. 바로 헤겔 연구서 『믿음의 정신』이 내년 출판되는 것이지요. 나의 최근 사상은 『말과 행동의 사이』에 잘 나타나 있습니다. 이는 셀러스에게 감화를 받아서 나온 것이지요. 내가 가장 가치가 있다고 여기는 주제는 바로 진리양상 논리어휘와 지칭적 규범어휘가 표현하는 내용 사이에 어떠한 심층적 연관이 있는가를 밝히는 것입니다. 이들을 연관시켜 이해하는 것이 나의 헤겔 관념론 독해의 핵심을 이룹니다. 하지만 나는 나와 헤겔이 이 문제를 완전히 파악했다고는 보지 않습니다. 가장 최근의 작업을 말하자면, 과거 10년 동안은 계속해서 표현주의 방법으로 논리를 연구하여 논리적 표현주의식 이론어휘의 윤곽을 그려내고자 시도하고 있습니다. 만약 논리철학에서 우리가 계속 논리적 표현주의자였다면 우리는 어떠한 논리어휘를 고안해 냈을 것인가라는 문제에 대한 답이지요. 재능 넘치는 내 젊은 동료들, 특히 흘로빌과 카플란이 이 방면에서 중요한 진전을 이루어 냈다고 믿습니다. 이 연구는 지금도 여전히 진행 중입니다.

【중국철학 그리고 세계철학대회를 바라보다】

문회 : 선생님은 철학과 현대세계와의 관계를 어떻게 이해하십니까?

철학은 더 나은 대화를 위한 노력을 이끌어야

브랜덤 : 내가 철학 연구를 통해 깨달은 점은 언어가 "우리가 무엇인가를 결정하는" 데 중요한 의미를 지닌다는 것입니다. 인간은 본질적으로 이치를 논하는 생물이며, 따라서 이성적인 생물이 됩니다. 언어의 실천과 동시에 인간의 생물로서의 본성은 완전히 변하게 되었습니다. 언어 실천은 단순히 인간을 자연생물로 규정하는 것이 아니라 문화적 생물로 만들어 줍니다. 이치를 논하는 생물의 이점을 말하자면, 서로

대화가 가능하다는 점을 들 수 있습니다. 모든 인간 사회기구의 궁극적 목표는 인간의 위대한 대화를 고양시키고 활성화시키는 데 있습니다. 예컨대 교육의 경우에서도 그 궁극적인 지향점은 인류 간 대화에 참여하는 데 필요한 능력을 배양하는 것이어야 하며, 물질적 조건의 개선 또한 최종적으로는 사람들이 대화에 더 참여할 수 있도록 하는 수단으로 이해되어야 합니다.

일정 정도의 일치된 의견에 도달하는 것은 논의가 진행되기 위해 필요한 배경 조건입니다. 하지만 사실, 논의 전에 완벽히 의견을 확정한다는 것 역시 불가능합니다. 일반적으로 의견의 일치는 대화의 목적이나 목표가 아닙니다. 단지 대화를 가능하게 하는 하나의 조건일 뿐이지요. 다양한 시각 속에서 집단과 개인이 서로 자기발전과 자기변화를 이룩하며 스스로를 구성케 하는 것이 바로 대화의 요지입니다. 따라서 만약 우리의 사회기구와 사회적 장치들을 개선하여 더 나은 대화를 촉진시킬 수 있다면 마땅히 이를 위해 노력을 기울여야 합니다. 철학은 우리가 이러한 사실을 스스로 깨달을 수 있도록 인도하고 가르쳐야 하지요. 이는 지연, 문화영역, 물질적 발전, 국적, 종족, 성별, 우리가 말하는 모든 언어 간의 차이(아이러니한 것처럼 들리지만 언어 자체도 인간이 대화에 참여할 수 있게 하는 기본 조건이기 때문입니다.) 등이 빚어내는 장벽을 극복하는 모든 과정에 적용됩니다.

문회 : 올해 제24차 세계철학대회가 처음으로 북경에서 열리게 되었습니다. 어떻게 생각하십니까?

브랜덤 : 세계철학대회는 매우 중요합니다. 이 대회는 지난 세기부터 열리기 시작했지요. 오늘날 서로 다른 철학문화 사이의 대화는 아주 중요하고, 특히 이번 대회는 중국의 철학을 세계에 보여 줄 수 있다는 점에서 더욱 중요합니다.

문회 : 이번 대회의 주제인 "학이성인"을 어떻게 이해하셨는지 듣고 싶습니다.

"학이성인"의 이해 : 자신의 목적은 바로 자기이해

브랜덤 : 가장 중요한 주제가 아닌가 생각합니다. 헤겔은 스스로가 자신
을 특수한 존재라 여겨야 한다고 가르쳤습니다. 헤겔이 말한 특수한
존재란 바로 자기의식을 지닌 존재를 말합니다. 이런 의미에서 우리가
지니는 자신의 목적이 바로 우리를 우리 자신이게끔 만들어 주는
본질적 요소가 됩니다. 개체와 집단의 경우, 자신의 목적은 자기이해에
있습니다. 우리는 우리가 객관적으로 무엇인가에 따라 자신을 이루어
나가게 됩니다. 본질적으로 자기의식을 지닌 존재로서의 우리는 발전
과정상의 독특한 제약을 받게 마련입니다. 만약 자신의 목적이 변화한
다면 그에 따라 우리의 자기이해(이론상의 자기이해뿐 아니라 우리의 행동으
로 나타나는 실천상의 자기이해 역시 포함됩니다.) 또한 변화할 것이고, 이는
결국 우리의 실제모습까지도 변화시킬 것입니다. 이러한 이유에서
우리는 단순한 자연의 생물이 아니라 역사를 지닌 생물입니다. 우리의
역사가 바로 현재의 우리 모습을 만들어 낸 것입니다.

문회 : 중국에 학술교류로 방문하기 전에는 중국의 철학과 문화에 대해 잘 알지
못하셨을 거라 생각합니다. 이번 방문을 통해 달라진 점이 있는지, 미국에 돌아가서
생활하실 때도 중국 문화와 철학이 어떤 영향을 미치게 될지 궁금합니다.

중국의 유구한 역사와 풍부한 문화는 대화의 자원을 제공할 것

브랜덤 : 사실 나는 중국철학에 대해 아는 바가 적습니다. 다른 학생들처
럼 옛날 『철학 입문』 수업에서 『논어』를 읽은 적이 있을 뿐입니다.
다른 철학전공생들처럼 중국 전통철학 과정을 이수한 것이 전부이고,
박사과정에 들어와서는 더 이상 중국철학을 공부하지 못했습니다.
중국에 오기 전, 이것은 사실 너무 큰 문제였기에 어떤 답도 내놓을

수 없었습니다. 대략적인 추측도 할 수 없었지요. 그러다가 이번에 복단대학교의 듀이 강좌를 진행하며 중국철학계의 거대한 잠재력과 우수한 작업에 큰 감명을 받았습니다. 또 한편으로 장강 삼각주의 발전 속도를 보고 놀라움을 금치 못하기도 했지요. 이런 발전을 직접 목도할 수 있어 행운이었다고 생각합니다.

중국의 유구하고 서양과 구별되는 역사는 가히 인류문화의 보고라 할 수 있습니다. 우리는 이를 토대로 인류 간 대화를 촉진할 수 있을 것입니다. 하지만 과거란 다만 현재의 서막일 뿐입니다. 우리는 자기의 식을 지니고 자신을 규정할 수 있는 생물로서 스스로 앞으로의 우리 역사를 만들어 나가고 우리 자신의 모습을 만들어 나가야 합니다. 인류 간 대화가 시작되는 초기 단계에서만 독립적으로 역사적 원인을 고찰하는 것이 가능한 법입니다. 물론 이 작업에는 철학적 탐구를 포함하여 보다 광범위한 문화탐구도 포함됩니다. 동서양의 대화 속에 서 우리가 어떤 광경과 맞닥뜨리게 될지 굉장히 흥미롭습니다.

문회 : 피츠버그로 돌아가신 후에 중국의 철학계와 좀 더 교류를 하게 되실까요?

브랜덤 : 그렇겠지요. 사실 이미 초청 측과 협력 작업에 관한 논의를 진행 중입니다.

문회 : 인터뷰에 응해 주셔서 대단히 감사합니다. 중국에 자주 방문하셔서 문화적 생물로서의 인류 대화에 참여해 주시기를 기원합니다.

글∥손녕孫寧·주정周靖·정도程都(연합인터뷰팀1)

---

1) 역자 주 ─ '문회강당'과 '복단대학교 철학부', '화동사범대학교 철학과'의 연합인터 뷰팀을 말한다.

윌리엄 맥브라이드
William McBride

마르크스사상의 비판성을
실존주의 등의 관점에서 균형 있게 인식하다

정치철학자, 전 국제철학연맹(FISP) 회장

윌리엄 맥브라이드

인터뷰이 : 윌리엄 리온 맥브라이드(William Leon McBride), 이하 '맥브라이드'로 약칭
　　　　　(미국 퍼듀대학교 핸슨 석좌교수, 전 국제철학연맹 회장)

인터뷰어 : 호건평胡建萍(싱가포르 남양이공대학 철학과 박사과정)
　　　　　이신양李晨陽(지도교수 : 싱가포르 남양이공대학교 철학과 학과장)
　　　　　── 이하 '문회'로 대칭

인터뷰 일시 : 2018년 5월~7월(수차례의 메일 인터뷰)

1960년 여름 프랑스 남부 공산주의의 요충지 릴, 22세의 미국 조지타운대학교 졸업생 한 명이 홀로 차를 몰고 유럽 오지로 향한다. 그의 옆에는 사르트르, 니체 같은 실존주의자들의 책과 두꺼운 마르크스 연구저작이 잔뜩 실려 있다. 풀브라이트 장학생이었던 윌리엄 맥브라이드는 예일대학교 철학 석·박사 과정에 들어가기 전 1년간 마르크스철학에 심취했었다. 당시 떠났던 학문여행의 목적지에는 유럽의 다른 사회주의 국가들도 포함되어 있다. 이들 국가를 다녀온 후 그는 마르크스의 중요성을 한층 더 깊이 깨달을 수 있었다. 그와 일생을 함께한 "발로 뛰어 입증하고, 지혜로서 균형을 찾는다"라는 학문의 좌우명 또한 이때 생겨난 것이다.

1960년대부터 미국의 철학 연구는 분석철학이 주류를 이루게 되면서, 편견을 버리고 좌익인 마르크스사상을 연구하거나 정치철학 혹은 유럽대륙철학을 자신의 연구 목표로 삼는 것은 용기뿐만 아니라 학술적인 식견이 없으면 쉽게 내릴 수 없는 결정이 되었다. 청년 맥브라이드가 소련 교환학생들과 깊이 교류하고 유고슬라비아 실천그룹(Yugoslav Praxis Group)에 참여하며 오랜 관계를 이어 갔던 경험은 '균형의 추구'라는 그의 두 번째 학문적 좌우명을 성립하는 데 일조했다. 그가 예일대학교를 졸업한 뒤 퍼듀대학교에 머물면서 핸슨 석좌교수로 재직하게 된 것 역시 이 두 학교의 공통된 철학인 다원적 포용정신 때문이었다. 이순耳順(60세)의 나이에 국제철학연맹(FISP) 최초의 미국 출신 사무총장에 취임한 뒤 다시 미국인으로서는 최초로 회장의 자리에까지 오른 맥브라이드는 철학적 연구 방식을 다각화하고 균형적으로 발전시키는 일의 중요성을 자각하고 더 적극적으로 매진해 나갔다. 그는 아주 열정적인 목소리로 필자에게 자신의 다음 연구 과제를 알려주었다. "나의 다음 연구 목표는 철학의 세계화입니다."

인터뷰를 진행하는 동안 이 달변의 노신사는 함께 〈여성철학〉 수업을 강의하는 자신의 아내가 의료케어 분야와 심리학 분야에서 얼마나 탁월한 성취를 이루었으며, 그녀가 어떻게 해서 시몬 드 보부아르의 인정과 추천을 받을 수 있었는지를 자랑스럽게 알려 주었다. 또한 예일대학교에서 학제간 통섭과정을 강의했을 때 빌 클린턴이 와서 수강했던 일이나 자신이 가르쳤던 훌륭한 학생들의 업적 등을 빠짐없이 기억하고 있던 그는 아주 신이 난 듯 옛 추억을 필자에게 일러 주었다. 그 열정어린 모습이란 세월과 철학이 선사한 더없는 선물로, 열정과 집념과 예지의 축복은 아니었을까.

【철학과의 인연 그리고 궤적】

문회 : 맥브라이드 교수님, 인터뷰에 응해 주셔서 감사합니다. 대학에 입학하기 전부터 철학을 평생의 일로 삼고자 하셨습니까? 예일대학교에서 석사학위를 밟기 전 조지타운대학교 학부에서 철학을 전공하고 프랑스 릴대학교에서도 1년 간 방문학생으로 철학을 공부하는 등 처음부터 계속해서 철학을 연구해 오신 것으로 알고 있습니다.

부모님은 의사가 되기를 희망. 하지만 관심은 점차 철학으로 향해 가

맥브라이드 : 어린 시절에는 내가 어떤 직업에 종사하게 될지 알지 못했 습니다. 물론 대학에서 교수가 되는 것 역시 어린 시절부터 생각해 오던 일 가운데 하나이긴 했지만요. 내가 태어나기 전부터 나의 어머니 께서는 고등학교 영어 교사로 19년을 재직해 오셨습니다. 약사인 아버지는 내가 과학자나 의사가 되기를 바라셨지요. 하지만 초등학교 고학년이 되면서 점차 인문 계열로 기울어지는 것을 느꼈고, 철학 문제에 대해서도 관심을 가지게 되었습니다.

조지타운대학 시절에는 주전공으로 철학을 이수하였고(미국의 학부 교육제도에 의하면 학부생들은 다양한 전공의 과정을 함께 이수하여야 합니다.), 부전공은 당시 이름으로 '정부학'(현재는 '정치학'이라고 부르지만 개인적으로 이러한 명칭에 아주 동의하는 것은 아닙니다.)을 이수하였습니다. 따라서 나는 철학자가 되겠다는 꿈을 서서히 깨달아 간 것이지 어느 한 순간의 결정으로 이를 선택하지는 않았습니다. 대학을 졸업한 이후에는 풀브라이트 장학금의 보조를 받아 운 좋게도 프랑스 릴대학교에서 철학을 공부하고 연구할 수 있었습니다. 당시 내가 관심을 가졌던 핵심 문제는 실존주의였지만, 동시에 마르크스사상이 어떻게 유럽의 정치와 철학에 영향을 주었는가 하는 문제에 관해서도 점차 알아가기 시작했습니다.

문회 : 1977년에 『마르크스의 철학』(*The Philosophy of Marx*)이라는 책을 출판하셨습니다. 이 책은 2015년에 재판이 되기도 했습니다. 이 책에서 마르크스철학의 중요 문제들, 예를 들면 방법론이나, 역사와 사회의 진로에 관한 서술, 마르크스의 미래전망 같은 것들에 대해 논의하셨는데요, 이러한 내용이 릴대학교 시절의 경험과 관련이 있을까요?

혁명가 「인터내셔널」(Internatioanl)의 탄생지 릴에서의 수학, 마르크스의 중요성을 깨닫고 연구하게 된 계기

맥브라이드 : 학부를 다닐 때부터 마르크스의 저서를 섭렵하기 시작했지만 실존주의적 시각, 특히 사르트르의 실존주의와 서양 정치철학적 시각에서 마르크스를 이해한 후 더욱 완전하게 마르크스를 이해하게 되었다고 생각합니다. 프랑스 릴대학교에서의 공부는 내가 마르크스의 영향력을 중시하게 된 계기가 되었습니다. 당시 릴은 고도로 산업화된 도시이면서 프랑스 공산당의 요충지로, 그 유명한 혁명가革命歌 「인터내셔널」(Internatioanl)이 여기에서 탄생하기도 하였습니다. 아주 우연히 소련 공산당 중앙위원회 제1비서 흐루쇼프의 릴 방문을 당시 직접 목격한 적도 있습니다. 릴 시는 당시 성대한 환영식을 열었고, 흐루쇼프는 이곳에서 하룻밤을 묵었던 것으로 기억합니다.

그 후 그해 여름방학 때는 혼자서 차를 몰고 유럽을 가로질러 그리스까지 갔습니다. 여행 중에 유고슬라비아를 두 번이나 가로질러 가면서 공산주의가 현지에서 어떻게 발전하고 있는가를 깊이 살펴볼 수 있었습니다. 미국으로 돌아온 후에는 예일대학교에서 석사학위를 밟았습니다. 대학원 2년차 때 사르트르가 당시 출판한 『변증법적 이성비판』(*Critique de la Raison dialectique*)을 읽었는데, 이 책 역시 마르크스의 영향을 깊이 받았기에 나의 두 가지 연구 관심사였던 실존주의와 정치이론이라는 주제에 딱 맞아떨어졌습니다.

이 외에도 1962년 여름, 나는 발렌틴 소콜로프(Valentin Sokolov)라는 러시아 저널리스트를 만난 적이 있습니다. 그는 과거 소련 시절 교환학생으로 프랑스에 파견된 적이 있는 몇 안 되는 학생이었죠. 그와의 교류 역시 많은 것을 얻을 수 있는 시간이었습니다.(내가 소콜로프와 처음 만나게 된 것은 로만 로랑의 미망인 댁에 초대를 받아서 갔을 때였습니다. 그녀 또한 러시아 출신이지만, 이와는 별개의 이야기입니다.) 당시 나는 『법률과 사회의 근본적 변혁 : 하트와 사르트르의 혁명론』(*Fundamental Change in Law and Society : Hart and Sartre on Revoltion*)이라는 제목으로 박사논문을 쓰고 있었습니다. 나의 첫 번째 저작이지요.

그 후 마르크스에 대한 이해가 깊어지면서 슈테판 쾨너(Stefan Körner)로부터 하킨슨(Haakinson)대학교 도서관을 위해 마르크스에 관한 책을 한 권 집필해 달라는 요청을 받았습니다. 쾨너는 오스트리아에서 영국으로 망명한 학자로, 집필 요청을 보내던 당시에는 예일대학교에서 한동안 강의를 하고 있었습니다. 이 책은 고등교육을 받았지만 전문가가 아닌 독자들을 대상으로 하여 주요 철학자들의 사상을 간략하게 소개하는 내용이었습니다. 그러는 몇 년 동안 나는 점차 성장하는 유고슬라비아 실천그룹(Yugoslav Praxis Group)의 철학자들과 친해지게 되었고, 코르출라 섬에서 진행된 학술캠프에도 참가하였습니다.

문회 : 『마르크스의 철학』에서 공정함과 자유와 같은 마르크스의 정치 개념에 관해 논의하셨습니다. 그 이후는 『사르트르의 정치론』(*Sartre's Political Theory*)과 『사회

철학 그리고 정치철학』(*Social and Political Philosophy*)을 출판하셨지요. 후자의 서문 중에서 "정치에 대한 탐구와 검토가 철학 전체에서 중요한 부분을 차지해야 한다는 것은 의심의 여지가 없다"라고 쓰신 바 있습니다. 그렇다면 선생님께서는 정치철학의 중요성을 어떻게 평가하십니까? 선생님의 학술연구에서 정치철학이 항상 가장 핵심의 자리를 차지해왔다고 이해해도 되겠습니까?

1970년대 웰든주의의 전성기, 정치철학으로 눈을 돌리다

맥브라이드 : 물론입니다. 나는 정치철학을 철학인 동시에 정치학의 중요한 한 부분을 이루는 것으로 봅니다. 내가 처음 일을 시작했을 무렵에는 전통철학적 영역의 마르크스사상에 관한 연구와 비교해 볼 때 정치철학 연구에 대해서는 영미권의 새로운 성과가 상대적으로 부족했습니다. 이 시기는 '웰든주의의 전성기'라고 불렸는데, 이는 영국 철학자 웰든(T. D. Weldon)의 이름에서 유래한 것입니다. 웰든은 다른 것에는 적용되지 않고 오직 한 가지 정치체제만 옹호할 수 있는 이성적 논변이란 존재하지 않는다고 하였습니다.

물론 나의 철학적 관심은 항상 광범위했습니다. 사회철학과 정치철학 외에도 법철학(박사논문의 절반이 영국의 법학자 하트에 관한 것입니다.), 실존주의, 현상학 그리고 서양철학사 등에 관심을 가지고 있습니다.

문회 : 선생님은 예일대학교에서 석사학위와 박사학위를 취득하셨고 교수로 일정 기간을 재직하셨는데, 1973년부터는 계속 퍼듀대학교에서 교수직을 맡으셨죠. 예일대학교 철학과와 퍼듀대학교 철학과 간의 주요한 차이점에는 어떤 것이 있는지, 당시 왜 퍼듀대학교을 택하셨는지에 대해 말씀 부탁드립니다.

퍼듀대학교와 예일대학교의 공통점 : 철학적 포용정신

맥브라이드 : 내가 재학 당시 예일대학교 철학과는 굉장히 출중했습니다. 철학적으로 절충주의를 보이면서 다양한 서로 다른 유파를 포용하고

있었기 때문이지요. 학과 내의 교수진들은 서로 다른 철학 연구 영역을 대표하는 인물들이었습니다. 당시 유럽대륙철학 방면에서 예일대학교 철학과에 필적할 만한 규모의 철학과는 많지 않았습니다. 미국의 다른 많은 학교들의 철학과는 '분석철학'에 방점을 두고 다른 방향은 간과하였습니다. 물론 내가 학교를 다니던 무렵에는 예일대학교 철학과도 여러 명의 분석철학자들을 보유하고 있었습니다. 윌프리드 셀러스(Wilfrid Sellars) 교수도 그 중 한 명이었습니다. 그리고 1960년대 말까지만 하더라도 예일대 철학과 대학원 프로그램은 매년 많은 학생들을 모집했습니다. 나 역시 같은 학년에서 19명의 신입생들이 입학했습니다. 물론 지금은 더 이상 그럴 수 없는 상황이 되고 말았지요.

퍼듀대학교의 경우 내가 예일을 떠나던 해 적극적으로 러브콜을 보내 왔습니다. 예일대학교와 비교하자면 규모 면에서 차이가 많이 나기는 하지만, 그렇다고 퍼듀대학교 철학과 자체가 그렇게 작은 편은 아닙니다. 내가 들어갈 때는 이미 꽤 자립적인 규모를 보이고 있었습니다. 중요한 것은 퍼듀대학교 철학과 또한 예일대와 같이 철학적으로 다원주의적이고 포용적인 정신을 지니고 있었다는 점입니다. 특히 훌륭한 점은 지금까지도 여전히 이러한 원칙을 실행하고 있다는 것이죠.

나를 퍼듀대학교로 초빙하는 일을 담당했던 캘빈 슈러그(Calvin Schrag)는 예일대학교 신학원에서 대학원을 나왔고 후에 폴 틸리히(Paul Tillich)의 조교를 담당했었습니다. 폴 틸리히는 유럽대륙철학 전공으로 하버드대학교를 졸업했습니다. 내가 퍼듀대학교에 왔을 당시는 지금은 고인이 되신 리처드 그레이보(Richard Grabau)가 철학과 학과장으로 계셨습니다. 그는 칼 야스퍼스(Karl Jaspers) 철학을 연구하는 전문가로 역시 예일대학교에서 박사학위를 받았습니다. 따라서 내 경우 예일부터 퍼듀로 옮겨오는 동안 철학 연구의 분위기가 크게 변하지 않았다고 할 수 있습니다.

최근 몇 년간 많은 퍼듀대학교 철학과 졸업생들이 졸업 후 놀라울 만한 학문적 성취를 거두는 것을 직접 목격하였습니다. 예를 들어 마가렛 시몬스(Margaret simons)는 보부아르(Simone de Beauvoir)의 철학자로서의 정체성을 증명하기 위해 고군분투한 끝에 미국 내에서는 그 누구도 따라올 수 없는 성공을 거두었지요. 또한 샐리 숄츠(Sally Scholz)는 현재 북미사회철학협회의 회장을 맡고 있습니다. 몇 해 전 퍼듀대학교에서 내게 핸슨 석좌교수라는 칭호를 부여했는데, 나에게는 참으로 과분한 영예입니다. 전체적으로 퍼듀대학교 철학과에서의 업무 경험과 조건에 대해서는 매우 만족합니다.

문회 : 최근에는 주로 어떤 강의를 담당하고 어떤 학술활동에 참여하고 계십니까?

마르크스철학과 프랑크푸르트학파 강의를 선호

맥브라이드 : 최근 내가 가장 자주 담당하는 수업은 사회철학과 정치철학에 관한 학부생 수업입니다. 몇 년 전에는 아내인 안젤라(Angela)와 함께 <여성철학>이라는 강의를 맡은 적도 있습니다. 대학원 과정의 경우 주로 법철학, 사회·정치철학, 실존주의 등을 강의합니다.(물론 이 과정의 내용은 매년 조금씩 변동됩니다.) 이 수업들 가운데 내가 가장 좋아하는 강의는 역시 마르크스철학입니다. 보통 『자본론』, 루카치, 롤즈, 프랑크푸르트학파 등에 중점을 두고 강의를 합니다.

강의 외에도 지금 여러 철학기구에서 요직을 담당하고 있습니다. 현재 북미사르트르협회의 공동창립자이자 이사이며 현상학과 실존주의철학협회에서도 공동창립자 가운데 한 사람입니다. 전에는 북미프랑스어문철학협회 회장, 북미사회철학협회 회장을 맡은 바 있습니다. 세계철학대회를 주최하는 국제철학연맹(FISP)에서도 회장을 맡았었지요.

문회 : 북미사회철학협회, 현상학과 실존주의철학협회, 북미사르트르협회까지 정말 많은 학술기구의 직무를 두루 경험하셨습니다. 국제철학연맹의 전임회장으로서 가장 도전적이었던 경험이 있다면 무엇일까요?

국제철학연맹 회장으로서의 최대 과제는 세계철학공동체의 유지

맥브라이드 : 국제철학연맹의 직책은 나에게 정말 뜻 깊었던 경험입니다. 지난 2013년 아테네에서 열린 세계철학대회를 끝으로 업무가 막을 내렸습니다. 당시에 나는 최초로 국제철학연맹 회장을 맡은 미국학자였습니다. 더 앞선 5년 전에는 최초로 국제철학연맹 사무총장을 맡았던 미국학자였지요. 지금도 나는 전임회장 자격으로 국제철학연맹의 업무에 직접 참여하고 있습니다. 이번 세계철학대회 이후 새 회장과 지도부가 선출될 예정입니다. 물론 그 이후에도 다른 전임회장과 마찬가지로 지도부 신분을 유지할 것입니다. 이 모든 것이 나에게는 좋은 기회가 되었습니다. 세계 방방곡곡에서 각지의 철학자들을 만나고 교류할 수 있었기 때문입니다.

5년마다 열리는 세계철학대회나 1년에 한 번 열리는 고교생 국제철학 올림픽(주로 FISP 후원으로 개최)과 같은 특정한 형식에 국한된 작업도 중요합니다만, 가장 큰 도전이었던 일은 하나의 세계철학공동체를 유지해 가는 일이었습니다. 우리는 이 공동체를 유지하기 위하여 뉴스레터를 배포하거나 홈페이지에 각종 소식을 업데이트하기도 하고(이 작업은 이 인터뷰를 진행하기 일주일 전 퍼듀대학교 주관으로 진행되었습니다), 기타 여러 가지 방식으로 세계 철학계에 새로운 정보를 전달합니다. 그 외에도 세계 여러 나라에서 온 서로 다른 정치적 성향의 철학자들과 좋은 관계를 유지하는 것도 하나의 큰 도전입니다. 나는 철학공동체를 향한 일련의 노력들이 훌륭한 성과를 내고 있음을 믿어 의심치 않습니다.

【철학사상과 업적】

문회 : 한 명의 저명한 철학자이신 선생님의 철학사상과 학술 연구에 관해 논의해
보도록 하겠습니다.

플라톤 이래 '정의' 개념은 수많은 철학자들의 주요한 관심의 대상이 되어 왔습니다.
롤즈는 심지어 정의 개념이 사회제도의 최우선의 미덕이라고 보았습니다. 롤즈의
정의 이론이 현대세계에 막대한 영향력을 미치고 있음에도 선생님은 그의 이론에
대해 문제를 제기하신 바 있습니다. 선생님께서 보시기에 롤즈와 그를 지지하는
학자들이 답을 내놓아야 하는 가장 까다로운 문제가 있다면 어떤 것들이 있을까요?
예를 들어 선생님께서는 롤즈의 정의 개념에서 역사적 상대성이 존재한다고
하신 바 있는데, 이에 대해 자세한 설명을 부탁드립니다.

롤스의 정의론, '원초적 상태' 부분이 지나치게 독단적

맥브라이드 : 사실 그렇게 이해한다면 롤즈에 대한 나의 비판 방식에
오해의 여지가 있을 수 있습니다. 예전 나는 롤즈『정의론』의 서평을
쓴 적이 있습니다.(이 서평 역시 아주 예전에 발표한 저작 가운데 하나입니다.)
이 서평에서 나는 주로 롤즈가 자신의 철학 노정을 "영원의 상 아래에
서"(sub specie aeternitatis)라는 말로 묘사한 것, 즉 "영원이라는 시각에서"
철학을 연구한다고 한 것을 비판하였습니다.

추상적인 논의는 제쳐두더라도, 롤즈의 이론은 주로 자신이 태어나고
성장한 20세기 중엽의 미국이라는 환경으로부터 수혜를 받은 바가
큽니다. 그 영향은 롤즈 자신이 자각하는 것보다 훨씬 크다고 봅니다.
또한 나는 그가 사용하는 기본적인 해석 도구인 '원초적 상태'(the
original position)라는 개념에 대해 지나치게 독단적인 부분이 있다고
생각합니다. 구체적인 이유는 여러 가지가 있지만 논의할 시간이
충분하지 않으므로 여기에서는 생략하도록 하겠습니다. 초기의 몇몇
저서들을 제외하고, 롤즈 후기 사상의 관심사는 국제문제로 옮겨
가게 됩니다. 예를 들어『만민법』(The Law of Peoples)이라는 책은 여러

가지 측면에서 큰 문제를 지니고 있습니다. 이는 설사 롤즈의 추종자라 할지라도 인정하지 않을 수 없을 것입니다.

따라서, 말씀하신 대로 롤즈의 이론, 특히 초기의 이론은 그 영향력이 막대하고 나 역시 수많은 과정에서 롤즈의 사상을 강의하였고 그러한 영향력을 직접 경험하였습니다만, 나는 그 영향력의 황금기가 이미 지났다고 믿으며 또 그러한 믿음이 틀리지 않았기를 바랍니다.

문회 : 마르크스가 저서에서 의도적으로 '정의'라는 개념 범주를 사용하는 것을 피했음에도 불구하고 그의 정의론은 여전히 깊이 연구할 만한 가치가 있다고 생각됩니다. 마르크스의 정의 개념과 롤즈의 정의론의 가장 주된 차이점은 무엇이라고 생각하십니까? 마르크스의 관점에서 볼 때 사회주의로 제도적 전환이 일어난다면 더 이상 미래사회가 정의 개념에 의존하지 않게 될 것이므로, 그의 정의 개념 자체가 일종의 정의론의 소멸을 예시한다고 볼 수도 있을까요?

마르크스가 직접적으로 '정의'라는 범주를 사용하지 않은 이유, 잠재된 사회주의 적 동기의 제공

맥브라이드 : 말씀하신 것도 부분적인 원인입니다만, 마르크스가 '정의'라는 용어를 기피한 더욱 근본적인 이유는 이 용어가 철학 영역과 기타 전 세계적 범위에서 남용되고 있으며 심지어 많은 경우 이데올로기적인 방식으로 사용되고 있다고 보았기 때문입니다. "나의 정의 개념은 옳고 너의 정의 개념은 틀렸다"와 같은 방식으로 말이지요. 롤즈 『정의론』의 서평에서부터 나는 줄곧 "완벽한 정의"(perfect justice)라는 개념의 존재 혹은 완벽한 정의 이론이 만들어질 수 있다는 신념이 잘못된 것이라 생각했습니다. 하지만 이로 인해 비정의非正義 (injustice)에 관한 철학적인 글을 쓰는 것을 배제하지는 않았습니다. 이는 바로 마르크스가 일생에 걸쳐 했던 일이기도 합니다. 본질적으로 말해 롤즈의 정의론에서는 어떤 불평등한 분배방식이 사회의 최약층

에게 더 큰 혜택을 주는 경우를 제외하고는 기본적으로 '사회 기초 재화'(social primary goods)가 평균적으로 분배되는 상태를 좋은 분배라고 여깁니다. 따라서 이러한 정의론에서는 사회주의경제나 자본주의 경제 혹은 더 개량된 형태의 어떤 경제체제가 모두 허용되지만, 실제로는 마르크스철학이 우리에게 제공했던 것과 같은 잠재적 사회주의 동기는 완전히 무시된다고 보아도 무방합니다.

더 나아가 많은 비판자들이 정곡을 찔렀듯, 롤즈의 정의에 관한 토론은 명백히 분배의 문제에만 국한되었고 인류사회가 지향하는 기타 다양한 문제(예를 들면, 인종차별이나 성차별)에 관해서는 간과하였습니다. 이러한 문제들은 정의에 관한 논의가 완전해지기 위해 반드시 다루어야 하는 것들임이 분명합니다.

문회 : 『동유럽 변혁에 관한 철학적 고찰』(*Philosophical Reflections on the Changes in Eastern Europe*)에서 신소비주의와 물질주의, 이기주의가 동유럽 국가에 성행함으로써 지식인의 지위와 그 정치 영역에서의 영향력 하락을 야기했다고 주장하셨습니다. 굉장히 주의 깊게 살펴볼 만한 현상 같은데요, 중요한 것은 이러한 현상이 현재 전 세계가 모두 마주하게 된 문제라는 점이겠지요. 여기에 관해 선생님의 생각은 어떠하신지, 동서양을 막론하고 현대세계에 조언해 주실 점이 있다면 어떤 것들이 있을까요?

지식인의 결정이 반드시 정확하다는 것을 보장할 방법은 없어

맥브라이든 : 그렇습니다. 현재 아시아 국가들도 비슷한 문제에 놓여 있다고 알고 있습니다. 하지만 아쉽게도 완벽한 대책을 내놓을 수는 없을 것 같습니다. 인문학의 가치를 소중히 여기는 사람이라면 반드시 그 양심을 가지고 자신의 신념에 확고하여야 합니다. 사람들은 이런 현상에 직면하여 쉽게 비관주의에 빠져버리지만, 인문학에 신념을 가지고 행동하는 사람들이 사실 우리 생각보다 훨씬 더 많습니다.

지식인과 정치라는 문제를 놓고 보면, 양자 간의 관계는 우리가 생각하는 것보다 더 밀접하고 광범위합니다. 예를 들자면 구 체코슬로바키아의 하벨(Havel)이나 프랑스의 마크롱(Mccron) 등이 있겠네요. 후자는 폴 리쾨르(Paul Ricoeur)의 학생이기도 했습니다. 이러한 사례는 무수히 찾아볼 수 있습니다. 하지만 지식인이 된다는 것이 결코 한 인간이 항상 올바른 판단만을 내린다는 것을 보장하지는 않음을 인정해야만 합니다.

문회 : 사르트르의 철학사상을 보면 윤리와 정치 간의 관계를 매우 복잡하고 모호하게 서술한 것을 알 수 있습니다. 초기 저서에서는 윤리학을 논의했지만 후에는 그것을 버렸기 때문입니다. 이 또한 사르트르 철학의 중요한 특징으로 여겨질 수 있겠습니다. 프레드릭 올라프슨(Frederick Olafson) 교수의 서평에서는 선생님이 사르트르 철학에 대해 "명백히 동정적인 태도"를 지니고 있어 사르트르 본인이 윤리학에 대해 지니고 있던 부정적인 평가와 태도마저도 무시하는 데 이르렀다고 하였습니다. 이러한 견해에는 어떻게 대응하시겠습니까?

사르트르 윤리학에 대해서는 "명백히 동정적인 입장", 그 연구방법론에 동의

맥브라이드 : 사실 사르트르 본인이 『윤리학 노트』(*Notebooks for an Ethics*)를 포기해 버린 까닭에 그의 사후에나 책이 겨우 출판될 수 있었지만, 사르트르가 윤리학 문제를 연구하는 것 그 자체를 포기한 것은 아닙니다. 사르트르는 단지 윤리학적 문제가 사회·정치적 사안으로부터 완전히 분리해 나오는 것을 바라지 않았던 것입니다. 나 또한 이러한 관점에 동의를 하지요. 이런 측면에서 볼 때 사르트르 후기의 연구 관심사를 잘 보여 주는 것은 로마의 그람시연구소 강좌를 위해 준비했던 연설문이 아닐까 합니다.(몇 년이 흐른 뒤 정식 발표되었습니다.) 이 원고는 마르크스로부터 큰 영향을 받아 "인간됨"(becoming human)이라

는 개념을 강조하고 있습니다.

사르트르가 『윤리학 노트』를 집필했을 당시의 사상 외에도 나는 그의 사상 전반에 대해 강한 동정심과 공감을 가지고 있습니다. 많은 이유들이 있지만 그 중 하나는, 그가 전통적인 서양철학의 윤리학 연구 방식을 비현실적이고 추상적이며 왜곡된 것으로 간주했기 때문입니다. 나 또한 이 의견에 심히 동의합니다.

문회 : 이제 선생님의 연령이 사상이 무르익는 황금기로 접어드셨습니다. 향후 10년간의 학술계획에는 어떤 것이 있을까요?

미래 계획 : 마르크스, 사르트르, 보부아르 연구 그리고 철학의 세계화

맥브라이드 : 기본적으로는 계속해서 마르크스와 사르트르, 보부아르에 관한 논문을 집필해 논문집을 출간하거나 학술회의에 참가할 예정입니다. 현재로서는 8월에 열릴 세계철학대회의 <마르크스 탄생 200주년> 회의에서 진행될 특별강연을 몹시 기다리고 있습니다. 이 외에도 앞으로 진행하려는 연구 주제 가운데 "철학의 세계화"(나의 한 저서 중의 편명이기도 합니다.)라는 것도 있습니다. 온전히 서양에서 태동하여 발전된, 하나 또는 극소수의 철학 형태만이 '진정한' 철학이라 보는 관점이 있는데 "철학의 세계화"의 요점은 바로 이러한 관점을 거부하겠다는 것입니다.

【중국철학 그리고 세계철학대회를 바라보다】

문회 : 이번 철학대회의 주제는 바로 "학이성인學以成人"입니다. "학이성인"은 중국문화 중 가장 큰 영향력을 지닌 사상전통인 유가사상에서 유래했습니다. 이는 유가의 도덕수양을 대표하는 개념으로, 궁극적으로 성인 혹은 군자가 되는 것을 지향합니다. 유가의 전통에 따르면 학문이란 일생에 거쳐 지속해야 하는 일로, 수양의

과정에서 인간은 끊임없이 배우고 이를 실천해야 합니다. 만약 서양철학 전통에서 이 주제를 본다면 어떻게 이해할 수 있을까요?

마르크스가 본 '인간됨' : 인간 잠재능력의 완전한 실현 및 자유로운 발전

맥브라이드 : 며칠 전 라디오 방송에서 어떤 작가가 아시아 전통 주류의 '쾌락' 개념과 서양 주류의 '쾌락' 개념에 대해 비교하는 내용을 들은 적이 있습니다. 전자의 경우 언급하신 유가철학을 비롯하여 대부분 일관되게 평정과 조화를 강조하고자 하며, 후자의 경우 일정 부분 열정을 강조하는 측면이 있다는 내용이었습니다. 굉장히 흥미로운 비교라고 생각합니다. 이와 마찬가지로 서로 다른 철학 전통에서 "학이성인"이라는 개념은 분명 서로 다른 주안점을 지닐 것입니다. 하지만 일부 상통하는 점이 있다면 예의와 양보(civility and comity), 즉 우리의 생활세계를 평화롭고 순조롭게 공유하자는 점이 아닐까 싶습니다. 최근 들어 나는 이 "학이성인"의 과정이 반드시 장기적인 진화발전의 과정이 되어야 한다는 사실을 깨닫기 시작했습니다. 하지만 지금 이 시대는 최종 목표까지 갈 길이 아직 멀어 보입니다.

문회 : 선생님은 마르크스철학을 일종의 비판적 철학으로 간주한 바 있습니다. 현존 사회제도가 사회구성원에게 제약을 가하고 있으며, 따라서 그들이 "잠재능력을 자유롭게 발전시키고 실천하는" 데 장애가 된다는 사실을 마르크스사상이 잘 드러내주고 있다는 것이었습니다. 마르크스의 이화異化 이론에 근거하여 '인간됨'이라는 개념을 인간의 잠재능력의 완전한 실현과 자유로운 발전이라는 의미로 이해해도 될까요? 그러한 '인간됨'의 과정에서 사회와 사회구조는 어떠한 역할을 하게 될까요?

맥브라이드 : 나 역시 말씀하신 생각과 표현에 동의합니다. 『1844년 경제학-철학 수고』에서 마르크스는 현대사회 및 역사의 새 시작의 가능성을 논하며 이화의 개념을 제시했습니다. 이에 대해서는 나도 이미

여러 차례 논의한 바 있습니다. 마르크스의 구상에 따르면, 역사가 새 출발하는 시점에 인간의 잠재능력은 비로소 완전한 실현과 발전을 이룰 수 있습니다. 물론 마르크스의 입장에서 이러한 기회는 사회구조의 급격한 변혁과, 착취의 근본적인 소멸에 의해서만 가능하겠지요. 나도 이러한 주장에 동의합니다.

문회 : 중국철학과 중국문화를 어떻게 바라보시는지요? 중국철학의 미래 발전에 관해서 어떤 기대를 품고 계십니까?

중국철학은 서양철학사상, 특히 마르크스철학과의 융합을 통해 발전할 것

맥브라이드 : 우선 나의 중국철학에 대한 이해가 별로 깊지 않다는 것을 인정하고 시작해야 할 것 같습니다. 참으로 아쉬운 일입니다. 중국철학의 전문가가 될 만큼 전문적으로 공부할 만한 여유가 없었거든요. 예전에 『논어』부터 시작하여 몇 권의 중국고전들을 접한 적이 있습니다만 이것으로는 한참 부족하다고 생각합니다. 때문에 현재로서는 중국철학의 미래에 관해 예측할 능력이 없습니다. 하지만 이것 한 가지는 확실하게 말할 수 있겠네요. 중국철학은 서양사상, 특히 마르크스사상과 융합되어 발전될 가능성이 충분합니다.

"어떻게 유가사상과 마르크스주의 그리고 자유 시장경제를 융합시킬 수 있을까요?" 내가 예전 몇 명의 철학자들을 이끌고 중국을 방문했을 때 한 중국 철학자가 이 문제를 제기한 적이 있습니다. 지금까지 내가 중국에 오간 횟수만 25회나 되니 중국문화가 나에게 어느 정도 영향을 미쳤다는 것 또한 자연스러운 일이겠지요. 젊은 시절에 비해 중국 역사에 대한 이해도 전반적으로 깊어진 상태입니다.

중국문화는 굉장히 위대합니다. 인류 전체가 짧은 역사의 범위 내에서 이룩한 아주 위대한 성취 가운데 하나이지요. 유구한 역사 가운데에서 기록으로 남은 역사는 몇 천 년이 채 되지 않으니까요. 나는 중국의 많은 도시를 돌아다녀 보았고, 나의 딸 가운데 한 명은 홍콩 중문대학교에서 20년이 넘게 심리학 강의를 해 오고 있습니다.

문회 : 철학과 현실세계 사이에는 어떤 관계가 있어야 한다고 생각하십니까?

가장 성공적인 철학은 선험이 아닌 경험에서 출발해야

맥브라이드 : 만약 말씀하신 현실세계가 우리가 매일 살아가고 느끼는 이 세계라면, 철학이 비록 추상적인 것일지라도 현실과 반드시 관련이 있어야 한다고 생각합니다. 어떤 철학사상이 다른 것들에 비해 이 세계의 깊은 본질을 더 잘 드러내 줄 수도 있겠습니다만, 나는 오늘날 가장 성공적인 철학이란 선험에서 출발하는 것이 아니라 경험에서 출발하는 철학이라고 생각합니다.

문회 : 예전 한 논문에서 월터 카우프만(Walter Kaufman)을 예로 들면서, 철학사적으로 뿌리가 깊은 어떤 개념을 새롭게 고찰할 때에 황당무계한 논리로 빠지거나 진부한 논의에 그치는 일을 피하는 것이 얼마나 어려운지를 설명하신 적이 있습니다. 개인적으로 아주 중요한 논의를 하셨다는 생각이 듭니다. 오늘날 학계에서 논의되는 수많은 문제들은 사실 대부분이 이미 선대들에 의해 연구된 주제이기 때문에, 앞에서 언급한 그러한 난점을 피해 가는 일은 지금의 학자들이 직면한 가장 까다로운 문제 중 하나가 되었습니다. 어떻게 전통과 혁신 가운데에서 균형을 이룰 수 있을까요? 이 점에 관해 오늘날의 전 세계 철학연구자 및 젊은 세대의 학자들을 위해 조언을 부탁드립니다.

전통과 혁신 : 미래의 기준에서 현재는 가장 오래된 시대

맥브라이든 : 과도한 염려를 불러오지는 않을까 하는 생각이 들지만, 나 또한 이 문제를 아주 중요하게 생각합니다. 서양철학이든 중국철학이든, 아니면 다른 어떤 철학전통이든, 우리는 우선 전통을 존중해야

합니다. 그러면서도 철학사적인 활력을 유지할 필요가 있지요.(겸사겸 사 한 마디를 덧붙이자면, 마르크스가 이 방면에서 우리에게 훌륭한 모범을 보였다 고 생각합니다.)

하지만 앞으로도 계속해서 새로운 문제가 끊임없이 생겨나와 철학의 혁신과 창조의 여지를 마련해 줄 것입니다. 이와 동시에 어떤 철학자들 은 이러한 새로운 문제에 직면하여 다시금 전통에서 그 답을 찾고자 하겠지요. 하지만 홉스가 『리바이어던』(Leviathan) 끝부분에서 했던 말을 결코 간과해서는 안 될 것입니다. "진리를 밝힌 진술들과 더 나은 진리추구 방식을 제시한 선인들에게 경의를 표하지만, 그렇다고 해서 맹목적으로 그들을 숭배할 필요는 없다. 오래되었다는 이유 그 자체는 존경할 만한 점이 아니다. 단순히 연대만 놓고 경의를 표한다면, 시간의 누적이란 점에서 볼 때 오히려 현대가 가장 오래된 시대일 것이기 때문이다." 나도 이 말에 동의합니다.

글∥호건평胡建萍(연합인터뷰팀)

장세영
張世英

철학은 인생의 경지를
'만유상통萬有相通'의 경지로 끌어올려야 한다

헤겔철학 전문가, '만유상통' 철학의 창시자

장세영

인터뷰이 : 장세영張世英
　　　　　(중국 저명 헤겔연구 전문가, 중서 비교철학 및 비교문화연구 전문가,
　　　　　북경대학교 미학과 미학교육 연구센터 학술위원회 이사,
　　　　　제24차 세계철학대회 명예위원회 위원)

인터뷰어 : 이념李念(『문회보』 기자), 이하 '문회'로 대칭

인터뷰 일시 : 2018년 3월(대면 인터뷰)

2011년 1월 10일 내가 북경대학교에서 인터뷰를 진행할 당시, 〈제1차 미명未名 포럼〉에서 중국철학, 서양철학, 마르크스철학 간에 심도 깊은 논의가 있을 거라는 소식을 듣고 급히 현장으로 달려갔다. 공항으로 떠나기 불과 30분 전의 일이었다. 두유명杜維明 선생이 중국철학을 대표하여 발언을 하고, 서양철학 분야에서는 장세영張世英 선생이 발언을 하였다. 사회자는 장세영 선생을 이미 90세가 넘은 고령이라 소개하였는데, 90세가 넘은 연세에도 불구하고 너무나도 명석한 사고를 지닌 그 모습에 몹시 놀랐던 기억이 있다.

올해(2018년) 3월 3일 장세영 선생에게 메일을 보내 인터뷰 요청을 드렸다. 8일 오전 베이징 근교 회룡관의 한 아파트 단지를 찾아가는 길, 문득 장세영 선생 수필에 묘사되어 있던 서남연합대학의 한 장면이 떠올라 흥분을 감출 수 없었다. 아, 장장 1세기에 걸친 역사를 경청하러 가는 길이란! 이윽고 댁에 다다르니 올해로 연세가 97세에 이른 장세영 선생이 복장을 가지런히 갖추고 기다리고 계셨다. 이틀 하고도 반나절, 장장 5시간 동안에 걸쳐 장세영 선생과의 인터뷰가 진행되었다.

오전의 햇살이 길게 드리워 장 선생이 계시는 소파에까지 온기를 담아냈다. 서남연합대학에서부터 헤겔 연구 그리고 금세기에 새롭게 창시한 "만유상통萬有相通"의 철학을 거쳐 곧 개막을 앞둔 세계철학대회까지, 선생은 하나하나 빼놓지 않고 아주 또렷하게 기억을 되짚어 내셨다. 이야기가 흥이 오를 때면 어김없이 선생의 유머와 장난기가 치밀어 방청객으로 경청중인 나이 일흔의 따님과 나는 한바탕 박장대소를 펴지 않을 수 없었다.

인터뷰 말미 선생이 갑자기 깊은 한숨을 내쉬며 말씀하셨다. 최근에 점점 조급함을 느끼고 밤에도 철학적 사고 때문에 문득문득 깨신단다. 그 이유를 여쭈었더니 이런 말씀을 하셨다. "아침에 도를 들으면 저녁에 죽어도 좋으리라는 말도 있네만, 나는 시간이 부족하여 중국철학이 어떠해야 하며 철학은 또 무엇인지, 그 밖에 떠오르는 철학적 사고들을 미쳐 다 써내지 못할 것 같네." 인터뷰를 마치고 떠나기 전, 선생은 나에게 2016년 말에 출간된 『아흔의 사색』(九十思問)

한 권을 건네셨다. 이미 며칠 전 주문해 두었노라 했다. 돌아와 책을 읽어 보니 선생이 95세를 맞이하여 자신에게 남긴 기념이 아닌가 하는 느낌이 들었다. 하지만 그보다는 선생이 이 세상에 선물로 남겨 주신 것이라 해야 하지 않을까. 문득 거실에 걸려 있던, 그가 친필로 내려 쓴 힘차고 수려한 서예 한 폭이 떠오른다. "생각이 샘솟아 오르고, 붓은 구름을 타고 난다. 95세 장세영, 2016년 4월." 존경스럽고, 진실되며, 사랑스러운 철학계 어르신. 그의 숨결과 사유는 이미 세상 모든 사색가들에게는 공동의 자산일지니.

【철학과의 인연 그리고 궤적】

문회 : 노장철학과 도연명의 사상 경지를 가장 좋아하신다고 말씀하셨습니다. 부친이신 장석거張石渠 선생이 어린 시절부터 『논어』, 『맹자』, 『장자』, 『고문관지』 등 고전독해를 가르치고 매주 한 편씩 문장을 짓도록 시키신 것과 관계가 있어 보입니다. 1938년 전쟁으로 무한武漢시가 함락되자 교사직을 사직하고 농사를 지으면서 사셨던 기풍 넘치는 분이셨는데요, 그로부터 많은 영향을 받았을 것이라 생각됩니다. 철학을 선택한 것도 부친의 영향이 있었나요?

서남연합대학교에 입학 후 경제학 전공으로 시작, 사회학을 거쳐 철학에 정착

장세영 : 아버지는 나를 깨우쳐 주신 선생님입니다. 집안에 자녀가 총 여섯이었는데, 모두에게 교육을 받게 할 여력이 안 되자 나 하나에게 본인의 모든 희망을 거셨습니다. 어렸을 때부터 말 한마디 행동거지 하나하나까지 모두 아버지의 가르침을 받았지요. 가장 두려운 존재이면서 내가 가장 사랑하는 존재이셨습니다. 그의 교육은 나의 철학 인생에 직접적인 영향을 미쳤습니다.

초등학교 시절 나는 수학에 재능이 있었습니다. 5학년 때는 한구漢口시

전체 초등학생들을 대상으로 한 수학 및 작문 대회에서 모두 1등을 했지요. 중학교 시절에는 시 전체 작문대회에서 1등을 획득한 적도 있었지만 개인적으로는 좀 더 수학에 관심이 기울어 있었습니다. 고등학교 2학년에 올라 문과와 이과를 선택할 때 결국 이과를 선택했는데, 한 가지 이유는 정치로부터 멀어지고 싶었기 때문입니다. 당시 학교에서 국민당에 참여하던 친구들은 성적이 대체로 좋지 않았지만 친공산당이었던 친구들은 모두 성적이 좋았기 때문에, 감정적으로 공산당 쪽을 선호했습니다. 한 번은 내가 어떤 국민당 삼청단三靑團 단원에게 "성적이 이렇게도 나쁜데 잘도 삼청단을 하는구나!"며 무시했던 적이 있었습니다. 이 학생이 국민당에 밀고하여 국민당원들이 나를 쫓아온 적도 있었습니다. 내가 고등학교 연합고사에서 시 전체 1등을 차지했는데, 시험이 끝난 그날 공산당 친구가 급히 내게 달려와 "네가 국민당의 요주의 인물 명단에 올랐으니 너를 잡으러 올 것이다. 얼른 도망가라"라고 하더군요. 나는 밤낮없이 내달려 중경重慶으로 도망을 갔었지요.

중학교 때는 위인전기를 보러 도서관에 자주 들렀습니다. 당시 정말 많은 '잡생각'들을 했었지요. 콜럼버스가 되어 신대륙을 발견하는 상상을 한다든가, 하늘로 날아오르는 것을 동경해 기상학을 배우려 하는 생각들 말이지요. 그때는 기상학을 배우면 정말로 하늘로 날아오를 수 있을지 알았습니다. 나는 예전부터 원대한 일을 생각하는 것을 좋아했습니다. 대개는 현실과 맞지 않는, "내가 세상을 바꾸겠노라" 하는 생각들이 머릿속에 박혀 있었습니다. 서남연합대학교에 들어가서 경제학을 선택한 것은 국민당이 마음에 들지 않아서였는데, 이 때문에 이과를 공부하겠다던 뜻까지 바꾸게 되었습니다. 처음에는 경제학이 경세치민의 도를 공부하는 학문인 줄로만 알았습니다. 하지만 한 학기를 공부해 보니 전부 구체적인 계산법이나 장사법이더란 말입니다. 내 예상과는 많이 차이가 났습니다. 그래서 다시 사회학으로 전공을 바꾸었습니다. 그랬더니 그 다음에는 선생님이 기방에 가서 조사를 해 오라고 시키더군요. 대단히 실망했습니다. 그러다 그해에 하린賀麟 선생의 교양 수업 『철학개론』을 수강하게 되었는데, 이 수업을 듣고는 곧바로 매료되고 말았습니다. 특히 "연꽃은 진흙 속에서 자라나지만 진흙에 더럽혀지지 않는다"라고 하시던 말씀이 나의 이상과 잘 맞아떨어졌습니다. 그래서 2학년이 되어 철학과로 다시 전과를 하게 되었습니다. 철학과 특유의 사변적인 사고들이 정말 잘 맞았습니다. '이것이 바로 내가 좋아하는 전공이구나, 아 내가 선택을 잘했구나' 하는 생각이 들어 이후로는 더 이상 후회하지 않았습니다. 하루는 나의 고등학교 동창이자 서남연합대학교 경제학과에 함께 입학했던 한 친구가 날더러 어떤 것들을 배우느냐며 물어 보았습니다. 내가 "탁자는 감각되는 순간에 비로소 탁자라 할 수 있지"라고 하니, 놀라면서 "어쩐지 철학과에서 미치광이들이 나오더라, 너도 조심해라!"라고 하더군요.

문회 : 영화 『무문서동無問西東』에 서남연합대학교의 전과생의 이야기가 나오는데, 혹시 선생님을 모델로 하신 것은 아닌가요? 혹시 이 영화를 보셨습니까?

장세영 : 당시 아들이 나를 데려가서 함께 영화를 보려고 했는데, 내가 감기에 걸려 있었던 터라 딸이 못 가게 하더군요. 아마 내가 맞을 겁니다.

문회 : 선생님과 관련이 있는 1941년 가을부터 1946년까지의 서남연합대학교 기록을 찾아보는데 선생님께서 이렇게 묘사해 놓으셨더군요. "서남연합대학교는 흡사 판테온과 같다. 철학과에는 각각의 스타일이 존재한다. 풍우란馮友蘭, 동서고금에 통달하고 세상에 뜻을 두었다. 하린賀麟, 서양학에 입문했으나 유교를 바탕으로 한다. 탕용동湯用彤, 온화하면서도 웅대하니 가슴에 이미 뜻이 섰노라. 김악림金嶽霖, 수리數理를 벗 삼아 세속 밖을 노닌다." 풍우란 선생의 『중국철학사』 수업을 듣고,

하린 선생과 헤겔을 공부하며, 김악림 선생과 분석철학을 연습하고, 탕용동 선생의 위진현학과 도가철학을 들을 수 있던 시절입니다. 이 얼마나 아름답고 황홀한 광경입니까! 아마 당시에 함께 서남연합대학교를 다녔던 학생들 가운데 지금까지 건재하신 분은 이제 몇 안 될 것 같습니다.

70년대 후반 다시 만난 동창 양진녕楊振寧 : 그 시절의 진정한 천재

장세영 : 아직 몇 있지요. 내가 아는 사람만 해도 물리학과의 양진녕楊振寧, 외국어문학과의 허연충許淵衝이 있습니다. 당시에 우리는 같은 방을 썼었습니다. 양진녕은 나보다 한 살 아래였는데, 문·이과 간에 거의 교류가 없었던 데다가 침실과 도서관 등이 전부 낡아서 내가 주로 주변의 찻집에 가서 책을 읽었던 까닭에 당시에는 서로 잘 알지 못했습니다. 양진녕의 부친은 서남연합대학교 수학과의 학과장이셨는데 당시 학생들이 모두 그에게 불만을 가지고 있었습니다. 하지만 양진녕의 수학적 재능만은 서남연합대학교에 널리 알려져 있어서, 그가 지나가면 사람들이 뒤에서 신기하다는 듯이 "그 아버지 밑에서 이런 천재가 나왔단 말이지" 하고 수군거리곤 했습니다.

이후 2016년 미학 좌담회에서 양진녕을 마주친 적이 있습니다. 함께 나란히 앉아 있다가 그에게 이야기를 건넸습니다. "나는 진작부터 자네를 알고 있었다네. 자네가 천재라는 것을 말이야." 그러고는 악수를 나눴죠. 내가 발언이 끝나고 곧바로 돌아가 버려서 몰랐지만 후에 전해 듣기로 그가 나를 '철학의 전문가'라고 평했다더군요.

문회 : 70년 만에 동창과 재회하신 셈이네요.

풍우란과 하린의 견해 충돌, 흡사 정주程朱와 육왕陸王을 방불케 해

장세영 : 서남연합대학교 시절, 북경대학교·청화대학교·남개대학교 세 개 학교 출신의 교수들이 모여 있었습니다. 각 학파 사상이 모두

운집해 저마다 번뜩이는 사유를 펼쳤지요. 서로 다른 학교의 학풍도 볼 수 있었습니다. 예컨대 청화대학교의 교수들은 대부분 서양식 차림을 하고 수업시간을 엄수하는 편이었습니다. 북경대학교의 교수들은 전통의 인문학적 향기가 강했고 사고가 매우 활발했지요. 상호간의 관점이 부딪히는 경우도 많았습니다.

철학과를 예로 들자면, 당시 하린 교수와 풍우란 교수의 관점이 서로 충돌했었습니다. 하린 교수의 강의가 인생의 체험을 강조한 중국철학의 육왕심학이라 한다면, 풍우란 교수는 주자학이나 플라톤과 비슷했습니다. 이성과 추상을 강조하였죠. 이른바 '아호논쟁'이라고 하는 주희와 육구연 간의 논쟁을 보는 듯했습니다. 당시 하린 교수와 풍우란 교수는 아호의 두 학파처럼 서로 논하는 바는 달랐지만, 그렇다고 논쟁으로까지는 연결되지 않았습니다.

풍우란 교수는 온 얼굴에 수염이 뒤덮여 있고 긴 두루마기에 마고자를 걸쳤으며 항상 알이 두꺼운 안경을 끼고 다니셨는데, 강의가 막 시작되면 조금 말을 더듬곤 하셨지만 금세 청산유수처럼 달변을 늘어놓으셨습니다. 나는 지금까지도 계속 그가 당시 교재로 사용했던 『중국철학사』를 보관하고 있습니다. 해방 이후 여러 차례 수정을 거쳤지만 나는 이 옛 판본밖에 보지 못했습니다. 제가 느끼기에 풍우란 선생의 사상은 김악림 교수의 영향을 받은 것으로 보입니다. 풍 선생의 '신리학新理學'은 플라톤의 '이데아'와 신실재론이 중국의 정주리학程朱理學과 결합된 통일체라고 할 수 있습니다. 그 사상은 영미 신실재론의 영향을 깊이 받고 있어서, 비록 내가 그의 중국철학사 수업을 들었지만 오히려 서양철학사에 관심이 생길 정도였습니다. 당시 중국철학은 비교적 체득과 깨달음에 치중하고 이론 분석은 적은 편이었습니다. 하지만 풍우란 선생은 강의 중에 아주 명철한 분석을 하시곤 하셨지요. 나 역시 여전히 그 영향 속에 있습니다.

풍우란 선생은 신중국 성립 이후에 녹록지 않은 세월을 보냈습니다.

1957년 그가 '추상적 계승법'(抽象繼承法)을 제시했을 때부터 혹독한 비판이 시작되었지요. 일생동안 오르막과 내리막을 경험하며 순탄치 않은 삶을 사셨습니다. 자기반성문도 많이 써야만 했습니다. 생전 마지막 10년 동안은 진솔한 이야기를 많이 하셨습니다. 모택동 사상의 세 단계에 관해 평가하기도 했고요. 몇 년 전에는 한국의 박근혜 전 대통령이 자신이 절망했을 시기 풍우란 선생의 『중국철학사』를 읽고 동양의 지혜를 얻어 인생을 살아갈 힘을 얻었다고 한 적도 있습니다. 현재 박 전 대통령은 사법처리 되었다고 들었는데 참으로 유감스러운 일입니다. 하여간 이처럼 풍우란 선생의 공헌은 여전히 상당합니다. 그야말로 20세기 중국에서 진정으로 독창적인 사상체계를 지녔던 철학사가이자 철학자라 할 수 있습니다.

문회 : 당시 선생님께서는 가정형편상 대학원 과정에 진학하는 것을 포기하고 바로 남개대학교로 가서 교편을 잡았습니다. 지금 다시 선택을 할 수 있다면 청화대학교 진학을 선택하셨을까요?

하린 선생에 의해 헤겔 연구의 길로, 사실 김악림 선생의 분석철학에 더 큰 흥미

장세영 : 그렇습니다. 방금 말했듯이 나는 하린 선생에게 매료되었었고, 졸업논문인 『신헤겔주의철학가 브래들리의 사상 연구』(新黑格尔主義哲學家F.H.Bradley思想研究) 역시 그의 지도하에 썼습니다. 게다가 하린 교수는 내게 영문 원전을 읽는 법 등도 가르쳐 주셨지요. 하지만 나는 천성적으로 김악림 교수의 분석철학이 더 좋았습니다. 그의 『인식론』과 『형이상학』 수업은 200여 명이 교실 안팎을 가득 채워 생동감이 넘쳤던 하린 교수의 수업에 비해서는 훨씬 무미건조했습니다만, 나의 수학적 취향을 고려하면 내가 분석철학의 논리성을 더 좋아한 것은 어쩌면 당연한 일이었습니다.

졸업할 당시 철학과 게시판에 청화대학교나 북경대학교 대학원 가운데 하나를 선정해서 진학할 수 있다는 공고가 실렸습니다. 나는 고민 끝에 김악린 선생이 있는 청화대학교를 선택했습니다. 당시에 나는 문일다䦘一多 선생의 제자인 중문과 팽란彭蘭 여사와 결혼이 예정되어 있는 상태였습니다. 그런데 북경대학교를 선택하지 않았기 때문에 하린 선생께 결혼식 주례를 부탁하기가 다소 죄송스러웠지요. 이후 하린 선생이 내 사정을 알게 되었는데, 그는 내가 헤겔로 논문을 쓴 이상 반드시 북경대학교로 가서 계속 학문을 해야 한다고 생각하셨습니다. 하지만 내가 "저는 수학과 논리가 더 좋습니다. 분석철학의 길을 가겠습니다"라고 하자 허허 웃으시더니, "각자 제각기 장점이 있는 법이니 어디서든 성과를 내면 되는 법이네"라고 하시더군요. 이후 나는 김악림 선생을 따라 루소의 영문 원저「철학적 문제」를 읽었고, 듀이를 배웠고, 분석철학을 공부했습니다.

서남연합대학교에서 응시원서를 내던 당시, 나는 선생님들을 본받아 미국으로 유학 갈 생각만을 하고 있었습니다. 그래서 2학년에 들어와서는 1년간 휴학을 하고, 중학생들을 가르쳐 돈을 벌면서 동기와 함께 외국어문학과 왕좌량王佐良 선생을 모시고 영어를 배웠습니다. 전란이 한창이던 당시는 모두가 경제적으로 궁핍할 시기여서 이러한 방식이 많이 유행했습니다. 우리는 왕좌량 선생과 함께 『햄릿』을 읽었습니다. 대학 기간 동안 힘겹게 독일어도 공부했습니다. 나중을 위해 착실히 기초를 닦아 두자는 심산이었습니다.

문회 : 당시에 여섯 과목을 청강했다고 하셨습니다. 가장 인상에 남는 수업은 어떤 것이었습니까?

외국어문학과 오밀吳宓 교수의 영문시 강의 <일과 다> 청강, 이후 전공수업 가는 것조차 잊어

장세영 : 그렇습니다. 당시 서남연합대학교에서는 청강이 성행하고 있었습니다. 하루는 전공수업을 들으러 가다 어떤 교실을 지나가게 되었는데, 빽빽하게 들어찬 학생들을 보고 관심이 생겨 그 사이를 비집고 들어가 강의를 들은 적이 있었습니다. 칠판 위부터 아래까지 'One'과 'Many'가 빼곡히 적혀 있었습니다. 알고 봤더니 오밀吳宓 교수가 영시와 셰익스피어를 강의하고 계시던 것이었습니다. 나는 그의 "일즉다一即多, 다즉일多即一" 이론에 빠져들어 본 수업에 가는 것도 잊어버렸습니다. 이렇게 한 학기를 청강했지요. 오밀 교수는 참으로 개성이 강한 분이셨습니다. 곤명으로 가던 길에 한 식당에서 '소상부瀟湘府'라는 현판을 걸어놓은 것을 보고는 그대로 달려가 지팡이로 부수어 버릴 듯이 두드리면서 "이것은 임 동생의 것인데 자네들이 사용하는가?"라며 일갈하시기도 했지요.[1] 이후 내가 오밀 선생께 수업을 청하고 싶어 동기생 한 명과 찾아가 강의료를 드리면서 부탁드렸더니, "어찌 돈으로 나를 살 수 있겠는가?"라고 하시는 바람에 포기할 수밖에 없었습니다.

그 당시 유문전劉文典 교수가 『홍루몽』 공개강의를 열었는데, 강의를 들으러 온 사람의 수가 너무 많은 나머지 강의 장소를 세 번이나 바꾸게 되었습니다. 마지막에는 결국 넓은 운동장에서 하는 것으로 결정되었죠. 그는 30분 지각을 하시더니 곧바로 "임대옥林黛玉, 가보옥賈寶玉 같은 여러분들······" 하고 운을 떼며 강의를 시작하셨습니다. 저녁 7시부터 시작된 강의는 밤이 늦도록 끝날 줄을 몰랐습니다. 내 옆에서 강의를 듣던 분은 심지어 화학과 교수이셨습니다. 내가 이상하다는 듯이 바라보자 나를 보며 이렇게 말씀하시더군요. "화학을 가르치면 『홍루몽』을 들으면 안 되는가?" 중문과의 문일다聞一多 교수와 철학과의

---

[1] 역자 주 – 중국 고전소설 『홍루몽』의 여주인공 林黛玉의 거처가 바로 瀟湘館이다. 음식점에서 고전문학 속 명소의 명칭을 사용한 것에 분개한 것으로, 문학을 사랑했던 오밀 교수의 독특한 개성을 보여 주는 사례로 해석된다.

심유정沈有鼎 교수 모두『역경』수업을 열었는데, 두 분이서 서로의 수업을 듣는 모습을 목격한 적도 많습니다.

【철학사상과 업적】

문회 : 이런 이야기는 몇날며칠이고 가능할 것 같습니다. 2016년 4월에『장세영문집』 10권이 출간되었고 최근까지도 계속해서 글을 쓰고 출간하시는 것을 볼 수 있습니다. 또 북경대학교 미학과 미학교육연구센터의 학술위원회 이사로도 부임하셨지요. 학계에 '동서를 회통하셨다'는 칭찬이 자자합니다. 신중국 이후 가장 초창기의 헤겔 연구자로서 2006년에는 인민출판사가 독일 주어캄프(Suhrkamp) 출판사로부터 들여온 20권의『헤겔문집』중문판의 편집장까지 맡으셨지요. 나는 지금 사람들이 그나마 알 법한 헤겔에 관해서만 간단히 언급했는데, 선생님께서 직접 본인의 60년간의 연구 궤적에 관해 설명해 주시면 감사하겠습니다.

연구 궤적을 전반부 30년과 후반부 30년의 연구로 구분하면 후반부 30년은 스스로 창시한 철학의 길

장세영 : 우선 나의 연구 궤적을 개혁개방 전후 30년으로 구분하여 살펴보겠습니다. 신중국 성립 후부터 개혁개방 전까지는 주로 서양철학사와 헤겔을 연구했습니다. 1956년 상해인민출판사에서『헤겔의 철학』 (黑格尔的哲學)을 출판했는데 1972년 제3판까지 합쳐 20만 부를 넘게 인쇄하였습니다. 수많은 당시의 청년 학자들이 40년 후에 나를 다시 만나 감사 인사를 보내더군요. 이 책 덕분에 헤겔을 이해할 수 있었다고 말이죠. 부끄러워 몸 둘 바를 몰랐습니다. 당시 나의 입장은 헤겔의 유심주의 사상을 비판하는 입장이었습니다.

개혁개방 후 30년 동안은 교조주의의 틀을 벗어나 서양현대철학을 공부하기 시작했습니다. 니체, 하이데거, 데리다, 가다머, 하버마스 등 대가들의 책을 읽었지요. 그와 동시에 중국철학을 보기 시작해

둘을 결합시켜 연구하고자 시도하였습니다. 그 후 나만의 새로운 관점이 생기게 되었는데, 이는 주로 『천인관계 ─ 중서철학의 난제와 선택』(天人之際 ─ 中西哲學的困惑與選擇), 『청명의 경지에 들다 ─ 철학의 새 방향』(進入澄明之境 ─ 哲學的新方向) 두 저서에 잘 드러나 있습니다.

21세기 이후 북경대학교 철학과에서 파격적인 조치를 취했습니다. 2001년 80세였던 나에게 학부 신입생의 수업을 맡긴 것이지요. 이 과정을 마치고 곧바로 책을 펴내 『철학 입문』(哲學導論)이 탄생하게 되었습니다. 이 책은 나의 독자적인 철학체계를 통해 본체론, 인식론, 윤리학, 미학, 역사철학을 모두 설명해 낸 책으로서 많은 학교에서 교재로 사용되었습니다. 이후 다른 학자들도 이와 비슷한 종류의 책을 펴내기 시작했어요. 2015년에는 이 책으로 화동사범대학교 제3차 '사면창작상'(思勉原創獎)[2]을 획득하기도 했습니다. 이 책을 높이 평가하는 사람들은 풍우란, 웅십력熊十力의 철학과 비견된다고 하고 비판하는 사람들은 인류문명사를 잘 녹여 내지 못했다고도 하는데, 모두 참고할 만한 생각들이어서 후에 이 점을 보충하여 『경지와 문화』(境界與文化), 『중서문화와 자아』(中西文化與自我) 두 권을 나란히 출간하였습니다. 나의 그간의 연구궤적은 대략 이러하다고 할 수 있겠습니다.

문회 : 헤겔과 독일고전철학을 바탕으로 중국철학과 서양철학을 연관시키고자 부단히 노력하신 것으로 알고 있습니다. 여기에 관해 한 번 이야기를 나누어 보겠습니다. 헤겔철학 연구에 관해서는 『문집文集』에 실려 있는, 1956년에 발표한 『헤겔 철학서 삼서 논고』(論黑格尔哲學三書), 『헤겔의 논리학 논고』(論黑格尔的邏輯學), 『헤겔 <소논리> 주해』(黑格尔<小邏輯>繹注) 등 세 편의 연구가 있습니다. 전후기 사상에 어떤 차이점이 있습니까? 그리고 헤겔의 유심주의를 비판한 저서의 경우 비교적 정치적 색채가 짙다고 해야 할까요?

---

2) 역자 주 ─ 화동사범대학교의 교수였던 呂思勉을 기리기 위해 제정한 상. 중국 전통 인문학을 계승하여 독창적으로 발전시킨 공로가 있는 학자에게 수여한다.

헤겔 변증법 연구는 1975년 프랑스로 전해져 바디우, 벨라슨에게 영향 미쳐

장세영 : 확실히 차이가 있습니다. 하지만 당시 완전히 독일 원전을 통해 헤겔을 읽었기 때문에 대체적인 내용은 크게 문제가 없었을 것입니다. 1952년 10월 전국 고등교육 대조정이 있었습니다. 이때 전국의 철학과가 모두 북경대학교로 편입을 하게 됩니다. 나 또한 무한대학교에서 북경대학교로 돌아오게 되었지요. 내가 헤겔을 강의할 때는 한편으로는 그의 유심주의를 비판하기도 하지만 다른 한편으로 그의 변증법을 찬양하기도 합니다.

1974년 최초의 프랑스 유학생이었던 벨라슨(Joël Bellassen)이 북경대학교 철학과에서 수업을 듣고 이듬해 귀국할 때 나의 『헤겔의 철학』(黑格尔的哲學)을 가지고 프랑스로 돌아갔습니다. 그때 벨라슨과 다른 한 명의 이탈리아 유학생이 이 책을 나누어 프랑스어로 번역했습니다. 프랑스의 젊은 학자였던 바디우(Alain Badiou)가 책을 읽고 흥미를 느껴서 『헤겔 변증법 합리성의 핵심 — 장세영의 1972년 저작에 관한 번역과 소개 그리고 평론』(論黑格尔辨證法的合理內核 — 張世英1972年一文的翻譯・介紹與評論)을 썼습니다. 2016년 손향신孫向晨 교수 또한 『바디우, 장세영을 논하다(외 2편)』(巴迪烏論張世英外二篇)라는 책을 쓰고자 팀을 꾸려서 작업에 들어간 걸로 알고 있습니다.

들리는 말에 의하면 바디우도 원래는 자신의 스승을 따라 헤겔을 비판했지만 내가 헤겔 변증법의 합리성을 평한 글을 읽고 나서 생각을 바꾸었다고 합니다. 이 소책자는 1975년에 프랑스에서 출판되어 판매되었습니다. 그런데 마침 우리나라가 대외적으로 교류를 단절하던 시기여서, 1976년 중국에 다시 온 벨라슨에게 한 권을 가져다 달라고 부탁했지만 여러 가지 역사적인 이유로 결국 받지 못했습니다. 후에 한 가지 재미있는 일이 있었는데, 벨라슨은 나중에 저명한 한학자가 된 후 프랑스 교육부 중국문화 부문의 국장에 올랐습니다. 2012년 나의 제자였던 호자신胡自信이 영국 랭커셔대학교 공자학원의 원장으로 부임하게 되었을 때 우연히 벨라슨을 만나게 되어 나에 관한 이야기를 나눈 적이 있었습니다. 40년이나 단절되었던 연락이 비로소 닿게 된 순간이었습니다. 그해 9월 벨라슨이 중국에 방문하던 길에 나를 만나러 왔고, 우리는 단숨에 5시간이나 이야기를 주고받았습니다. 저녁식사 자리에서도 2시간이나 대화를 이어갔는데, 그때 그가 직접 2001년 재판된 바디우의 이 책을 전해 주더군요.

문회 : 철학에는 국적이 없다는 아름다운 이야기네요. 1960년대에도 『헤겔의 <정신현상학> 논평』(黑格尔<精神現象學>述評)과 『헤겔의 논리학 논고』(論黑格尔的邏輯學)을 출간하셨지요. 『헤겔의 논리학 논고』는 일본어로 번역되기도 하였습니다. 그런데 1982년 출간된 『헤겔 <소논리> 주해』(黑格尔<小邏輯> 繹注)와 1986년 출간된 『헤겔 정신철학 논고』(論黑格尔的精神哲學) 두 권은 모두 '체계적으로' 헤겔철학 체계의 두 부분을 논한 '중국 최초의 전문 연구서'라는 영예를 받고 있습니다.

1980년대 초 서양현대철학을 접목, 헤겔을 '근현대의 선구자'로 이해

장세영 : 지금 말씀하신 것이 사실 내 후기 철학 연구의 가장 첫 번째 작업입니다. 교조주의 사상을 타파하여 새롭게 서양현대철학을 공부하기 시작했는데, 이 두 권의 헤겔 연구서(『헤겔 <소논리> 주해』, 『헤겔 정신철학 논고』) 가운데 첫 번째는 헤겔을 통해 헤겔을 주석한 일종의 '집주'이며, 두 번째는 헤겔의 정신철학을 '인간에 관한 철학'으로 읽은 결과물입니다. 헤겔이 인간의 본질이 정신이자 자유라고 보았다고 이해한 것으로 이러한 관점이 책 전반을 관통하고 있습니다. 2001년에는 산동인민출판사의 요청으로 『자아실현의 여정 — 헤겔 <정신현상학> 독해』(自我實現的歷程 — 解讀黑格尔<精神現象學>)를 썼습니다. 전반적으로 말해 나는 헤겔철학이 전통형이상학의 정점인 동시에,

전통형이상학의 전복을 예시隷示하고 있다고 생각합니다. 그의 사후 등장한 현상학을 포함한 일련의 현대사상들의 선구자라는 것이지요. 2006년에는 『헤겔전집』(黑格尔全集) 중국어 번역의 편집장을 맡았습니다. 아마도 이것이 나의 마지막 헤겔 연구에 해당하지 않을까 합니다.

문회 : 1995년의 저작 『천인관계―중서철학의 난제와 선택』을 기점으로 철학 연구의 방향을 전환하셨고, 1999년의 『청명의 경지에 들다―철학의 새 방향』과 2002년의 『철학 입문』을 거치며 선생님의 새로운 철학관은 더욱 발전되고 체계화되었습니다. 마지막에는 본인의 독자적인 철학을 '만유상통萬有相通'이라 이름하셨지요. 여기에는 어떤 논리가 담겨 있습니까?

독자적으로 창시한 '만유상통' 철학, 중서철학을 인류사상사 속에서 고찰

장세영 : 말씀하신 대로 1980년대 초 중국철학에는 '주체성'의 붐이 일어났습니다. 나 또한 데카르트를 복습한 이후 '주체성 철학'에 관심이 생겼지요. 유럽대륙의 현대 인문주의 사상을 읽고 나서는 하이데거 등의 사상과 중국 노장사상이 상통한다는 것을 느꼈습니다. 그 이후 중국인의 철학이 어떻게 새로운 길을 걸을 수 있을지, 중국철학은 어디로 가야 하는지, 철학이란 대체 무엇인지 등에 관해 탐구하고 싶은 새로운 열망이 생겨났습니다. 그래서 중국철학과 서양철학을 인류사상 발전의 긴 과정 속에 놓고 그 지위와 작용과 의의가 어떠한지 새로이 평가해 나가는 작업을 벌이게 된 것입니다.

『철학 입문』 수업에서는 『천인관계―중서철학의 난제와 선택』과 『청명의 경지에 들다―철학의 새 방향』 두 권에서 이미 형성되어 있던 '만물일체萬物一體' 사상에 새로운 해석을 추가하여 강의하였습니다. 노장의 '만물일체萬物一體' 사상에 송명도학의 "인仁은 천지만물을 일체로 여긴다"(仁者以天地萬物爲一體), '일체로서의 인仁'(一體之仁)과 같은 사상을 흡수하는 한편, 서양철학을 결합하여 '현전'(在場)과 '부재'(不在場)를 하나의 관점으로 종합하였습니다.

이것의 핵심적인 의미는 바로 천지만물은 천차만별하지만 각각은 니체가 말한 것처럼 "상호관련, 상호영향, 상호작용"을 맺는다는 것으로서, 이 세 가지의 상호체계를 일러 '상통相通'이라고 하였습니다. '부재하는 존재'는 다시 '현전하는 존재'의 근원이 되는 법이니까요. 인간의 삶 혹은 세계문명은 대체로 "주체와 객체로 분리되기 이전의 천인합일 상태—주체와 객체로 분리된 상태—주체와 객체로 분리된 이후의 천인합일 상태"의 세 단계를 경험합니다. 나는 이를 중국의 전통적 '만물일체관'과 구분하기 위해 '만유상통의 철학'이라고 하였습니다. 손월재孫月才와 진환택陳環澤 등 두 명의 학자가 이 견해에 대해 "개인의 정신 경지만을 논하였다"라고 평하였기에, 나중에 조금 더 고찰하고 보완하여 『경지와 문화』, 『중서문화와 자아』 두 권을 더 내놓게 되었습니다.

이 『철학 입문』에서는 철학의 근본문제를 인간의 '삶 속에서 구성되는' 문제로 개괄하여 전개하였습니다. 본체론과 인식론, 미학, 윤리학, 역사관 및 중서철학사의 발전 등으로 목차를 구성하였는데, 그 중 앞의 세 장은 진眞·선善·미美를 탐구하는 데 초점을 맞추었습니다. 이 책 전반에 '만유상통'의 사상이 관통하고 있지요. 이를 학부생에게 강의했을 때 많은 사람들이 와서 청강하였습니다. 후에 철학과에서 학생들의 강의소감을 모아 나에게 보내 주었는데, "근면하고 정진하는 모습, 박식한 학문, 유머러스하다, 조리가 정연하다, 사고를 일깨워 준다, 상냥하다" 등등의 내용이 적혀 있더군요.

2015년 '사면창작상'(思勉原創獎) 수상 당시 수상소감에서 중화문화가 더 창조성을 발휘하기 위해서는 '천인합일'이라는 통합적이고 고차원적인 기초를 견지한 채 '주객의 이분법' 속에 내재된 자아의 '주체성'을 비판적으로 받아들여야 한다고 강조하였습니다.

【중국철학 그리고 세계철학대회를 바라보다】

문회 : 부단히 학문분야를 넘나들며 자신을 극복하고 동서양의 경계를 타파하시는 그 열정에 독자들을 대신해서 감사드립니다. 영국 케임브리지 국제인명센터에서 입수한 『세계인명사전』 제9판, 『500인』(*The First Five Hundred*) 명단 제2판 등 세계적으로 권위 있는 서적에 모두 선생님의 항목을 찾아볼 수 있습니다. 명실공히 세계적 지성인인 동시에 중국인의 자랑이 아닌가 싶습니다. 자 그럼, 세 번째 주제인 제24차 세계철학대회 이야기로 한 번 넘어가 보겠습니다. 작년 발대식에서 이미 발언을 하셨는데, 철학과 현대세계와의 관계를 어떻게 생각하시는지 말씀 부탁드립니다.

철학이 인간과 세계를 바라보는 방식 두 가지 : 천인합일, 주객이분

장세영 : 질문에 대해서 여러 번 생각해 봤는데, 우선 철학을 어떻게 정의하는가에 따라 여러 가지 답이 나올 수 있을 것 같습니다. 내가 정의하는 철학이란 바로 인생의 정신경지에 관한 학문입니다.

인류문화의 발전이라는 관점에서 보면 철학은 주로 인간과 세계와의 관계에 관해 논의해 왔습니다. 하이데거는 인생이란 "세상에 내던져진 것"이라는 말을 한 적이 있습니다. 나는 인간과 세계의 관계를 두 종류로 구분합니다. 하나는 주객이분이고 다른 하나는 천인합일입니다. 우선 첫 번째 관점에 따르면, 인간은 세계를 사용의 대상으로 여기고 세계는 인간을 위해 봉사하는 것으로서 인간과 세계는 서로 외재적인 관계를 맺고 있습니다. 두 번째 관점에 따르면, 이 '천天'은 자연을 의미하는 것으로서 인간과 세계는 혼연일체를 이루며 완전히 융합되어 있습니다. 마치 심리학자들이 분석하듯, 유아기 시절에는 모체에서 나오는 모유를 외부의 사물로 인식하지 못하는 것과 같은 원리입니다. 이것이 일종의 원시적 형태의 천인합일이며, 후대에 가면서 점차 발전적 형태로 존재하게 되었습니다.

주체와 객체를 인식하는 방법 또한 세 단계로 구분할 수 있습니다.

혼연일체 또는 원시적 형태의 천인합일 단계, 그리고 주객이분의 단계, 마지막으로 고차원적 천인합일의 단계가 그것입니다.

고대그리스철학은 인류 초기의 철학사상을 대표합니다. 탈레스든 헤라클레이토스든 크게 보자면 모두 "만물에 영혼이 존재한다"는 생각을 지니고 있었습니다. 인간의 영혼 또한 세계의 만물에 속한다는 입장으로, 이러한 생각을 '물활론物活論'이라고도 합니다. 중국 전통철학의 경우 장기간 원시적 천인합일 단계에 머물러 있었습니다.

서양은 르네상스시기에 들어온 이후 데카르트가 "나는 생각한다. 고로 나는 존재한다"라는 명제를 제시하였고, 영국의 베이컨은 "지식이 곧 힘이다"라고 강조하였습니다. 이 시기에 인간은 신으로부터 독립한 존재로 여겨졌으며, 주체가 객체세계를 개조해 나가는 것이라는 주장이 생겨났습니다. 과학이 점차 발전하고 18~19세기 칸트와 헤겔의 시기를 지나면서 이러한 사상은 한층 진보되었습니다. 특히 헤겔은 주객이분의 집대성자라 할 수 있습니다. 하지만 현대에 이르러서 니체, 하이데거, 데리다와 같은 학자들이 주체와 객체를 이분하는 사고방식에 대해 "인간중심주의"라 부르며 반기를 들고 나섰습니다. 니체는 심지어 "인간이 지구를 모두 도려내었다"라고까지 하였습니다. 이 시기의 철학은 전통적인 "자기중심주의"를 반성하는 데 주력하였습니다. 하버마스는 이에 인간과 인간 사이의 조화를 의미하는 "상호주체"라는 개념을 제시하기도 했습니다.

나는 상호주체 사상이 현시대에 사상의 주류로서 중시되어야 한다고 생각합니다. 이는 상호간의 평등과 조화로운 공생을 추구합니다. 복단대학교의 손향신 교수 또한 최근 『타자와의 대면』(面對他者)이라는 책을 썼는데, 그가 연구하는 것이 바로 '타자'중시 사상입니다.

문회 : "인간 역사와 중서 철학사를 놓고 볼 때, 오늘날 철학과 세계 간의 관계에서는 평등을 모색하고 화해와 공존을 추구해야 하며 고차원의 천인합일을 추구해야

한다." 이렇게 이해해 보면 어떨까요?

장세영 : 한 가지만 더 보충하겠습니다. 18세기 말에서 19세기 초까지, 당시 사회는 경제를 매우 중시하고 철학은 지나치게 현학적이고 현실적인 학문이 아니라고 여겼습니다. 사람들도 별로 철학에 관심이 없었습니다. 때문에 헤겔은 "선녀를 범속으로 내려오게 해서, 적막하고 차가운 궁궐에서 해방시켰다"라고 했던 것입니다.

따라서 철학과 현대세계의 관계를 물은 이 질문에 나는 헤겔의 '선녀'의 비유를 빌려 답하고자 합니다. 현대세계는 '철학이라는 선녀'를 속세로 내려오도록 해야 합니다. 철학을 현실화하여 현실의 사람들이 철학을 이해하고 정신을 추구하도록 해야 합니다.

문회 : 이번 제24차 세계철학대회의 주제는 "학이성인"입니다. 어떻게 이해하십니까?

현대서양철학은 개념세계에서 생활세계로의 복귀, 즉 '인간'에로의 회귀를 강조

장세영 : 진작부터 이 주제를 들었습니다. 중국 전통철학은 대부분 "어떻게 인간이 될 것인가"에 관해 연구하기 때문에 자연과학을 통해 세계를 인식하는 것에는 취약합니다. 반면 서양 전통철학은 추상적인 것을 매우 중시하지요. 플라톤을 예로 들어 보면, 그는 현실세계와 개념세계를 철저히 구분하여, 현실 속에 존재하는 원형 또는 사각형의 탁자 같은 구체적인 실물은 모두 진짜가 아니며 인간은 현실 속에서 절대적 원형 혹은 절대적 사각형을 결코 찾아낼 수 없다고 보았습니다. 오직 원형 혹은 사각형이라는 개념만이 진짜라는 것이지요.

이러한 개념철학이 항상 서양철학을 지배하였습니다. 헤겔이 바로 이러한 개념철학의 집대성자이지요. 중국 선진철학 가운데에서 명가의 공손룡만이 이와 유사한 사상을 지니고 있습니다. 그의 '백마비마론

白馬非馬論'이 바로 개념을 강조한 사상입니다. 하지만 나는 이번 세계철학대회의 이 주제에 대해서는 매우 찬성합니다.

세계 철학에서 주로 다루는 주제 가운데 하나가 바로 '인간'입니다. 방금 주객의 이분법이 서양철학을 지배한 지 오래되었다고 언급했었는데, 하이데거, 데리다, 하버마스에 이르게 되면 개념세계가 아닌 '인간의 생활세계'를 강조하는 쪽으로 흐름이 변화하게 됩니다. 따라서 이 주제는 현재의 시대발전 추세와 부합하고 있습니다. 하이데거에서 하버마스에 이르기까지 모두 공생을 말하는데, 표현만 놓고 보면 마치 천인합일이 부활한 것처럼 보입니다. 그래서 혹자는 중국 전통문화에 아주 일찍부터 이러한 사상이 있었다고 말하기도 하지요. 하지만 내가 볼 때 이 둘이 완전히 같지는 않습니다. 중국 전통에서는 자연을 존중할 것을 주장하고 천일합일을 강조하며 본래부터 고원한 경지가 존재했다고 봅니다. 하지만 우리가 반드시 알아야 할 것은, 중국인은 과학적 기초를 중시하지 않았다는 사실입니다.

문회 : 1991년에 퇴직하신 후 계속해서 중국철학이 가야 할 길을 고민해 오고 계시는데, 중국철학에 대해서는 어떤 기대를 가지고 계십니까?

중국철학, '덕선생'(민주주의)과 '새선생'(과학)의 길을 따라야

장세영 : 전반적으로 말해 나는 중국철학이 '5 · 4운동' 때 제시되었던 것과 같이 '덕德선생'(德莫克拉西 : Democracy의 의인화)과 '새賽선생'(賽因斯 : Science의 의인화)의 길을 따라가야 한다고 봅니다.

방금 세계 철학이 근대에 이르러 '주객이분'의 논리를 따라 발전한 반면 중국철학은 장기간 동안 원시적인 '천인합일', '만물일체'의 단계에 머물러 있었다고 했었지요. 아편전쟁 시기 서양문화가 총과 대포를 앞세워 중국으로 한꺼번에 진격해 오자 내부의 비판의 목소리도 커졌습니다. 위원魏源은 만물일체설이 "위로는 나라를 다스리는 데

쓰지 못하고 밖으로는 영토를 지켜내지 못하며 아래로는 백성을 고난으로부터 벗어나게 해 주지도 못한다"며 비판하였습니다. 양계초梁啓超 역시 분명하게 서양의 주객이분법을 추종하면서 데카르트와 베이컨을 받아들이고 칸트 등을 연구하였으며, 담사동譚嗣同은 '마음의 힘'을 주장하였습니다. 여기에서 마음이란 사상을 가리키는 말로, 즉 사상적 역량을 강조한 것입니다. 나는 이들 모두가 서양 근대 이래의 '주체성 철학'을 알리고자 했다고 봅니다.

'5·4운동' 시기에는 '민주'와 '과학'이 강조되기 시작했습니다. 이전의 위원, 양계초, 담사동 사상의 총결산이자, 서양의 주객이분 사상을 바라는 움직임이었습니다. 왜냐하면 과학은 바로 인간의 주체성을 강조하여 자연을 정복하고자 하고, 민주는 바로 인간의 주체성을 발휘하여 봉건전제에 반대하려는 것이기 때문입니다.

'5·4운동'은 중국의 르네상스라고 불렸는데 매우 타당한 평가입니다. 르네상스의 양대 발견이란 무엇입니까? 바로 인간의 발견과 자연의 발견이 아닙니까? 전자는 바로 민주에 해당하고, 후자는 바로 과학에 해당하지요. 중국의 발걸음은 서양에 비해 몇 세기가 뒤쳐져 있습니다. 따라서 우리는 더욱 박차를 가해 나아가야 합니다. 5·4에서 개창한 민주와 과학의 길을 따라 계속해서 전진해 가야 합니다.

문회 : 선생님은 항상 인류 역사의 비교 속에서 문제를 바라보시는 것 같습니다. 아주 높은 경지가 아닌가 싶네요. 중국철학의 발전상과 추세에 관해 기본적으로 어떤 생각을 지니고 계십니까?

중국철학계의 정신적 경지가 경제에 일방적으로 속박되어서는 안 돼

장세영 : 현재 국가 발전의 역량은 경제발전에 맞추어져 있습니다. 이는 시장의 번영을 불러왔지만 동시에 인간 정신세계의 의미가 무시되는 결과를 낳기도 했습니다. 따라서 나는 우리가 좀 더 '인간의

정신적 경지'를 제고시켰으면 합니다. 중국은 '시詩의 나라'입니다. 중국의 사대부들은 일반적으로 학식이 뛰어나면 벼슬길에 올랐습니다. 하지만 "몸은 강호에 있지만 마음은 궁궐에 있거나", "몸은 궁궐에 있지만 마음은 강호에 있는" 모순적인 경우도 많았습니다. 유가의 학설이 관방에 의해 차용되었다면 도가사상은 전원생활을 추구함으로써 이와 균형을 이루었습니다. 그래서 나는 오늘날의 중국철학의 정신적 경지가 경제에만 일방적으로 속박되지 않아야 한다고 말하고 싶습니다.

문회 : 말씀 대단히 감사합니다. 어제는 고기를 그렇게 즐겨 드시더니 오늘은 능숙하게 스마트폰으로 메일을 주고받으시네요. 문득 왕박王博 교수가 선생님을 두고 "장세영 선생의 건강한 신체와 활발한 영혼은 바로 철학의 힘을 보여 주는 최고의 명함"이라고 평한 것이 떠오릅니다. 이러한 모습은 세상의 많은 학자들에게 큰 힘이 될 것 같습니다. 러셀은 90년 넘게 천수를 누렸고, 선생님이 철학자로서 새로운 장수 기록을 세우지 않을까 합니다. 비결이 무엇인가요? 만년의 즐거움이 있다면 어떤 것이 있을까요?

장세영 : 젊은 시절에는 경극을 즐겼습니다. 30대 때 딸을 데리고 종종 왕부정王府井을 찾아 상소운尚小雲, 정연추程硯秋 등이 출연하는 경극을 보곤 했습니다. 만년에는 곤극昆劇3)이나 클래식음악을 즐겨들었지요. 지금은 여행도 즐기는데, 종종 남방으로 떠나곤 합니다. 건강의 비결이란 그저 항상 즐거움을 유지하는 것뿐입니다.

문회 : 2016년 북경대학교는 전 세계의 중화권 학자들을 대상으로 하는 '장세영 미학철학 학술장려기금'을 설립했습니다. 혹시 젊은이들에게 해 주고 싶은 조언이 있으신가요?

---

3) 역자 주 ― 중국 昆山 지역에서 유래한 전통 연극.

젊은 학자들에 보내는 메시지 : 현실이라는 '구덩이'에 매몰되지 말고 착실히 밤하늘의 별을 좇을 것

장세영 : 서양철학의 아버지 탈레스는 과학자로서 매우 뛰어난 능력을 지니고 있었습니다. 하루는 그가 길을 걸으면서 하늘의 별을 올려다보다가 그만 흙구덩이에 빠지고 말았는데, 많은 시민들이 그를 보고 비웃었습니다. 이 일에 대해 헤겔은 이렇게 말했습니다. "철학자가 구덩이에 빠졌다고 웃는 사람들은 정작 현실의 구덩이 속에 스스로 잠들어 있다. 그러니 구덩이 속에 빠진 것은 말할 것도 못 된다. 철학자란 하늘의 별을 좇는 사람으로, 사람들에게 멀리 내다보는 법을 가르쳐 준다." 또한 철학자들도 실은 유능하고 돈도 벌 수 있으며 현실과도 동떨어져 있지 않다고 하였습니다. 나는 젊은이들에게 이렇게 말해 주고 싶네요, "현실을 딛고 서서, 밤하늘의 별을 좇아라"라고요.

글‖이념李念(연합인터뷰팀)

요안나 쿠스라디
Ioanna Kuçuradi

윤리 속에서 인간의 동질성을 찾아 가치의 충돌을 줄이다

인권연구 전문가, 터키철학협회 회장

요안나 쿠스라디

인터뷰이 : 요안나 쿠스라디(Ioanna Kuçuradi), 이하 '쿠스라디'로 약칭
　　　　　　(터키 말테페대학교 교수, 터키철학협회 회장, 제21차 세계철학대회 위원장)

인터뷰어 : 왕인려王寅麗(화동사범대학교 철학과 부교수), 이하 '문회'로 대칭

인터뷰 일시 : 2018년 4월~5월(수차례의 메일 인터뷰)

인류 철학의 요람이라 불리는 그리스 혈통이 흐르고 있기 때문일까, 저명한 터키 출신 철학자 쿠스라디 교수의 인생 여정은 철학과 떼려야 뗄 수 없는 관계에 있다. 그녀와 메일을 주고받을 때마다 우리는 엄밀하면서도 활기 넘치는 그녀의 사유를 느낄 수 있었다. 그녀가 우리의 질문에 답변할 때는 항상 개념을 명확히 밝히는 일부터 시작했다. 그래서 우리는 이 81세의 말테페대학교 교수 쿠스라디를 '철학대모'라고 친근하게 불렀다.

그녀는 세계 철학 30년간의 점진적 변화를 대부분 목도한 인물이다. 1948년 창설된 국제철학연맹(FISP)에서 10년간 사무총장을 역임했고, 이후 출중한 업무능력을 인정받아 1998년에서 2003년까지 회장직을 맡기도 했다. 회장 임기 동안 그녀는 국제철학연맹이 주관하는 제21회 세계철학대회의 조직위원장을 수행하였는데, 그해 최초로 유럽이 아닌 아시아에서 개최된 이스탄불 대회는 세간의 큰 호평을 받았다. 이 공로로 그녀는 국제철학연맹 명예회장에 추대되었다.

이미지상 국제철학연맹(FISP)를 국제 철학계의 '하원의원'이라고 한다면 개인의 학술적 수준을 고려하여 구성된 국제철학원(IIP)은 '상원의원'이라고 할 수 있다. 인권 연구로 이름을 날린 쿠스라디 교수는 2014~2017년 동안 IIP 회장으로 선출되었다. 터키 내 학회에서 그녀의 명성은 더욱 자자해서, 1979년부터 지금까지 계속 터키철학회 회장직을 맡고 있다. 1969년 이스탄불대학에서 박사학위를 취득한 후 5년째 되는 해에 하세테페대학교에 터키 고등교육기관의 세 번째 철학과를 개설하였다.

쿠스라디 교수는 초기에는 쇼펜하우어, 니체, 셸러 철학 속 '인간' 개념을 연구하였고, 이를 철학적 인도주의와 윤리학적 차원에서 현실의 사회, 정치, 법률의 문제로 끌어올려 세계적인 인권철학자로 거듭나게 되었다. 1981년 인권 수업을 하세테페대학교의 필수과목으로 만들었고, 1994년에는 터키에서 새롭게 설립된 인권고등자문위원회의 회장에 당선되었다. 그녀의 주도 하에 위원회는 인권 과목을 초등학교와 중학교 교육과정에 도입하였다. 2015년 9월 쿠스라디 교수는 IIP 회원 30여 명을 이끌고 북경대학교를 방문하여 3일간 "인간적 차원"이라는 제목의 연례토론회를 개최하였다. 이 기간 동안 그녀와 인터뷰를 진행하게 되었을 때 그녀는 아주 멋진 한 마디를 남겼다. "이 쿠스라디가 대중 속에서 탄생한 철학자라는 것을 잊지 마세요. 분석철학의 명철한 추리와 논증은 어디까지나 인간을 위한 것으로 귀결되어야 합니다. 제가 연구하는 인권은 법률적 개념이 아니라 철학적 차원입니다." 그렇게 인터뷰의 화제는 인간에 대한 철학으로부터 시작되었다.

【철학과의 인연 그리고 궤적】

문회 : 칸트의 여러 저작을 두루 번역하셨고, 쇼펜하우어, 니체 연구로 시작, 인권 연구로 옮겨가 값진 연구 성과를 내셨습니다. 어떻게 해서 철학의 길을 걷게 되신 건가요? 젊은 시절, 마치 소피 마르소처럼 한 통의 낯선 편지를 받고 새 인생을 열어젖히게 된 것은 아닐까요?

철학으로 향하다 : "왜 하나의 대상에 서로 다른 평가가 있는가?"

쿠스라디 : 고등학교 시절부터 인간이 동일한 대상에 대해 상이한 평가를 내린다는 사실에 관심을 가졌습니다. 일상생활 속에서 어떤 일이나 사람, 활동, 법률 등에 사람들은 모두 서로 다른, 심지어는 완전히 상반된 평가를 내리곤 합니다. 많은 충돌이 바로 여기서 비롯되지요. 이에 대한 풀리지 않는 수수께끼와 반항심이 저를 철학에의 길로 이끌었습니다. 후에 나는 새로운 평가 이론을 제시하였습니다. 즉 '가치추정', '가치귀속', '정당평가'를 구별하여 특정 항목을 분석하는 방식입니다. 지나온 세월을 돌아보면, 나를 철학 연구로 이끈 핵심적인 원인은 역시 "인간은 왜 동일한 대상에 대해 서로 다른 평가를 내리는가?"라는 궁금증입니다. 이 외에 열네다섯 살 무렵 플라톤의 『소크라테스의 변론』을 읽었는데, 이 또한 나에게 중요한 동인으로 작용했습니다.

문회 : 터키철학협회 회장으로 재직하셨습니다. 터키에서 철학은 인기가 어떤가요?

터키의 철학, 대학의 울타리를 벗어나 대중들에게로

쿠스라디 : 과거 60년 동안 철학과 철학교육은 터키에서 많은 발전을 이루었습니다. 1950년대 말, 내가 아직 학생 신분이었을 때였죠. 터키에는 단 두 개의 철학과 밖에 없었습니다. 하나는 이스탄불대학교이고, 다른 하나는 앙카라대학교였습니다. 1969년 나는 하세테페대학교에 터키 내 세 번째 철학과를 설치하였습니다. 현재 터키의 185개 대학교 가운데 철학과가 없는 학교는 64개 학교뿐입니다. 1974년 터키철학과가 설립되었을 때 나의 목표중 하나는 철학을 "대학의 울타리 밖으로 나오게" 하여 대중을 위해 철학활동을 제공한다는 것이었는데, 우리는 이 일을 성공적으로 완수해 냈습니다. 철학활동의 요구는 이스탄불, 앙카라, 이즈미르 등 대도시에만 국한되어 있지 않았습니다. 비교적 작은 도시에서도 일정한 사람들로부터 철학활동에 대한 요구가 있었습니다. 특히 비즈니스 단체나 법률가, 의사 등과 같은 사람들이 철학 수업을 희망했지요. 우리는 각 지역 정부당국과 협력하여 이들의 요구를 충족시키고자 노력했습니다. 1990년대에 들어온 이후 우리 철학회는 아동을 위한 과목을 개설하고 프로그램을 만들었습니다. 그리고 "법조계 종사자의 도덕과 인권"을 주제로 법학과 학생들을 대상으로 한 법철학 서머캠프도 열었습니다.

문회 : 1971년 『인간과 가치』, 1977년 『윤리학』을 출판한 이후 윤리학은 선생님의 주요 관심사로 자리해 왔습니다. 최근 다시 『윤리학과 세계 문제』를 출판하셨는데, 선생님은 어떤 방식으로 윤리학과 실제 문제들을 연결시키는지 궁금합니다.

'윤리학' 20년 부흥사 : 윤리학은 가치인식을 제공하는 학문

쿠스라디 : '윤리학'이라는 용어는 과거 15년 혹은 20년 사이에 유행하기

시작한 말입니다. 여러 요인들이 사람들로 하여금 다시 '윤리학'에 관심을 가지도록 만들었고, 이에 따라 '전문윤리학', '응용윤리학' 등의 각종 하위분과가 생겨났습니다. 하지만 사람들이 관심을 가지는 분야는 '철학적 윤리학'이 아닙니다. 나는 현재 논의되는 적어도 세 가지의 주요한 함의에 따라 '윤리학'을 구분하고자 합니다.

(1) 어떤 맥락에서 윤리학은 현존하는 규범체계를 가리킵니다. 그 중 어떤 것은 특정한 집단 속에서 유효한 도덕규범이며, 어떤 것은 보다 광범위하게 전파된 생활준칙이며, 어떤 것은 특정한 문화규범입니다. 이들은 인식론적으로 상이한 규범을 이룹니다.

(2) 다른 어떤 맥락 속에서 윤리학은 성문화된 규범체계나 준칙을 가리킵니다. 이러한 규범은 현존하는 규범 속에서 선택되어 나온 것이든, 특정한 목적을 위해 연역되어 출현한 것이든, 관계된 사람들의 동의하에 적합한 절차를 거친 뒤에 유효해진 것입니다. 모든 '전문윤리학'이 이에 해당합니다.

(3) 사실 개인적으로 '윤리학'을 철학의 한 분과학문으로 사용하는 것을 선호합니다. 철학의 분과학문으로서 윤리학은 인류의 윤리현상을 하나의 총체로 여기고 연구하며 윤리가치에 관한 지식을 제시하는데, 이러한 윤리가치의 지식은 도덕준칙을 발전시키고 적용시키는 필요조건인 동시에 일상생활의 행위를 평가하는 데 사용되기도 합니다.

문회 : 현재 많은 사람들은 어떤 도덕규범이나 준칙이 하나의 사회구조일 뿐이므로 얼마든지 수정이 가능하다고 주장합니다. 그런데 이런 관점은 불가피하게 우리를 '가치충돌' 혹은 '가치위기'로 이끌게 됩니다. 어떻게 하면 윤리 지식이 상대주의에 빠지는 것을 피할 수 있을까요?

가치를 인간관계의 일종을 볼 때 '가치위기'를 피할 수 있어

쿠스라디 : 항간에서는 "도덕행위는 규범에 의해 결정된 행위이므로

한 개인이 주어진 환경에서 이익충동이 아닌, 속해 있는 문화 내에 통용되는 규범에 근거하여 행동했다면 그 행위는 도덕적이다"라는 주장이 제기되기도 합니다. 하지만 이는 잘못된 생각입니다. 특히 한 개인이 규범의 충돌을 마주하고 있는 상황이라면 오류는 더욱 명확해집니다.

이를 해결하기 위해 나는 내 관점을 두 종류의 규범으로 제한하고자 합니다. 첫 번째는 서로 다른 역사적 환경 하에서 경험으로부터 귀납되어 나온 규범이며, 두 번째는 인류의 가치지식에 근거하여 귀류법을 통해 서로 다른 환경 간을 비교하여 도출해 낸 규범입니다. 전자는 소위 '가치위기' 혹은 '문화충돌'을 불러일으킬 수 있습니다. 이에 비해 후자의 목표는 윤리준칙을 제시하거나 증명하는 것이 아닌, 인간 현상으로서의 인간관계를 해명하며, 진위를 증명할 수 있는 지식을 제시하고 이러한 지식의 서로 다른 근거를 밝히며, '정확한' 혹은 '가치 있는' 행동의 가능성을 얻어 내는 데에 있습니다.

문회 : 가치지식을 찾아가는 방향에서 인권을 연구해 나가고 계십니다. 양자 간의 관계는 어떠하다고 보십니까?

'인권'의 인식 : 윤리관계의 프레임 속에서 이해하는 인간의 '상호동질성'

쿠스라디 : 평가(evaluation) 활동은 보통 '가치추정'(value imputations)과 '가치귀속'(value ascriptions)의 두 가지 방식으로 진행됩니다. 전자는 평가자에 대해 유효한 보편가치에 근거하여 개체대상의 가치를 '추정'하고, 후자는 대상과 평가자 간의 특정한 관계에서 출발하여 가치를 이 대상으로 귀속시킵니다. 따라서 나는 '정당평가'의 요소와 절차를 분석하는 데 착수하여, 반드시 '윤리관계'의 프레임 속에서 가치를 정의하지 않으면 안 된다는 사실을 깨달았습니다. 이 프레임 속에서 정당평가는 세 가지 절차를 따릅니다. 첫 번째 단계는 평가하려는

행위를 최대한 세밀하게 이해하는 것입니다. 그 배후에 있는 평가기준, 그것이 수반하는 가치경험 및 행위의 의도, 목표와 같은 것들이 이해해야 하는 대상에 포함됩니다. 두 번째 단계는 평가행위가 가능한 조건과 불가능한 조건 각각에서 기타 활동과 관련된 가능성이 있다는 특징을 이해하는 것입니다. 세 번째 단계는 행위의 윤리가치를 확정하는 것입니다. 행위의 윤리가치를 제대로 파악하려면 앞서 서술한 가능성, 즉 인간을 이루는 특수성 및 인격, 그리고 성취를 위한 잠재능력 등을 인간의 가치와 관련시켜 이해해야 합니다. 따라서 행위의 윤리평가는 인간이라는 종의 내포에 의존하며, 윤리관계 속에 있는 행위의 다른 한 요소는 바로 평가자의 경험이므로 가치활동에 대한 분석은 그 인간에 대한 가치판단으로 이어지게 됩니다.

'정당평가'란 일종의 인식활동으로서, 이는 평가자 쪽의 서로 다른 인식을 추정함과 동시에 평가대상의 특성에 대해서도 고려합니다. 행동 사례 속에서 행동에 대해 평가하려는 자는 행위자가 왜 그러한 행동을 실시하고자 하는지를 이해해야 합니다. 그 이유나 원인 즉 '왜'라는 문제는 행위자의 가치경험, 신념, 세계관 등을 포함합니다. 그러고 나서 이 행위를 비슷한 상황에 놓인 기타 가능행위와 비교해 보아야 합니다. 나아가 이러한 행위의 윤리가치(그것이 옳거나 틀리거나, 중요하거나 중요하지 않거나 간에)에 대해서도 인식할 필요가 있습니다. 행위의 윤리적 특징은 인간의 가치와 이 행위가 행위자에 대해 지니는 의의와도 연관됩니다. 예를 들어, 잠재능력에 관한 인식은 인간이 어떠한 인간이 될 수 있는가에 관한 인식이고 그 잠재성을 실현한 인간의 성취가 인류에게 어떤 의미를 지니는가에 관한 인식입니다. 이러한 것들은 우리에게 조건적이고 가정假定적인 지식을 제공해 줄 수 있습니다. 즉 이러한 조건 하에서 인간은 자신들의 잠재능력을 실현시킬 수 있습니다.

인권은 개인을 대하는 윤리규범이지만, 하나의 행동원칙이기도 합니다. 유엔 국제인권문서의 "누구도 고문과 학대를 당해서는 안 된다"라는 표현을 예로 든다면, 인권은 누구도 인간을 학대할 수 없다는 행동원칙을 의미하게 됩니다. 여기에서 나는 인권을 행동과 함께 언급함으로써 행동에 대한 평가 문제와도 연결시킵니다. 이러한 관점에서 인권을 바라보면 인권의 영향력은 실로 거대하며, 특히 인권 교육에 많은 영향을 미칩니다. 우리는 사람들에게 어떤 식으로 정당평가를 행할 수 있는지를 가르치고, 인권 개념에 관한 지식을 제공해야 합니다. 즉 인권이 실천 속에서 어떤 요구를 지니며, 왜 그렇게 요구되는지를 가르쳐야 한다는 것입니다. 물론 가장 중요한 인권 교육은 모든 사람들이 지위와 신분상 모두 '서로 같음'을 이해할 수 있게끔 돕는 것입니다. 이것이 바로 인권의 기초입니다.

【철학사상과 업적】

문회 : 예전의 한 인터뷰에서 "해결이 까다로운 터키의 정치적 격동 속에서 가장 오랜 시간을 보낸 생존자"라고 묘사된 적이 있습니다. 어떤 현실적인 경험들이 선생님을 인권 연구의 길로 인도했나요?

현실 속 가치충돌과 정치적 격동이 인권 개념 연구로 인도

쿠스라디 : 나는 아주 오래 전 두 개의 거대한 장애물을 경험한 적이 있는데, 이에 대한 반항심이 내게 철학을 더 이해해야겠다는 생각을 심어 주었습니다.

하나는 가치상대주의의 위협입니다. 앞에서도 이야기했듯, 나는 어떤 일에 대해 사람들이 상충되는 평가를 내리고, 그에 따라 많은 무의미한 충돌이 일어나는 것을 발견했습니다. 이는 나로 하여금 '평가' 활동을 철학적으로 고찰하게 만들었습니다. 단순히 상대주의와 절대주의라는 가치이론만으로는 이러한 사실을 충분히 설명할 수 없다고 생각했지요.

터키의 해결하기 힘든 정치적 불안은 나를 반항케 만든 또 하나의 거대한 장애물이었습니다. 나는 1970년대 후반부터 인권 개념을 탐구해 왔습니다. 1994년에서 1996년까지는 '인권고등자문위원회'의 위원장을 맡아 인권 문제에 관한 많은 보고서들을 발표했고, 위원회의 훌륭한 활동으로 인해 인권 교육이 중학교의 필수과목으로 선정되기도 했습니다. 물론 우리의 업무가 항상 정부에 의해 채택된 것은 아닙니다. 이후 1998년에서 2000년까지 터키 의회 인권위원장을 지냈는데, 이 시기에는 교도소를 방문조사하면서 많은 중요한 보고서들을 작성하였습니다. 1998년에서 2005년까지는 또 "유엔 인권교육 10년" 프로그램의 터키 위원장으로서 정부 공무원과 NGO 근무자들에게로 인권 교육을 확대하였습니다. 교육을 받는 사람들에게 우리는 관련된 법률지식만을 전달해 주는 데 그치지 않고 그들이 자신의 '인권 신분'을 자각할 수 있도록 도와주었습니다. 나는 이러한 인식이야말로 인권보호를 향한 진정한 염원을 담아내는 핵심적인 요소라고 생각합니다.

문회 : 인권은 많은 의미가 혼재된 복잡한 개념입니다. 인권을 어떻게 정의하십니까?

인권 개념 : 인간의 잠재력 및 그 발전의 잠재적 조건을 보호

쿠스라디 : 인권은 각 개인이 타인으로부터 어떻게 대우받아야 하며 어떻게 타인을 대해야 하는지에 관한 요구사항을 표현하는 것으로서, 인권을 통해 각 개인은 자신의 잠재력, 즉 인간이라는 종으로서의 속성을 실현시킬 수 있습니다. 인간은 빵을 만들었고, 전기를 발명했고, 많은 사람들에게 읽혀진 『어린 왕자』를 썼으며, 평등의 이념을 제시했습니다. 지식을 표현하고 만들고 전달하는 것들, 국가와 제도를 창립하는 것들, 이 모든 것들이 바로 그 사례입니다. 이러한 특성과

잠재력은 인간의 가치 혹은 존엄성을 이룰 수 있게 해 줍니다. 인권은 우선 한 개인의 권리로서 모든 사람이 평등하게 가지게 됩니다. 우리는 모두 다 같은 인간이므로, 인권은 모든 개인에게 있는 잠재력을 보호하고 이를 실현할 수 있는 지속적인 조건을 만들고 보호할 것을 요구합니다. 한 가지 요구사항은 개인이 보유한 잠재력을 직접 보호하는 것이고, 다른 요구사항은 한 개인의 잠재력을 발전시키는 데 필요한 전제조건들과 관계됩니다.

나는 인권 개념을 이러한 두 가지의 요구사항으로 제한합니다. 첫 번째의 기본 권리는 개인의 안전과 소위 '기본적 자유'와 관련하여 "금지를 요청할 권리"(interdictory demands)입니다. 즉 개인이 그들의 인간으로서의 잠재력을 실현시키기 위해 활동하는 과정 속에서 어떤 방해와 침범을 받지 않을 권리를 말합니다. 두 번째의 기본 권리는 잠재력의 발전의 기본적 전제와 관계됩니다. 바로 생존, 교육, 직업에 관한 권리이며, 건강을 위한 생활수준을 충족할 권리입니다. 이 역시 인간이 지니는 기본적인 권리 혹은 인권이지만, 첫 번째 종류의 인권과는 차이가 있습니다. 이들은 국가의 제공을 통해서만 향유할 수 있는 권리입니다. 이 권리는 사회, 경제, 정치 등을 통해 간접적으로 보호되며, 특히 정치적 결정을 통해 건립되는 공공기구나 조직에 의해 이루어질 수 있습니다. 따라서 나는 인권을 직접보호의 권리와 간접보호의 권리로 구분하기도 합니다.

문회 : "인간의 가치"는 기본적 평가 활동과 관련됩니다. 선생님은 인식적 고찰을 통해 윤리 지식을 획득한다고 하셨는데, 저 역시 이 점에 동의합니다. 하지만 사람들이 윤리 지식과 가치의 우열을 인식하게 되었다 한들, 어떻게 해서 이를 믿고 따르게 될 것이며 또 어떻게 해서 가치 간의 충돌에 직면하여 조화와 타협을 이루어 낼 수 있을까요? 지식을 가지는 것이 그 지식에 대한 신념과 승낙을 가진다는 것을 의미하지는 않으니까요. 개개인의 인권에 대한 지식이 내면으로

받아들여지기 위해서는 그들이 속한 특정한 문화의 전통이나 종교적인 믿음에 의해 지지되고 해석되어야 하는 것은 아닐까요?

가치의 이해에서 실천까지, 윤리교육이 필요해

쿠스라디 : 물론 "인권 지식이 있음"이 예컨대 "국제인권문서의 명단에 오른 이름을 안다"는 의미라면 "지식이 있음"이 반드시 그 지식을 받아들이고 이를 실행한다는 것을 의미하지 않겠지요. 하지만 인간의 존엄성을 보호하기 위해 행동할 의사가 있는 사람들에게는 그에 관한 지식이 없어서는 안 됩니다. 나는 주어진 조건 아래서 인권을 보호하려면 아래의 세 가지가 매우 중요하다고 생각합니다.

(1) 인권을 보호하려는 진지한 염원이 있어야 합니다. 이러한 염원은 '인간으로서의 동질성'을 잘 이해함으로써 얻어질 수 있습니다. 우리는 기본적으로 모두 하나의 인간입니다. 이는 터키인·중국인·미국인·케냐인, 혹은 남자·여자, 혹은 힌두교도·불교도·이슬람교도·기독교도·무신론자이기 전에 인간으로서 모두가 공통으로 지니고 있는 정체성입니다.

(2) 인권과 인간 권리에 관한 각종 개념적 지식, 그리고 우리가 반드시 행동해야 하는 상황에 대한 지식이 있어야 합니다.

(3) 주어진 환경 하에서 인권이 행동과 어떻게 연결되는지를 발견해 나갈 줄 알아야 합니다. 이는 자신이 처한 상황을 적절하게 평가하는 법을 알고 있음을 의미합니다.

내가 말한 '인권적 윤리교육'(법률적 규범만 가르치는 인권교육과는 구분됩니다.)은 인권보호에 대한 의지를 일깨우는 것을 도와줍니다. 이때 문화전통과 종교는 인권 교사의 일을 좀 더 수월하게 만들어 줄 수 있습니다. 문화적·종교적 요소가 일정 부분 인권과 겹치는 점을 이해한다고 가정한다면 말입니다. 하지만 인권은 세속적 사상의 산물입니다.

문회 : 인권이 문화권리와 구분되는 점은 무엇인가요? 문화상대주의에 대해서는
어떻게 생각하십니까?

문화권리는 집단의 권리, 기본 권리 하에서 행해지는 것

쿠스라디 : 인권은 개인의 권리입니다. 문화에 참여할 권리(right to
culture), 즉 한 개인이 '인문적 활동'(예술과 철학 등)에 참여할 기회와
가능성을 말하지요. 하지만 '문화권리'(cultural right)는 집단의 권리입
니다. 내가 권리를 분류하는 방식에서 집단권리는 인권이나 기본권에
해당하지 않습니다. 기본권이 이미 확립된 상황에서 실행되는 권리이
지요. 집단권리가 보장되지 않으면 개인권리 역시 보호받지 못한다는
뜻입니다. 예를 들면 소수인종이 모국어를 말할 권리 등이 이에 해당합
니다.

'문화상대주의'로 말할 것 같으면, 하나의 팩트입니다. 사람들이 적절
한, 객관적인 평가를 무시한 채 가치와 일반적 가치판단을 서로 혼동해
서 가치를 (어떤 하나의 문화를 "좋다", "나쁘다"라고 여기는) 개별적
가치판단과 동일시하는 데에 그 위험성이 존재합니다.

문회 : 세속적 인도주의 입장으로부터 어떻게 인권 개념을 논증해 내시나요?

세속주의라는 말 속에는 칸트적 계몽의 의미가 내포

쿠스라디 : 우선 두 종류의 인도주의를 구분해 볼 필요가 있습니다.
하나는 사회계급이론으로서의 인도주의이고, 다른 하나는 인간이
처한 상황에 대한 철학적 분석입니다. 전자는 사실을 해석하고자
하는 이론이고, 후자는 더욱 개방적이고 더욱 기본적인 것에 대한
분석입니다. 이러한 해석과 분석이 모두 인식활동임을 기억해야 합니
다. 따라서 올바른 방식으로 행해질 수도 있고 그릇된 방식으로 행해질
수도 있으며, 그 결과 역시 사실로 밝혀질 수도 있고 거짓으로 드러날

수도 있습니다. 한편 인도주의는 인간의 가치에 관한 관점으로서 인간이 처한 환경에 대한 분석을 통해 도출된 결론이며, 사회이론 혹은 해석의 출발점을 이룹니다.

나는 '세속화'(laïcité)가 인권의 효과적 실시에 필수적인 조건이라고 생각합니다. 이를 위해 두 개의 서로 다르면서도 상호보완적인 개념, 세속화(laïcité)와 세속주의(secularism)를 구분해 보도록 하겠습니다. 프랑스어의 라익(laïc)은 그리스어에 그 어원을 두고 있습니다. 제사 계층에 속하지 않은 세속인들을 의미합니다. 따라서 라이시테(Laïcité)는 정교분리를 의미하기도 하지만, 어떤 종교나 문화적 규범에 의해 사회 관련 제도와 공공업무 기구가 결정될 수 없음을 요구하는 것이기도 합니다. 이는 하나의 계몽이념이자 현대국가의 원칙입니다. 세큘러(secular)는 라틴어 새쿨라룸(saecularum)에서 온 말로 '시대', '세대'라는 의미를 지닙니다. 나는 이를 시대의 요구에 맞추어 변화하고자 하는 바람을 표현하는 말로 이해합니다. 이러한 의미에서 '근대화'의 동의어라 할 수 있습니다. 역사적으로 '근대'는 칸트적으로 보면 계몽의 결과입니다. 즉 "인간 자신이 스스로에게 더한 미숙함으로부터 벗어날 때" "자신의 이성을 활용할 용기를 발견하고" "타인의 인도, 나아가 종교적 인도를 필요지 않게 된다"는 것입니다.

이러한 사고에 기초하면 세속화와 세속주의는 동전의 양면의 관계로, 각각 세속 개념의 소극적 측면, 적극적인 측면을 의미한다고 볼 수 있습니다. 세속화는 누가 국가와 공공기구를 결정해서는 안 되는지를 나타내며, 세속주의는 누가 그것들을 결정해야 하는지를 나타내는 것입니다. 즉 그 '시대'의 철학사상이 빚어낸 관념인 것이지요. 이런 의미에서 '세속국가'란 인권에서 법이 도출되어 나온 국가, 인권에 근거하여 관리되는 국가를 가리킨다고 할 수 있습니다. 반세기가 넘도록 각종 '발전', 즉 경제발전, 문화발전, 지속가능한 발전, 인간 중심 발전 등은 국가 정책의 목표로 자리해 왔습니다. 이러한

'발전'의 목표는 '자유'시장의 세계화와 함께 우리의 발걸음을 인도하고 있습니다.

문회 : 매우 명료하고 학술적인 분석인 것 같습니다. 만약 젊은 학자들이 선생님의 이론을 빠르게 이해하고자 한다면 어떤 저서를 읽으면 좋을까요?

『인권 : 개념과 문제』와 『윤리와 세계의 문제』를 추천

쿠스라디 : 이미 영어, 프랑스어, 러시아어 등으로 번역된 책을 추천할 것 같습니다. 『인권 : 개념과 문제』, 『윤리와 세계의 문제』, 『인권전쟁』, 『시간의 철학』, 『윤리학』 등이 있겠네요. 앞의 세 권은 개념을 명료하게 밝힘으로써 우리 시대의 문제를 다루고 있으며, 『윤리학』과 가장 이른 시기에 나온 『인간과 가치』는 가치 상대주의와 절대주의를 광범위하게 다루지 않고 주로 평가의 문제를 다루고 있습니다. 현대 그리스어를 이해하는 독자라면 나의 시집 『은막의 뒤편』을 추천합니다. 터키어를 이해하는 독자에게는 『인권 : 개념과 문제』, 『윤리와 세계의 문제』를 추천하고 싶습니다.

문회 : 향후 10년간 어떤 계획을 가지고 계십니까?

향후 10년의 계획 : 가치론, 인식론 문제를 보여 주는 다큐멘터리를 제작할 것

쿠스라디 : 나는 원래 엄격하게 계획을 세우면서 일을 하지는 않습니다. 필요를 느껴야 하겠다고 마음을 먹는 편이지요. 올해 나이가 81세라는 걸 잊지 말아 주세요! 지금은 말테페대학에서 인권박사 과정을 시작하고자 합니다. 이 과정의 핵심은 철학과 도덕 문제입니다. 터키대학의 두 번째 박사 프로그램이지요. 첫 번째는 내가 하세테페대학에 설치한 프로그램입니다. 진정으로 하고 싶은 일 몇 가지를 말하자면, 우선

가치, 인권 그리고 인식론과 관련된 문제를 체계적으로 정리하여 보여 주는 일이 있습니다. 개인적으로 인권 연구를 통해 인식론을 이해하였습니다. 그리고 많은 대중들을 위해 가치관과 인권 문제에 관한 다큐멘터리를 제작하고 싶습니다.

【중국철학 그리고 세계철학대회를 바라보다】

문회 : 철학과 세계와의 관계를 어떻게 이해하십니까?

철학은 개념을 사용하여 사고를 명료화하는 것

쿠스라디 : 철학은 하나의 지식으로서의 세계관이나 인생관, 그리고 모든 의미의 '과학'과 구별됩니다. 물론 철학은 우리의 삶과 세계에 지극히 중요한 것입니다. '포스트모던'이 지나간 지금, 철학은 더욱 중요합니다. 그런데 우리는 '철학'이라는 것에 대해 명료하게 이해할 필요가 있습니다. 우리가 세계 문명을 독해하는 과정에서 '철학적 신념'이라는 표현을 사용할 때면 나는 항상 일종의 불안감을 느낍니다. 만약 너와 내가 서로 다르고 '신념'이 일종의 심리적 느낌이라면, 대체 이 표현은 무엇을 말하는 것일까요? 우리 인간은 모두 자신의 신념을 지니게 마련입니다. 변론 가능한 것도 있고 변론이 불가능한 것도 있을 테지요. 믿음은 일종의 인간적 현상입니다. 하지만 우리는 이를 지식과 혼동해서는 안 될 것입니다.

그렇다면 우리는 왜 철학적 지식을 필요로 할까요? 우리는 사고를 명료하기 위해 우리가 사용하는 용어와 개념의 내용을 알아야 합니다. 정의 내리기, 개념화 등이 바로 철학의 작업입니다. 어떤 단어가 유행하여 모든 사람들이 그 단어를 사용하는데, 그것이 무엇을 가리키는지를 정확히 모른다면 그 말들은 공허한 말이나 다름이 없겠지요. 공허한 글자로 어떻게 명료하게 사고할 수 있을까요? 칸트가 말한

'패러독스', 즉 타당한 추리가 잘못된 결과를 낳는 경우, 바로 이 공허한 단어가 그 원인이 되기도 합니다. 심리적 암시가 담긴 공허한 단어는 선동이 되기도 하지요. 이러한 언어의 의미를 분명히 밝히는 것 역시 철학자의 작업에 속합니다.

철학에 대한 이해는 많은 가능성을 지니고 있습니다. 내가 여기에서 강조하고 싶은 것은 내가 "관념의 개념화" 혹은 "인식적으로 타당한 관념의 개념화"라고 부르는 것입니다. 철학은 개념에 대해 중요한 역할을 할 수 있습니다. 관념과 관계될 때, 개념은 항상 판단의 기준이 됩니다. 개념을 전문적으로 사용하는 사람들, 그리고 타인의 운명을 결정하는 사람들의 머릿속에서 개념이 분명하게 자리 잡혀 있어야 하는 이유입니다.

문회 : 선생님은 세계철학대회와 깊은 인연을 맺고 계십니다. 2003년 제21차 세계철학대회의 위원장을 맡아 역사의 도시 이스탄불에서 "철학이 세계의 문제를 마주하다"라는 주제로 대회를 개최함으로써 서로 다른 문화전통에서 온 철학자들이 서로 생각을 교류하는 대화의 장을 마련했습니다. 이 대회는 현대 철학교류의 한 이정표를 제시했다고 평가할 수 있습니다. 이번 대회의 주제인 "학이성인"에 대해서는 어떤 견해를 가지고 계신가요?

"학이성인"은 인간에게 적절한 교육과 모범이 필요함을 의미

쿠스라디 : "학이성인"은 우리 시대에 절실히 필요한 것을 잘 표현하는 말이 분명합니다. 비록 인간으로 태어났지만, 모든 사람은 인간이 되기 위한 것들을 배워 나가야 합니다. 즉 우리는 반드시 인간이 되어야 하고, 인간으로서의 자격을 갖추어야 합니다. 이를 위해 적절한 교육과 모범이 필요합니다. 예를 들어, 세계 각지에서 나날이 창궐하는 폭력사태를 타파하기 위해 인권도덕 교육이 필요합니다. 또 한 가지, 나는 모두에게 '군축'의 필요성을 다시 한 번 환기시키고 싶습니다.

제2차 세계대전 이후 국제사회의 주요 어젠다 중 하나가 바로 군축입니다. 하지만 지금은 이를 거론하는 사람이 사라졌습니다.

문회 : 2003년 이스탄불 세계철학대회의 위원장을 맡으셨을 때, 선생님의 지휘와 노고 덕분에 대회가 매우 성공적으로 치러질 수 있었습니다. 2018년 북경 세계철학대회에는 어떤 기대를 가지고 계십니까?

북경대회에 대한 기대 : 21세기 첫 25년간의 시대정신을 관찰할 기회

쿠스라디 : 세계철학대회는 철학의 시대정신(Zeitgeist)을 반영합니다. 북경대회는 우리에게 21세기 첫 25년간의 시대정신을 관찰할 기회를 제공할 것입니다. 내가 이번 대회 특별회의에서 발표하는 내용 또한 "21세기의 첫 25년에 서서 세계를 바라보다"라는 제목입니다.

이번 대회는 아시아에서 개최되는 두 번째 철학대회입니다. 아시다시피 첫 번째는 2008년 한국에서 개최된 대회지요. 당시 국제철학연맹의 회장으로서 나는 한국의 대회 개최를 강력히 지지했습니다. 최초로 아시아에서 세계대회가 열릴 기회였으니까요. 이 때문에 '편향되었다'는 비판을 받기도 했습니다. 보세요, 철학자들조차도 개념을 혼동할 때가 있지 않나요? 공평함을 편향되지 않음과 혼동하는 것을 보면 말이에요.

이번 대회가 중국이라는 세계 최대의 인구를 자랑하는 나라에서 열리게 되어 나로서는 매우 기쁩니다. 이번 대회는 언어의 장벽만 극복한다면 중국의 학자들과 다른 나라의 학자들이 서로 어떤 작업을 하는지를 이해할 수 있는 좋은 기회가 될 것입니다. 이들이 대회기간 새로 맺게 될 관계들은 미래에 있을 협력의 실마리가 되겠지요. 나 역시 많은 기대를 하고 있습니다. 폭력이 우리의 일상 깊은 곳까지 침투한 지금의 이 역사적 시점에, 세계의 모든 사람들 특히 국정을 담당하는 사람들에게 배움을 통해 인간으로 나아가야 한다는 사실을 일깨워 주기를 기대합니다. 또한 구체적인 실행 방향을 제시해 줄 수도 있을 것입니다. 특히 교육을 통해 젊은이들의 "학이성인"을 도와야 한다는 점을 일깨워 줄 수 있습니다.

문회 : 중국철학 혹은 중화문명에 대해 얼마나 이해하고 계십니까? 또 어떤 기대를 하고 계신가요?

중국문화에 대한 기대 : 중국의 지혜 속에서 피어난 '귀속정신'을 잘 유지하길

쿠스라디 : 서로 다른 문명은 흐르는 강물과 같이 인간을 변화시키고 또 풍요롭게 합니다. 나는 세계의 모든 문명적 성취는 인류 공동의 자산이라고 생각합니다. '철학'에 민족적 색채(중국철학, 터키철학, 독일철학 등)를 더하는 것은 철학책에 사용되는 언어에 의해 결정된다고 생각합니다. 그리고 아시아철학과 유럽철학 등의 구분은 철학 저작의 생산 지점을 말해 주는 것이고요. 물론 어떤 텍스트가 철학적이라면, 즉 철학적 지식을 포함하고 있다면 이것이 어디서 만들어졌는가는 크게 중요하지 않습니다. 하지만 삶의 환경과 어떤 주제에 관한 민감도의 차이는 철학적 문제를 포착하고 다루는 데에도 차이를 가져오는 것이 당연합니다.

나는 자주 중국을 방문하지만 매번 짧은 시간밖에 머무르지 못해 외부에서 중국문명에 대해 판단하기는 쉽지 않습니다. 나에게 중국이라는 나라는 중국의 친구들과 동료들로 설명되는 것 같습니다. 그 중에서 가장 나이가 많은 이는 요개후姚介厚 교수인데, 30년 전에 베오그라드 유네스코 회의에서 처음 알게 되었습니다.

이 외에 중국인의 강한 '귀속정신'으로부터 깊은 인상을 받았습니다. 한 가지 이야기를 예로 들겠습니다. 예전 태호 근처에서 열린 한 회의에 초대받은 적이 있습니다. 회의장에 가려면 우선 상해로 간 뒤, 다시 상해에서 회의 장소까지 이동해야 했습니다. 내가 상해에

도착했을 때 한 젊은 남녀가 나를 마중하러 나왔습니다. 이들이 차로 나를 회의 장소로 데려다 주었지요. 알고 봤더니 젊은 숙녀는 그 지역의 판사이고, 남성은 그녀의 조수라더군요. 이들은 지역의 중요한 행사에 도움을 주고 싶어 했습니다. 대체 어느 나라의 판사가 이렇게 할 수 있을지 모르겠습니다. 부디 이러한 정신을 계속 유지하기를 바랍니다! 내가 중국 사상가들의 지혜를 존경하는 것은 바로 이러한 정신을 물려주었기 때문입니다. 나는 철학과 지혜를 구분해야 된다고 생각합니다. 물론 둘 다 필요하겠지만, 이 둘을 혼동해서는 안 됩니다. 오늘날에는 바로 이 '지혜'가 인권과 결합되어야 합니다.

인류 사업의 여러 분야에서 중국은 새로운 돌파를 이루어 내고 있습니다. 나는 중국이 세계 정치에서 세계를 '안정'시키는 보다 중요한 역할을 이루어 내기를 희망합니다.

문회 : 인터뷰에 친절하고 자세하게 대답해 주셔서 대단히 감사합니다. 철학자들은 모두 장수하는 것 같습니다. 선생님의 작업이 십년 이십년 계속될 수 있기를 기대하겠습니다.

글 ‖ 왕인려王寅麗(연합인터뷰팀)

조슬린 베노아
Jocelyn Benoist

현상학에서 분석철학까지, '실재성'을 위한 여정

프랑스 신세대 융합철학자

조슬린 베노아

인터뷰이 : 조슬린 베노아(Jocelyn Benoist), 이하 '베노아'로 약칭
(프랑스 파리1대학 철학과 교수)

인터뷰어 : 사정謝晶(복단대학교 철학부 강사), 이하 '문회'로 대칭

인터뷰 일시 : 2018년 4월~5월(수차례의 메일 인터뷰)

조슬린 베노아는 현대 프랑스철학계의 기재 중 한 명이다. 우리는 그에게서 '파리 소르본대학 철학과 교수'라는 직책에 '걸맞은' 분위기를 찾아볼 수 없었다. 고전적이지도 않고, 정통과도 거리가 멀어 보였다. 1968년생의 그는 여전히 새로운 물건에 대한 호기심으로 가득한 개구쟁이 소년처럼 보였다. 인터뷰 내내 시종일관 유머를 잃지 않았고, 특유의 거침없는 언변은 그 철학사상의 생생한 모습을 여과 없이 드러내 주었다.

철학자에게 50세라는 나이는 사상이 자리 잡는 시기일 수도 있지만, 베노아의 학술 여정은 스스로도 말하듯 여러 단계를 거쳐 변해 가고 있다. 내가 파리에서 공부할 당시, 그 어떤 분야의 박사논문 심사장에서도, 그 어떤 주제의 학술토론회에서도 늘 그의 모습을 발견할 수 있었다. 그때마다 나는 그의 발언 속에서 현상학, 구조주의, 일상언어학파, 사회본체론 등에 대한 깊은 조예를 엿볼 수 있었다.

이번 대담에서 베노아는 모처럼 체계적인 방식으로 자신의 철학 여정을 설명해 주었다. 종잡을 수 없는 것처럼 보이는 그의 연구방식과 지향점의 배후에는 사실 동일한 하나의 문제의식이 자리하고 있다. 바로 실재성의 문제이다. 그는 일이관지하게 이 문제에 관해 관심을 가져 왔다. 그는 "진정한 연구 분야는 오직 철학뿐이다"라고 했는데, 그 말을 통해 이른바 '기술관료'들이 연구라고 부르는 것과 진정한 사상 간에는 천양지차가 존재한다는 것을 단번에 느낄 수 있었다.

구조주의 이후의 많은 프랑스 학자들과 마찬가지로 베노아는 사상과 문화의 다양성 문제에도 민감하다. 이번 대담을 통해 우리는 이 예민함이 단순한 호기심이 아니라 일종의 시대적 책임감에서 비롯된 것임을 알 수 있었다. 일찍이 세계 각지를 여행하며 암암리에 중국과도 각별한 인연을 맺었던 그는 "중국과 세계"라는 문제를 보는 관점에서도 상식을 뛰어넘는 모습을 보였다. 그는 많은 서양 학자들이 중국문화를 "우수하지만 철저히 이질적인 전통"으로 보는 것과는 달리, 중국을 비롯한 다양한 비서구적 세계가 지닌 근대성에 많은 기대를 걸고 있다. 그에게서 서구보편주의를 벗어나 다른 대화공동체 속에서 자신의 특수성을 파악하려는 서양철학의 반성적 사고를 확인할 수 있었다.

【철학과의 인연 그리고 궤적】

문회 : 선생님은 현재 프랑스에서 가장 중요하면서도 가장 활발한 성과를 내놓는 철학자 중의 한 분이십니다. 그간 출간한 저작을 보면 놀라움을 금할 수 없습니다. 『칸트, 그리고 종합의 한계 : 감성주체』(*Kant et les limites de la synthèse : Le sujet sensible*, 1996), 『대상 없는 표상 : 현상학과 분석철학의 기원』(*Représentations sans objet : aux origines de la phénoménologie et de la philosophie analytique*, 2001), 『지향성의 한계 : 현상학 및 분석철학 연구』(*Les limites de l'intentionalité. Recherches phénoménologiques et analytiques*, 2005), 『감각과 감성 : 배후의 지향성』(*Sens et sensibilité. L'intentionalité en contexte*, 2009), 『개념 : 분석 입문』(*Concepts. Introduction à l'analyse*, 2010), 『실재론 철학의 기초 : 우리가 가진 것에 관한 사고』(*Éléments de Philosophie Réaliste. Réflexions sur ce que l'on a*, 2011), 『감각 가능한 것의 소리』(*Le Bruit du sensible*, 2013), 『현상의 논리』(*Logique du phénomène*, 2016), 『실재의 주소』(*L'adresse du réel*, 2017) 등등. 이 리스트는 아직 현재진행형이지요.
선생님의 철학사상은 본체론, 심리철학, 인식론, 언어철학, 사회철학 등 매우 광범위한 영역에 걸쳐 있습니다. 하지만 중국에서는 다른 대부분의 프랑스 철학자와 마찬가지로 아직까지 그 명성이 잘 알려져 있지 않는데요, 서양철학에 흥미가 있는 중국의 학자와 독자들에게 본인을 소개한다면 어떻게 하시겠습니까? 많은 사람들은 선생님의 철학이 현상학에서 분석철학으로 옮겨 갔다고 보는데 여기에 동의하시나요?

'구조주의'와 작별한 시대 속에서 성장, 현상학으로 회귀

베노아 : 나와 같이 1960년대에 출생한 프랑스 철학자들은 '현상학으로의 회귀'라는 학문적 배경 속에서 철학 훈련을 받았습니다. 모든

'제2차' 혹은 '재탄생'이 그렇듯 현상학으로 회귀한 것 또한 상당히 의심스러운 현상이기는 합니다. 하지만 지금에 와서 돌이켜보면 그 의의는 분명합니다. 구조주의라는 곡의 연주가 종료되었음을 알린 것이지요. 나는 이 점에 동의하지 않습니다만, 당시에는 이 모든 것들을 완전히 알지는 못했습니다.

현상학이 나를 매료시킨 부분은 구체성을 중시하고 개념을 경험 속으로 노출시키고자 했다는 점입니다. 이런 의미에서 보면 마리옹 (Jean-Luc Marion), 베르그송(Henri Bergson) 등의 프랑스 신현상학은 자연히 나를 불편하게 만들었습니다. 나는 당시 현상학이 실재를 직시할 능력이 전무하다는 사실에 불만을 가지고 있었습니다. 현상학을 통해 실재에 대한 예민하고 날카로운 감각을 갖기를 바랐기 때문입니다. 물론 나의 이러한 기대가 다소 편파적이기는 합니다만, 모든 것을 '현현'(l'apparatre)으로 간주하는 학설이 과연 우리에게 실재를 줄 수 있을까요? 그 전에, 실재라는 것이 정말로 주어질 수 있는 성질의 것일까요?(바꾸어 말하면, 실재를 항상 주어지는 존재로 대하는 것이 의미가 있을까요?) 그러나 나는 오랜 시간이 지나고 나서야 겨우 현상학이 막다른 길에 다다랐음을 깨달을 수 있었습니다.

'실재'에 무력한 현상학에 실망, 점차 분석철학-심리철학-실재론으로 전향

나의 박사과정 연구는 프랑스 현상학에 관한 것으로, 나는 주체를 탐구하고자 했습니다. 계보학적 연구방식1)에 따라 연구는 자연스럽게 칸트로 옮겨갔지요. 박사논문은 1994년에 완성이 되었는데, 그 전부터 이미 후설에 관해 많은 글을 써 두었고 여러 편의 논문들을

---

1) 편집자 주 — 계보학적 방법론은 니체가 제창하고 푸코가 발전시킨, 사회현상을 분석하는 방법론의 일종이다. 이는 사물이 서로 다른 조건에서 낡은 구조를 타파하고 새로운 구조를 구축하는 연속적인 구조형태를 보인다는 것을 설명하는 데 사용된다.

발표한 상태였기 때문에 이것이 자연스럽게 나의 첫 번째 저작(박사논문)으로 이어지게 되었습니다.

이 책을 낸 후에 나는 자신에게 어떤 변화가 일어나고 있음을 느꼈습니다. 박사논문 집필을 마친 후 몇 달간은 인식론이 내 최대 관심사가 되었고(물론 처음부터 가지고 있던 문제의식이기도 합니다.), 자크 부브레스(Jacques Bouveresse)를 읽고 나서는 현상학에 대해 의문을 품기 시작했습니다.

이 외에도 아내인 산드라 로지에(Sandra Laugier)를 처음 만났습니다. 그녀는 비트겐슈타인과 미국철학의 전문가였지요. 이 만남 역시 나에게 깊은 영향을 주었습니다. 이때 즉 1994년부터 2003년까지의 시기에 나의 철학 연구는 두 번째 단계로 진입했다고 할 수 있겠습니다. 이 시기에 내가 가장 하고 싶었던 작업은 계보학의 관점에서 현상학과 분석철학을 서로 대립시키는 것이었습니다. 당시에 나는 현상학의 기원(오스트리아와 독일의 초기 현상학)으로 거슬러 올라가 현상학 자체를 엄격한 분석적 방식으로 인도하여 새롭게 정비하면 좋겠다고 생각했습니다. 당시까지만 해도 어떤 실재론적 현상학이 있을 수 있다고 생각했었지요. 이러한 사상사 작업은 2003년에 종지부를 찍었습니다. 당시 나는 트래비스(Charles Travis)를 알게 되었는데, 그 후 미국과 캐나다에 방문학자로 가게 되었습니다. 작업의 시작점을 찾고자 하던 나의 기대에 부응할 수 있으리라 생각했기 때문이지요. 이른바 새로운 출발점이란, 이전 연구와의 단절을 의미하는 것이 아니라 이전 연구의 목적을 새롭게 정의해 나가는 것이라 생각합니다. 그때부터 나는 빈학파(모리츠 슐리크[Moritz Schlick], 루돌프 카르납[Rudolf Carnap]) 혹은 실용주의(윌리엄 제임스[William James], 루이스[C. I. Lewis]) 등과 같은 몇 가지 문제에 관해 사상사적 연구를 계속해 나갔습니다. 하지만 이후 내 관심은 개인 연구로 옮겨갔습니다. 주로 심리철학에 관한 연구였지요. 이 단계의 핵심 주제는 바로 지향성 개념이었습니다.

트래비스의 영향으로 나는 점차 의식적으로 이를 맥락주의 프레임 속에서 이해하기 시작했습니다. 처음에는 지향성이 철저히 실재의 외재적 제한을 받는다고 생각했습니다. 하지만 당시 나는 현상학과 그에 수반되는 완고한 내재론(나는 이를 '논리내재론'이라고 부릅니다.)으로부터 점점 멀어지고 있었기 때문에, 앞에서 언급한 '제한'은 내 입장에서 점차 불필요한 존재가 되고 있었습니다. 사실 그 개념이 무엇을 의미하는지도 점차 알 수 없게 되었지요. 지향성을 제한해야 한다고 믿는 것은 지향성에 실체로서의 지위를 지나치게 부여하는 것일지도 모릅니다. 사실 이 연구 단계의 종착점은 지향성 문제와 타협을 이루는 것이라 할 수 있습니다. 따라서 나는 지향성 문제를 더 이상 문제라고 여기지 않고, 우리를 실재로 진입하게 하는 보다 편리한 형식화된 방식으로 보고자 합니다.

2010년(『개념 : 분석 입문』)부터 시작하여 내 연구는 새로운 단계로 진입하였습니다. 이전에 가졌던 심리철학에 대한 추구는 구조에 관한 근대철학적 신화에서 벗어나게 되었습니다. 따라서 실재론에 대한 보다 전면적인 사고가 가능해졌습니다. 현재 나의 실재론은 현상학의 지배에서도 벗어나고 있는 중입니다. 지금의 연구 상황은 대략 이러합니다.

문회 : 좀 더 이전으로 거슬러 올라가 볼까요? 철학이 어떻게 해서 선생님의 일생의 과업이 되었나요? 프랑스에서는 대중들이 비교적 일찍부터 철학에 관심을 가지는 것으로 알고 있습니다. 아마도 (적어도 이론적으로는) 중학교 때부터 시민교육의 일부로서 철학 교육을 받기 때문이 아닐까 합니다. 강한 지식적 전통을 바탕으로 사변이나 토론을 강조하는 것도 하나의 이유가 될 수 있겠지요. 선생님의 입장에서 철학자가 된 것은 우연이라 해야 할까요? 아니면 "숙명"이라 해야 할까요?

철학의 길 : 중고교 교육제도와 철학교사인 부모님의 영향

베노아 : 그렇습니다. 철학은 확실히 오랜 시간 동안 프랑스 교육제도 내에서 중추적인 역할을 지탱해 왔습니다. 적어도 제3공화국(제3공화국은 철학을 모든 학문의 모태로 받드는 정치이념에서 출발했습니다.)에서부터 현재까지 철학은 많은 사람들을 매료시켜 왔습니다.

나의 경우는 사회학적으로 말하자면 별다른 우연이 존재하지는 않았다고 할까요, 아버지는 중학교 철학 교사로서 본인 스스로 공화의 이념을 품고 계셨지요, 나는 어린 시절부터 책 속에 파묻혀 자랐습니다. 문화적으로 풍요로웠던 어린 시절의 환경에 대해 다소 황당할 수도 있는 죄책감을 지니고 살았습니다. 아버지는 노동자의 아들로서 스스로 모든 것을 쟁취해야 했던 반면, 나는 이미 완성된 문화재산을 물려받았기 때문이지요. 그래서 아이러니하게도 내가 문화라는 사치를 비판할 수 있었던 것입니다.

【철학사상과 업적】

문회 : 만약 본인 스스로를 평가하신다면 가장 대표적인 작품이나 학문적 성과로 무엇을 들 수 있을까요?

초기의 대표작 : 현상학과 분석철학의 동일한 기원을 고찰, 20세기 철학 전반에 대한 견해를 새롭게 수정

베노아 : 아까도 말씀드렸듯이 내 연구는 몇 단계를 거쳐 지금에 이르렀는데, 언제나 현재의 연구가 가장 중요하며 가장 대표적인 것이라고 생각하고 있습니다. 따라서 실제로 어떤 학문적 성과가 있다고 하더라도 지금 당장은 하나로 정하기가 어려울 것 같습니다. 내 박사논문의 제목은 『칸트 그리고 종합의 한계 : 감성주체』(1995)인데, 비록 지금의 연구와는 다른 방향의 연구지만 가치가 없다고 생각하지는 않습니다. 이 논문은 주체성에 대한 탐색을 출발점으로 삼아, 메를로퐁티(Maurice

Merleau-Ponty)와 레비나스(Emmanuel Levinas)를 위주로 하는 프랑스 현상학적 방법론을 통해 칸트를 독해해 나갑니다.

그런데 나는 감각 가능한 것의 철저함과 환원불가능성을 드러내는 이 과정 속에서 언제나 나에게 중요했던 어떤 진리가 존재할 수 있다고 믿습니다. 다만 당시에는 이 '철저함'이라는 정확한 개념을 발견하지 못했습니다. 만약 이를 '드러남/현현' 혹은 '주어짐'이라고만 정의했다면 우리는 이 개념을 놓치고 말았을 것입니다. 이렇게 본다면 나의 철학노선은 여전히 단절되지 않고 이어지고 있습니다. 매튜 콩추(Matthieu Contou)가 지적했듯 나의 박사논문에 담긴 문제의식과, 개인적인 사상의 특징이 가장 잘 반영되었다고 생각하는 『감각 가능한 것의 소리』 사이에는 사용된 개념의 차이는 있을 수 있겠지만, 그 내용적인 측면은 여전히 일맥상통합니다.

박사논문 이후 나는 후설과 현상학의 원형 그리고 현상학과 분석철학의 공통 기원에 관한 시리즈를 펴냈습니다. 이 연구를 통해 나는 현상학과 분석철학을 서로 대립시키는 기존 20세기 철학 전반의 전통(사실은 몇몇의 이유들이 서로 대립하고 있음)을 내 나름의 방식으로 변화시켜 나갔습니다.

『지향성의 한계』에서 개인적인 스타일을 개척, 의미내재론 제시, "지각실재론" 긍정

보다 독립적이고 개인적인 연구를 말하자면 『지향성의 한계』(2005)를 언급해야 할 것 같습니다. 비록 여전히 과도기적인 색채가 남아 있고 몇몇 장들은 사상사에 해당하지만, 지금까지 계속되고 있는 개인적인 철학 여정의 시작을 알린 책이 바로 이 책입니다. 앞서도 언급했듯 나는 지금까지 우리가 지켜 왔던 외재론에 관해 의문을 가지게 되었습니다. 우리에게 여전히 외재론이 필요한지(실제로 내재론자와 거리가 멀수록 내재론의 필요에 대해 의문을 제기할 것입니다.)에 대해 완전히 확신할 수 없기 때문입니다. 따라서 심리내재론이 아니라 의미내재론이 진정한 문제라는 점, 혹은 심리내재론을 극복하는 것만으로는 의미내재론에서 벗어날 수 없다는 점을 밝힌 것이 이 작품의 의의가 아닐까 싶습니다. 이는 또한 '의미/감각'(sense)[2] 개념에 대한 나의 비판을 보여 주기도 합니다. 이러한 비판은 나의 연구 전체를 관통하고 있습니다. 이 외에도 나는 이 책에서 최초로 지각실재론을 인정하였습니다. 이는 이후의 연구에서 주축을 이루게 되지요.

'지각' 문제를 다차원적으로 다룬 『감각 가능한 것의 소리』, '현상' 개념의 구조를 밝힌 『현상의 논리』

최근 연구 가운데 말할 말한 것은 『개념 : 분석 입문』에서 제시한 몇 가지 내용들입니다. 개념의 실재 속으로 내던져짐, 개념의 맥락성, 개념의 한계, 개념이 유효할 수 있는 현실의 조건 등의 문제들을 새롭게 제시하였습니다.

『감각 가능한 것의 소리』(2013)는 개인적인 색채가 가장 강하게 담긴 철학 작품이 아닐까 합니다. 나는 박사논문부터 계속해서 감각 가능한 것의 환원불가능성 문제에 관심을 가져왔는데, 지금에 와서야 겨우 적절한 표현방식을 찾을 수 있었습니다. 이 책에서는 '지각' 개념의 다층 차원(사실 인식론 차원과 본체론 차원의 사이에 있는 '지각' 개념에 다의성이 존재합니다.)을 밝히고 있는데, 이 점이 이 책의 가장 큰 성과라 할 수 있습니다. (감각 가능한 것에 대한 전개로서의) 예술에 대한 분석의 토대(특히 반이념주의)를 마련한 것 또한 주된 내용입니다.

『현상의 논리』(2016)에서는 '현상'의 개념을 밝히는 데 매진하였습니다. 대강의 사상사를 서술하면서 그 문법을 전개하였는데, 특히 '드러

---

2) 편집자 주 — 프랑스어의 sens는 감각과 의미라는 뜻을 동시에 지닌다. 베노아의 연구는 감각 가능한 것과 실재에 초점을 맞추며, 또한 분석철학의 방법을 대량 사용하고 있다. 따라서 종종 sens를 중의적인 방식으로 사용한다.

남/현현'이라는 화법(이는 플라톤에서 현상학에 이르기까지 서양철학에서 중요한 역할을 담당해 왔습니다.)은 항상 실재의 구조를 의미해 왔으며 실재의 구조가 존재해야만 그 속에서 어떤 사물이 '드러날/현현될' 수 있다는 사실을 제시하였습니다. 다시 한 번 강조하자면, 실재는 우선적인 지위를 지니며, 우리는 실재를 '현상화'하는 전통적인 수단을 통해서는 실재 개념 그 자체를 사고해 나갈 수 없습니다. 이제 다른 개념을 통해 실재 개념을 이해해야 합니다.

문회 : 앞으로 어떤 계획이 있으신가요?

미래 계획 : '실재론 개념' 정리

베노아 : 장기계획도 있고 단기계획도 있습니다. 우선 실재론에 관한 개론서 한 권을 쓰고 싶네요. 아마 한 권으로는 아무런 의미도 없다는 사실만을 증명하게 되겠지만, 그래도 최대한 많은 지면을 할애하고자 합니다. 이 책은 실재에 관한 어리석음과 무관심(indifférence)에 관한 책이지만, 여전히 나는 "실재는 항상 어떤 측면에서 서로 다르며 (différence)[3] 우리는 실재에 대해 어떤 책임을 지고 있는가?"라는 문제를 탐구하고자 합니다. 지금 당장의 계획을 말씀드리자면, 조만간 허구에 관한 짧은 책을 한 권 쓸 계획이 있습니다. 이미 자료는 완비된 상태이지요. 기술관료들이 '연구'라고 부르는 행위가, 그리고 대학이 나에게 조금만 시간을 내준다면 금방 완성할 수 있을 겁니다.

문회 : 선생님은 프랑스 철학이 구조주의를 벗어나 현상학으로 회귀하고 또 분석철학의 영향을 더해 가는 이 이질적 단계들을 직접 목도하셨습니다. 프랑스 철학의 현황과 추세가 무엇이라고 생각하십니까?

---

3) 편집자 주 — 무관심(indifférence)과 다름(différence)을 가지고 일종의 언어유희를 한 것이다.

현대 프랑스 연구 현황에 관한 세 가지 묘사 : "Why I am so Unfrench",
평범의 시대, 전통의 고수와 대외 개방

베노아 : 이 문제는 답변하기 쉽지 않군요. 몇 가지 예측되는 경향성
가운데에서 확답을 내리지는 못하겠습니다.

우선 첫 번째 방향은 매우 프랑스적인 게임을 하는 겁니다. "나는
왜 이렇게 비非프랑스적인가"(Why I am so Unfrench)를 말하면서(나의
경우에는 사실이 아닙니다.) 프랑스 지식계가 지닌 구조적 결함을 원망하
는 것이지요. 지나치게 피상적이라거나 시의에 부합하려고만 한다거
나 쓸모없는 논쟁만을 벌인다거나 하는 문제들 말이지요.

두 번째 경향은 내가 어렸을 때부터 품고 있던 비애를 말해 주는
것이기도 합니다. 나는 프랑스 사상의 황금기(1960년대)는 이제 두
번 다시 올 수 없다고 생각합니다. 우리가 살아갈 이 시대는 황금기와
비교하자면 매우 쇠퇴한 평범한 시대일 겁니다. 이 시대에는 그저
남을 공격하거나 비웃고 풍자하는 풍조밖에 남지 않았습니다. 그런데
한편으로는, 철학적 낙원이란 하나의 허상일 수 있습니다. 개념 분석에
관한 나의 엄격한 요구는 여러 측면에서 더 이상 1960년대의 철학
스타일과는 어울리지 않습니다.

마지막 세 번째 경향은 이 중에서 가장 들어맞을 확률이 높다고
봅니다. 나는 여러 번의 해외(물론 서양 혹은 서양화된 세계만을 기준으로)
방문연구 후에 프랑스가 여전히 가장 활발한 지식인 생태계를 지니고
있음을 알게 되었습니다. 아마도 이는 프랑스의 사상적 전통이 강하기
때문이겠지요. 영어라는 세계적 평준화 경향성을 거부하는 측면이
이를 잘 설명해 줍니다. 그러나, 최근 30년간 프랑스 철학이 점차
개방되어 왔다는 것도 하나의 이유이겠지만(비록 이 과정은 언제나 여러
가지 모순을 동반하게 마련이지요), 오늘날 분석철학이 프랑스에 존재한다
는 것은 기정사실입니다. 분석철학은 여러 측면에서 프랑스 철학계의

전반적인 면모를 바꾸어 놓았습니다. 물론 분석철학이 홀로 고군분투하는 것은 아닙니다. 어쨌건 분석철학은 이미 정형화되어 있는 복잡한 철학무대 위에 있고, 이를 수용하는 학자들 또한 그에 상응하는 철학 훈련을 받은 사람들입니다. 비록 그 결과는 전혀 다를 수밖에 없겠지만 나는 프랑스 지식인들의 생태계가 바로 이러한 다양성과 개방성으로 인해 훌륭한 모습으로 변해 가고 있다고 생각합니다. 프랑스 지식인계에 어떤 실제적 결함이 존재하건 이 점만은 분명할 것입니다.

대륙철학과 분석철학의 결합, 왜 대륙철학의 분석화라고 말할 수 없는가?

문회 : 따라서 프랑스 철학의 생명력은 여전히 왕성해 보입니다. 이는 많은 중국 학자들의 시각이기도 합니다. 그런데 선생님께서 말씀해 주신 본인의 철학 노선들 가운데 일부는 분명 중국 학자들의 주목을 끌 것 같습니다. 프랑스를 분석철학을 거부한 최후의 나라 중 하나라고 여기든 아니면 프랑스에 분석철학이 있다고 여기든, 외부의 시각에서 보자면 "프랑스에 분석철학이 있다"는 표현은 상당히 진부해 보입니다. 프랑스에는 여전히 '대륙철학'이라는 옛 전통을 잇는 학자들이 있는 반면 분석철학으로 전공을 변경한 학자들도 분명 있습니다. 게다가 선생님이 말씀하셨듯이 이 두 개 전통의 통혼(선생님의 입장에서는 통혼의 의미를 본뜻 그대로 받아들여도 될 것입니다.)은 이미 발생했고, 이제 프랑스에는 이 통혼의 결과로 탄생한 온전한 한 세대의 학자군이 존재하게 되었습니다. 선생님은 그 중에서도 가장 출중한 대표적인 학자이시죠. 이런 두 전통의 결합이 특수한 효과를 낳았다고도 말씀하셨습니다. 이 특수한 효과는 어떤 것일까요? 예를 들어 선생님의 경우, 현상학적 전통에 대해 불만과 실망을 가진 후 분석철학이 어떻게 본인에게 영향을 줄지, 분석철학을 통해 실재성의 문제를 새롭게 표현할 수 있을지를 이해하셨습니다. 그런데 왜 이를 단순히 대륙철학의 분석화라고 할 수 없는 것인가요?

프랑스의 분석철학 도입, 문제의 파편화 및 과도한 기술화를 탈피, 데콩브, 부브레스가 본보기

베노아 : 프랑스 학계가 최초에 분석철학을 거부했고 1980년까지 이 분야에서 뒤쳐져 있었던 것은 분명하지만, 이제 프랑스의 분석철학은 수십년의 역사를 지니게 되었습니다. 여전히 소수이기는 하지만 레카나티(François Récanati), 스퍼버(Dan Sperber) 같은 학자는 이미 관련 연구에서 세계적으로 앞서가는 인물이 되었습니다. 이 집단은 아주 왕성하게 활동 중이지요. 나는 유사한 현상이 원래 분석철학 전통에 속하지 않던 모든 나라에서 일어날 수 있다고 생각합니다.

프랑스의 독특한 상황이라고 한다면 전통철학 출신의 서로 다른 시각을 가진 철학자들이 분석철학의 문화 속으로 들어온 것이겠지요. 이들은 이 과정에서 자신의 문제의식을 새롭게 정립할 수 있었습니다. 이러한 혼합은 반대로 프랑스 철학계 내의 분석철학의 존재방식에도 영향을 주었습니다. 주제 측면에서나 방법론 측면에서나 분석철학은 보다 거시적인 영향을 받았습니다. 그리고 특히 눈여겨 볼 점은 분석철학이 프랑스에서 보다 전통적이고 철학적인 의미를 얻었다는 사실입니다. 이는 영미 분석철학이 지니지 못한 바입니다. 고전적 분석철학의 교조를 지키는 학자들은 논제를 지나치게 세분화시켜 철학을 과도하게 기술화시키는 경향이 있기 때문이지요. 분석철학의 내용을 보다 거시적으로 만든 대표적인 인물은 뱅상 데콩브(Vincent Descombes)입니다. 그는 분석철학의 문제와 방법론을 흡수하였는데, 거시적인 측면에서 살펴보자면 이는 철학적인 기획을 위한 것이었지만 그 근본은 어디까지나 프랑스 사회학 전통의 반성에 관한 것이었고, 또한 철학적 스타일과 자신의 논증 범위에 있어서는 매우 프랑스적 풍모를 지니고 있었습니다.

이 외에도 자크 부브레스의 중요성도 강조해야 할 것입니다. 그는 분석철학이 프랑스에 도입되고 전파되는 과정에서 결정적인 역할을 담당했습니다. 그만의 특유한, 역사성을 지닌 프랑스적 스타일의 분석철학은 그 누구도 모방할 수 없지요. 그는 이러한 과정을 통해 본래 존재하지 않던 것을 실현해 냈습니다. 오랫동안 분석철학이 주류인 나라에서는 상상도 할 수 없었던 것들입니다.(물론 오늘날의 상황은 더 이상 이렇지 않습니다. 영어권 학계의 상황에도 변화가 일어났기 때문입니다.) 분석철학에 관한 아주 자유로운 형식들의 상당수는 모두 그에게 공을 돌려야 할 것입니다.

문회 : 그렇다면 같은 분야에 있는 철학자들은 어떻게 평가하시나요?

동시대의 같은 분야의 학자에 대한 평가 : 맥도웰, 트래비스, 데콩브, 가브리엘

베노아 : 이 문제는 제가 대답하기 다소 까다롭군요. 음……, 나는 이미 여러 번의 삶을 경험했다고 할까요, 이미 여러 가지 다른 분야들을 많이 다루어 보았고, 설령 지금 내가 무엇을 연구하고 있는지는 안다고 하더라도 어떤 '분야'에서 연구를 하고 있는지는 나도 잘 모르겠습니다. 사실 나에게는 그저 하나의 큰 영역, '철학'이라는 영역만이 있을 뿐입니다.

솔직히 말해 현상학의 경우 이미 생명력을 상실했다고 봅니다. 더이상 살아 있는 철학을 생산해 낼 능력도 없고, 비판자들에 의해 무너진 지도 오래입니다. 하지만 최근 20년 동안 현상학은 다양화되면서 새로운 발전의 가능성을 제공하기도 했습니다. 특히 현상학의 기원에 대한 몇몇 우수한 학자들의 연구는 더욱 눈여겨 볼 만합니다. 벨기에 리게대학교의 일군의 청년 학자들 및 쿠르틴(Jean-François Courtine), 라비뉴(Jean-François Lavigne) 등의 선배 학자들이 그 대표적인 사례입니다. 하지만 현상학이 현재에도 사용될 수 있는가 하는 문제에 관해서는 다소 회의적인 입장입니다. 내가 가장 흥미롭다고 생각하는 이 분야의 연구는 나탈리 드파즈(Natalie Depraz)의 연구입니다. 비록 현상학의 정통에 비추어 보면 다소 이단적이라고도 볼 수 있지만 말이지요. 보세요, 내가 내재론에 관해 얼마나 너그럽습니까?

심리철학 분야에서는 단연 맥도웰(John McDowell)이 내게 가장 큰 영향을 주었습니다. 내가 그의 핵심 사상에 강력히 반발하기는 했지만 여전히 그의 사상은 나의 중요한 창작 동력임에 틀림없습니다. 특히 그가 새롭게 제창한 문제 영역들은 굉장히 흥미롭지요. 재구성하여 다룰 만한 가치가 있다고 봅니다.

전체적으로 분석철학 쪽에서는 부브레스(여전히 나는 그의 작품에서 많은 정보와 논의거리를 발견하고 있습니다.)와 산드라가 처음 내게 영향을 미친 것을 제외하면, 트래비스가 내게 미친 영향이 가장 결정적이었다고 생각합니다. 그의 사상은 나의 관심 주제를 정확히 표현할 수 있게 해 주는 도구를 제공해 주었지요. 나는 그가 굉장히 위대한 철학자이기 때문에 지금보다 더 큰 명성을 얻어야 한다고 생각합니다. 2000년도에 그가 발표한 작품 『그림자가 없는 사상 : 사상과 언어 속의 표상』은 심리철학의 일대 전환점이었지요. 아직 우리는 그 가치를 제대로 인식하지 못하고 있습니다.

최근 몇 년간 나의 관점은 데콩브의 관점과 상당히 비슷해졌습니다. 처음에는 그의 신스콜라주의적 사상배경 때문에 쉽사리 그의 사상에 접근하지 못했습니다. 나도 이제는 (신)보수주의자가 된 건지도 모르 겠습니다. 그렇지 않기를 바라지만, 어쨌건 나는 데콩브의 연구에 관심이 많습니다. 서로 다른 관심사를 가진 것 빼고 우리 둘 사이에 더 이상 어떤 사상적 불일치가 있는지 모르겠습니다. 예를 들어 감각 가능한 것에 관한 문제에 대해 내가 지니고 있는 이단적 학설에 관해서는 그가 여전히 무관심한 것 같습니다. 하지만 지향성 문제에 관해서는 점점 의견의 일치를 보이고 있습니다.

최근 연구 중에서는 실재론이 절대적으로 가장 중요한 문제가 되었습 니다. 앞서 언급했던 인물들(맥도웰, 트래비스, 데콩브)에게 영향을 받은 것 외에도 마르쿠스 가브리엘(Markus Gabriel)과 마우리치오 페라리 (Maurizio Ferraris) 같은 '신실재론' 연구들도 접했지요. 나 자신도 '신실재론'에 동의하는지 확신할 수 없지만(신실재론이라는 개념이 확실히 존재한다고 가정할 때), 이 '분야'의 철학적 사고로부터 많은 것을 배울 수 있다고는 생각합니다. 마르쿠스 가브리엘은 독일철학의 새 시작을 대표하는 학자로 독일관념론에 대한 독특한 독해를 기반으로 하고 있습니다. 그는 영미철학 및 프랑스 현대철학의 접촉을 통해 자신의 사상을 수정해 나가고 있지요. 드디어 독일철학에도 새로운 것이 출현한 것입니다! 얼마나 행복한 일인가요. 마우리치오 페라리 같은 경우는 기록성(documentality)에 관한 그의 모든 이론이 매우 가치가 높습니다.

【중국철학 그리고 세계철학대회를 바라보다】

문회 : 제24차 세계철학대회가 앞으로 열흘 후면 북경에서 열리게 됩니다. 세계철학대회의 주된 취지 중 하나는 철학을 세계(우리의 공동생활이 이루어지고 있는 세계) 속으로 들어가게 하는 것인데요, 선생님께서는 우리가 철학과 세계와의 관계를 어떻게 이해해야 한다고 생각하십니까?

철학은 미지의 세계를 구상해 나갈 의무가 있습니다. 철학과 현실 간에는 서로 거리가 있지만 '모른 척'해서는 안 됩니다.

베노아 : 철학과 세계와의 관계라는 문제는 어느 시대를 막론하고 다루기 힘든 문제입니다. 철학은 원칙적으로 비현실성이라는 어려움(철학이 오히려 이 원칙을 적극적인 가치로 발전시켜 나가는 경우를 제외한다면)을 떠안고 있습니다. 그러나 철학은 영원하거나 현시대와 무관한 것이 아니라, 현실과 항상 일정한 거리를 유지하고 있을 뿐입니다. 이 거리가 바로 현실에 문제를 제기하고 비판을 가할 수 있게 하지요. 다른 한편으로, 현실 그 자체를 인식하는 것 또한 철학자의 역할이라고 생각합니다. '실재론'의 의미를 제 나름대로 이해4)한 것이지요. 이는

오늘날 철학에서 다시금 핵심적인 문제로 변해 가고 있습니다. 우리가 언제까지나 이 현실(밝은 면도 있고 어두운 면도 있습니다.)을 모른 척할 수는 없으니까요. 현실의 어두운 면이라고 한다면 일단 '지금 세계'의 주요 특징이라고도 할 수 있는 세계의 결함성을 지적하고 싶네요. 세계화 시대는 불평등, 긴장관계, 위기가 감당할 수 없을 만큼 급증하는 시대이기도 합니다. 이는 세계가 서구의 독점으로부터 벗어나야 하는 필요성을 말해 주는 동시에, 그 어려움을 드러내고 있기도 합니다. 이 모든 문제 속에서 우리는 하나의 세계를 이루어 낼 수 있을까요? 우리는 항상 이에 대해 질문을 던집니다. 만약 이 세계에서 불가능하다면 다른 세계, 그리고 또 다른 세계에서는 분명 가능할 것입니다. 반드시 철학을 통해 이 미지의 가능세계를 구상해야만 합니다. 철학이 이 새로운 세계에 대한 모험에 나서야 합니다.

문회 : 이번 철학대회의 주제인 "학이성인"에 대해서는 어떻게 생각하십니까?

"학이성인"을 이해하다 : 카벨의 말처럼 "철학은 성인成人을 목표로 하는 교육"

베노아 : 아주 아름다운 제목입니다. 그런데 사람들이 이 제목을 듣고 다소 걱정하게 될지도 모르겠습니다. 만약 인간이 되기 위해 반드시 배워야 한다면, 이는 역설적으로 우리가 인간이 아니어도 된다는 것을 의미하지는 않을까요? 인간의 지위가 주어지는 것이 아니라 힘을 합쳐 쟁취해야 함을 의미하나요? 마치 우리가 노력을 하지 않았다면 인간이 아니었을 거라는 말처럼 들리지요.

그런데 인간은 그 자체로 원초적 인간성(archi-humain)을 지니고 있습니다. 설사 어떤 사람이 지극히 비인간적인 상태에 처해 있다고 하더라도

---

4) 편집자 주 ― 실재론(réalisme)과 현실(réalité)은 같은 어원을 지닌다.

말이지요. 사실 엄격히 말해, 인간만이 비인간이 될 수 있습니다. 그럼에도 불구하고 "학이성인"이라는 말은 충분히 가능합니다. 인간이 된다는 것은 시간을 들여 배우는 과정이고, 그 배움의 과정 속에서 우리는 우선 인간이 되는 법을 배우게 될 테니까요. 철학이 바로 이런 학습과정의 연장이 아니라면 대체 무엇일까요? (내 아내 산드라에게 매우 중요한 인물인) 미국의 철학자 스탠리 카벨(Stanley Cavell)의 멋진 표현을 빌리자면, "철학은 성인成人을 목표로 하는 교육"입니다.

문회 : 선생님은 2008년에 이미 북경대학교 메를로퐁티 학술대회에 참여하신 적이 있습니다. 중국 학자와 중국 대학에 대해 어떠한 인상을 가지고 계십니까?

전통을 고수하고자 하는 중국철학자들, 바로 다원화 세계 건립의 희망

베노아 : 현재로서는 중국에 단 한 번밖에 가보지 않아서 아는 바가 많지 않습니다. 하지만 제가 만났던 학자들의 수준에 대단히 놀랐다는 것만은 고백해야겠네요. 사르트르 사상의 번역자이자 프랑스철학 연구센터의 주임인 두소진杜小眞 교수의 인간적인 매력, 그녀의 젊은 동료인 유철劉哲 교수의 명철함, 그리고 선생님(인터뷰어)을 포함한 박사과정생들의 탁월한 실력, 이 모든 것을 쉽게 잊을 수가 없습니다. 특히 어떤 사람들은 한 번도 프랑스에 와 본적도 없는데도 프랑스의 철학전통을 상당히 잘 이해하고 있어 대단히 깊은 인상을 받았습니다. 나는 중국 학자들에게서 서양철학에 대한 강한 열망을 느꼈지만, 신기하게도 그들은 서양철학으로 완전히 전향하려 하지는 않았습니다. 다만 서양철학을 바탕으로 새로운 변화와 발전의 길을 찾아내려는 모습을 발견했지요. 이러한 모습을 통해 다원화 세계에 대한 희망을 얻을 수 있었습니다.

문회 : "학이성인"의 주제는 서양 인본주의 전통에서 온 학자에게 시사하는 바도 있을 것이고 중국인들에게 시사하는 바도 있을 것입니다. 선생님은 중국사상과 중국문명을 어떻게 이해하고, 또 어떤 기대를 가지고 계신가요?

다원화 세계의 건립에 중국의 주도적인 역할이 가능, 비서양적 근대성의 가능성이 존재

베노아 : 사실 잘 알지 못하는 데다가 언어까지 익숙하지 않은 문명세계에 대해 이해한다고 말하기는 힘이 듭니다. 세계 속에 언어의 장벽이란 존재하지 않고, 나 또한 문화 간의 소통이 불가능하다고는 믿지 않습니다. 하지만 중국과 같이 강대하고 서양 언어체계와 거리가 먼 문명에 대해서는 언어의 습득을 가장 기본조건에 두고 이야기를 시작해야 할 것입니다. 철학과는 전혀 무관한 나의 작은 비밀 하나를 고백할까요, 아주 어린 시절 중국에 관한 꿈을 간직했던 적이 있습니다. 사실 나는 중국문명에 대해 지극한 열의를 가지고 있답니다. 아마 철저히 타자에 대한 갈망 같은 것이 아니었을까요.

불행히도 성장 후에는 다른 공부를 하는 데 시간을 할애하면서 중국을 더 이상 이해할 기회가 없어졌지만, 나는 중국 혈통을 절반 가진 프랑스 철학자와 결혼했습니다. 이것을 보면 역시 세상에는 우연한 일이 없는 것 같습니다!

현재 나는 처음 학문을 시작할 당시에 비해 문화적 다양성 문제에 더 예민해졌습니다. 나는 서양에서 말하는 '철학'이 (내부의 다양성 속에서) 자신의 독특한 특징을 가져야 하고, 자신을 특정한 사상체계로 여겨서 스스로를 파악해 나가야 하며, 다른 사상전통의 힘('지성'이라고 부르는 서양의 추상적 존재에 의문을 제기할 수 있는 힘이 포함됩니다.)을 깨달아야 한다고 생각합니다. 지성/인식이라는 측면 외에, 정치 문제도 존재합니다. 나는 우리 시대의 주요 임무가 바로 다양한 세계를 건립하는 것이라고 생각합니다. "다양화된 세계"야말로 엄격한 의미에서 '세계'

의 진정한 존재형식일 것입니다. 우리가 '세계화'라고 부르는 가짜와
는 전혀 다른 것이지요.

이러한 과제 속에서 중국은 분명 주도적인 역할을 담당해야 합니다.
문화 다양성을 세워 나가는 과정에서(이 과정은 현실적이기도 하고 학술적
이기도 합니다. 이 둘은 분리될 수 없습니다.) 근본적이면서 비서양적인
근대성이 존재할 수 있을 것이라 생각합니다. (아무런 의미 없이)
서양인의 존재를 부정하려는 것이 아니라, 서양의 영향을 벗어난
세계, 재앙과도 같은 획일화를 벗어난 세계를 구상하려는 것이지요.
서양은 스스로를 하나의 (거짓된) 세계로 탈바꿈시켜 가는 동시에,
서양이라는 자아, 혹은 하나의 문화장소로서의 자아를 부정하고 약화
해 나가고자 합니다.(우리는 이러한 흐름을 미국화라고 부르기도 합니다.)
그런데 만약 이러한 가능성이 실현될 수 있거나 아니면 최소한 비서양
적 독특함과 보편성을 동시에 가진 문화세계가 존재한다고 가정한다
면, 그것은 필시 중국일 것입니다. 오늘날과 같은 세계화 시대에
나는 중국문화가 지닌 에너지에 큰 기대를 걸고 있습니다. 이는 평등한
다양성을 결국 가능한 것으로 만들어 줄 것입니다. 레비스트로스가
인류학의 기초를 정립할 시기, 그 시작점은 바로 문명의 상실이라는
전에 없던 문제의식이었습니다. 그의 인류학은 서양에 의한 전통문화
의 파괴를 지적하고 있지요. 레비스트로스가 옳았습니다. 오늘날의
모든 문제가 바로 이 질문에 담길 수 있습니다. "서양문화적 '근대성'
외에 다른 근대성들이 존재할 수 있는가?" 이 문제의 정치적, 현실적
의미가 크면 클수록 철학적 의미는 더욱 중요해집니다. 철학은 이를
간과해서도 외면해서도 안 될 것입니다.

문회 : 선생님의 설명은 아주 독특합니다. 서양 학자들은 대개 중국의 전통 가운데에서
현대사회의 폐단을 보완하는 가능성을 모색하곤 합니다. 하지만 선생님은 서양의
근대성이 아닌 중국만의 근대성을 강조하셨습니다. 왜 여기에 초점을 맞추셨습니

까? 그리고 지금 레비스트로스를 언급하셨는데, 그는 근대와 비非근대를 대비시키고 뜨거운 역사와 차가운 역사를 대비시킨 바 있습니다. 만약 제가 잘못 이해한 것이 아니라면, 서로 다른 사회는 상호간의 대비를 통해 자신의 특수성과 서로 간의 '공통분모'를 인식할 수 있으며 이 철저한 비교가 서양이 자신을 파악하는 데 지극히 중요한 것이라는 프랑스 인류학의 입장(레비스트로스, 뒤몽)을 계승하시는 것 같습니다. 대신 선생님께서는 전통과 근대 간의 비교가 아니라 서로 다른 근대화 방식 간의 비교를 시도하시는 것 같은데요.

'타인'을 다르게 보는 것이 아니라, 우리가 어떤 '자신'에 속하는가를 발견하는 것이 중요

베노아 : 만약 제가 중국의 여러 전통에 관해 한 마디도 하지 않는다면, 이는 서양에서 이에 관해 바보 같은 말을 너무 많이 해 왔다고 생각하기 때문일 것입니다. 그 중에 특히 '차이문학'이라는 것이 있습니다. 이는 우리에게 너와 내가 서로 다르다는 것을 설명하고자 합니다. 예를 들면, (중국에 대해) 플라톤주의자가 아니라고 하면서, 따라서 『역경』이 들뢰즈식일 수 있다며 '내재적 평면'(plan d'immanence)과 같은 들뢰즈의 표현방식을 사용하여 『역경』을 독해하려 합니다. 이 모든 것들이 내가 볼 때는 터무니없는 짓들입니다.

당신들이 플라톤주의자가 아닌 것은 충분히 그럴 수 있는 일입니다. 서로 다른 역사는 현재의 생활방식을 서로 다르게 만드는 법이니까요. 하지만 나는 우리가 그렇게 다르다고도 생각하지 않습니다. 또한 (대개는 본인에게 적용되는) 서로 다르다는 환상을 상대방에게 투영시키는 것은 서로간의 차이를 사고하는 방식으로서 결코 좋은 것이 아닙니다. 사실 진정한 차이(실제로는 매우 미세한 차이입니다.)는 우리가 절대적인 차이를 지닌다는 신화를 더 이상 믿지 않아야만 보일 수 있습니다. 그러한 신화 역시 서양의 보편주의(이는 사실은 단의[單義]주의로서 자신의 다름에 대한 무지와 매몰 위에서 세워진 것입니다.)의 다른 한 극단의 표현이기 때문입니다. 서로가 완전히 같지는 않다고 하더라도, 만약 보편주의적 관점에서 이를 고찰하면 결국 서로 간에 절대적인 차이만을 도출하게 될 것입니다. 따라서 아까 말씀하신 대로 상대방을 다르게 보는 것보다, 우리 자신을 타 문화와 다르게 보는 일이 더욱 절실합니다. 이를 통해 우리는 비로소 우리가 대체 어떤 '우리'인지에 관한 질문을 스스로에게 던질 수 있게 됩니다. 이런 점에서 민족학과 다양한 전통문화가 가져다주는 충격은 우리에게 많은 것을 말해 줄 수 있습니다.

그런데 중국의 전통을 이해하기 위해서는 우선 중국어를 배워야 할 텐데…… 그렇습니다. 우리는 그렇게 다르지는 않습니다만, 그 작은 차이를 논하기 위해서는 언어가 매우 중요합니다. 언어는 문화의 진정한 정수를 이룹니다. 이 점은 우리가 더욱 노력을 해야 할 것입니다. 이런 점에서 보면 우리의 관계는 결코 대칭적이지 않습니다. 당신들이 우리를 훨씬 앞서고 있습니다.

문회 : 중국의 많은 지식인들은 현재 일종의 딜레마에 빠져 있습니다. 중국철학의 중국화, 중국사회학의 본토화 등(이는 문화상대주의를 나타내 보이는 것이기도 합니다.)을 강조할 것인가, 아니면 여전히 보편주의에서 강조하는 진보와 이성을 믿을 것인가 하는 문제입니다. 선생님은 정확히 이 두 가지 입장을 모두 부정하셨습니다. 그렇다면 중국 학자들에게는 어떻게 조언을 하시겠습니까? 일반적으로 말하자면 특수성에 관한 주장과 통약불가능성(incommensurability)에 대한 주장을 구분하는 것은 쉬운 일이 아닙니다. 예를 들면, 이 둘 모두 현재 유행하는 '지역화'라는 개념으로 이해될 수 있습니다. 이 문제에 대한 선생님의 생각을 좀 더 자세히 설명해 주시면 감사하겠습니다.

보편성은 복수적, 그 누구도 독점할 수 없어

베노아 : 말씀하신 딜레마에 대해서는 충분히 이해합니다만, 나는 외부

의 인물이라 별로 드릴 수 있는 말이 없습니다. 유일하게 할 수 있는 말이라면, 우리는 서로 다른 배경에서 탄생한 각자의 전통에서 탈피한 채 비서양적 근대성(내가 말했던 복수세계의 조건, 즉 복수세계야말로 유일한 가능세계라는 것)을 논할 수는 없다는 것입니다. 또한 미래는 전통의 단순한 부정을 토대로 세워질 수 있는 것이 아닙니다. 그러나 다른 한편으로, 어떤 전통을 고수한다고 해서 이것이 현실적으로 의미를 가지는 공동체의식, 즉 자신에게로 환원될 수 없는, 새로운 세계에 대응하는 능력을 가져다주지는 못할 것입니다.

오늘날 제가 믿는 바는 복수 형식의 '보편성'입니다. 서로 다른 문명은 각자 자신의 문제를 보편화하고 자신의 세계관을 건립할 능력을 지니고 있습니다. 하지만 모든 문명이 완전히 같은 방식을 지니는 것은 아니지요. 보편성은 단편적인 것이 아님에도 서양세계는 이것이 단편적이라고 사람들을 속이고 또한 자신도 그렇게 믿어 왔습니다. 하지만 그 누구도 보편성을 독점할 수는 없습니다.

글 ‖ 사정謝晶(연합인터뷰팀)

피터 싱어
Peter Singer

동물권익을 위해 "인간은 신성하다"라는 명제를 뒤집다

현대 공리주의의 대표주자, 윤리학자

피터 싱어

인터뷰이 : 피터 싱어(Peter Albert David Singer), 이하 '싱어'로 약칭
         (미국 프린스턴대학교 교수, 호주 멜버른대학교 명예교수)

인터뷰어 : 장용남張容南(화동사범대학교 철학과 부교수), 이하 '문회'로 대칭

인터뷰 일시 : 2018년 4월~5월(수차례의 메일 인터뷰)

피터 싱어는 1946년 호주에서 태어났다. 오스트리아에서 살던 그의 조상들은 유대인이라는 이유로 나치에게 살해당하고, 그의 부모는 다행히 나치를 피해 호주로 이주해 와 살아남을 수 있었다. 이러한 사실은 어린 시절부터 지금까지 그의 뇌리 속에 깊이 각인되어 있다. 민족 간의 평등, 법치, 민주정치를 향한 갈망의 씨앗은 그가 멜버른대학교에 입학하여 철학을 전공하도록 이끌었다. 대학에서 그는 20세기 유럽사에 관심을 두어 파시즘이 부상한 이유를 탐구하고자 하였다. 1960년대 말, 당시 세계 철학의 중심이었던 옥스퍼드대학교에 들어와 철학박사 과정을 밟았고, 그곳에서 자신의 가족이 겪었던 경험을 학문적 관심사와 결부시켜 이론 연구와 실천 간의 균형을 찾았다. 그는 현대 서양의 중요한 메타윤리학자이자 공리주의자인 헤어(R.M.Hare) 교수에게 철학을 사사하였고, 철학 급진주의 운동과 베트남전에 반대하는 학생운동, 사회개량 이성주의 운동 등에도 적극적으로 참가하였다. 이러한 경험들은 이론적 관심과 현실적 관심 속에서 접점을 찾아가는 것이 철학함의 중요한 방식이라는 것을 깨닫게 해 주었다.

1971년 박사학위를 취득한 후, 그는 호주 모나쉬대학교로 돌아와 교수직을 맡았다. 1975년에는 저서인 『동물해방』으로 세계적인 명성을 얻었다. 이 책은 "동물해방운동의 바이블"이라고 불리며 동물해방운동의 시작을 알리는 신호탄이 되었다. 한편 그는 지나치게 급진적인 입장으로 종종 논란을 불러일으키기도 한다. 최근 싱어는 사회권리운동에 적극적으로 뛰어들어 여성, 동물 등의 권리증진에 힘을 실어 주었고, '효율적 이타주의'(Effective Altruism)를 적극적으로 추진함으로써 약자 계층의 이익을 위해 분주히 노력하였다. 그의 사회적 실천 속에는 철학이 세계의 변화를 위해 공헌할 수 있다는 굳은 믿음이 내재되어 있다. 그와 메일을 통해 인터뷰를 진행하는 과정에서 나는 그의 강렬한 신념을 느낄 수 있었다. 올해로 72세가 된 그는 몇 년 전부터 멜버른대학교와 프린스턴대학교에서 활발히 학문 활동을 이어 나가고 있다. 이제 중국의 청중들과의 교류를 앞둔 싱어는 그 어느 때보다 열정적인 모습이다.

【철학과의 인연 그리고 궤적】

문회 : 존경하는 싱어 교수님, 우선 인터뷰에 응해 주셔서 대단히 감사합니다. 제24차 세계철학대회의 특별기획으로서 중국 독자들에게 세계의 영향력 있는 철학자 24인을 소개하게 되었습니다. 이 인터뷰를 통해 선생님의 철학적 통찰력과 이 시대를 관통하는 사유세계를 더 잘 이해할 수 있으리라 기대합니다.

1975년 『동물해방』이라는 책을 출판하셨습니다. 이 책에 대해서는 많은 중국 독자들도 익히 알고 있습니다. 이 책에서는 동물을 도구나 인간의 식재료가 아니라 고통과 즐거움을 느끼는 생물로 여기고자 하는 완전히 새로운 시각을 제시하셨습니다. 이후에도 많은 저서를 출판하셨는데, 인간이 어떻게 살아가야 하는가에 관한 문제 외에도 마르크스와 헤겔의 이론 연구도 포함되어 있습니다. 주된 철학적 관심사가 무엇인지 소개 부탁드립니다.

주요 관심은 윤리학, 마르크스와 헤겔에 관해서도 저작을 남겨

싱어 : 가장 핵심적인 관심사는 윤리학입니다. 윤리학이야말로 철학이 세계를 더욱 아름답게 변화시킬 수 있는 하나의 방식이기 때문이지요. 물론 흥미로운 철학적 문제들이 많다는 것은 잘 알고 있습니다. 하지만 나는 우리가 세계에 긍정적인 영향을 미칠 수 있는 일에 시간을 사용해야 한다고 믿습니다. 윤리학이 바로 이런 것입니다. 어떻게 살아야 하는가 하는 인간의 가장 기본적인 질문에 답을 구하는 학문이기 때문입니다.

마르크스와 헤겔의 이론에 관해 저서를 낸 적도 있습니다. 『마르크스』 (*marx*)를 1980년에 썼고, 『헤겔』(*Hegel*)을 1983년에 썼지요.[1] 최근 마르크스에 관한 저작의 수정을 막 완료했는데, 이 책은 마르크스 탄생 200주년을 기념하여 오는 5월(2018년)에 신판이 출간될 예정입니다. 그리고 윤리학 이론에 관한 대규모 저작인 『우주적 관점』(*The Point*

---

1) 편집자 주 ― 중국어판 『헤겔』이 2015년 역림출판사에서 출간되었고, 『마르크스』의 중국어 제2판이 곧 역림출판사에서 출간될 예정이다.

of View of the Universe, 2014), 공리주의를 간단히 소개한 『공리주의 : 간 단한 소개』(*Utilitarianism : A Very Short Introduction*, 2017)도 썼지요. 이 두 권은 카타르지나 드 라자리-라덱(Katarzyna de Lazari-Radek)과 공동으 로 저술하였습니다. 도덕과 정치철학의 기초에 깊이 파고들어 탐구하 는 것은 즐겁기도 하지만 꼭 필요하기도 합니다. 나 역시 이를 좋아하기 도 하지만, 항상 이러한 이론적 측면을 더욱 실제적 의미를 지닌 문제와 연관시키고자 시도합니다.

문회 : 첫 번째 인터뷰 때 말씀하시길, 학생 시절에 베트남전에 반대하는 학생운동에 참가한 적이 있다고 하셨습니다. 이때의 경험이 후에 윤리학으로 전공을 바꾸게 되는 계기가 되었습니까?

베트남전 반대 운동에 참가하면서 철학이 현실에 기여해야 함을 깨달아

싱어 : 베트남전 반대 운동에 참여하기 전에도 이미 철학에 대해서 관심 을 가지고 있었지만, 확실히 이 운동을 통해 현실의 문제에 기여하기 위해서는 보다 구체적인 도덕적 토론이 필요하다는 것을 깨달았습니 다. 그 당시 최소한 영미권 철학계에서는 철학자들이 현실적인 문제에 관해서는 거의 토론을 하지 않았습니다. 대다수는 어휘의 의미를 분석하고 있었지요. '언어철학'에 주도적인 지위를 내주었던 시기라 할 수 있습니다. 후에 나는 「도덕전문가」라는 제목의 짧은 글 한편을 쓴 적이 있는데, 이 글에서 에이어(A.J.Ayer) 등의 철학자들의 관점을 반박하였습니다. 나는 실천윤리학 혹은 응용윤리학 등의 분야에서도 철학자가 전문적인 지식을 가질 수 있다고 생각했었습니다.

문회 : 호주 모나쉬대학교에서 교수로 재직하시다가 후에는 프린스턴대학교 인류가 치연구센터로 옮겨 가셨습니다. 왜 프린스턴대학교를 선택하셨습니까? 그곳의 연구 업무가 이전과 다른 점이 있었나요?

프린스턴대학교, 멜버른대학교에서 몇 년 더 강의하기를 희망

싱어 : 공석이었던 생명윤리학 교수 자리에 초청을 받아서 프린스턴대
학교로 가게 된 것입니다. 마침 나와 아내에게는 다른 나라에서 생활하
기에 딱 알맞은 시기였습니다. 자녀들이 이미 성장해서 독립을 했던
때라 이사하기가 수월했습니다. 이 외에도 프린스턴대학교는 뉴욕과
거리가 멀지 않아서 뉴욕에 사는 것도 가능했고요. 1973년부터 1974년
까지 뉴욕대학교에서 객원 조교수를 맡은 적이 있는데, 당시 1년의
생활이 너무나도 만족스러웠기 때문에 아내가 뉴욕으로 이사하기를
바랐습니다. 지금은 프린스턴대학교에서 반년을 보내고, 멜버른대학
교에서 반년을 보내면서 아이들, 손자들과도 가깝게 지낼 수 있습니다.
멜버른대학교에서 맡은 업무가 줄어들어서 더 많은 시간을 연구와
저술에 할애할 수 있게 되었습니다. 몇 년간은 더 할 수 있을 것
같은데, 얼마가 될지는 나 역시 확실치 않습니다.

문회 : 평소에 가장 자주 참여하는 철학 학술활동에는 어떤 것들이 있을까요?

싱어 : 평소에는 강의를 주로 합니다. 학부생 수업도 있고 대학원생
수업도 있는데, 학부생에게는 <실천윤리학>이라는 대형 과목을 열
었습니다. 어떤 학생들에게는 이 수업이 삶을 변화시킬 계기가 될
수 있기 때문입니다. 나는 이 점을 매우 중요하게 생각합니다. 물론
연구와 저술 활동도 병행하고 있습니다. 학술적인 저서와 논문을
쓰는 것 외에도 일반 대중들을 위한 글도 쓰고 있습니다.(예를 들면,
www.projectsyndicate.org 사이트에 게시판 하나를 개설했습니다.)

【철학사상과 업적】

문회 : 윤리학자로서 이론가이기도 하지만 한 명의 행동파이기도 하십니다. 선생님은

많은 논쟁에 대해 본인만의 뚜렷한 관점을 제시하고, 또 그러한 관점을 직접 실천하고자 노력하셨습니다. 이제 선생님의 철학사상과 철학활동에 대해서 한번 논의해 보도록 하겠습니다.

도덕적인 판단은 우리에게 어떤 행동이 옳고 어떤 행동이 잘못된 것인지를 알려 줍니다. 하지만 오늘날 많은 사람들은 각자의 서로 다른 선택은 자율성의 결과로서 서로 다른 선택만이 있을 뿐 옳고 그름은 없다고 여깁니다. 이것을 일종의 도덕적 상대주의라고 할 수 있을까요? 예를 들어, 선생님은 동물의 식용이 옳지 않다고 여기시므로 남들에게도 동물을 먹지 말라 권하시겠지요. 그런데 어떤 사람이 자신은 자신의 생활방식을 가질 테니 선생님은 선생님의 관점을 고수하라고 말한다면 무엇이라고 대답하시겠습니까?

인간의 도덕적 신념을 변화시키는 것은 강요가 아닌 설득

싱어 : 자율성이 그 어떤 사람의 의견도 다른 사람들과 동등하게 좋다는 것을 의미하거나 도덕상대주의를 받아들이는 것을 내포한다고 여기는 것은 잘못된 생각입니다. 우리의 자율성이란 우리가 자유롭게 어떤 신앙이나 도덕관념을 받아들이고 또 거부할 수 있음을 의미합니다. 하지만 자유로운 선택과 이에 대한 옹호는 서로 별개의 문제입니다. 나치가 유대인을 죽이고자 가스실을 사용하지 않았다고 생각하는 사람들이 있다면, 이는 잘못된 신념입니다. 하지만 이것이 강제적인 방법으로 그의 신념을 바꿔야 함을 의미하지는 않습니다. 강요를 통해 그의 말을 바꿀 수도 있겠지만, 사실 진정으로는 자신의 신념을 바꾸지 않을 가능성이 높지요. 가스실이 존재했다는 분명한 증거를 제공해야만 스스로 자신의 신념을 바꿀 수 있을 것입니다.

우리가 어떤 관점을 증명할 부인할 수 없는 증거, 타당한 증거를 내놓을 방법이 없지 않는 한, 도덕 신념은 바로 이러해야(증거로써 설득시켜야) 합니다. 그럼에도 불구하고 서로 다른 의견이 존재한다고 해서 상대주의를 받아들여야 하는 이유가 있는 것은 아닙니다.

문회 : 인간의 독특함을 강조하는 많은 철학자들과 달리, 선생님은 인간과 동물의 유사성을 더 강조하고자 합니다. 서양철학전통 특히 계몽주의 전통의 영향 하에서 인간의 이성능력은 인간존엄성의 원천으로 간주됩니다. 하지만 오늘날 인공지능 기술이 진보하면서 인간은 스스로 그 우월적인 지위를 의심하기 시작했습니다. 현대 과학기술이 인류에게 미치는 영향에 대해서 어떻게 생각하십니까?

철학이 주는 교훈 : 인간만이 이성을 지님을 아는 것

싱어 : 나는 철학이 반드시 하나의 새로운 교훈을 받아들여야 한다고 생각합니다. 과학이 발전하면서 우리가 오랫동안 자랑거리로 삼던 일들이 이제는 기계 한 대에 의해 더 빠르고 더 훌륭히 수행될 수 있게 되었습니다. 하지만 어찌되었든, 지적하신 바대로 이성적 능력을 다른 동물들과 구별되는 도덕적 지위를 인간에게 부여하는 근거로 삼는 것은 잘못되었다고 생각합니다. 제레미 벤담(Jeremy Bentham)이 오래 전에 논했듯, 문제는 바로 동물들이 추론할 수 있는가 혹은 말을 할 수 있는가에 달려 있지 않고 그들이 고통을 느끼는가에 달려 있습니다. 분명히 그들도 고통을 느낍니다.

문회 : 문화다원주의와 관련된 문제도 있습니다. 예를 들어, 오늘날의 생태환경에서 담수자원을 아껴야 한다는 사실은 모두가 잘 알고 있습니다. 하지만 태국의 물뿌리기 축제는 그들의 중요한 명절 행사입니다. 중국에서는 섣달 그믐날 밤에 집집마다 폭죽을 터뜨리며 축하를 합니다. 하지만 폭죽을 터뜨리는 것은 공기의 질에 심각한 영향을 미칠 수 있습니다. 도덕과 직결된 극단적인 예를 하나 더 들자면, 스페인의 투우는 유서 깊은 행사인데, 이 활동으로 인해 많은 소들이 고통 속에 죽어 갔고 투우사들도 상당수 목숨을 잃었습니다. 그렇다면 왜 그들은 투우를 완전히 폐지하지 않는 것입니까? 이러한 문화적 활동에 대해서 어떻게 생각하시나요?

문화전통은 신성불가침의 영역이 결코 아냐, 투우鬪牛가 그러한 사례

싱어 : 나는 서로 다른 전통들을 구별해서 대해야 한다고 생각하지만,

도덕적으로 해로운 전통은 그냥 두어서는 안 됩니다. 투우는 반드시 폐지되어야 합니다. 마치 우리가 노예제도를 폐지하고 중국에서도 여성의 전족을 없앴던 것처럼요. 상해에서는 새해에 폭죽을 터뜨리는 것을 금지하기 시작했습니다. 문화전통은 신성한 것이 아닙니다. 어떤 것들은 분명히 해로우며, 이를 방관할 이유는 없습니다.

문회 : 선생님은 "인간은 신성하다"라는 종교적인 명제를 받아들이지 않으시는군요. 동물은 인간처럼 고통을 감지하는 능력이 있기 때문에 우리는 동물을 도덕적으로 대해야 한다고 하셨는데, 여기에 대해서 구체적으로 설명해 주시겠습니까? 인간과 동물이 도덕적으로 동등한 지위를 지니고 있기 때문에 우리가 동물을 동등하게 대해야 한다는 의미인가요? 아니면 동물을 도덕적으로 대해야 하지만 인간과 동등하게 대할 필요는 없다는 의미인가요?

동물을 동등하게 대하는 것이 인간과 동물의 이익이 언제나 같아야 함을 의미하지는 않아

싱어 :『동물해방』에서 한 종의 구성원이라는 자격이 감수능력이 있는 기타 생물의 이익을 무시하거나 심지어 손상시킬 수 있는 원인이 되어서는 안 된다고 논증한 적이 있습니다. 그 가운데에서 내가 지금까지 지켜 오고 있는 원칙이 바로 유사한 이익에 대해서는 동등하게 고려한다는 것입니다. 이 원칙은 인간과 인간을 제외한 동물의 이익이 항상 같다는 것을 의미하지 않습니다. 다만 합리적으로 생각하여 인간과 동물의 이익이 대체로 일치할 때, 그들이 종의 구성원이 아니라는 이유로 이익을 더 적게 고려해서는 안 된다는 것이지요.

이러한 도덕적 입장의 기초 위에서 나는 주로 동물해방과 그에 따르는 정치활동에 관심을 쏟았습니다. 동물이 인간에게 극심한 피해를 입는 지역, 예를 들어 공장식 축산과 동물실험 같은 문제에 특별히 주목했습니다. 언제 어떤 상황에서 동물을 죽이는 것이 가장 합리적인가 하는 문제는 별 관심을 두지 않았습니다. (고통에 차등을 두는 것이) 고통을 동등하게 고려하는 것보다 훨씬 까다로운 문제이기 때문이지요. 미래를 계획하고 그에 대한 선호를 가질 수 있는 생물들이 그런 능력이 없는 생물들보다 삶에 더 큰 흥미를 지닌다고 말할 수는 있을 것입니다. 하지만 그렇다고 해서 그것이 인간과 다른 동물들의 구분점이 되는 것은 아닙니다. 모든 인간이 그런 능력을 갖고 있지는 않은 데다가(심지어 그 누구도 타고나면서부터 이런 능력을 가지고 있지는 않습니다.) 몇몇 동물들은 어떤 인간들보다 오히려 그런 능력이 더 뛰어나기 때문입니다.

문회 : (적지 않은 철학자를 포함하여) 많은 사람들은 인간만이 지니고 있는 독특한 특징이 바로 인간과 동물을 구분해야 하는 이유이자 근거가 된다고 생각합니다. 만약 어떤 가정에서 아이와 개가 동시에 심장병을 앓고 있다고 가정해 보겠습니다. 아마도 우리는 개보다는 아이의 미래를 더 가치 있게 평가할 것이기 때문에 아이를 구하는 데 더 많은 돈을 쓸 것입니다. 다른 상황을 가정해 볼까요. 저의 아버지와 저희 집 개가 모두 당뇨병을 앓고 있습니다. 아버지의 당뇨병을 치유할 가능성보다 개의 당뇨병을 치유할 가능성이 더 큰 상황이지만, 제 경제적 여건이 제한되어 있기 때문에 현재 아버지를 치료하는 것을 우선으로 삼고 있습니다. 공리주의 원칙에 따르면 이는 이성적이지 못한 것인가요? 친밀한 사람들을 우선적으로 대한다는 도덕적 의무에 대해서는 어떻게 생각하십니까?

낯선 사람의 생명을 구하는 것이 내 가족에게 작은 편의를 제공하는 것에 우선

싱어 : 이 질문은 부모님이나 아이를 위해 내가 무엇을 해야 하는가라는 질문으로 이해할 수 있겠네요. 친밀한 가족구성원들과는 친밀한 관계를 맺고 있을 것이고, 따라서 낯선 사람이나 개보다는 이들을 먼저 구하려고 하겠지요. 이런 관계 자체는 좋은 일이라고 생각합니다. 친밀한 가정에서 자라는 아이가 더욱 건강해질 가능성이 있으니까요.

그런데 공리의 관점에서 보자면, 낯선 사람의 생명을 구하는 일과 가족에게 작은 편의를 제공하는 일이 상충한다면 낯선 사람의 생명을 구하는 것이 바람직합니다. 물론 그렇다고 해서 후자를 선택한 사람들을 탓해야 한다는 뜻은 아닙니다. 후자와 같은 행위는 사실 쉽게 이해할 수 있습니다. 우리는 일반적으로 사랑이 넘치는 가정을 장려하고 있기 때문에, 이러한 동기에 따라 행동하는 것을 탓해서는 안 된다고 생각합니다.

문회 : 2009년에 나온 『물에 빠진 아이 구하기』(*The Life You Can Save*)에서 한 가지 사고 실험을 하셨습니다. 만약 어떤 아이가 자신이 보는 앞에서 물에 빠졌다고 했을 때, 설령 매우 비싼 신발을 신고 있던 사람이라 하더라도 누구나 달려가 아이를 구할 것이라고 하셨습니다. 선생님은 서양 선진국의 시민들이 개발도상국의 시민들보다 더 나은 환경에서 살아가고 있기 때문에 도움이 절실한 사람들을 위해 기꺼이 사치품 구입을 포기해야 한다고 하셨지요. 이러한 관점을 바탕으로 지난 몇 년간 하나의 새로운 사회운동을 강력히 추진하셨습니다. 이른바 효율적 이타주의라고 부르는 이 사상은, 현재 획득할 수 있는 최선의 증거를 모두 활용하여, 이를 기준으로 최대한 많은 사람들을 돕고 우리가 지닌 한정된 자원을 가장 훌륭하게 사용하는 것을 취지로 하고 있습니다.
중국에서는 최근 '가벼운 기부'라고 하는 모금방식이 유행하고 있습니다. 중병을 앓고 있지만 치료할 돈이 없는 가족이나 친구들을 대신해 도움을 요청하는 글을 위챗과 같은 메신저를 통해 올리는 방식입니다. 이런 방식으로 기부금을 모집하면, 비록 개개인이 지불하는 액수는 크지 않아도 강력한 관계망에 의해 최종적으로는 상당한 금액이 모이게 됩니다. 현재 중국에서 타인을 돕는 가장 전형적인 방식으로, 제한된 능력 하에서 타인에게 도움을 제공하고 있습니다. 선생님이 보시기에 이런 방식은 효율적인가요?

효율적 이타주의 : 크라우드 펀딩은 자선단체만큼 효과적이지 않아

싱어 : 불행하게도 말씀하신 '가벼운 기부'와 우리가 말하는 '크라우드

펀딩'은 보통 제대로 작동되는 자선기구들보다 더 효율적으로 기금을 운용하지 못합니다. 효율적 이타주의 운동은 GiveWell[2]이라는 자선평가 사이트나 Impact Matters 및 The Life You Save 등의 단체에 근거하거나, 다른 사람들의 연구 성과를 참고하여 연구를 진행합니다. 이 연구는 자선기구들에게 어떻게 하면 효율적으로 기부금을 운용할지를 알려주는데, 이를 통해 자선기구들은 보다 효율적인 단체로 거듭날 수 있게 됩니다. 이들은 아주 엄격하고 독립적인 연구를 통해 기부금이 가장 가치 있게 쓰일 수 있는 방법을 이해하는 데 그 목적이 있습니다. 반면 ('가벼운 기부'나 '크라우드 펀딩' 같은 경우) 온라인에서 원조를 구하는 모든 사람들을 하나하나 평가할 수 없습니다. 극도로 빈곤한 사람들이 간단하면서도 저렴한 치료나 예방법을 얻지 못해 사망할 때, 다른 어떤 사람들은 성공 가능성이 그리 크지 않지만 상당히 값비싼 치료를 위해 온라인에서 자금을 요청하기도 합니다.

문회 : 어떻게 더 좋은 삶으로 나아갈 수 있을까요? 우리의 진정한 행복이란 어디서 오는 것일까요? 강연에서 선생님은 행복은 가지는 것이 아니라 주는 것에서 온다고 하셨습니다. 왜 주는 것이 우리를 더 행복하게 만들어 줄 수 있을까요? 돈이 한정되어 있는 상황에서 어떻게 하면 자신의 목표 실현과 타인을 돕는 행위 사이의 합리적인 균형을 이룰 수 있을까요?

자신의 목표 실현과 타인을 돕는 행위 사이의 균형은 사람마다 상이

싱어 : 그 어떤 철학자도 이 문제에 대해 간단히 답을 내릴 수는 없을 겁니다. 심리학적인 연구 주제이기도 한 것 같고요. 그리고 개체 간 차이가 존재할 수도 있지요. 따라서 대다수의 사람들에게 즐거움을

---

2) 편집자 주 — 전문적인 자선평가 사이트. 자선기구가 잘 운영되고 있는지를 평가할 뿐만 아니라 수백 개의 자선단체를 선별하고 순위를 부여해 사람들이 어떤 프로그램에 기부할지를 결정하는 것을 돕는다.

가져다주는 원인에 관해서만 논할 수 있을 것 같습니다. 이렇게 제한을 가하더라도 여전히 많은 연구들은 관대하고 남에게 나누어 주기를 좋아하는 사람들이 그렇지 않은 사람보다 더 즐겁고 더 만족스런 삶을 산다는 사실을 말해 주고 있습니다. 단순한 상관관계가 아니라 더욱 밀접한 인과관계가 존재한다고 보는 연구도 있습니다. 이처럼 남에게 베풀기를 권하는 것이 그들을 더욱 즐겁게 만드는 길입니다. "어떻게 하면 타인을 돕는 것과 자신을 위해 자원을 아껴 두는 것 사이에서 합리적인 균형을 찾고, 이러한 균형을 통해 타인을 돕는 것과는 별개로 자신의 개인적인 목표를 추구해 나갈 수 있을까?"라는 질문에 대한 충분한 답은 되지 못한 것 같습니다. 이는 사람마다 다르겠지요. 어떤 부유한 사람의 경우에는 수입의 10퍼센트를 효율적인 자선기구에 기부하는 것이 가장 합리적인 균형점일 수도 있습니다. 적정량부터 기부를 시작하여, 만족감이 들면 점차 기부 액수를 늘려가면서 발전해 나가는 것도 한 가지 좋은 방법입니다. 다른 하나의 방법으로, 자신에게 불필요한 사치품에 얼마를 썼는지를 기록하면서 그 양만큼의 돈을 이른바 '사치품 과세'의 개념으로 기부하는 방법도 있습니다.

【중국철학 그리고 세계철학대회를 바라보다】

문회 : 제24차 세계철학대회의 주제는 "학이성인"입니다. 이는 중국의 유가전통에서 온 말로, 유가적 입장에 따르면 "학이성인"이란 배움을 통해 자신을 천지 사이의 소통자 혹은 능동자로 이루어 나간다는 뜻입니다. 이렇게 완성된 인간은 천지만물의 자아실현을 돕는 역할을 담당하게 됩니다.

여기서 자아실현은 최대한 많은 자원을 소유하는 것과는 무관합니다. 바로 덕을 지닌 사람이 된다는 의미입니다. 덕을 지닌 인간은 타인, 자연 그리고 천지만물 및 자기 자신과 조화로운 관계를 맺어 나갈 수 있습니다. 불행하게도 이러한 사상은 현대사회에서 점점 쇠퇴하고 있으며, 물질주의적인 생활관이 젊은 세대 사이에서 유행하고 있습니다. 선생님의 이해 방식과 사상에 근거하면 "학이성인"은 어떤 의미를 지닐 수 있을까요?

호모사피엔스에 대한 걱정은 그만. 이제 더 나은 세계를 만들기 위한 고민을 이어나갈 때

싱어 : 앞선 질문에 답할 때도 말했듯이 나는 호모사피엔스라는 종의 구성원으로서의 인간에 대해 특별한 중요성을 부여하지 않습니다. 만약 머나먼 별에 우리와 같이 고통을 느끼고 감정을 지니는 외계인들이 있는데 그들과 함께 우리가 지금까지 논해 왔던 "어떻게 살아야 하는가?"라는 문제들을 토론한다면, 그들에게서 우리 인간은 얼마나 더 특별한 존재일까요? 그러니 인간의 일을 어떻게 할지를 너무 걱정하지 말고 이 세상을 어떻게 하면 더 낫게 만들 수 있을지, 우리가 이를 위해 최대한 무엇을 할 수 있을지를 신경 쓰도록 합시다.

문회 : 중국철학에 대해서는 어느 정도 이해를 하고 계신가요? 중국문명에 대해거는 기대가 있으십니까?

중국철학의 묵자 역시 일종의 공리주의자

싱어 : 중국철학에 대해서는 그리 많이 알지 못하지만 굉장히 넓은 분야라는 것은 알고 있습니다. 따라서 이를 깊이 이해할 시간을 갖지 못했습니다. 유교전통이 말씀하신 대로 어떻게 윤리적인 삶을 살아갈 것인가에 초점을 맞추는 것이라면 나 또한 이에 찬성합니다. 하지만 나는 묵자를 더욱 좋아합니다. 묵자는 당시(전국시대)의 유가사상을 비판하면서, 유가가 지나치게 전통을 강조하며 낯선 사람보다 친한 관계의 사람들을 지나치게 우선시한다고 했습니다. 설사 낯선 사람을 돕는 것이 친한 사람들을 돌보는 것보다 더 많은 장점이 있는 경우에라

도 말이지요. 나 역시 이 문제들에서는 묵자에 찬성합니다. 그는 초기 형태의 공리주의자로 보입니다. 내가 알기로 묵자는 공리주의 윤리사상을 명확히 설파한 최초의 인물입니다. 공리주의를 바탕으로 거세게 전통적 도덕들을 비판하였지요.

문희 : 1900년 시작된 세계철학대회에는 어떤 인상을 가지고 계십니까?

2003년 이스탄불 세계철학대회에 참가

싱어 : 세계철학대회에 대해서는 할 말이 그리 많지 않습니다. 2003년 이스탄불 대회에 참여한 것이 전부거든요. 나는 이 대회가 아주 좋은 취지라고 생각하지만, 이미 세계 각 지역에서 다양한 회의가 개최되고 있기 때문에 나 역시 현재는 많은 선택지를 가지게 되었습니다.

문희 : 철학과 현실세계는 어떤 관계를 지닌다고 보십니까?

싱어 : 앞에서 분석한 대로 철학의 역할은 우리가 어떻게 살아갈 것이며 어떻게 하면 이 세상을 더 나은 곳으로 만들 수 있을지를 아는 데 도움을 제공하는 것입니다.

문희 : 선생님처럼 사회적 활동과 토론에 적극적으로 참여하는 철학자를 주변에서는 어떻게 생각하나요? 특히 철학적 훈련을 받지 않은 사람들은 선생님을 좋아하고 존경하는 편인가요, 아니면 이해를 못하고 비판을 가하는 편인가요? 선생님을 보면서 저는 소크라테스가 떠올랐습니다. 그는 일상의 대화 속에서 사람들의 생각을 바꾸고자 시도한 철학자였지요. 많은 지지자를 지니고 있던 만큼 그를 의심하고 적대하는 사람들도 많았습니다.

나는 소크라테스보다 운이 좋아, 독주毒酒를 강요당하지는 않을 것

싱어 : 많은 분들이 나를 좋아해 주셔서, 사인을 요청하거나 사진을 같이 찍자고 말을 건곤 합니다. 누가 그러더군요. 나의 책을 읽고 나면 채식을 하거나 빈곤한 사람들을 위해 돈을 기부하기 시작한다고요. 물론 적지 않은 사람들은 나를 오해하거나 비판하기도 합니다. 참으로 유감스러운 일이 아닐 수 없습니다. 그래서 오해를 피하기 위해 최대한 분명하게 글을 쓰려고 합니다. 만약 나의 관점을 면밀히 검토한 후에 정당한 비판을 가한다면 나로서도 대환영입니다. 철학자는 비판을 받아들일 수 있어야만 사상을 개선해 나갈 수 있습니다. 소크라테스와 비교하자면 나의 처지가 훨씬 나은 편입니다. 최소한 독주毒酒를 강요받지는 않으니까요. 스스로 생각하면 운이 아주 좋은 편이라고 생각합니다. 지금 내가 살고 있는 사회에서는 나의 관점에 동의하든 그렇지 않든 나의 발언권을 존중해 주기 때문입니다.

문회 : 만약 어떤 젊은이가 철학을 공부하고자 한다면 선생님은 그에게 뭐라고 조언해 주시겠습니까? 고전을 더 많이 읽어야 한다? 현실적인 문제에 관해 사고해야 한다? 아니면 둘 다 없어서는 안 된다? 철학은 선생님에게 지혜를 가져다주기도 하지만 세상을 바꿀 용기도 주는 것 같습니다. 선생님의 경험이 더 많은 젊은이들에게 격려와 자극이 되었으면 합니다.

젊은이들에게 남기는 조언 : 현실세계의 문제에 주목하라

싱어 : 과거의 위대한 저작들을 익히는 것은 물론 좋은 일입니다. 하지만 고전작품에 대해 최고의 해석을 내리는 것만을 목적으로 삼는다면 인간의 삶을 변화시킬 수 있는 철학의 힘을 간과하는 꼴이 됩니다. 그래서 젊은이들에게 21세기 현재 우리가 직면하고 있는 실제 문제에 조금 더 관심을 둘 것을 조언하고 싶습니다. 이러한 점에 초점을 맞추다 보면 과거의 위대한 저작을 참고하여 현실의 문제들을 해결할 기회가 생깁니다. 하지만 어떤 상황에서는 반드시 자신의 사고로써

문제를 해결해야 하는 경우도 생깁니다. 나의 단편논문집 『실제세계의 윤리학』(*Ethics in the Real World*, 2016)을 읽게 된다면 철학이 실제 문제에 기여할 수 있다는 내 말의 의미를 잘 이해하게 될 것입니다. 하지만 한 가지만은 분명히 기억하기 바랍니다. 이것들은 그저 조금 환영받는 짧은 논문일 뿐입니다. 문제를 제기해 줄 수 있을지는 몰라도, 한 번에 모든 문제를 해결해 줄 답안은 제공해 주지 않습니다. 이 논문이 여러분들의 생각을 자극하고, 더 나은 답을 위해 더 열심히 사고하도록 인도해 주기를 기대합니다.

문회 : 답변해 주셔서 대단히 감사합니다.

싱어 : 고맙습니다. 중국 독자들과 교류할 수 있는 기회가 생겨 정말 즐겁습니다.

글 ‖ 장용남張容南(연합인터뷰팀)

진래
陳來

문화 간 대화, 인류의 일상화 속에서 유학은 "다시 새로워진다"

"인본체론仁本體論"의 창시자, 중국철학사 전문가

진래

인터뷰이 : 진래陳來
　　　　　(청화대학교 국학원 원장, 중앙문사관中央文史館 관원,
　　　　　중국철학사학회 회장, 복단대학 상해유학원上海儒學院 원장)

인터뷰어 : 정이丁怡(복단대학교 중문과 석사과정), 이하 '문회'로 대칭

인터뷰 일시 : 2018년 7월(메일 인터뷰)

진래 교수와 가까이서 지내 본 사람들은 늘 그에게서 단정하고 평온한 분위기를 느낀다. 이미 이순을 훌쩍 넘긴 나이, 여전히 청화대학교 국학원 원장과 복단대학교 상해유학원 원장 등을 겸직하고 있는 그는 종종 초등학교 5학년 시절을 떠올리곤 한다. 학교에서는 나이 지긋한 선생님들이 매일 칠판에다 논어 한 구절을 쓰곤 했는데, 첫날의 문구가 바로 이것이었다. "자신이 원치 않는 일은 일을 남에게도 시키지 말라."[1] 십 년 후, 그때의 '나이 지긋한 선생님'들은 진래 교수가 북경대학교 철학과 대학원에 입학하면서 이제 장대년張岱年과 풍우란馮友蘭으로 바뀌어 있었다. 지도교수 장대년 선생의 수업을 들은 후 그는 마치 1930~40년대의 학술전통으로 끌려 들어가는 느낌을 받았다. 당시 사회의 들뜬 분위기를 피해 도서관으로 도망치듯 들어간 그는 『주자문집』과 같은 책들을 너덜너덜해질 때까지 펼쳐보았다. 1985년, 진래 교수는 『주희철학연구』라는 박사 논문을 완성하면서 리기선후론理氣先後論에 관한 연구를 전체 주자철학으로 확대하였다. 이 신중국 최초의 철학박사는 풍우란 선생이 제창한 대로 그저 '기존의 내용을 나열하는'(照著講) 식의 철학사 연구에 만족하지 않고 '새롭게 이어가는'(接著講) 철학 연구를 실천해 나갔다.

1990년대 초, 진래 교수는 유교사상의 근원에 대한 전면적 탐구로 눈을 돌렸다. 계선림季羨林은 일찍이 그에 대해 "진래 선생은 고금에 통달하고 동서를 아우르는 학자"라고 감탄한 바 있다. 2014년에는 진래 교수가 오랜 시간에 걸쳐 집필한 『인학본체론仁學本體論』이 출판되어 현대 유가철학을 종합하는 혁신적인 저작으로 자리매김했다. 그는 중국 토박이 출신의 유학자이지만 늘 서양철학을 참고사항으로 삼고 중시했다. 1986년, 1996년, 2006년 세 차례에 걸쳐 하버드로 유학을 떠나 전부 합쳐 총 4년의 시절을 그곳에서 보냈다. 바로 이 시기, 대륙의 신유가(新儒)가 부상하여 홍콩, 대만 및 해외 각지에서 유학부흥의 기치를 드높였다.

2013년 제23차 세계철학대회가 아테네에서 열렸을 당시, 진래 교수는 전체회의에서 발언을 하였다. 발표에서 그는 고대그리스철학 개념을 사용하여 중국유학을

---

1) 역자 주 ― 『論語』, 「衛靈公」, "己所不欲, 勿施於人."

분석하였다. 당시 두유명杜維明 선생은 중국어 발표를 꾸준히 독려해 왔는데, 진래 교수의 목소리가 바로 세계철학대회 개최 이래 처음으로 울려 퍼진 '중국의 목소리'였다. 30년 전 여름, 진래 교수는 스승 풍우란 선생에게 자字를 지어 줄 것을 요청했다. 선생은 『주역』과 『대학』을 인용하여 '우신又新'이라고 짓고는 "나날이 새로워져야 하네. 새롭고 또 새로워지기를 그쳐서는 안 되네"라고 강조했다. 30년 동안 진래 교수와 중국유학은 북경대학교와 청화대학교 등지에서 만방으로 퍼져 나가 발전에 발전을 이어 나가고 있다.

【철학과의 인연 그리고 궤적】

문회 : 선생님은 신중국의 첫 번째 박사학위 수여자이십니다. 2013년 학술회고록에서 다음과 같이 본인을 소개하셨습니다. "나의 전공은 중국철학사이다. 지금까지의 학문 작업은 고대, 근대, 현대로 나눌 수 있으며, 구체적으로는 송·원·명·청대 리학과 근대사상사 연구, 고대(춘추시대 이전) 종교 및 사상사 연구, 현대 중국철학 연구 및 20세기의 전통과 현대의 문화논쟁 연구로 나눌 수 있다." 벌린(Isaiah Berlin)의 '여우형'(넓이 위주)과 '고슴도치형'(깊이 위주)의 학자 분류를 떠올린다면 선생님은 넓이와 깊이를 겸비하고 계신 것 같습니다. 어떤 동력이 이러한 노력을 가능하게 하는지, 몇 가지 분야를 동시에 해 나갈 때의 장점과 난관이 있다면 어떤 것들이 있는지 말씀 부탁드립니다.

초기에는 장대년 선생에게 사사, 연구 방향을 위진현학에서 송명대로 조정할 것을 주문

진래 : 1969년 17세 때 처음으로 철학 문제에 관심을 가지기 시작했습니다. 이후에 중남광야학원(지금의 중남대학)에서 지질학을 전공하게 되었지만, 지질학 관련 서적보다 철학서를 탐독하는 데 더 흥미와 열정이 있었습니다. 당시 많은 마르크스레닌주의 경전 원서들을

읽었지요. 1978년 국가에서 다시 대학원생을 모집하기 시작한 뒤에 나는 북경대학교 철학과 중국철학사 전공에 합격하여 본격적으로 학술 연구의 여정을 시작하게 되었습니다. 재학 당시 운 좋게도 당시 생존해 있던 학계의 큰 어른들에게 학문을 배우고 가르침을 받을 기회가 있었습니다. 이분들은 매우 엄격하고 진지하게 학문에 임하셨는데, 높은 학문 경지와 언행으로 몸소 모범을 보이던 모습이 나에게 큰 영향을 끼쳤습니다. 가장 큰 영향을 미친 두 분의 선생님은 바로 장대년 선생과 풍우란 선생입니다.

내가 장 선생님을 처음 뵌 것은 1978년 6월이었습니다. 입학 전에 이미 몇 차례 장 선생님과 연락을 주고받기는 했었지요. 입학 후 첫 번째 해에 선생님은 하나하나 많은 것을 알려 주셨습니다. 매우 친절하고 온화하셨습니다. 논문 쓰고 학문하는 방법을 강의하면서 우리에게 "견강부회와 겉핥기식 공부를 경계할 것"과 "학문을 즐기고 사색을 깊이 하여 마음으로 뜻을 이해할 것"[2]을 당부하셨지요. 이듬해 연구 방향을 정할 때, 원래는 위진현학을 전공하겠노라 말씀드렸다가 장 선생님이 방향을 조정할 것을 제안하셔서 결국 송명으로 확정하게 되었습니다. 등애민(鄧艾民) 선생이 내 논문을 지도해 주셨지요. 장 선생님이 연구 방향을 잡아 주신 일은 이후 나의 학술 발전에 결정적인 영향을 미쳤습니다. 내 석사논문은 『주희 리기론의 형성과 변천에 관한 논고』(論朱熹理氣觀的形成和演變)였는데, 이 주제는 이전에 한 번도 연구되지 않았던 것이었습니다. 나는 중국철학사 범주 문제와 관련해서 장 선생님의 분석방법을 받아들여 철학분석의 타당성을 확보했는데, 우선 논문의 서술과 분석에 탄탄한 문헌고증의 기반을 마련하고자 주자 서신에 대한 편년고증의 작업을 마쳤습니다.

석사를 마치고는 계속 학교에 남아 박사과정을 이어 갔습니다. 장 선생님의 지도로 박사논문 주제를 주희철학 전반에 관한 연구로

---

2) 역자 주 ― 『史記』, 「五帝本紀」, "好學深思, 心知其意."

정하고, 그 후 『주희철학연구朱熹哲學研究』(『주희의 철학』이라는 제목으로 번역 출판)라는 책을 펴냈습니다. 이 책은 2000년 화동사범대학교에서 출판한 증보판에서 『주자철학연구朱子哲學研究』로 제목을 수정하였습니다.

풍우란의 『중국철학사 신편』 집필을 보조, 연구방향을 고대와 현대로 확장

박사학위를 취득한 후 학과사무실에서는 나를 『중국철학사신편中國哲學史新編』을 집필하고 계시던 풍우란 선생님의 조교로 배정하였습니다. 그리하여 그의 만년 작업인 『중국철학사 신편』의 교정과 편집 과정에 참여하게 되었지요. 그 후 몇 년 간, 나 역시 출판사에 『주희철학연구』, 『주자서신편년고증朱子書信編年考證』, 『유의 경지와 무의 경지 — 왕양명 철학의 정신』(有無之境 — 王陽明哲學的精神; 『양명철학』이라는 제목으로 번역 출판), 『송명리학宋明理學』(『송명성리학』이라는 제목으로 번역 출판)과 같은 송명 리학 관련 저작들을 건넸습니다.

1991년에는 관심을 고대사상과 현대철학 연구로 돌려 『고대의 종교와 윤리』(古代宗教與倫理), 『고대 사상문화의 세계』(古代思想文化的世界; 『중국 고대 사상문화의 세계』라는 제목으로 번역 출판) 두 권을 나란히 출간하였습니다. 이 밖에도 1980년부터 지금까지 계속해서 전통과 현대화에 관한 문화 논쟁에 적극적으로 참여해 오고 있습니다. 과격한 반反전통 사조에 반대하는 한 사람으로서 나는 학술을 연구하는 동시에 사상문화계서 들려오는 반전통의 목소리에 항상 관심을 가지고 대응하려고 합니다. 한편 다양한 글과 평론을 통해 사상문화 문제에 대한 토론에도 참여하고 있지요.

좁은 인문학적 시야에서는 지난 백 년간과 같은 문화도전에 대응할 수 없어

몇 가지 작업을 동시에 할 때나 혹은 교차연구를 진행할 때, 단일하고 좁은 시야를 극복하여 진정으로 넓은 인문학적 시야가 형성되는 것을 느꼈습니다. 순수철학의 단일한 시각으로 문제를 보는 방식은 중국이 최근 100년 동안 맞닥뜨려야 했던 문화적 도전에 대응하지 못하게 되고, 중국 인문학 재건이라는 현 시대의 요구를 충족시킬 수 없으며, 수천 년간 발전해 온 우리 문명이 현대에 부흥하는 과정에서 마주하게 될 문제들을 처리해 낼 수 없습니다.

문회 : 강의에 대해서 특별한 태도를 보인다는 점에 눈길이 갑니다. 책의 원고를 완성한 후 출판되기 전까지는 흥미를 가지다가, 출판된 책을 "그저 반복해서 강의해야 할 때"는 흥미를 잃어버리신다고 하셨는데요.

학생들과 최신 연구에 관해 이야기하고 내 연구에 충분한 시간이 주어질 때 가장 행복해

진래 : 가르친다는 것에 대한 내 나름의 이해라고 할까요, 최신의 연구를 강의하는 것을 좋아합니다. 학생들에게 아무런 참고자료가 없는 강의, 이런 강의환경이 가장 즐겁습니다.

문회 : 2012년 이후 중앙문사관 관원이 되셨고, 중남해 정치국에 가서 강의한 적도 있으십니다. 2018년 1월에는 청화대학교 최초의 자심학자資深學者3)로 선정되셨습니다. 학자로서 이러한 비학술적 영역의 일에 대해서는 어떻게 생각하십니까?

진래 : 중앙문사관 관원이라는 직책은 국가적 영예이고, 중남해 강의는 교육부의 임수를 수행한 것이니 본분을 다한 것이라 할 수 있지요. 자심학자는 문과에 학술원제도가 없는 것을 고려하여 학교에서 특별히 만들어 준 것입니다. 물론 이런 성과들도 개인적인 학술성과를 통해 얻어낸 하나의 인정이라고 볼 수 있겠습니다. 하지만 나는 개인 연구시간이 충분히 주어지는 것보다 더 기쁜 것이 없습니다.

---

3) 역자 주 ― 학술원 회원에 해당.

문회 : "학문을 즐기고 사색을 깊이 하여 마음으로 뜻을 이해한다." 참으로 배울 점이 많은 태도인 것 같습니다. 후학들에게 귀중한 학문의 자산을 남겨 주셔서 대단히 감사드립니다.

【철학사상과 업적】

문회 : 저작의 깊이는 결코 책이 완성된 시기로 가늠할 수 없습니다. 『주희철학연구』는 선생님이 하신 중국철학사 연구의 대표 저작 가운데 하나로, 30년이 지난 지금도 이 분야 학자들의 필독서로 자리하고 있습니다. 과거를 되돌아볼 때, 당시 선생님의 연구방법이 오늘날의 학문에 어떤 귀감이 되었습니까?

『주희철학연구』는 "마음으로 뜻을 이해하는" 연구방법론이 특징, 수천 편 서신의 고증이 그 기본기

진래 : 주희의 철학체계는 매우 복잡합니다. 그는 북송오자를 포함한 고전문화 전반을 폭넓게 흡수하여 '리일분수理─分殊'라는 피라미드식 구조로 웅대한 철학의 탑을 세웠습니다. 당시의 우리 민족의 철학사유 가운데에서는 최고 수준의 성과였지요. 이 철학체계에서는 이성적 본체와 물질적 재료, 도덕적 이성과 감성적 정욕, 이성적 방법과 내향적 직관 등이 기본적인 대립구조를 이루고 있습니다. 이 네 가지의 핵심적인 대립구조가 바로 주희의 철학체계를 이해하는 핵심이라 할 수 있습니다.

이 책의 연구방법론이 오늘날에도 여전히 가치가 있는 점은 대략 세 가지로 정리할 수 있습니다.

첫째, 철학사 연구방법의 기본 원칙으로서 고대철학의 사상과 명제, 범주를 역사적이고 사실적으로 밝히는 데 힘을 쏟는다는 점입니다. 장대년 선생이 특히 강조했던 "학문을 즐기고 사색을 깊이 하여 마음으로 뜻을 이해한다"는 지도원칙이 나에게 큰 영향을 미쳤지요.

둘째, 이 책은 문제를 주된 연구 주제로 삼았습니다. 나는 철학적 문제가 이론적 사유를 파악하는 기본 경로라고 보기 때문에, 이 책에서는 고립적으로 하나의 범주만을 토론하지 않았습니다. 주희 철학의 기본 범주에 대한 나의 이해는 복합적인 문제를 토론하는 데에서 충분히 드러나고 있습니다. 사실 철학 문제를 떠난 단순한 범주의 논의는 불가능합니다.

셋째, 이 책은 주희 연구에 관한 이론 분석을 제외하고는 주로 주희 사상사의 변천에 관해 고찰하였습니다. 저작의 기초 자료이자 주희의 사상을 파악하는 재료로서는 『문집』을 골라, 특별히 『문집』에 담긴 수천 편의 서신을 전면적으로 고증하였습니다. 이 성과가 바로 나의 두 번째 주자 연구서인 『주자서신 편년고증』입니다.

문회 : 수천 편 서신을 전면적으로 고증하는 작업은 이른바 '기본기'로서, 학문하는 사람들에게 반드시 필요한 일이 아닌가 싶습니다. 선생님은 특히 역사적이고 사실적으로 고대 철학사상의 변천을 설명해야 한다고 강조하셨는데, 주희 사상을 연구하는 데에도 똑같이 적용이 되나요?

통시적 철학발전 연구, 역사와 논리의 시공간적 결합이 필수

진래 : 그렇습니다. 예를 들면 주희의 리기론 문제에는 매우 복잡한 현상이 드러납니다. 주희 사상의 전모를 반영하기 위해 우리는 그 역사적 변천 과정에 근거할 필요가 있습니다. 리기선후론을 포함한 그의 모든 사상이 복잡한 발전과 변천 과정을 겪었습니다. 또한 주희는 리기관계에 대한 토론을 서로 다른 문제, 서로 다른 각도에서 진행하였습니다. 다시 말해, 리기선후론과 관련된 주희의 사상은 정적인 것이 아니라 동적인 것이었으며, 단일한 것이 아니라 복합적인 것이었습니다. 주희 학설에 내재된 이러한 객관적 상황은 그에 상응하는 시(역사변천)·공간(다층적 각도)적 연구방법을 통한 고찰을 요구해 옵니다. 이는

주희의 리기선후론뿐 아니라 그의 다른 사상을 연구하는 기본적인 방법이기도 합니다. 역사와 논리를 결합시키는 연구방법론은 단일한 시대 혹은 약간의 시대를 아우르는 철학의 발전을 연구하는 데에도 필요하지만, 활동시기가 비교적 긴 대사상가를 연구하는 데에도 똑같이 적용됩니다.

문회 : 책에서 여러 차례 주희의 이성주의적 특징을 언급하셨습니다. 중국철학사 속에서 이는 어떤 의미를 지닐까요?

주희의 이성주의, 강화된 내면수양과 함께 외부사물에 대한 고찰과 지식의 확장도 중시

진래 : 주희는 이동李侗으로부터 도학 체계를 받아들였지만, 도학 체계 내에서 그가 발전해 나간 방향은 이동과는 다릅니다. 이동은 내향적 체험을 중시했지만, 주희는 이성주의에 좀 더 치중하여 정이程頤의 이성주의로 노선을 정하였습니다. 주희의 출현은 도남학파의 정적이고 내향적이며 체험적인 색채를 변화시켜, 남송의 도학이 이성주의로 변모하게 만들었습니다. 이에 따라 정이와 주희의 영향이 도학에서 주도적인 위치로 떠올랐지요. 주희 이성주의 철학의 방대한 체계와 그 영향은 도학 발전의 방향을 바꾸었을 뿐만 아니라 이후의 중국문화 발전에서도 헤아릴 수 없는 영향을 낳았습니다.

주희는 격물치지를 강조하고, 격물 대상의 광범위성을 강조하며, 궁리 탐구 경로의 다양성을 인정합니다. 격물궁리는 선을 밝히는 근본적인 경로인 동시에 앎을 구하는 기본적인 방법입니다. 주희의 철학은 진·선의 일치를 주장하고 있어 어떤 한 측면도 부정해서는 안 됩니다. 격물의 방법은 우선 한 가지 사물에 대한 탐구를 그 이치가 관통될 때까지 축적한 뒤 다시 다음 사물로 유추해 가는 것입니다. 축적부터 관통까지의 단계는 개별에서 일반으로 나아가는 것에 해당하고, 관통에서 다시 유추로 가는 단계는 일반을 다시 개별로 연역시키는 것과 연결됩니다. 주희의 격물궁리 사상은 인식과정의 변증적 내용을 수용하였으며, 이성주의의 정신을 선명히 드러내고 있습니다. 중국 근고철학(宋·元·明·淸)의 기본 배경과 구체적 조건에서 고찰한 주희 격물치지 학설은 인간의 도덕수양을 중시하면서도 외부 사물의 고찰과 지식의 학습 및 확충을 강조함으로써 종교적 신비주의와 반이성주의 경향을 배척했다는 데 중요한 의의가 있습니다. 하지만 지나치게 강한 이성주의는 주희로 하여금 정신생활의 다른 차원과 경지에 대해서는 소홀히 하도록 만들었습니다. 이는 명대의 심학운동이 주희에 대해 불만을 가졌던 주요한 이유 중의 하나이기도 합니다.

문회 : 이번 세계철학대회의 주제가 바로 "학이성인"입니다. 주희 역시 유가의 정신을 받들어, '배움'(學)에 관해 세밀하게 설명하였습니다. 이것이 과연 현대인들에게는 어떤 깨우침을 줄 수 있을까요?

> 격물론은 유가적 학습을 철학으로 논증하고 발전시킨 결과, 사람들에게 '평생 학습'의 가르침을 제시

진래 : 이 문제는 두 가지 측면에서 살펴볼 수 있습니다. 하나는 학습정신의 측면이고, 다른 하나는 교육이념의 측면입니다. 우선 학습정신이라는 측면에서 살펴보겠습니다.

학습은 공자가 강조했던 인생의 기본 태도이며 수신의 방법이라는 점은 누구나 잘 알고 있습니다. 학습은 인생의 시작과 끝을 꿰뚫어야 하며, 우리가 이러한 삶의 태도를 세워 실천해 나간다면 기쁨과 만족을 얻게 될 것입니다. 주희의 사상은 『중용』에서 말하는 "존덕성도문학"을 중시하지만, 주희 격물궁리설의 중점은 '도문학'에 치중해 있습니다. 따라서 철학정신이라는 측면에서 말하자면 주자학은 공자사상을 최대한도로 계승하고 발전시키고 추진한 결과물이며, 그의 격물론은

유가의 전통적 '학습' 사상을 철학적으로 논증하고 전개시킨 결과물이라 할 수 있습니다.

주자학은 주로 선비를 대상으로 합니다. 지금의 사회와 고대사회는 그 교육 수준에서 차이가 많이 났습니다. 고대의 주자학을 기준으로 보면 현대인들이 받는 교육은 모두 '대학'에 속합니다. 따라서 주자학은 현대사회의 모든 이들에게 적용될 수 있습니다. 현대인의 학습은 이미 '평생학습'과 '평생교육'에 이르고 있습니다. 이런 측면에서 주자학의 '학습정신'이야말로 우리에게 가장 훌륭한 가르침을 줄 수 있을 것입니다.

주희의 경전 공부, '덕성德性'과 '문학問學'의 통일, 오늘날의 교양교육에 해당

교육이념이라는 측면에서 보면 독서는 격물의 가장 주요한 공부 방법입니다. 주희의 사상은 근고시대 사대부들에게 학습을 통해 성인에 이르고자 하는 목표와 방법론을 제공하였습니다. 현대인의 교육 수준이 보편적으로 향상된 만큼 그의 사상은 현대 학습자의 요구에 비교적 적합합니다.

주희는 경전 학습을 매우 중시했습니다. 자신이 실행한 독서 역시 성현의 책을 읽는 것이었지요. 또한 그는 공부하는 사람들의 경전 공부를 매우 중시하였습니다. 따라서 그가 쓴 경전 해설서들은 모두 학생들의 경전 공부에 착안하여 일반 독자들이 유가경전 저작을 공부하는 것을 돕는 것을 목적으로 하였습니다. 현대인의 교양교육에서 주희의 저서가 여전히 참고자료로서의 의미를 지닐 수 있는 이유가 바로 이것입니다.

마지막으로 주희는 경전 학습에서 '덕성德性'과 '문학問學'을 일치시키는 입장을 지니고 있었습니다. 한편으로는 도문학적인 태도로써 모든 인문지식을 학문을 향해 열린 자세로 학문을 해 나가야 함을 주장하면서 정신발전의 풍부성을 강조한 반면, 사람들을 오직 전문지식을 갖추는 것으로만 인도하지는 않았습니다. 전문지식을 초월하여 전체 세계에 대한 이해에 도달하는 것을 추구했지요. 그래서 다른 한편으로는 존덕성을 강조함으로써 독서자들로 하여금 경전 속의 도리와 개인의 인격함양을 결합시키기를 요구했습니다. 지식의 확충과 더불어 도덕의식과 가치 있는 감정의 배양을 강조한 것이지요. 이 역시 교양교육의 취지와 잘 부합합니다.

문회 : 선생님의 중국철학사 연구는 굉장히 광범위합니다. 송명리학에서 그 단초를 연 후, 위로는 상고시대를 탐구하고 아래로는 현대에까지 이르렀습니다. 동아시아를 가로지르고 현실을 관통하고 있지요. 2014년에는 『인학본체론』이 출판되어 선생님의 철학적 지향점이 사람들의 주목을 받았습니다. 2015년에는 이 책이 제3회 '사면창작상'(思勉原創獎)을 수상했습니다. 『인학본체론』은 유가의 인仁사상을 인학적 본체론 혹은 인학적 우주론으로 풀어내는 것을 핵심 주제로 합니다. 그런데 근대 이래의 자연과학의 혁명적 발견이 우주에 대한 인간의 기존 인식을 뒤집고 새로운 우주관을 가져오게 되었음을 우리는 잘 알고 있습니다. 근대 서양철학 역시 이러한 토양 위에서 형성되고 발전된 것입니다. 형이상학을 거부하는 것이 근대 이후 철학의 주류가 되었다고 할 수 있을 텐데요, 그렇다면 "인학본체론은 어떻게 가능한가?"라는 의문이 자연스럽게 생깁니다. 인학본체론은 또 어떤 가치를 이끌어 낼 수 있을까요?

'인본체仁本體'는 형이상학의 거부가 아닌 형이상학과 인간의 가치 그리고 실천 간의 결합

진래 : 형이상학의 거부가 근대 이후 철학의 주류가 되었다는 말은 토론의 여지가 남아 있습니다. 분명 비트겐슈타인은 전통철학에서 실체를 추구하는 것에 반대했고, 빈학파는 실증 원칙에 따라 "형이상학 거부"라는 슬로건을 내걸었습니다. 하지만 세계 전반에 대한 파악 혹은 전체 세계에 대한 파악은 여전히 형이상학의 사고를 필요로 합니다. 현대의 중국철학이 갈수록 가치 문제 연구를 중시하고 있는데, 가치관

의 확립 역시 형이상학적 기초를 필요로 하지요. 그래서 중요한 것은 추상적인 반형이상학이 아니라 형이상학을 인간의 가치, 인간의 실천, 구체적인 생활세계와 연결시켜서 그 존재와 의미를 전체적으로 설명해 내는 것입니다.

유가의 인체仁體사상과 마르틴 부버의 학설은 유사점이 있어, 인仁은 자아이면서 타자

전통적인 우주론에서는 언제나 여러 가지 방식을 사용하여 최고의 본원과 기초적 존재를 추구하며, 또한 이를 통해 만물이 이루어진다고 여깁니다. 반면 인학본체론에서는 인체仁體와 만물을 모자관계로 보지 않기 때문에, 본체가 생성작용을 하는 것이 아니라 거대한 작용을 드러내기만 합니다. 인체仁體는 실체론적인 동시에 모든 가능성의 조건이며 근거이자 기초입니다. 이것이 바로 중국의 철학전통입니다. 중국철학에는 본래부터 서양과 같은 신학적 사유가 존재하지 않았습니다. 천인합일, 인간과 세계의 통일을 강조하지요. 인仁의 윤리적 본질로 말하자면, 인仁은 타인을 향한 사랑을 대표합니다. 이러한 사랑은 타인에 대한 한 개인의 사랑이지 자기 자신을 향한 사랑이 아닙니다. 따라서 도덕적 수양이라는 차원에서 인仁의 실천은 "위기지학"이지만, 윤리관계라는 차원에서는 인이 타인 혹은 타자를 향한 윤리를 대표합니다. 따라서 인仁은, '사람 인'(人)과 '두 이'(二)의 결합이라는 글자의 형태에서 드러나듯이, 기본적으로 인간과 타인의 관계를 설정하여 이를 전제로 삼고 있습니다. 따라서 모든 윤리는 타인의 세계를 대하는 것이고, 대인관계의 원칙입니다. 바로 인仁이 유가철학에서 가장 중요한 타인윤리이자 관계윤리입니다.

인仁의 입장에서 보면, 본체론이나 우주론에서는 반드시 사물 간의 상호관계, 타자와 관계하는 공동체, 관계의 세계 등이 수립되어야 합니다. 근대철학처럼 개체의 주체성만을 중시하고 사회의 주체성을 소홀히 할 수는 없지요. "타인은 지옥"이라는 식의 근대철학의 관점에서는 인간과 인간, 집단과 집단, 민족과 민족, 문화와 문화 간의 소통 기초를 건립할 수 없습니다.

사르트르 사상은 포스트모더니즘이라는 분산화되고 이산화된 개체주의 사고방식을 열었습니다. 이러한 사고방식 속에서 세계의 존재들은 오직 하나의 고립된 개체로서, 다른 개체나 집단과 소통할 수 없습니다. 물론 레비나스의 말처럼 헤겔 철학에는 자아도 없고 타자도 없고 오직 총체만이 있는데, 이것 역시 옳지 않습니다. 레비나스는 타자의 존재와, 인간과 신성타자의 특수한 관계를 강조했지만 현실세계 속의 인간과 인간의 관계는 소홀히 했고, 결국 철학적 체계 내에서 '타인'의 중요성과 관계 본체를 건립할 수 없었습니다.

마르틴 부버는 '만남'이라는 개념을 제시하면서 타인에게 닫혀 있는 자아를 열어야 한다고 주장했습니다. 또한 그는 "본체가 곧 관계"라고 하면서 관계는 실체에 우선하며 실체는 관계에서 나온다고 하였습니다. 이러한 본체론은 관계본체론이라 부를 수 있습니다. 인식론에서 회귀한 생활세계가 곧 본원적 세계입니다. 이 세계는 관계라는 측면에서 진정한 이해가 가능합니다. 유가의 인체仁體사상과 마르틴 부버의 학설은 가까운 점이 있습니다. 인仁은 자아중심적이지도 않고 단순히 개인의 수양만을 강조하지도 않습니다. 인학仁學이란 단순한 극기克己가 아니라 애인愛人이며, 위기爲己가 아니라 위타爲他입니다.

문회 : "인학본체론에서는 인체仁體와 만물을 모자관계로 보지 않기 때문에 본체가 생성작용을 하는 것이 아니라 큰 작용을 드러낼 뿐이다"라고 말씀하셨는데, 제가 이해하기로는 실체와 큰 작용은 하나로서 이는 웅십력 선생이 『체용론』에서 제시한 "체와 용은 둘이 아니다", "체이면서 용이다"라는 설명을 떠올리게 합니다. 선생님은 웅십력 선생의 체용론을 추켜세우며, 그의 후기 본체론을 간략명료하고 방대하면서도 세밀하여 본보기로 삼을 만하다고 칭찬하셨지요. 그렇다면 선생님의

인체와 웅십력 선생의 실체는 어떻게 다른가요?

인仁본체는 무엇이면서 무엇이 아닌가 : 웅십력, 이택후, 하이데거와의 구별

진래 : 나의 인체와 웅십력熊十力 선생의 실체론의 가장 근본적인 차이점
은, 웅십력 선생 전기의 신유식론사상에서는 유심론을 주장하면서
심을 본체로 설명한 데 반해 나는 유심론을 주장하지 않은 데 있습니다.
인학본체론의 본체는 심心도 아니고 물物도 아닙니다. 이 점이 철학
상의 근본적인 차이점입니다. 하지만 1950년대에 등장한 웅십력 선생
의 체용론은 1930~40년대에 주장했던 신유식론의 설명을 다시 고쳐
서, 심을 본체로 여기지 않고 실체는 심도 아니고 물도 아니라고
했습니다. 사고방식에서 인학본체론과 가깝습니다. 이런 의미에서
웅십력 선생의 철학이 남긴 진정으로 의미 있는 유산은, 심을 본체로
여기지 않고(심을 본체로 본 것은 송명심학의 전통이지요) 우주론의 "즉체즉
용卽體卽用" 구조를 통해 파악해 내었다는 점입니다. 그는 이 구조를
사용하여 본체와 현상을 다루었고, 고전적 체용불이體用不二 사상을
해석해 냈습니다. 이 구조야말로 반박불가한 이론으로서 유학에 큰
공을 남겼다고 하겠습니다.

이택후李澤厚 선생은 현상은 현상이면서도 본체라고 말했는데, 최소한
형식적으로는 웅십력 선생이 이미 이 관점을 정밀하게 설파한 바 있습니
다. 그런데 웅십력 선생이 만년에 심과 물이 모두 본체가 아니라 세용勢用
(세력작용)이라고 공언하기는 했지만, 그가 실체를 인체仁體라고 했던
것은 아닙니다. 그는 항상 소명昭明(분명히 드러남), 승진升進(앞으로 나아감)의
의미로 심을 설명하였습니다. 다만, 이러한 심은 정신일 뿐 윤리의
방향을 확정할 수 없습니다. 오직 인심仁心만이 윤리의 방향을 정할
수 있습니다. 하지만 인심仁心 역시 결코 본체가 아닙니다. 다만 본체가
사람의 마음에서 작용을 발휘하는 것일 뿐입니다.

인체론에서 볼 때 서양철학은 병폐가 있습니다. 하이데거의 '염

려'(sorge) 개념은 반드시 인심仁心으로 대체되어야 비로소 의미를 지니며, 하버마스의 소통이성 역시 인심仁心을 기초로 해야 윤리적 의미를 지닐 수 있다고 봅니다.

문회 : 『인학본체론』에서 인체론과 생활세계와의 관계를 특별히 중시하고 계시는 것처럼 보이는데, 이에 대해서 잠시 설명해 주실 수 있을까요?

인仁과 세계의 관계 : 인체仁體와 천도天道는 끊임없이 생겨나니, 이것이 바로 인생의 '즐거움'이다.

진래 : 우선 인체론에 따르면, 우리의 생활세계는 본질적으로 하나의 살아 움직이는 세계이며 무수한 관계와 변화를 담고 있는 세계라고 이해됩니다. 생활의 의미, 세계의 의미를 본체라 칭할 수 있지요. 인체仁體와 천도天道는 끊임없이 생겨납니다. 이것이 바로 인생의 '즐거움'입니다. 인학仁學에서는 인간존재를 이 거대한 흐름에 융합된 일체로 보며, 끊임없이 생성되며 삶을 향해 가는 것으로 봅니다. 또한 인간은 만물과 일체를 이루고 만물과 공생하면서 윤리적 의미를 얻어가는 동시에, 생명의 연속과 계승 속에서 생명의 의미를 얻어간다고 봅니다. 이러한 끊임없이 생성되는 인仁이 지향하는 바가 바로 인생의 '즐거움'입니다.

인仁은 사덕을 통괄 : 자유는 구애받지 않음, 평등은 모든 것을 차별 없이 대함, 공정은 정의의 추구

인체仁體는 비록 광대하지만 일상의 인륜 속에 밀접하게 드러나므로 사물 속에서 모두 인체를 찾아볼 수 있습니다. 유가의 주된 관심은 항상 도덕윤리에 있습니다. 이제 인체론을 빌려 가치이성을 정립하고 도덕의 방향성을 정립하는 것이 필요합니다. 나는 『인학본체론』의 마지막 장인 '인통사덕仁統四德'에서 유가의 '사덕론四德論'을 언급하며

'신사덕新四德'을 제시하였습니다. 현대사회에서 사덕론은 좀 더 발전될 필요가 있습니다. 기존의 인의예지라는 사덕은 여전히 그 가치와 의의를 지니고 있지만, 유가의 인학은 반드시 인仁을 기초로 현대사회의 보편세계적 가치원칙을 관통해야 합니다.

이런 의미에서 나는 인애, 자유, 평등, 공정을 내용으로 하는 '신사덕'을 제시하여 사회의 조화를 모색하고자 하였습니다. 신사덕의 관계는 기존의 사덕의 관계를 그대로 가져와서 이해할 수 있습니다. 즉 인이 사덕을 통괄합니다. 전통 우주론의 언어나 방식을 차용해 말하자면, 인체의 큰 작용은 생기를 흐르게 하고 사덕의 순환을 관통합니다. 인애는 인본체의 본래적 작용이며, 기타 세 가지는 인仁의 작용의 각기 다른 표현입니다. 자유는 활동에 구애됨이 없는 인仁의 측면을, 평등은 모든 것을 차별 없이 대하는 인仁의 측면을, 공정은 정의 추구라는 인仁의 측면을 각각 나타내며, 이처럼 인체仁體가 작동하는 과정 전반에 걸쳐 요구되는 것이 바로 '조화'입니다.

인仁은 사덕을 통괄하는데, 그 핵심은 여전히 인仁에 있습니다. 다만 유가는 자유, 평등, 공정을 핵심으로 하는 다른 사상체계가 함께 일어나 다원적이고 상호적인 문화구조를 형성함으로써 중국 사회문화 발전의 요구를 충족시켜 주기를 기대하고 있습니다.

문회 : 중국의 유학부흥은 국내는 물론이고 국제학술계에서도 주목하는 핫이슈입니다. 미국의 저명한 한학자인 알리프 데릭은 그의 저작 『혁명 이후의 중국』에서 1980년대 이후의 유학부흥을 후기식민주의 담론의 동아시아적 표현으로 간주하고, 근대화(이곳에서의 의미로 말하자면 자본주의적 근대화)에 기초한 유학 재논의가 신유학 담론의 특징이며 세계자본주의시대에 유학이 다시 한 번 승자가 될 수 있다고 보았습니다. 토박이 국내 학자의 한 사람으로서 선생님은 서양 학자의 이러한 평가를 어떻게 보십니까? 중국유학의 현대적 부흥이 정말로 알리프 데릭의 말처럼 세계자본주의에 적응한 결과일까요?

중국유학의 발전과 부흥은 세계자본주의 담론과는 무관

진래 : 이러한 관점은 본질적으로 여전히 영락없는 서구중심주의입니다. 중국은 근대화 이론이 비서양국가의 근대화를 잘못 인도했음을 증명하려고만 했지, 단 한 번도 스스로 패권적 지위를 지닌 모방 가능한 모델이 되고자 한 적이 없습니다.

내가 유학과 중국의 근대화에 관해 썼던 1980~90년대의 글(『인문주의적 시야』 등)들을 지금 다시 살펴보면, 중국 발전의 각 시기에 우리가 유학에 기대했던 점들은 주로 가치이성으로서의 유학이 지닌 현대적 의미, 근대화에 대한 수정, 도구이성에 대한 균형 등이 주를 이루었으며, 궁극적 관심, 가치이성, 인생의 의의, 사회적 교류라는 측면에서 유가적 문화가치체계의 계승과 전환을 적극적으로 긍정했음을 발견할 수 있습니다. 심지어 이미 1900년대 초기부터 유학은 웅십력, 양수명, 풍우란, 탕준의, 모종삼 등에 의해 다각도로 재구성되기 시작했습니다. 하지만 누구도 동아시아 자본주의의 요구를 바탕으로 유학을 재구성하지는 않았지요. 각기 그 시대의 중국사회의 구체적인 상황과 요구를 반영할 뿐, 세계자본주의라는 환경과는 관련이 없습니다. 또한 유가윤리가 동아시아의 근대화를 촉진했다고 강조하는 것은 유가윤리의 핵심이 아니라 중국의 논리일 뿐입니다.

문회 : 현대 중국의 유학부흥은 전 세계적 근대화라는 배경 아래에서 발생했습니다. 그런데 방금 선생님은 신유학의 관심사가 자본주의와는 사실 별다른 관련이 없다고 하셨는데, 그렇다면 이 양자는 전체 시대의 다양한 요소들 사이에서 어떤 화학작용을 일으킬 수 있을까요? 다시 말하자면, 유교의 윤리적 교훈들이 비유학적 문제를 위해 유용하게 사용될 수 있지는 않을까요?

현대 유학부흥은 내재적 이유를 지닌다. 중국의 현상을 다른 나라와 함부로 비교할 수 없어

진래 : 신유학은 동아시아 근대화의 성공을 설명하는 데 주목하지, 자본
　　주의 자체에 도전하지는 않습니다. 따라서 마르크스와 같이 자본주의
　　에 도전하는 일은 없을 것입니다. 유학이라는 담론은 중국 지식인의
　　정체성을 상징하는 것으로서 본래부터 세계자본주의와는 무관하며,
　　그보다 훨씬 앞서 논의가 있었습니다. 현대 중국에서의 전통 부흥은,
　　경제 급성장의 혜택으로 국민들이 문화적 자신감을 갖게 되어 이를
　　지지한다는 점 외에도 다양한 원인들이 있습니다. 정치적 측면에서는
　　정치노선의 변화, 정치적 합법성에 기초한 재구성, 이데올로기의
　　전환, 민족정신의 창조, 윤리도덕의 재건, 중화민족 부흥의 요구라는
　　원인을 지니고 있고, 사회적 측면에서 살펴보면 대중들의 심리적·정
　　신적·신앙적·문화적 요구에서 기인하였지요. 중국 유학부흥은 소위
　　기업경영이라는 이유보다 정치·사회적 측면의 이유가 훨씬 더 큽니
　　다. 따라서 중국의 현상을 다른 나라들과 함부로 비교해서는 안 됩니다.
　　이러한 것으로는 제대로 중국을 설명할 수 없습니다.

【중국철학 그리고 세계철학대회를 바라보다】

문회 : 철학과 현대세계와의 관계를 어떻게 이해하고 계십니까?

　　철학은 공통의 모습, 유학은 세계화의 흐름 속에서 인간정신이 나아가야
　　하는 방향을 제공

진래 : 우선 내가 이해하고 있는 '철학'에 관해 분명히 밝혀 보겠습니다.
　　나는 철학을 마땅히 문화로 보아야 한다고 생각합니다. '철학'은 공통의
　　모습이자 '가족유사성'의 개념으로, 세계 각 민족의 우주와 인생에
　　관한 이론 및 사고의 총칭이라 할 수 있습니다. 이런 의미에서 서양철학
　　은 철학의 한 형태이자 사례이지 철학의 기준이 아닙니다. 따라서
　　'철학'이라는 명칭은 서양의 특수한 전통을 지칭하는 개념이 아니라

세계 다문화에 대한 포용성이 풍부한 보편적 개념이어야 합니다. 가치 또한 다원적 보편성을 지니고 있습니다. 내가 제시한 "가치의 다원적 보편성"이라는 개념은 동서양의 가치가 모두 보편성을 지니고 있음을 강조하는 것입니다. 가치의 다원적 보편성의 기초 위에서 이루어지는 다양한 문화들 간의 철학적 대화가 진정으로 촉진되어야만 현대 세계 인류의 철학적 지혜가 발전할 수 있을 것입니다.

철학적 지혜는 단순히 철학자의 머릿속에서 나온 논리적 사변일 수 없습니다. 철학은 서재에서 뛰쳐나와 인간의 삶의 세계로 나가야 합니다. 유학의 경우를 말하자면, 우리가 형이상학적 구조로서의 유학을 발전시켜 나가고자 한다면 무엇보다도 생활윤리로서의 유학을 더욱 강조해야 합니다. 유학의 임무나 기능은 현재 시대를 직접 발전시키는 것이 아니라, 현재 시대의 세계화와 현대화라는 각종 추세 속에서 그에 상응하는 인문주의 정신을 제공하여 인간의 정신이 나아가야 할 방향을 제시하는 것입니다.

문회 : 국제학술교류가 점차 잦아지고 있고 중국의 세계적 위상 또한 높아지고 있습니다. 앞으로 중국철학의 전망은 어떻게 될까요?

중국철학과 세계철학은 서로 이해하고 수용하는 과정을 거쳐 현대 다문화 세계에 알맞은 철학으로 거듭날 것

진래 : 중국철학은 세계 철학의 양분을 더 많이 흡수하고 세계 철학은 더욱 중국철학을 이해함으로써 철학의 새로운 이해를 형성할 겁니다. 수백 년 동안 서양철학이 철학계를 주도해 오던 국면에서 완전히 벗어나 다원화된 현대시대에 적응하게 되겠지요.

글 ‖ 정이丁怡(연합인터뷰팀)

테오필루스 오케레
Theophilus Okere

정체성 문제를 고민하는 아프리카철학이
'자기 자신'을 말할 수 있어야

아프리카 해석학의 아버지

테오필루스 오케레

인터뷰이 : 테오필루스 오케레(Theophilus Okere), 이하 '오케레'로 약칭
(나이지리아 웰란연구소[Whelan Research Academy for Religion,
Culture and Society] 소장)

인터뷰어 : 노영화盧盈華(절강공상대학교 철학과 부교수), 이하 '문회'로 대칭

인터뷰 일시 : 2018년 5월~6월(수차례의 메일 인터뷰)

1962년, 27세의 나이지리아 유학생 오케레가 아일랜드 더블린대학교 캠퍼스를 거니노라면 백인 사제들이 모두 호기심에 찬 눈으로 그를 쳐다보곤 한다. 모국의 신학교에서 7년간의 학업을 마치고 가톨릭 신부의 꿈을 막 이룬 그였다. 그를 바라보는 사람들의 시선은 마치 아프리카의 흑인들은 "진보도 할 수 없고 교육도 할 수 없다"던 헤겔의 말을 떠올리게 했다. 지금껏 수많은 시간이 흘렀지만 헤겔의 『역사철학』이 남긴 사고방식은 여전하다. 하지만 오케레는 분노를 표출하는 것을 그만두었다. 대신 우수한 성적으로 이러한 차별에 대응해 나갔다. 4년 후, 그는 벨기에 루뱅 가톨릭대학교로 옮겨가 철학을 전공하여, 현상학의 대가, 칸트 전문가, 아리스토텔레스 전문가 등 훌륭한 학자들을 만났다. 폴 리쾨르(Paul Ricoeur)가 그의 박사논문의 지도를 맡아 1971년 박사논문을 완성했다. 그의 나이 36세 되던 해였다. 그는 논문에서 해석학적 관점을 차용하여 아프리카철학의 가능성을 논하였다. 유학을 마치고 귀국한 뒤에는 비가드 기념 신학교(Bigard Memorial Seminary)에서 교편을 잡고 철학과 종교의 개혁을 시도하였는데, 그 결과 그에게는 "아프리카 해석학의 아버지"라는 명예가 따라붙게 되었다.

83세의 오케레 신부와의 연락에 애로사항이 생기자 『문회보』 탄자니아 주재 조자순趙子順 기자가 직접 전화로 인터뷰 사항을 처리해 주었다. 그는 오케레 신부가 현지에서 명성이 자자하며, 나이지리아 동부 전반에 그의 학생들이 포진해 있다고 우리에게 알려 왔다. 이후 메일로 그와 인터뷰를 시작했을 때 우리는 이 신학자의 철학적 소양과 현실에 대한 관심에 감화될 수밖에 없었다. 그는 인종주의, 식민주의, 빈곤화, 국제적 권력행사, 문화 간 충돌 및 융합 등 다양한 문제에 대해 관심을 보였는데, 이 사안들을 분석하는 동안 시종일관 침착하고 냉정한 태도를 보였다. 이른 시기부터 유학길에 올라 철학을 훈련받은 영향 때문은 아닐까. 1999년 모국과 미국의 신학교 교직에서 은퇴한 그는, 이모(imo) 주 오웨리(owerri)에 소재해 있는, 종교, 문화, 사회 등을 주로 연구하는 웰란연구소의 원장을 맡았다. 이후 매년 한 차례 회의를 열고 논문집을 엮어 출판하였는데, 그 숫자가 이미 열세 권이나 된다. 어떻게 아프리카 자체의 철학과 아프리카문화 해석학을 건립할 것인가가 여전히 그를 사로잡고 있는 화두이다.

이번이 최초의 중국 방문인 그는 어느 때보다 들떠 있다. 그는 황무지에서 찬란한 번영을 일궈 낸 중국의 신비를 탐구하고 싶어 한다. 서양을 거쳐 반세기 만에 동양으로 찾아온 그가 훌륭한 해석학적 답안을 찾아내기를 기대해 본다.

【철학과의 인연 그리고 궤적】

문회 : 어떻게 해서 서양에 가서 철학을 공부하게 되었습니까? 어떠한 계기로 머나먼 더블린과 루뱅에서 교육을 받게 되신 건지, 선생님에 철학 여정에 대해 말씀해 주시면 감사하겠습니다.

더블린에서 유학 후 루뱅으로 가 박사과정에 입학, 논문에서는 '아프리카철학' 의 가능성을 논의

오케레 : 가톨릭 목직을 위해 수료 당시를 기준으로 7년 동안 스콜라철학 과 신학을 공부하였습니다. 성직을 수임하고 나서 나는 아일랜드 더블린으로 출국하여 영어와 문학 학위를 이수하고 현지 종교잡지의 편집자로 일할 준비를 마쳤습니다. 그 후 루뱅 가톨릭대학에서 철학박 사를 계속 이어나가게 되었습니다. 졸업 후에는 고향의 대학에서 철학을 가르칠 예정이었지요. 루뱅을 선택한 것은, 1425년에 설립된 세계에서 가장 오래된 가톨릭대학이자 세계의 저명한 철학 교수들을 다수 보유한 학교인 동시에 신스콜라철학과 현상학운동(이 학교에 에드문트 후설 기록보관소가 있습니다.)의 중심이었기 때문입니다. 루뱅에 서 나는 위대한 학자들의 지도를 받는 행운을 누렸습니다. 후설과 하이데거 사상의 전문가 알퐁소 드 웰헨(Alphonse de Waelhens), 아리스토 텔레스 연구의 전문가 수잔 맨션(Susanne Mansion), 칸트 연구의 전문가 조지 반 라이엇(George Van Riet) 등이 바로 그들입니다. 훌륭한 법철학자

이자 신학자인 폴 리쾨르(Paul Ricoeur), 박식한 과학철학자 장 래드리어(Jean Ladriere), 문화인류학 전문가 유겐 루젠스(Eugen Roosens), 이 세 분의 교수들이 『아프리카철학은 가능한가? : 그 가능 조건에 대한 해석학적 연구』(Can there be are African Philosophy? A hermeneutical inquiry into the condition of its possibility)라는 제목의 내 박사논문 심사를 맡아 주셨지요.

이 논문은 여러 대표 인물들(대다수는 서양철학자들에 대한 것입니다.)에 대한 세밀한 연구를 통해 모든 종류의 철학이 본질적으로 그 철학자의 문화배경과 서로 밀접한 관련이 있음을 밝히고자 한 것입니다.

문회 : 서양에서 철학 교육을 받으셨지요? 생활과 학업의 측면 모두에서 낯선 문화가 주는 차이를 많이 경험하셨을 것 같습니다. 서양에서 생활하던 당시 어떤 문화충격을 경험하셨습니까? 그러한 충격이 어떤 문화적인 문제를 철학적으로 사고하도록 만들었습니까?

서양유학 시절 경험한 인종차별, 아프리카문화 해석을 위해 나 자신이 무엇을 할 수 있을까를 고민하게 만들어

오케레 : 문화충격을 경험한 적이 있는가?, 그렇기도 하고 아니기도 합니다. 그렇다고 한 것은 거리나 학교, 성당, 버스, 시장 등 주변환경이 모두 백인들의 세상으로 바뀌었기 때문입니다. 심지어 먹는 것들까지 말이죠. 여기에도 분명 인종주의가 있을 수 있습니다. 흑인은 그저 신기하고 낯선 존재로만 여겨졌으니까요. 흑인들은 그동안 자신들이 보아 왔던 선교사들과 식민지의 관리들의 이미지를 통해 스스로 그들이 기타 유색인종, 특히 흑인들 자신보다 우월하다고 여겨 왔을 것입니다. 그런데 학교 안에서는 오히려 백인들이 자신들보다 더 우수한 유색인종을 보고 놀랐겠지요.

나는 고향에서 백인 선교사와 교류한 경험이 있고 식민 언어와 백인의 일처리 방식에 익숙해져 있어서 그나마 문화충격이 덜할 수 있었습니다. 하지만 여전히 본국의 문화와 유럽문화 간에 큰 차이가 있다는 것을 뼈저리게 느꼈습니다. 게다가 철학 상의 모든 담론이 나의 경험이 아닌 그들의 경험에서 비롯되고 있었지요. 이러한 점은 지식 전체, 즉 문학, 사학, 철학 등이 모두 본질적으로 그들의 문화를 표현하고 드러내는 것이라는 사실을 깨닫게 해 주었습니다. 하지만 이것이 나에게 어떤 직접적인 타격을 주지는 못했습니다. 오히려 "나는 우리의 문화를 위해 무엇을 할 수 있을까?"라는 사고를 일깨워 주었습니다. 모든 철학은 역사적이고, 그렇기 때문에 자신의 문화를 이해하는 개개인의 해석이기도 합니다. 만약 유럽철학이 그러하다면 아프리카 철학 또한 그러해야 합니다. 그래서 나는 일찍부터 철학사상 내용의 진실성과 확실성보다는 철학활동의 방법론에 관심을 두기로 결정했습니다.

문회 : 선생님의 작품 가운데 어떤 것들이 선생님의 독창적인 사고를 잘 반영하고 있나요? 저작 속에 담긴 주요한 관점에 대해 설명해 주실 수 있겠습니까?

여섯 권의 저서를 출판, 해석학을 아프리카 문화에 적용

오케레 : 주로 아래의 작품들에서 관련된 내용들을 살펴볼 수 있습니다. 『아프리카철학은 가능한가? : 그 가능 조건에 대한 해석학적 연구』 (*African Philosophy : A historico-Hermeneutical Inquiry into the conditions of its possibility*, 1983), 『문화와 종교』(*Culture and Religion*, 1984), 『정체성과 변화』(*Identity and Change*, 1993), 『신은 생명이다. 이보인들의 신 숭배』 (*Chibundu, Ofufe Chuukwu n'etiti Ndigbo, God is Life, the worship of God among the Igbo*), 1997년 오데니보 강연(Odenigbo Lecture) —『이보 문화 속의 소통』(*Communication in Igbo Culture*), 2007년 아시조쿠 강연 (Ahiajoku Lecture) —『오케레 나 자신의 말과 글』(*Okere in his own words,*

2015) 등이 그것입니다.

나는 해석학 원리를 내가 가진 문화요소에 적용하고자 하였습니다. 활동과 지식의 측면에서 인간은 역사성의 제한을 받습니다. 문화는 정적인 것이 아니라 동적인 것이지요. 종교, 언어, 법률 등이 모두 문화와 철학의 중요한 요소가 됩니다. 이 외에도 권력의 사용 및 남용 문제도 연구했습니다.

【철학사상과 업적】

문회 : 철학 이해에서 요약 혹은 간소화 작업은 위험의 여지가 있지만, 철학(특히 타문화의 철학)을 좋아하면서도 전문가가 아닌 사람에게는 정밀한 논증으로 들어가기 전에 대략적인 통찰을 미리 알게 하는 것은 도움이 될 수 있습니다. 그런 의미에서 아프리카철학만의 특징에 대해 대략적으로 요약해 주실 수 있겠습니까? 전통 아프리카철학은 필기 언어가 아닌 구두 언어를 통해 전달된다고 알고 있습니다. 이러한 특징은 아프리카철학에 어떤 영향을 주었나요?

아프리카철학의 현황 : 아프리카의 구술 전통과 서양철학의 융합과 조화에 주력

오케레 : 현재 유럽과 아시아의 필기 전통에 비해 아프리카철학의 필기 전통은 아직 초창기입니다. 검은 대륙 아프리카, 이 장기간 필기로부터 단절되어 있던 문명은 식민지배와 선교에 의해 최초로 라틴문자가 도입되기 이전에는 문자로 된 문건이 없었습니다. 다만 필기 전통 대신 상당수의 아프리카인들은 방대한 규모의 현자의 말들을 기억하고자 노력했습니다. 바로 속담이나 관용구, 명칭과 같은 것들이지요. 이들은 모두 행위 및 실천과 관련이 있습니다.

오늘날의 아프리카철학은 진보한 문제제기와 사고를 통해 이러한 전통 위에 자신을 세우고, 이 전통 속에서 드러나는 윤리적 방향성으로 진전해 나가고자 합니다. 그 결과로서 많은 철학 작품이 이러한 전통과 서양철학을 조화하고 융합하려는 형태를 보이고 있지요. 현재의 많은 아프리카 철학자들은 이 두 방식의 훈련을 모두 경험했습니다.

현대 아프리카철학에는 현자철학과 해석학 유파 등이 포함, 문화요소와 정체성 위기에 주목

최근 나이지리아 철학자 오루카(Henry Odera Oruka)는 현대 아프리카철학의 유파 구분을 시도하였습니다. 그 중에서 현자철학에서는 주로 고대의 잠언과 말씀들을 모으고 주해합니다. 그리고 해석학 유파도 있습니다. 현대의 학자들은 나를 이 해석학 유파의 창시자로 여기고 내 동료들을 이 유파로 분류합니다. 세레퀘버안(Tsenay Serequerbeharn), 미솔로(Misolo), 오콜로(Chukwudum Barnabas Okolo) 등이 그들입니다. 현재 아프리카철학은 문화요소와 정체성 위기에 초점을 맞추고 있습니다. 서양으로부터 온 압력은 아프리카 사회를 붕괴의 지경에까지 내몰았습니다. 이 압력은 400년 전의 노예무역, 100년 전의 식민지배 그리고 최근의 신식민주의를 말하며, 백인과 아랍인, 기독교와 이슬람교의 인종주의를 말하며, 거짓되고 부패한 민주체제 및 외세의 더욱 강화된 착취조항을 말합니다. 이 모든 것들이 아프리카를 영원한 저발전과 빈곤으로 몰아넣는 원인입니다.

아프리카인을 모욕하는 과정에서 그들은 '그들식의' 아프리카를 거짓으로 만들어 냈습니다. 그들은 아프리카인들을 지구상에서 가장 비참한 사람들로 만들었고, 아프리카를 피해의 대륙으로 만들었습니다. 이것이 바로 아프리카가 현재 처한 상황입니다. 고대에 플라톤이 그랬던 것처럼 지금의 정치적 위기와 고립된 아프리카의 지위가 지금의 아프리카철학을 일깨우고 있습니다.

문회 : 아프리카철학의 미래 발전상을 어떻게 보십니까?

아프리카철학의 전망 : 기존의 텍스트가 아닌 잠언과 격언을 해석

오케레 : 아프리카철학은 이제 겨우 초년기에 접어들었으며 아직 성장 중입니다. 소재나 방법론 측면에서 아직 하나의 특정한 형태로 자리 잡지 못했습니다. 만약 철학이 문화에 의해 결정된다고 한다면, 다원화된 문화의 아프리카는 그에 상응하는 다양한 철학을 지니게 될 것입니다. 아프리카에서 현재 실천되고 있으며 필기 전통으로 이루어진 아프리카철학이 에티오피아에서는 이미 400년의 역사를 지니고 있습니다. 하지만 많은 아프리카 국가와 문명에서는 필기문화로 발전되지 않았습니다. 오늘날 성행하는 방식은 서양의 대학에서 훈련받은 아프리카인들이 서양철학의 형식을 수용하여 발전시킨 것으로, 중세 이후 오랜 기간 동안 서양의 대학 교과과정으로서 유지되어 온 것들이지요. 이들은 아리스토텔레스, 칸트 혹은 흄 등을 읽으면서 철학을 훈련받았는데, 그들 중 다수는 상반된 길을 따라 다시 고향으로 돌아왔습니다. 이들은 아프리카철학의 해석학적 전환을 시도하여 기존 텍스트에 대한 주석이 아닌, 문화의 원시적 소재로부터 새로운 것을 창조하는 작업을 진행하였습니다. 그 후 잠언, 언설, 격언, 선집 등에 관한 필기 문집이 출현했고, 그 중 일부는 철학적인 현자들의 말에 해당합니다. 많은 수의 언설들이 삶의 지혜에 관한 것이고, 문장·시가와 같은 형식도 등장하였습니다. 비철학적인 문화를 철학적으로 사고하는 이 전통이 아프리카철학의 의미 있는 미래가 되지 않을까 싶습니다.

문회 : 이전에 중국에 와 보신 적이 있으신가요? 이번에 중국에서 열리는 세계철학대회에 참여하게 되신 것을 대단히 환영합니다! 이제 중국철학의 연구방법에 관해 한번 이야기를 나누어 보고 싶습니다. 중국적 관념은 서양철학에 비해 체계성을 강하게 보이지는 않기 때문에 연구방법론 상 두 가지 대립적인 방법이 출현했습니다. 첫 번째는 중국사상의 본토성을 유지하는 방식입니다. 이 방법에 의하면 연구자는 서양철학에 큰 관심을 두지 않고, 서양철학과의 비교 역시 시도하지

않습니다. 사상사, 역사고증, 문자해석, 훈고학, 의미론 등에 주력하지요. 두 번째는 서양철학을 참고하는 것이 중국 전통문헌들의 의미를 더욱 분명히 하는 데 도움을 준다고 여기는 흐름입니다. 전자는 후자가 문헌 속의 문자가 지닌 본래의 역사적 맥락과 객관적 의미를 왜곡한다고 비판합니다. 반면 후자는 전자가 철학적 문제를 제기하지 않아 심도 깊은 철학적 논의로 들어가지 못하므로 문자의 진정한 의미를 밝히지 못한다고 비판합니다. 사람들의 이해력이 특정 어구에 대한 해석과 판단에 영향을 미치기 때문이라는 것이지요. 이 외에도 어떤 학자들은 중국철학이란 존재하지 않는다고 말하기도 합니다. 아프리카철학의 토론 속에서도 비슷한 상황을 찾아볼 수 있지 않을까요? 아프리카철학이란 존재하는가, 아프리카철학은 어떤 모습이어야 하는가? 본토철학과 비교철학을 대하는 태도는 사실 우리가 어떻게 철학과 서양철학을 이해할 것인가와 관련됩니다. 여기에 관련하여 선생님의 해석학적 노선에 대해 설명해 주시면 감사하겠습니다.

본토화, 세계화 그리고 제3의 길 : 개인 철학활동과 문화를 결합시킨 보편화

오케레 : 나는 이전에 중국을 방문해 본 적이 없습니다. 이번이 첫 방문입니다. 지금 중국철학의 두 가지 방법론 사이의 갈등에 대해 말씀해 주셨습니다. 첫 번째는 자신에게 역량을 집중하여 자신의 전통을 준수하려는 본토화 방식이고, 두 번째는 서양철학과 기타 철학사상을 정확히 이해하려는 세계화적 방식입니다. 아프리카철학 역시 비슷한 갈등을 지니고 있습니다. 양극단으로 드러나고 있지요. 하나의 극단은 변함없이 전해지던 전통의 방식으로, 아프리카의 신화 및 잠언을 외우거나 아프리카의 언어를 분석하여 철학을 세우려는 방식, 혹은 일부 부족집단 속에 각각의 고유한 철학이 내포되어 있다고 가정하는 방식입니다. 이러한 철학 방식은 흔히 부족철학이라 불리는데, 이미 틀린 것으로 간주되어 포기되고 있습니다. 다른 하나의 극단은 전자를 철저히 거부하고, 그것을 완전히 무의미한 것으로 보는 방식입니다. 이들은 유럽철학이나 고전철학과 같은, 아프리카와는 다른 기준을 지닌 철학을 연구합니다. 나는 좀 더 깊은 해석학적 이해를 통해

양자 사이에서 중도를 발견해 갈 수 있다고 봅니다.

이 중도의 길을 간단히 말하자면 다음과 같습니다. 모든 진실된 철학은 개별 철학자들이 속해 있는 문화와, 현실 속 철학자들의 개인적 철학활동이라는 두 가지 요소가 결합되어 있습니다. 여기에서 철학활동이란, 한 걸음 한 걸음씩 문제를 제기해 나가면서 자신이 바라보는 문화에 대해 더 깊고 넓게 탐구하는 것을 의미합니다. 시공간에 보편적으로 걸쳐 있는 철학적 노력이란 바로, 문제제기와 지적 호기심을 통해 표면 뒤에 숨겨진 진리를 파고드는 것입니다.

철학활동이란 결국 인간의 문화를 향해 가장 심원한 생명의 문제를 묻는 것을 의미한다고 볼 수 있습니다. 이때 철학은 해당 문화에 적용되는 도구를 빌릴 수밖에 없습니다. 따라서 모든 보편적인 명제, 즉 모든 시대와 모든 지역의 모든 인간에게 적용될 수 있는 절대적인 진리를 발견했다는 진술 또한 우선 그것이 발생한 언어맥락 속에서 이해되어야 합니다. 또한 그것이 보편적으로 효과를 지닐 수 있기 위해서는 "모든 것은 평등하다"라는 제한적 조항이 반드시 수반되어야 할 것입니다.

문회 : 한 명의 신학자로서 기독교와 전통 아프리카 문화 및 종교와의 관계 속에는 어떤 긴장관계가 존재한다고 보십니까? 만약 그렇다면 어떻게 이를 해결할 수 있을까요? 예를 들면, 기독교의 신과 이보인의 신앙 속의 일종의 신적 존재인 '치'(Chi)를 어떻게 조화시킬 수 있을까요?

유럽의 문화요소는 아프리카문화를 사악한 것으로 치부

오케레 : 기독교 특히 그 유럽적 문화요소와 일부 아프리카 문화 및 종교 사이에는 확실히 갈등이 존재한다고 생각합니다. 물론 주된 측면에서는 양자가 일치를 보입니다. 예를 들어, 일신론 신앙, 신에게 순종하는 태도, 생명존중 사상, 부모와 연장자에 대한 존중 즉 궁극적으

로 말해 인간이 향유하는 인간성에 대한 존중이라는 측면에서 그러합니다. 또한 도덕적 덕목과 가치의 측면에서도 일치합니다. 구체적으로 십계, 사추덕四樞德, 황금률 등이 있습니다. 하지만 충돌 역시 종종 발생하는데요, 이는 반드시 기독교와 아프리카 종교 간의 충돌이라기보다는 외래 문화요소의 증가에서 그 원인을 찾을 수 있습니다. 유럽문화가 종교를 통해 아프리카 문화종교에 더 깊숙이 들어온 결과이지요. 게다가 유럽문화는 아프리카문화를 지속적으로 악마화하였습니다. 그리스도 복음이 그 어떤 편견도 가지지 않을 때 아프리카문화는 받아들여질 수 있을 것입니다.

이 외에, 아프리카에서 이제 100여 년의 역사를 지니게 된 기독교는 비교적 얕은 수준에서밖에 받아들여지지 못하고 있습니다. 기독교는 오래된 종교들을 무너뜨리고 있지만, 어떤 설득력 있는 대체적 존재를 길러내지 못하고 있기도 하지요. 이러한 충돌의 원인 가운데는 관리에 의한 압력도 포함됩니다. 예를 들면, 식민지의 관리가 현지인에게 임의적으로 기독교를 강제하는 방식은 과거 로마의 통치권위와 지방주교의 방식에서 전해져 왔습니다. 이들은 전통적으로 지도자가 없던 현지의 지역 속에서 독재자이자 왕으로 군림해 왔습니다.

아프리카 속의 유럽전통은 다른 가치들을 파괴, 이제 기타 종교에게 기회를 줄 때

교회는 그 전통을 매우 긴밀하고 고집스럽게 고수하는 것으로 알려져 있습니다. 그러나 이 전통은 유럽의 전통에 지나지 않지요. 사람들은 이러한 전통이 아프리카문화 자체를 직접적으로 근절시키지 않을까 우려합니다. 성직자의 독신을 강제하는 등의 일부 규칙은 유럽에서 처음 만들어졌고, 이후 12세기 교회에서 보편적인 규칙으로 자리 잡았습니다. 지금은 세계 모든 문화에 강요되고 있습니다. 이런 규칙은 비유럽인들 사이에서 무언의 반대와 거부에 부딪혔습니다. 이들이

성욕을 스스로 제약할 수 없었기 때문이 아니라, 이 규칙이 다른 많은 전통적 가치와 충돌했기 때문입니다. 생명가치에 대한 존중, 출산 및 양육의 권리와 의무가 대표적인 사례입니다. 많은 문화권에서 출산과 양육은 신에 대한 의무이자, 후대에 대한 의무로 받아들여졌습니다.

이러한 방식은 본토의 문화를 완전히 불신하고 폄훼하는 것에 가깝습니다. 중국의 사례에서도 비슷한 예를 찾아볼 수 있습니다. 바로 조상을 추모하는 제사의례를 거부하는 것이지요. 아프리카에서 조상의 지위가 이처럼 심각한 위기를 맞은 적은 지금까지 없었습니다. 하지만 기독교 신학은 이에 대해 반성이 없지요. 마치 인종주의가 세상의 흑인들을 괴롭혔던 것처럼 천당에서조차 흑인의 조상들을 배제한 격입니다.

만약 상황이 지속되어 유럽의 기독교 전통이 여전히 독불장군으로 남아 이미 많은 수를 차지하는 세계 각 지역 기독교 신자들의 신문화를 받아들이지 않는다면, 만약 로마 혹은 기타 종교권력의 자리가 이처럼 비민주적이고 통제받지 않는 권력을 행사하여 기독교 세계를 통치한다면, 만약 마치 중세에 그랬던 것처럼 스스로 천년제국을 선언하면서 종교의 탈을 쓰고 다른 한편에서는 실제로 식민수탈을 자행하였던 역사를 인정하지 않는다면, 만약 사회 및 문화적으로 충실한 신도들의 양심을 억압해 나간다면, 충돌의 종식과 종교적 평화는 영원히 기대할 수 없을 것입니다.

그렇습니다. 말씀하신 대로 기독교의 신과 이보의 신 '치'(Chi=Chiukwu [Big Chi])를 조화시키는 것은 가능합니다. '이보 기독교'는 이미 둘 간의 조화를 받아들여 이를 동일한 것으로 여기고 있습니다. 철학자들과 신학자들은 문맹 신앙인의 종교관념이 충실하다는 것을 인정하지 않을지도 모르겠습니다만, 그들은 진정으로 신을 믿고 그들만의 하나님을 믿고 있습니다. 시간이 지남에 따라 갈등은 점점 줄어들게 마련입니다. 하지만 오늘날 우리가 사는 새로운 시대, 문화다원주의의 시대를 고려한다면 교회는 우선 그들의 권위적인 요구를 줄이고 권력을 봉사奉仕로 인식하는 태도를 배워야 합니다. 또한 교회는 과거에 대한 미련을 극복해야 합니다. 그리고 자신들이 과거에 지녀 왔던 구시대적이고 추악한 인종주의와 가부장주의를 지워 나가야 합니다. 나아가 유럽은 타인들에게도 기회를 주어서 그들이 종교적으로 어떤 역할을 발휘할 수 있도록 해야 합니다. 현재 유럽 외의 많은 지역의 사람들이 자신들의 종교를 신봉하고 있기 때문입니다.

문회 : 『기독교 개인주의 도덕의 빈곤과 아프리카적 대안』에서는 전통적 기독교 개인주의가 공동생활에 미치는 영향에서는 무력하다는 것을 지적하면서, 아프리카 (이보) 전통종교로부터 지혜를 얻어야 한다고 주장합니다. 이는 종교 이론과 실천을 발전시킬 수 있는 하나의 훌륭한 시도라고 생각됩니다. 선생님께서는 철학과 종교는 결코 단순한 학술토론의 주제에 그쳐서는 안 된다고 보십니다. 오늘날의 상황은 어떻습니까? 이론과 실천 측면에서 아프리카 전통종교와 기독교가 서로를 풍부하게 만들고 있습니까?

전통 이보/아프리카 종교는 공공양심, 집단죄책감을 중시, 하지만 여전히 '미신'으로 취급

오케레 : 그렇습니다. 철학과 신학은 반드시 실천적 삶과 관계가 있어야 합니다. 칼 마르크스는 철학이 세계를 설명하려 할 뿐 바꾸려고 하지 않는다고 비판했습니다. 신학은 삶에 큰 의무를 지닙니다. 도덕이란 곧 실천적인 것으로서 인류사회에 매우 중요합니다. 인간은 도덕적 동물이자 사회적 존재이므로, 본질적으로 도덕은 사회적 차원을 함축하고 있습니다. 따라서 도덕과 종교를 독립적 개체에 국한되는 것으로 여긴 채 개인의 신성성에만 관심을 가지고 사회의 정의를 외면하는 것은 옳지 않습니다. 전통의 이보/아프리카 종교가 주로 초점을 맞추

는 지점은 바로 도덕이 지닌 사회적 차원입니다. 공공의 양심과 집단죄의식의 관념에 대한 호소를 통해 이보/아프리카 종교는 지금까지 기독교와 서양의 개인주의적 면모와는 다른 모습을 보여 왔습니다. 대화에서 존중이 전제되지 않는다면 아프리카 종교와 기독교는 서로를 풍요롭게 만들 수 없을 것입니다. 하지만 기독교는 지금까지 일방적인 방식으로 행동하며 아프리카 종교의 정당성을 부정하고 이를 적격의 대화상대로 보려 하지 않았습니다. 바티칸 제2차 공교회의에서 대화의 통로가 열리고 복음전도가 완전히 본토의 관리집단과 성직자의 책임이 되었지만, 본토의 방식을 비난하는 정책 방향에는 아직도 눈에 띄는 변화가 없으며 본토의 방식은 여전히 '미신'적인 것으로 취급받습니다.

문회 : 이름이 아프리카문화 속에서 중요한 역할을 담당한다고 하셨습니다. 이름은 아름다움, 가족의 연속, 삶과 죽음 그리고 신을 대하는 인간의 태도 등과 같은 다양한 함의를 전할 수 있습니다. 이런 의미에서 이름은 아프리카문화를 이해하는 열쇠라고 할 수 있습니다. 이름과 그 배후에 담긴 관념이 아프리카의 '정체성'이라고 보십니까, 아니면 이러한 문화 역시 변화하고 있다고 보십니까? 앞으로 사람들이 계속해서 이와 같은 이름을 가질까요, 아니면 새로운 방식의 이름을 만들어 낼까요?

이름은 풍부한 철학적 함의를 함축, 삶과 죽음에 대한 태도를 전달하고 권력·마력·정신을 담고 있어

오케레 : 셰익스피어의 작품에서 줄리엣은 "이름 속에는 무엇이 담겨 있나요?"라고 물은 적이 있습니다. 많은 이보인 역시 그렇게 이야기합니다. 다른 문화와 달리 이보문화에서는 이름이 식별의 의미에 그치는 것이 아니라 다른 많은 의미를 담고 있습니다. 이름은 때로는 철학적 표현이지만 다른 다양한 용도로도 쓰입니다. 어떤 이름은 신앙을 전달했고, 어떤 이름은 기도였으며, 어떤 것들은 죽음과 적으로부터

승리한 개선가였습니다. 이름 속에는 권력도 담겨 있고, 마력도 담겨 있고, 정신도 담겨 있습니다. 이름을 호칭하고 언급하는 것은 일종의 정신적이고 종교적인 행위였으며 강력한 소환작용이었습니다. 이름을 통해 신이 소환되어 나올 수 있고, 이름에 따라 재난과 길상이 찾아들기도 합니다. 이름이 곧 운명이 된 셈입니다. 이름이 이러한 작용을 일으키고 그 대상인 인간과 관련되는, 혹은 동등한 것으로 여겨질 때, 이름은 자아에 대한 표현이 됩니다.

하지만 나는 이름이라는 관념으로 아프리카의 동질감을 요약하는 것에는 다소 회의적입니다. 기독교의 세례식을 거치며 자연히 유럽식 이름을 부여받게 되지만, 이보의 어린이들은 세례 이전의 명명식에서 먼저 전통의 이름을 부여받습니다. 독립 이전의 애국주의와 민족주의 시대에 사람들은 이러한 방법을 자랑스럽게 여기고 널리 보급하였으며, 오늘날 이 방법은 더욱 유행하고 있습니다.

【중국철학 그리고 세계철학대회를 바라보다】

문회 : 오늘날의 세계는 종교, 정치, 경제, 기술, 군사 등의 분야에서 서로 다른 문화 간의 협력과 대립이 동시에 발생하고 있습니다. 갈등, 전쟁, 충돌, 원한은 세계평화를 저해하는 걸림돌이 되고 있지요. 어떻게 하면 인간이 자신의 문화와 낯선 문화 사이에서 서로를 이해하고 상대를 존중할 수 있다고 생각하십니까? 다시 말해, 철학과 오늘날의 세계와의 관계에 대해 어떻게 생각하십니까?

> 철학은 반드시 다원화 구조 속의 유사성에 관심을 가져야, 대화를 배우고
> 타인을 돌아볼 것

오케레 : 문화 간 갈등에 직면하여 우리가 평화적 만남을 이룩하기 위해서는 현대사회의 문화다원구조를 인식하고, 나아가 다양한 문화의 사람들을 존중하는 법을 배워야 합니다. 사람들 간의 차이를 인정하고

사람들 간의 유사성에 주목해야 합니다. 우리는 모두 인간이며, 같은 내적 소망을 가지고 있으며, 모두가 행복과 자유를 지향하며, 평등한 기회를 가지고 우리의 잠재력을 발전시키기를 바란다는 점을 잊어서는 안 될 것입니다. 개인 간의 폭력과 횡포가 잘못된 것이라면, 국가 간의 횡포는 더욱 잘못된 것입니다. 힘과 올바름이 동일시되어서는 안 됩니다.

정리하자면, 이제 "평화를 원한다면 전쟁을 준비하라"라는 말을 버리고, "평화를 원한다면 정의를 위해 노력하고, 대화하는 법을 배우고, 남을 돌아보며, 모든 사람들을 존중하고, 인종주의와 극단적 배타주의를 버려라"라는 말을 받아들여야 합니다. 역사의 병폐에 대해 시민들에게 보상을 지급해야 합니다. 모든 국가가 철저히 군축하고, 유엔안보리라는 영구적 기구를 철폐해야 합니다. 이 기구는 아무런 근거도 없이 5개의 강대국에게 핵무기를 독점하는 무소불위의 권력을 부여했습니다. 모든 국가는 반드시 평등해야 합니다. 즉 동등한 무장만이 허용되어야 합니다. 어떤 나라의 경우에는 국민들의 인구가 추가적인 역량으로 작용할 수 있습니다. 이들 국가들을 인구에 따라 등급을 나눌 필요가 있습니다. 그리고 과거 노예무역과 식민제도를 벌인 나라, 군사적 침입을 자행한 나라에게 배상의 의무를 부과해야 합니다. 무기제작상과 식민무역상들을 제재하고, 그 어떤 점령군도 반대하며, 모든 군사동맹에 반대하고, 무력으로 사람들을 대했던 모든 사람들에 반대해야 합니다. 전쟁은 반인도적인 행위이기 때문입니다.

문회 : 제24차 세계철학대회의 주제는 "학이성인"입니다. 이 주제를 어떻게 이해하고 계십니까?

　　학이성인 : 철학을 통해 인간성을 회복하고, 지혜를 적극적으로 활용해 　　나갈 것

오케레 : 나는 이 주제가 인간이 인간성을 되찾을 수 있도록 철학이
  우리를 도와야 한다는 소망의 표현으로 이해했습니다. 인류사회는
  인간성을 벗어 던지는 역사적 과정을 경험했습니다. 전쟁, 폭력, 불공
  정, 각종 죄악 그리고 인간의 비인간화가 오랜 기간 인류사회를 지배하
  면서 인간사회는 씻을 수 없는 얼룩으로 더럽혀졌습니다. 이는 일정
  부분은 철학의 부재에서도 그 원인을 찾을 수 있습니다. 인구가 급격히
  증가하고 불가피한 충돌이 잦아지며 외교협상에서 군사적 논리가
  우위에 설 때, 인간의 말 속에서 이성적인 목소리를 찾아볼 수 없었습니
  다. 이제 지혜에 대한 사랑인 철학이 일어나 그 자리를 지키고 그
  의무를 다하여, 인간이 지혜를 사용하고 잔인한 무력을 포기하도록
  만들어야 합니다. 이를 통해 인간의 이성이 동물성과 차이가 있음을
  보여 주고, 갈등을 해결하여 다시 한 번 인간이 되는 법을 배워야
  할 것입니다.

문회 : 이제 철학대회에서 주제발언을 하실 예정인데, 발표 내용을 간단히 설명해
  주실 수 있을까요? 과거 세계철학대회에 참가해 보신 적이 있으신가요?

**전체회의 '자아'에서의 발표, 철학의 목소리가 사상의 무대에서 높이
  울려 퍼지기를 희망**

오케레 : 1998년 미국 보스턴에서 열린 세계철학대회에 한 번 참가한
  적이 있습니다. 나는 이번 5개의 '전체대회' 중 하나인 '자아' 부분에서
  주제발언을 맡았습니다. 아프리카철학의 새로운 시작을 논하는 '자아'
  발표를 통해, 이 다원화된 환경 속에서 세계가 아프리카의 목소리를
  귀 기울여 듣고 이에 대해 진지하게 사고하게 되기를 바랍니다. 군사와
  정치 거물들의 시끄러운 목소리가 오랫동안 군림해 온 이 사상의
  무대에 이제는 철학의 목소리가 울려 퍼지기를 희망해 봅니다.

문회 : 이번에 중국에 오시게 되었는데, 중국문화와 철학에 대해 어떤 기대를 가지고 계십니까?

처음 방문하는 중국, 황무지에서 눈부신 번영으로 나아간 중국의 비결을 배우기를 기대

오케레 : 나는 이번이 첫 중국 방문입니다. 아주 설레네요. 동양세계의 중심인 중국의 매력과 아름다움, 그리고 신비를 경험하기를 기대합니다. 중국은 십 수억 인구의 생활수준을 끌어올린 비교할 수 없는 성과를 일구어 냈습니다. 한낱 황무지에서 눈부신 번영을 일구어 낸 중국을 이해하고 중국 발전의 기적적인 비결을 살펴보고 싶습니다. 또한 이 방문이 중국철학에 대한 열정에 불을 지펴 줄 계기가 되었으면 하고, 중국철학이 담고 있는 고대의 보물과 현대의 시각을 탐구하는 데 도움을 얻었으면 합니다.

문회 : 젊은 세대들을 대표하여 선생님께 마지막 질문 하나를 드리고 싶습니다. 선생님의 인생을 돌이켜 볼 때, 젊은 시절에 세운 인생 최초의 목표에 대해 스스로 만족하십니까? 이에 대해 어떤 아쉬움 같은 것은 없으신가요?

나의 직업에 심취하고 만족을 느껴, 세계의 상황이 악화되는 것에는 유감

오케레 : 스스로에게 만족하는가? 젊은 시절에 세운 최초의 목표를 달성하였는가? 네, 그렇습니다. 내가 여섯 살이 되던 즈음 부모님께 가톨릭 신부가 되고 싶다고 말씀드린 기억이 납니다. 신부직을 받은 지 이제 56년째가 됩니다. 내 목표를 실현한 것에 늘 행복했습니다. 나는 항상 행복하고 만족스러운 한 명의 신부였습니다. 그리고 최선을 다해 신과 인간을 섬겼던 것에 만족합니다. 사실 스스로의 선택에 대해서는 아쉬움이 없지만, 내가 내려온 이 세계에 대해서는 조금 실망했습니다. 점점 나아지는 것이 아니라 오히려 더 나빠지고 있기 때문입니다.

나이가 들면서 더 나은 세상을 만들기 위한 나의 노력에 부족한 점은 없는지, 더 나은, 더 공정한, 더 평화로운 세계가 여전히 미래를 향한 목표인지, 아직도 궁금한 점이 많습니다.

문회 : 인터뷰에 응해 주시고 고견을 나누어 주셔서 대단히 감사합니다.

오케레 : 나 역시 즐거운 인터뷰였습니다.

글∥노영화盧盈華(연합인터뷰팀)

이문조
李文潮

라이프니츠가 주는 시사점,
어떻게 하면 이성적 관용을 가지고 서로 교류할 수 있는가

라이프니프 연구 전문가

이문조

인터뷰이 : 이문조李文潮(Wenchao Li)
　　　　　(독일 베를린-브란덴부르크과학원『포츠담 라이프니츠 전집』편집부 편집장,
　　　　　베를린 자유대학교 철학과 교수,
　　　　　세계라이프니츠학회 부회장 겸 학술위원회 이사)

인터뷰어 : 이념李念(『문회보』기자), 이하 '문회'로 대칭

인터뷰 일시 : 2018년 6월~7월(수차례의 메일 인터뷰)

학문의 여정이란 인생의 궤적과 마찬가지로 때로는 굽이치는 우연성으로 가득 차 있게 마련이다. 올해로 이순을 갓 넘긴 그는 1990년 베를린 자유대학교 시절, 토마스 만의 문학적 매력에 흠뻑 빠졌던 아련한 기억을 떠올려 본다. 이제는 세계적인 라이프니츠 권위자로 발돋움한 그에게 문학은 여전히 작은 아쉬움으로 남아 있다. 여러 계기를 통해 그는 17~8세기 중서문화교류사 연구에 매진하게 되었고, 결국 300년 전의 천재 라이프니츠를 연구하게 되었다.

섬서陝西 대려현大荔縣의 농촌에서 3년간의 큰 자연재해를 겪으며 힘겹게 성장한 그는 어릴 적부터 허약한 체질이었지만, "아무리 허약해도 책을 읽을 힘만 있으면 된다"는 어머니의 애틋한 격려를 받곤 했다. 다행히 하늘은 그에게 천부적인 언어능력을 주었다. 중국어, 영어, 독일어, 프랑스어, 라틴어에 이르기까지, 그의 언어능력은 마치 라이프니츠 같은 영역을 초월하는 대가의 작품을 읽기 위해 주어진 것만 같았다.

한 대상에게 몰두하게 되면 연구자들은 종종 연구대상의 스타일에 물들게 된다. 이문조 선생의 눈에 비친 라이프니츠는 더할 나위 없는 천재였지만 노력 또한 게을리하지 않아서, 남긴 편지만 해도 8000통에 달한다. 그 중 어떤 것은 30쪽이 넘어, 한 편의 논문이라 봐도 무방했다. 이문조 선생 역시 특별한 노력으로 많은 성과를 남겼다. 2007년부터는 외국 학자로는 처음으로 베를린-브란덴부르크 과학원의 『포츠담 라이프니츠 전집』 편집국장을 맡았다. 그는 라이프니츠가 제시한 '이성적 관용'이라는 문화교류의 원칙에 힘입어 국제교류의 개척에 있어서도 탁월한 친화력을 발휘하고 있다.

이문조는 1997년 독일 철학자 빌헬름 바이셰델(Wilhelm Weischedel)의 철학 입문서 『철학으로 통하는 뒷계단』을 번역한 적이 있다. 바이셰델은 철학자들의 경험과 일화를 통해 철학자의 사상을 이해하고자 했다. 이런 생각의 연장선에서, 만약 중국철학의 연구를 '앞계단'이라 비유한다면 비교철학의 시각에서 중국철학을 이해하는 것은 '뒷계단'일 수 있다. 따라서 라이프니츠 연구와 중-서의 교류를 통해 중국철학의 발전을 촉진하고자 하는 이문조 선생의 노력은 이 책의 서문에서 섭수산業業山 선생이 쓴 구절을 빌려 설명해도 무방할 듯하다.
"뒷계단에는 화려한 장식이 없지만, 적어도 우리를 철학자에게로 직접 데려갈
수는 있다."

【철학과의 인연 그리고 궤적】

문회 : 바쁜 와중에 인터뷰에 응해 주셔서 감사합니다. 이전에는 주로 미국에서
　　학문을 하고 교편을 잡고 있는 중국 철학가들에 관해 소개한 경우가 많았는데,
　　이번에는 독일 국제라이프니츠학회의 전 사무총장을 인터뷰하게 되었습니다.
　　선생님이 2017년 말에 퇴임하셨다는 것을 알고 이번 인터뷰에 대해 특히 많은
　　기대를 가졌습니다. 많은 독자들의 심정도 저와 같으리라 생각합니다.
　　1990년 베를린 자유대학교에서 박사후과정을 밟을 때 비로소 철학과로 전공을
　　옮긴 것으로 알고 있습니다. 그때 나이 33세, 한창 전도유망할 시기입니다. 예전
　　대학입학시험이 부활된 후 77학번으로 서안외국어학원을 졸업하고 잠깐의 준비기
　　간을 거쳐 1982년 가을 하이델베르크대학으로 유학을 떠났고, 이후 게르만 문학,
　　철학, 언어학 등을 공부하며 문학 분야에서만 장장 8년의 시간을 보냈습니다.
　　『토마스 만』, 『철학으로 통하는 뒷계단』과 같은 우수한 독일어 작품들도 번역하셨
　　지요. 만약 박사논문 심사 때 비게만(Wilhelm Schmidt-Biggemann)이라는 가톨릭철
　　학사 전문가를 만나지 못했다면 과연 지금 어떤 학문을 전업으로 하고 계실까요?
　　문학일까요, 아니면 철학일까요? 문학에서 철학으로 전공을 옮길 때 어떤 이점이
　　있나요? 언어에 대한 천부적인 재능이 결정에 영향을 미쳤습니까?

　　　필연이 아니었던 철학 연구의 길, 영어·독어·프랑스어·라틴어를 동시에
　　　할 줄 아는 것이 장점

이문조 : 만약 가족들의 지원이 없었고 이후의 여러 만남들이 없었다면
　　내 인생과 학문의 길 역시 지금과는 완전히 다른 모습이었을 것입니다.
　　만약 비게만 선생을 만나지 못했다면, 생활의 궁핍함이 없었다면,

나는 아마 계속해서 문학을 연구했을 것이라 생각합니다. 다만 연구대상은 여전히 줄거리보다는 철학적 진리로 승부하는 작품에 편중되었겠지요. 크게 보면 문·사·철은 구분될 수 없습니다. 개인적으로는 언어에 관심이 많아서 30여 년의 시간 동안 독일어와 영어를 제외하고 라틴어, 프랑스어 역시 조금씩 배워 왔습니다. 주로 다량의 독서를 통해 깊이를 더해 갔지요. 번역 작업도 얼마간 했는데, 번역 작업의 곤란함을 잘 알기 때문에 번역 작품에 대해서는 크게 의존하지 않는 편입니다. 이해가 안 되는 부분은 역시 습관적으로 원문을 찾아 대조해 봅니다. 해외에 적을 두고 생활하는 이상 언어는 매우 중요한 도구입니다. 이 점이 바로 나의 최대 강점이라고 생각합니다. 그렇지 않았다면 라틴어, 프랑스어, 독일어 모두에 대한 요구가 높은 학술기구를 주관할 엄두를 내지 못했겠지요. 중국 전통문화와 불교는 내 전문분야가 아니지만, 적어도 여기에 대한 나의 생각과 타인의 연구 성과를 독일어로 분명하게 표현하고 설명해 낼 수는 있습니다.

문회 : 언어에 대한 천부적인 재능, 고도의 종합능력 및 표현능력은 많은 사람들에게 흠모의 대상이 되는 것 같습니다. 2000년에 출판한 『17세기 기독교 중국선교사』는 독일학술계로부터 "십 년에 한 번 나올" 독창적인 저작이라는 평가를 받았습니다. 이 책에서는 기독교가 중국 선교에 실패한 이유를 상세하게 다루고 있습니다. 이 책이 이렇게 높은 평가를 받게 된 이유는 무엇이라고 생각하십니까? 17세기 서광계徐光啓와 이마두利瑪竇(Matteo Ricci의 중문명)가 상해에서 서로 교류했던 일을 살펴보면, 서광계가 이마두의 감화를 받아 서양 학문을 배우고 천주교도가 되었습니다. 이 사건은 하나의 반례가 되지 않습니까?

『17세기 기독교 중국선교사』, 선교사宣敎史에 대한 외부 시각을 제공, 십 년에 한 번 나올 독창적 저작이라는 평가

이문조 : 서광계徐光啓, 이지조李之藻 등은 반례가 아니라 하나의 사례입니다. 이 문제를 다루려면 여러 가지 차원을 구분해서 생각해야 합니다.

우선 서학은 기독교와 다릅니다. 서학을 받아들이는 것과 기독교 신앙을 받아들이는 것이 같지 않고, 서학을 받아들이는 동시에 기독교 신자가 되는 것 또한 서로 모순되지 않습니다. 기독교 내에서도 신학사상과 개인적 소망을 구분할 필요가 있습니다. 이 책은 시작부터 출판까지 10년의 세월이 걸렸습니다. 당시 "십 년에 한 번 나올 책"이라는 서평을 보고 가도賈島의 「협객」이라는 시(십 년 동안 한 자루 칼을 갈아……)를 떠올렸었지요. 20년 전 젊은 시절의 치기라고 할까요, 지금이었다면 그렇게 생각하지 않았을 겁니다. 당시 국내에는 이 주제로 연구하는 사람이 많지 않았고, 국외의 연구자들 대부분은 어느 정도 천주교 신자였습니다.(현재도 이러한 상황은 비슷합니다.)

이 책이 주목을 받았으면 하는 한 가지 주된 이유는, 책에서 단순한 선교사宣敎史 이상의 시각을 제공하려 했기 때문입니다. 중국과 서양의 자료를 동시에 사용하여 정치, 역사, 철학, 문화 종교, 관습 등의 측면에서 서양 기독교문화가 중국사회를 만났을 때의 복잡성과 다면성, 교리들 간의 불통성, 그리고 장기간에 걸쳐 융합을 이루어 내야 한다는 필요성 등을 다양하게 다루었습니다.

문회 : 이전의 유사한 서양 연구들은 "자신의 체험을 중심으로 하는 선교사宣敎史"라는 관점에 국한되었지만 선생님의 책은 입체적인 시각을 제공하여 서양 연구자들의 눈을 뜨이게 했고, 이것으로 "십 년에 한 번 나올 책"이라는 인정을 받을 수 있었다고 이해하면 될까요?

이문조 : 이 책이 비록 '선교사宣敎史'라는 이름을 가지고 있지만, 사실 부제가 조금 더 핵심입니다. 부제는 대략적으로 "이해, 불이해, 오해 : 기독교, 불교, 유가 정신사 연구"라는 의미라 할 수 있습니다.

문회 : 1996년부터 베를린공과대학교 '중국 과학기술사 및 과학기술철학 연구센터'에 들어가 당시 독일철학회 회장이었던 한스 포저(Hans Poser)의 보좌를 담당했고,

동시에 국제라이프니츠학회 부회장을 맡았습니다. 그때부터 지금까지 라이프니츠 연구의 머나먼 길을 걸어 오셨고, 많은 성과를 거두었습니다. 라이프니츠의 프랑스어 원고를 직접 편집해 엮어 낸 『중국자연신학론』으로 2007년부터는 베를린-브란덴부르크과학원『포츠담 라이프니츠 전집』의 편집장을 맡았고, 2010년에는 하노버대학교 라이프니츠연구센터 총무이사를 겸임하셨습니다. 『포츠담 라이프니츠 전집』 제4시리즈 정치 파트의 제6권부터 9권까지의 출판을 담당하셨지요. 올해는 독일과학원연맹에서 제5시리즈(언어와 역사 문집) 편집 의뢰를 받았습니다. 들리는 바에 의하면 원래『포츠담 라이프니츠 전집』의 편찬 제안은 1901년 국제과학원 연석회의에서 처음 제기되었고, 1907년 독일과 프랑스의 세 개 과학원에 의뢰하여 정식으로『포츠담 라이프니츠 전집』편집을 시작한 것으로 알고 있습니다. 10만 장의 수기원고를 토대로 내용상 8개의 시리즈로 구분하여 총 120권, 2055년 완성을 목표로 작업을 진행하고 있으며, 지금까지 60권이 출간되었습니다. 금세기 편찬 작업 가운데 매우 중요한 이 작업에 대해 어떤 생각을 가지고 계십니까? 고전을 보전하는 독일 혹은 서양의 태도가 동양의 국가들에게 어떤 시사점을 줄 수 있을까요?

150여 년간 지속되어 온 『포츠담 라이프니츠 전집』 편집, 하나의 전쟁과도 같아

이문조 : 하나의 연구 항목이 100년이 넘도록 완성되지 못하고 있는 것은 사실 비정상적인 현상입니다. 보통 프로젝트가 방대하더라도 최대 50년, 즉 한 개인의 학술적 생명이 살아있는 기간 안에 끝내도록 힘써야 합니다. 그래서『포츠담 라이프니츠 전집』이 특이한 것입니다. 이 전집이 대단한 것은, 단순히 방대한 양 때문이 아니라 20세기에 있었던 두 번의 전란과 뒤이은 독일 분단을 거치면서도 프로젝트가 중단되지 않고 세대를 이어 기적처럼 계속되고 있다는 점 때문입니다. 이러한 사실은 라이프니츠의 중요성을 잘 말해 주며, 독일의 연구 전통이 고전, 텍스트, 자료를 얼마나 중시하는지를 잘 말해 줍니다. 이는 후대의 연구를 위한 길을 닦는 기초적인 작업입니다. 연구자는

한 글자 한 글자를 바로잡고 한 사람 한 사람의 근원을 추적해 나가는 데 일정한 끈기와 자기희생을 감수해야 하며, 정책기획자는 장기적인 안목과 전략적 사고를 지녀야 합니다.

아직 시작하지 못한 제5시리즈(언어와 역사 문집) 편집을 의뢰받은 것은 대단한 영광으로, 큰 신임을 받은 것입니다. 내가 할 수 있는 것은 목차를 나누고 인원을 선별하며 기술적인 문제를 고려하는 초보적인 작업들뿐입니다. 새로운 시리즈에는 그에 따르는 기대 또한 큰 법입니다. 기대에 부응하여 잘해 낼 수 있을 거라 생각합니다.

문회 : 선생님은 국제 라이프니츠 연구의 선두주자이면서 만능 연구자이기도 하십니다. 2007년에는 라이프니츠 편지의 일부를 유네스코 세계문화유산으로 등재시킨 바가 있습니다. 1997년에는 라이프니츠 『중국근사』 발표 300주년 기념 국제심포지엄을, 2014년에는 『단자론』 발표 300주년 기념 국제회의를 기획하셨고, 특히 2016년 여름방학에는 하노버에서 제10회 국제라이프니츠대회를 개최하셨습니다. 언론 인터뷰만 해도 100회 이상을 하셨지요. 복단대학교 철학부의 훔볼트 연구자 등안경鄧安慶 교수가 선생님에 대해 "주지사가 중국 출신의 독일 교수를 극찬하는 것을 직접 똑똑히 들었다. 열정과 유머, 전문성과 격식으로 가득 찬 이문조 교수의 발언을 다양한 자리에서 직접 경청할 수 있었다. 철학에 자부심이 넘치던 독일 철학계에 중국 출신의 오피니언리더가 자리할 수 있다는 사실에 우리는 모두 진심으로 감동을 느꼈다"라고 말한 적이 있습니다. 중국 학자들은 학업 외의 학술관리와 연구협력 등의 작업에는 다소 신중한 태도를 보이기도 합니다. 자신의 연구에 방해를 받을지도 모른다는 우려 때문입니다. 여기에 대해서는 어떻게 생각하십니까? 어떻게 하면 두 마리 토끼를 다 잡을 수 있을까요?

학문 연구에 유익한 학술관리 : 라이프니츠의 편지를 세계문화유산으로 등재시키는 데에 일조

이문조 : 과찬의 말씀이십니다. 2007년 유네스코에서 라이프니츠의 서신을 세계문화유산에 포함시킬지를 놓고 논쟁을 벌였습니다. 이때 누군가

가 다시 한 번 외부 전문가의 심사를 받자고 건의했지요. 내가 감사하게 도 추천을 받아 감정을 맡게 되었습니다. 중요한 순간에 최종판단을 내리는 역할을 한 셈이지요. 비학술적 요인에 의해 방해받지 않고 학술 연구와 관련 없는 '잡알'을 할 필요가 없는 상황이라면 학술관리는 크게 복잡하지 않습니다. 오히려 연구의 깊이를 더할 기회이지요. 물론 조직관리에 대한 재능을 필요로 하기는 합니다. 라이프니츠 연구자로서 내가 다룰 수 있는 내용이 일부에 지나지 않는다는 것을 잘 알지만, 한편으로 어떤 문제가 더 연구되어야 하는지도 잘 알고 있습니다. 이런 의미에서 학술관리와 개인의 연구는 서로 모순되지 않는다고 봅니다. 오히려 학술활동을 조직할 때는 담당자가 가장 많은 것을 배울 수 있습니다. 마치 수업을 개설한 선생이 가장 많은 것을 얻는 것과 같은 이치입니다. 예를 들어 학술회의의 경우, 준비기간만 최소 1년이 소요되며 담당자는 가능한 한 많은 연구 성과(몇 세기 전의 내용까지 도)를 읽고 참가자들의 연구 현황을 파악해서 토론을 주재하고 사후 교정회의 문헌을 검토해야 합니다. 이 과정을 거치면 많은 것을 배울 수 있게 되고, 나아가 자신의 연구에도 도움이 적지 않습니다.

문회 : 국제라이프니츠학회의 부회장이자, 학술위원회 회장, 『라이프니츠 연구』의 편집장으로서 라이프니츠 연구는 앞으로 어떤 방향으로 흘러갈 것이라고 생각하십 니까? 라이프니츠 연구가 현대의 학술에는 어떤 의미를 지닐 수 있나요? 선생님은 평생 학문의 세계에 몸담으실 계획이십니까?

이문조 : 라이프니츠 연구는 세계의 정치적 이념과 종교적 신념의 차이를 뛰어넘어 대가족을 이루고 있습니다. 2016년 제12회 국제라이프니츠대 회의 참석자들은 모두 5대륙 30개 국가에 걸쳐 있지요. 『라이프니츠 연구』는 독일어, 영어, 프랑스어 논문이 함께 실리는 세계 유일의 학술지 입니다. 세계화가 바로 이 학술지의 지향점이지요. 『라이프니츠 전집』이 잇달아 출간되면서 더 많은 연구 자료가 세상에 나올 것이며, 이에

따라 새로운 연구과제 또한 계속해서 대두될 것입니다. 라이프니츠와 뉴턴이 서로 독립적으로 다른 시기에 미적분을 발명한 것 역시 몇 년 전 출판된 서신 문집의 자료를 통해 이미 증명된 바 있습니다. 최근 몇 년간 학계의 주목을 받은 정치철학, 자연철학, 종교철학, 문화교류 등등은 제4시리즈에서 편집 출간된 문헌의 주제로, 이 모두 당대의 사회와 학술과 밀접한 관련을 지니고 있습니다.

두 번째 문제는 답변하기 까다롭군요. 인생이란 불가피한 상황을 맞이하기 마련이고, 앞으로의 인생이 얼마나 될지는 예측할 수 없으니까요. 어린 시절에 나는 특히 몸이 약했습니다.(실제 영양실조) 이웃집 어른들은 내가 앞으로 어떻게 농사를 짓고 살지 걱정하곤 했습니다. 하지만 어머니는 항상 애정 어린 목소리로, 책을 들 힘만 있으면 충분하다고 말씀하셨지요. 역시 자식은 어머니가 가장 잘 이해하는 법입니다. 이제는 책을 읽을 줄만 알고 다른 재주는 전부 퇴화해 버렸네요.

문회 : 자식은 어머니가 잘 이해하고, 어머니 또한 자식이 가장 잘 이해하는 법이겠지요. 선생님은 국제 라이프니츠 연구뿐만 아니라 중국의 라이프니츠 연구도 촉진시켰습니다. 많은 학자들을 받아들여 국제교류를 진행한 것 외에 제도적 협력에 있어서도 여러 성과를 이루었습니다. 선생님의 추진 덕택에 무한대학교와 북경사범대학교의 라이프니츠 연구센터가 현재 성황리에 운영되고 있고, 2017년에는 산동대학교와 산동사범대학교를 도와 국제라이프니츠연구센터를 설립했습니다. 산동성은 유학의 본고장으로서 라이프니츠 소재지인 독일 작센 주와 더 많은 협력을 기획중입니다. 이 같은 협력의 전망을 어떻게 생각하십니까?

중국의 라이프니츠 연구 : 더 빠른 걸음으로, 더 높은 수준으로, 더 많은 젊은 학자들로

이문조 : 삼십여 년 간 베를린에 머물면서 운 좋게도 전국 각지의 다양한 분야의 동료를 사귈 수 있었습니다. 학술적인 협력은 처음에는 친선

차원에서 시작되었지요. 제도화 작업이란 물이 100도가 되면 끓는 것과 같이 자연스럽게 이루어지는 일입니다. 중국 특색의 방식이기도 합니다. 전망은 항상 밝습니다. 때로는 농사에만 집중하고 수확은 상관하지 않으며, 길을 밝히되 그 노력은 따지지 말아야 하는 상황이 있습니다. 내가 이렇게 이야기하는 것은, 발전이 더 빠를 수 있고 수준도 지금보다 더 전문적일 수 있다고 생각하기 때문입니다. 특히 더 많은 젊은 학자들을 불러들여 전문적으로, 최소한 중점적으로 라이프니츠 연구에 종사하도록 했으면 하는 바람이 있습니다. 하지만 가뭄이라고 씨를 뿌리지 않을 수는 없는 법 아니겠습니까. 요인이야 여러 가지겠지만 그래도 계속해서 노력해야 하겠습니다.

【철학사상과 업적】

문회 : 이번 인터뷰 덕분에 라이프니츠라는 17세기의 만능형 천재에 대해 잘 알게 되었습니다. 주로 철학과 수학 분야에서 많은 공헌을 한 사실을 확인할 수 있었습니다. 그는 뉴턴과 함께 미적분학의 발전을 가속화하여 이진법을 발명했고, 철학적으로는 17세기 데카르트, 스피노자와 더불어 이성주의 철학자로 불리며 '단자론'을 제시하였습니다.

라이프니츠가 살았던 시대의 사람들과 연구에 대해 전문적으로 연구한 적이 있으시지요. 라이프니츠와 같은 천재적 재능이 유일무이한 것이라고 생각하십니까? 무엇을 그를 그렇게 박식하게 만들었을까요? 그는 프랑스로 정치유세를 떠나기 전까지는 수학 실력이 평범했다고 들었는데, 후에 파리에서 호이겐스를 만나 스승으로 삼은 뒤부터 일취월장하여 기하학으로부터 미적분을 발전시켜 내는 성과를 내기도 했습니다.

> 많은 수학자들이 배출된 근대전환기를 살았던 라이프니츠, 수학은 이성
> 정신을 제공

이문조 : 라이프니츠는 대단히 천부적인 재능을 지닌 것이 확실합니다.

하지만 매우 성실히 노력한 것도 하나의 중요한 이유가 됩니다. 특히 그는 사람들과 교류하면서 토론하는 것을 즐겼습니다. 50년간 8000편이 넘는 서신을 썼고, 그 중 일부는 길이가 30페이지나 됩니다. 사실 상 논문이나 다름없지요. 그는 아침에 일어나 침대에 누워 있는 것만으로도 많은 영감이 떠오른다고 말했습니다. 떠오르는 생각들을 다 기록해 내지 못할까 봐 걱정하곤 했지요. 하지만 우리는 생각이 있어도 필기로 남겨 생각을 발전시켜 나가는 것을 게을리합니다. 책을 읽을 때도 중요한 부분을 발췌해 두는 것을 게을리하지요. 라이프니츠는 심지어 러시아를 방문하고 온 스웨덴 사절단의 필기 노트를 빌려 러시아 물품의 가격을 기록하기도 했습니다. 그러나 우리는 자신의 연구 범위 안에 있는 것들에만 신경을 씁니다.

유럽의 17세기는 수학의 세기로, 위대한 수학자들을 배출한 시대입니다. 그것이 가능했던 한 가지 이유는, 중세가 근현대로 넘어가는 전환의 시대에 사람들은 수학만이 믿을 만한 지식을 줄 수 있다고 믿었기 때문입니다. 나 스스로는 수학을 많이 연구하지 않았기 때문에 주로 라이프니츠를 통해 수학정신에 대해 관찰하는 정도입니다. 순수 정신학 문으로서의 수학이 우리에게 전해 주는 것은 단순한 계산과 증명이 아니라 이성적 방식으로 충돌을 해결하는 태도, 즉 명확한 정의 하에 엄격한 추론의 방식으로 문제를 해결하는 태도입니다. 라이프니츠가 제시한 '보편문자'는 오늘날 활발히 진행되고 있는 인문정신학과의 디지털화의 선구자격인 작업입니다. 그 기초는 역시 수학으로, 그는 사유를 수학화하여 생각의 연산을 시도하였습니다. 그가 발명한 '이진 법'이 컴퓨터의 기초가 될 수 있었던 것도 같은 이치입니다.

문회 : 『단자론』의 의의에 대해 어떻게 평가하십니까? 라이프니츠는 아리스토텔레스의 실체관을 계승하여 인간의 마음이 기억, 과거, 미래를 지닌 하나의 특수한 단자(모나드)라고 보았습니다. 옥스퍼드대학교 『서양철학사』 제3권의 라이프니츠

장에 있는 '신체와 마음' 제1절에서는 그와 동시대 스피노자 간의 차이점, 아리스토 텔레스와 칸트를 연결하는 그의 역할 등이 서술되고 있습니다. 철학사적 관점에서 라이프니츠가 현대철학에 기여한 공헌은 무엇인가요?

『단자론』은 천재의 작품, 현대의 홀로그램 이론, 자기조직이론, 잠재의식에 막대한 영향

이문조 : 『단자론』은 듣기에는 다소 신비하게 들릴 수 있습니다. 제대로 이해하려면 수학, 생물학, 신학 등의 지식이 필요하고, 특히 아주 깊은 철학적 내공을 필요로 합니다. 하지만 기본 사상은 비교적 쉽게 이해할 수 있습니다. '단자론'은 진리가 아닙니다. 다만 우주와 인생, 현실과 미래를 원만히 해석하는 이론일 뿐입니다. 기계적 인과율은 세계의 관찰을 도와주고 우리의 일상생활을 이끌어 줄 수 있습니다. 하지만 단순히 이것만을 이용하여 세계와 인생을 해석하는 것은 완전하지 못합니다. 현상계의 배후에는 또 하나의 정신적인 힘의 세계가 존재하고 있기 때문입니다. 이 세계를 이루는 기본점이 바로 '단자'입니다. 단자는 정신적 실체로서 불생불멸합니다. 각각의 '단자' 는 유일무이한 것으로, 서로 다른 '단자' 간에는 영향을 미치지 않으며 굴절이라는 방식으로 다른 '단자' 즉 우주를 감지합니다. '단자'와 '단자' 사이는 등급과 질서로 이루어져 있는데, 질서는 곧 아름다움이 며 조화의 상태입니다. 각각의 '단자'는 모두 자아실현을 추구하며, 따라서 전체 우주의 활력을 이룹니다.

『단자론』은 천재의 작품임이 확실하다고 프로이센의 황제 프리드리 히 2세(1712~1786)는 말했습니다. 반면 헤겔은 "한 편의 소설과 같다" 고 냉소했는데, 확실히 시적인 면이 있기는 합니다. 라이프니츠는 자신의 관점을 설명하기 위해 많은 비유를 들었습니다. "세상에는 완전히 동일한 두 개의 나뭇잎이 존재하지 않는다", "'단자'에는 창문이 없다", "우주 속에는 생명이 충만하며 황무지가 없다", "물 하나에만물이 비치고, 거울 속에 우주가 비친다", "지금 이 순간은 앞 순간의 연속인 동시에 미래를 낳는다" 등 여러 가지 비유가 있습니다. 그러나 이 짧은 글(90개 절, 대략 40페이지)이 후대 철학에 미친 영향은 실로 막대합니다. 19세기 말부터 20세기 초까지 프랑스, 영국, 독일에서는 나란히 각종 형식의 '신-단자론'이 출현했습니다. 이 모두가 라이프니츠의 토양 위에 자라난 것들입니다. 한 가지 살펴보아야 하는 것은 『단자론』이 철학 외의 다른 학문에도 영향을 미쳤다는 사실입니다. 홀로그램 이론, 자기조직이론, 프로이트의 잠재의식 심리학, 사회학, 예술과 시가 이론 등에 큰 영향을 주었습니다.

문회 : 아까도 언급했듯, 선생님은 라이프니츠의 수고 『중국 자연신학론』을 편집하셨습니다. 이 작품은 그가 세상을 떠나기 직전인 1716년에 쓴 작품입니다. 1688년부터 1689년까지 라이프니츠는 로마에서 이탈리아 선교사 나바라테(Domingo Fernandez de Navarrete)를 알게 되고, 이후 요아킴 부베(Joachim Bouvet)를 만나 그에게 『주역』과 같은 중국문화를 소개받았습니다. 이처럼 그는 중국문화에 대해 우호적인 태도를 보였습니다. 라이프니츠가 왜 중국을 긍정하였는지, 프랑스의 계몽학파 볼테르 등과는 어떤 차이가 있는지 소개를 부탁드립니다. 17~18세기 유럽의 상류사회에 불어 닥친 "중국풍" 시기에는 부채와 도자기, 천 같은 물건 외에 유교사상도 인기를 끌었다는 연구결과가 많습니다. 라이프니츠의 연구 속에서도 이러한 정황을 발견할 수 있나요? 중국에 대한 당시 유럽의 이해가 '타자'를 바라보는 주관성으로 인해 미화된 것은 아닐까요?

17세기 유럽에서 발견된 '비유럽' 문화, 라이프니츠는 '이성적 관용'을 통한 다문화 해석을 제시

이문조 : 라이프니츠가 활동한 17~18세기의 유럽에서는 중국을 포함한 많은 '비유럽' 문화와 사회형태가 발견됩니다. 이 때문에 많은 문화충돌이 일어났습니다. 익히 알려진 '예의논쟁' 또한 그러한 사례 중의

하나입니다. 라이프니츠는 이러한 새로운 발견과 그로 인해 발생한 논쟁에 대해 관심을 가졌고, 다문화 간 해석을 위한 자신의 구상을 내놓았습니다. 바로 이성상의 관용을 세우자는 것이었지요. 인간은 사고하는 동물입니다. 이성의 중요한 함의 중 하나가 바로 사고입니다. 사고는 일정한 사유규칙에 의거하여 진행되는 정신활동을 의미하며, 인간과 인간, 문화와 문화 사이의 소통을 가능케 하는 선결조건입니다. 라이프니츠는 이와 동시에 모든 문화가 이성에 합치되는 사상을 지닌다고 상정하였습니다. 이를 기초로 제시된 관용 개념은 '타자'에 대한 존중을 의미하기도 하지만 자신의 관점 및 자문화에 대한 회의와 반성을 의미하기도 합니다. 그가 말한 '자연신학'은 철학 속의 형이상학입니다. 따라서 라이프니츠의 공헌은 단순히 자신과 후대인들을 위해 진귀한 자료를 수집했다는 데 그치는 것이 아닙니다.

중국에 대해 흥미를 지니는 유럽의 모든 사상가들과 비교했을 때 라이프니츠의 관심은 가장 광범위하고 깊이가 깊었습니다. 많은 사람들이 단순히 하나의 문제, 하나의 방면에만 관심을 가진 반면, 라이프니츠는 이 오래된 나라와 문화를 전면적으로 알고자 하였습니다. 이와 동시에 자신이 이해한 정보를 바탕으로 유럽과 비교를 시도하여 개념적으로 이 둘을 관통하여 융합하고자 했습니다. 이러한 과정 속에서 라이프니츠는 우의友誼, 보편, 통일과 동일의 추구, 다양성, 교류와 상호대조 등의 원칙을 일관되게 견지하였습니다. 그는 지금으로부터 300년 전의 유럽을 살았지만 그가 정치, 철학, 법률, 논리, 언어학 등의 분야에서 제시한 관점과 사고방식, 구상 등은 놀랍게도 지금의 현실과 아주 잘 부합하며, 심지어는 상당히 전위적이기까지 합니다. 아직까지도 세계적으로 라이프니츠 연구가 지속되어 각국 학자들의 흥미를 불러일으키며 학계 및 정계에서 중시되는 중요한 원인이라고 할 수 있겠습니다. 『중국 자연신학론』은 이미 중국어, 독일어, 프랑스어, 포르투갈어, 스페인어, 일본어, 네덜란드어로 번역되었고, 이탈리아판 또한 곧 출판될 예정입니다.

언급하신 대로 미화된 부분도 없지 않아 존재합니다. 정보가 부족하거나 부실하기 때문이지요. 라이프니츠는 제한된 번역으로 중국을 이해할 수밖에 없었기에 모든 중국어 서적을 유럽의 언어로 번역하기를 원했습니다. 그에게 비판의 목소리가 거의 없는 것은 그가 지니고 있던 처세의 원칙 때문이었습니다. '타인'을 잘못 칭찬할지언정 잘못 비판하지는 않는다는 원칙이 그것입니다. 역지사지易地思之와 충서忠恕, 나는 라이프니츠가 우리에게 어떻게 하면 더 높은 수준에서 문화 간 상호이해를 이루고 나아가 상대를 꿰뚫어볼 수 있는가 하는 하나의 숙제를 부여했다고 봅니다.

문회 : 라이프니츠가 17세기 말에 제시한 '정의론'과 현재에 매우 유행하고 있는 정치철학의 정의론에 어떤 차이점과 관계가 있습니까?

'정의'는 영원해도 그 준칙은 인간이 만든 것, 정의와 권력은 엄격히 구분되어야

이문조 : 라이프니츠는 법학박사로 이후에도 계속해서 정치고문과 같은 직무를 맡았습니다. 그의 '정의론'의 특징은 정의와 권력, 정의와 법규 혹은 준칙 등을 엄격히 구분하여 서로 다른 범주로 둔 것에 있습니다. 그는 정의를 영원한, 혹은 객관적인 진리에 속한다고 여겼습니다. 마치 삼각형의 내각이 항상 180도인 것과 같은 이치입니다. 또한 정의는 신이 하사하는 것도 아니고 권력에 의해 결정되는 것도 아니며 민주적 투표에 의해 도출되는 것도 아니라고 하였습니다. 권력은 정의가 실현될 수 있도록 도와줄 수 있지만, 정의 그 자체는 권력의지의 구현이 아닙니다. 법에는 불의가 없지만, 구체적인 법조항은 인위적이어서 잘못이 있을 수 있고 정의에 역행할 수도 있습니다. "악법은 법이 아니다"라는 말이 바로 이런 의미입니다. 이러한 라이프니츠의 사상은 정의를 신의 의지라고 여겼던 중세유럽적 관점으로부

터 벗어나 있으며, 홉스와 같은 권력론이나 계약론과도 다릅니다. 20세기 이후 실증주의의 영향으로 법과 율 간의 차이가 사라졌습니다. 율이 성스러운 것으로 받들어지고, 율을 배반하는 것이 곧 범법이 되었습니다. 이와 함께 불의에 저항할 권리 또한 상대적으로 약화되었습니다. 라이프니츠의 정의론이 관심을 받을 수 있었던 이유 중 하나는 바로 이것 때문이라고 봅니다.

문회 : 선생님은 과학윤리와 과학철학도 연구하시는데, 이 역시 라이프니츠의 영향을 받은 것인가요?

과학활동이 초래한 문제, 철학이 제공하는 개념적 도구와 분석의 방법으로 해결

이문조 : 완전히 그렇지만은 않습니다. 나는 원래 과학윤리와 과학철학이라는 것은 전통철학의 영역에서는 받아들여지지 않던 과학 분야, 특히 기술활동 분야를 철학적 범주와 방법론을 이용해서 연구하는 것이라고 이해하였습니다. 따라서 아리스토텔레스의 이론과 실천의 범주 구분 같은 기본적인 문제들을 비교적 중시했습니다. 그런데 점차 과학기술이 더 이상 옛날과 같은 장인의 작업일 수 없고, 발명 역시 뉴턴이 그랬던 것처럼 그저 사과가 땅에 떨어지기만을 기다려서는 가능하지 않다는 것을 깨달았습니다. 이제 우리는 전통철학이 제공하는 개념도구와 분석방법론으로는 현대화된 과학기술 활동을 파악할 수 없게 된 것이지요. 따라서 과학활동의 특징과 철학적 수단의 한계에 대해 생각할 필요가 생겼습니다. 이러한 과정에서 시야가 좀 더 밝아질 수 있었지만, 동시에 과학 연구의 자유성 문제, 현대 기술활동의 특징 및 그것이 가져올 수 있는 잠재적 결과나 책임의 문제 등이 새롭게 나타났습니다. 나의 최종적인 결론은 이러한 문제들에 직면하여 철학은 여전히 어려움을 지니고 있다는 것입니다. 이

문제를 제기해 주셔서 감사합니다. 최근 몇 년간 정신이 없어 이런 종류의 문제를 사고하지 못했습니다.

문회 : 『라이프니츠 전집』을 정리 중이신데, 시대가 지나면서 새로운 자료가 나타나지는 않습니까? 있다면 소개를 부탁드립니다.

17~18세기 61년간 유럽 학술지에 실린 중국에 관한 평론자료 중 남은 600여 인분의 자료를 계속해서 정리할 계획

이문조 : 2003년, 유명하지만 다소 편벽된 곳에 위치한 한 도서관에서 반년의 시간을 보낸 적이 있습니다. 1665년에서 1726년 사이의 유럽 주요 학술지의 기사들 가운데 중국에 관한 내용을 골라 아침부터 저녁까지 읽었습니다. 이 프로젝트는 중단되고 다시 계속되기를 반복하며 18년 동안이나 작업이 이루어졌습니다. 그동안 600여 인분의 자료를 수집했지요. 이변이 없는 한 이 자료들은 내년에 출간될 예정입니다. 이 프로젝트는 내 연구가 실제적인 역사를 다루는 방향으로 가고 있음을 말해 주기도 합니다. 이는 하나의 기회인 동시에 어려움이기도 합니다. "아는 것이 많아지면 의심도 많아진다"고 했습니다. 앎의 범위가 넓어지고 지식의 울타리가 확대될수록 울타리 밖의 무지의 영역도 늘어나게 마련입니다. 지금껏 많은 글을 썼지만 오히려 쉽게 펜을 들 수 없다는 생각만 늘어 가네요. 예를 들어, 비교철학과 같은 주제를 다루는 것에 대해 다소 두려움이 있습니다. 서로 비교하려는 부분에 경계선을 그어 놓았다면 경계 밖의 것들은 어떻게 해야 할까요? 어떤 문화의 특수한 점을 파악하려고 한다 하더라도, 우선 다른 문화를 철저히 파악하지 못한 상태에서는 원래 파악하려던 문화의 특수성도 파악하기 힘듭니다. 이는 쉽지 않은 작업이지요. 독단적인 학문에 빠질 우려가 있습니다.

문회 : 만약 (동양철학이든 서양철학이든) 철학 연구에 종사하려는 후학에게 해 주고 싶은 충고가 있다면 어떤 것이 있을까요?

후학에게 보내는 조언 : 성숙한 사람은 철학적 반성이 필요, 철학 전공을 지혜가 아닌 학문으로 삼아야

이문조 : 일시적으로 철학을 배우려하는 학생이라면 어떻게 책을 읽어 나가야 하는가를 요구하기보다는 외부로 나가 더 많이 교류하기를 바랍니다. 문을 닫아 버리는 순간 그저 다 같은 서재로 전락해 버리고 말지요. 대신 박사학위를 받으려는 전공생에게는 좀 더 착실하게 공부하기를 조언합니다. 독일 학생들에게는 철학이 취업하기 힘든 학문인 만큼 생계를 유지할 수 있는 전공을 병행할 것을 권하는 편입니다. 사회(최소한 독일사회)의 철학 연구에 대한 수요가 그리 크지 않기 때문이지요.

사회든 국가든 아니면 개인의 인생이든, 철학적 연구가 반드시 필요한 것은 아니지만 철학적 사유 혹은 반성은 반드시 필요합니다. 성숙한 사람들은 대개 어느 정도는 철학적 두뇌를 지니고 있습니다. 인생에서 마음과 정신의 어려움, 생로병사와 같은 문제들은 피할 수 없는 것들입니다. 칸트는 세 가지 난제를 던진 적이 있습니다. "신은 존재하는가? 영혼은 불멸하는가? 의지는 자유로운 것인가?" 어느 정도는 누구나 스스로에게 던져 보았을 법한 질문입니다.

철학이란 본래부터 기초적이고 평범한 것이며, 기본적으로 먹고사는 어려움을 해결한 후에 생겨나는 정신활동입니다. 대학에서 철학이 생겨난 최초에는 교양학문에 지나지 않았습니다. 전문 철학연구자를 양성하기 위한 것이 아니라, 다른 전공 공부를 하는 사람에게 요구되는 논리와 윤리 등을 포함한 교양을 제공하기 위한 것이었지요. 하지만 철학이 전문화, 학문화, 학업화되면서 철학은 차츰 연구가 요구되는 하나의 학문으로 자리 잡게 되었고, 철학 연구 역시 하나의 학술적인 작업이 되어 갔습니다. 이와 동시에 사회와 인생으로부터도 멀어지게 되었지요. 간단하게 말하면, 철학 연구를 하는 것이 곧 철학자임을 의미하지 않게 되었습니다. 이런 의미에서 나는 철학 연구 속에서 지혜를 얻고자 하지 말고, 철학을 학문으로 삼아 보다 전문적으로 연구를 하라는 조언을 하고 싶습니다.

【중국철학 그리고 세계철학대회를 바라보다】

문회 : 독일고전철학의 연구자로서 철학과 세계의 관계에 대해 어떻게 생각하십니까?

독일고전철학의 황금기는 더 이상 불가능, 하지만 철학은 다른 학문과의 교류를 통해 정신활동을 촉진시킬 수 있어

이문조 : 독일고전철학이 철학의 특수한 황금기였다는 사실은 의심할 바가 없습니다. 후대 철학 발전을 위한 풍부한 이론구조를 남겼고, 사회발전과 변화에 적지 않은 영향을 미쳤습니다. 당대 정신을 대표하는 시대의 결정체라고 할 수 있습니다. 오늘날 철학자들, 적어도 철학을 연구하는 사람들은 이제 그렇게 거대한 철학체계를 세울 수 없다는 사실을 깨닫고 있습니다. 현재는 구체적인 문제에 대한 토론으로 방향이 전환되었기 때문입니다. 철학활동의 방식은 한 개인의 심사숙고로만 이루어지는 것이 아니라 대화를 통해서도 가능합니다. 동료 간의 논의는 물론이고 다른 학과나 다른 문화와의 교류를 통해서도 철학은 가능합니다.

오늘날에는 학과의 분류가 굉장히 세밀해졌습니다만 철학은 아직까지는 상대적으로 개방적입니다. 구체적인 대상으로 규정된 학과의 모습이 없어 기타 학과에서 다룬 적이 없었던 범위를 포괄할 수 있습니다. 구체적 문제에 대한 토론은 분명 현실적으로 일정한 역할을 할 수 있습니다. 인간의 정신활동과 사회활동의 기본 개념에 대한 분석은 일정한 비판성을 지닙니다. 이를 통해 우리는 사회집단과 문화 간의 대화와 이해를 촉진시킬 수 있습니다. 예를 들어, 지금이 몇 시인가 묻는다면 시계나 핸드폰을 보면 되지만 '시간'이란 무엇인가를 묻는다면 쉽게 대답할 수 없습니다. 이와 같은 종류의 분석적 비판을 요구하는 기본 개념은 굉장히 많습니다.

학이성인 : 인류 존재에 관한 질문은 영원히 새로운 것, '개벽' 이후의 세상의 모습은 어떤 것일까

문회 : 이번에 베이징에서 열리는 세계철학대회의 주제가 바로 "학이성인"입니다. 이를 어떻게 이해하십니까?

이문조 : 이 주제를 접한 뒤 제일 처음 느낀 감정은 슬픔이었습니다. 인류의 역사는 적게 잡아도 몇 천 년입니다. 내가 이제 환갑에 이르렀는데 아직도 인간이 되지 못했다? 세상에는 아직도 많은 사람들이 배움의 기회를 가지지 못하고 있는데, 그렇다면 그들은 인간이 아닌가? 여전히 풀리지 않는 의문이 많았습니다. 하지만 다시 한 번 깊이 생각해 보니 역시 꽤나 흥미로운 주제가 아닌가 하는 생각이 들더군요. 철학의 문제들은 모두 오래된 문제들이지 정답이 아니기 때문에, 철학사는 철학적 사고와 연구에서 빼놓을 수 없는 중요한 부분입니다. 무엇이 진보인가, 행복은 무엇인가, 인생의 의미는 무엇인가, 이러한 질문들은 인간이 존재하는 한 결코 진부한 내용이 아닙니다.

큰 틀에서 보면 배움이나 사고는 하나의 중요한 경로임이 분명합니다. 오늘날 인간과 자연 간의 관계는 서로 뒤바뀌어, 자연에 의지하여 먹고 살던 인류는 이제 과학기술의 힘에 의해 스스로 자연을 개척하고 변화시킬 수 있게 되었습니다. 그러나 그만큼 우리가 짊어져야 하는 짐도 가볍지 않게 되었습니다. 과연 우리는 이를 감당할 수 있을까요? 새로운 문제에 직면하여 우리에게 더욱 절실해진 것은, 인류의 새로운 역사적 지위에 대해 반성적으로 고찰해 보는 것입니다. 이것이 철학자만의 우려일지도 모르겠습니다만, 몇몇 문제는 얼마든지 발생할 가능성이 있는 문제들임이 분명합니다. 별이 뜨고 구름이 지고, 시간은 멈추지 않고 흘러가고 있습니다. 우리의 희망과는 관계없이 미래는 내일의 방식으로 현실이 됩니다. 장기적으로 어떤 현실이 우리를 찾아올지 알기가 쉽지 않습니다.

문회 : 서양철학을 연구하는 중국계 학자로서 중국철학의 현재와 미래를 어떻게 바라보십니까?

중국철학은 서양의 그물을 통해 중국이라는 지식의 바다에서 잡아 올린 한 마리의 물고기

이문조 : 중국어에서 '철학'이라는 단어는 1877년 황준헌黃遵憲이 일본에서 들여왔고, 일본어에서 철학은 1874년에 비로소 생겨났습니다. 최초로 공자를 철학자라고 칭한 이들은 초기 예수회의 선교사들로, 이들은 유가의 학설을 유럽에 소개하기도 했습니다. 그들의 중국어 저작에서는 철학이라는 말을 찾아보기 힘듭니다. 중국에는 이 말이 없었기 때문입니다. 우리가 오늘날 말하는 전통 중국철학은 서양의 학과분류 방법 혹은 범주 인식의 구조에 의거하여 발명해 낸 것으로, 경·사·자·집(經書·歷史書·諸子·詩文集)을 쪼개고 나누어 긁어모은 것들입니다. 서양의 그물을 이용하여 중국의 지식 바다 속에서 물고기를 잡아 올려낸 셈이지요. 최초로 이런 작업을 진행했던 사람들은 대체로 두 가지 분류였습니다. 하나는 서학을 배경으로 하는 선교사들이고, 다른 하나는 서양철학 훈련을 받은 중국 학자들입니다.

물고기의 비유는 과학철학에서 나온 것입니다. 이 비유를 여기에서 사용한 것은 두 가지 문제를 설명하고 싶어서였습니다. 하나는 학과분류에는 어느 정도 임의성이 있다는 것입니다. 마치 그물에 있는 그물코의 크기가 인위적으로 정해진 것과 같습니다. 그러나 임의성이 있지만 그 기준이 확정되는 순간 강제적 규범성이 생겨납니다. 그물코의 크기가 5cm라고 확정되고 나면 그 그물로 잡아 올린 물고기는 전부 5cm보다 크고, 5cm보다 작은 물고기는 모두 그물을 빠져나가 버릴 것입니다. 중국에 철학이 없는 것은 어망의 문제입니다. 국학이라는 말이 나온 이유 중의 하나 역시 이러한 분류로는 전통문화를 완전히 담아낼 수 없다는 인식이 있었기 때문입니다. 어느 정도 "서양적 시선으로 중국을 바라보는" 문제를 인식한 것이지요.

이와 같은 상황을 감안해서 살펴본다면 사실 중국철학의 범위는 매우 깊고 넓습니다. 고전의 제자백가 속의 철학사상에서부터 한대 이후 불교를 받아들여 이와 밀접한 관계 아래 형성된 송명리학에 이르기까지, 이들 모두가 중국철학의 범위로 포함되어 연구되어야 합니다. 물론 더 중요한 것은 근현대 이후 서양의 철학 연구를 참조하고 그것을 타산지석으로 삼는 것입니다.

우리가 마주하고 있는 핵심적인 문제는 어떻게 국제간의 대화와 교류를 형성할 것인가 하는 것입니다. 우리와 함께해야 하는 것은 기본적으로 국외 대학의 동아시아학과 혹은 중문과이지 철학과가 아닙니다. 이 때문에 아직까지 직접적인 접촉이 없었던 것이지요. 그 최종 목표 역시 서로 간의 우열을 가리는 것이 아니라, 서로 다른 문화와 언어 속에서 형성된 철학사상들 속에서 동일한 것에 대해 어떻게 사고하고 표현하는지를 살펴보는 것입니다. 다多에는 일一이 담겨 있고, 일一은 다多를 아우르는 법입니다. 이제 여기까지에 이르렀지만 아직 갈 길이 멉니다!

글∥이념李念(연합인터뷰팀)

비야체슬라프 스테핀
Vyacheslav S. Stepin

과학철학은 어떻게 더 나은 '포스트휴먼' 사회를 그려낼 것인가

러시아 과학철학자

비야체슬라프 스테핀

인터뷰이 : 비야체슬라프 스테핀(Vyacheslav S.Stepin), 이하 '스테핀'으로 약칭
　　　　　(러시아과학원 회원, 국제철학원[IIP] 회원, 러시아과학원 철학연구소 교수)

인터뷰어 : 장함주章含舟(화동사범대학교−마이애미대학교 박사합동과정)
　　　　　진환陳歡(무한대학교−마이애미대학교 박사합동과정)
　　　　　── 이하 '문회'로 대칭

인터뷰 일시 : 2018년 5월~7월(수차례의 메일 인터뷰)

"인문학과 사회과학의 통제를 받지 않는 '포스트휴먼'은 인류사회의 소멸을 불가피한 것으로 만들 것이다.……" 장장 1개월에 걸쳐 주고받은 인터뷰만 해도 중국어로 2만여 자, 84세의 러시아과학원 스테핀 교수는 60여 년 동안의 학술적 사고를 가감 없이 들려주었다. 그는 인류사회가 직면해 있는 위기들, 예를 들면 과학지식은 어떻게 구성되어야 하는가, 유전자 기술과 전통사회가 빚어내는 두 가지 문명발전의 형식은 서로 공존이 가능한가, 철학은 어떻게 문화의 보편적 세계관 속에서 미래를 이끌어 나갈 수 있는가, 인문적 사고는 어떻게 기술과 융합하여 '포스트휴먼'의 위기를 줄일 것인가…… 등의 문제들을 하나의 지면에 꿰뚫어 냈다. 치밀하고 진지한 이론적 추리, 넓고 깊은 인간애, 심도 있는 통찰과 학문 태도는 대단히 놀랍고 존경스러웠다.

그가 출생한 러시아 서부 국경지역 브랸스크(Bryansk) 주는 남쪽으로는 우크라이나와 인접해 있고 서쪽으로는 벨라루스와 국경을 맞대고 있는 군사적 요충지이다. 고향과 함께 그 역시 소련에서 러시아 연방으로의 소속 변화를 겪은 바 있다. 과거 재학시절에는 교조주의와 맞닥뜨린 적이 있고, 직업을 구한 후에는 관변철학자들로부터 '취약한 실증철학'이라는 낙인이 찍혀 오랫동안 해외 학술교류를 금지당했다. 그럼에도 불구하고 스테핀 교수는 철학인으로서의 자유로운 사고를 변치 않았고, 30여 편의 독창적인 저작들을 통해 과학방법론, 과학이성, 문화보편 및 기술문명 등의 주제를 다양하게 다루어 왔다.

먹구름은 태양에 의해 쫓겨 가는 법, 러시아가 침체기를 벗어나자 그는 일약 러시아 지성계의 선두주자로 발돋움했다. 2004년 러시아연방 과학기술 분야의 국가훈장을 수상했으며, 국제철학원(파리), 국제 지속가능 발전과 기술 학원(독일), 국제과학철학원(브뤼셀), 벨라루스와 우크라이나의 과학원 등이 모두 그에게 회원의 칭호를 수여했다. 그의 저작 역시 많은 나라의 언어로 번역되어 출판되었다.

"영혼을 게으르게 하지 말라, 영혼은 살아 움직여야 한다. 밤낮으로, 밤낮으로." 철학이 그의 생활방식으로 자리 잡은 후, 근면한 사고와 창조성으로 가득한 스테핀 교수는 그 자체로 자신의 걸출한 작품이 되었다.

【철학과의 인연 그리고 궤적】

문회 : 존경하는 스테핀 교수님, 인터뷰에 응해 주셔서 대단히 감사합니다. 선생님은 굉장히 시야가 넓은 철학자입니다. 초기 시절 과학의 기초, 과학지식의 구조와 메커니즘, 과학적 이성의 유형, 이론과 경험의 상호작용 문제에서부터 현재의 과학과 문화의 관계, 문화적 보편성(cultural universals), 기술문명론 등의 문제에 이르기까지 많은 화제에 대해 독특하고 탁월한 견해를 지니고 계십니다. 저희에게 이처럼 풍부한 사고의 원천을 전해 주셔서 대단히 감사합니다.

이 시대의 철학자 중에는 선생님처럼 넓고 깊은 시야를 가진 사람들을 쉽게 찾아볼 수 없습니다. 선생님이 걸어오신 철학적 탐구의 길에 대해 호기심을 참을 수가 없는데요, 선생님의 학문적 경험에 대해 소개해 주실 수 있을까요?

대학교 2학년 실증론을 전공, 물리학을 부전공으로 선택. 학부 논문은 양자역학에 관한 철학적 논의

스테핀 : 나는 1934년 8월 러시아 브랸스크(Bryansk) 주의 한 교사 가정에서 태어났습니다. 제2차 세계대전이 끝난 후 아버지는 제대를 하고 벨라루스로 일을 찾아 떠나셨죠. 1951년에 나는 17세에 나이에 벨라루스국립대학교 역사학과 철학 전공에 입학했습니다. 중학교 시절에는 수학과 자연과학을 좋아하면서도 동시에 역사와 문학에도 흥미를 보였었지만, 철학의 발전사에 대해서는 아는 바가 거의 없었지요. 그런데 철학을 더 알고 싶다는 동기에서였는지, 대학시절에 철학을 전공으로 선택하게 된 것입니다.

대학교 1학년 때는 스스로에게 위대한 철학자들의 주요 저서를 공부하고 이해하자는 숙제를 냈습니다. 하지만 오래지 않아 나는 이 임무가 필수적인 수준을 초과하는 임무라는 것을 깨닫게 되었습니다. 심지어 서양 고전철학사까지 다루었으니까요. 하지만 대학에 입학한 지 5년째가 되기 전에 이 숙제를 모두 완수해 냈습니다.

대학교 2학년 때는 자연과학의 철학적 문제를 주전공으로 삼았습니다.

당시는 '과학철학'이라는 용어가 도입되기 전으로, 과학철학 역시 실증론의 범주에 포함되어 있던 시기였습니다. 당시 물리학은 자연과학의 가장 맏형격인 존재였는데, 나는 처음에는 교재를 사용하여 독학을 하다가 나중에는 허락을 얻어 물리학과의 수업을 직접 들을 수 있었습니다. 동시에 두 가지 전공을 학습하는 것은 상당한 부담이었지만 그때는 의욕과 체력이 넘치던 시기였습니다. 당시 학교 농구대표팀과 벨라루스대학교 연합회의 간부로 활동하기도 했지요. 나는 단한 과목에서 4점을 받은 것을 제외하고 전 과목에서 5점 만점을 받았습니다. 졸업논문은 양자역학의 철학적 문제에 관한 것이었습니다.

실천 속에서 깨달은 과학인식의 방법론, 이후 추가로 석사 심사를 진행

1956년 대학 졸업 후, 나는 철학연구소의 대학원생으로 들어갔습니다. 당시 대학원생 교육의 주요 목표는 고등학교 교원을 양성하는 것이었습니다. 필수 이수과목 또한 현재 러시아의 대학들보다 배는 많았지요. 내 논문 제목은 『빈학파의 실증주의 방법론에 대한 비판적 분석』이었습니다. 모리츠 슐리크(Moritz Schlick), 루돌프 카르납(Rudolf Carnap), 필립 프랭크(Philipp Frank), 리처드 미세스(Richard von Mises) 등의 저작을 주로 연구하였습니다. 특히 프랭크의 대표 저작인 『인과율과 그 범위』 (Das Kausalgesetz und seine Grenzen)의 러시아어판 연구에 주로 매진했습니다. 그런데 이 자료들을 깊이 연구할수록 의문은 더 많아져 갔습니다. 20세기 신실증주의 학파가 창시한 과학적 방법론이 엄격한 과학이라는 데는 이론이 없지만, 당시 소련의 공식문헌에서는 그것이 과학적 인지의 객관성에 위배된다는 비판을 받았습니다.

당시 나는 실증주의 방법론 배후에 있는 기본 가설에 관해서는 미처 발견하지 못했습니다. 그러던 중 논문의 초고를 완성하게 되었고, 비록 스스로 만족하지는 않았지만 학과 측으로부터 통과가 가능하다는 인정을 받았습니다. 하지만 논문심사답변은 진행되지 않았고 논문의 수정작업도 없었습니다.

대학원을 졸업하고 나는 벨라루스 이공학원 철학과 교수가 되었습니다. 이 시기에 나는 예술발전사의 주요 단계를 연구하면서 과학과 예술 사이의 독특한 내재적 관계 및 문화체계의 완전성 등을 발견했습니다. 과학발전상의 모든 특징과 자율성은 과학이 처한 광범위한 사회문화적 환경을 벗어날 수 없다는 것이었습니다. 이러한 사실은 나에게 실증주의에 숨겨진 가장 은밀한 가정이 무엇인지를 깨닫게 해 주었습니다. 내가 논문의 초고를 썼을 당시만 해도 과학의 절대적 자율성이라는 숨겨진 가정을 분명하게 파악하지 못했습니다. 과학이 그 역사와 실천을 초월하여 발전하는 것이라 생각했었지요. 이후 이러한 변화된 입장에 기초하여 새롭게 논문을 수정하였습니다. 수정된 논문의 제목은 『과학인식의 일반방법론 문제와 현대실증주의』였습니다. 이것으로 논문심사답변을 성공적으로 통과하였습니다. 나는 역사의 변화과정에서 지식은 단순히 과학활동의 산물에 그치는 것이 아니라 수단과 방법이 되기도 하는 것을 보았습니다. 과학지식의 구조와 발전 법칙에 관한 분석은 이미 세계 과학철학의 주요 명제가 되었습니다.

박사논문 이후 과학발전에서의 철학의 역할을 분석, 폭넓은 관심을 불러일으켜

1960년대 중반, 7년가량 나는 과학지식의 구조와 그 형성원인 등의 새로운 개념을 연구하여 전에 없던 이론구조를 발견해 내는 데 성공했습니다. 논증과 분석을 위해서는 고전물리학과 비非고전물리학(양자상대성이론 등)의 발전단계에 대한 역사적 재구성 작업이 필요했습니다. 여기에는 두 가지의 논제가 매우 핵심적입니다. 전자기장이론의 재구성과 양자전기역학의 재구성이 그것입니다. 박사논문 『물리이론의 구조와 형성원인 문제』는 이 7년간의 작업의 총결산인 셈입니다. 당시 나의 글과 책은 이미 철학계에 널리 알려진 상태였습니다. 소련의 주요 물리학 관련 학술지, 소련과학원 철학연구소, 소련과학원 자연과학기술역사연구소의 학술지 등에 내 논문이 실렸습니다. 이 외에도 지명도가 있는 학회의 초청을 받아 발표를 하기도 했습니다.

상술한 논문에서 특히 강조한 것은 철학의 예측 기능에 새로운 문화인식이 더해져야 한다는 것이었습니다. 나는 문화를 복잡한 인간의 생명활동(인간의 행위와 교류)과 생물진화를 넘어서는 역사발전체계로 볼 것을 제안했습니다. 이처럼 광범위한 과학철학의 임무는 철학 발전의 논리에서 필연적으로 발생되는 결과입니다. 과학의 사회결정론은 문명과 문화가 부단히 변화한다는 맥락 속에서 상정된 것입니다. 과학인식은 부단한 발전 속에 처해 있습니다. 이 문제는 나의 새 연구 분야의 주된 내용을 이루게 되었습니다.

러시아과학원 회원 및 철학연구소장에 당선

1987년 나는 소련과학원 준회원(Corresponding Member)에 선출되었고, 소련과학원 자연과학기술역사 연구소장을 맡게 되었습니다. 1년 뒤에는 소련과학원(1992년부터 러시아과학원으로 개명) 철학연구소장을 맡아서 총 18년간 재직하였습니다. 1994년에는 러시아과학원 회원에 당선되었고, 2006년부터 지금까지 계속해서 러시아과학원 사회과학부에서 일하며 철학, 사회학, 심리학, 정치학, 법학 등 6개 과학원 연구소의 연구 작업을 책임지고 있습니다.

내가 어떻게 철학의 길로 들어서게 되었는가를 정리해 보면, 결코 우연은 아니었습니다. 철학 연구는 많은 측면에서 내 인생을 결정짓고 점차 삶의 방식을 바꾸어 나가고 있습니다. 내가 얻은 새로운 결론들은 보통 오랜 숙고 없이 출현하곤 합니다만, 어떤 것들은 많은 시간을 할애하여 논증해야 하는 추리가설입니다. 아마도 일종의 창조력이라고 할까요. 20세기 러시아의 유명한 시인 니콜라이 자볼로츠키(Nikolai Zabolotsky)는 자신의 시에서 이렇게 말했습니다. "영혼을 게으르게 하지 말라, 영혼은 살아 움직여야 한다. 밤낮으로, 밤낮으로."

문회 : 선생님의 경험을 현재의 러시아 젊은이들에게도 그대로 적용시킬 수 있을까요?

현대인들의 강점 : 과학과 인문지식의 균형, 추리판단 능력이 우수

스테핀 : 모든 세대가 자신들만의 경험과 문제를 안고 있다고 생각합니다. 오늘날 대학에 들어오는 젊은 학생들은 21세기 중반까지 삶을 영위해 가겠지요. 현대사회의 급속한 변화를 고려한다면 그들이 어떤 구체적인 삶의 문제와 맞닥뜨리게 될지 예상하기 어렵습니다. 하지만 확실한 것은, 사회의 심각한 변화가 더욱 더 사람들에게 인간의 생명활동의 기본적인 의미와 가치지향 문제에 대해 관심을 갖도록 만든다는 사실입니다. 이 문제는 이미 철학의 분석대상이 되었습니다. 체계적인 추론작업을 통해 사유될 필요가 있습니다. 그런데 이러한 사유는 일상 속에서 저절로 나타나는 것이 아닙니다. 학습 과정을 토대로 형성되는 것입니다. 과학 연구의 기초 위에서 특수한 학습과정을 거쳐야 비로소 세울 수 있습니다.

요즘 사람들은 자연과학적 지식과 인문지식이 적절히 균형을 이루고 있습니다. 수학과 자연과학을 배우는 시간이 많은 까닭에 학생들은 논증과 추리판단 능력을 충분히 기를 수 있게 되었지요.

융합과학기술(나노 · 바이오 · 정보 · 인지)은 생명의 질을 높이는 동시에 생태계의 위기를 초래

러시아과학원 철학소장으로 재직하는 동안 나는 로모노소프 모스크바 국립대학교 철학과 교무처의 제안으로 <사회문화적 맥락 속에서의 인간 인지>라는 전공과목을 개설했습니다. 이 수업을 관찰하며 나는 체계적 사유능력을 지닌 젊은이들이 줄어들었음을 정말로 실감했습니다. 많은 신입생들이 토론에 열중하고 자유롭게 자신의 의견을 표현하지만, 논증 능력은 극히 떨어집니다. 어쩔 수 없이 학생들에게 수차례에 걸쳐 철학에서는 의견과 지식을 구분해야 한다고 말해야 했습니다. 고대그리스 사상가들이 일찍부터 우리에게 가르쳤듯, "한 문제에 대해 자신의 의견을 지니고 있다"는 것만으로는 턱없이 부족합니다.

또 한 가지, 나는 철학과에 입학한 젊은 신입생들을 지켜본 끝에 그들 가운데 수학과 자연과학의 지식이 충분하면서 자연과학철학을 전공으로 삼고자 하는 학생들의 수가 급격히 줄어들고 있음을 발견하였습니다. 철학 분야의 학위논문 수가 최근 20년간 이상하리만큼 많이 감소한 것 역시, 성공적이지 못한 교육개혁에 의해 시대가 억압을 받은 결과라고 할 수 있습니다.

융합과학기술[1]의 발전은 인간 생명의 질을 개선시키고 있지만, 동시에 생태계의 위기를 가져오기도 합니다. 따라서 사상과 책임감을 동시에 지닌 인물의 출현이 더욱 중요해졌습니다.

'소비'의 시대는 '단기의식'을 형성, 이 시대 사람들은 '사고의 결핍'을 경계해야

한 영국 학자는 현대 서양사회에서 이성적인 사고와 그 표현 양식이 점점 축소되고 있으며, 절대다수의 시민들이 단순지식과 오락, 개인적인 여가에 열중하고 있다고 지적한 바 있습니다.

소비사회의 생활방식은 사람들의 '단기의식' 속에서 이루어집니다. 단기의식에 익숙해진 인간은 한 가지 생각에서 다른 생각으로 쉽게 건너뛰고, 어떤 추리도 거치지 않으며, 자신의 말 속에서 논리적 모순을 발견하지 못하는 경우가 많습니다. 정보통신 수단으로 널리 사용되는 컴퓨터, 인터넷, 스마트폰 등은 '단기의식'과 완벽히 공존합니다. 이러한 의식을 지닌 사람들은 환상은 쉽게 가지지만 사고하는

---

1) 편집자 주 ─ 현재 급속히 발전하고 있는 나노과학과 기술, 바이오테크놀로지, 정보기술, 인지과학 등 4대 과학기술 분야의 협력과 융합을 말함, 4대 분야의 영문 이니셜을 따 NBIC라고도 한다.

것을 원하지는 않지요. 저명한 러시아 교육가 우신스키(K. Ushinsky)의 말을 빌리자면 "환상은 쉽고 사고는 어렵습니다."

문명생활의 파괴와 인류 자멸의 위협이 나날이 증대하는 오늘날, 새롭고 희망적인 교육경로를 재탐색하는 것이야말로 인류의 문명과 문화를 보호하고 발전시키는 중요한 해결책이 될 것입니다.

【철학사상과 업적】

문회 : 많은 중국의 학자들이 『이론지식』(*Theoretical Knowledge*) 영문판을 통해 선생님의 사상을 이해하고 있습니다. 선생님의 대표작들과 주요 연구 성과에 대한 소개를 부탁드립니다.

> 2000년 11번째 저서 『이론지식』이 출간, 이에 철학계와 과학계가 원탁토
> 론을 조직

스테핀 : 2000년에 모스크바출판사에서 출판된 『이론지식』은 내 11번째 철학 논저입니다. 이후 스페인어와 영어로도 번역되었습니다. 이 책은 나의 20년이 넘는 연구의 총결산으로서 과학인지구조와 역사발전 과정 같은 논제 외에도 새로운 관점들이 추가되었습니다.

러시아의 유명 학술지인 『철학문제』와 『과학』이 연합해서 이 책과 관련된 원탁토론회를 개최하여 많은 철학자, 수학자 및 자연과학자들이 참가하기도 했습니다. 이 회의에서 벌어진 토론의 결과는 『철학문제』 2004년 제1호와 『과학』 2003년 제3호에 나란히 실렸습니다. 평론가들은 내가 매우 유망한 연구방법을 고안했다고 보았습니다. 이 방법론은 세 가지 원칙을 하나로 결합시킨 것입니다. 1) 인지적 활동 환경의 원칙, 2) 인식의 사회문화 확정 원칙, 3) 복잡한 등급시스템으로서의 과학지식 연구 원칙이 그것입니다. 이러한 원칙들은 과학지식의 구조와 동태를 분석하는 새 방법론 속에서 구체적으로 나타나고

있습니다. 전통적인 과학방법론에서는 이론과 경험이 서로 분리되어 있습니다. 하지만 과학 분과(이와 연관된 경험주의적 지식을 포함)의 전체 이론지식체계를 하나의 기초단위로 보는 것이 내 기본 입장입니다. 특정한 학과 내부에 국한되는 것이 아니라 여러 학과를 아우르는 상호작용 속에서 이 방법론은 새로운 과학이론 분석을 촉진시킬 수 있습니다.

토마스 쿤의 결점을 보충 : 이론은 유전구조를 구축함으로써 실현, 이는 곧 가설의 구조에 관한 논증

평론가들은 내가 과학이론의 형성과정을 분석하는 새로운 진로를 제시했다고 평가했습니다. 이론형성의 과정은 유전구조를 구축함으로써 실현되며, 이 방법은 사상 실험과 이론 구축의 결합이라는 기초 위에 세워진 것이라는 설명이 그것입니다. 이런 관점에서 가설을 제기한 뒤에는 반드시 경험주의적 논증 과정이 수반되어야 합니다. 분석 과정은 중요한 프로세스를 보여 주며, 각 프로세스는 미래 이론의 핵심이 될 가설모형(상관 분야의 실제 실험을 통해 이를 뒷받침)과 각 이론 해석에 필요한 측량방법 간의 상호관계를 보장합니다. 나는 이러한 프로세스를 '가설의 논증 구축'이라고 부릅니다. 이전의 과학철학 문헌에서는 한 번도 이렇게 표현된 적이 없습니다.

구축된 유전자방법론은 이론의 구축과정을 밝혀 줄 뿐만 아니라 이후로도 계속해서 새로운 사실들을 해석하고 예측하는 데 운용될 수 있습니다. 이러한 해석과 예측은 이론적 연역을 통해 도출된 것이 아니라 이론 문제를 제시하고 해결하면서 얻어진 것입니다. 이 점은 토마스 쿤(Thomas Kuhn)의 이론 연구에 관한 패러다임의 설명에서 이미 정론이 되었습니다. 쿤은 이론적 과제를 해결할 때 연구자는 문제해결을 위해 채택한 모범사례에만 의존하려 하는데, 이러한 사례 는 이미 이론에 내재해 있다고 지적하였습니다.

그런데 사례/범례는 어떻게 만들어지고, 어떻게 이론의 한 부분을 이루게 되는 것일까요? 이 문제는 서양의 과학철학에서 아직 해결하지 못한 문제입니다. 그러나 하나의 이론이 발전하는 과정 그 자체가 문제해결의 사례라는 함의를 지니고 있으므로, '가설의 논증 구축'을 고려한다면 문제는 저절로 풀릴 것입니다. 이 과정은 내가 맥스웰의 전기역학구조의 역사를 재구성했을 때 시연해 보였습니다.

『이론지식』을 통해 체계적으로 설명하기는 했지만 나는 이미 1960년 대 말부터 1970년대 초 사이에 결론을 내리고 있었습니다. 토마스 쿤 과학혁명 연구의 긍정적 측면에 주목한 후 나는 새로운 연구 진로를 제시했습니다. 패러다임의 전환은 심리학에 의존하지 말고 발견된 논리에 의해 묘사되어야 한다는 것입니다. 더 나아가 나는 쿤의 해석과는 달리, 과학패러다임의 역사적 유형 간의 교체와 관련은 엄밀하게 관찰될 수 있다고 보았습니다.

전면적 혁명의 특징은 여러 종류 과학이성들 간의 교체

평론가들은 이 방법이 두 가지 새로운 방법론적 결과를 낳았다고 강조합니다. 하나는 서로 다른 과학 분야의 성과 간의 패러다임 전환을 논할 때, 쿤의 "이상 없는 과학혁명"과 "과학 학과 속의 위기"라는 두 이론이 담아내지 못하는 학문적 원리를 분석하는 것입니다. 다른 하나는 국지적 과학혁명(과학 기초의 특정 부분만 바뀌는 것)과 전면적 과학혁명(세계의 과학지도, 연구의 관념, 규범 및 그 철학 기초와 같은 과학 기초의 모든 부분을 재조직하는 것)을 서로 구분하는 것입니다.

전면적 과학혁명의 특징은 바로 여러 종류의 과학이성들 간의 교체입니다. 나는 과학이성의 유형 역시 고전이성, 비-고전이성, 후기 비-고전이성으로 구분된다고 생각합니다. 각각의 과학이성 간에는 시스템 조직의 본성이라는 측면에서도 서로 차이가 존재합니다. 고전이성은 단순한 기계시스템, 비-고전이성은 복잡한 자기조절시스템, 후기

비-고전이성은 복잡한 자기발전시스템이 본질을 이룹니다. 이러한 방식을 통해 우리가 무엇인가를 해석하고자 한다면 연구의 관념이나 규범 그리고 그 배후의 철학적 기반이 반영하는 이성 유형의 차이 등에 대해서도 모두 추적이 가능할 것입니다.

문회 : 다른 작품에 대해서도 한번 논해 볼까요?

2018년의 신작 『인류, 활동, 문화』: 인류와 문화철학의 연구 성과의 집대성

스테핀 : 나는 총 800여 편의 학술작품을 발표했습니다. 그 중 저서는 30권(전문서 24권, 교과서 6권)입니다. 이 작품 중 일부는 영어, 프랑스어, 독일어, 스페인어 등의 형식으로 미국, 독일, 프랑스, 스페인, 덴마크 등지에서 발간되었습니다. 대부분의 작품은 모두 과학철학 문제에 관한 것입니다. 『이론지식』 출판 후, 내 연구의 중점은 철학적 인간학과 문화철학으로 옮겨 갔습니다.

올해 초 상트페테르부르크 출판사에서 최근에 쓴 800여 페이지의 대규모 작품 『인류, 활동, 문화』가 출판되었습니다. 이 연구서는 앞서 언급한 철학지식 영역의 연구 성과들을 집대성한 책입니다. 나는 책의 첫머리에서 '현대 사회현실의 전경'을 "세계 과학의 전경과 불가분의 관계에 놓인 부분"으로 해석하였습니다. 또한 '자연철학'의 관념과 '사회구조 및 그 역사적 변천'의 관념을 한데 결합시켰습니다. 사회는 하나의 복잡한 체계를 이루며, 체계는 경제·사회적 관계 및 문화라는 세 개의 주요한 하위체계의 상호작용을 통해 역사발전 속에서 형성됩니다. 이 외에도 본 책에서는 문화가 인간의 생활 속 실천에서 담당하는 역할과, 사회생산 및 발전 속에서 일으키는 작용에 대해 논하고 그 내재적 논리를 탐색하였습니다.

이 책에서는 특별히 '문화적 유전자코드 문제'를 강조하면서 다양한 형식의 문명의 특징을 밝히고자 하였으며, 각 문화 발전 간의 융합을 모색하였습니다. 지난 30여 년간, 나는 계속해서 '문명발전의 형식' 개념을 연구해 왔습니다. 1992년 모스크바출판사에서 출판된 『철학인류학과 과학철학』에서 이 개념에 대해 체계적으로 설명하였습니다. 『이론지식』에서도 이 내용을 일부 다루었고 『인류, 활동, 문화』에서 새롭게 더 보충하였습니다.

문명발전의 두 가지 유형 : 전통형식과 기술형식, 과학과 자연을 대하는 태도에서 판이한 차이

각 유형의 문명발전 내에는 문화정체성 및 문명의 유전자코드가 미리 설정되어 있습니다. 이들은 기본적인 세계관적 함의를 지니기 때문에 이를 통해 각 문명의 발전 형식의 가치관을 확인할 수 있습니다. 사회의 역사는 두 종류의 형태로 나눌 수 있습니다. 첫 번째는 전통적인 형식으로, 씨족사회에서 첫 번째 고대문명으로 전환되는 과도기에 생겨났습니다. 이는 수 천 년의 역사 동안 지속되었습니다. 두 번째는 다소 늦은 시기에 형성된 것으로, 역사학적 기준에서 볼 때 불과 몇 백 년 전에 생겨났습니다. 서양에서는 원래 발생된 지역에 따라 문명의 이름을 지었는데, 이 문명은 이미 전 세계적으로 두루 분포해 있습니다. 나는 이를 발전된 기술유전자 유형이라고 부릅니다. 기술과 후대의 과학기술 발전의 방향이 각 문명의 발전에 결정적인 작용을 발휘하기 때문입니다. 이는 경제구조와 사회관계, 인간네트워크 체계를 모두 변화시킵니다.

기술유전자 발전 형식의 기본적 가치관은 유럽의 르네상스와 종교개혁 시기에 형성되었습니다. 이 가치관은 대략 5가지로 구성됩니다. 1) 인간을 주위환경을 적극적으로 개조하는 행동주체로 보며, 실천을 일종의 창조적 활동, 즉 인류의 소비를 위해 반드시 요구되는 새로운 대상, 새로운 상태, 새로운 절차를 창출해 내는 창조적 활동으로 여깁니다. 기술유전자 사회의 문화는 전통보다 혁신의 우선성을 명확히 합니다. 2) 인간과 자연의 관계는, 자연을 무한히 경작할 수 있고 모든 자원을 무한정 사용할 수 있다고 보는 사유지로 표현됩니다. 3) 이성적 가치관은 과학이성에 의해 전적으로 통섭됩니다. (기술유전자 발전 형식의 가치관은) 4) 주권자율이라는 개인사상을 형성하였고, 5) 객체(인류 자신, 자연 및 사회)에 대한 권력적 통제 사상을 형성하였습니다.

이러한 형식을 모든 전통문화에서 동일하게 중요한 사상 및 가치관 체계로 수용할 수는 없습니다. 전통문화 속에서 주도적인 지위를 지니는 이해방식은 유기체적 세계관입니다. 이 유기체 속에서 인간이 지니는 임무는 자신의 권력에 매몰되지 말고 세계와 조화롭게 어울리고자 노력하는 것입니다. 이때 창조적 작업보다는 재생 가능한 활동이 우선적 위치를 차지합니다. 전통은 혁신에 대해 부정할 수 없는 우위를 가지며, 과학적 이성은 더 이상 기타 모든 유형의 이성을 주도할 수 없습니다. 과학은 스스로 세계에 대한 밑그림을 세우는 대신, 자신의 지식을 당시 유행하던 우주, 종교, 신화 및 철학의 세계구상에 조화시킵니다. 개인의 신분은 소속된 종족이나 씨족 혹은 재산을 통해 확정되며, 권력은 일종의 개체의존적 상태(가정의 가장은 가족구성원에 의존하고, 군주국가에서는 신민에 의존하는)로 이해됩니다.

전통사회는 기술유전자 사회의 압력으로 단계를 초월한 형식으로 발전

기술유전자 사회와 전통사회는 아주 오랜 시간 동안 공존해 왔습니다. 하지만 시간이 지남에 따라 기술유전자 사회의 발전이 전통사회를 뛰어넘으면서 전통사회에는 점점 더 큰 압력이 주어지기 시작했습니다. 그 결과 많은 전통사회가 발전을 월반하는 방식을 채택하여 기술유전자 발전의 길로 나아갔습니다. 근대화는 역사 속에서 형성된 전통의 가치관을 소멸시키지 않았지만 기술유전자 사회 가치관의 영향을 받아 진행되었습니다. 따라서 전통 가치관 역시 원래의 주도적인 의미를 잃어버리게 되었습니다.

문명발전에서 기술유전자 유형은 인류에게 많은 성취를 가져다주었지만, 이와 동시에 생태와 인류학적 측면에서는 전 세계적인 위기를 안겨 주었습니다. 이런 위기의 격화는 문명생활의 기초를 파괴하고 나아가 인류 전체를 파멸시킬 가능성도 갖고 있습니다. 이에 따라 우리는 새로운 가치관을 찾고 인류 발전의 전략을 전면적으로 수정해야 합니다. 이 책은 기술유전자 문화의 현대적 변용을 상식, 예술, 과학, 철학, 법의식, 종교 등의 여러 측면에서 분석하고, 전통적 가치관을 잘 보존한 사회가 현대화 과정에서 중요한 역할을 담당하게 될 것임을 논증하였습니다. 그리고 러시아문화의 현주소와 발전 추이에 대해서도 중점적으로 분석하였습니다. "문명변혁의 시대와 러시아문화의 전통"장에서 이 문제를 논하였지요.

『인류, 활동, 문화』에서 제시된 사회발전의 위상변화(phase transitions)와 관련된 새로운 해석 또한 주의 깊게 살펴볼 가치가 있습니다. 이러한 전변은 일반적으로 현상적이고 총체적인 방식으로 나타납니다. 마치 동적인 혼란 상태에서 갑자기 질서가 생겨나는 것과 같습니다. 이 책은 자기발전시스템에서 나타나는 이와 같은 전변에 대해 서술하고 있습니다. 우선 위상변화의 세 가지 연속적 단계를 구분하고, 그것의 명시적인 특징을 밝혔습니다.

문회 : 구체적인 연구에서 어떤 학자의 이론과 관점으로부터 가장 긍정적인 영향을 얻었습니까?

1950년대 이후 소련의 과학철학은 세계의 실증주의 연구와 발걸음을 함께, 방법론에서는 차이

스테핀 : 우선 러시아의 철학 연구 분야를 말하자면 '행동경로의 발전이

론'(그레고리 세델로비츠키와 에릭 유진)이 있습니다. 소련의 과학철학 분야 연구는 1990년대 후반부터 점차 세계의 철학 연구로 녹아들어 갔습니다. 후기 실증주의가 출현한 후 우리는 서양과 함께 이 문제를 공동으로 연구하기 시작했습니다. 하지만 문제 연구와 해결의 방법은 일부만 비슷합니다. 나는 1960~70년대의 후기 실증주의 문헌에 관해 비교적 잘 이해하는 편인데, 텍스트들도 문제 형성의 측면에서는 약간의 영향을 미쳤습니다. 하지만 그 중 어떤 개념 하나가 내 연구 전체를 좌우한다고 보기는 힘듭니다.

문희 : 선생님은 민스크방법론학파의 대표 인물입니다. 학술공동체에 대한 선생님의 생각을 말씀해 주시면 감사하겠습니다. 본인의 경험을 결합해서 설명해 주시면 더 좋겠습니다.

민스크방법론학파 : 지식활동이 사회문화결정론에서 지니는 특징을 연구

스테핀 : 1960~80년대 소련 철학계에는 긴밀한 협력을 통해 연구를 진행하는 학교들이 나타났습니다. 주로 모스크바, 상트페테르부르크, 신 시베리아, 로스토프, 키예프, 트빌리시, 에리온, 알마티, 민스크 등지에 위치해 있었지요.

민스크방법론학파는 1970년대 말과 1980년 초에 형성되었습니다. 이들의 핵심적인 주제는 지식활동이 사회문화결정론 측면에서 지니는 특징이었습니다. 주로 과학지식의 구조와 유전자조직 분석이 중점이었습니다. 연구 작업에 참여한 사람들은 민스크에서 온 학자 외에도 소련 각 지역의 학자들이 포진하고 있었습니다. 이 연구 성과는 기본적으로 철학의 주요 학술지와 벨라루스대학교에서 출간하는 "문화체계 속의 철학과 과학" 시리즈를 통해 발표되었습니다. 이 시리즈의 내용은 그 제목과 부합했는데, 소련의 유명 철학자와 수학자, 과학자들의 글들을 실었습니다. 논리학, 방법론, 과학철학 분야의 학자들이 전개한 교류의 수준은 매우 높았습니다. 각 학파들은 서로 밀접하게 협력하여 고도로 응집된 학술공동체 형성을 촉진하였습니다.

한 가지 아쉬운 점은 소련해체 후 학자들 사이의 교류가 뜸해졌다는 것입니다. 1990년대에는 독립국가연합의 학자들보다 유럽 학자들과 왕래하는 경우가 더 많았습니다. 1990년대 중반 이후부터 다시 교류가 증가하기 시작했지만, 더 이상 과거와 같은 응집력 강한 학술공동체는 존재하지 않게 되었습니다.

문회 : "러시아철학은 서양철학인가 동양철학인가", "러시아철학은 모더니즘 철학인가, 포스트모더니즘 철학인가"라는 논쟁은 늘 존재했습니다. 러시아철학의 현재 상황과 앞으로 어떤 모습으로 나아갈지에 대해 선생님의 견해를 말씀해 주시면 감사하겠습니다.

러시아철학의 현황 : 과학합리성 전통을 보존한 포스트모더니즘, 반-포스트모던적 특징

스테핀 : 현대 러시아철학은 이미 세계 철학의 발전과 궤를 같이하고 있습니다. 러시아철학에는 많은 유파와 종류가 있습니다. "러시아철학은 서양철학인가 동양철학인가", "러시아철학은 모더니즘 철학인가, 포스트모더니즘 철학인가" 같은 문제들은 사실 그 문제 자체로 이미 러시아철학 연구에 대한 지식이 부족함을 보여 줍니다.

지금 이 시대 러시아철학 연구에서는 과학적 합리성을 보존한 채 포스트모더니즘으로 나아가려는 특징, 포스트모더니즘에 대한 비판과 그에 반하려는 움직임을 발견할 수 있습니다. 러시아과학원 철학연구소에서 내놓은 시리즈에 이러한 내용이 잘 담겨 있습니다. 이 시리즈의 제목은 <20세기 후반의 러시아철학>으로 총 20권에 달합니다. 1부는 2010년 모스크바 출판사에서 『러시아철학의 연속 : 20세기부터 21세기까지』라는 제목으로 출판되었고, 2부는 2014년 모스크바 출판

사에서 『20세기 후반기 러시아철학의 문제와 토론 : 현대적 관점』이라
는 제목으로 출판되었습니다. 올해 이 시리즈 마지막 권의 영문판이
미국의 블룸스버리출판사에서 막 출판되었습니다.

러시아철학의 미래는 바로 현대문명의 도전에 관해 사고할 수 있는가,
생태와 인류학적 위기의 악화를 막기 위한 방책을 형성하고 문명을
지속 가능한 발전으로 전환시킬 수 있는 기초가 될 새로운 가치관을
구축할 수 있는가에 달려 있습니다. 오늘날 러시아철학은 모든 철학연
구 분야에서 성공적인 발전을 이루어 냈습니다.

마지막으로 분명히 할 것은, 새로운 세계관을 만드는 핵심 임무는
방대하면서도 어렵고 그 누구도 독립적으로 수행할 수 없다는 점입니
다. 이는 동서양의 철학자들이 공동 협력해서 실현시켜 나갈 필요가
있습니다.

【중국철학 그리고 세계철학대회를 바라보다】

문회 : 이번 세계철학대회의 주제는 "학이성인"입니다. 이 주제에 대해서 어떻게
생각하십니까?

> 학이성인 : 문명발전의 현 단계에서 조우하는 위기와 불확실한 현실에
> 대한 반응

스테핀 : 만약 우리가 현 단계의 문명발전의 위기와 불확실성, 그리고
오늘날 우리 인류가 직면한 위험에 관해 사고해 본다면 이번 철학대회
의 주제는 지극히 현실성이 있다고 할 수 있습니다. 1988년부터 올해까
지 나는 모든 철학대회에 참가했고, 올해 철학대회에서는 "과학, 기술
그리고 환경" 원탁토론의 발표자로서 발표를 요청받았습니다. 러시아
학자들도 팀을 이루어 이번 철학대회에 참여할 예정입니다.

문회 : 선생님은 이제까지 발표한 문헌에서 여러 차례 중국사상을 언급한 바 있습니다. 특히 '도道', '무위無爲', '음양陰陽' 같은 몇 가지 개념이 대표적입니다. 중국철학 혹은 중국문명에 대해 어떻게 생각하십니까? 또 어떤 기대를 가지고 계신가요?

중국에서는 혁신과 지속 가능한 발전이라는 모순에 대한 효과적인 융합이 본래부터 존재해

스테핀 : 나는 여러 차례 중국을 방문하여 북경과 상해의 회의에서 발표를 한 바 있습니다. 중화문명의 특징을 분석할 때는 반드시 그 발전의 두 단계를 고려해야 합니다. 하나는 전통문명의 발전 단계이고, 다른 하나는 기술유전자 문명의 발전 단계입니다. 20세기 후반의 현대화 과정에서 중국은 기술유전자 문명의 발전 단계로 이행하면서 이 발전의 진행을 보장하는 여러 가치 있는 이론들을 채택했습니다. 특히 마르크스사상에서 잘 드러납니다. 나는 마르크스의 이론이 문명 발전의 기술유전자라는 독특한 가치를 지닌 사상이라는 점을 이미 글을 통해 여러 차례 강조한 바 있습니다.

원칙적으로 기술유전자 문화의 주요 가치와 전통의 기본적 가치 관념은 서로 포용되기 힘듭니다. 하지만 현대 중국에서는 이를 융합시키는 방법이 발견되고 있습니다. 바로 마르크스주의라는 이데올로기를 유가사상으로 보완하는 방식입니다. 기술유전자 발전의 위기를 해결하기 위해 새로운 가치관을 모색한다는 측면에서 마르크스주의와 유가의 결합을 바라본 것입니다. 오늘날 급속한 혁신을 추구하는 개혁적 발전 이념은 지속 가능한 발전 이념으로 대체되고 있습니다. 이러한 혁신 방안들은 전통을 파괴하지 않고 오히려 선택적이고 점진적으로 변화시켜 나갑니다.

전통사상과 선진기술의 만남 과정에서 '도道'와 같은 개념이 긍정적인 작용을 발휘

다른 한 가지 양상도 관측됩니다. 과거 기술유전자 문화를 압도했던 전통사상이, 특히 그 전통사상 속의 과학적 오류들이 갑자기 과학이라는 첨단의 사상과 서로 공명을 이루기 시작했습니다. 전통과 첨단의 만남이라는 문제를 세 가지 측면에서 살펴보도록 하겠습니다.

첫째, 동양문화(및 대다수의 전통문화)는 항상 인류가 살아가는 자연세계의 시각에서 출발합니다. 즉 인간의 서식처는 하나의 살아있는 유기체이지 무한히 경작되고 새로워질 수 있는 객관무기체가 아니라는 관점입니다. 지구촌 생태계에 대한 현대적 관념이 발전하면서 우리가 처한 환경은 인간을 포함한 전체가 하나의 생물유기체를 이루고 있음이 밝혀졌습니다.

둘째, 인류 발전체계에 부합하는 객체는 특수한 활동 전략을 요구합니다. 바로 협동의 전략입니다. 강제적이지 않은 상호 작용과 협동은 이들의 활동 속에서 결정적 작용을 합니다. 아주 작은 영향도 현 시스템의 상태를 완전히 변화시키고 새로운 발전 궤적을 생성할 수 있습니다. 이러한 상황에서 인위적인 위부의 힘으로 객체를 변화시키는 행동이 늘 유효하지는 않습니다. 외부적 압력이 확대되는 상황에서 한 시스템은 새로운 조직구조를 만들어 내기보다는 비슷한 구조로 복제될 가능성이 높습니다. 하지만 불안정적인 상태에서는 어떠한 미세한 영향도 크게 작용할 수 있습니다. 일정한 시공간적 지점에 대한 자극을 통해 새로운 구조와 조직체계가 형성될 수 있지요. 이러한 방식은 마치 '무위'의 원칙을 떠올리게 합니다. 무위에서는 그 어떤 작은 영향의 발생도 세계의 흐름과 일치를 이룬다고 여깁니다.

세 번째로, 인류 기준에 부합하는 복잡한 시스템 활동 전략 속에서 새로운 진리와 도덕의 정합적 형식이 드러납니다. 예를 들어, 서양의 문화전통에서는 합리적 이유가 도덕의 기초가 됩니다. 사람들이 소크라테스에게 어떻게 하면 미덕 있는 삶을 향유할 수 있을 것인가 하는 질문을 던졌을 때, 그는 우선 미덕이 무엇인지를 알아야 한다고 답했었지요. 다시 말해, 미덕에 관한 진정한 앎이 도덕행위를 위한 기준을 제공한다는 것입니다. 반면 중국의 문화전통은 완전히 이와 다른 방식입니다. 진리는 도덕을 벗어나 있지 않고, 진리의 조건과 이유를 이해하는 것이 도덕을 완전하게 만들어 줍니다. 마찬가지로 중국 고대문화의 '도道'는 바로 법칙이나 진리, 도덕과 정신생활의 방식을 의미합니다.

기술유전자 문화에서 인류 생활의 변화는 주로 외부로부터 시작되지만, 중국의 전통문화에서 주도적 위치를 점하는 원칙은 이와는 다른 형식입니다. 즉 자기교육과 자기극복이지요. 이러한 방식은 인간과 세계를 유지시켜 줄 수 있는 전통적 조화의 사상에 잘 맞아떨어집니다.

나는 우리가 새로운 발전 전략과 새로운 가치관을 모색하기 위해서는 인간 활동의 두 방향성을 서로 조화하고 융합시켜 나가야 한다고 생각합니다. 철학적 특징 속에서 드러나는 중화문명 및 중국문화는 이러한 과정 속에서 긍정적이고 값진 역할을 수행할 수 있을 것입니다.

문회 : "철학은 문화적 세계관의 보편성에 대한 반성적 사고이다"라고 하신 적이 있습니다. 이와 관련하여 한 말씀 부탁드립니다. 그리고 철학과 당대의 세계와의 관계를 어떻게 바라보십니까?

'문화의 보편성(범주)' : 모든 문화를 관통하는 사회 속 유전자조직

스테핀 : '문화적 세계관의 보편성'은 모든 현상을 망라한 하나의 대주제입니다.

인간 활동은 두 가지 프로세스에 의해 조절됩니다. 하나는 생물 진화의 결과로서 유전되는 프로세스이고, 다른 하나는 사회의 진화 속에서 형성되는 문화적 프로세스로서 개체 생물이라는 측면을 초월하여 인간의 활동, 행위, 교류를 조절합니다. 문화에 의한 조절은 생물적 프로세스에 적극적으로 반대작용을 일으킵니다. 그렇다면 이제 문제가 되는 것은,

과연 무엇이 한 문화체계의 정체성을 보증하는가, 그 체계의 기초를 이루고 있는 것은 무엇인가 하는 점입니다.

이 문제에 답은 바로 문화적 세계관의 보편성입니다.(많은 경우 이들은 '개념' 혹은 '문화범주'라고도 불립니다.) 구체적으로 말해 '인간', '활동', '자연', '개성', '합리성', '권리', '전통과 혁신', '선과 악', '자유', '공정', '희망', '사랑' 등등이 있습니다. 세계관의 보편성은 특정 문화 분야로 국한되지 않습니다. 모든 문화를 관통하여 문화의 각 방면에서 드러나며, 이들 각각의 구성요소들은 모두 직간접적으로 서로의 전제가 되어 하나의 전체적인 네트워크체계를 이루게 됩니다. 이 체계는 각 시대를 살아가는 인류의 생활상에 드러내 주는 동시에 현시대 인류의 일상의식 속 범주구조 또한 정의해 줍니다.

세계관의 보편성이 사회적 삶 속에서 담당하는 기능은 생물 유기체 속의 유전자의 기능과 비슷합니다. 보편성끼리 서로 연결되어 사회생활의 유전자 조직체를 형성하지요. 새로운 생물종의 출현이 유전자 조직체의 변화와 분리될 수 없듯이, 사회 유기체의 변화 역시 세계의 기본적 가치관과 의미를 담고 있는 유전자 코드와 결코 분리될 수 없습니다.

새로운 가치관이 대중의 의식을 구성하기에 앞서 반드시 정신혁명이 발생

마르크스주의 사회의 원리에서 경제는 사회변혁의 발생동기가 되며, 생산력의 발전은 기술혁명의 결과라고 여겨집니다. 이 과정 속에서 새로운 생산력의 수준과 과거의 낡은 생산관계 간의 갈등은 양자의 교체를 초래하여, 기존의 거시적 사회구조의 변형을 불러일으키고 특수한 사회조직 유형을 대표하는 새로운 사회경제구조의 출현을 가져오게 됩니다.

이러한 사회적 변혁 속에서 사회진화의 여러 현실적 특징이 드러납니다. 주류를 이루던 이전 가치관이 변화하면서 새로운 가치 방향과 세계관의 보편성은 새로운 의미를 만들어 냅니다. 이러한 변혁의 결과는 대중의 의식을 이루는 한 부분으로 전환됩니다. 또한 이것이 생활세계의 새로운 상의 기초가 되기 전까지는 불안정한 국면, 갈등상태, 여러 사회역량 간의 각축이 장기간 지속될 것입니다. 사회의 거시구조와 사회제도를 바꾸는 정치혁명에 비해 정신혁명은 늘 먼저 발생합니다.

사회가 발전하는 과정에서는 항상 문화보편성 체계를 나타내는 기존의 이데올로기가 더 이상 사회적 활동의 재생산과 융합을 보장해 주지 못하는 시기가 나타나게 마련입니다. 이때 우리는 전통을 타파하고 새로운 세계관의 의미 속에서 출구를 찾을 필요가 있습니다.

철학의 사회적 사명은 시대의 문화적 보편성을 분석하고 범주적 이론을 구축하는 것

철학의 사회적 사명은 상술한 문제를 해결하는 것에 있습니다. 철학은 문화보편성에 대한 이성적 이해와 비판적인 분석 방법의 힘을 빌려 새로운 세계관적 지향을 모색하고자 합니다. 이 과정 속에서 문화보편성은 철학의 범주로 전환됩니다.

철학적 지식은 새 이데올로기의 형성을 불러오고 문화의 격변을 촉진하여 사회의 중대 변화에 대비합니다. 철학은 새로운 세계관을 이루는 핵심적인 이론 요소를 형성하며, 새로운 생활방식을 더 잘 설명해 줄 수 있는 관념들을 도입하여 인간의 세계이해에 도움을 줍니다. 우리가 어떤 개념적 상징을 가치관으로 삼아 이를 논증하고자 할 때, 이 개념들은 이데올로기와 같은 역할을 하게 됩니다. 가치관의 전환기에서 이런 관념들은 더욱 실천적 의미로 변모합니다. 따라서 이들은 정치논평, 문예비평, 문학작품, 신종교 등의 형태로 도덕·정치·사법적 관념을 현실사회의 실천영역 속으로 도입하게 해 주는 동력 혹은 촉매제가 됩니다. 이로 인해 새로운 범주의 함의가 고도의 철학적 추상의 차원에서 문화 기초 속으로 스며들게 되어, 철학 관념과 정서적 내용이 문화보편성으로 융합됩니다.

미국 헌법의 제창자들이 로크 사상을 활용한 것이 바로 그 좋은 사례입니다. 로크의 많은 사상(인권, 권력분립 등)들은 미국 헌법이 제창되기도 전에 이미 형성되어 있었습니다.

현대의 사회변천 속에서 철학은 미래사회의 기초가 될 수 있는 새로운 가치의 가능성을 모색해야

철학은 특수한 문화에 대한 자각의식이라 할 수 있습니다. 그것은 자신의 발전에 적극적으로 영향을 미치며, 새로운 사회 생활방식의 형성을 촉진합니다. 비유하자면 철학은 하나의 유전자 프로세스(사회생활의 미래 모습을 창조할 가능성을 담은 유전자)로 특징지어질 수 있습니다.

구조를 예측하는 철학의 기능은 사회발전의 근본적 변혁 시기와 새로운 문명발전의 형성 단계에서 뚜렷이 드러납니다. 최근 30년 동안 나는 여러 저서들을 통해, 인간은 이미 완전히 변혁을 마친 시기로 접어들었고, 그런 만큼 삶의 실천을 변화시킬 새로운 가치체계 (정신적 모형)가 등장하게 될 것임을 논증하였습니다. 변화의 정도를 놓고 보면, 이 시대는 "전통 유형의 발전 모델에서 기술 유형의 발전 모델로의 전변"에 비교될 수 있습니다. 그런데 이러한 제1단계의 전변(전통문명의 발전 단계)이 한 세기에 걸쳐 이루어져 왔다면, 현재와 같은 조건에서 새로운 전변(기술유전자 문명의 발전 단계)은 더욱 급속하게 이루어지게 될 것입니다.

현대문화의 변천 속에서 철학은 새로운 가치의 가능성을 찾아야 하고, 이 새로운 가치들이 미래문명의 지속 가능한 발전의 토대가 될 수 있도록 해야 합니다. 이는 현대의 철학이, 나아가 단지 철학만이 아니라 인문사회과학 체계 전반이 맡아야 하는 매우 중요한 임무이자 목표입니다.

문회 : 생명과학기술 인류문화를 분석하면서 포스트휴먼(post-human)이라는 개념을 언급하셨는데, 이 개념에 대해서, 그리고 인류의 미래에 대해서 선생님의 견해를 말씀해 주시면 감사하겠습니다.

'생물-통제론적 전환'은 인체를 전자화하고 유전적으로 개조하는 '포스트휴먼'의 탄생을 촉진

스테핀 : 생명과학기술을 포함한 '융합과학기술'의 발전 전망을 언급할 때는 대개 실제 응용되는 예를 들어서 설명하곤 합니다. 의사가 새로운 기술을 사용하여 이전에는 손도 댈 수 없었던 유전질환을 치유한다거나, 면역체계에 공격받지 않고서 손상된 기관을 대체해 이식할 수 있는 줄기세포를 배양한다는 것이지요. 의학 분야에서는 이미 현대의 기술을 적용해서 인간 수명의 연장이라는 현실적인 비전을 펼쳐 가고 있습니다.

하지만 현재의 기술발전 과정에서 우리는 미래에 발생할 위험성을 충분히 인식하고 있지는 않습니다. 그 중에서 가장 위험한 것은 인류에 대해 진행될 수 있는 극단적인 생물-통제론적 전환입니다. 이른바 초인주의(trans-humanism)라는 관점이 이 시대에 발맞추어 생겨나고 있는데, 이 입장은 정보와 생물유전자의 발전에 입각하여 인간을 단지 더 높은 진화 단계에 있는 중간적 존재로만 여깁니다. 이러한 방향성은 '포스트휴먼으로의 진화'(post-human evolutionary)라는 새로운 단서를 제공하였습니다.

초인주의자는 인류의 미래가 자멸의 길로 전개될 경향이 있다고 예측합니다. 유감스럽게도 이러한 가능성은 결코 배제될 수만은 없습니다.

인간 생물유전자의 변화는 문화질서의 변화를 동반, 기존 가치의 파괴가 발생

유전자 기술을 적용하여 다양화되고 전문화된 생물 개체를 설계하고, 이를 통해 기존의 인간이 수행할 수 없었던 임무를 수행한다는 새로운 연구 추세는 공공생활의 구조를 완전히 바꾸게 될 것입니다. 어쩌면 인간사회가 마치 개미 등의 곤충 군체처럼 바뀌어, 각각의 개체가 병정개미, 일개미, 여왕개미 등으로 배정되어 모두 유전자프로그램의 통제를 받게 될 가능성도 있습니다.

인간은 생물적 동물이자 사회적 동물로서, 그 삶의 행위는 두 가지 상호 관련된 프로세스로 규정됩니다. 생물유전자 프로세스와 문화 프로세스가 그것입니다. 만약 인간 생명활동의 생물유전자를 이루는 부분에 변화가 발생하면 문화의 변화 또한 불가피해집니다. 인류가 수천 년 동안 사회진화 과정 속에서 만들어 온 가치 역시 파괴를 맞이하게 되겠지요. 미국의 저명한 정치학자인 프랜시스 후쿠야마는 『우리 포스트휴먼의 미래』에서 만약 어떤 생물적 전환으로 인해 '포스트휴먼'과는 또 다른 '준─인종'이 탄생하게 된다면 법과 평등과 인권이라는 가치는 그 의미를 상실하게 될 것이라고 지적했습니다.

인간을 시장 관계의 대상과 수단으로만 이해하는 것은 '생물─통제론적 근대화' 기술에 길을 열어 주는 것이나 다름없는 것으로, 가장 위험한 태도입니다. 현대의 시장원칙은 '생물─통제론식 보완' 기술을 받아들일 준비를 이미 마쳤습니다. 이러한 기술은 큰 이익을 가져올 뿐만 아니라 엔지니어링, 신소재 제조 및 컴퓨터 연구개발 등의 기타 분야에서도 기술혁신을 가져올 수 있기 때문입니다.

융합과학기술의 발전에는 위험 평가가 동반되어야, 인문사회과학의 성과가 필수

이러한 상황에서 위험 분석과 의미 평가의 중요성은 급격히 증가합니다. 인간을 연구대상으로 삼는 복잡한 발전체계를 탐색하고 파악할 때, 전문적인 심사는 연구와 기술 활동을 위한 필수요소가 됩니다.

인문사회 전문지식의 유용성은 이러한 지식에 인문사회과학의 현실적 성과가 적용되어 있는지의 여부에 크게 좌우됩니다. 때문에 인문사회과학은 구체적인 연구 및 실제 문제해결을 지향하는 학문과 더불어 지식통합체를 형성하였습니다. 머지않은 장래, 인류가 융합과학기술을 장악하게 된 이후에도 계속해서 인문사회과학의 새로운 성과들을 통해 인류가 직면하게 될 새로운 문제들을 해결할 필요가 있습니다. 이러한 문제는 모든 생활 속 실천 분야에 적용되어야 합니다.

이제 우리는 저명한 민속학자이자 문화학자인 레비스트로스의 말을 다시 한 번 돌아볼 때가 되었습니다. "21세기는 인문사회과학의 세기이거나, 아예 존재하지 않게 될 것이다."

문회 : 선생님의 의견을 경청할 수 있는 매우 영광스런 시간이었습니다. 세계철학대회 "과학, 기술 그리고 환경철학" 분야의 주제발표 또한 매우 기대됩니다. 북경에서 뵙겠습니다.

글 ‖ 장함주亭舍冊 / 종합교열 ‖ 장함주 · 진환陳歡(연합인터뷰팀)
러시아어 번역 ‖ 전종기錢宗旗(상해국제문제연구소)
왕시옥王時玉(화동사범대학교)

군나르 시르베크
Gunnar Skirbekk

사회적 교류의 실천 속에서 '반半근대적 태도'와 '논변공포' 피하기

'다원적 근대성'의 제창자

군나르 시르베크

인터뷰이 : 군나르 시르베크(Gunnar Skirbekk), 이하 '시르베크'로 약칭
　　　　　(노르웨이 베르겐대학교 철학과 및 과학론센터 명예교수, 노르웨이과학예술학원
　　　　　회원, 노르웨이 왕립 과학 및 문학협회 회원, 화동사범대학교 초빙교수)

인터뷰어 : 하민년賀敏年(상해사범대학교 박사후 연구원, 노르웨이 베르겐대학교 철학과
　　　　　및 노르웨이과학론센터 방문학자)
　　　　　김문진金雯珍(화동사범대학교 철학과 석사과정)
　　　　　욱진화郁振華(지도교수 : 화동사범대학교 철학과 교수)
　　　　　── 이하 '문회'로 대칭

인터뷰 일시 : 2018년 2월(노르웨이 과학론센터 대면 인터뷰),
　　　　　　　4월~6월(수차례의 메일 인터뷰)

물이 깊지 않아도 용이 사는 곳에는 영기가 서려 있고, 나라가 크지 않아도 인재가 있으면 이름을 떨친다. 많은 중국인들이 극작가 헨리 입센을 통해 노르웨이라는 나라를 안다. 그런데 노르웨이에는 위대한 극작가도 있지만 저명한 철학자도 있다. 베르겐대학교 명예교수 시르베크 역시 그 중 한 명이다.

중국의 많은 동료 학자들은 그를 '노희老希[1]'라고 부른다. 1990년대부터 노희는 '마르코 폴로'적 관점에서 중국 학계와 폭넓은 교류와 협력을 이어오면서 학문적인 친분을 쌓아 왔다. 81세의 노희는 현재 북유럽의 플로이산 중턱에 있는 고풍스러운 흰색의 정원에 살고 있다. 21세 때 이미 『허무주의?』라는 저서를 통해 북유럽에 이름을 떨친 이 철인은 철학자의 사회참여의 일환으로서 읽기, 쓰기, 말하기, 듣기 외에도 철학자 신분으로 떠나는 여행이 필요하다고 주장한다. 그의 『서양철학사』는 1970년 출간된 이래 독일, 러시아, 영국, 우즈베키스탄, 터키, 아랍 등 20여 종의 외국어판 '여행'을 거쳐 2004년 중국어판이 세상에 나왔고, 벌써 제3판이 인쇄되었다.

시르베크는 오랫동안 '분석-대륙'이라는 양대 철학전통 간의 대화와 융화에 힘써 왔다. 그는 마르쿠제, 아펠, 하버마스 등으로 대표되는 두 세대의 프랑크푸르트학파 학자들의 작업을 깊이 받아들이는 동시에 하이데거 철학을 비판적으로 고찰하였고, 또 후기 비트겐슈타인 철학의 시각에서 분석-언어철학의 전통을 숙지하였다. 그는 각 학자들을 융합한 뒤 이를 다시 베르겐대학교 철학과의 동료들과 함께 '선험적 실천학'이라는 독특한 이론으로 발전시켰다. 이 이론에서는 실례를 들어 행동에 내재한 전제조건을 분석한다. 이러한 기초를 바탕으로 그는 자신만의 독특한 '합리성' 개념을 사용하여 근대성 개념의 '일一'과 '다多'를 분석하였고, 나아가 이 개념적 틀을 노르웨이로 대표되는 '근대성 실천'의 심층적인 해부에도 적용하였다.

노르웨이철학은 서로 다른 지식패러다임에 대응해 나가며 '소국'이라는 자신

---

1) 역자 주 ― 시르베크의 중국식 표기 '希爾貝克'의 앞 글자에 어르신을 지칭하는 '老'를 더한 것이다.

의 독특한 면모와 스타일을 서서히 확립해 왔다. 따라서 중국의 철학계는 스칸디나비아의 성공 스토리에 대해 끊임없이 질문을 던지면서 더 효과적이고 더 우수한 표현과 이해를 찾고자 노력해야 할 것이다. 이것이 바로 '대국'으로서 마땅히 해야 할 실천이다. 질문과 답변은 곧 교류의 실천으로, 철학이 지니는 중요한 의미이다. 이는 합리성에 기초한 근대성의 핵심을 이루며, 동시에 중국철학을 하고 중국적 근대성을 창조하기 위해 반드시 배워야 하는 덕목이기도 하다.

【철학과의 인연 그리고 궤적】

문회 : 선생님의 『다원적 근대성』(최초에는 영어로 발표, 후에 노르웨이어와 중국어로 번역되었고 2017년 러시아어판이 출판됨) 중국어판 말미에서 중국어 독자들만을 위해서 본인의 사상을 자술하신 바 있습니다. 청년 시절 의학을 포기하고 철학으로 돌아서는 중대한 변화를 겪으셨는데, 이후 선생님의 철학 또한 인간 행동에 대해 일반적이고 보편적인 해석을 제공하겠다는 신념에서 좀 더 다원적이고 유연한 태도 쪽으로 방향이 바뀌지는 않으셨나요?

제2차 세계대전 이후 노르웨이 '실천학'은 분석철학과 유럽대륙철학 전통의 조화를 시도

시르베크 : 60년 전으로 되돌아가 보죠. 1958년에 나는 첫 번째 저작 『허무주의?』를 썼습니다. 실존주의에 관한 책이었습니다. 당시는 제2차 세계대전이 끝난 지 얼마 되지 않은 시기였는데, 노르웨이는 지정학적으로 유럽대륙과 영미권(앵글로색슨) 세계 사이에 있었기에 문화와 철학이 전쟁으로 일어난 긴장상태를 조화시켜야 한다는 시대적 요구에 직면해 있었습니다.

철학의 경우, 어떻게 분석철학의 장점과 유럽철학의 통찰력을 결합시킬지가 하나의 문제였습니다. 이는 바로 베르겐대학교 철학과에서 주로 매진한 방향이며, 내가 시도한 철학이기도 했습니다. 실제로 한편에서는 후기 비트겐슈타인의 『철학연구』로부터 연구에 착수하고, 다른 한편으로는 마르틴 하이데거의 『존재와 시간』으로부터 작업을 시작했습니다. 우리가 가장 심혈을 기울였던 것은 행동의 선결조건에 대한 분석 즉 '실천학'이었는데, 예컨대 '암묵적 지식'(tacit knowledge)과 행동의 구성요소로서의 능력(일종의 특수한 행동)이 있을 수 있는가를 고찰하는 데 목적이 있었습니다. 따라서 (일정 부분) 분석철학과 유럽대륙철학의 전통을 하나로 묶어 낸 실천학이라 할 수 있을 것입니다. 이러한 방향은 행동뿐 아니라 언어행위에도 주목합니다. 우리는 각각 분석철학과 유럽대륙철학의 아펠(Karl-Otto Apel)과 하버마스(Jürgen Habermas)에게서 힌트를 얻었습니다. 특히 언어행위의 내재적 유효성을 주장하기 위해 필요한 보편적 선결조건에 관한 연구의 도움을 많이 받았습니다.

우리는 길버트 라일(Gilbert Ryle)의 이른바 '비형식의 귀류논증' 혹은 '귀류법'을 차용하여 이러한 조건을 구합니다. 앞에서 언급했듯이 이 작업의 최종적 목표는 분석철학의 장점과 유럽대륙철학의 사고방식을 융합시키는 것입니다. 하지만 유럽대륙철학 전통에 비해 우리의 방식이 보다 점진적입니다. 우리는 칼로 자르는 듯한 이분법을 거부하고, 점진적이고 단계적인 방식으로 개념과 논증을 고찰해 나갑니다. 말씀하신 바와 같이 더욱 다원화된 시각을 채택한 것이라 할 수 있겠습니다.

전체적으로 이것이 내가 철학하는 방식이며, 많은 노르웨이 철학자들이 제2차 세계대전이 끝난 직후의 기간 동안 지녀 왔던 철학적 태도입니다. 뒤이어 근대성과 근대화 이론, 과학과 인문 이론 등 다른 이슈들로 이어졌지요. 그런데 이러한 전개 과정은 내 사상의 점진적 변화 과정과도 일치합니다.

문회 : 과연 근대란 무엇일까요? 어떻게 근대를 평가할 수 있을까요? 근대화 과정은
한 가지 종류뿐일까요, 아니면 여러 종류가 있을까요? 선생님은 합리성의 각종
형식을 통해 근대성을 이해할 수 있으며, 합리성은 논리적이고 언어적일 뿐만
아니라 행동에 기초해 있는 것으로서 역사적 행위자와 제도 속에도 합리성이
위치해 있다고 보십니다. 선생님의 '다원적 근대성' 주장은 한편으로는 근대화
과정(서양 내부의 근대화 과정을 포함한)이 다원적임을 가리키는 동시에, 다른 한편으
로는 '서양적'인 근대성이든 '비서양적'인 근대성이든 모두 계몽적이고 자기비판적
인 논변의 기초 위에서 이성과 합리성의 각종 형식들을 모조리 포용해야 함을
강조합니다. 이렇게 말한다면 오직 하나의 근대성만이 있을 뿐입니다. 근대성
문제는 매우 중요한 이론과 실천의 과제임이 틀림없습니다. 현재 집필 중인 저작들
에서 여전히 이 문제에 주목하고 계신가요?

독특한 합리성 관념에 입각하여 근대성 개념의 '일―'과 '다多'를 이해

시르베크 : 분명 제2차 세계대전 이후 다원적 근대성은 매우 주의 깊게
살펴봐야 할 주제로 떠올랐습니다. 분석철학과 유럽대륙철학 전통을
조화시키려는 시도뿐 아니라 현대사회의 다원성 문제와도 관련이
있기 때문이었습니다. 예를 들어, 스칸디나비아의 작은 나라인 우리
노르웨이는 주위의 모든 국가들과 교류하면서 항상 이들의 언어,
즉 독일어, 영어, 프랑스어 등을 사용해야 했습니다. 학교에서도 우리
는 모국어와 함께 이 언어들을 사용하여 말하고 글을 썼습니다. 또한
많은 사람들은 지금도 독일어로 글을 쓰고 있습니다.

우리가 논하는 근대화 문제의 바탕은 하버마스와 막스 베버(Max Weber)
로부터 왔습니다. 이들은 여러 종류의 제도 건립에 관심을 가지고
있고, 이를 합리성의 여러 형식과 관련시키고자 하였습니다. 나아가
우리는 프랑크푸르트학파의 초기 사상도 포함하고 있습니다. 말이
나온 김에 한 가지 첨언하자면, 베트남전 기간에 나는 캘리포니아대학
교 샌디에이고 캠퍼스에서 헤르베르트 마르쿠제(Herbert Marcuse)의
연구조교로 있었습니다. 그는 프랑크푸르트학파 1세대에 속하지요.

이 전통 아래에서 우리는 기본적으로 도구이성으로 합리성을 규정하며, 미학이념과 예술을 해방의 힘으로 삼습니다.

그 뒤를 이은 프랑크푸르트학파 2세대의 하버마스와 같은 인물들은 주로 사회과학에 주목하고 합리성의 해석 및 논변의 형식에 관심을 가졌습니다. 따라서 여러 과학과 인문과학에 대해 보다 다원화된 이론해석을 내놓았지요. 따라서 우리는 영어 'science'가 아니라 독일어 'Wissenschaften'(혹은 스칸디나비아어의 'vitskap'/'vitenskap')을 사용하여 이 전체 그림을 그릴 필요가 있습니다. 'Wissenschaften'에 입각하여 그려 낸 '과학'의 범주에는 자연과학뿐만 아니라 사회과학, 인문과학, 신학, 법학 및 종합대학의 모든 학과가 포함될 수 있습니다. 따라서 2세대 프랑크푸르트학파에 근거한 근대성 개념은 각종 과학(Wissenschaften)의 발전과 그로 인해 건립된 제도의 관계를 포함하며, 서로 다른 제도와 형식의 합리성 사이의 관계를 강조합니다.

따라서 방금 던진 질문에 대한 나의 대답은 "그렇다"입니다. 나는 앞으로도 계속해서 다원성과 보편성의 두 각도에서 합리성과 근대성이라는 두 개의 논제를 탐구해 나가면서, 현대세계가 맞이하는 다양한 도전에 관심을 기울일 것입니다.

【철학사상과 업적】

문회 : 노르웨이 베르겐대학교 과학론센터는 최근 아주 고풍스럽고 아담한 새 집으로 이사를 마쳤습니다. 'vitenskapsteori'라는 노르웨이어의 개념에 대해 간략히 설명을 해 주시겠습니까? 이 개념은 어떤 의미에서 실천학의 기본 원칙과 연결되어 있습니까?

'vitenskapsteori', 노르웨이 고유의 학술용어, 과학과 인문의 소통을 의미

시르베크 : 그렇습니다. 이 개념은 노르웨이어 고유의 학술용어로, 1975

년 노르웨이 연구위원회에 의해 처음으로 제안되었으며 독일어로는 "Wissenschaftstheorie"라고 부를 수 있습니다. 영어에는 직접적으로 대응되는 단어가 없습니다. 앞서 언급했듯, "Wissenschaften"은 사회과학, 인문과학, 신학 및 종합대학에 있는 모든 기타 학과를 포함합니다. 대학에서, 그리고 현대사회에서 자연과학과 인문과학은 전문지식의 영역과 기타 종류의 활동에서 중요한 역할을 담당합니다. 따라서 이들의 역할 및 그 장단점을 제대로 이해하는 것은 매우 중요합니다. 현대사회에는 여러 종류의 학과들이 존재합니다. 여기에서 학생들이 반드시 배워야 할 두 가지 사항이 있습니다. 첫 번째는 한 가지 특정한 학과 혹은 모델을 배우는 것이고, 두 번째는 그 어떤 학과나 모형도 실재가 아님을 분명하게 인식하는 것입니다. 예를 들어, 동일한 주제에 대해 경제학에서는 어떤 특정한 시각을 제공할 것이고 사회학 역시 경제학과는 다른 어떤 시각을 제공할 것입니다. 따라서 이러한 다원적 시각은 현대사회의 합리성 생산을 촉진하는 하나의 방식입니다. 연구위원회는 바로 우리가 자연과학과 인문과학에 대해 전반적인 고찰을 해 나가야 한다는 점을 보았던 것입니다.

과학과 인문 이론을 갖춘 학자는 행동의 선결조건과 한계를 인식해야

따라서 vitskapsteori라는 개념적 틀 아래에서 연구를 진행하는 학자는 두 가지 자질을 반드시 갖추어야 합니다. vitskapsteori를 영어로 표현하자면 'theory of sciences and humanities'(자연과학과 인문과학의 이론)이라 할 수 있습니다.(물론 'theory'[이론]보다는 'study or research'[연구]가 더 좋을 수도 있겠습니다.) 즉, 이중의 능력이 요구되는 것입니다. 예를 들어 어떤 사람이 물리학을 연구한다고 할 때 이 분야의 사람들과 이야기하기 위해서는 우선 물리학을 제대로 이해해야 하듯이, vitskapsteori는 외부에서 고찰해 나가는 사회학 혹은 역사연구(이것 역시 필요합니다만) 이기도 하지만 그 영역에 들어서기 위해서는 반드시 내부에서 그 영역을 이해해 나가야 한다는 것을 의미하기도 합니다. 철학적 방법론을 택하든 역사나 사회과학적 방법론을 택하든, 어떤 상황에서도 이러한 내부적 이해는 필요합니다.

해당 분야의 지식을 갖추는 동시에 자신의 연구 분야와 관련을 맺고 있는 분야의 선결조건에 대해서도 반성적 통찰이 있어야 합니다. 여기에서 실천학이 다시금 강조될 수 있습니다. 이는 이미 사용된 개념 및 사용되었어야 하지만 아직 사용되지 않은 개념과 같은, (행동의) 선결조건과 구조적 전제에 대한 인식을 말합니다. 우리는 이러한 선결조건과 그 한계에 대해 인식할 필요가 있습니다.

이 사상의 영감은 일정 부분 아른 네스(Arne Næss)와 제2차 세계대전 후의 대학의 전면적 확장이라는 사건에까지 거슬러 올라갈 수 있습니다. 네스는 동료들이 다른 분야에서 하는 작업에 대해 깊은 호기심을 느끼고 적극적인 태도를 보였으나, 동시에 매우 비판적이기도 했습니다. 호기심과 비판의 시선, 이것은 바로 학술계 내에서 통용되는 '인간됨'이라는 자질과 관련이 있습니다. 대학에서 우리는 타인을 존중하고 타인의 말에 흥미를 가지며 타인의 작업을 이해하고자 시도해야 합니다. 동시에 기꺼이 타인의 엄숙한 비판을 받아들일 수 있어야 하며, 자기비판도 소홀히 해서는 안 됩니다.

이러한 비판과 자기비판은 오류 가능성과 다원성과 직결됩니다. 이는 근대적 합리성의 매우 중요한 측면입니다. 따라서 우리는 아래와 같은 두 가지 일들을 최대한 피하도록 해야 합니다.

오류 가능성과 다원성을 견지하여 '반反근대적 태도'를 피할 것

첫째, 자연과학과 같은 하나의 이성, 하나의 과학만을 견지하고, 해석적이고 논변적인 과학을 소홀히 하는 것입니다. 이는 '반反근대'적인 태도입니다. 주위를 둘러보면 사람들이 많은 부분에서 '반反근대'의 모습을 보이는 것을 발견하게 될 것입니다. 그들은 자연과학과 기술만을 고집하고 해석적이고 논변적인 과학은 경시합니다.

따라서 우리는 현대세계의 복잡성에 대응하기 위해 각종 과학의 전체적인 계보를 고려하여 과학적 인식의 다원성과 한계성을 깨달아야 합니다. 이는 자신의 연구에만 해당되는 것이 아니라 학생을 가르치는 일 속에서도, 정부의 고문으로 참여하거나 공공 분야의 업무를 맡을 때에도 똑같이 적용됩니다. 학술 편제 내의 구성원들이나 이러한 편제 내에서 교육받은 모든 사람들을 비롯하여 다양한 전문가 및 전문직 종사자들에게는 모두 이러한 자기반성이 필요합니다. 나아가 이 점은 '가짜뉴스'와 '탈진실'(post-truth)[2])에 대한 논의, 과학에 대한 신뢰 문제와도 직결됩니다. 우리가 과학을 신뢰하기 위해서는 여러 가지 과학적 한계와 불확정성, 다양한 시각을 모두 고려해야 하기 때문입니다.

하지만 우리 역시 점차적인 개선을 수용하고 더 나은 논증을 찾아나가야 합니다. 여기에서 재차 '더 나은 논증'을 언급했는데, 이는 더 나은 논증을 찾고 미흡한 논증을 버리는 것을 말합니다. 우리가 잘 알고 있듯, 이 개념은 선험화용론(transcendental pragmatics)과 2세대 프랑크푸르트학파에서 지극히 중요합니다.

이는 계몽 관념을 중시하는 것으로, 반대논증을 더욱 개방적인 태도로 대하면서 직접적으로 토론에 임하는 것을 말합니다. 대학 내에서 각종 연구자들이 무엇을 하는지를 관심을 가지고 살펴보는 것이 하나의 좋은 방법일 수 있습니다. 어떤 사람들은 실험실에 있고, 어떤 사람들은 도서관과 기록 보관소에 있고, 어떤 사람들은 들판으로 나가 조사를 하고, 어떤 사람들은 바다로 가서 어업에 관한 연구를 합니다. 하지만 최종적으로는 모든 연구가 학과 내의 토론으로 귀결되게 마련입니다. 우리는 더 좋은 논증을 찾아서 더 나쁜 논증과

---

2) 역자 주 — 개인적인 신념이나 감정이 여론 형성에 더 큰 영향력을 미치는 현상을 이르는 말로, 객관적 사실보다는 주관적 감정에 치우침을 의미한다.

대체하기 위해 토론을 합니다. 따라서 반대논증을 수용하는 개방적인 태도가 바로 계몽의 일부분일 수 있습니다. 나는 이것이 대학을 포함한 현대의 모든 학술 편제들에 공통으로 적용되는 사항이라 생각합니다.

'논변공포'를 피하기 위해 개방적인 태도로 반대논증을 대할 것

따라서 두 번째로 피해야 할 일은, 이성적이고 개방적인 토론을 독단적으로 무시하는 것과 반대논증을 꺼리는 일입니다. 한마디로 말해 '논변공포'를 피해야 합니다. 이 점에 관해서는 2세대 프랑크푸르트학파 및 다른 일부 학자들(칼 포퍼 또는 여타 분석철학자들)의 입장에 찬성합니다. 이는 나에게도 매우 중요하며, vitskapsteori 개념이 의미를 가지는 부분이기도 합니다.

그런데 편제와 학습과정이 형성되고 확장되는 문제는 세계 각 지역 간에 큰 차이가 존재합니다. 바로 그렇게 때문에 많은 중국의 좋은 친구들과 동료들이 나에게 매우 중요합니다. 보다 보편적으로 말하자면 서로 다른 역사적 배경과 서로 다른 학습 과정을 가진 사람들을 이해하는 것이 매우 중요합니다. 근대성의 측면에서는, 그리고 우리에게서는 많은 것들이 보편적인 것일 수 있습니다. 예컨대 우리 모두가 기술, 생태학 및 과학이 만들어 낸 외부적 도전을 고려해야 하는 것과 같습니다.

네, 분명 세계 각 지역에는 많은 차이가 존재합니다. 다양한 학습과정과 편제의 발전양상이 존재하지요 이는 근대성의 한 측면이기도 합니다. "다원적 근대성"이라는 나의 책 제목이기도 한 명칭을 사용해서 묘사할 수도 있겠네요. 이 아이디어는 중국의 친구, 동료들와 토론하는 과정에서 나온 것입니다.

【중국철학 그리고 세계철학대회를 바라보다】

문회 : 이제 철학으로 초점을 맞추어 보겠습니다. 우리는 어떻게 "철학과 그 시대와의
관계"라는 이 고전적인 문제 속에서 새로운 내용을 발견할 수 있을까요? 철학과
세계와의 관계를 어떻게 이해해야 할까요?

철학은 자신의 관점에 대한 논증과 관련

시르베크 : 넓게 말하면 모든 세계관을 하나의 철학이라고 볼 수 있겠지
만 좁은 의미에서 보자면 철학은 자신의 관점에 대한 논증이기도
합니다. 단지 어떤 세계관을 지니는 것에 그치지 않고, 그 세계관을
위한 논증을 제공하는 것 또한 철학이라 할 수 있습니다. 좁은 의미의
정의를 통해 살펴보면, 우선 철학자들은 동일한 학파 혹은 전통에
있는 사람들과 우선적으로 토론을 벌여야 합니다. 유가나 법가, 고대그
리스철학자 등이 그러한 사례로, 이들은 항상 내부적으로 토론을
전개하였습니다. 이어서 자신의 학설을 제대로 이해하기 위해 다른
학파 및 전통의 장점과 자기 학파의 사상을 비교해 나가야 합니다.
이 과정에서는 지피지기의 자세가 필요하므로 토론의 범위 역시
기타 학파나 분야를 포괄해야 합니다.
우리는 철학사 속에서 사상적으로 차이가 큰 철학자들이 서로 대화를
나누거나 과학자나 수학자와 같은 비非철학 분야의 학자들이 특정
철학 논의에 관한 자신들의 주장을 내세우며 토론에 참여했던 사례들
을 자주 목격할 수 있습니다. 철학의 각 학파 사이의 토론은 철학의
새로운 대응을 불러일으킬 수 있습니다. 경험주의와 이성주의 간의
토론이 그 사례입니다. 이 토론 이후 칸트가 출현하여 둘 간의 조화를
시도했고, 논의가 계속 이어지게 되었지요.
따라서 우리는 철학 학파 내부에서도, 철학 학파들 사이에서도, 그리고
현대사회의 기타 학과의 옹호자들과도 토론이 가능합니다. 자연과학

이나 인류학 등은 물론이고, 진리를 말하는 이데올로기들과 종교까지도 모두 토론의 대상에 포함될 수 있습니다. 이때 철학자는 전문가로서 수많은 유용한 주장(모든 기간 내의 모든 주장이 아닌, 한 시점의 일부 주장)들을 고찰할 수 있습니다.

플라톤과 공자를 모범으로 삼아 사회위기를 위한 방안을 모색

다시 제기하신 문제로 돌아와 볼까요. 재미있는 것은 공자와 플라톤이 모두 동시대인 기원전 500년에 살았으며 당시 사회의 위기를 목격하고 비슷한 방식으로 대응하였다는 점입니다. 사회의 위기에 맞서 그들은 교육의 필요성을 말하고 사람들이 덕을 갖추기를 강조했습니다. 그들은 모두 교육으로 위기에 대응하였는데, 음악에서 예禮에 이르기까지 어떻게 "인간이 될지"를 깊이 배워야 한다고 했습니다. 그들은 같은 분야의 사람들이 제기하는 논변과 입장에 의해 철학을 전개했을 뿐만 아니라, 사회 속에서 발생하는 문제에 대응해서도 철학을 전개하였습니다.

오늘날 무슨 일들이 일어나고 있습니까? 새로운 기술이나 생물학적 발견을 예로 들어 보겠습니다. 이러한 새로운 상황 속에서 "인간이란 무엇인가?"라는 칸트의 4번째 질문은 새롭게 고찰될 수 있습니다. 우리는 옛날에 비해 더 깊은 생물학 지식을 가졌기 때문에 새롭게 인간과 동물의 관계를 정의해야 하며, 윤리를 어디에까지 적용해야 할 것인가 하는 문제에도 새롭게 답을 내려야 합니다. 이 외에 수많은 초인간적인 과학기술과 생명과학기술이 새롭게 생겨났습니다. 따라서 우리는 이러한 상황을 사고할 때 단순히 이론적 입장에서 사고할 것이 아니라 세계 속의 현실을 염두에 두어야 합니다.

문회 : 제24차 세계철학대회의 주제는 "학이성인"입니다. 노르웨이철학의 시각을 통해 이를 이해한다면 어떻게 이해할 수 있을까요?

학이성인 : 철학은 듣기, 말하기, 읽기, 쓰기를 포괄, 더 중요한 것은 여행 속에서의 철학 탐구

시르베크 : 사실 무엇이 노르웨이철학의 독특한 점인지는 확정하지 못하겠습니다. 노르웨이의 철학에는 일련의 전통과 편제들이 있는데, 이에 대해 엄격한 평가를 내려야 할 때도 있고 때로는 이를 절대적으로 옹호할 필요도 있습니다. 그래서 좀 다른 방식으로 이 질문을 이해해 볼까 합니다.

우선 중요한 것은, 철학은 단순히 "서가에 꽂혀" 있지 않다는 것입니다. 다시 말해 철학은 읽기, 쓰기, 듣기, 말하기와 같은 다양한 활동을 포함하고 있다는 것입니다. 이 외에도 여행 역시 언급할 필요가 있습니다. 철학자들은 여기저기를 돌아다녀야 합니다. 서로 다른 일을 하는 사람들을 사귀면서 철학자는 관심이 가는 문제들을 발견하게 될 수도 있습니다.

철학적 관점을 이해한다는 것은 단순한 정보의 교환뿐만 아니라 생산적인 활동, 사회화 과정, 역할 분담 등을 의미할 수 있습니다. 우리는 타인이 어떻게 생각하는지를 이해하는 법을 배웁니다. 이것은 일종의 실천이며, 철학 역시 일종의 실천입니다. 여기서도 재차 교육을 언급했는데, 이런 것을 보면 공자와 플라톤이 했던 말들이 매우 이치에 맞는다는 점을 다시 한 번 발견할 수 있습니다.

우리는 많은 것들을 혼자서 할 수 있지만, 다른 사람으로부터 배우는 것도 그만큼 중요합니다. 외부로부터 자신을 돌이켜보고 사회화 과정을 통해 성장하며 그 속에서 자기반성적 의식을 습득합니다. 이와 동시에 우리는 겸허한 수용의 자세를 지녀야 합니다. 나는 이러한 교육이 철학정신의 일부분이며, 기초교육이나 가정생활 등과 같은 사회의 다른 많은 측면들과도 긴밀하게 연관되어 있다고 생각합니다. 따라서 제24차 세계철학대회의 주제 "학이성인"은 의미가 매우 깊습니다. 이는 인간이 깊이 관심을 가지는 문제이며, 우리가 철학자로서 해야 하는 일들과도 밀접하게 관련된 문제입니다. 또한 반드시 그렇게 해야만 하는 문제이기도 합니다.

서로 다른 세계 속에 공통된 위기가 있음을 느끼다

좀 더 보충하고 싶은 것은, 지금 이 시대의 (모든 지역에서 마주할 수 있는) 긴장 국면에 직면하여 특히 철학자인 우리들은 더 많이 만나고 더 많이 교류해야 한다는 점입니다. 물론 다른 사람들도 모두 함께 모여서 서로 존중하고 경청하면서 체제발전, 학습과정, 전쟁과 위기의 경험, 문화의 차이를 이해하고자 해야겠지요. 이 모든 요소들의 양상은 서로 판이하게 나타나겠지만, 사실 우리는 모두 동일한 위기와 문제를 지니고 있습니다. 우리는 서로 같으면서 또 다릅니다.

우선 나의 경험을 말씀드리면, 나는 프랑스, 독일, 미국을 갔었습니다. 국경을 넘고 언어를 바꾸며 다른 나라에서 살아가는 그 자체가 하나의 좋은 학습과정이었지요. 하지만 내게 가장 큰 영향을 미친 것은 30년 전에 사귀었던 아주 친한 중국 친구였습니다. 나는 그 이후 중국철학을 배우기 시작했고, 중국의 역사를 점차 이해해 갔습니다. 당시 안타깝게도 중국어를 할 줄 몰랐지만(좀 더 젊었다면 틀림없이 배울 수 있었을 것입니다.) 중국 친구들과의 접촉을 통해 천천히 중국문화와 중국어를 '체득'할 수 있었습니다. 위기에 대한 감각은 경험해야 비로소 이해할 수 있다는 뜻입니다. 이는 내가 독일, 프랑스에서 느꼈던 혁명과 전쟁의 경험에도 적용됩니다. 이해하고 싶은 것이 있다면 단순히 회의에 참가하여 영어를 좀 말해 보고 책을 몇 권 읽고 나서 돌아오는 식으로는 불가능합니다. 반드시 다른 사람과 교류하면서 친구가 되어야 합니다. 큰 문제를 빼놓아서는 안 되겠지만 작은 문제도 반드시 함께 토론해야 합니다.

이런 점에서 우리는 서로 만나고 어울리며 교감해야 합니다. 지금도 나는 인터뷰를 통해 아름다운 우정을 느낄 수 있어서 기쁩니다. 교류라는 것은 그저 생각만으로 나눌 것이 아니라 물이 도랑을 만나듯 자연스럽게 하나가 되어야 합니다. 그래서 나는 이 "학이성인"이라는 주제가 더없이 중요한 주제라고 생각합니다. 특히 지금 우리의 시대에는 말이지요. "학이성인"이 이번 세계철학대회의 주제로 선정되어 매우 기쁘게 생각하며, 반드시 성공적일 것이라 믿습니다.

문회 : 아시다시피 크리스마스를 며칠 앞두고 스웨덴 공영방송국아 선생님의 80번째 생신을 축하하기 위해 탈진실(post-truth)을 주제로 기념회를 개최했습니다. 만약 우리가 진정으로 다원적 '탈진실'의 시대에 진입하는 중이라면 우리는 어떤 의미에서 '인간'의 개념을 철학적으로 재구성할 수 있으며, 또 어떻게 하면 이를 제대로 이해할 수 있을까요?

탈진실(post-truth)시대에 등장한 '초인류'의 문제, 생물학적 인간은 결코 인간의 존엄성을 외면할 수 없어

시르베크 : 이 문제 안에는 또 다른 많은 문제들이 내포해 있습니다. 우선 "가장 전형적인 의미에서 인간이란 무엇인가?"라는 질문이 있을 수 있겠지요. 일반적으로 언어와 행동 능력을 지니고 그 행동에 스스로 책임을 질 수 있는 성인(成年)이라고 답할 수 있습니다. 그런데 이는 한층 더 중요하고 복잡한 문제입니다. 보다 실천적인 측면에서의 논의도 있습니다. 예를 들면 "우리는 사회적 역할을 수행하고 사회화를 거치는 과정 속에서 어떻게 인간이 되는 법을 배우는가?" 하는 문제들입니다. 이 외에도 민감한 부분을 건드리는 수많은 난제들이 있습니다. 의료윤리 분야에서 이른바 '난치병 사례'를 한번 생각해 봅시다. 모든 인간들이 전형적인 의미의 '인간 생활'을 영위할 수 있는 것은 아닙니다. 어떤 사람은 영원히 성숙해지지 못하고, 어떤 사람들은 생명의 최종 단계에 머물러 있으면서 인간으로서의 능력 일부를 잃어버리기도 합니다.

결국 많은 사람들이, 인간이라는 종의 범위에 들어가기는 하지만 '엄격한 의미의 인간'이 가리키는 대상은 아닐 수 있습니다.

우리가 지금 마주하는 문제의 한 측면은 바로 생물학적인 측면입니다. 생물학 및 인류 발전의 측면에서 우리는 칸트 시절보다 인간에 대해 훨씬 더 많은 것을 알고 있습니다. 따라서 우리가 처한 이 시대에 "비인간과 비교하여 인간이 된다는 것은 과연 무엇을 의미하는가?"라는 문제는 보다 더 복잡한 고민일 수밖에 없습니다. 다른 한 측면은 기술과 관련된 문제입니다. "인간은 할 수 있지만 로봇은 못하는 일들은 무엇인가?" 이 문제에 나는 다시 한 번 "생물학적 신체에 기인한 사회화"라고 답하겠습니다. 즉 출생하여 어린이가 되고 언어를 배우고 실천기능을 배우며 청년이 되고 결혼하고 자식을 낳고 병들고 죽는 것을 말합니다. 만약 생물학적 신체를 제거한다면 인간은 기술적인 신체만 남게 됩니다. 태어나지도, 어린 시절을 갖지도, 청년이 되지도, 결혼해서 자식을 낳지도, 병에 걸리지도, 다치거나 죽지도 않을 것입니다. 만약 우리가 어떤 방식을 통해 생물학적 신체에 묶여 있는 모든 관념과 학습과정을 벗어나게 된다면 우리는 결국 지금과는 다른 존재가 될 것이라고 생각합니다.

그래서 나는 인간의 존엄성이라는 실재적 개념에 관한 설득력 있는 논증이 가능하다고 생각합니다. 바로 얼마 전에 발표한 글에서 했던 작업이기도 합니다. 이 글은 작년에 독일에서 출판된 책에 수록되어 있습니다. 간단히 말하자면, 나는 생물학적 측면에서는 단계주의자이지만 인간과 기술의 측면에서는 그렇지 않습니다. 나는 생물학적 신체와 그에 따르는 모든 사회화 과정을 향유하는 것이 인간 존엄성이 가진 특수한 지점이라고 생각합니다.

게다가 '초인류주의'와 관계된 위협도 존재합니다. 레이 쿠즈웨일(Ray Kurzweil) 같은 사람들이 실리콘밸리에서 논의한 '특이점'이나, 인간을 로봇과 같은 완벽한 존재로 만들고자 하는 시도를 말합니다. 내가 보기에 이들은 정치와 사회의 필수적 관념이 부족해 보입니다. 강력한 기술을 장악한 악인이 등장하게 되면 어떻게 될까요? 만약 우리가 나중에 외행성으로 이주해야 하는 상황에 처하게 된다면, 이때 '완벽한' 인간들과 나머지 인간들 사이에서 누가 지구에 남고 누가 지구를 떠나야 할까요? 기술 자체로는 이러한 이익 충동을 통제할 수 없으며 어떤 개체의 비열한 행위를 막을 수 없습니다. 따라서 기술 이상의 것이 필요합니다. 기술은 많은 문제를 해결할 수 있지만 동시에 다른 문제들을 가져오게 마련이며, 기술이 해결할 수 없는 문제 역시 존재합니다. 다시 말해, 기술의 관점만으로 인간과 인간사회를 구상할 수는 없다는 것입니다.

보다 긍정적인 문제도 함께 고찰해 보겠습니다. "이상적인 인간이란 무엇인가?"라는 문제입니다. 이 문제 역시 매우 중요합니다. 하지만 마찬가지로 '인간'이라는 개념 자체에는 한정적인 요소가 항상 존재합니다.

문회 : 중국 학술계와 긴밀하게 협력하고 교류하셨던 경험을 통해 볼 때, 만약 우리가 공동으로 지적 프로젝트를 벌인다면 서로를 통해 어떤 것을 배울 수 있을까요?

노르웨이와 중국 간의 협력, 서로에게 귀감이 될 수 있어

시르베크 : 세 가지 배울 점이 있습니다. 사실 모두 방금 말한 것과 연관성이 있는 것들입니다.

첫 번째 지점은 인간으로서, 그리고 철학자로서 동업자와 교류하는 것은 항상 가치가 있다는 점입니다. 우리는 한 명의 중국인이나 노르웨이인이기 전에 같은 길을 걷는 사람들이기도 합니다. 나의 가장 친한 친구들 중에는 중국에서 온 이들이 적지 않습니다.(『다원적 근대성』 중국어 번역본의 부록에서 약간의 경력을 밝힌 바 있습니다.) 이것이 바로 첫 번째 소득입니다.

두 번째는 개인적으로 중국의 역사와 철학에 대해 많이 배울 수 있었다는 것입니다. 타인이 행동하고 생각하는 것을 배우며 그 동질성과 차이성을 탐구하는 것이 바로 현대세계 전문 철학연구자들의 필수 과업이 아닐까 합니다.

가장 강조하고 싶은 것은 마지막 세 번째 지점입니다. 바로 타인과 교류하는 과정을 통해 스스로를 새로운 방식으로 바라볼 수 있다는 점입니다. 『다원적 근대성』에서도 밝혔듯이 이 프로젝트의 모든 아이디어는 나와 동료 학자들이 "중국의 근대는 무엇을 의미하는가?"라는 주제로 벌인 토론에서 왔습니다. 끊임없는 토론과 교류 속에서 우리는 많은 것을 얻을 수 있었지요.

다음으로 "노르웨이의 근대는 무엇을 의미하는가?"라는 질문입니다. 여기에서는 '서양'이라는 개념이 수면 위로 떠오릅니다. 무엇을 '서양'이라고 할까요? 미국이나 유럽을 가리키는 것일까요? 나는 서양과 유럽은 제도, 교육과정, 국가의 의미, 국가 관료, 시장, 문화, 가치관 등의 문제에서 거대한 차이를 보인다고 생각합니다. 유럽만 하더라도 다시 북유럽, 남유럽, 동유럽, 서유럽으로 나누어집니다.(과거에는 이렇게 보지 않았지만, 요즘은 누구나 명확히 구분할 수 있습니다.) 스칸디나비아 반도라는 개념도 예전에는 존재하지 않았습니다. 개인적인 경험을 말하자면, 다소 엄밀하지 못한 사고일지도 모르겠지만 예전에 나는 "고도의 신뢰체계를 지닌 북유럽 복지국가의 특징은 무엇인가?" 하는 문제에 대해 진지하게 생각해 본 적이 없습니다. 이 문제의식은 어디서 온 것일까요? 중국의 학자들이 내게 이러한 문제의식을 일깨워 준 것입니다. 그래서 나는 상해에서 강좌시리즈를 시작했고, 최종적으로 다원적 근대성에 관한 저작을 써낼 수 있었습니다. 중국 친구들과의 대화 속에서 많은 것을 배우고 그들로부터 많은 아이디어와 자극을 받아 일련의 사고들을 전개해 나갈 수 있었습니다.

이것이 바로 철학의 학습방식입니다. 나의 경우가 바로 사고가 어떻게 시작되는지를 보여 줄 수 있는 하나의 사례입니다. 어떤 것에 대해 이미 어느 정도 지식을 가지고 있을 수는 있지만, 타인들과 함께 진지하게 문제들을 연구한 경험은 매우 적을 것입니다. 따라서 나는 세 가지를 더 강조하고 싶습니다. 동료 연구자들과 함께 일할 것, 타인으로부터 배울 것, 자신을 더 잘 살필 수 있는 법을 배울 것. 정리하자면 우리는 타인을 이해하고 인정하며 우리의 입장 뒤에 숨겨진 배경을 인식하기 위해 '인간'이 되어야 합니다.

문회 : 중국철학의 미래에 대해, 그리고 앞으로 다가올 제24차 세계철학대회에 어떤 기대를 가지고 계신가요?

북경 세계철학대회, 세계를 구할 수는 없어도 세계에 기여는 할 수 있어

시르베크 : 중국은 위대하면서도 거대한 국가입니다. 현재 여러 분야에서 눈부신 성과를 거두고 있으니 미래가 특히 기대됩니다. 나에게 특히 깊은 인상을 남겼던 기억을 한번 돌아볼까 합니다. 어떤 사람들은 지나치게 열정적으로 타인을 배운 나머지 자기 자신을 잃어버리기도 하고, 또 어떤 사람들은 지나치게 자신의 전통을 고수한 채 타인을 배우려고 하지 않습니다. 그러나 예전에 노르웨이로 건너왔던 나의 중국 친구들은, 결코 입에 발린 말이 아니라, 이미 30년 전부터 자신들의 전통과 현대를 적절하게 조화시키는 법을 알고 있었습니다. 그들은 자신이 중국인임을 자랑스러워하며 이후 고국으로 돌아가 국가에 공헌을 하려고 하는 한편, 타인과 타문화를 배우는 데도 열성적이었습니다. 이러한 조화는 매우 중요하며, 중시되어야 합니다.

중국철학의 경우 철학의 각 분야에 수많은 학자들이 있듯이, 요즘은 모든 국가의 모든 분야의 학문에 철저히 전문화가 이루어져 있습니다. 나는 보다 많은 영역에서 협력과 교류가 이루어지기를 바랍니다. 과학이론과 근대화, 다원적 근대성과 비다원적 근대성, 실천학과 관련된 계몽 관념, 행동의 선결조건, 암묵지(tacit knowledge), 언어행위, 더 나은 논증과 유용한 주장을 중시하는 내적 요구 등 다양한 영역에서 합동연구를 필요로 합니다. 언젠가는 이러한 철학적 논제들이 중시될 것임을 믿고 있습니다.

나는 이번 회의가 북경에서 열리게 된 것을 참으로 다행으로 생각합니다. 지금 우리는 전 지구 차원의 만남을 필요로 합니다. 기본적인 문제를 사고하고 토론하면서 서로를 이해해 나가는 것이 필요한 때입니다. 철학은 인간의 수많은 활동들 가운데 하나일 뿐 그 자체로 세계를 구할 수 있는 것은 아니지만, 철학은 분명 세계에 공헌하는 바가 있고 또 그래야만 합니다. 나는 이번 세계철학대회가 하나의 좋은 기회라고 생각합니다. 앞으로도 이러한 기회를 계속 이어나가야 하며, 우리는 철학자로서, 또한 인간으로서 서로 만나야 합니다. 이번 대회가 반드시 대성공을 이룰 것이라 기대하고 또 믿어 의심치 않습니다.

글‖김문진金雯珍
번역 및 교열‖하민년賀敏年·황원범黃遠帆
(연합인터뷰팀)

에반드로 아가치
Euandro Agazzi

과학기술의 세계재창조 속에서 인간존재를 증명하다

이탈리아 과학철학자

에반드로 아가치

인터뷰이 : 에반드로 아가치(Evandro Agazzi), 이하 '아가치'로 약칭
 (이탈리아 제노바대학교 철학과 교수, 국제철학연맹[FISP] 명예회장)

인터뷰어 : 서죽徐竹(화동사범대학교 철학과 부교수), 이하 '문회'로 대칭

인터뷰 일시 : 2018년 4월~5월(수차례의 메일 인터뷰, 한 차례의 Skype 화상 인터뷰)

84세의 아가치 교수는 이탈리아 과학철학의 선두주자이다. 문회지의 인터뷰를 마치고 나서도 계속 이어진 교류를 통해 나는 그의 감성에 대해 더 많이 이해할 수 있게 되었다. 그는 나의 인터뷰 요청에 아주 즉각적이면서도 상세하게 답을 해 주었는데, 이 과정에서 그의 넓은 학술적 시야를 직접 피부로 느낄 수 있었다. 과학기술철학, 과학기술윤리학에서부터 형이상학, 철학적 인간학에 이르기까지 실로 많은 분야에서 아가치 교수는 중요한 작업을 해 오고 있다.

그의 사상을 좀 더 깊이 알아보고자 우리는 5월 중순에 그와 스카이프 화상인터뷰를 진행했다. 그는 시종일관 예의 그 친근하고 상냥한 웃음을 잃지 않았는데, 철학을 논하기 시작하자 그의 이탈리아 억양 가득한 영어는 쉴 줄을 몰랐다. 현재 계획 중인 저작 『보이지 않는 것에 대한 지식』에 대해 열정적으로 설명하던 그의 모습 어디에서도 고령의 나이를 찾아볼 수 없었다. 소련 붕괴에 맞추어 세계철학대회(WCP)를 유치했던 일을 회상하는 아가치 교수의 말에서 철학은 이데올로기의 장벽을 넘어서는 신성성을 지닌다는 사실을 다시 한 번 확인할 수 있었다.

반세기 남짓 직업철학자의 길을 걸어온 그는 20세기 후반 이후의 현대 서양철학 발전을 이끌어 온 역사적 증인이다. 그는 철학에서 시작하여 자연과학으로 향했다가 다시 철학으로 돌아온 독특한 학문 이력을 지니고 있다. 인공지능과 같은 과학기술이 나날이 발전함에 따라 과학기술윤리를 탐구하는 그의 노력도 계속해서 이어지고 있다. 뇌가 멈추지 않고 문제를 사고하는 한, 그의 작업 또한 멈추지 않을 것이다. 그는 철학자가 일반인들보다 더 오랫동안 직업생활을 누릴 수 있다는 말을 증명해 주는 하나의 실례實例이다.

그는 인터뷰 중에 과학기술은 그 자체로 윤리적 함의를 지니고 있으며 반드시 사람들에게 봉사해야 한다고 재차 강조했다. '인간다움'이란 환원 불가능한 본질적 특징을 지닌다. 이 특징은 소중히 여기고 보호하며 길러 나갈 가치가 충분하다. 과학은 철학과의 협력을 통해서만 그 휴머니즘의 비전을 보여 줄 수 있다. 문득 스크린 앞에서 자신의 어린 시절의 꿈을 이야기하던 노학자의 모습이 떠오른다. "삶과 사회의 의미에 관한 보다 비판적인 대답을 원합니다."

【철학과의 인연 그리고 궤적】

문회 : 존경하는 아가치 교수님, 인터뷰에 응해 주셔서 대단히 감사합니다. 과학기술철학, 과학기술윤리학 방면에서 탁월한 연구 성과를 낸 것 외에도 학자로서의 삶 전체가 세계철학대회와 뗄 수 없는 관계를 맺고 있다고 들었습니다.

우선 철학에서 어떤 연구 주제에 관심이 있으신지 이야기를 나누어 볼까요. 잘 아시다시피 철학을 포함한 인문학은 오늘날 심각한 위기를 맞이하고 있습니다. 많은 나라들에서는 인문학 발전 지원금이 축소되어 가고 있으며, 인문학을 전공하려는 학생들의 숫자도 점차 줄어들고 있습니다. 현재 철학 연구에 종사하는 학자들은 공동의 문제에 직면해 있는 것 같습니다. 철학은 다시금 세계에 영향력을 발휘할 수 있을까요? 만약 그렇다면 어떻게 세계에 영향을 미칠 수 있을까요? 선생님이 연구 방향을 정했을 때도 비슷한 고민이 있으셨나요?

과학기술의 진보가 인류에게 행복을 가져다주지 못하는 시점이 바로 철학이 움직여야 할 때

아가치 : 전체 철학사에 비추어 이 문제를 고찰해 본다면 사회의 뚜렷한 침체기 이후에 찾아오는 문화적 위기가 새로운 생기와 번영을 낳는 계기로 작용했음을 발견할 수 있습니다. 내가 철학 연구를 처음 시작할 당시에도 나는 세계가 비슷한 위기에 놓여 있다고 생각했습니다. 당시 깊이 깨달은 것은, 현재 우리가 발전된 사회라고 부르는 패러다임은 모두 기술이 가져온 진보이며 인간의 삶의 조건은 여기에 심각하게 영향을 받고 있다는 것이었습니다.

하지만 아쉬운 것은 이런 진보가 결코 인류에게 행복과 안전만을 가져다준 것은 아니었다는 사실입니다. 이에 따라 비판적 반성도 제기되었지요. 철학은 인간 그리고 인간의 삶을 재해석하고, 특히 개인과 사회의 존재에 의미를 부여해 줄 수 있는 가치를 찾아야 한다는 것입니다. 과학기술의 발전은 결코 이러한 문제에 답을 제공해 줄 수 없습니다. 반드시 철학을 통해 이러한 문제를 사고할 수밖에 없습니다.

문회 : 과학기술의 발전에 대해 비판적 반성을 하는 분위기 속에서 과학기술철학으로 연구를 전향한 것은 어쩌면 굉장히 자연스러운 일이 아니었나 싶습니다. 옥스퍼드 대학교, 마르부르크대학교, 베를린대학교 등에서 연구와 강의를 하셨는데, 이탈리아에서 공부를 하던 당시 어떻게 과학기술철학을 연구하는 학문의 길로 접어들게 되셨습니까? 전문 철학자로 걸어온 길에 비추어 보았을 때, 미래의 철학자를 꿈꾸는 중국의 청년 학생들에게 나누어 주고 싶은 경험이나 깨달음이 있다면 어떤 것이 있을까요?

철학을 공부한 후 수학과 물리를 공부, 시종일관 '과학함'에 주목

아가치 : 내가 대학에서 공부할 때 과학과 철학 모두 성적이 좋았습니다. 최종적으로 철학을 공부하기로 택한 것은, 인간의 삶과 사회의 의미에 대해 좀 더 비판적인 판단과 평가를 모색하고 싶었기 때문입니다. 오늘날 인간의 삶이 과학과 기술에 의해 새롭게 탈바꿈한 이상, 삶의 의미에 대한 해답을 찾기 위해 철학 역시 삶의 한 조건을 이루는 과학과 기술을 깊이 있게 이해해야 한다는 사실을 알았습니다. 그래서 밀라노 가톨릭대학교에서 철학박사학위를 받은 후에 다시 과학을 공부하는 보통 학생들처럼 물리학과 수학을 공부했습니다. 이런 식으로 해서 마지막에는 전문적인 과학철학자가 될 수 있었습니다. 나의 가장 큰 관심사는 역시 과학기술의 윤리적 측면입니다. 과거 이를 주제로 한 시리즈를 펴낸 적이 있습니다. 스페인어로 출판된

『과학과 가치』와 이탈리어로 출판된 『과학 그리고 옳고 그름의 문제』 등이 대표적입니다.

당시 나는 세계철학대회에서 주제발표를 한 적이 있었는데, 다른 과학철학자의 비판을 받았습니다. 윤리학과 과학철학의 경계를 뒤섞어서는 안 된다고 하더군요. 하지만 우리가 관심을 가지는 것이 단지 과학은 어떻게 사고하는가가 아니라 어떻게 실제적으로 '과학함'(doing science)의 활동이 가능할 것인가 하는 문제라면, 과학철학은 단순히 논리와 방법론에 국한될 것이 아니라 윤리학, 형이상학, 사회철학적 시각도 포함해야 한다고 생각합니다. 좀 더 구체적인 시각에서 '과학함'에 대해 살펴보고 그 중에서 추구해야 할 가치의 목표를 되짚어 보는 일이지요.

문회 : 세계철학대회의 연원을 말씀해 주셔서 아주 흥미롭습니다. 젊은 학자들이 성장하는 과정에서 세계철학대회라는 무대의 존재는 자신의 연구 성과를 보고하고 그에 대한 비판을 접할 수 있는 흔치 않은 기회라고 생각합니다. 세계철학대회가 선생님에게 어떤 영향을 미쳤는지에 대해 한번 이야기를 나누어 봐도 될까요?

1993년 모스크바 세계철학대회(WCP)를 기획, 고르바초프의 참석을 요청

아가치 : 그렇습니다. 세계철학대회는 개인적인 학술 발전에도 막대한 영향을 끼쳤습니다. 첫 번째로 내가 세계철학대회에서 발표를 했을 때를 기억합니다. 1958년 베니스에서였습니다. 아직 박사과정에 재학 중이었을 때로, 나이가 많이 어렸었지요. 이후 1973년 세계철학대회에서 국제철학연맹(FISP)의 집행위원으로 선출되었습니다. 그 후로 모든 세계철학대회에 빠지지 않고 참여했습니다.

한 가지 꼭 언급하고 싶은 것은 세계철학대회를 통해 잊을 수 없는 인생의 경험들을 얻을 수 있었다는 점입니다. 1988년 회의에서 나는 국제철학연맹(FISP)의 회장으로 당선되어 다음번 세계철학대회를 담당하게 되었습니다. 1990년 당시 소련의 총서기였던 고르바초프의 동의를 얻어 차기 세계철학대회를 모스크바에서 개최하기로 결정하였지요. 하지만 얼마 지나지 않아 모두의 예상을 뛰어넘는 일이 발생했습니다. 고르바초프가 실각하고 뒤이어 소련이 해체되었던 것입니다. 이에 따라 세계철학대회의 준비에도 큰 변수가 생겼습니다. 그때 나는 러시아의 동료에게 연락하여 적극적으로 도움을 구했고, 그들의 꾸준한 협조 덕에 1993년 세계철학대회가 모스크바에서 순조롭게 개최될 수 있었습니다. 대회 개막 때는 고르바초프도 초청하여 매우 즐겁게 토론과 교류를 진행했습니다. 정말로 잊을 수 없는 경험이 아닐 수 없었습니다. 그 대회를 끝으로 나는 회장직을 사임하였고, 그 다음에 있었던 1998년 보스턴 대회부터 지금까지 국제철학연맹의 명예회장을 맡고 있습니다. 이처럼 학자로서의 나의 삶은 기본적으로 수십 년에 걸친 세계철학대회의 발전과 변천으로 관통될 수 있습니다.

【철학사상과 업적】

문회 : 이탈리아 출신의 철학자로서 중국 독자들에게 이탈리아의 철학 연구 현황에 관해 설명해 주시면 감사하겠습니다. 중국 국민들에게 이탈리아라는 나라는 매우 친숙하지만 철학적 성과에 대해 언급하는 경우는 드문 것 같습니다. 중국의 학자들과 학생들은 이탈리아의 철학보다는 영국, 프랑스, 독일의 철학 텍스트에 더 익숙한 것 같습니다.

이탈리아의 철학 연구, 언어의 한계로 세계에 대한 영향력이 제한

아가치 : 이탈리아의 철학 발전은 상당히 훌륭합니다. 이탈리아에는 주요 대학마다 철학과가 개설되어 있고, 전국 혹은 지역 단위의 철학 학회와 저널들도 많습니다. 철학의 각 문제와 분야 그리고 철학사 모두가 우리의 연구 대상입니다. 현대철학의 모든 사조들이 이탈리아

에도 그대로 나타나고 있습니다. 실존주의, 현상학, 해석학, 마르크스주의, 고전형이상학, 분석철학 등 모든 영역을 아우르고 있지요. 객관적으로 말하면, 이탈리아의 철학 발전 수준은 철학이 발달한 어떤 나라에도 뒤지지 않습니다. 하지만 그 연구 성과가 이탈리아어로 되어 있다는 한계로 인해 세계에 대한 영향력이 제한되어 있는 형편입니다.

문회 : 중국에는 과학기술철학 분야에 마르크스주의의 '자연변증법' 전통이 자리하고 있습니다. 심지어 예전에는 자연변증법이 학과의 명칭이기도 했습니다. 이처럼 오늘날까지도 마르크스주의는 기술철학의 중요한 사상적 원천이 되고 있습니다.

마르크스 연구의 선두주자 그람시, 마르크스사상의 휴머니즘적 측면을 부각

아가치 : 이탈리아 역시 마르크스주의철학 연구의 역사가 오래되었습니다. 가장 저명한 철학자라면 안토니오 그람시(Antonio Gramsci)를 들 수 있겠지요. 그의 마르크스주의철학은 독일 관념론의 영향을 강하게 받았습니다. 마르크스 본인이 과거 헤겔 추종자였던 것을 생각하면 이 역시 충분히 이해할 만한 일입니다. 제2차 세계대전이 끝난 후, 이탈리아의 마르크스주의 연구는 다른 서양의 마르크스주의 연구와 유사하게 청년 마르크스의 사상적 가치를 좀 더 강조하는 방향으로 흘러갔습니다. 마르크스사상의 휴머니즘적 차원을 부각시킨 것이지요. 다만 개인적으로는 마르크스주의나 기술철학에는 깊이 관여하지 않습니다.

초기에는 주로 수리논리와 수학기초의 문제에 관해 관심을 가졌습니다. 당시 내가 하고자 했던 작업은 수리철학 중의 형식주의 관점에 대한 비판이었는데, 후에 경험과학기초의 문제, 그 중에서도 특히 과학윤리의 '객관성' 문제를 토론하는 것으로 방향을 바꾸었습니다.

문회 : 네, 토마스 쿤이 과학혁명의 패러다임 이론을 제시한 후, 과학이론의 객관성을 어떻게 논증하느냐가 역사주의 과학철학의 핵심 문제가 되었습니다. 과학의 패러다임들 사이에 '통약불가능성'이 적용되면 어떤 것이 옳고 어떤 것이 그른지를 비교할 수 있는 공통의 기초가 존재하지 않게 되니까요. 그래서 많은 과학철학자들은 쿤이 판도라의 상자를 열고 과학철학을 상대주의로 몰고 갔다고 비판하기도 했습니다.

실재론을 지지하는 과학관에서는 '과학적 진리'의 객관성 증명이 가능

아가치 : 내가 볼 때 이는 우리가 과학의 객관성을 이해하는 방식에 모호하고 불분명한 부분이 상당수 존재하기 때문이 아닐까 합니다. 우선 규명되어야 할 문제는 "무엇을 객관적이라고 할 수 있을까?" 하는 것입니다. 나는 여기에 두 가지 차원이 존재한다고 봅니다. 상식적 '사물'의 객관성과 과학적 '대상'의 객관성입니다. 과학적 대상은 상식적 사물과 같지 않습니다. 과학적 대상은 선택적 속성들로 구성된 집합체입니다. 이 선택된 속성 역시 임의로 설정된 것이 아니라, 과학적 고찰의 실재를 나타내 주는 하나의 특수한 시각으로 작용합니다.

문회 : 이것이 바로 일반적으로 말하는 과학적 실재론과 반실재론 간의 쟁점이군요. 선생님은 실재론 관점을 논증하려는 것처럼 보입니다. 반실재론자라면 대상의 객관성을 부인하고 대상 역시 관념에 의해 구성된다고 주장할 테니까요.

아가치 : 그렇습니다. 반실재론의 반론에 대해 좀 더 깊이 대응해 보겠습니다. 여기에서 말하는 속성들은 이론의 '술어'로 표현되며, 과학의 기본 술어는 모두 그에 맞는 '조작적 지칭 기준'을 지닙니다. 이를 사용하여 이론 진술을 경험적으로 검증하게 되지요.

이렇게 본다면, 과학적 객관성이란 두 층차의 함의를 지닙니다. 느슨한 의미에서 보면, "과학은 객관적이다"라는 말은 전문가들이 조작적 지칭기준을 사용함으로써 주체 간에 공통된 인식을 달성할 수 있음을 의미합니다. 좀 더 엄격한 의미에서 말하자면, 서로 동일한 조작적 기준을 사용함으로써 구체적인 지칭 대상을 정확하게 확정할 수 있다는 것으로, 이러한 사실이 바로 과학의 객관성입니다. 이러한 과학적 객관성 개념을 통해 많은 추론이 가능합니다. '과학적 진리'의 정당성을 증명할 수도 있습니다. 진정한 진리는 과학이론이 실제 지칭하는 대상에 비해 더 '진정한' 것입니다. 바로 이러한 점에서 과학적 객관성 개념이 실재론적 과학관을 지지할 수 있는 것입니다. 관찰할 수 없는 이론적 실체의 존재를 인정한다는 것이지요.

문회 : 확실히 과학실재론 관점에 대한 중요한 변론이 되겠군요. 앞에서도 언급했습니다만 선생님의 또 다른 관심사는 과학기술의 윤리에 관한 것인데요, 그렇다면 과학기술윤리학 측면에서의 관점이 과학실재론과는 어떻게 체계적으로 연결될 수 있을까요?

아가치 : 내가 견지하고 있는 실재론 관점에는 또 하나의 중요한 추론이 있습니다. 바로 실재론 관점은 '유비적' 과학관을 지지하고, 과학성을 단일 모델로 수렴시키고자 하는 환원론적 관점에 반대한다는 것입니다. 어떤 과학이론의 한계성을 깨닫는 것은 매우 중요합니다. 이를 통해 실재를 고찰하는 더 넓은 시야를 열어젖힐 수 있으며, 또한 이것이 바로 과학을 제대로 이해하는 보다 넓은 시각이기 때문입니다. 즉 우리는 형이상학의 합리성, 특히 과학적 형이상학의 합리성을 토론해야 할 뿐 아니라 윤리적, 사회적, 정치적 화제 또한 토론해야 합니다. 이러한 주제는 과학 외부에 존재하는 것이 아니라 바로 과학기술의 발전이 이루어지고 있는 그 사회·역사적 상황에 내재되어 있습니다.

문회 : 선생님이 언급하신 이 관점은 실제로 과학기술윤리학의 핵심 논쟁을 촉발시켰습

니다. 우리는 흔히 "과학기술은 양날의 검"이라고 말하지만, 우리가 과학기술을 칼이라는 도구에 비유한다면 그 자체로는 윤리적 함의를 지니지 못하게 됩니다. 식칼로 채소를 자를 수도 있고 사람을 죽일 수도 있다는 말처럼, 식칼 자체에는 선악이 존재하지 않습니다. 도덕적 의미는 칼로 채소를 자르느냐 사람을 죽이느냐를 결정하는 사람에게 있는 것이지요. 어떤 철학자는 과학기술도 마찬가지로 과학기술 자체에는 도덕적인 옳고 그름이 없으며 윤리적 의미는 과학기술을 어떻게 사용하느냐에 달려 있다고 주장하는 반면, 어떤 학자는 과학기술 자체에 도덕적 함의가 있다고 주장하기도 합니다. 이 논쟁에 대해서는 어떻게 생각하십니까?

과학기술이 응용 차원에 진입하지 않더라도 이미 윤리적 '옳고 그름'이 존재

아가치 : 나의 저서 『과학 그리고 옳고 그름의 문제』이라는 책에서 이 문제를 전문적으로 다룬 바 있습니다. 나는 과학기술 자체에 윤리도덕적 함의가 내재해 있으며, 응용 차원에만 도덕이 국한되지는 않는다고 주장합니다. 과학과 기술의 연계는 오늘날 점점 더 긴밀해지고 있습니다. 하나의 기술이 발전하기 위해서는 이론적인 측면에서 과학적 돌파가 필요한 경우가 많고, 또한 과학이론의 진보 역시 과학적 장비나 관측기술의 진보에 의존하는 경우가 많습니다. 따라서 어떠한 추상적인 이론사고도 '과학함'이라는 실제적 활동으로 이루어지지 않을 수 없습니다.

앞서 말씀드린 바와 같이, 일단 우리가 과학의 실제 활동에 관심을 두고 나면 그 속에 도덕적으로 문제가 될 수 있는 행위들이 상당수 존재한다는 것을 쉽게 발견할 수 있습니다. 아직 응용의 단계에 진입하지 않은 상태인데도 말이지요. 예를 들면, 과학 활동에 앞서 우선 연구 경비의 투입을 결정해야 합니다. 어떤 방향의 연구를 지원할지, 어떤 연구의 지원을 감소시킬지를 반드시 미리 결정해야 한다는 말입니다. 사실 이 문제 자체가 하나의 윤리적 문제입니다. 현대 생명윤리학 내에서는 실제로 이러한 문제가 과학기술의 추진 방향에 큰 영향을 미치고 있습니다. 인간 배아 줄기세포 실험 연구를 지지해야 할까요? 만약 그렇다면 배아가 몇 주째가 되는 시점에 발육을 멈추도록 해야 윤리적 문제를 야기하지 않을 수 있을까요? 이런 문제들은 과학기술이 응용 차원에 돌입하기 전에 이미 존재합니다. 이는 본질적으로 기술의 발전이 인간의 목적을 위해 봉사해야 하는가의 문제입니다. 이는 과학과 기술 그리고 인문학의 전문가들의 공동 노력을 통해서만 합리적인 해답을 얻을 수 있을 것입니다.

문회 : 사실 우리가 직면하고 있는 문제들뿐만 아니라 미래에 직면하게 될지도 모르는 문제들에 대한 예견도 포함하는 것 같습니다. 저 역시 과학철학을 연구하는 입장에서 선생님은 과학철학계의 선배라고 할 수 있는데요. 현재 과학철학의 방향에 대한 선생님의 평가를 듣고 싶습니다. 예를 들면 오늘날 과학철학의 가장 중요한 연구 방향은 무엇이며, 이 분야의 대표 인물에는 누가 있을까요?

미래 과학철학의 모습은 인식과 실천의 두 차원을 동시의 고찰하는 형태여야

아가치 : 오늘날 누가 가장 중요한 과학철학자인지, 어떤 학파가 가장 중요한지와 같은 문제는 답할 방법이 없습니다. 일반적인 과학철학 연구도 물론 이루어지고 있지만 구체적인 분과 영역에 대한 전문적인 탐구도 많기 때문입니다. 현재 과학철학의 내부적 분화가 매우 세밀하게 이루어지고 있습니다. 이것이 바로 지금 시대 과학철학 연구의 특징이지요. 전통 과학철학은 오랜 기간 동안 과학인식론으로 환원되어 과학을 단순히 지식체계로만 보았습니다. 그러나 최근 수십 년 사이에 상황이 변화하면서 우리는 인간 활동으로서의 과학에 더욱 관심을 두게 되었습니다. 또한 과학과 기술은 서로 분리할 수 없을 만큼 밀접하게 연결되었습니다.

따라서 나는 미래의 보다 합리적인 과학철학의 모습은 인식과 실천이라는 두 차원을 동시의 고찰하는 형태가 될 것이라 믿습니다.

문회 : 과학실천에 주목하는 것은 확실히 현대 과학연구의 명확한 추세가 된 것 같습니다. 이번에는 선생님의 과거의 학술성과에 대해서 이야기를 나누어 보고 싶습니다. 그리고 과학철학이라는 분과의 미래에 대해 어떤 기대를 가지고 계신지도 듣고 싶습니다. 우선 선생님의 개인 학술작업에 대한 이야기로 돌아온다면, 미래에는 어떤 작업을 하고 싶으신가요? 어떤 연구계획을 가지고 계십니까?

전문연구서 『보이지 않는 것에 대한 지식』 집필 계획 : 보이지 않는 이론적 실체의 도입

아가치 : 현재 생각하고 있는 일은 굉장히 많습니다. 하지만 이제 나이도 적지 않고 기운도 예전만 못하다는 것을 잘 알고 있습니다. 그래서 지금으로서는 일단 두 가지 계획을 세우고 있습니다. 한 가지는 영어로 쓴 나의 글들을 모아서 책으로 출판하는 것입니다. 주로 과학철학 이외의 분야에 대한 내용이 많습니다. 다른 한 가지는, 만약 시간이 허락한다면 새로운 전문연구서 한 권을 쓰고 싶습니다. 제목은 미리 정해 두었지요. 『보이지 않는 것에 대한 지식』입니다.

문회 : '보이지 않는 것'이란 구체적으로 무엇을 가리킵니까?

아가치 : 내가 논증하려는 것은 실존과 관찰가능성은 다르다는 점입니다. 양자를 동일한 것으로 본다면 실재의 개념은 지나치게 협소해져 버립니다. 어떤 현상을 이해하기 위해 과학자는 관찰되지 않는 이론적 실체를 도입해야 할 필요가 있습니다. 어떤 이론적 실체가 비록 감각경험의 범위 바깥에 있을지라도, 만약 그것이 제공하는 해석이 효과적이고 성공적이라면 관찰 불가능한 것의 실존이 설명된다는 것입니다. 과학에도 역시 형이상학적 의미가 중요하게 작용한다는 사실을 강조할 필요가 있습니다. 이는 과학실재론 입장에 대한 옹호이자 변론이기도 합니다.

【중국철학 그리고 세계철학대회를 바라보다】

문회 : 잘 아시다시피 제24차 세계철학대회가 오는 8월 북경에서 개최됩니다. 예전에 중국에 와 보신 적이 있나요?

과거 중국을 방문하여 중국 휴머니즘과 서양과학에 관한 두 편의 논문을 발표

아가치 : 그렇습니다. 약 20여 년 전 중국을 방문했었습니다. 당시 중국사 회과학원과 북경, 상해 등의 도시를 방문했던 것으로 기억합니다.

문회 : 중국철학과 중국문화를 어떻게 이해하고 계신지 대략적으로 말씀해 주시겠습 니까? 세계철학대회가 중국에서 거행되는 것은 중국철학이 서양철학과 교류를 추진할 수 있는 기회입니다. 선생님은 중국철학의 미래 발전에 대해 어떻게 보시며, 또 어떤 기대를 가지고 계십니까?

아가치 : 과거에 중국 전통철학에 대해 약간 연구한 적이 있습니다. 논문도 두 편 발표했는데, 한 편은 중국의 휴머니즘이 서양의 과학이성 에 공헌할 수 있는 바에 관한 논문으로 『중국철학회 통신』(*Bulletin of the Chinese Philosophical Association*)이라는 저널에 실렸습니다. 다른 한 편은 서양과학과 중국의 인문주의에 관한 논문으로, 『유럽과 아시 아 : 미래의 과학과 기술을 위해』라는 저널에 발표했습니다. 내가 볼 때 중국철학은 세계 철학의 발전 과정에서 매우 중요한 기여를 하였습니다. 특히 지혜의 추구를 고수하던 전통이 대표적인 사례입니 다. 이에 반해 서양철학은 세밀하고 부분적인 인식론 주제에 과도하게 집착하여 지혜에 대한 관심을 상실했습니다. 이번 8월에 열릴 세계철 학대회가 첫 중국방문은 아니지만, 이번 기회를 통해서 중국에 대한 인식과 이해를 다시금 심화시킬 수 있기를 기대하고 있습니다.

문회 : 지혜와 지식을 구별하고 둘 사이의 관계를 고찰하는 것은 동서양 철학의 공통된 관심사라 할 수 있습니다. 특히 근현대의 유명한 중국철학자인 풍계馮契 선생은 '지혜설智慧說'을 핵심으로 하는 철학이론을 제시하기도 했습니다. 그렇다면 과학철학의 관점에서 본다면 이 문제는 어떻게 이해될 수 있을까요?

아가치 : 지혜와 과학지식은 다르다고 생각합니다. 과학은 사실이 어떠한지에만 관심을 가지지만 지혜는 사실에만 관심을 둘 수가 없습니다. 지혜는 어떻게 하면 삶에 더 큰 가치와 의미를 부여할 수 있을까에 더 많은 관심을 가집니다. 즉 도덕실천 차원의 문제이지요. 물론 지혜와 지식의 구분이 이 둘의 분리를 뜻하는 것은 아닙니다. 예를 들어, 아리스토텔레스는 과학지식을 논술하는 데 탁월했고 논리학 분야에도 뛰어난 기여를 했음에도 실천적 지혜의 중요성과 가치를 강조하였습니다. 지식을 지혜와 연결시키고자 했던 가장 대표적인 사례이자 본보기라 할 수 있습니다.

문회 : 아리스토텔레스의 한 명언이 떠오르네요. "앎을 추구하려는 것은 모든 인간의 본성이다." 이 말은 이번 세계철학대회의 주제인 "학이성인"과도 연결될 수 있다고 생각됩니다. 선생님은 이번 대회의 주제가 현대의 철학에 어떠한 의미를 지닐 수 있다고 보십니까? 특히 사회의 일반 대중에게 "학이성인"이란 어떤 의미일까요?

"학이성인" : 인간이 비인간과 구별되는 지향성이라는 본질을 표현

아가치 : "학이성인"은 인간존재와 그 본질에 관한 시각을 얻는다는 의미로 이해할 수 있을 것 같습니다. 이러한 시각에서 출발하면 인간은 기계나 컴퓨터, 일반적인 동물들과 같은 비인간적 존재와 구별될 수 있습니다. 물론 인간과 비인간도 부분적으로는 공통성을 지닐 수 있습니다. 하지만 중요한 것은 우리는 인간을 '하나의 전체'로 여기고 사고할 수 있어야 한다는 것입니다. 특히 "인간이 인간일

수 있는" 환원 불가능한 특징을 놓쳐서는 안 됩니다.

모든 사람이 이러한 특징을 소중히 여기고 보호하고 길러나가야 더 원만하고 행복한 방향으로 발전해 나갈 수 있습니다. 이는 철학의 중대한 사명이자 도전으로, 나는 이를 "인간존재의 증명"이라고 부릅니다. 철학이 과학과 협력했을 때만 실현될 수 있는 휴머니즘적 비전이지요.

문회 : 방금 인간과 비인간의 구별을 언급하셨는데, 매우 현실적인 의미가 있는 것 같습니다. 최근 몇 년 사이에 인공지능이 급격히 발전하면서 미래 인류사회의 다양한 가능성을 보여 주었습니다. 하지만 인공지능을 구현한 컴퓨터라고 해도 여전히 '비인간'이 아닙니까? 인공지능시대에도 '인간존재 증명'이 필요할까요?

인공지능이 더욱 강화되더라도 '지식과 지혜를 지닌' 인간존재를 대체할 수는 없어

아가치 : 나의 초기 저작 『과학과 가치』에서 다가올 로봇의 시대가 인류에게 초래할 수 있는 위험에 대해 논의한 적이 있습니다. 당시 사람들은 컴퓨터의 보편화가 가져다줄 장밋빛 미래를 구상하는 데에만 열중해 있었지요. 마치 인류의 모든 문제를 컴퓨터가 해결해 줄 것처럼 말입니다. 하지만 결국 컴퓨터가 할 수 있는 것은 계산뿐이었습니다. 계산과 의미 있는 삶 사이에는 여전히 근본적인 차이가 있습니다.

기계는 분명 많은 양의 계산을 수행할 수 있습니다. 하지만 조작을 수행하는 것과 조작을 수행하는 자연의 개체(natural entity)를 대체하는 것은 서로 다릅니다. 인간이 자연의 개체로서 수행하는 조작과 기계가 계산을 통해 수행하는 조작의 가장 중요한 차이점 중 하나는 바로 존 설(John Searle)이 강조했던 '지향성'의 여부입니다. 기계의 조작은 지향적 활동이 아닙니다. 자신의 조작을 스스로 해석할 수 없기 때문이죠. 하지만 인간의 행동은 지향적인 것으로서 인간이 갖추고 있는

개념능력의 표현입니다. 인간은 조작과 동시에 이를 해석하는 활동을
수행합니다.

문회 : 설은 인공지능에 대한 강력한 이상을 '중국어 방 논증'을 사용하여 물리칩니다.
그의 표현대로라면, 컴퓨터가 중국어 질문에 합리적으로 답할 수 있다고 해서
중국어를 '이해'하는 것은 아닙니다. 기계는 문법규칙에 따라 답을 제시했을
뿐 그 속에 담긴 언어의 의미관계에 대해서는 파악하지 못했기 때문입니다.

아가치 : 그렇습니다. 나도 이 문제에서는 설의 주장이 옳다고 생각합니
다. 실제로 나 또한 책 속에서 비슷한 사례를 사용한 적이 있습니다.
내가 당시 들었던 사례는 중국어가 아니라 에트루리아어(Etruscan)였
죠. 지금은 사용되지 않는 고대 이탈리아의 문자로, 현재는 완전한
해독이 불가능합니다. 우리는 인공지능이 현존하는 에트루리아어
텍스트로부터 일련의 규칙을 종합해 내고 심지어 에트루리아어 문제
에 유의미한 답을 내놓는 것처럼 보인다고 가정하지만, 여전히 인공지
능이 이 언어를 이해하고 있다고는 말할 수 없습니다. 우리가 고대
에트루리아인들이 어떻게 이 언어를 사용하여 살아가고 교류했는지
를 알지 못하기 때문입니다. '중국어 방 논증'의 함의와 완전히 같다고
할 수 있겠네요.

문회 : "과학기술의 시대에 인간의 존재를 증명하는 '학이성인', 이는 현대철학의
사명이자 인간을 비인간으로부터 구별케 해 주는 지향성이라는 본질이며, 인간존
재는 지식뿐 아니라 지식을 초월한 지혜를 추구해야 한다는 것을 말해 준다."
이렇게 정리해보면 어떨까요?

아가치 : 지혜는 인간의 사실 이해의 방향성을 결정하는 가치 목표들과
관련이 있습니다. 과학활동 혹은 일상생활 내에는 내재적 가치추구를
성찰하려는 방향성이 존재합니다. 이는 인간의 의식적인 자기이해에

의해서만 이루어지며, 비인간에 의해서는 실현될 수 없습니다. 따라서 "학이성인"은 현대철학의 절박한 사명입니다. 이런 의미에서 중국철학과 동양적 가치는 매우 유망합니다.

문회 : 선생님의 식견을 경청할 수 있어서 굉장히 영광이었습니다. 8월 세계철학대회에 있을 선생님의 발표 또한 상당히 기대됩니다. 북경에서 뵙지요.

글 ‖ 서죽徐竹(연합인터뷰팀)

크리스토퍼 피코크
Christopher Peacocke

옥스퍼드에서 시작된 반세기에 걸친 엄격한 분석철학의 추구

미국 분석철학자

크리스토퍼 피코크

인터뷰이 : 크리스토퍼 피코크(Christopher Peacocke), 이하 '피코크'로 약칭
　　　　　(미국 컬럼비아대학교 철학과 존소니언 명예교수)

인터뷰어 : 욱봉郁鋒(화동사범대학교 철학과 강사), 이하 '문회'로 대칭

인터뷰 일시 : 2018년 5월~6월(수차례의 메일 인터뷰)

"나는 옥스퍼드의 아들입니다." 크리스토퍼 피코크 교수가 인터뷰를 진행하며 유일하게 자신을 수식한 말이다. 현재 영미 분석철학계에 명성이 자자한, 미국 컬럼비아대학 존소니언 철학교수(Johnsonian Professor of Philosophy)[1]로 있는 67세의 피코크는 인생의 전반부 대부분을 책 향기 가득한 옥스퍼드를 거닐며 보냈다. 그의 부친은 옥스퍼드의 저명한 신학자이자 생물화학자인 아서 피코크(Arthur Peacocke)이다. 중학교 시절부터 2000년 미국으로 떠나기까지, 피코크는 마들린칼리지스쿨(Magdalen College School), 엑시터칼리지(Exeter College), 머턴칼리지(Merton College), 올소울즈칼리지(All Souls College), 뉴칼리지(New College) 등 그 이름도 찬란한 여러 학문의 전당에서 배우고 연구하고 학생들을 가르치며 삶을 보냈다.

'엄격'이라는 단어는 피코크가 자신의 학문 생애를 뒤돌아보며 가장 많이 사용했던 말이다. 1968년부터 1971년까지 그는 옥스퍼드대학교의 철학−정치학−경제학 학부 프로그램을 우등생(cum laude)으로 졸업했고, 옥스퍼드대학교 철학과의 석사와 박사를 거쳐 그대로 강사와 교수로 영전하였다. 이 기간 동안 더밋(Michael Dummett), 맥도웰(John Henry McDowell), 스트로슨(Peter Frederick Strawson), 에반스(Gareth Evans), 라이트(Crispin Wright), 콰인(Willard Van Orman Quine) 등 현대 분석철학 계보의 주요 인물들과 교류하면서 교학상장을 이루어 나갔다. 1970년대에서 1990년대까지 그들의 밀집된 철학 토론과 치열한 지적 대결은 20세기 후반 옥스퍼드 철학계의 황금기를 이끌었다. 그는 활동무대와 관계없이 분석과 논증을 중시하는 옥스퍼드의 전통을 이어가며 가장 엄격한 철학으로 이 시대에 반응하고 있다.

지난 세기 분석철학은 시기를 달리하며 각각 언어−심리−행동으로 주제를 전환해 갔다. 피코크 또한 횡적인 측면에서는 이러한 주제의 변화 추세를 따라갔으며, 종적인 측면에서는 일관되게 이성주의(반−흄주의)라는 큰 틀을 관통하고 있다. 반세기가 넘는 시간 동안 개념, 자아, 감각, 의미, 이해 등의 주제에 대한

---

1) 역자 주 − 컬럼비아대학교 철학과 명예교수에게 부여하는 별칭.

그의 독창적이면서 정교한 연구는 심리철학, 심리학철학, 인식론, 형이상학 분야에서 뛰어난 입지를 다졌다. 동시대의 모든 학자들이 그의 관점에 찬성하는 것은 아닐지라도, 피코크가 현대 분석철학의 중요한 쟁점 사안에 대해 항상 선두에 서 있는 것만은 분명하다.

【철학과의 인연 그리고 궤적】

문회 : 어떻게 철학에 처음으로 관심을 가지게 되셨나요?

고등학교 시절 정치에 깊은 관심, 옥스퍼드대학교 입학 후 논리와 철학에 심취

피코크 : 많은 청소년들처럼 나 역시 친구들과 함께 자유의지와 과학 해석 문제에 관해 토론을 벌이곤 했습니다. 그리고 프랑스문학을 통해 실존주의를 접하게 되었지요. 마들린칼리지스쿨(Magdalen College School)의 마지막 2년 동안 사르트르의 소설 『구토』와 희곡 『닫힌 방』을 읽었습니다. 청소년 시기에는 역사와 정치 둘 다에 깊은 관심이 있었습니다. 내가 엑시터칼리지(Exeter College) 학부를 신청한 것 역시 1968년 당시 떠들썩했던 사회분위기에서 정치학 교사였던 노만 헌트(Norman Crowther Hunt)의 영향을 받은 바가 컸습니다. 하지만 옥스퍼드에 입학한 후에는 논리와 철학에 완전히 심취하게 되었고 경제학에도 깊이 빠졌습니다.

문회 : 옥스퍼드의 학자 집안에서 태어나신 거였군요. 미국으로 떠나기 전까지 대부분의 시간을 옥스퍼드에서 보내며 공부하고 일하며 생활하셨습니다. 더밋, 스트로슨, 맥도웰 같은 옥스퍼드 철학자들과의 교류는 어땠는지 말씀 부탁드립니다.

피코크 : 확실히 집안의 분위기나 정신적인 기질로 봤을 때 나는 옥스퍼드의 아들이 분명합니다. 이 점은 지금도 나에게서 그대로 나타나고 있다고 생각합니다. 옥스퍼드의 철학 발전이 가장 활발했던 시기에 자라난 것은 지극히 행운이었습니다.

파인 : 고등논리학을 가르쳐 준 일생 동안의 벗이자 철학적 대화 상대

학부 2학년 때 나는 킷 파인(Kit Fine)을 알게 되었고, 이후 그는 평생토록 절친한 친구이자 철학적 대화의 상대가 되어 주고 있습니다. 엑시터칼리지(Exeter College) 시절, 나는 튜터에게 기말고사 기간에 논리학 논문 한 편을 써도 되는지 문의했었는데, 당시 그들은 한 명의 베테랑 교사가 내 논문을 전담해서 지도해 주기가 어렵다는 사실을 알아챘습니다. 아마도 더밋과 간디(Robin Gandy)가 때마침 옥스퍼드에 있지 않았던 것 같습니다. 그래서 그들은 당시 세인트존스칼리지(St.John's College)에서 일하던 젊은 연구원 킷 파인을 찾아 나의 고등수학 지도를 맡겼습니다. 그는 귀중한 시간을 할애하여 나와 함께 논리학과 형이상학을 토론해 주었습니다. 독학하던 숀필드(Shoenfield)의 『수리논리』 교재에서 내가 풀 수 없었던 문제들도 가르쳐 주었지요.

에반스 : 옥스퍼드 철학의 핵심인 토론 모임에 참가할 것을 권유

1971년 학부 졸업 후, 나는 케네디장학금을 받고 1년 동안 하버드대학교로 공부하러 갔습니다. 그곳에서 완전히 새로운 종류의 인생경험을 얻을 수 있었습니다. 그 후 옥스퍼드대학교 철학과 석사과정에 합격하고 머턴칼리지(Merton College)에서 장학금을 획득하여 옥스퍼드로 복귀하게 되었습니다. 돌아와서 보니 우편함에 한 장의 쪽지가 들어 있더군요 "구내전화 208번으로 전화 부탁드립니다"라고 쓰여 있었습니다. 바로 에반스(Gareth Evans) 교수였습니다. 그래서 나는 그에게 전화를 걸었고, 이때부터 그와 함께 허심탄회하게 철학을 논하게 되었습니다.

그는 당시 옥스퍼드 철학의 가장 중심을 이루던 철학토론 모임 전부에 참여할 것을 강력히 권유하였습니다. 옥스퍼드의 여러 공식적인 교육 방식 외에도 토론 모임에서 배운 것 또한 상당합니다. 에반스는 내가 당시 가장 화두가 되는 첨단의 철학적 문제들을 해결하는 데 어떤 역할을 해 주기를 바랐습니다. 나를 격려하기 위한 것이기도 했지만, 사실 나에게는 아주 수준 높은 요구였습니다. 그는 내가 새로운 아이디어들을 제시하고자 할 때마다 항상 격려와 지지를 아끼지 않았고, 새로운 아이디어에 매우 감격하곤 했습니다. 그와의 개인적인 철학토론이 매우 소중한 경험이었던 이유이기도 하지요.

그와 교류했던 단편적인 기억들은 다채로운 그의 개성을 잘 말해 주는 것들이었습니다. 하지만 몇 안 되는 그와의 기억들조차 별다른 기록으로 남아 있지 않은 점은 대단히 안타깝습니다. 나는 항상 사색에 빠질 때마다 "에반스는 여기에 대해 뭐라고 했을까?" 하고 생각하곤 했습니다.

더밋 : 그의 수리철학 수업을 수강, 이후 21년간 옥스퍼드에서 동료로 재직

내가 처음으로 마이클 더밋을 만난 것은 하버드에서 옥스퍼드로 막 복귀했을 시점이었습니다. 그때 더밋 교수는 아침 이른 시간에 수학연구소의 좁디좁은 창문 없는 교실에서 수리철학을 가르치고 있었습니다. 이 수업에는 더밋 자신의 아이디어가 상당수 포함되어 있었고, 물론 기타 내용들도 있었습니다. 수업시간은 그의 독창적인 철학적 아이디어와 동시대 다른 철학자들에 대한 논평으로 가득했습니다. 에반스 역시 이 강의에 참석했습니다. 더밋은 가끔 토론을 위해 학생들에게 질문을 하라고 요청하기도 했습니다.(일단 토론이 시작되고 나면 정해진 커리큘럼으로 돌아가기란 요원했습니다.) 그러던 어느

날, 학생들 사이에 긴 침묵이 흐르자 내가 용기를 내어 왜 프레게 공리의 어떤 특정한 수정이 무효일 수 있는가 라는 질문을 던졌습니다. 그는 공리를 수정하면 자연수 서열의 무한대를 증명할 수 없다고 대답했지요. 이런 토론들이 바로 그의 학문세계에 매료되게 한 이유 중 하나였습니다.

그 후 더밋과 나는 여러 해 동안 동료로서 함께 재직했습니다. 나의 첫 근무지는 올소울즈칼리지(All Souls College, 1975~1979)였고, 뒤이어 뉴칼리지(New College)에서는 위크엄 논리학 교수(Wykeham Professor of Logic)[2]와 지도연구원(1979~1985)으로 있었습니다. 마지막은 웨인플레트 교수(Waynflete Professor[3], 1989~2000)로 재직했지요. 이 시기 동안 나와 더밋은 함께 수석교수로서 옥스퍼드의 대학원 과정을 관리했습니다. 더밋은 석좌교수도 겸임하였습니다.

더밋이 나의 박사논문을 지도하던 시기, 매주 40페이지의 논문을 써오도록 요구

내가 박사과정을 밟던 시기에 더밋은 나에게 프레게를 가르쳐 주었고, 후에 내 박사논문의 지도교수가 되어 주었습니다. 우리는 매주 한 번 만나서 박사논문 지도를 위한 면담을 가졌는데요, 첫 만남에 그가 던진 한마디는 나를 경악시켰습니다. 그는 매주 새로운 논문 한 편을 써서 그에게 제출하기를 바랐습니다. 나에게 이렇게 말하더군요. "프레게와 관련된 이차문헌에 대해서는 이미 잘 알고 있네. 자네도 잘 알거라 생각하네. 그러니 박사논문에서 이에 대해 논할 필요는 없고, 새로운 내용을 써 오게. 그리고 너무 많은 분량은 필요 없네. 기본 행간 기준으로 매주 40페이지 정도만 쓰면 충분할 걸세." 나는 절대로 다 해낼 수 없을 것이라고 확신했습니다. 아마 더밋 본인

---

2) 편집자 주 — 옥스퍼드대학교의 펠로우십 명칭 가운데 하나.
3) 편집자 주 — 옥스퍼드대학교의 펠로우십 명칭 가운데 하나.

빼고는 아무도 그렇게 하지 못할 겁니다.

그러나 일대일로 진행된 토론에서 더밋은 언제나 책임을 다하는 자세로 싫증내지 않고 차근차근 나를 지도해 주었습니다. 깊이 있는 문제를 설명할 때는 자신의 관점과 완전히 상반되는 관점도 친절하고 세밀하게 고려하며 때로는 새로운 문제를 제기하기도 했습니다. 나는 그의 반실재론에 한 번도 동의해 본 적이 없지만, 그가 제시한 "이해에 관한 본질 및 그것이 어떻게 실재론을 변호할 수 있는가"라는 문제는 나의 철학인생 전반에서 평생을 함께하였습니다.

맥도웰 : 함께 구성한 4인의 토론 모임, 향후 많은 사상이 이곳에서 싹터

나는 에반스를 통해서 맥도웰과 친분을 쌓게 되었습니다. 사실 그는 내 학부 졸업시험의 시험관 중 한 분이셨습니다. 교실 안을 왔다 갔다 하며 시험을 감독했는데, 뒤에서 나를 바라보며 은근히 웃고 계시던 모습이 아직도 인상에 선합니다. 훗날 내가 '경제관리' 과목의 시험을 보러 온 점이 조금 재미있었다고 말해 주시더군요.

맥도웰은 옥스퍼드에 있던 대부분의 시간 동안 에반스와 공동으로 토론 모임을 진행하였습니다. 내가 그의 관점을 가장 깊이 이해했던 것 역시 나와 맥도웰, 에반스, 라이트 등 4명이 함께 진행했던 토론 모임(1977~1979)에서였습니다. 이후에는 더밋에게도 이 토론 모임에 참가해 달라고 요청했었지요. 그 무렵 나는 다른 토론에도 참여하고 있었지만, 이 모임이 당시 내가 참여했던 여러 토론 모임 가운데 최고가 아니었나 생각합니다. 첫 번째 토론회 이후 순서를 정해 교대로 발제를 맡았습니다. 우리는 다함께 의미와 이해 이론, 실재론, 진리론, 규칙준수 문제, 개념역할의 문제 등을 탐구했습니다. 이후 내가 여러 저작에서 발표한 많은 관점들이 이 토론회에서 태동한 것이라고 해도 과언이 아닙니다. 우리 네 참가자의 확연히 다른 개성도 토론회에서 과감 없이 드러났습니다.

에반스가 불행히도 일찍이 세상을 떠나고 라이트가 세인트앤드류스 대학교로 자리를 옮기고 나와 더밋이 뉴컬리지에서 과중한 업무에 시달리게 되면서 더 이상 이 모임이 소집되는 일은 없었습니다. 하지만 이 작은 토론 모임에서 나는, 새로운 관점을 전개할 때는 반드시 심사숙고를 거쳐야 한다는 원칙을 배울 수 있었습니다. 나에게는 더없이 경외로운 철학훈련이었습니다.

스트로슨 : 토론회에서 던진 질문들, 신칸트주의에 대한 색다른 견해

피터 스트로슨(Peter Strawson)은 엄격한 의미에서 나의 스승이나 선생은 아닙니다만, 그와의 철학 교류는 화요일 오후에 진행되었던 토론 모임에서 시작되었습니다. 이 토론 모임은 에이어(A.J.Ayer)가 옥스퍼드로 복귀한 뒤에 만든 것이었는데요, 그가 세상을 떠나고도 근 10년간이나 계속되었습니다. 1977년 한 차례의 토론회에서 스트로슨이 논문 한 편을 발표한 적이 있습니다. 그의 논문에 대해 피드백을 하면서 일인칭의 본질에 대해 처음으로 진지하게 생각해 보았습니다. 토론회에서 그의 관점에 대해 몇 가지 질문을 던졌는데, 며칠 후에 그로부터 손으로 쓴 긴 편지로 답을 받았습니다. 그는 절제되면서도 신사다운 방식으로 학생들을 격려하기로 알려져 있습니다. 누군가가 발표한 논문이 상당히 좋다고 생각되면 그는 발표 말미에 그저 고개나 한 번 끄덕이고 말 겁니다. 사실은 최고의 찬사를 건넨 것이지요. 스트로슨의 저작 『개인』(Individuals)은 과거나 지금이나 항상 영감으로 충만한 작품입니다. 『감각의 범위』(The Bounds of Sense)라는 작품의 웅장한 시도는 내가 정말 존경하는 부분입니다. 하지만 개인적으로 『감각의 범위』의 논증이 실증주의에 너무 많은 것을 허락하고 경험의 자기귀속(self-aion)과 자기소유(ownership)의 구별에 대해서는 충분히 주의를 기울이지 못했다고 생각합니다. 그리고 나와 스트로슨의 신칸트주의적 기획은 다소 차이가 있습니다. 나의 낙관적 신칸트주의는 그의 것과는 조금 다르지요. 나의 신칸트주의는 검증주의가 아니며, 자기소유의 구분을 중시합니다. 『감각의 범위』의 논증과 비교하자면 좀 더 심리학의 구조적인 제약과 융합을 이루고 있습니다. 물론 선험적 관념론은 다루지 않습니다. 이러한 신칸트주의적 기획을 진전시킨 것이 나의 철학작업 중 일부라고 볼 수 있습니다.

【철학사상과 업적】

문회 : 많은 중국의 분석철학 연구자들은 선생님과 맥도웰 간의 지각경험의 개념론과 비개념론 논쟁에 관심이 많습니다. 아직까지 이전의 입장을 고수하고 계십니까? 선생님의 입장에서 이 논쟁, 그리고 논쟁과 관련된 논제의 후속 발전 상황을 대략적으로 설명해 주시면 감사하겠습니다.

맥도웰과의 지각경험 개념론 논쟁은 현재진행형, 나는 여전히 5가지의 주장을 고수

피코크 : 그렇습니다. 지각내용에 관해 나는 아래와 같이 주장합니다.
(1) 어떤 상황 속에서 지각내용은 완전히 비개념적이며, 어떤 지각경험은 개념적 내용을 지니기도 하고 비개념적 내용을 지니기도 한다.
(2) 두 종류의 내용은 모두 정확한 조건을 지니고 있다.
(3) 어떤 개념은 비개념적 내용과의 관계에 의해 구체화된다. 관찰 개념이 바로 그러하다.
(4) 하나의 경험의 비개념적 내용은 감각주체에게 특정한 이유를 부여하여 주체가 개념적 내용을 특정한 감각대상에 적용시킬 수 있게끔 한다.
(5) 의식적 경험이든 척추성 감각통로만 지니고 있는 원시적인 동물의 무의식적 표상 상태든 모든 것이 비개념적 내용을 지닐 수 있다.

나의 주장 : 개념적 내용에 대해 판단하는 것은 주체성과 관련, 심리적 법칙이 아니야

나는 개념적 내용과 비개념적 내용 두 가지의 철학적 해석에 관해서는 여전히 많은 부분 연구가 필요하다고 생각합니다. 개념적 지향 내용은 판단과 이성적인 심리행위 측면에서의 특수 내용입니다. 이러한 사실은 지각경험을 부각시키는 개념을 포함하여, 개념의 개체화에 유의미한 제한을 가합니다.

나는 넓은 의미에서 프레게의 논제에 동의합니다. 즉 모든 내용은 그것이 지칭하는 기본적 충족조건 혹은 기본적 지칭규칙에 의해 개체화된다는 것입니다. 또한 개념적 내용에 관한 관점에도 매료되었습니다. 하나의 개념을 파악한다는 것은 그 기본적 지칭규칙에 관한 암묵지(tacit knowledge)를 파악하는 것까지도 포함한다는 것이지요. 하지만 이러한 암묵적 지식은 만약 어떤 주체가 특정한 개념을 가지고 있다면 특정한 상황에서 이 사고의 주체는 반드시 이 개념을 사용할 것이라는 주장을 암시하는 것으로 받아들여져서는 안 됩니다. 칸트가 정확하게 파악했듯이, 개념적 내용은 자유의 영역 안에서 작용합니다. 하나의 개념을 파악한다는 것은 이 개념을 사용할 때 세계가 어떻게 그것과 서로 연관되어 있는가 하는 지식을 아는 것을 의미합니다. 그런데 사고주체에게 있어 어떤 개념이 특정 상황에서 올바르게 사용되고 있는지 잘못 사용되고 싶은지를 알고 싶어 하는 것은 항상 정답을 낼 수 없는 문제입니다. 이는 기본적 논리규칙과 논리적 개념의 사례 속에서도 그러합니다. 하나의 개념적 내용에 판단을 내리는 것은 자유로운 이성적 주체성을 운용하는 중요한 경우 중 하나입니다. 개념적 내용의 개체화는 왜 특정한 사물이 판단의 이유가 될 수 있는지를 설명할 수 있지만, 한 사고주체가 특정 상황에서 개념을 사용하여 판단을 내려야 하는 것이 어떤 심리 규칙의 작용은 아닙니다.

보다 특수한 시공간적 척도라는 비개념적 내용에 관련해서는, 곧 출판될 저서 『형이상학의 우선성』(*The Primacy of Metaphysics*) 제2장에서 새로운 해석 방법을 제시할 예정입니다.

【세계철학대회와 자아문제】

문회 : 어떤 의미에서 보면 철학은 항상 세계와 불가분의 관계였습니다. 철학자는 인간과 세계의 관계에 대해 독특한 방식으로 대응해 왔지요. 하지만 시대마다 철학자마다 각기 서로 다른 방식으로 세상을 받아들이고 변화시키고자 하였습니다. 철학 이외의 생활에 대해서 한번 이야기를 나누어 볼까요? 선생님이 베테랑 음악 마니아라는 것은 잘 알고 있습니다. 이러한 취미가 철학 연구에도 영향을 미쳤다고 생각하시나요?

음악의 은유적 청취 속에서 계산과 표상을 다시 사고하다

피코크 : 대학에 입학하기 전에 나는 오랫동안 음악에 깊이 심취했었습니다.(사실 옥스퍼드 학부를 지원했을 당시, 유일하게 A학점을 받았던 과목이 음악이었지요.) 이후 지각에 관한 철학과 계산 문제에 관심이 생겼을 때, 음악과 철학에 대한 관심은 음악감상 영역 속에서 실제로 연결될 수 있었습니다. 지금도 여전히 음악감상이라는 영역에서 연구와 글쓰기를 진행하고 있습니다. 과거 십 년 동안 발표한 저작들 속에서 나는 꾸준히 다음과 같은 관념을 제기해 왔습니다. 즉, 음악 속에서 어떤 하나의 대상이나 사건을 상징하는 은유를 읽어 낼 수 있다는 것으로, 그것을 파악하는 것이 바로 음악의 은유를 듣는 것입니다. 이는 주로 우리가 음악 속에서 읽어 내는 정서 혹은 어떤 비심리적 사태 등을 해석할 때 사용됩니다.

과거 십 년 동안의 저술들이 주로 음악 속에서 읽어 낼 수 있는 속성 및 은유적 청취가 음악비평 및 음악사와 맺는 관계에 관한 내용이었다면, 최근(지난 반년 동안)에는 비교적 긴 음악 속에서의 정서의 확장, 음악을 통해 학습할 수 있는 새로운 정서의 가능성, 음악과 비음악 영역 사이에 잠재인격(subpersonal)과 기저심리 측면에서 계산 도식 상 동일한 구조가 존재하는지의 문제 등을 다루었습니다. 이러한 문제들은 명백히 은유적 청취와 내재적으로 관련을 맺고 있습니다. 특히 마지막 문제의 경우 『형이상학의 우선성』에서 논했던 모의표상과 모의계산과도 연관될 수 있습니다.

문회 : 제24차 세계철학대회가 8월 13일 북경에서 열리게 됩니다. 이번 회의의 주제는 "학이성인"인데요, 이 말은 중국 전통철학이 추구하는 인격적 이상을 깊이 반영하고 있을 뿐 아니라 서양철학 맥락에서의 자아 문제와도 상당한 연관성을 지니고 있습니다. 저명한 분석철학자로서 선생님 역시 자아 문제에 관심을 가지고 계시겠지요. 4년 전에 자아 문제에 관한 연구서를 출간하신 것도 잘 알고 있습니다. 중국의 독자들에게 이 문제에 관해 소개해 주실 수 있을까요? 이 문제가 분석철학에서 어떻게 연구되고 있는지, 과거와 미래의 연구 상황은 어떠했으며 또 어떠할지 알려 주시면 감사하겠습니다.

자기이해, 형이상학과 지향내용이론 측면에서 각각의 과제가 존재

피코크 : 이는 굉장히 방대한 문제입니다. 자아는 철학사를 통틀어 유명한 난제입니다. 따라서 여기에서는 간략하게만 언급할 수 있을 것 같습니다. 우리가 자아에 관해 토론할 때 필요한 준비 작업들이 있습니다. 첫 번째 작업은 심리상태와 사건을 지니고 있는 주체의 본질을 그려내는 작업입니다. 이는 형이상학적 과제이지요. 다른 하나는 그 주체를 사고하고 표상하는 일인칭 방식의 본질을 그려내는 작업입니다. 이는 지향내용이론의 과제입니다. 보다 더 깊은 의미에서 이 두 개가 서로 연관되어 있다고 생각할지도 모르겠지만, 그래도 역시 구분은 필요합니다.

주체의 본질은 바로 형이상학의 문제입니다. 나는 이에 대해 반환원적이고 반흄주의적인 관점을 계속해서 고수하고 있습니다. 과거 작품에서 이미 제시한 관점을 더욱 강화시켜 나가고 있지요.『형이상학의 우선성』에서는 지향내용을 지닌 심리사건의 본질을 논증하였습니다. 설사 무의식적 심리사건일지라도 반드시 그 주체와 연관되기 마련입니다. 주체가 내용을 얻는 것은 주체의 후속 행위에 대해 중요한 의미를 지니기 때문입니다. 해석주체가 특정한 지향적 내용을 지니는 것이 어떤 의미를 지닌다고 한다면 주체를 언급하지 않을 수 없습니다. 이는 반흄주의적 논증으로서, 그 범위는 의식적 상태와 사건을 넘어섭니다.

일인칭 연구에 관한 사고 : 신헤겔주의의 무無우선성과는 서로 갈라져

『형이상학의 우선성』에서는 하나의 구분을 통해 일인칭의 본질 문제를 시작합니다. 어떤 실체 영역이나 개념집합에 대해, 혹은 이 실체를 사고하는 방식에 대해 우리는 아래와 같이 물을 수 있습니다. 실체의 형이상학은 논리상으로 철학적 설명에 선행하는가? 이 철학적 설명은 실체를 묘사하기 위해 사용된 개념의 본질을 설명하는가? 개념의 본질은 우선적인 것인가? 무無우선성이라는 설명은 정확한가? 나는 심리상태를 지닌 주체의 본질은 논리적 순서상 철학적 설명에 우선하며, 후자는 이 주체를 묘사하는 1인칭 개념(혹은 관념)의 본질을 설명하는 것이라고 봅니다. 사실『세계의 거울 : 주체·의식과 자아의 식』에서 이미 한 번 논증했었습니다. 하지만 이 책에서는 형이상학과 내용이론의 보편적 문제에 관해 지금만큼 깔끔한 설명을 제시하지 못했습니다. 만약 주체와 일인칭의 형이상학적 우선성 관점이 타당하다면, 나는 지칭의 측면에서 주체의 속성을 사용하여 일인칭의 각종 특징을 설명할 수 있을 것입니다. 예를 들면 이러한 사고를 바탕으로 주체가 관련되어 있는 공간속성의 귀속 문제를 처리할 수도 있고, 이러한 주체가 일인칭을 통해 결정된다는 특징을 설명할 수도 있습니다.

일인칭 문제 연구의 현황에 관해서 나는 세 가지를 강조하며, 이는 반드시 세부적인 연구계획 속에 포함되어야 한다고 봅니다.

첫째, 심리적 행동을 해석할 때, 일인칭 및 주체의 작용에 대한 더 나은 이해가 필요합니다. 심리적 행동이라는 주제는 과거 50년 동안 왕성한 발전을 이루었습니다. 관련된 토론과 문제 역시 장족의 발전을 이루었지요. 『형이상학의 우선성』에서 나는 과거의 방안과 비교하여, 일인칭을 해석할 때 주체성에 관해 더 광범위하게 고려해야 한다고 설명하였습니다. 주체성과 관련되어야만 일인칭을 신체와 관련된 사고방식이나 방향을 나타내는 사고방식과 제대로 구분해 낼 수 있습니다. 하지만 우리가 심리주체성 개념을 분명히 밝혀 낼 수만 있다면 심리주체성이 관여하는 정황은 매우 중요한 것으로 변하게 됩니다. 심리주체성이 자유의 핵심적 측면이기 때문입니다.

둘째, 일인칭 사고와 그 표상 및 사회관계 사이에 대한 더 상세한 해석이 필요합니다. 어떤 사상가들 특히 헤겔 전통을 고수하는 사람들은, 일인칭과 이인칭을 관계항으로 여기지 않고 일인칭이 본질적으로 사회적인 것임을 깨닫지 못한다면 일인칭을 해석할 수 없다고 생각합니다. 물론 나의 관점은 아닙니다. 이러한 신헤겔주의적 관점은 우선성을 부정하는 무無우선성의 관점인데, 분명 따져 볼 만한 가치는 있습니다. 신헤겔주의의 관점이 부정확하다고 하더라도(이러한 관점은 형이상학적 측면에서 주체의 본질 문제를 처리할 때 곤란함에 처하게 됩니다.) 진실된 심리생활, 자아 관념, 가치관과 정서 속에서 우리의 일인칭 사상과 인간관계 사이에 어떤 상호작용이 존재한다는 사실은 부정할 수 없습니다. 우리는 이러한 상호작용이 철학과 심리학적으로 더 깊이 이해될 수 있을 것이라고 기대합니다.

마지막으로 강조하고 싶은 것은, 일인칭과 주체에 관한 이론이 미학에 중요한 의미를 지닌다는 것입니다. 소설, 시, 연극, 음악 등의 상황을 철학적으로 이해하려 할 때, 그리고 심미적 체험을 적합하게 그려내고자 할 때, 우리는 중요한 대목에서 일인칭 및 그에 관한 이론을 사용할 필요가 있습니다. 이 점은 텍스트나 제목, 기타 언어적 내용 묘사가 전혀 없는 '음악'에도 적용됩니다. 거의 모든 심미적 경험이 사상 혹은 상상 속에서 하나의 주체를 사용하는 시각과 관계됩니다.

나는 심미주체와 일인칭 작용의 적절한 분석은 철학뿐만 아니라 문학과 음악 비평에도 기여하는 바가 크다고 생각합니다. 이러한 분석은 철학이 간학문적 사고방식이라는 측면에서 철학의 중요한 의미를 보여 주는 하나의 모델이 됩니다. 철학 내적인 의미도 지니면서 다양한 학문에도 똑같이 적용될 수 있습니다.

글 ‖ 욱봉郁鋒(연합인터뷰팀)

폴커 게르하르트
Volker Gerhardt

니체와 칸트는 사실 매우 가깝다

칸트 및 니체 연구 전문가

폴커 게르하르트

인터뷰이 : 폴커 게르하르트(Volker Gerhardt), 이하 '게르하르트'로 약칭
    (독일 베를린 훔볼트대학교 명예교수)

인터뷰어 : 나아령羅亞玲(복단대학교 철학부 부교수), 이하 '문회'로 대칭

인터뷰 일시 : 2018년 5월~6월(수차례의 메일 인터뷰)

게르하르트 교수에 관해 처음으로 알게 된 것은 2002년으로, 나는 그때 베를린 자유대학교에서 유학 중이었다. 당시 새로 사귀게 된 몇몇 대만 학생들 가운데 그의 제자가 한 명 있었는데, 그 친구가 자신의 지도교수를 언급할 때면 그의 말투 속에서는 스승에 대한 존경심이 가득 묻어났다. 1944년생인 게르하르트 교수는 독일이 통일된 지 얼마 되지 않은 1992년 훔볼트대학교로 와서 철학연구소 장에 부임했고, 그 발전에도 커다란 공로를 세웠다. 동시에 그는 베를린-브란덴부르크 과학원의 니체와 칸트 위원회 이사를 역임하고 과학원이 출간하는 칸트 문집 마무리 작업의 주 책임자를 맡기도 하는 등, 니체와 칸트를 심도 깊게 연구하였다. 나는 그가 예전에 칸트의 도덕철학에 대해 강의하는 것을 들은 적이 있는데, 칸트의 절대명제 제2공식의 '인격 속 인간성' 개념을 해석하는 것을 듣고 그 심오함에 깊은 감명을 받았었다.

　　내가 게르하르트 교수를 직접 만나게 된 것은 복단대학교로 돌아와 교편을 잡고 난 뒤의 일이었다. 2009년 9월 게르하르트 교수는 독일 8개 과학원 순번제 위원장(2002~2012) 자격으로 북경대학교, 무한대학교, 중산대학교, 절강대학교, 복단대학교 등을 차례로 방문했다. 나 역시 복단대학교에서 그를 맞이하는 업무에 참여하게 되었다. 쉬는 시간에 우리는 중국에 대한 인상에서부터 독일 철학대가들의 알려지지 않은 일화에 이르기까지 다방면에 걸쳐 담화를 나누었다. 전혀 경직되지 않고 편안한 분위기로 막힘없이 이야기를 풀어 나가는 그의 모습은 고고할 것만 같았던 내 마음 속의 이미지와는 전혀 달랐다. 하루는 그가 상해박물관을 둘러본 뒤 중국 고대의 청동기는 예물과 생활용품들뿐이고 병기가 하나도 없다며, 중국은 유럽과는 다르게 '평화를 사랑하는 민족' 같다는 말을 남기기도 했다. 돌아오는 길에도 여전히 혼잣말을 되새기며 한참 동안 생각에 잠기는 모습이었다. 이별의 시간이 되자 나에게 자신의 인터뷰를 기록한 『철학적 동태』 한 권을 주며 베를린에서 다시 만나기를 기약했다. 그러나 후일 내가 베를린을 방문했을 때, 이미 은퇴하여 함부르크에 정착했다는 소식을 접하고는 방해하지 않기로 했다.

이번 인터뷰를 통해 십 년 전 덮어 버린 추억의 책장을 다시 넘길 수 있었다. 그 역시 기쁜 마음으로 인터뷰를 수락했는데, 답변이 조금이라도 늦어지면 친절하게 경위를 설명해 주곤 하였다. 대화를 나누면서 그가 최근 몇 권의 칸트 연구서를 연달아 내놓고 있으며, 칸트의 '인격 속 인간성' 개념에 기초한 인도적 관념을 주제로 신간을 준비 중이라는 사실도 알게 되었다. 그 순간 마치 추억이 십여 년 전으로 거슬러 올라가 그 옛날 청강시절로 돌아간 느낌이 들었다. 더 많은 사람들에게 게르하르트 교수의 오랜 연구의 결정체를 소개할 수 있다니, 이 어찌 기쁘고 설레는 일이 아니겠는가!

【철학과의 인연 그리고 궤적】

문회 : 게르하르트 교수님 이번 북경 세계철학대회를 맞이하여 이렇게 인터뷰를 할 수 있어서 대단히 기쁩니다. 1992년 베를린 훔볼트대학교 교수직에 임명된 후 오랜 기간 동안 훔볼트대학교 철학연구소 소장을 맡았고, 특히 연구소의 재건을 위해 많은 일을 하셨습니다. 당시의 상황은 대략 어떠했습니까? 철학연구소의 재건을 위해 구체적으로 어떤 일을 하셨나요? 당시의 성과를 스스로 평가한다면 어떨까요?

훔볼트대학교 철학연구소 소장으로서의 공헌 : 제도의 중건, 마르크스 정신의 부활

게르하르트 : 내가 1967년부터 계속해서 대학정치 문제에 관심을 가져왔다는 것을 잘 아실 겁니다. 학생대표에서 조교 그리고 최종적으로 대학 교수의 자리에 오르기까지, 뮌스터대학교에서 쾰른, 할레를 거쳐 지금 여기에 오기까지 항상 그래 왔습니다. 이는 후일의 내 작업들의 토대로 작용했습니다. 내가 부임했을 당시 훔볼트대학교 철학연구소는 제도의 확립이 매우 절실한 상태였습니다.

제도의 중건 작업이 필요했던 이유는 인사 문제를 해결하고 상호간의 신뢰를 구축해야 한다는 큰 위기에 직면했기 때문입니다. 우선 민주 독일의 학자들과 전공 분야의 측면에서 소통하면서 공동의 비전을 세우는 것이 시급한 과제였습니다. 그런데 안타깝게도 성공 사례는 몇몇 뿐이었고, 젊은 학자들은 특히 학과체계 변화에 적응하는 데 어려움을 겪고 있었습니다. 그 외의 일부 동료들은 논리학과 철학사 연구 등 자신의 연구를 지속해 나가면서 이를 국제적 차원의 연구와 접목시키기도 했습니다. 이는 비교적 성공적인 사례에 속합니다. 이러한 방식으로 우리는 훔볼트대학교에 20세기 철학 연구의 새로운 출발점을 도입할 수 있었고, 에른스트 카시러(Ernst Cassirer) 유작 출판을 유치하는 등 일정한 성과도 달성했습니다.

나에게 특히 의미가 있었던 일 중 하나는 베를린에서 칼 마르크스를 부흥시켜 사람들에게 잊히지 않도록 만들었던 것입니다. 1996년과 2001년에 진행된 학과통섭 강좌 시리즈를 통해 이러한 시도가 구현될 수 있었습니다. 나중에는 이 강좌 시리즈의 논문집을 모아 출판하기도 하였습니다. 1933년과 1945년의 역사적 사건으로 인해 훔볼트의 철학 전통은 두 차례 단절을 맞았습니다. 사람들의 기억을 새롭게 소환하는 것은 무엇보다 중요한 일이었지요.

가장 중요하면서도 힘들었던 일은 업무 부담이 만만치 않았던 연구소에서 일하면서 철학 연구로부터 멀어지는 일이 없도록 하는 것이었습니다. 그래서 나는 지속적으로 칸트와 니체 연구 성과를 발표했습니다. 1999년과 2000년 각각 출판한 연구서를 통해 서로 다른 논제를 각각 개체성 이론과 연관시키고자 시도하였습니다. 이러한 작업은 어느 정도는 나의 독창적인 시도라고도 볼 수 있습니다.

문회 : 훔볼트대학교에서의 일 말고도 1998년부터는 베를린-브란덴부르크 과학원의 회원이 되셨고, 이후 과학원 원장을 맡기도 하셨습니다. 베를린-브란덴부르크

과학원이란 어떤 기구입니까? 일반적인 대학과는 어떻게 다른가요?

베를린-브란덴부르크 과학원 : 니체와 칸트 저작 편찬, 각종 프로젝트 기획

게르하르트 : 과학원의 효시가 된 것은 아테네에 있던 플라톤아카데미라고 할 수 있습니다. 15세기 중엽에 플라톤아카데미는 아테네에서쫓겨나 피렌체로 옮겨졌는데, 이후 16~17세기가 되면서 유럽의 많은도시들에 과학원이 새로이 세워졌습니다. 베를린에도 1700년 과학원이 세워졌는데, 당시에는 프로이센 과학원으로 불리었습니다. 이것이 오늘날의 베를린-브란덴부르크 과학원이 된 것입니다. 과학원은국내의 여러 분야 과학자들이 자유롭게 학제간 교류를 진행할 수있도록 돕는 것을 목적으로 하며, 일부 연구 프로그램을 추진하기도합니다.

1998년 나는 베를린 과학원에 부임하고 나서 이내 과학원의 연구가대학 연구를 보완하는 중요한 역할을 한다는 점을 깨닫게 되었습니다. 과학원은 장기간에 걸친 출판 작업을 추진하는 경우가 많은데,대학에서는 이러한 장기적인 프로젝트를 수행할 자금과 시간이부족합니다. 나 역시 지금 하고 있는 칸트 연구를 마친다면 과학원프로젝트를 하나 하고 싶습니다. 평소 이러한 '장기 프로젝트'에관심이 많았습니다.

한편 베를린 과학원 원장을 맡아서 30개의 프로젝트를 관리한 적도있습니다. 2002년에는 독일 8개 과학원 위원회의 순번제 위원장에선출되었습니다. 이때는 총 160개의 프로젝트를 다루었습니다. 이직무를 2012년까지 수행하였는데, 이 10년의 시간동안 국가 지원예산이 3000만 유로에서 6000만 유로로 증가했습니다. 그리고 말씀하신칸트 저작의 출판 작업은 2024년 칸트 탄생 300주년의 해에 출판하는것을 목표로 진행되고 있습니다.

【철학사상과 업적】

문회 : 학술관리 분야에서 많은 독일의 학문 종사자들에게 혜택을 안기셨습니다. 이제 선생님 개인의 학문 연구로 들어가서 이야기를 나누어 보도록 하겠습니다. 여러 해 동안 니체와 칸트 사상을 전문적으로 연구해 오고 계신데, 성격이 판이하게 이 두 철학자들의 사상과 그 현실적 의미에 관해 어떻게 이해하고 계십니까? 구체적으로 말해, 칸트와 니체 철학 중 어떤 문제에 가장 관심이 있으십니까?

니체와 칸트, 당대 세계에 대한 비판자들

게르하르트 : 칸트와 니체는 많은 사람들의 관심을 받는 학자들로, 당대 세계를 비판한 학자들이기도 합니다. 니체는 본인 스스로는 자신이 칸트와 대립된다고 생각했지만, 사실 그는 자기가 생각했던 것보다 훨씬 더 칸트에 가깝습니다. 때문에 이 둘을 연결시켜 해석하는 것은 커다란 가치가 있습니다. 이 둘을 비교해 보면 칸트 역시 '생철학자'라고 불릴 만하다는 것을 발견하게 됩니다. 그 역시 일종의 생명이론과 문화이론을 전개하였기 때문입니다. 니체를 칸트에 연결시킬 수 있는 것은 '비판적' 사상가라는 면모입니다. 그는 지식과 진리에 대해 가차 없이 비판을 가했지만, 결국 인식과 논리의 검증을 끝까지 고수했습니다. 그의 '몸의 철학'은 감각과 지성의 창발적 기능을 시종일관 긍정합니다.

니체는 철학이 과학에 의존하지 않도록 함으로써 철학이 새로운 명성을 얻도록 만들어

니체는 철학을 과학에 의존하지 않도록 하여 철학의 명성을 다시 쌓아 올렸습니다. 이것이 니체의 특별한 공헌입니다. 니체는 갈수록 편협해지는 강단철학의 경계를 무너뜨리고 철학과 예술을 결합시켰습니다. 그래서 그는 오늘날까지도 끊임없이 젊은이들, 교양 있는 예술가와 작가들을 매료시키며 철학의 세계로 불러들입니다.

사실 니체의 전후기 사상이 많이 다르다는 점은 더욱 풍부한 해석의 가능성을 열어 줍니다. 그는 진리를 비판하기는 했지만, 그의 비판에는 진리는 유용해야 한다는 요구가 담겨 있습니다. 칸트에게서 증명 불가능한 것으로 증명된 신에 대해서, 니체는 신은 죽었다고 선언하기도 했습니다. 니체는 신에 대한 사망을 선고하면서, 우리는 더 이상 예전과 같은 방식으로 신을 논할 수 없다고 하였습니다. 니체는 의식을 육체의 꼭두각시로 여기지만 『모든 가치의 전도』에서는 의식을 '미래 철학'의 주요 매개체로 받들기도 했습니다. 또 '인간의 도리'를 "헛소리"라고 일갈하면서 자신의 모든 위대한 비전에 인간의 미래를 걸었습니다. 그럼에도 불구하고, 그의 도발적 사상에는 철학이 직면한 거대한 도전이 담겨 있습니다.

칸트는 과학과 도덕의 일치를 시도

칸트는 니체 이전 100여 년 동안 니체와 비슷한 통찰을 보다 명료한 방식으로 표현했고, 과학과 도덕이 조화를 이룰 수 있는 다양한 해결책을 모색하는 데 주력했습니다. 칸트의 매우 중대한 업적은 자연에 대해 역사적 해석을 가하여 (질료적으로 이해되는 자연이라고 할지라도) 자연을 생명과 정신의 기원으로 삼음으로써 유물주의와 관념주의 간의 형이상학적 대립을 해소했다는 점입니다. 그는 '경험실질론'과 '선험관념론' 혹은 '자연왕국'과 '이성왕국'을 구분하여 인간의 '입장'을 다루었습니다. 이러한 구분은 인식과 행동의 문제에서 출발한 것으로, 그는 일정한 '시각'에 기초하여 이 문제들을 해결하고자 하였습니다. 하지만 결코 평범한 이원론을 주장한 것은 아닙니다. 칸트의 이론, 특히 그의 생명이론과 문화이론 속에서 이원론은 극복되었습니다. 따라서 칸트가 '예술'을 문화를 이끄는 지도자이자 과학에 방향을 제시해 주는 이정표로 삼았을 때, 예술이 인간에게 어떤 의미를 지니는

지가 분명히 드러났습니다. 이는 칸트와 니체가 얼마나 가까운지를
보여 주는 사례이기도 합니다.

문회 : 칸트 철학은 현재에도 여전히 전 세계 철학 연구의 핵심 주제 가운데 하나입니
다. 오늘날의 칸트 연구, 특히 영미권의 칸트 연구에 대해서는 어떻게 평가하십니까?

**각각의 장단점을 지닌 세계의 칸트 연구, 체계적 연구는 여전히 새로운
발굴을 요망**

게르하르트 : 독일, 스위스, 오스트리아에서 인물을 주제로 하는 칸트
연구는 기껏해야 역사적 연구와 비판적 연구로 이어지는 정도입니다.
반면 자의식 문제, 윤리학, 정치학, 법 권리 이론의 논증 문제에 관한
체계적 연구가 산발적이나마 이루어지고 있습니다. 또한 칸트의 중요
한 이론인 미학사상도 여전히 중시되고 있습니다. 최근에는 칸트의
종교철학을 연구하는 대규모 저작이 대망의 완성을 눈앞에 두고
있습니다. 이처럼 연구 성과는 풍부한 편이지만, 정치이론이나 생명이
론, 문화이론에 관한 체계적인 연구는 아직 충분히 이루어지지 않았습
니다. 영국과 미국에서는 인물 위주의 칸트 연구가 비교적 강해서,
칸트 초기의 그러한 체계적 문제에 관해서는 독창적인 연구가 보이지
않는 실정입니다.

【중국철학 그리고 세계철학대회를 바라보다】

문회 : 지금의 세계를 어떻게 이해하십니까? 현대세계의 주요한 특징이 어디에 있다고
보시나요?

현대세계 : 기술집약적인 문명의 창조, 여전히 핵과 폭력의 위협이 잠재

게르하르트 : 현대세계의 새로운 점은 기술이 만들어 내는 통일성에

있습니다. 고대에는 인간을 하나의 전체로 보는 학설, 즉 모든 인간을 하나의 국가로 통일시키고자 하는 이념이 있었습니다. 중세시대 아시아, 아프리카, 유럽 등지에서 성행하던 유대교, 기독교, 이슬람교 역시 이러한 관념을 지니고 있었습니다. 인류가 하나의 종교로 통일될 수 있다고 믿었지요. 근대 이래로 지구는 점차 발견, 인식, 체험의 공간으로 변해 갔습니다. 유럽인들을 지구를 인간의 다양한 목적을 위해 봉사하는 하나의 행위공간으로 활용했고, 이에 따라 식민주의는 더욱 거세져 갔습니다. 지구 곳곳에서 전쟁이 발발하고 나서야 점차 이러한 경향이 수그러들었지만, 전쟁은 제2차 세계대전으로 이어져서 세계 전체의 활기를 크게 손상시켰습니다.

바로 이러한 여건 하에서 창설된 것이 유엔입니다. 유엔은 전 지구적 권리와 평화질서 이념의 확립을 제도적으로 보장하는 것을 목적으로 합니다. 하지만 진정한 국제평화를 이루기에는 아직도 유엔은 부족한 점이 많습니다. 우리는 앞으로도 계속해서 국제법을 세워 나가야 합니다. 다가올 미래에는 보다 믿을 수 있는 평화적 보장책이 마련되기를 기대합니다.

하지만 어떤 국가의 경우, 경제적인 이유나 종교적인 이유로, 아니면 순전히 지역의 패권을 지키기 위한 심산에서 평화의 이념을 진정으로 고수하지 않고 있습니다. 이는 여전히 현대세계의 문제로 남아 있습니다. 환경위기의 해소, 빈곤의 극복, 종교적 관용의 실현을 위한 노력들도 비슷한 이유에서 한계에 직면해 있습니다. 이 때문에 우리는 여전히 전쟁, 심지어는 핵전쟁의 위협에 그대로 노출되어 있지요. 핵무기의 사용은 오늘날과 같이 교류가 활발한 기술집약적인 세계문명을 파괴하기에 충분합니다.

문회 : 그렇다면 철학이 현대세계를 위해 무엇을 할 수 있다고 보십니까?

철학의 사명 : 비판성을 유지하면서도 다양성을 더 높이 추구해야

게르하르트 : 철학은 평화, 인권, 법의 보장을 위한 논증을 제공할 수 있습니다. 이를 위해 철학은 공개적으로 논의될 수 있어야 합니다. 또한 철학은 무엇이 인간의 도리인지, 인간의 도리와 자연·문화 간의 내재적 관계는 어떠한지, 인간의 책임은 무엇인지 등을 밝힐 수 있습니다. 이 외에도 철학 내부적 갈등을 소통시킬 수 있는 모델을 정립할 필요가 있습니다. 철학은 비판성을 지니면서도 동시에 철학적 관점 및 학파의 다양성을 최우선으로 여기고 존중해야 합니다. 철학은 많은 학파도 필요하지만 다양한 철학자들도 필요로 합니다.

철학은 각종 철학적 사고의 전통을 서로 다른 문화 속에 개방적으로 녹여 내어 참된 식견을 발굴하고, 그것이 현대에 새로운 의미를 발휘하도록 만드는 특수한 임무를 지니고 있습니다. 철학은 인식적 관심과 방법론의 다양성을 존중할 줄 알아야 합니다. 2500년 전에 철학은 바로 이러한 다양한 관점 간의 충돌로부터 등장했습니다. 이러한 충돌은 철학의 역사를 관통하며 철학의 창조성을 이루어 나갔습니다. 철학이 단일한 방법만을 사용한다면 단일한 문화로 이어져 그 속에서 철학은 서서히 소멸되고 말 것입니다.

문회 : 오늘날의 독일철학은 어떻게 현시대의 새로운 추세에 대응하고 있습니까? 현대의 독일철학 역시 세계와 동일한 추세로 나아가고 있나요?

현대의 독일철학 : 언어분석철학과 역사연구 사이에 불균형이 존재

게르하르트 : 어떤 일관된 계획 하에 이루어진 공통의 경향성은 존재하지 않습니다. 하지만 독일에는 수십 년 동안 성행해 온 언어분석철학과 갈수록 경시되는 역사연구 사이의 불균형 문제가 존재합니다. 독일과 유럽의 철학전통을 연구하는 철학자들은 다른 나라에서 온 유학생들

을 포함하더라도 굉장히 적은 숫자입니다. 또 유럽인들은 페르시아, 인도, 중국, 일본 등의 철학전통을 중시하지 않습니다.

저는 무한대학교의 명예교수이면서 과거에는 북경, 상해, 광주, 장사, 항주 등에서 머무른 적도 있습니다. 중국의 유가전통도 굉장히 존중하지요. 인류는 기원전 500년 경 '축심軸心시대'를 맞이했습니다. 이때 공자, 붓다, 차라투스트라, 소크라테스와 같은 세계적 사상가들이 출현하여 인류를 새로운 철학적 사고의 길로 인도했습니다. 우리 모두는 이들의 가르침을 따라 나가야 합니다.

문회 : 이번 세계철학대회의 주제는 "학이성인"입니다. 이 구절은 유학의 경전에서 온 것으로, 인간의 도리를 강조하고 있습니다. 이 주제에 대해서 어떻게 이해하고 평가하십니까?

학이성인 : 철학은 방법, 이론, 실천적 교류 속에서 인도人道의 모범을 수립

게르하르트 : 이 주제는 매우 훌륭하고 현실성이 높습니다! 이 구절은 한 가지 주요 사상을 표현하는 동시에 인류에게 잊혀 버린 인간의 통일성을 강조하는 것 같습니다. 단순히 자연과 문화의 내재적 연관성만을 재인식하려는 것이 아니라 사상, 행동, 감각 간의 내재적 연결, 동물과 인간의 연관성을 새롭게 인식하기 위한 것입니다.

나는 2019년 『인간의 도리 — 각 개인의 인격 속의 인간성』이라는 신간을 출판 예정입니다. 이 작업을 언급한 것은 이번 북경 세계철학대회의 주제가 나에게 준 자극과 영감을 설명하기 위해서입니다.

철학적으로 볼 때, '성인成人'은 분석의 방식으로 다룰 수 있는 이론적인 주제에 그치지 않습니다. 철학 그 자체는 방법, 이론, 세계와의 실천적 교류 속에서 인간 도리의 모범을 수립합니다. 공자, 소크라테스, 칸트 모두 단순히 "인간이란 무엇인가?"라는 질문을 던지는 데 그치지 않았습니다. 그들은 자신의 삶 속에서 인간이 된다는 것이 어떤 의미인지를 몸소 보여 주고자 노력하였습니다. 철학자는 남성으로서든 여성으로서든 자아와 세계에 대한 인식의 패러다임을 제시해야 합니다. 어떻게 하면 사람들이 최대한 이성적인 삶을 살 수 있는지, 다른 사람들이 어떻게 그를 모범으로 삼을 수 있을지를 밝혀 주어야 합니다. 따라서 인간의 도리는 철학적 문제에 그칠 것이 아니라 하나의 규범으로 간주되어야 합니다.

물론 철학은 일종의 과학으로서, 다른 많은 과학을 잉태하는 과학임을 잊어서는 안 될 것입니다. 철학은 반드시 기타 과학과 연관성을 유지해야 합니다. 이를 위해 철학은 기타 과학과 학제간 협력을 진행하여 과학의 범위를 완전하게 해야 합니다.

문회 : 세계철학대회가 중국에서 처음 열리게 되어 모든 중국 학계가 흥분과 설렘으로 뒤덮여 있습니다. 중국철학 혹은 중국문화를 어떻게 이해하고 계십니까? 중국철학이 지금의 세계에 기여할 수 있는 바가 있을까요?

개방성이 풍부한 중국철학, 고유한 전통의 우위를 강화해야

게르하르트 : 현대 중국철학은 개방성이라는 측면에서 세계 기타 철학의 모범이 될 수 있습니다. 중국의 젊은 철학자들은 유럽, 미국, 인도, 아프리카의 철학을 배우기를 희망합니다. 내가 몸담고 있는 칸트 철학과 니체 철학의 역사연구 분야, 종교철학의 문제에서도 중국의 학자들이 보여 주는 명석한 이해력과 높은 학식은 굉장히 인상적입니다. 이들이 다른 사상가들의 입장을 수용하고 비판적으로 검증하는 데에서 그치지 않고, 자신의 사상을 바탕으로 이를 보충하는 데까지 나아간다면 크나큰 도움이 될 것입니다. 나의 박사과정 제자(이미 중국에서 교수로 재직하고 있습니다) 중 한 명에게서 들은 이야기는, 중국에서 온 학자들이 칸트의 까다로운 문제들을 정확히 잘 이해할 뿐만 아니라 비판적으로 사고해 나갈 수 있다는 것이었습니다. 나 역시

몇 차례의 중국 방문을 통해 중국 학자들의 철학적 소질이 뛰어나다는 것을 느낀 바 있습니다.

이와 동시에 중국의 학자들은 자신의 철학문화를 발휘하는 것을 잊어서는 안 될 것입니다. 개인적으로 유가와 도가의 사상을 접하고 많은 것을 배웠습니다. 중국 철학자들이 의식을 가지고 이 수천 년의 참된 지혜를 발전시켜 나가기를 바랍니다.

문회 : 이 기회를 빌려 전 세계 젊은 철학도들에게 한 마디 조언을 부탁드립니다.

전 세계 철학 후학들에게 보내는 메시지 : "스스로 사고할 것", 열정을 가지고 다양한 문화와 학문을 섭렵할 것

게르하르트 : 네 좋습니다! 다섯 가지의 자기이해에 관해 말해 주고 싶네요.

첫째, 철학이 남긴 다양성을 인식하고 자신의 문화에만 갇히지 말라는 것입니다.

둘째, 적어도 철학사에서의 역사적 문제들에 대해, 특히 그 중 한 가지의 체계적인 문제에 대해서는 보다 철저히 숙지하라는 것입니다.

셋째, 철학 외에 적어도 다른 하나의 학문에 대해 공부하라는 것입니다.

넷째, '생존론'이라는 의미에서 어떤 철학적 문제에 관심을 가지는가를 분명히 하라는 것입니다. 철학은 순수과학이 아니며, 이를 잘하기 위해서는 반드시 열정이 필요합니다.

다섯째, 다른 사람들이 생각하고 있거나 이미 생각한 것들뿐만 아니라, 자신만의 사고를 개척하라는 것입니다. '스스로 생각하기'는 바로 칸트가 그의 학생에게 했던 요구이기도 합니다.

마지막으로, 중국과 유럽의 역사적 관계를 감안하여(이는 나에게 매우 중요합니다. 특히 칼 마르크스 200주년 탄신을 막 기념한 터이니까요) 한 가지 제안하고 싶은 것이 있습니다. 청년 마르크스는 망명기간 중 쓴『파리

수고』에서 자신의 철학과 정치의 비전을 밝혔습니다. 그 중 두 개의 중대 목표가 바로 '인간의 자연화'와 '인간화된 자연'입니다. 많은 사람들은 이것이 현실성 없는 '낭만적인' 목표라고 치부하지만, 지금과 같이 인간이 스스로 초래한 생태적 위기에 직면하여 생존마저 위협받고 있는 상황에서는 매우 현실적인 의미를 지닐 수 있습니다. 마르크스는 인권의 보장 없이는 이 목표가 실현될 수 없는 것을 일찍부터 깨달았습니다. 나 역시 줄곧 이러한 관점에 동의해 왔습니다. "학이성인"을 주제로 하는 북경 세계철학대회가 마르크스의 이 구절을 강령으로 삼을 수 있다고 봅니다.

글 ‖ 나아령羅亞玲(연합인터뷰팀)

두유명
杜維明

지역적 지식인 유학은 어떻게 전 세계적 의미를 지닐 수 있을까

신유학의 대표주자, "정신인문주의" 담론의 제창자

두유명

인터뷰이 : 두유명杜維明(Weiming Tu)
(북경대학교 인문석좌교수, 미국인문과학아카데미 회원,
제24차 세계철학대회 중국조직위원회 위원장)

인터뷰어 : 이념李念(『문회보』 기자), 이하 '문회'로 대칭

인터뷰 일시 : 2018년 2월 및 5월(대면 인터뷰)

2018년 2월, 섣달그믐의 만찬 자리에서 78세의 사상가 두유명 선생은 85세의 대만 작가이자 『원씨물어源氏物語』의 번역자인 임문월林文月 여사와 함께 이 시대 중문과의 현황에 대해 담화를 나누었다. "대만대학교 중문학과에는 학생이 7명밖에 없어요. 그 중 단 셋만이 자원해서 중문과에 온 학생입니다." 임 여사가 운을 띄우자 두유명 선생도 맞장구를 치며 말을 이어받는다. "동해대학교 중문학과 역시 학생이 7명뿐입니다. 그런데 교수는 열 명이 넘죠." 두 명의 중문과 출신이 서로 얼굴을 마주보며 미소를 지었다. 마치 학창 시절로 다시 돌아가기라도 한 느낌이었다.

1950년대 대만에서는 중문독해는 시간낭비이며, 외국어과에 진학하는 것이야말도 올바른 길이라고 여기는 풍조가 유행했다. 외국어과에 진학하는 것이 근대로 향하는 길이라 생각했기 때문이다. 작가 백선용白先勇·진약희陳若曦, 평론가 여광중余光中·이구범李歐梵 등이 모두 대만대학교 외국어과 출신이다. 두유명역시 처음에는 부친의 뜻대로 외국어과로 입학했다가 유학儒學에 대한 큰 관심으로 얼마 지나지 않아 다시 중문과로 전공을 바꾸게 된 경우이다.

1980년 8월 하버드에서 북경사범대학교로 강연을 하러 온 두유명은 청중들에게 중국문화의 가치를 새롭게 되새기도록 하여 "대륙유학 제3기의 새로운 발전에 그 누구도 대신할 수 없을 공헌을 남겼다"라는 평가를 받았다. 1985년 북경대학교에서 유학철학을 강의하였는데, 이는 1923년 양수명梁漱溟 선생 이후 처음으로 재개된 유학 연구였다. 이후 홍콩으로 돌아간 그는 은사인 서복관徐複觀 선생에게 대륙에는 유학이 필요하며 (유학부흥의) 가능성이 설사 희박하더라도 최선을 다하겠노라 고했다.

2010년 공자탄신일에 맞춰 12년간 재직해 오던 하버드-옌칭연구소(Havard-Yenching institute) 원장에서 퇴임한 두유명은 고국으로 돌아와 북경대학교 고등인문연구원 현판을 내걸고 초대 원장에 취임하였다. 그해 그는 이미 고희에 들어섰음에도 불구하고 새로운 학술사업이라는 쉽지 않은 길로 발을 뗐다. 지난 세기 하버드에서 시작된 "문화중국", "문명 간의 대화", "계몽의 반성", "세계윤리"와 같은 담론에 이어 2013년에는 "정신인문주의"를 제창하였으며, 더욱 대단한 것은 제24차 세계철학대회를 북경대학교에 성공적으로 유치하고 "학이성인"이라는 주제를 제시한 것이다.

"세계철학대회는 유학 발전을 가져올 절호의 기회입니다"라는 그의 말에는 유학이 세계철학대회의 성공적 개최를 위해 반드시 기여하도록 하겠다는 큰 포부가 담겨 있다. 과연 하나의 지역적 지식인 유학은 과연 전 세계적으로 의미를 지닐 수 있을까? 전 세계와 교류하며 반세기를 넘게 유학 연구에 몰두해 온 그가 다시 처음으로 돌아와서 자신에게 던지는 물음이다.

2월의 캘리포니아 버클리힐스, 그리고 5월의 양양서원에서, 기자 또한 "배우고 또 늘 익히기를"(學而時習) 즐기는 그의 사유를 따라 함께 걸어 보았다.

【철학과의 인연 그리고 궤적】

문회 : 일찍이 공자는 "나는 15세에 학문에 뜻을 두었다"라고 하여 젊은 시절부터 예에 뜻이 있었음을 말한 적이 있습니다. 선생님 역시 대만에서 공부하면서 14~15세 때부터 『예기』, 『대학』을 즐겨 읽으셨고 유학에 깊은 흥미를 보여 모종삼牟宗三, 서복관徐複觀, 당군의唐君毅 등 유학의 대가들로부터 친히 가르침을 받았습니다. 대만대학교를 포기하고 동해대학교에 입학한 것도, 당시 주류였던 외국어과에서 변방으로 취급받던 중문과로 전과한 것도, 모두 이 대가들의 영향이 있었습니다. 그런데 1962년 장학금을 받고 동해대학교에서 하버드대학교 석사 및 박사 과정으로 유학留學을 떠날 때에는 유학儒學을 전파하겠다는 뜻을 가졌던 것이 아니라 유학보다 더 매력적인 학설이 있는지를 찾고자 한 것이었다고 수차례 말씀하셨는데요, 소기의 뜻을 이루셨나요?

대만에서 미국 하버드로, 두 언어를 통한 사유가 시야를 넓혀 주리라 기대

두유명 : 동해대학교 학부에 다닐 때 이미 프린스턴, 예일, 오벌린 등지에

서 온 서양 유학생들과 이미 수차례 교류를 하였습니다. 나 또한 나의 생각이 있었기에 일방적으로 받기만 했던 것이 아니라 서로 공유하는 관계였지요. 하버드에 도착한 뒤에는 여러 가지 철학 담론을 새롭게 접할 수 있었는데, 분명 나에게 많은 영감을 주었습니다. 하지만 결코 이를 맹목적으로 수용하거나 전적으로 배척하거나 하지는 않았습니다. 비판적으로 받아들이고자 했지요. 예를 들어, 중국어나 영어 중의 하나만을 사용하지 않고 두 언어를 함께 사용했는데, 이렇게 해서 두 언어로 전개되는 사유를 동시에 익히고자 한 것이었습니다. 의식의 심층에서 많은 비교작업을 진행했기 때문에 이 관점들은 머릿속에서 평화롭게 공존하면서 융합될 수 있었습니다.

하버드대학교에서 나의 시야는 부단히 확장되었습니다. 우선 철학외의 많은 학과들을 접할 수 있었습니다. 당시 하버드대 철학과는 콰인(Willard Van Orman Quine)의 주도 하에 매우 전문적인 형태로 변하여 오직 논리학, 인식론, 심리학철학, 언어철학, 본체론(형이상학)의 5대 분야에만 관심을 가졌습니다. 물론 반드시 접해야 하는 철학자들도 많았지만, 나는 비철학적인 영역의 학자들과의 교류를 통해서도 많은 영감을 얻었습니다. 예를 들어, 당시 접했던 사회학, 종교학, 인류학 등은 나에게 현실감을 가져다주었고 공공 영역에 대한 관심을 불러일으켰습니다. 이처럼 나는 학과를 넘나드는 교류와 교차연구를 더 좋아했고, 그에 따라 관심사 또한 다각도로 변화했습니다. 막스 베버가 경제학에서 사회학으로 영역을 옮긴 것과 비슷한 이치라고 할까요.

이 외에 나는 하버드에 와서 비로소 중국대륙에 관심을 가지고 이해하기 시작했습니다. 그 후 관심을 점차 동아시아 문명권으로 넓혀 나갔고, '축심문명'에도 관심을 가지게 되었습니다. 또한 '문화중국'이라는 담론이 경제, 정치를 넘어 더욱 풍부하고 복잡한 의미를 가진다는 것을 느낄 수 있었습니다. 반드시 경제, 정치 담론 속에 뿌리를 두어야 하지만 항상 그보다 상위에 자리해야 합니다.

하버드에서 다양한 학술적 동료들과 논변 상대를 만나게 되면서 그 속에서 다양한 배움과 더 높은 경지를 경험할 수 있었지요. 이러한 측면에서 유학(儒學)이 어디로 나아가야 하는가에 대해 끊임없이 사고를 이어갔습니다.

문회 : 방금 축심문명을 언급하셨는데, 히브라이문명, 그리스문명, 인도문명, 중국문명으로 대표되는 이들 문명은 기원전 8세기에서 5세기 사이에 형성된 인류 문명의 중심이라 할 수 있습니다. 그런데 이들 문명은 중국문명을 제외하고는 모두 자신의 고유한 종교문명을 이루었습니다. 선생님은 하버드에서 박사학위를 받은 후 걸출한 인재들이 운집한 프린스턴으로 가서 4년을 보내고, 그 후에는 더욱 개방적인 서부 캘리포니아의 버클리(UCB)로 옮겨서 십여 년 간 강의와 연구를 하셨습니다. 이러한 경력은 선생님께 필히 깊은 영향을 남겼을 테지요. 특히 UCB에서는 종교학과 창설이라는 과업을 담당하셨습니다. 1981년 하버드로 돌아온 후 1983년부터 1986년까지 하버드 종교연구위원회 위원장을 맡아 종교 영역에서 활발한 소통능력을 보여 주기도 하셨습니다. 이 시기 동안의 경험과 느낀 점에 대해 말씀해 주시면 감사하겠습니다.

UCB 종교학과를 설립, 축심문명과 지속적으로 대화를 이어나가다

두유명 : 축심문명에 관심을 가지고 나서 여러 신학자들과 접촉할 기회가 있었습니다. 이들은 모두 기독교에 대한 조예가 깊고 사고 또한 심오했습니다. 종교학과를 설립한 경험을 통해 서양에서는 철학과보다 종교학과가 더 인기 있다는 사실을 알게 되었습니다. 하버드로 돌아온 뒤 1989년부터 1990년까지 일시적으로 하와이대학으로 파견을 나가 동서양센터 문화전파연구소 소장을 맡은 적이 있는데, 이 14개월 동안 종교학 분야의 대가들을 많이 만날 수 있었습니다. 1992년 하버드대학교의 사무엘 헌팅턴(Samuel Huntington) 교수가 '문명충돌이론'을

제시했는데, 이 학설은 얼마 지나지 않아 전 세계를 강타했습니다. 헌팅턴은 정치학자였지만 정치나 경제보다 문명 문제에 더 많은 관심을 가지고 있었지요. 그런데 사실 그 이전부터 종교 간의 대화는 이미 이루어지고 있었습니다. 1993년 나세르(Seyyed Hossein Nasr) 교수 와 함께 이슬람교와 유가 간의 대화를 진행했던 기억이 똑똑히 남아 있습니다. 1995년에는 인도로 초청받아 강의를 하러 가기도 했습니다. "종교 간의 대화"라는 주제는 내가 항상 관심을 갖고 지켜보던 것입니 다. 2009년 북경대학교로 돌아온 이후에도 서로 다른 문명 간의 대화를 이어갔습니다. 숭산포럼이나 많은 여러 종교계의 대가들이 다녀간 북경대학교 강좌 등이 대표적인 사례입니다. 이란의 이슬람교 전문가 아바니(Gholamreza Aavani), 러시아의 동방정교 전문가 호루지(Sergey Khoruzhy), 미국의 기독교 전문가 스위들러(Leonard Swidler) 등이 북경대 학교를 방문한 바 있습니다.

21세기 이후 나 역시 교황이 초청한 종교 간 대화에 참여한 적이 있습니다. 이러한 교류는 축심문명이 탄생시킨 종교를 이해하는 데 큰 도움이 됩니다. 이 오래된 종교들은 지금도 계속해서 발전하고 있습니다. 유학 역시 이들로부터 발전에 참고가 될 부분을 발견할 수 있을 것입니다.

문회 : 1988년 미국인문과학아카데미(AAAS)의 회원으로 선출되셨습니다. 자료에 따르면 1780년 성립된 이 아카데미는 약 만여 명을 회원으로 선출했으며 각계의 걸출한 인물들을 그 대상으로 합니다. 현재는 매년 4000명 정도의 회원으로 유지되고 있으며, 그 중 600여 명이 외국인입니다. 또한 이 아카데미는 상당히 높은 학문적 명성을 지니고 있으며 수리과학부, 생명과학부, 사회과학부, 예술 및 인문과학부, 공공사무 및 비즈니스와 행정관리학부 등 총 5개 분과로 구성되어 있습니다. 북경대학교에서도 사회학의 사우謝宇 교수, 생물학의 전후錢煦 교수가 21세기의 새 회원으로 선출되었습니다. 상해 사람들 사이에서 유명한 혈액과

전문의 진축陳竺 역시 재작년에 회원에 뽑혔습니다. 미국인문과학아카데미는 선생님을 선정한 이유에 대해 어떻게 평가하였습니까?

48세, 유학 전파의 공로로 미국인문과학아카데미의 회원에 선출

두유명 : 미국인문과학아카데미는 달리 미국예술과학아카데미(American Academy of Arts and Sciences)라고도 불립니다. 미국에서 Art는 실험과학과 예술과학을 포함하는 반면 Science는 기술자의 의미가 있습니다. 내가 당선이 된 것은 철학과 신학 분야에서 교육과 저술 활동을 활발히 했다고 인정받기 때문입니다. 2005년 AAAS의 기관지 『다이달로스』(Daedalus)의 창간 50주년을 기념하여 13편의 우수한 논문을 뽑았는데, 나의 「문화중국 : 변방에서 중심으로」 또한 이 중에 하나로 뽑혔습니다. 함께 선발된 논문들 모두가 각 영역에서 가장 영향력 있는 글이었습니다.

문회 : 하버드대학교에서 유학을 전파한 공로와 무관하지 않은 것 같습니다. 당시 개설된 <유가문화>는 수강신청이 하늘의 별 따기였고, 마이클 샌델(Michael Sandel) 또한 화동사범대에 교류차 방문했을 때 이에 대해 언급한 적이 있습니다. 수백 명이 넘는 사람들이 강당을 빼곡히 메웠다지요. 1996년부터 2008년까지는 하버드-옌칭연구소(Havard-Yenching institute) 소장으로 재직하셨습니다. 많은 대륙의 학자들이 이곳을 찾아 하버드로 향하기도 했습니다. 본인의 임기를 스스로 평가하신다면 어떻게 말할 수 있을까요?

12년 간 하버드-옌칭연구소 소장으로 재직, 총 500명이 넘는 학자들을 면접

두유명 : 하버드-옌칭연구소는 1928년 설립된 이래 꾸준히 아시아지역의 고등교육과 문화를 위주로 하는 인문 및 사회과학 발전을 위해 노력해 왔습니다. 내가 원장으로 재임할 당시, 하버드-옌칭연구소가

계속해서 중국학을 전공하는 학자들만을 지원해야 한다는 주장과, 미국에서 인류학을 전공하는 모든 학자들을 지원해야 한다는 주장이 팽팽하게 맞서 논쟁을 벌인 적이 있습니다. 하지만 나는 중국문학, 중국철학, 중국사회학 연구를 지원해야 한다는 입장을 고수했습니다. 당시 나는 앞으로 중국에서 중국역사, 중국문학을 연구하는 청년·중년 학자들이 학술계를 선도하는 역할을 담당할 수 있다고 보았습니다. 그래서 재임 기간 중에는 동아시아와 중국의 인문학자에게, 그리고 사회과학에 관심이 많은 문화학자에게 연구 환경과 경비를 제공해 줄 수 있는 여건을 마련하고자 했지요. 매년 옌칭의 방문학자 면접에 참여하여 80~90명의 후보 중 8~9명을 선발하고, 13개에서 18개의 우수한 학교와 협력하여 5~6명의 학자들을 따로 선발했습니다. 보통 한 명의 학자와 30분 정도의 면담 시간을 가집니다. 이 외에도 매년 17~18명 정도의 인원에게 미국 국내 학교에서 지원금을 받아 방문 계획을 완성할 수 있도록 도움을 주었습니다. 재임 기간에만 총 500~600명의 학자와 면담을 진행했던 것 같습니다.

하버드–옌칭연구소에는 '옌칭 HOUSE'라는 관저가 있어 방문학자들에게 교류의 기회를 제공하고 있습니다. 이들은 여유로운 분위기 속에서 자유롭게 학술적 교류를 나눕니다. 특히 중국에서 온 학자들이 이곳에서 많은 아이디어를 얻어 갔지요. 진래陳來 교수는 세 번이나 이곳을 찾았는데, 이처럼 77, 78학번의 훌륭한 인물들 대부분이 이곳을 방문한 적 있습니다. 낙대운樂黛雲도 그 중 한 명입니다.

옌칭연구소의 경비는 하버드가 직접 자산을 관리하여 마련됩니다. 내가 취임할 당시 이사회는 총 자금 1억 5백만 달러 가운데 4%를 내놓으면서 이를 모두 사용할 것을 요청했습니다. 그래서 우리는 『중국철학사연구』, 『옌칭학보』, 대만의 『현대』, 유동劉東의 『중국학술』 등 많은 학술지를 지원할 수 있었습니다. 그리고 방박龐樸의 <간백연구> 사이트도 후원했습니다. <간백연구>는 원래 국제유학연합에 속해 있었지만 자금줄이 불안정한 관계로 우리가 지원금을 제공하였고, 이후 크게 발전해 나갈 수 있었습니다. 21세기에 접어든 후에는 삼련출판사와 <삼련 하버드-옌칭 총서> 시리즈를 기획하여 매년 8권의 청·중년 학자의 연구서를 출판했습니다. 시작 당시부터 큰 호응을 얻어 중요한 브랜드로 자리 잡았지요. 진래, 양국영楊國榮 같은 학자들의 서적도 포함되어 있습니다. 이 외에도 하버드-옌칭연구소 동문회도 매년 소주에서 개최되고 있습니다.

나는 중국에도 이러한 기구가 생겨서 중국을 연구하는 전 세계의 학자들을 지원하게 되기를 강력하게 바라고 있습니다. 이는 중국문화가 세계로 진출할 수 있는 기회가 될 수 있습니다. 그리고 이러한 국제적인 시각을 통해야만 중국문화 자체도 심도 있는 발전을 이어나갈 수 있습니다.

문회 : 양대에 걸친 북경대학교 총장들의 초청을 받고 2010년 드디어 북경대학교 고등인문연구원으로 복귀하셨습니다. 이후 중국과 외국 간의 많은 대화 작업을 진행하셨지요. 국내 학계에서 볼 때, 가장 큰 업적은 아무래도 8월에 열리게 되는 세계철학대회가 아닐까 싶습니다. 1900년부터 시작된 철학계의 학술대회가 중국으로 진출하게 된 것은 이번이 처음입니다. 그런데 하버드-옌칭연구소 소장으로 있을 때부터 이미 준비 작업을 시작하셨다고요.

20년간의 노력, 세계철학대회를 북경에 유치하다

두유명 : 여기에 대해 혹시 과거에 기사를 쓴 적이 있나요? 세부 내용을 자세히 알고 계시는군요. 1998년 세계철학대회가 보스턴에서 열렸을 때 나도 초청을 받아 "유가의 핵심가치"라는 주제로 영문 발표를 했었습니다. 2007년에는 세계철학대회를 주관하는 단체인 국제철학연맹(FISP) 이사국과 한국철학대회 지역위원회 회원들을 하버드-옌칭연구소로 초청하여 토론회를 열었습니다.(2008년 서울 세계철학대회를

앞둔 상황) 토론회의 주제는 『21세기 철학의 재고찰』이었습니다. 이때 내가 중국에서 세계철학대회를 열면 어떻겠느냐고 의견을 제시했었지요. 2008년 서울대회 당시 나는 국제철학연맹 국제집행위원회 위원으로 선출되었는데, 당시에 중국어를 국제통용어로 정하자는 안건을 신청하여 비준을 얻기도 했습니다.

문회 : 1998년에서 2008년까지, 그리고 다시 2018년까지, 십 년을 단위로 한 걸음씩 내디더 온 셈이군요! 국제철학연맹은 1945년 성립된 세계에서 가장 영향력 있는 철학학술단체인 만큼 엄격한 절차와 제약이 있어 유치가 쉽지 않았을 것입니다. 2012년 저희 『문회』지에서 선생님을 초청하여 강연을 실시했을 때 제목이 "인의 반성적 사고 : 2018년으로 향하는 유가철학"이었지요. 사실 선생님은 세계철학대회의 중국 유치를 이미 확신하고 계셨던 것 같습니다. 하지만 2013년 8월 8일 아테네에서 차기 개최지가 발표되었을 때 아슬아슬한 장면을 경험하기도 했습니다.

두유명 : 그동안 국제철학연맹은 우리가 2018년 세계철학대회를 유치하는 데 다른 경쟁국가가 없다고 공공연히 말해 왔습니다. 그런데 8월 8일 당시 브라질이 대회를 유치하기 위해 전국적 단위의 자원을 동원한 것이었습니다. 관광단이 현수막을 들고 유세를 벌이기까지 했습니다. 이제 이 경쟁의 승패는 그 다음날 있을 주제발표에 달려 있었습니다. 왕박王博과 유철劉哲 그리고 나의 학생들이 팀을 이루어 각종 자료를 준비했고, 나는 발표 내용을 차분히 되새기고 있었습니다. 그리고 발표 날이 되었습니다.

내 발표의 중점 사항은 모두 세 가지였습니다. 첫째는 중국에 철학이 필요하다는 것이었습니다. 중국은 1840년부터 민족의 인재들이 모두 존망의 위기에서 나라를 구하기 위한 대업에 매진했습니다만, 불과 개혁개방 30여 년 만에 눈부신 발전을 마치고 경제, 정치, 사회, 문화, 생태 등 인간의 전면적 발전에 관한 문제로 되돌아오게 되었습니다.

이에 따라 인생의 가치관과 세계관을 다시 따져 물어야 하는 상황에 처하게 되었지요. 둘째는 서양철학은 상아탑 밖으로 나와야 한다는 것이었습니다. 최근 정치학, 사회학, 경제학, 자연과학 등에서 걸출한 인재들이 배출되는 것과 비교하자면 철학은 반드시 상아탑 밖으로 나와 세상에 그 영향력과 공공성을 내보여야 합니다. 이 과정에서 중국이 풍부한 자원을 제공할 수 있습니다. 셋째는 철학 자체가 세계화 되어야 한다는 것입니다. 철학의 태양은 그리스에서 떠올랐지만, 중국, 인도, 아프리카, 라틴아메리카 등 많은 문명으로 햇볕이 내리쬐어야만 합니다.

발표가 끝나고 많은 박수갈채가 이어졌지만 질의응답 과정에서는 날카로운 질문이 연속해서 제기되었습니다. "스모그가 발생하지 않는다고 보장할 수 있는가", "학술의 독립성을 보장할 수 있는가"와 같은 질문들이었지요.

문회 : 결국 중국이 56대 20으로 세계철학대회 개최권을 확보했습니다. 뒤이어 진행된 지도위원회 선거에서도 선생님이 총 100표 중 65표를 얻어 선출되셨습니다. 루카 사무총장이 1위로 79표, 3위는 40표를 얻었습니다. 올림픽과 세계엑스포를 유치할 때도 경험한 바 있지만 학술 분야 또한 경쟁이 치열하더군요. 유치위원들의 개인적 학문 소양, 국제적 명성과도 관련이 있을 것이고, 국가의 영향력과도 무관하지 않은 결과인 것 같습니다. 국제철학연맹(FISP)이 국제철학계의 하원이라 불린다면, 이에 대응하여 1937년 설립된 국제철학원(IIP)은 그 학술적 권위로 인해 상원이라 불립니다. 2015년 9월 세계철학대회의 북경 개최에 발맞추어 국제철학원 연례회의 역시 처음으로 북경에서 열렸습니다. "인간적 차원"이라는 주제로 국제철학원 회원 30여 명이 사흘 간 열띤 토론을 벌였습니다. 이때 선생님도 두 명의 부회장 중 한 명으로 선출되셨습니다. 이에 따라 선생님의 노력, 영향력은 물론이고 중국철학의 국제적인 발언권 또한 점차 증가하면서 세계와 대화할 수 있는 공간과 기회가 점차 늘어가는 것 같습니다.

국제철학연맹, 국제철학원에서의 직무, 발언권 증대라는 책임

두유명 : 아직 많이 부족합니다. 단지 하나의 가능성만을 제공했을 뿐이지요. 과거 굴욕을 경험했던 민족이 미래에 어떤 길을 가야할지에 관해서는 학문하는 사람들의 공동의 탐구가 필요합니다. 학문 발전이란 분명 공동의 과제입니다. 공통의 담론을 형성하기 위해서는 다양한 인연과 기회가 서로 맞물려야 합니다. 50년 전 내가 하고 싶었던 일은 중국의 유가문화를 전파하는 일이었습니다. 이는 지금 중국이 하려는 일이기도 합니다.

나는 중국 곤명에서 태어나 대만에서 자랐습니다. 이후 1960년대 초 미국에서 공부할 때 대륙을 이해하고 싶은 강렬한 열망이 생겨났지만, 1980년대가 되어서야 겨우 대륙과 교류가 가능해졌습니다. 당시의 소망은 지금처럼 포괄적이고 심오하지 않았습니다. 당시에는 대륙과의 교류가 상당한 모험이었기 때문입니다. 고희가 되어 다시 대륙으로 돌아온 뒤에야 비로소 과거에 세운 뜻을 실현할 수 있었습니다. 바로 유학을 가지고 전 세계와 교류하고 대화하며, 이를 통해 유학의 보편적 가치를 발견하는 일입니다.

학문적 발언권은 이미 3~5년 전부터 중국 철학자들에게 주어져 있었습니다. 관건은 그 발언이 얼마나 가치를 지니는가 하는 것이겠지요. 하나의 담론이 흥미를 불러일으키려면 무엇보다 설득력이 있어야 합니다. 이는 역사적 근원에 뿌리를 두면서도 현재에 작용하고 있는 철학사조와의 상호교류가 이루어져야만 가능해야 합니다. 유학의 경우 지역성이 매우 강하지만 다른 문명에 대해 개방적이기도 합니다. 개인적으로 내가 국제철학연맹이나 국제철학원에서 인정받은 것은 명예라기보다 책임에 가깝다고 봅니다.

문회 : 말씀 감사합니다. 선생님의 학술 궤적을 대략적이나마 살펴본 것 같습니다.

메일이나 전화 연락을 제외하면 선생님을 처음으로 뵌 것은 2010년 세계엑스포 전야제에서였고, 그로부터 어느덧 8년이 흘렀습니다. 정식으로 선생님을 인터뷰한 것만도 최소 세 번은 되는데, 그동안 항상 선생님의 조언이나 제안을 들어오기만 했지 직접적으로 질문하고 그에 대한 답변을 들을 기회는 없었던 것 같습니다. 중국의 학자들은 보통 책을 쓰고 학설을 세우는 것을 중요시합니다. 소위 삼대불후라고 하는 "입덕, 입공, 입언"[1]이라는 말에서 잘 드러나는데요, 그래서 항간에서는 선생님이 현재 여러 가지 활동으로 바쁘시지만 이제는 저작에 전념하여 그것을 후대에 전해야 하지 않는가 하는 목소리도 있습니다. 어떻게 생각하십니까?

사상의 깊이와 넓이가 세계적 영향력을 결정

두유명 : 글을 써서 생각을 정리하는 것이 중요할까요, 아니면 국제 철학계에서 발언권을 쟁취하는 것이 중요할까요? 나는 보다 적극적으로 활동하는 것을 선택하는 편입니다. 나는 학문 활동에 저술 활동만 있다고 보지는 않습니다. 물론 저술 활동 역시 장기적이고 어려운 일이며 중요한 역할을 할 수 있습니다. 하지만 사상이란, 넓은 도량과 깊이를 가져야만 앞을 내다보고 현재를 극복할 수 있습니다. 담론과 발언을 통해서만 의미의 세계에 스며들 수 있는 것입니다.

철학사상은 극복이면서 정합입니다. 사상은 자신이 이른 경지만큼의 작용과 기능만을 수행할 수 있습니다. 그 누구도 도와줄 수 없는 것이지요. 사상에서도 경쟁이 존재할 수밖에 없습니다. 바둑에서 9단이 8단보다 더 많은 수를 내다볼 수 있는 것과 같은 이치입니다. 고차원적인 사상은 그만의 독특함과 가치를 지니게 마련입니다. 세계 최고 부자인 빌 게이츠가 기부한 금액만 해도 400억 달러에 달하지만 그가 쓴 『21세기의 길』은 사상적으로 그다지 평가받지 못하고 있는 것도 이러한 이치 때문일 것입니다.

생각의 넓이와 깊이는 고도의 학술 활동에 참여하는 것과 밀접한

---

1) 역자 주 ─ 『左傳』, 襄公 24년, "太上有立德, 其次有立功, 其次有立言, 雖久不廢, 此之謂不朽."

관련이 있습니다. 물론 저술과 기타 활동 간의 시간분배가 쉽지 않을 수는 있습니다. 하지만 어떤 회의들은 내가 참여하지 않아 중국계나 아시아계가 없게 되면 주류의 발언권을 형성하지 못하게 될 수도 있습니다.

【철학사상과 업적】

문회 : 2016년 3월에 인터뷰를 진행했을 때 선생님께서 "정신인문주의"는 하나의 개념을 제창한 것이 아니라 담론을 형성하고자 하는 것이며, 담론을 형성할 수 있을지는 실제 상황을 살펴보아야 하지만 적어도 현재의 주된 목표는 바로 여기에 있다고 말씀하신 적 있습니다. 어떻게 될 것이라는 예측보다는, 해야 하는 일이기에 해 나간다는 느낌을 받았는데요, 언제쯤 이 담론이 싹틀 수 있을까요?

인간의 현실적인 곤경은 세속을 초월한 정신인문주의를 태동

두유명 : 1970년대 미국에서 공부하고 일하기 시작한 뒤 축심문명시기의 종교들과 끊임없이 대화하고 다른 학과들과 논쟁하면서, 유가 정신인문주의의 함의와 이것이 기타 문명을 설명할 수 있는 해석력에 대해 항상 생각해 왔습니다. 이 과정에서 점차 유가의 정신인문주의가 서양의 평범한 휴머니즘과는 다르다는 것을 깨닫게 되었지요. 인류가 새로운 세기로 접어든 이후 사회 전반에 유례없는 난관이 닥쳤습니다. 지성을 지닌 존재로서의 인류는 어디로 나아가야 하는가, 인애仁愛의 문명은 유지되고 발전을 이어나갈 수 있을 것인가 하는 회의에 봉착하게 되었지요. 우선 이 문제부터 해결해야만 인류는 스스로를 구제할 수 있게 될 것입니다.

나의 이런 우려는 기우가 아니라, 이미 세계 각 사상가들과의 교류 속에서 강력한 호응을 받은 바 있습니다. 예를 들어, 2015년 유엔이 "2030 유엔 지속가능한 개발 목표"를 발표한 뒤 그해 7월에 당시 프랑스의 대통령이었던 프랑수아 올랑드의 초청으로 파리에서 "기후를 위한 양심적 정상회의"가 파리에서 개최된 적이 있습니다. 이 회의에서는 세계 사상계를 대표하는 40여 명의 사상가들이 "우리는 왜 지구에 관심을 가져야 하는가"라는 주제로 토론을 열어서 인류가 처한 난관에 함께 대책을 세우기로 했습니다. 나 역시 발표를 했습니다. 이 회의는 11월 <파리협정>의 순조로운 통과를 위해 분위기를 조성해 보자는 취지로 개최되었습니다. "하늘이 낳고 인간이 이룬다"는 시각에서 본다면, 인간은 반드시 지구와 어떻게 공생해 나갈 것인가를 사고해야만 합니다.

문회 : 말씀을 종합해 보자면, 서양의 계몽운동이 탄생시킨 근대화의 성과들은 현재의 난국을 대체하는 데 한계가 있으므로 맹자의 심성론을 정신인문주의로 발전시켜 현재의 윤리적 딜레마들을 타개해야 한다, 이렇게 이해해도 될까요? "정신인문주의"는 대략 2014년부터 정식으로 선생님의 각종 강연에서 등장하기 시작했습니다. "정신인문주의"와 1990년대 제창하신 "문화중국", "문명 대화", "계몽의 반성", "세계윤리", "인도주의의 시사점" 등의 담론은 어떻게 연관되나요?

두유명 : 내가 제창했던 모든 담론에는 유가의 핵심사상인 '인仁'이 포함되어 있습니다. 대화의 자세로써 타인에게서 배우고, 타인의 말을 경청하고, 타인과 함께 논의할 것을 요구하지요. 상당 부분 '중첩적 합의'의 이념이 담겨 있음을 발견할 수 있을 것입니다. '인仁'은 인간의 주체성을 가리키는 것으로, 칸트의 '자유의지'와도 유사합니다. 인간을 도덕적 인간으로 만들어 주는 핵심이지요. 그런데 인仁 속에는 정情이 포함되어 있습니다. 정情은 이러한 주체성이 타인과 대화를 이룰 수 있게 해 주는 조건이 됩니다. 유가의 여러 학자들이 말하듯, 인애仁愛는 단순히 남을 사랑하는 것만을 가리키지 않습니다. 이는 자신을 사랑하도록 하는 조건이자, 만물과 일체를 이루게 해 주는 것이기도 합니다. 그렇다면 어떻게 천지만물과 일체를 이루는 정신세

계에 도달할 수 있을까요?

우선 인仁은 인간이 성장하는 과정 속에서 풍부해질 수 있습니다. 맹자가 말한 "기희幾希"2)는 우리에게 깨달음을 줄 수 있습니다. 인간과 짐승 간의 미묘하지만 분명한 차이를 뜻하는 이 개념은, 인간이 인간일 수 있는 지점을 의미하기도 합니다. 인간을 인간이게끔 해 주는 측은지심의 확충은 곧 자기 자신을 사랑하는 것으로부터 시작됩니다. 이것이 결국에는 인仁이라는, 타인에 대한 사랑의 측면으로 이어지는 것입니다. 한 개인이 측은지심을 확충해 나가면 필연적으로 자신을 사랑하는 것에서부터 가족을 사랑하고 이웃을 사랑하고 친구를 사랑하며 나아가 모든 사람을 사랑하는 것으로 나아가게 됩니다. 이 과정을 통해 한 개인은 다른 모든 사람과 일체를 이룰 수 있습니다. 맹자는 "마음을 다하는 것은 그 본성을 아는 것이다. 그 본성을 아는 것은 하늘을 하는 것이다"3)라고 했습니다. 따라서 이전의 모든 담론은 정신인문주의를 위한 하나의 포석이었다고 이해할 수도 있겠습니다.

문회 : 선생님이 제시하신 정신인문주의에서는 네 가지 사이의 관계, 즉 자아, 사회공동체, 자연, 천도를 파악하는 것이 중요합니다. 2017년 8월 세계철학대회의 발대식에서 이 담론을 제시한 것은, 서양인들이 계몽에 대해 반성적 태도를 가지기 시작하여 덕윤리, 역할윤리, 책임윤리, 공동체윤리가 철학계에서 크게 유행하는 이때, '신체'의 가치를 긍정하고 '지역적 지식'을 존중하며 지구를 보살피는 것이 이미 선진 지식인의 공통된 인식이 되었기 때문일 것입니다. 이 넷(자아·사회공동체·자연·천도)의 관계가 바로 선생님이 말씀하신 "선진 지식인의 공통된 인식"이라 할 수 있는데요, 이에 대해 좀 더 구체적으로 설명해 주시면 감사하겠습니다.

두유명 : 네 가지 각각의 측면에서 이해해 보도록 하겠습니다.

첫 번째는 자아입니다. 이는 주체성의 문제로, 개인의 신체와 마음

---

2) 역자 주 — 『孟子』, 「離婁下」, "人之所以異於禽獸者幾希, 庶民去之, 君子存之."
3) 역자 주 — 『孟子』, 「盡心上」, "盡其心者, 知其性也. 知其性, 則知天矣."

혹은 영감이 어떻게 서로 관통하여 융합될 수 있는지와 관련되어 있습니다. 또한 독립적 인격과 존엄에 관한 것이기도 하지요. 현재 유학계에는 인간의 주체성을 해체하고 인간들 사이의 관계망과 역할을 건립하려는 사고방식이 존재합니다. 이는 사회·문화·정치 등 각종 관계망 속에서 인간존재를 규명하려는 것으로, 신체와 마음을 분리시키고자 하는 태도입니다. 하지만 나는 이에 동의하지 않습니다.

두 번째는 주체들 간의 관계, 즉 인간과 인간의 관계 문제입니다. 『대학』에서 발전되어 나온 "수신제가치국평천하"의 관계로도 볼 수 있지요. 어떻게 가정, 사회, 국가, 세계 간에 건전한 상호교류를 형성할 수 있는가 하는 문제입니다.

세 번째는 자연입니다. 2013년부터 중국 사상계는 점차 자연을 중시하기 시작했습니다. 자연은 곧 타자입니다. 자연의 중시라는 관념은 겉으로 보기에는 일반적 상식으로 쉽게 이해할 수 있는 것처럼 보입니다. 하지만 사실 이는 유가전통의 특색으로 오랜 역사적 연원을 지니고 있지요. 자연은 본래부터 내재적 가치를 지니는 관념입니다. 인간에게 자연은 하나의 대상이기도 하지만, 인간의 외부에 존재하는 객체로서 스스로 생명가치를 지니고 있습니다.

네 번째는 천도天道입니다. 인심人心과 천도가 어떻게 건강한 상호 교류와 작용을 형성할 수 있는가의 문제입니다. 나는 이번 세계철학대회가 종교 간의 토론을 위한 더 넓은 세계를 제공했으면 하는 바람이 있습니다. 세계철학 이후로는 철학을 연구하는 학자들로부터 종교를 연구하지 않는다는 말이 더 이상 나오지 않게 되기를 바랍니다.

문회 : 과거 이택후李澤厚 선생은 유학에 대한 연구가 동중서와 주희로부터 출발해 나가야 한다고 했습니다만, 선생님은 맹자와 왕수인의 심학을 이와 마찬가지로 중시하십니다. 이번 왕양명철학 기부강좌에서도 강연을 맡게 되셨지요. 이 둘은 어떤 관계인가요?

지역적 지식인 심학은 어떻게 전 세계적 의미를 획득할 수 있을까

두유명 : 네 맞습니다. 한계를 지니고 있는 하나의 지역적 지식이 과연 전 세계적인 의미를 지닐 수 있을까 하는 고민에서 유가의 심학전통을 고찰하고 있습니다. 유가 내부의 심학, 즉 맹자에서부터 왕수인, 유종주劉宗周에 이르는 전통은 각고의 노력을 통해 이러한 가능성을 갖추게 되었습니다. 단순히 계보학적인 이야기가 아니라, 이것이 바로 중화문명의 아주 특수한 사고방식이며 심지어 현실의 문화 속에서 발전되어 나온 것이기 때문에 그렇습니다.

나의 믿음은 다음의 세 가지 측면에서 기인합니다.

첫째, 심학이 현실적 학문이라는 점입니다. 유학은 인륜의 일상적 사용을 철학적 성찰의 출발점으로 삼았습니다. 공자에게서부터 논의되기 시작한 유학의 문제들은 다른 축심문명과는 다릅니다. 다른 문명은 외재적이고 초월적인 가치만이 진정한 가치의 원천이라고 강조합니다. 하지만 유가는 정신적 측면을 탈색시켰지요. 그렇지만 결코 근원적인 문제에 대한 추구를 포기했다는 의미는 아닙니다. 오히려 더 높은 측면에서 이를 추구하여, 그것이 일상생활의 인륜 속에서 구현될 수 있고 그 속에서 구현되어야 하며 그 속에 늘 구현되고 있다고 여겼습니다. 그렇다면 이러한 내적 초월은 어떻게 가능할까요? 바로 개인의 인격과 존엄 위에 건립될 수 있습니다. "필부에게서조차도 그 뜻을 빼앗을 수 없다"[4]라는 말을 살펴보세요. 이는 어떻게 인간이 될 것이며 어떻게 인간이 되는 법을 배울 수 있는지를 고민한 공자의 학설과 밀접한 관련이 있습니다. 혹자는 유가가 관계를 중시하여 주체성을 해체시키고자 했다고 말하는데, 이는 잘못된 견해입니다. 유가는 세상을 향하고 있지만, 그러한 지향 속에서도 신성성을 드러내고 있습니다. 따라서 유가의 초월적 시각과 심성지학 사이에는 내재적

---

4) 역자 주 — 『論語』, 「子罕」, "三軍可奪帥也, 匹夫不可奪志也."

관계가 존재합니다.

둘째, 인간이 근본이라는 점을 십분 긍정합니다. 그렇기 때문에 유가는 상대가 이슬람교도건 기독교도건 불교도건, 그 누구와도 함께 대화를 해 나갈 수 있습니다. 기독교식의 이슬람교도가 있다는 이야기는 들어본 적이 없지만, 유가식의 불교도나 유가식의 기독교도는 존재하지 않습니까?

셋째, 다만 이러한 전환(지역적 의미에서 세계적 의미로의 전환)에는 모두의 노력이 필요합니다. 지금 우리는 방향성이 명확한 기회를 목도하고 있습니다. 이는 한 개인의 과제가 아니며, 소수의 인원으로 완수할 수 있는 일도 아닙니다. 유학을 진지하게 이해하는 모든 사람들이 함께 노력해야 합니다.

문회 : 답변 대단히 감사합니다. 친절하고 상세하게 정신인문주의의 함의를 설명해 주셨네요.

【중국철학 그리고 세계철학대회를 바라보다】

문회 : 이번 세계철학대회는 세 번째로 아시아에서 열리게 되었습니다. 5월 말에 이미 6500명이 넘는 사람들이 등록을 마쳤다고 합니다. 지난 아테네대회에 비해 두 배가 넘는 수치입니다. 이런 열기를 어떻게 보시나요? 다시 우리의 철학 문제로 돌아와서 질문하자면, 철학과 세계와의 관계를 어떻게 이해하십니까?

학문으로서의 철학 역시 사회에 대한 관심으로부터 벗어날 수 없어

두유명 : 절대적인 수치로 보자면 확실히 광대한 규모입니다만, 상대적으로 보면 지극히 정상적인 수치입니다. 물론 많은 사람들이 철학에 관심을 가지게 되었다는 긍정적인 신호이기도 합니다. 세계철학대회

가 중국적 주제에 관해서 설명해 주기를 기대하는 사람들도 많다고 들었습니다.

다시 철학 문제로 돌아오자면, 우선 넓은 의미에서 볼 때 철학은 인간이 자신에 대해 이해하고자 하는 학문으로서 인간과 사회에 대한 이상, 폭력과 빈부격차 등의 생활환경, 인간의 자아정체성, 인생의 의미 추구와 같은 문제들을 다룹니다. 여기에는 반성적 사고능력을 갖춘 모든 사람이 접근할 수 있습니다. 지식을 갖춘 엘리트만의 특권이 아니라, 일반인들도 누구나 철학적 문제를 다룰 수 있는 것입니다. 특히 오늘날의 세계는 먹고사는 문제가 상당수 해결된 결과 더 많은 사람들이 이러한 의미에 대해 사고할 수 있게 되었고, 철학적 성찰을 하는 사람들의 연령 또한 점차 낮아지고 있습니다. 최근 플로리다 주 총기난사 사건 이후 총기소지법의 폐지를 두고 TV토론이 벌어진 적이 있는데, 한 고등학생이 토론에서 상당히 철학적인 내용을 질문했던 기억이 납니다. 이제는 중학교, 초등학교에서도 철학을 가르치게 되면서 아동철학이라는 새로운 분야가 출현하기도 했고, 아동들의 사고 또한 철학적인 모습을 보여 가고 있습니다. 따라서 반성적 사고능력을 가진 사람이라면 누구나 철학적 문제를 사고할 수 있음이 분명합니다. 진리를 추구하기 위해서만이 아니라, 좋은 삶을 살기 위해서라도 철학적 반성은 반드시 필요합니다.

좁은 의미에서 말하면, 인문과학이나 사회과학, 자연과학의 어떤 특정 학과와 마찬가지로 철학 역시 전문적인 학과로서의 전문성을 지닙니다. 철학과나 철학부에서 연구되는 것으로는 논리학, 인식론, 형이상학, 언어학, 심리철학 등이 있지요. 그러나 동시에 철학은 이미 간학과적 차원에서 존재하기도 합니다. 그 어떤 학과도 자신의 학과 자체에 대한 철학적 문제를 배제할 수 없기 때문입니다. 이 모든 것이 전부 철학자가 사고할 만한 가치가 있는 것들입니다. 따라서 한편으로 철학 연구는 점점 좁아지고 있지만, 다른 한편으로 사고방식과 사고능력으로서의 철학이 던지는 질문은 점점 더 한계를 벗어나 무궁무진해지고 있습니다.

철학과 세계와의 관계에 대한 질문은 아마도 철학의 공공성을 가리키는 것이 아닐까 합니다. 내가 기억하기로 예전 세계철학대회 위원장을 맡고 있던 맥브라이드(McBride)가 북경에 와서 한 강연의 제목이 바로 『철학의 공공성』이었습니다. 이러한 점에서 보면 학술로서의 철학은 스스로 주변화의 길로 나아가고 있습니다. 철학을 택하는 학생들도 점차 줄어들고, 철학의 전문적인 주제도 사회에 대한 관심에서 점점 멀어지고 있지요. 사회학이나 문화학, 종교학 같은 분야들이 사회에 매우 큰 영향력을 행사하고 있는 것과는 정반대의 상황입니다. 인류사회가 큰 변화를 겪는 만큼 학문하는 사람들 역시 그에 더 많은 관심을 가져야 하지만, 현 주소는 그렇지 못합니다. 현재 학계는 이 격차를 어떻게 좁힐지를 고민해야만 합니다.

문회 : 2013년에 있었던 국제철학연맹 집행위원회에서 이번 세계철학대회의 주제로 "학이성인"을 제시하셨는데, 어떤 생각이셨는지요?

"학이성인", 문화 간, 종교 간의 대화로 이어지기를 기대

두유명 : 철학은 인간의 문제를 탐구하는 학문입니다. 인간은 살아 움직이는 구체적인 현실 존재이지요. 하나의 정지된 사물이나 개념이 아니라 활동하는 존재입니다. 따라서 "어떻게 인간다울 수 있는가" 하는 문제와 "무엇이 인간인가" 하는 문제는 서로 나누어 따로 논할 수 없습니다. 내가 "학이성인"을 주제로 제출한 까닭은 다음과 같습니다.

첫째, 전자 즉 인간다움의 문제는 지행합일적인 문제로서 이해와 실천의 측면을 구분할 수 없습니다. 이에 비해 인간의 본질과 관련된 "학이성인"이라는 주제는 보편성을 지녀 어떤 민족이나 인종이라도 받아들일 수 있을 것이기 때문이었습니다.

둘째, 보다 구체적인 인간의 측면에서 사고를 시작하는 "학이성인"은 방법적 다원성을 의미할 수도 있기 때문이었습니다. 이렇게 철학의 보편성을 확대하다 보면 그것이 지닌 포용성이 드러납니다. 어떤 문명이라도 인류 전체의 지혜에 기여할 수 있습니다. 각각의 특수성은 다양성을 이루게 되는 법입니다. 이 속에서 서로 인정하고 배우고 존중하는 가운데 다양성을 보장할 수 있습니다. "학이성인"이라는 주제는 문화, 종교 간 대화로 이어질 수 있습니다. 21세기는 대화의 문명이어야 합니다. 문명 간의 대화를 통해서만 대화의 문명을 발전시켜 나갈 수 있습니다. 또한 이것이 문명 간의 경쟁과 대립을 해소할 유일한 방법입니다. 현대사회는 다원화된 문화들로 이루어져 있습니다. 다원화는 여러 갈래의 분기를 의미하며, 이 속에는 반드시 긴장과 갈등이 수반됩니다. 이는 반드시 대화를 통해 해결해 나가야 합니다. 우리는 모두 자신의 문명을 존중하며, 그 속에서 자기의 정체성을 찾고 발전의 경로를 마련하고자 합니다. 우리는 자신만의 특수성을 갖게 마련이지만, 이 특수성 속에는 반드시 보편성이 내재합니다. 보편성이 있다는 것은 그것을 다른 문명이나 민족과 공유할 수 있음을 의미하지요. 같은 이치에서 우리는 다른 문명이 지닌 그들만의 우월성을 존중해 주어야 합니다. 타인과 공유한다는 것은 타인의 특수성과 보편성을 인정한다는 것을 의미합니다. 여기에서 배움에 있어서의 자각성, 즉 배움의 과정에서 자각하는 것이 필요하다는 원리가 도출될 수 있습니다. 이에 유가에서는 자신을 위한 학문, 즉 "위기지학爲己之學"을 말했습니다. 자아성과 주체성을 개척해야 한다는 것입니다. 이러한 주체성은 단순한 주관성이 아니라 일종의 자기학습(personal learning)입니다.

문회 : 그 특수성은 어떻게 보편성을 드러낼 수 있습니까?

"자기완성을 위한 제약"(enabling-constraint)은 특수적 보편성

두유명 : 일종의 자각이 필요합니다. 특수성이라는 것은 곧 구체적인 것입니다. 예를 들어 나는 중국철학을 가르치는 교수인데, 이러한 속성은 구체적인 나 자신을 구성합니다. 필연적으로 제약이 존재하게 되지요. 하지만 우리의 인격발전은 무엇을 위해서인가요? 어떤 제약들을 타파하고 자아를 완성시켜 나가 '인격완성'(成人)과 '자아실현'(成己)에 도달하기 위함이 아닌가요?

이러한 자기극복을 서양에서는 "enabling-constraint"라고 부릅니다. "자기완성을 위한 제약"이라고 옮길 수 있겠습니다. 헤겔 철학에서는 모든 사람이 육화肉化(incarnation)에 도달할 수 있다고 했습니다. 예수가 보여 주는 가치가 바로 이러한 구체적인 보편성입니다. 중국철학에서 맹자는 인의예지가 인간이 지닌 '사단' 속에 자리한다고 하였지요. 따라서 한 개인은 주체성을 지니지만, 또한 어떤 관계의 중심점이기도 합니다. 따라서 주체성과 주체관계성(主體間性)은 구분될 수 없습니다. 인간은 서로 다른 역할을 지니고 있더라도 그 내면에는 반드시 소멸될 수 없는 핵심요소를 지니고 있게 마련입니다. 이와 동시에 넓은 의미에서의 타자 또한 내면에 자리합니다. 천지 또한 그에 포함되지요. 따라서 맹자는 "만물이 모두 자신에게 갖추어져 있다"5)라고 했고, 정이 또한 "인仁은 혼연히 사물과 일체를 이룬다"6)라고 했습니다. 모두 인간의 본체로서의 특색을 나타내고 있습니다.

그러므로 나에게 그 당시의 조건에서 가장 좋은 것이라고 하더라도 타인의 환경에서도 반드시 그런 것은 아닐 수 있습니다. 우리는 "자신이 원치 않는 일은 일을 남에게도 시키지 말라"7)라는 유가의 충서의 도리에 따라서 타자를 이해하고 자신을 제약할 필요가 있습니다. 그럼에도 불구하고 어떤 가치들은 분명 함께 나눌 수 있습니다. 이러한

---

5) 역자 주 — 『孟子』, 「盡心上」, "萬物皆備於我矣. 反身而誠, 樂莫大焉, 强恕而行, 求仁莫近焉."
6) 역자 주 — 『二程遺書』, 권2상, "學者須先識仁. 仁者, 渾然與物同體. 義·禮·知·信皆仁也."
7) 역자 주 — 『論語』, 「衛靈公」, "己所不欲, 勿施於人."

차이를 위협이라 생각하지 않고 '다행히' 참고할 만한 서로 다른 길이라고 여긴다면 서로에게 도움이 될 것입니다.

현재, 나라 전체가 문화적 자신감을 내비치는 것은 좋은 일입니다. 실은 우리의 정체성과 방향성을 세우고 있는 과정이지요. 그런데 우리가 설정한 미래의 방향이 우리에게 이롭다고 한들, 과연 아프리카에게도 반드시 이로울까요? '일대일로—對一路' 사업을 예로 들면, 현재 우리는 중국과 아프리카 간의 윈-윈을 강조하는데, 이러한 윈-윈은 우리가 주관적으로 판단하는 윈-윈이 아니라 상대방도 인정하는 윈-윈이어야 함을 주의해야 합니다. 이는 협력에서 가장 기초가 되는 부분으로, 반드시 처음부터 신중하게 고려해야 하는 원칙입니다. 현재 많은 방안들이 좋은 결과를 가져 올 것이라 예상하고 있는데, 어떻게 이를 실천할지가 관건입니다. 민간의 개입이 필요하다고 봅니다.

"학이성인"라는 주제에 대한 이해로 돌아오자면, 이는 어떤 문화나 문명 속에서도 마주할 수 있는 보편적인 문제입니다. 만약 이 관념이 21세기 각종 문명 대화의 전제가 된다면 모든 사람이 자각하여 능동적으로 타자를 배울 수 있을 것입니다.

문회 : 1980년대 하버드에 계시면서 방문학자로 두 번 국내에 오신 적이 있습니다. 국내의 청년, 중년, 노년 삼대의 학자들과 깊이 교류하셨지요. 2009년에는 북경대학교 고등연구원에 부임하시게 되었는데, 이후 국내에 대한 이해가 더욱 깊어지셨습니다. 중화문명에 대해 어떤 기대를 가지고 계십니까?

'일대일로—對一路', 인류공동체의 실천 속에서 중화문명의 설득력이 전개

두유명 : 중국은 근대 백 년이 넘는 세월 동안 역사적으로 갖은 수모를 다 겪어야 했습니다. 이제 겨우 부흥의 단계에 들어섰지요. 나의 기본 원칙이나 태도는 "천지만물과 일체를 이룬다"는 말로 표현될 수 있습니다. 이 역시 중화문명의 특색이라 할 수 있는데요, 어떻게 주체성과

특수성을, 혹은 우월성을 내세울 것인가 하는 문제는 개인, 가정, 사회, 국가, 심지어 우주까지의 각 측면으로 구체화될 필요가 있습니다. 개인에서 시작하여 이를 점차 외부로 확산시켜 나갈 때, 모든 단계에서 제약과 갈등을 경험하게 될 것입니다. 구체적으로 말하면, 모든 사람의 주체성은 필연적으로 주체의 문제와 주체관계성 및 타자와의 관계 문제를 일으키게 되는데, 이 과정에서 우리는 충서의 도리를 바탕으로 해서 점차 인도人道로 확장시켜 나가야 합니다. 바꾸어 말하면, 중국문화는 다원적이지만 그 속에는 또한 핵심적인 가치가 있는데 이 핵심가치를 다원가치 속에 녹여 내야 한다는 것입니다.

공과 사라는 범주에서 보면, 개인의 이익은 가정의 이익에 비해 사私적이고 가정의 이익은 개인의 이익에 비해 공公적입니다. 따라서 개인의 이익은 가정이라는 공公에 따라야 하는 것이지요. 마찬가지로 가정이라는 사私는 사회라는 공公에 따라야 하고, 사회라는 사私는 국가라는 공公에 따라야 합니다. 중국문명 속에는 우주 및 천지라는 차원 또한 내재해 있습니다. 따라서 국가 전체의 이익이라 하더라도 우주적 차원에서 보면 일종의 사私입니다. 예를 들어 미국의 경우 기후에 관한 국제협약인 <파리협정>을 거부하며 탈퇴했는데, 이는 '미국제일'이라는 사私가 '지구보호'라는 공公에 따르는 것을 원하지 않기 때문이었습니다. 이것을 인류문명으로 통하는 길이라고 할 수 있을까요? 그렇지 않겠지요.

중국은 전 세계적 범위의 인류운명공동체를 제시하면서 '일대일로一帶一路' 프로젝트를 추진하고 있습니다. 이는 인류문명의 발전에 부합하는 좋은 제안이라고 생각합니다. 관건은 이를 어떻게 실천하느냐 하는 것입니다. 국제적으로 볼 때, 다른 국가로 하여금 중국식의 사회주의의 길을 믿게 하려면 우선 다른 국가에 해를 끼치지 않으면서 그 자체로 설득력을 지녀야 합니다. 또 국내적으로 보자면, 정치 지도자의 역량이 각 분야에 신뢰를 주는 한편 내부의 피드백 체계를 제대로 갖추어야 합니다. 또한 넘치는 기상을 제도의 형태로 구체화하고 인민에 대한 '초심'을 실천함으로써 중화민족이 세계에 지니는 영향력에 결함이 없도록 해야 합니다. 바로 이러한 것들이 내가 중화문명에 바라는 기대입니다.

문회 : 고견 감사합니다. 2년 전 개인 소장 중인 중문, 영문 장서 및 일부 해외의 서화 등 총 1만 5천 부 가량의 도서를 북경대학교 도서관에 기증하신 것으로 기억합니다. 당시 유학 장서는 독자와의 교류 속에서 성장할 수 있다는 말씀을 남기셨습니다. 저는 더 많은 사람들이 선생님의 정신인문주의를 이해하고 유학의 현대화를 위해서 들인 노력을 이해하게 되었으면 합니다. 이번 세계철학대회가 바로 그 증명이자 출발점이라고 믿습니다.

글 ‖ 이념李念(연합인터뷰팀)

테리 핀카드
Terry Pinkard

드넓은 헤겔의 우산 아래 현대세계를 이해하다

독일고전철학 전문가

테리 핀카드

인터뷰이 : 테리 핀카드(Terry Pinkard), 이하 '핀카드'로 약칭
      (미국 조지타운대학교 철학과 교수)

인터뷰어 : 예일시倪逸偲(북경대학교 철학과 박사과정, 튀빙겐대학교 철학과
             바덴뷔르템베르크 장학방문학생), 이하 '문회'로 대칭

인터뷰 일시 : 2018년 4월 13일(대면 인터뷰), 6월 3일(메일 인터뷰)

1838년, 과로로 인한 신경쇠약에 걸려 요양을 해야 했던 베를린의 대학생 마르크스는 난해하기로 소문난 헤겔의 『법철학원리』를 집어 들고 잠을 청할 요량이었지만, 오히려 책이 주는 흥분감에 밤새 책을 뒤적이고 말았다. 1968년 오스틴대학교에서 공부하던 대학생 핀카드 역시 본래는 헤겔을 철저히 비판하려는 심산이었으나, 뜻하지 않게 헤겔의 체계에 의해 깊이 매료되고 말았다. 이후 핀카드의 학문 여정은 오스틴대학교를 시작으로 뉴욕대학교, 튀빙겐대학교로 이어졌고, 칸트에서 피히테, 셸링, 헤겔, 마르크스에 이르는 빛나는 철학전통과 영혼의 교감을 이루었다. 비유하자면 헤겔의 '절대정신'이라는 붉은 무도화를 신고 사상과 사회와 역사의 무궁한 영역을 넘나들었다고 할까.

그는 독일고전철학에서 현대로, 대서양의 두 저편을 넘나들며 영미 분석철학의 전통과 유럽 대륙철학의 전통 속에서 헤겔의 거대한 그림자를 변별해 가고 있다. 그는 칸트가 체계를 세웠지만, 헤겔이 이를 천재적으로 정비하여 칸트가 제기한 인간의 대한 근본적이고 심층적인 문제에 대답했다는 입장을 고수한다.

마지막에는 조지타운대학교에서 교편을 잡게 된 이 독일고전철학 전문가는 평소 헤겔 수업을 자주 여는 편은 아니지만 그의 연구는 항상 헤겔 철학 위에서 진행되고 있다. 많은 헤겔 연구서 가운데 그가 가장 아끼는 것은 본인이 쓴 헤겔 전기로, 그는 이 책을 쓰면서 헤겔이 살던 시대에 깊이 빠져들었고, 이 과정에서 사변 개념의 사회역사적 함의를 이해할 수 있었다. 핀카드는 자기의식을 현대철학 속으로 도입한 헤겔의 통찰력이 현대인들에게도 많은 생각의 기회를 제공할 수 있으며, 현대의 문제들이 결국 헤겔의 범주를 벗어나지 못했음을 발견했다.

올해 4월, 워싱턴에는 여전히 꽃샘추위가 기승을 부렸지만 벚꽃은 가지를 가득 채웠다. 나는 고희를 넘긴 핀카드와 조지타운의 거리를 거닐며 "기본 인성이 실현된 단계의 역사란 무엇을 의미하는가? 이러한 역사는 또 어떻게 철학이 아닌 현대의 역사연구 속으로 녹아들 수 있는가"라는 그의 젊은 시절의 의문을 함께 나누었다. 순간, 나는 마치 핀가드가 헤겔이라는 거대한 우산 아래 서 있는 것과 같은 느낌을 받았다. "역사는 어떻게 인간세계의 역사를 보편화시켰는가." 헤겔이 그 답을 주지 않았기에, 핀카드는 늘 그래 왔듯 오늘도 답을 찾는다.

【철학과의 인연 그리고 궤적】

문회 : 인터뷰에 응해 주셔서 감사합니다. 선생님은 헤겔 및 독일고전철학 연구로
   이름을 알렸습니다. 올해 케임브리지대학 출판사에서 선생님이 번역하신 헤겔
   『정신현상학』 영역판이 출판되었습니다. 어떻게 철학이라는 길을 가게 되셨는지,
   또 어떻게 헤겔 연구와 인연을 맺게 되셨는지 소개해 주시면 감사하겠습니다.

철학에로의 길 : 사르트르에서 시작해 칸트와 마르크스에 심취하기까지

핀카드 : 많은 학생들이 경험했듯, 내가 철학을 선택하게 된 것 역시
   나에게 깨달음을 준 교수들을 만났기 때문입니다. 1965년부터 1969년
   까지 학부에서 공부를 했는데, 이 당시는 미국 사회가 큰 변화를
   겪던 시기였습니다. 당시에는 모든 것이 문제로 제기되었습니다.
   일련의 정치적 소란 속에서 나 역시 또래들과 사르트르나 기타 실존주
   의자의 책들, 마르크스, 레닌, 모택동 계열의 책들을 읽었습니다. 또
   언어학에도 관심이 있었습니다. 하지만 진정으로 나를 철학으로 이끈
   것은 일종의 철학개론 수업이었는데, 그 수업을 강의한 마조리 그린
   (Marjorie Grene) 교수가 내게 지대한 영향을 끼쳤습니다. 그녀는 하이데
   거와 메를로퐁티 전문가이면서(그녀는 하이데거에게서 사사했지만 그를
   좋아하지 않고, 대신 메를로퐁티를 좋아했습니다.) 생물철학(philosophy of
   biology)의 창시자 중 한 명이기도 합니다. 그분이 나를 현상학으로
   이끌었지요. 학부 모교였던 텍사스대학교 오스틴 캠퍼스에서는 특히
   칸트에 대한 관심이 높았습니다. 이러한 영향 때문에 나도 그린 교수를
   따라 칸트의 『순수이성비판』 강독회에 참여하였습니다. 또한 언어학

외에 문화사에도 관심이 있었습니다. 이처럼 다양한 관심사들이 나를 각기 다른 방향으로 끌어당겼습니다. 하지만 결국에는 학부 마지막 시기 칸트와 마르크스에 대한 관심이 점차 높아져 독일철학으로 정착하게 되었지요.

이 외에 다른 교수들의 수업에서도 많은 것을 배웠습니다. 대표적인 예로 부스마(O. K. Bouwsma) 교수를 들 수 있습니다. 아주 강경한 비트겐슈타인주의자였지요. 내가 만난 교수들 가운데 가장 친절하고 학생들의 말을 잘 경청하는 교수이셨습니다. 그는 키에르케고르 수업을 개설했는데, 마침 내가 실존주의에 열광했던 때였습니다.(실존주의 는 과거 학부생들에게 항상 '고양이 박하'와 같은 존재였습니다. 결국에는 작별을 고하게 되겠지만요.)

헤겔에 대한 비판에서 격한 감동으로, 독일고전철학 및 현대철학을 위해 튀빙겐 행行

칸트에 대한 강력한 관심과 마르크스주의 및 실존주의에 대한 열정이 마구 혼재되어 있었던 나는 결국 헤겔로 방향을 정하게 되었습니다. 내가 헤겔을 접하기 시작한 것은 마르크스와 키에르케고르의 헤겔 비판을 읽은 뒤였는데요, 그래서 나 또한 원래는 헤겔을 철저히 반박해 야겠다고 생각했습니다. 하지만 헤겔을 접하자마자 헤겔에게서 큰 감명을 받고 말았습니다. 헤겔은 칸트의 과업을 계승했는데, 원래 알고 있던 것처럼 철저한 형이상학자는 결코 아니었기 때문입니다. 과도하게 확대해석된 것이지요. 하지만 당시 내가 제대로 헤겔을 이해했었는가는 스스로도 확신하기 어렵습니다.

학부 졸업 후에는 몇 년간 일을 했는데, 그동안에도 오스틴대학교에서 철학과 중국연구 수업을 들으면서 조금씩 공부를 이어 갔습니다. 그래서 내가 계속해서 철학의 길을 갈 수 있을지를 시험해 보자고 생각하여, 텍사스대학교의 준 석사프로그램을 마친 후 뉴욕주립대학

교 스토니브룩 캠퍼스로 가서 박사과정을 밟았습니다. 마침 스토니브
룩에 현대유럽철학 특히 프랑스사상을 전문으로 하는 박사프로그램
이 있었기 때문입니다. 운 좋게도 스토니브룩에서 독일고등교육진흥
원(DAAD) 장학금을 받아 독일 튀빙겐대학교로 독일고전철학과 현대
독일철학을 공부하러 떠나게 되었습니다. 튀빙겐에서는 클라우스
헬트(Klaus Held)를 따라 여러 수업을 들었고, 에른스트 블로흐(Ernst
Bloch) 교수의 헤겔 강의를 들은 후에는 다른 교수들의 헤겔 수업에도
많이 참가하였습니다. 더욱 다행스러운 일은 그 이후에 철학 종신교수
직을 받았다는 것입니다.

철학이 나를 매료시켰던 지점은 그것이 우리가 제기할 수 있는
가장 어렵고 심오한 문제라는 점입니다. 이러한 문제와 그 문제제기
방식에 따라 철학은 엄격한 사고방식을 발전시켰고, 이 사고방식을
사용하여 문제들에 답하고자 합니다. 철학은 다른 과학, 역사, 문학과
확연히 다르면서도 또한 서로 긴밀하게 연결되어 있습니다. 특히
대학의 학과가 갈수록 세분화되면서 서로 접점이 없는 학과들이
늘어가는 이때, 철학만이 모든 학과를 하나로 묶을 수 있는 힘을
지니고 있습니다. 칸트의 세 가지 철학적 문제, 나는 무엇을 알
수 있는가, 나는 무엇을 해야 하는가, 나는 이성적으로 무엇을 희망할
수 있는가는 언제나 가장 기본적이고 또한 가장 탐구할 만한 가치가
있는 문제입니다.

【철학사상과 업적】

문회 : 선생님은 현재 가장 저명한 독일고전철학 전문가 중 한 분이십니다. 현대세계에
　　서 독일고전철학을 연구하는 것은 어떤 의미를 지닐 수 있을까요? 오늘날의
　　사람들의 삶에서 200년도 더 지난 사상가들의 사상은 또 어떤 의미가 있을까요?

사상의 혁명으로서의 독일고전철학 : 자기의식과 근대성의 탄생

핀카드 : 독일고전철학은 칸트, 피히테, 셸링, 헤겔에 기타 그렇게 유명하지 않은 철학자들(슐체, 마이몬, 야코비)과 낭만주의자(슈라이겔, 노발리스, 슐라이어마허)를 더한 개념입니다. 서양에서 유일하게 소크라테스부터 플라톤, 다시 아리스토텔레스까지의 고대그리스철학 발전사에 비견될 수 있는 사상운동입니다. 역사가 에릭 홉스봄(Eric Hobsbawm)은 이에 대해 유명한 말을 남긴 적이 있습니다. 그는 독일고전철학의 시기가 이중의 혁명을 포함하고 있다고 보았습니다. 첫 번째는 프랑스에서 시작된 정치혁명으로, 미국독립전쟁이 일으킨 거대한 변화 그리고 이에 따라 북미대륙에 세워진 위대한 입헌공화정체, 서양의 식민지인 아메리카대륙의 혁명운동 등이 이에 포함됩니다. 다음은 영국에서 시작되어 급속히 세계로 퍼져나가 세계의 사회 및 정치구조를 변화시킨 산업혁명입니다. 이 시기는 유럽의 제국주의의 맹아가 싹트기 시작한 시기이기도 합니다. 독일철학은 바로 이러한 변화에 대응한 자기의식이지요. 독일철학은 이러한 혁명의 세계가 프랑스인에서 시작되고 독일인을 거쳐서 결국 전 세계로 활성화되었다고 이해합니다. 자기의식이 현대철학의 핵심 개념이 될 수 있을 것이라 긍정한 최초의 철학자가 칸트라면, 헤겔은 바로 자기의식의 근대성(현대성) 개념을 실제 철학의 영역으로 이끈 최초의 철학자입니다.

독일고전철학이 마주한 기본적 문제들은 아직도 우리의 문제로서 존재

과학혁명은 이미 그에 수반하는 정치와 산업의 혁명을 예고한 바 있는데, 독일고전철학자들은 이 세 종류의 혁명을 모두 자신의 체계 속에 통합시켰습니다. 현대 독일철학자 디터 헨리히(Dieter Henrich)는 독일관념론운동의 빠른 발전을 초신성 폭발에 비유하면서, 항성이 폭발할 때 일시적으로 아무것도 보이지 않을 정도로 밝은 빛이 발산되는 것과 같은 상황이라고 하였습니다. 우리 모두 이 폭발의 잔재 속에 살고 있는 것입니다. 독일고전철학 발전사의 다른 한 측면은 그 시대의 젊은이들에게서 나타났습니다. 당시의 젊은이들은 이전에는 예견하지 못했던 완전히 새로운 삶의 현장으로 소환되었고, 이에 그들의 아버지 세대와 그 이전 세대의 생활경험은 더 이상 젊은 세대의 미래를 훈육시켜 주지 못했습니다. 젊은 세대는 낡은 전통을 벗어나 새로운 삶을 구축해야만 했지요. 전 세계적으로 이는 분명 힘들지만 반드시 거쳐야 하는 과정이기도 했습니다. 그 결과 자기의식과 자기기만, 그리고 현대생활 속의 기타 모든 문제들 예를 들어 "새로운 과학은 우리의 전통적 종교 관념에 대해 어떤 의미를 지니는가? 현대세계에서 예술은 자리를 차지할 수 있는가? 만약 그렇다면 예술은 어떤 역할을 지니는가?"와 같은 문제들이 독일고전철학의 시야에 새롭게 등장하였습니다.

자기의식 개념은 여기에서 매우 중요한 역할을 합니다. 독일고전철학의 핵심적인 통찰은 인간의식 자체의 근본적인 분열에 있습니다. 우리는 자신과 일치하면서 또한 자신과 충돌합니다. 이 점은 인식론에서 더욱 두드러집니다. 우리는 지각과 지각'으로서의' 지각을 서로 구분하여 실재론과 관념론 사이의 지속적인 갈등을 초래합니다. 실천철학에서도 실제 작용하는 이성과 이성'으로서의' 이성을 구분합니다. 그래서 우리는 일상생활에 침잠해 있으면서도 일상을 진정으로 완전하게 살아가지는 못하고 있습니다.

결국 독일고전철학자들이 마주했던 문제들은 지금도 여전히 우리의 문제로 남아 있습니다. 그들은 이 분열되고 상실된 세계 속에서 우리의 방향을 찾을 수 있도록 무궁무진한 자원을 제공해 주었습니다. 그들이 여전히 연구할 가치가 있는 것은, 후대의 학자(마르크스에서 사르트르까지)들이 활동할 수 있는 기초를 정립해 주었기 때문이며 여전히 많은 통찰을 지니고 있기 때문입니다.

문회 : 오늘날 서양의 독일고전철학 연구는 프랑크푸르트학파, 하이델베르크학파, 피츠버그-라이프치히학파 아니면 선생님이나 로버트 피핀(Robert B.Pippin)과 같은 미국 학자 계열 등 다양한 방향이 있습니다. 이러한 서로 다른 방향의 연구 현황에 대해서 어떻게 생각하십니까?

전후 독일고전철학 연구의 난항 : 분석철학과 유럽대륙철학의 확연한 대립

핀카드 : 내 기억에 따르면 미국에서는 1960년대(내가 철학을 배우기 시작했을 때)가 되어서야 비로소 독일철학에 대한 열띤 논의가 시작되었습니다. 그때 몇몇 유명한 분석철학자들은 미친 사람만이 독일철학에 흥미를 가질 거라고 여겼지요. 왜냐하면 독일고전철학을 보면 마치 코난 도일의 작품에서 형이상학을 뽑아낸 것처럼 들리니까요. 독일 본토에서도 역시 독일고전철학 연구는 상당히 가슴 아픈 역사를 지니고 있습니다. 나치시기에 이르러 독일의 도덕과 정치가 철저히 붕괴되어 버렸기 때문이죠. 많은 독일인들은 어떤 전통을 보존해야 하는지, 과거의 독일사상 가운데 어떤 것이 재난을 초래했고 어떤 것들이 그와 무관한지를 분명히 알지 못했습니다. 또한 독일에도 앞서 언급한 분석철학과 유럽대륙전통 간의 확연한 구분이 있습니다. 물론 지금은 이런 구분이 점점 어리석은 것으로 받아들여지기는 하지만, 당시에는 두 유파의 지지자들이 이러한 구분을 굉장히 진지하게 받아들였습니다.

이러한 확연한 구분은 칸트철학에서 특히 뚜렷하게 나타납니다. 유럽철학과 영미철학은 칸트에 이르러 완전히 갈라진 후 서로 왕래하지 않게 되었습니다. 이는 서양사상사에서 굉장히 흥미로운 부분이면서 이제 막 새로이 쓰이기 시작한(아직 다 끝나지 않았습니다.) 역사입니다. 오늘날 독일철학의 연구방식은 서로 다른 전통이 혼합되어 있어 이들이 어느 방향으로 가게 될지 장담하기가 어렵습니다.

시카고-피츠버그-라이프치히학파 : 분석철학과 관념론의 융합

방금 피츠버그–라이프치히학파를 언급하셨는데, 사실은 시카고–피츠버그–라이프치히학파라고 해야 맞습니다. 이들은 영미분석철학으로 시작하여 다시 독일적 시각을 전개해 나갔습니다. 그들의 관심사는 주로 영미분석철학적인 맥락 속에서 어떻게 피히테와 헤겔(특히 헤겔의 작품을 읽어 나갈 것인가에 맞춰져 있습니다. 이와는 대조적으로 시카고학파의 피핀 같은 일부 학자들은 보다 전통의 하이델베르크학파적 시각(마르쿠제의 사상을 대량으로 섞어 놓은 것)에 치중하여 헤겔을 연구해 나갑니다. 이로 인해 관점의 대립이 생겨났지요.

피핀은 러셀이나 비트겐슈타인, 이후의 콰인과 퍼트남을 기준으로 하는 분석철학적 맥락 속에서 과연 헤겔을 독해할 수 있을 것인가의 문제에 대해서는 관심이 없었습니다. 그는 현대철학이 독일고전사상에서 시작하여 니체와 하이데거 전통에까지 연결될 수 있을지에 대한 문제에 주로 주목했습니다. 따라서 라이프치히–시카고학파는 본질적으로 보다 '분석적'이지만, 피핀 및 그의 영향을 받은 학자들은 보다 '유럽적' 전통을 유지하고 있었습니다.

하지만 실제로 두 학파 사이에는 많은 교류가 있었습니다. 두 학파의 토론 방식은 "문제" 위주였습니다. 이는 원래 20세기 분석철학의 한 특징이지요.(철학 토론의 기본 단위는 '문제'이며 철학 연구의 기본 단위는 '학술논문'이라고 맥킨타이어가 말한 적이 있습니다.)

헤겔은 하나의 큰 우산, 서로 다른 사상의 실마리를 하나로 연결

따라서 만약 우리가 더욱 자세하게 이를 살핀다면 시카고, 피츠버그, 라이프치히를 연결하는 어떤 '학파'라는 것이 존재한다고 말하거나 각각의 곳에 조금씩 사람들이 모여서 관계를 이루고 있다고 말할 수는 없을 것입니다. 다만 칸트와 헤겔이 이들 간의 연결고리가 되어 줄 뿐입니다.

이런 의미에서 시카고–피츠버그–라이프치히를 하나로 통칭한다고 하더라도 그 속에는 '두 가지' 방향성이 있을 수 있습니다. 예를 들어, 로버트 브랜덤(Robert Brandom)은 자신의 셀러스―로티의 실용주의 의미론을 발전시키기 위해 헤겔을 자신의 연구 영역으로 끌어들었습니다. 라이프치히의 스켈러―위토퍼(Pirmin Stekeler-Weithofer)는 완전히 독립된 방식으로 비슷한 작업을 하고 있지요. 존 맥도웰(John McDowell)의 비트겐슈타인 연구는 부스마(Oets Kolk Bouwsma)의 옛날식 비트겐슈타인 치료방법이론에 가까우며(내가 보기에), 브랜덤의 방안과는 상당한 차이가 있습니다. 맥도웰은 비록 헤겔을 연구하지만 완전히 다른 목적을 지니고 있습니다. 라이프치히학파에서 맥도웰에 대응하는 학자는 바로 세바스찬 로들(Sebastian Rödl)입니다. 그의 경우 자신의 독립적인 해석 방안을 전개하였습니다.

방금 언급한 이 학자들은 상대방의 연구를 매우 중시합니다. 그럼에도 불구하고 각각 두 개의 '학파'로 구분됩니다. 이 학파의 구분은 사실 미국의 분석실용주의와 비트겐슈타인이 서로 만나는 지점을 말해주고 있습니다. 지금 다시 보니, 헤겔이 마치 큰 우산과 같아 보이는군요. 서로 다른 사상의 실마리들을 한데 포용하고 있으니까요.

하이델베르크학파 : 관념론의 고전 텍스트를 중시하여 이를 재구성하려고 시도, 그 영향은 점차 미미해지고 있어

마찬가지 이치에서 하이델베르크학파가 고전 텍스트를 바라보는 관점 또한 그들이 자신의 텍스트를 구성하는 방식과는 차이를 보이고 있습니다.

디터 헨리히(Dieter Henrich)는 특히 다음과 같은 두 가지 문제를 주로 다루었습니다. 첫째, 관념론 전통은 어떻게 해서 이렇게 빠르게 발전할 수 있었는가? 둘째, 왜 관념론은 이와 같은 형식으로 사람들에게 비춰지는가? 그의 연구방식은 독일고전철학 발전 속에서 있었던 여러 가지 대화, 그리고 그 속에 반드시 존재하면서 널리 받아들여지지만 분명하게 설명되지 않은 관점을 재구성하는 것입니다. 이러한 과정에서 헨리히는 잊혀 버린 학자들의 역할을 새롭게 발견해 냈습니다.(예를 들면 헨리히는 디에즈[C. I. Diez]가 바로 칸트와 셸링, 헤겔 사이를 연결하는 '미싱링크'라고 보았습니다.) 이러한 연구 방식은 개별적인 '문제'를 지향하지 않고, 사상체계에 내재된 발전의 실마리와 이러한 발전에 내재된 논리를 재구성하고자 합니다. 헨리히의 학생인 호스트만(Rolf-Peter Horstmann)은 이러한 맥락 하에 지극히 중요한 기초적 작업을 진행했습니다. 그는 헤겔이 예나대학교 시절 집필한 많은 수기手記 원고들를 세심하고 정성스럽게 편집하였습니다. 실로 영웅적인 위업이라 할 수 있지요.

하이델베르크학파의 영향을 받은 학자들은 전반적으로 라이프치히학파와 시카고학파의 연구 방식에 회의적인 태도를 지니고 있습니다. 라이프치히학파와 시카고학파가 관념론의 발전을 전혀 새로운 방향으로 이끌었다는 것이지요. 물론 이러한 방향이 흥미로운 것일 수도 있겠지만 말입니다. 어찌되었건, 영어권에서는 '문제지향적' 연구방식이 대세가 된 지금은 하이델베르크학파의 꼼꼼한 텍스트 분석 및 재구성의 방법론은 점차 사라질 수밖에 없을 것입니다.

프랑크푸르트학파 : 헤겔과 마르크스의 경로를 따라, 경험적 사회이론과 철학 사조를 융합

프랑크푸르트학파의 연구방식은 이와 완전히 다릅니다. 오히려 시카고-피츠버그-라이프치히학파와 유사하지요. 독일고전철학에 대한 이들의 관심은 다소 문제지향적입니다. 하지만 그들의 '문제'는 더욱 체계화되어 있습니다. 프랑크푸르트학파의 레이너 포스트(Rainer Forst: 프랑크푸르트대학교 정치학연구소 교수)가 지적한 대로 이 문제들은 "해방(emancipation)이라는 취지에서 철학적 성찰을 사회과학의 성찰과 결탁"되어 있습니다. 그들은 "철학이란 사상 속에서 파악되는 그 시대이다'라는 헤겔의 격언에 전적으로 동의하여, 줄곧 경험적 사회이론을 철학사변과 융합시키는 방식을 찾습니다. 이러한 생각은 헤겔과 마르크스에게서 가장 선명하게 형성되었습니다만, 그들의 생각은 20세기 역사적 전환이라는 배경 아래에서 다시금 철저하게 갱신되고 재구성될 필요가 있습니다.

아도르노, 하버마스, 호네트의 저서는 철학적으로나 사회적으로나 심대한 영향을 미쳤고, 최신의 프랑크푸르트학파 이론가들은 여전히 적극적이고 창조적으로 자신의 작업을 진행하고 있습니다. 예를 들어, 프랑크푸르트 출신으로 현재 베를린에서 일하고 있는 라엘 야기(Rahel Jaggi: 베를린 자유대학교 철학과 석좌교수)는 이화異化(alienation) 개념을 새롭게 연구하여 현재의 토론으로 가져왔습니다. 자본주의에 대한 그녀의 비판은 비트겐슈타인의 생활양식 개념, 헤겔 철학, 미국 실용주의와 현대 여성주의를 결합하고 있습니다. 프랑크푸르트학파가 개창한 개념적 맥락 속에서 작업하는 학자들은 현재에도 미국과 기타 국가에서 일정한 영향을 미치고 있습니다.

영미권에서 출판되는 헤겔 관련 저작도 여전히 많은 수를 자랑합니다. 그들의 헤겔 연구방법론은 하이데거나 데리다의 영향을 많이 받고 있습니다. 따라서 앞서 언급한 학자들과 동일한 부류에 속하지는 않습니다. 그 밖에, 영미권 밖에서도 헤겔에 대한 독특한 연구들이 많이 있습니다. 역시 앞서 언급한 토론에는 속하지 않습니다.

문회 : 선생님의 분석이 매우 세밀하고 정확하신 것 같습니다. 이번 24인의 철학자 인터뷰 가운데 피츠버그학파의 브랜덤 교수도 포함되어 있는데, 그는 30년간 심혈을 기울인 헤겔 저작을 준비하고 있으며 내년에 출판하고자 한다고 소개하였습니다. 동료인 맥도웰과는 그 진로가 확실히 다르지요. 선생님의 분석을 통해 헤겔이 지닌 영향력을 좀 더 구체적으로 그릴 수 있게 되었습니다. 중국의 헤겔 연구에 대해서는 어떻게 보시는지요?

중국은 독일철학 연구의 특수 사례, 광범위한 규모의 창조적 부활이 중국에서 발생할 것

핀카드 : 중국은 독일철학의 연구에 특별한 의미를 지닌 사례를 제공하였습니다. 무엇보다도 그것은 현대 중국의 공식적 이데올로기가 독일철학의 주요인물인 마르크스에 기초를 두고 있기 때문이지요. 중국에서 독일철학은 독일을 비롯한 다른 어떤 지역과도 비교할 수 없는 거대한 영향력을 지니고 있습니다.

또한, 중국은 현재 전면적인 근대화 과정이 진행 중입니다. 따라서 독일고전철학이 제시한 많은 문제들, 특히 어떻게 현대세계의 과학, 정치, 경제 혁명을 이해할 것인가와 같은 문제들은 중국에서 '진정'으로 유효하며, 이는 보통사람들의 일상과 그대로 맞닿아 있습니다. 마르크스의 사상을 추존하는 것은 필연적으로 헤겔, 셸링, 피히테, 칸트의 사상 역시 받아들인다는 것을 의미합니다.

마지막으로, 중국의 상황 자체가 굉장히 특수합니다. 중국 학생들이 독일고전철학을 배우는 것은 깊고 풍부한 중국철학의 전통에서 비롯된 것입니다. 중국철학 전통은 독일고전철학이 낳은 서양 전통과 많은 공통점이 있으면서도 또한 많은 차이점을 지니고 있지요. 칸트와 헤겔이 서양철학사상의 다양한 대립적 전통과 그들 스스로의 근대적 경험 속에서 자신의 관점을 종합해 냈듯이, 중국 학생들 또한 독일고전철학 속에서 그들이 배운 것들을 그들 자신의 근대적 경험 속에서 종합해 내야 합니다. 중국 학생들이 유리한 한 가지 지점은, 그들이 유럽의 언어를 배우는 속도가 서양학생들이 중국어를 배우는 속도보다 빠르다는 점입니다. 중국의 철학과에서 서양과 중국의 전통을 함께 가르치는 것 역시 대다수의 서양의 철학과가 비서양철학을 거의 무시하는 것과는 대조적입니다.

서양 전통이 여전히 생명력을 지니고 있다는 사실은 의심할 여지가 없습니다. 하지만 만일 독일고전철학에 대한 대규모의 창조적 재생이 가능하다고 한다면 그것은 중국 혹은 비서양에서일 것입니다. 우리는 철학전통이 상호 융합하는 위대한 시대에 살고 있는 것인지도 모르겠습니다.

문회 : 지금까지 헤겔과 독일철학에 관한 많은 전문서적들을 출판하셨습니다. 가장 좋아하는 책 한 권을 꼽는다면 무엇일까요? 그리고 최근의 연구 계획에 대한 소개도 부탁드립니다.

『헤겔 전기』 : 사상의 역사성과 사회성을 동시에 파악하려는 시도를 구현

핀카드 : 내가 가장 좋아하는 책 한 권이요? 가장 좋아하는 저서가 따로 있지는 않습니다. 어떤 이는 자신이 가장 좋아하는 저서는 언제나 그 당시 쓰고 있는 책 혹은 막 집필을 마친 책이라고 말하기도 하더군요. 만약 내가 쓴 책 중에서 가장 좋아하는 책 한권을 굳이 꼽으라고 한다면(여전히 이에는 반대합니다만) 『헤겔 전기』(*Hegel : A Biography*)를 말할 것 같습니다. 헤겔의 전기 속에 빠져들게 되면서 나는 헤겔의 삶과 그가 살았던 시대를 속속들이 이해하고 그의 사상을 파악할 수 있었습니다. 다른 것은 제쳐두더라도 저는 헤겔 사상의 역사성과 사회성에 대해서는 반드시 파악하고자 했습니다. 『헤겔의 현상학 : 이성적 사회성』(*Hegel's Phenomenology:The Sociality of Reason*)에서는 헤겔의 삶과 그의 시대를 결합하여 이 부분을 논증했습니다. 헤겔 철학이 시대의 산물에 지나지 않는다거나 헤겔 본인의 개성적 표현의 결과일 뿐이라고 격하시키지 않고, 그의 사회성과 역사상에 기초하여 헤겔을 독해하고자 한 것이지요. 이를 위해 나는 철학적 방법과 역사적 방법을 동시에 견지하면서 둘 중 어느 하나도 경시하지 않는 방법을 생각해야 했습니다.

이후의 저서 『독일철학 1760~1860 : 관념론의 유산』(*German Philosophy*

1760-1860 : The Legacy of Idealism)에서도 같은 방법을 계속해서 사용했습니다.

헤겔은 칸트가 열어젖힌 세계를 그 심층적 문제에 연결하여 대답한 초인적 인물

비록 (이상하게도) 수업에서는 헤겔을 그다지 많이 다루지는 않았습니다만, 헤겔이 언제나 내 저술활동의 중점인 것은 분명합니다. 처음으로 헤겔을 읽었을 때부터 나는 헤겔이 칸트의 체계(칸트의 첫 번째 비판 속에 있는 "범주의 선험적 연역"에서, 자기의식의 중심적 지위에 관한 관점)에서 이미 결론을 도출했다고 보았습니다. 칸트는 삼대 비판서를 비롯한 각종 서적과 논문을 통해 놀라울 정도로 대단한 철학체계를 건립했습니다. 헤겔은 칸트의 이 철학적 기획을 받아들이고 또한 상당 부분 아리스토텔레스주의와 결합시켰습니다. 하지만 칸트 입장에서 보면 그 자신의 입장과는 완전히 상반된다고 볼 수도 있습니다.

나는 이렇게 헤겔을 독해하는 방식이 오늘날의 일부 '강경한' 헤겔주의자들의 기분을 상하게 할지도 모른다고 생각합니다. 그들은 이것이 헤겔의 독창성을 과소평가하는 것이라 생각하기 때문입니다. 그렇지만 어떤 의미에서는 분명 사실이기도 합니다. 나는 칸트를 위대한 개창자로 여기고, 헤겔은 각 부분을 하나로 연결시키는 방식을 초인적으로 고안해 냈다고 요약합니다. 그의 방식은 매우 엄밀하며, 칸트가 제기한 문제의 심층에 대해 답을 제공하고 있습니다. 나는 이 점에서는 그 누구도 헤겔을 따라오지 못할 것이라고 생각합니다. 매번 그의 작품을 읽을 때마다 헤겔로부터 항상 새로운 것을 얻곤 합니다. 헤겔의 자기지식·자기기만(개인 혹은 집단의)·자기의식의 사회성과 이성 자체 및 그 이성의 역사성에 관한 성찰, 역사가 대량의 우연성으로 가득하지만 여전히 이해될 수 있다는 관점, 그리고 현대예술에 대한 사고 등은 그의 철학이 제출한 가장 훌륭한 부분이라고 할 수 있습니다.

그것은 지금 이 시대에 이 같은 문제를 사고할 수 있게 해 주는 매우 중요한 무대를 제공해 주었습니다.

나는 나 자신의 연구를 '프로젝트화'해 본 적이 아직 없습니다. 그저 내가 흥미를 가지고 있는 문제들을 해결하는 데만 전념해 왔지요. 이러한 흥미가 나를 독일고전철학으로 이끌어 준 것입니다. 나는 계속해서 철학이론과 경험역사 연구 사이의 관계에 관심을 기울여 나가고자 합니다. 한나 아렌트의 작품과 장 폴 사르트르의 후기작품에서 나타난 것처럼, 나 역시 이 문제를 다른 방식으로 생각해 보려고 시도 중입니다. 바로 "기본 인간성을 실현한 역사란 무엇을 의미하는가?"(예를 들면, 헤겔은 역사가 자유와 평등을 실현시킬 수 있다고 보았습니다.), "이와 같은 역사는 또 비철학적인 현대의 역사 연구에 어떻게 융합될 수 있는가?"와 같은 문제에 답하는 것이지요.

【중국철학 그리고 세계철학대회를 바라보다】

문회 : 철학과 현대세계의 관계를 어떻게 이해하십니까?

헤겔주의자들은 철학을 자기의식에 대한 삶의 지속적인 성찰로 이해

핀카드 : 각각의 철학이 현대세계에 지니는 의미는 서로 다를 수 있습니다. 헤겔주의자들은 철학은 바로 자기의식적 삶(헤겔이 말한 "Geist/정신")에 대해 지속적으로 성찰해 나가는 것이라 여깁니다. 헤겔주의자들은 다른 성찰의 형식을 배척하지는 않습니다만, 문제를 바라보는 자신의 독특한 방식을 지니고 있는 셈이지요.

헤겔이 각종 철학 분야를 구분하는 방식은 우리에게도 큰 교훈을 줍니다. 그의 백과사전체계식의 철학 구분은 20~21세기 영미철학의 발전 경로와도 잘 맞아떨어졌습니다. 논리학과 형이상학(좀 더 풀어서 말하자면, 인간의 사상은 어느 정도까지 참일 수 있을까, 이와 같은 사상의 한계는 또 어디까지 인가 라는 문제의식)은, 때로는 지나치게 추상적으로 보일 수도 있지만 여전히 철학의 기초입니다. 자연철학 혹은 −더욱 현대적인 용어로 말하자면, 과학에 수반되어 탄생한− 과학철학이나 행동철학 및 심리철학(헤겔 체계 속의 자연철학과 주관정신철학에 각각 대응) 역시 현대철학의 핵심 요소입니다. 두말할 필요도 없이 실천철학(윤리, 도덕, 정치), 예술철학, 종교철학 모두 현대철학의 중심입니다. 그리고 물론 철학 그 자체로서의 철학과 역사(헤겔의 '객관정신'과 '절대정신')도 있습니다.

문회 : 이번 세계철학대회의 주제는 "학이성인"입니다. 이 말을 어떻게 이해하십니까?

학이성인 : 독일고전사상의 핵심, '인간됨'의 두 측면을 함께 고려해야

핀카드 : 회의 주제인 "학이성인"이라는 말을 듣고 상당히 설렜습니다. 왜냐하면 이것이 바로 독일고전철학의 핵심이기 때문입니다. 생물과 기타 자연물 간의 구별은, 생물은 그의 본질인 생명을 위해 각종 생명활동을 해야 한다는 점에 있습니다. 그 활동을 멈추었을 때 그들은 더 이상 존재하지 않게 됩니다. 자기의식을 지닌 생명체는 사회 속에서 다른 사람들을 성찰하면서 자신의 형태를 획득하는데, 이 형태는 인간의 활동에 의해 지속되는 경우에만 존재할 수 있습니다. 이러한 집단생활의 형식은 분열될 수도 있습니다. 로마식 생활방식의 붕괴가 그 대표적인 예입니다. 헤겔은 이것이 내부의 모순성 때문에 발생한 것이라 보았습니다.(물론 이는 논쟁의 여지가 있는 관점입니다.) 그 이후로 어떤 사람도 다시 로마인의 삶으로 돌아갈 수 없었지요. 심지어 그들의 후예들조차도요. 우리는 비록 인간으로 내어나고 인간의 능력과 기호를 지니고 있지만 항상 특정한 사회적 상황 속에서만 인간이 될 수 있습니다.

헤겔이 남긴 유산의 한 부분(마르크스가 그로부터 배운 것 역시 이것임에 틀림없습니다.)은 바로 반드시 두 가지 측면에서 동시에 '인간'을 사고해야 한다는 점입니다. 가장 일반적인 측면(예를 들어, 논리학과 형이상학에서의 능동자)에서부터 가장 개인적인 측면(예를 들어, 오늘날 중국인이 상해에서 성공한다는 것은 무엇을 의미하는가)에 이르기까지, 우리는 이 두 가지 측면을 동시에 사고하는 것을 배워야 합니다. 그런데 인간의 능동성이라는 측면 또한 사회적입니다. 우리는 우리가 처한 사회적 배경 하에서만 이런 형식을 가정할 수 있습니다.

내가 『헤겔의 자연주의』(*Hegel's Naturalism : Mind, Nature, and the Final Ends of Life*)에서 말했듯이 헤겔은 현대의 상황을 두고 우리 인간은 이미 "양서동물"이 되었다고 하였습니다. 역사는 우리에게 한 세계에만 머물러 있지 않도록 강요하기 때문에 우리는 두 개의 세계 속에서 살아갈 수밖에 없습니다. 한편에서는 추상적, 혁신적, 이론적인 세계를 소환하고, 다른 한편에서는 일상적, 전통적, 실천적인 세계를 요구합니다. 헤겔은 우리가 진보라고 여기는 역사적 진전 속에는 반드시 상실감과 비애감이 따라올 수밖에 없다고 생각했습니다. 예를 들면, 왕성했던 과거 송나라의 예술을 떠올리면 아쉬움이 들지만 다시 그 생활방식으로 돌아갈 수는 없는 것과 같습니다. 우리는 '상실감'과 함께 생활할 수밖에 없습니다. 과거의 생활방식이라는 것은 본질적으로 '상실'입니다. 그것들은 언젠가는 내재적 압력에 의해 붕괴되고 말 것입니다.

현대중국은 자기혁신에 직면, 사람들은 헤겔의 말대로 '양서동물'이 되어야

다시 칸트와 헤겔의 관계로 돌아오겠습니다. 사람들은 칸트에게서 18세기 유럽에 존재하던 낙관주의를 발견할 수 있습니다. 이 낙관주의에서는 이성이 세계를 구제할 수 있으며, 또 그렇게 될 것이라고 여깁니다. 이에 비해 헤겔은 비교적 신중한 입장입니다. 비록 이성에 호소하는 것이 우리가 유일하게 선택할 수 있는 것이기는 하지만,

오히려 상황이 더욱 나쁜 방향으로 발전해 나갈 수도 있다고 보았습니다. 실제로 역사는 칸트의 희망과는 확실히 다른 길을 가기도 했습니다. 칸트와 헤겔 이후 유럽이 더욱 부유해지면서 인종주의와 제국주의, 그리고 전쟁이 만연했고, 유럽 각국은 유례없는 비이성적 살육의 광풍에 휩싸였었지요.(같은 시기 아시아에서의 전쟁이나 박해로 인한 사망자 역시 유럽 못지않습니다.)

칸트와 헤겔의 공통점 중 하나는 오직 이성만으로는 일을 완성하기에 부족하다고 여겼다는 점입니다. 1831년 헤겔은 역사철학 강좌가 종료될 무렵(그가 죽기 전) 역사가 어떻게 변함없이 세계 속의 인간의 일들을 평평하게 뒤덮어 왔는지를 논한 적이 있습니다. 그는 이 새로운 현대세계는 반드시 이성에 기초해야 하며, 자연이나 전통에 기초해서는 안 된다고 강조했습니다. 이렇게 해야 사람들이 이성의 통찰에 기초하여 통치기구의 합리성을 건립할 수 있기 때문입니다. 하지만 간단히 전통을 버려서도 안 됩니다. 결국 인간은 '양서동물'이 될 수밖에 없습니다. 헤겔은 이것이 말로는 쉬워도 실행하기는 어려운 일이라는 것을 정확히 파악했습니다. 현대세계의 경험에 비추어 보면 이러한 방식의 체제가 불가능하다는 것이 분명하게 드러나기도 합니다. 1831년 헤겔은 "이는 역사의 풀리지 않은 매듭이다"라는 말을 남겼는데, 그가 한 말 중 가장 이해하기 까다로운 말입니다.

문회 : 과거 수차례 중국을 방문하셨지요? 중국철학과 중국철학계의 현황과 미래에 대해서 어떤 생각을 가지고 계신가요?

핀카드 : 중국의 현황에 대해서는 간단하게 답하기가 어려울 것 같습니다. 그 어떤 답변으로도 중국의 현대생활의 복잡성을 간략하게 표현하기가 어렵기 때문입니다. 하지만 지금 중국인들은 헤겔의 말대로 '양서동물'이 되어야 합니다. 현재 시기는 중국 역사상 가장 격동의

시대이기도 하고 가장 걱정되는 시대이기도 합니다. 중국이 진행 중인 자기혁신은 사람의 마음을 격동시키지만, 다른 한편으로 생활방식의 중대한 변화가 사람들에게 염려를 안겨다 주기도 합니다. 많은 측면에서 현재 중국인들의 삶은 헤겔적 상황에 내던져져 있습니다.

글‖예일시倪逸偲(연합인터뷰팀)

더못 모란
Dermot Moran

세계 현상학계가 모여 '공동의 철학사고'를 이루어 내자

세계적 권위의 현상학자

더못 모란

인터뷰이 : 더못 모란(Dermot Moran), 이하 '모란'으로 약칭
　　　　　(아일랜드 더블린대학교 명예교수, 미국 보스턴칼리지 특별초빙교수 및
　　　　　철학과 학과장, 아일랜드 왕립과학원 회원, 국제철학연맹[FISP] 회장,
　　　　　제24차 세계철학대회 위원장)

인터뷰어 : 정벽서鄭辟瑞(2017년 아일랜드 더블린대학교 방문학자,
　　　　　　　　　남개대학교 철학원 부교수)
　　　　　장준국張俊國(아일랜드 더블린대학교 철학과 박사과정)
　　　　　이념李念(『문회보』 기자)
　　　　　── 이하 '문회'로 대칭

인터뷰 일시 : 2017년 6월, 2018년 5월, 2018년 8월 15일(대면 인터뷰)

하이데거에 관한 그의 깊은 연구는 위로는 중세의 종교 연구에까지 미치고 아래로는 후설의 현상학까지 이어진다. 그는 현상학에 대한 완전한 이해를 추구하여 '세계현상학'이라는 이념을 제창하고 실천하며, 나아가 그것이 이루어 낸 유럽대륙철학과 영미분석철학 간의 대화에 최선을 다한다. 2017년 8월 13일 제24차 세계철학대회의 북경 개최를 1년 앞둔 시점, 더못 모란은 국제철학연맹(FISP)의 회장(2013~2018)으로서 연설을 통해 전 세계 철학인들을 북경으로 초대하면서, 북경에서 함께 걸으며 대화와 경청을 통해 철학이라는 교향곡을 함께 연주하자고 목소리를 높였다.

세계철학대회가 3개월 앞으로 다가왔을 때 모란은 더블린대학교에 머무르고 있었다. 올해 65세가 되는 모란의 생활은 거의 "날아다니는 사람"과 같았다. 최근 5년간 계속해서 이런 생활을 이어오고 있다. 2017년에는 24회가 넘는 국제선 비행을 했고, 하루에 몇 번이나 이동하는 경우도 적지 않았다. 그럼에도 모란 교수는 여전히 원기왕성한 모습으로 연구와 강의에 임하고 있다. 그의 뛰어난 업무조절능력은 매일같이 쏟아지는 백여 통의 메일에 일사천리로 응답하는 모습만 봐도 잘 알 수가 있다. 그는 이렇게 국제철학연맹, 영국칸트협회, 아일랜드 심리철학학회, 현상학계 등의 번거로운 사무를 원활하게 소통하여 처리하는 가운데서도 각국에서 온 7명의 박사 및 박사후 과정 학생을 지도하며 학부 강의도 함께 진행하고 있다.

그와 대화를 나누어 본 모든 제자와 학자들은 그의 탄탄한 내공과 박학다식함에 놀라곤 한다. 중세철학부터 하이데거, 현상학과 분석철학에 이르기까지 청산유수처럼 이어지는 달변은 그저 감탄만을 자아낸다. 이뿐만 아니라 세심하고 친절한 배려 역시 사람을 감동시키는 부분이다. 한 인도 학자가 20년 전 발표한 모란의 논문을 구한다고 연락을 해 온 적이 있었는데, 모란은 이러한 요구에도 친절하게 반응하여 제자에게 자료를 보내 주도록 하였다. 그 와중에 제자가 가진 자료들에서 누락된 부분까지도 세심히 파악하는 모습을 보이기도 했다. 한편 중국을 방문했을 때 그는 운전사를 불러 식사에 함께 동석하게 하는 한편,

번역을 담당한 제자에게 대화 도중 사람들과 함께 웃을 수 있도록 농담까지도 번역해 줄 것을 부탁하였다.

작년 크리스마스, 모란은 바다수영을 하며 건강한 정신을 다졌다. 그 활기 넘치는 모습은 마치 중국사회의 눈부신 발전의 정신과도 일맥상통하는 듯했다. 어제 오전(2018년 8월 15일) 기자는 세계철학대회 현장에서 이 다방면의 현상학자를 인터뷰했다. 이로써 더블린에서 북경까지의 입체적인 모란의 면모가 그 모습을 드러내게 되었다.

【북경 세계철학대회라는 철학의 교향악으로 여러분을 초대합니다】

문회 : 2018년 8월 제24차 북경 세계철학대회의 위원장으로서, 대회를 앞두고 캠퍼스에서 선생님의 모습을 좀처럼 찾아볼 수 없습니다. 2013년 아테네 대회부터 국제철학연맹(FISP) 회장, 북경 세계철학대회 위원장으로 선출되셨는데, 이번 북경 세계철학대회는 인원수나 회의 횟수 등 각 부분에서 공전의 진전을 이루었습니다. 이처럼 숫자로 보이는 부분 외에도 어떤 새로운 특색이 있습니까?

인원수, 회의 횟수, 형식, 특히 다양화라는 측면에서 거대한 진전

모란 : 유형적인 부분에서 확실히 놀라울 만한 발전이 있었습니다. 우선, 7000명이라는 참가인원은 그야말로 "전무"한 것이지요, 아마 "후무"하기도 하리라 생각합니다. 세부현황은 일찍이 기사로 보도된 적이 있습니다만, 대회는 총 5개의 전체대회로 구성되며 이 외에 10개의 전문회의, 7개의 기부강연, 99개의 분과회의, 116개의 특별초청회의, 156개의 원탁회의, 98개의 협회회의, 160개의 학생회의가 열리게 됩니다. 전 세계 121개 국가와 지역에서 철학자 대표들과 철학 애호가들이 대회에 참가하며, 받은 논문만 해도 총 5000편이나 됩니다. 두 번째로,

이번 대회의 가장 큰 도전 중의 하나로서, 개최 두 달여를 앞두고 중국의 조직위원회에서 회의장소를 북경대학교에서 국립컨벤션센터로 변경하는 데 성공한 것입니다. 성공적으로 장소를 변경함으로써 더 효율적으로 회의를 진행할 수 있게 되었습니다. 이에 많은 사람들이 박수갈채를 보냈습니다. 나는 이러한 일은 중국만이 할 수 있다고 봅니다. 세 번째는 세계철학대회의 놀라운 개방성입니다. 이번 대회는 전 세계 다양한 연령, 다양한 직업의 사람들의 광범위한 참여를 이끌어 냈습니다. 이 점은 질문하신 내용에서도 찾아볼 수 있지요. 네 번째, 내일(8월 16일)은 학생 전용회의가 열리는데 그 열기의 정도가 이미 쉽게 짐작됩니다. 인원수, 규모, 범위, 열기 등 모든 부분에서 우리 앞에 새로운 무대가 생생히 펼쳐지고 있습니다.

무형적인 측면을 말하자면, 우리는 이번 대회에서 철학의 다양화를 시도하고자 노력했습니다. 물론 매우 어려운 일이기는 했습니다. 중국을 예로 들면, 역사적으로는 선진철학, 한대에서 청대까지의 철학도 있고 중국 근대철학과 현대철학도 있습니다. 학파로 보면 유학과 도교, 불교 등이 있지요. 이 모든 것들이 반드시 포함되어야 하는 전통의 한 부분입니다. 이러한 전통은 중국뿐만 아니라 일본과 한국에도 큰 영향을 미쳤습니다. 물론 다른 대륙의 전통철학 또한 존재합니다. 아프리카철학 외에도 남미와 오스트레일리아 철학도 있습니다. 심지어는 구두전통으로 이루어진 철학도 있습니다. 문자가 없는 사람들도 그들만의 지혜로운 전통을 지니고 있다는 뜻입니다. 방금 9시에 "커뮤니타"라는 주제의 전체대회를 들으러 갔었는데, 첫 번째 발표자가 미국의 로저 에임스(Roger Ames)였고 두 번째가 나이지리아의 철학자였습니다. 철학의 다양성을 그대로 보여 주고 있습니다.

문회 : 작년부터 시작된 대회홍보와 공식홈페이지, 메신저의 홍보 페이지 등을 통해 1900년부터 시작된 이 대회의 역사에 대해 대략적으로 이해하게 되었습니다.

시간을 따 져보면 이번 대회는 26차가 되어야 하는데 24차입니다. 세계철학대회 118년간의 역사 가운데에서 특별한 일들이 있다면 소개를 부탁드립니다.

수학자들에게서 힌트를 얻은 세계철학대회, 새로운 세기 철학이 해결해야 하는 문제를 함께 고민

모란 : 첫 대회는 1900년 파리에서 개최되었습니다. 이 대회보다 몇 주 정도 앞서 열린 국제수학협회회의에서 영감을 받았지요. 이를 모방한 것이라고 할 수 있습니다. 이 수학대회는 굉장히 유명했습니다. 당대의 저명한 수학자인 데이비드 힐버트(David Hilbert)가 "20세기로 진입하는 지금, 수학에서는 어떤 문제들이 해결을 기다리고 있는가"라는 주제로 발표를 했습니다. 그는 후설의 동료로서, 그의 발표는 철학자들에게 자극을 주어 비슷한 작업을 하도록 만들었지요. 그래서 제1차 세계철학대회의 주제 역시 "현재 철학에서 논의되어야 하는 문제들에는 어떤 것들이 있는가?"로 정해졌습니다.

당시 많은 중요 인물들이 파리 대회에 참여하였습니다. 베르그송(Henri Bergson), 파울 나토르프(Paul Natorp), 앙리 푸엥카레(Henri Poincaré), 게오르그 사무엘(Georg Simmel), 한스 바이힝거(Hans Vaihinger) 등이 그들입니다. 심지어 버틀란드 러셀(Bertrand Russell)은 이 대회가 그의 인생을 바꾸었다고 말하기도 했습니다. 이 대회에서 이탈리아의 논리학자 주세페 페아노(Giuseppe Peano)를 만났기 때문입니다. 당시 참가한 대부분의 학자는 유럽 철학자들이었지만, 이후 이 대회는 점차 세계의 모든 철학자들에게 가장 중요한 회의가 되었습니다. 미국인들은 1930년대가 되어서야 참가하기 시작했지요.

1934년 나치 정부가 독일을 장악했을 때 그들은 (유대인이었던) 후설의 프라하 대회 참가를 금지시켰습니다. 후설은 논문 한편을 써서 프라하로 보냈고, 그의 학생이었던 얀 파토치카(Jan Patočka)가 대신 발표했습니다. 그는 후에 체코에서 매우 중요한 철학자가 되었습니다. 1937년 파리에서 다시 대회가 열렸습니다. 원래는 독일 대표로 하이데거가 참석할 예정이었지만 독일 대표단 내에 충돌이 생겨 나치 대표가 참석하게 되었습니다. 미국인들이 이에 항의하기도 했습니다.

이후 전쟁이 발발하자 세계대회도 잠시 중단되었다가, 전쟁이 끝난 후 대회의 재개가 결정되었습니다. 유네스코가 세계평화의 수호라는 명목으로 이 대회를 지원했지요. 폴 리쾨르(Paul Ricoeur)를 비롯한 여러 인물들이 이후 이 대회에 참여하였습니다. 이론상으로는 26차여야 하는 대회가 24차인 이유는 바로 이러한 역사 때문이지요.

문회 : 이번 북경 세계철학대회는 동서양 철학의 대화를 이어 나가는 하나의 좋은 출발점이 될 것입니다. 선생님은 현상학과 분석철학 간의 소통을 이루어 내셨습니다. 현상학자이자 국제철학연맹의 회장으로서 이러한 대화와 소통이 건강한 경지에까지 다다르게 되려면 얼마나 시간이 걸릴 것이라고 생각하십니까?

오랜 기간 동서양 간 대화의 길이 차단. 언어와 개념도구의 장벽, 편견, 언론의 일방성을 극복해야

모란 : 동서양 학자들 간의 소통과 대화는 확실히 복잡하고 까다로운 과제입니다. 내가 볼 때 이를 위해서는 적어도 네 가지 단계를 극복해야 할 것 같습니다.

첫 번째는 언어장벽의 돌파입니다. 영어는 현재 전 세계에서 통용되는 보편적인 언어입니다. 이에 비해 세계에서 가장 많은 인구를 보유하고 있는 중국과 인도의 경우, 중국어는 가장 많은 수의 사람들이 사용하는 언어이며 인도의 경우 엘리트 계층만 영어를 사용하고 대다수의 대중들은 인도어를 사용합니다. 서로 다른 문화 간 교육과 교류가 가능해지기 위해서는 더 많은 통용 언어가 도입되어야 합니다.

두 번째 단계는 개념도구의 장벽을 돌파하는 것입니다. 전통적 철학용어는 모두 그리스 전통에서 비롯하여 현재 서양철학의 전통으로 자리 잡았습니다. 형이상학, 인식론, 논리학, 윤리학 등이 대표적입니다. 하지만 이번 북경대회에서는 중국 전통의 '인仁', 아프리카의 '우반투'(UHBANTU), 불교의 '심心' 그리고 '사랑' 등에 관해서도 논합니다. 그런데 만약 이들을 여전히 서양의 개념을 사용하여 해석하려 한다면 결국 다시 형이상학적 틀로 돌아가게 되고 이 개념들이 가진 독창적인 함의를 잃어버리게 될 것입니다. 따라서 우리는 새로운 개념도구를 가질 필요가 있습니다. 물론 그렇다고 해서 모든 전통이 '개념도구'를 생산해 낼 능력을 지니는 것은 아닙니다.

세 번째 단계는 다원적인 전통에 대한 존중입니다. 내가 개막식 연설에서도 말했듯이, 해석학적 관점에서 보면 우리는 서로 다른 이성을 지니고 있습니다. 예를 들어, 중국의 풍부한 사상문화 속에 서양적 의미의 '철학'은 담겨 있지 않다고 하는 관점이 있는데, 이런 관점에 입각하면 다양한 전통의 자원을 활용해 철학을 풍부하게 해석해 낼 수 없습니다.

네 번째 단계는 대중매체의 일방성에 대한 극복입니다. 지금의 대중매체는 지식전달 측면에서 강력한 영향력을 지닙니다. 이들이 어떤 하나의 관념만을 주입하고 또 이러한 주입이 '일방향'(one-side)적이라면 소외된 목소리들이 대중에게 전해질 수 없을 것입니다.

시간관계상 그 장벽들을 일일이 다 열거할 수 없습니다만, 어느 것 하나 쉬운 일이 없으므로 우리는 더 많은 노력을 기울여야만 합니다.

문회 : 확실히 전 세계 학계 사람들의 공동 노력이 필요한 작업일 것 같습니다. 이번 대회의 주제 "학이성인"은 어떻게 확정된 것이며, 이를 어떻게 이해하시나요?

포스트휴먼은 지나친 환상, "인간은 동물과 다르지 않다"는 관점은 지나치게 환원적

모란 : 이 대회의 논제는 항상 우리 인류가 직면한 전 세계적인 문제를

강조하기 위한 것입니다. 많은 세계의 문제들은 어느 하나의 문화가 단독으로 해결할 수 없습니다. 여러 문화 간, 그리고 전 세계 차원의 교류가 필요합니다. 이것이 바로 세계철학대회와 국제철학연맹의 과제이기도 합니다.

"학이성인"이라는 주제는 두유명杜維明 교수가 제안했습니다. 그는 하버드에서 재직하다 2009년 북경대학교로 돌아갔지요. 그는 세계철학대회 지도위원회의 위원으로 선출되기도 했습니다. 2013년 아테네 대회 때 이번 북경대회의 주제를 정했는데요, 크게 16가지의 후보들을 신청 받았습니다. 형이상학, 존재, 비존재, 중재철학(Philosophy of Mediation) 등이 후보군이었습니다. 하지만 두유명 교수가 유가의 "학이성인"을 생각해 냈지요. 어떻게 하면 완성된 인간이 될 수 있는가 하는 뜻입니다.

서양에서 가장 처음, 가장 오랜 기간 동안 존재해 온 가정 중의 하나가 바로 우리는 인간이 무엇인지를 알고 있다는 생각이었습니다. 계몽주의시대에는 칸트 혹은 아리스토텔레스의 말처럼 인간은 이성적 인간이라는 인식이 지배적이었습니다. 하지만 이제 우리는 기술을 통해 초인류(trans-humanism)로 도약하게 되었습니다. 남자에서 여자로 변할 뿐만 아니라, 기술을 통해 부족한 부분을 조합해 최적화된 인간으로 거듭날 수 있는 가능성도 생겼습니다. 이에 따라 새로운 문화의 유형, 즉 포스트휴먼의 가능성이 존재하게 되었지요. 이와 관련된 윤리학은 매우 심각한 문제입니다. 이른바 초인류주의자 혹은 후기인류주의자들은 이러한 전환을 추진하고자 합니다. 하지만 이는 인간에 대한 지나친 과학적 환상을 지니고 있는 관점입니다.

다른 한편에서는 인류가 다른 동물에 비해 특별할 것이 없다고 말하기도 합니다. 나는 이런 관점은 사람들을 근심에 빠뜨리는 환원주의라고 봅니다. "인간이란 무엇인가"라는 문제에 이렇다 할 답을 내리지 못했음을 의미하기도 하지요.

문회 : 따라서 "학이성인"은 서양철학과도 충분히 소통할 수 있다는 말씀이시군요.

인간에 대한 모든 토론은 자아, 공동체, 자연, 정신, 전통이라는 5개 차원으로 환원

모란 : 맞습니다. 이 문제에 관해 토론해 볼까요.

인간이란 무엇인가, 이는 철학의 핵심적 문제 가운데 하나입니다. 공자, 아리스토텔레스, 플라톤의 사상 속에서 제기된 바 있는, 무엇이 가장 훌륭한 삶의 방식인가? 무엇이 인간을 이루는 전형적 특징인가? 하는 질문들은 결국 "인간이란 무엇인가"라는 질문과 관련된 것인데, 인간이라는 관념은 모두 다음과 같은 다섯 개 방면에 분포되어 있습니다. 자아, 공동체, 자연, 정신, 전통이 그것입니다.

만약 인간(혹은 인류)이 하나의 고정된 관념이 아니라 역사의 산물이라고 한다면, 우리는 전통과의 관계 속에서 인간을 논할 수 있습니다. 만약 인간이 자연의 일부로서 자연 속의 동물에 지나지 않는다고 말한다면, 인간은 자연의 부분으로서 토론되어야 할 것입니다. 공동체 문제도 이와 같습니다. 즉 우리는 어떠한 사회 속에서 살아가야 하는가 같은 문제들이지요. 예를 들면, 유가는 특히 가족관계를 중시하지만 플라톤주의에서는, 적어도 『국가』의 플라톤은 가족의 속박을 벗어던져야 한다고 생각했습니다. 가족은 지나치게 제한적이라는 것이지요. 이 때문에 플라톤은 아이들이 부모의 품을 떠나 공공교육을 받아야 한다고 보기도 했습니다. 그렇게 되면 모든 사람들이 국가의 일원으로 일하게 될 것이고 서로를 사랑하게 될 것이라는 생각이었지요.

문회 : 몇 년간 매년 최소 두 번 이상 중국을 방문하여 중국의 학자들과 교류를 이어 나가고 계십니다. 중국의 철학과 철학자들에 대해 어떻게 생각하십니까?

최근 중국의 철학은 매우 풍부, 연구자들의 연령 또한 점차 감소

모란 : 우선 중국철학이 이렇게 다양한지 예전에는 미처 몰랐습니다. 중국의 대학에는 마르크스주의철학, 중국철학, 외국철학 등의 분과가 있고 도덕철학, 미학, 논리학 등과 같은 영역의 전문 연구도 있습니다. 그리고 물리학철학, 정신분석철학에 교육철학, 아동철학 등과 같은 기타 철학 영역까지, 실로 다양한 영역의 철학이 연구되고 있습니다. 올해 대회에 바로 이 아동철학의 주제도 포함되어 있습니다. 이는 아이들에게 가르치는 철학을 말하며, 아이들을 위한 특수한 교재도 개발되어 있습니다.

진정으로 나를 놀라게 한 것은 현재 중국의 모든 연구 분야에서 대부분을 차지하는 사람들이 바로 젊은 학자라는 점입니다. 각종 철학에 대한 관심이 높아진 결과라 하겠습니다. 다만 이러한 다양한 연구자들이 매우 소수의 대학에 몰려 있는 것은 안타깝습니다.

문회 : 서양의 경우는 어떠한가요? 역시 철학의 다양화 문제나 소수 학교에 연구가 집중되는 문제가 있나요?

모란 : 예를 들어, 파리의 학자들은 대개 소르본을 거쳐 갔습니다. 하지만 폴 리쾨르는 아닙니다. 영국에서 철학을 하는 사람들은 처음에는 전부 옥스퍼드, 케임브리지 출신이었습니다만 현재는 에든버러나 런던대학교 출신들도 많습니다. 더욱 확산되는 추세이지요. 물론 더블린의 많은 교수들은 여전히 옥스퍼드, 케임브리지, 예일, 하버드 등지에서 학위를 받은 경우가 많습니다. 전통적으로 지위가 높은 학교로 가는 것은 여전히 장점이 많지요.

문회 : 중국의 철학자는 서양철학 연구에 큰 관심을 가지고 있습니다. 이와 비교하여 서양의 철학자가 중국철학 연구에 관심을 가지는 경우는 적습니다. 이러한 상황을 어떻게 개선할 수 있다고 보십니까?

서양 학자가 중국 연구에 관심이 적은 것은 중국철학의 수출 속도가 수입 속도보다 느렸기 때문

모란 : 그렇습니다. 그런데 이런 상황을 변화시킬 수 있을지 없을지는 나도 잘 모르겠네요. 현대의 분석적 형이상학이라는 스타일을 떠올려 본다면 중국인들이 이 분야에 강점이 있을 수도 있습니다. 그런데 만약 우수한 고전철학자가 되고 싶다면, 우선 플라톤과 아리스토텔레스를 연구하기 위해 그리스어를 읽을 줄 알아야 합니다. 그런데 주석은 또 독일어로 되어 있기 때문에 독일어도 읽을 수 있어야 합니다. 이는 매우 어려운 일입니다. 중국철학의 경우도 이와 마찬가지라고 생각합니다.

미국은 언어와 지리적으로 우세함이 있기 때문에 쉽게 '단일언어주의'로 갈 수 있었습니다. 하지만 유럽은 결코 그렇지 않습니다. 미국 쪽에서 먼저 다양화의 길로 나아가야 합니다. 그런데 한 가지 지적하고 싶은 것은, 중국인들이 서양철학을 배우려는 속도가 서양으로 우수한 중국철학자들을 수출하는 속도보다 훨씬 빠르다는 것입니다. 이제 이 불균형을 타파할 시기가 왔다고 나는 생각합니다.

【철학 궤적과 업적】

문회 : 우리를 세계철학대회라는 여행으로 안내해 주셔서 감사합니다. 이제 선생님의 철학 생애로 들어가 볼까 합니다. 어떻게 해서 철학을 선택하셨습니까?

철학 공부는 단순한 흥미에서 출발

모란 : 우선 어머니의 용기에 감사를 드려야 할 것 같습니다. 당시에는 철학을 배우면 일을 구할 수 없었습니다. 내가 장학금을 받아서 더블린 대학교에 입학했을 때, 어머니는 내가 의학을 전공할 것으로 생각했습

니다. 하지만 나는 영문학과 수학을 공부하고 싶었지요. 그런데 나중에 영문학과 수학 두 전공은 연계학위를 받을 수 없다는 사실을 알게 되었습니다. 그래서 결국 영문학과 철학을 연계전공으로 선택했습니다. 수학을 아주 잘했는데도 불구하고 말입니다.

졸업할 때가 되어도 앞으로 무엇을 해야 할지 몰랐습니다. 그런데 우연히 영문과 학과사무실 문밖에 붙어 있던 예일대학교 장학금 공고를 보게 되었습니다. 그 길로 신청을 했고, 결국 통과를 했습니다. 그렇게 해서 예일대학교로 가게 되었는데, 학교 측에서 나에게 철학을 전공할지 물리학을 전공할지를 물었습니다. 나는 물리학을 공부해 보았기 때문에 "철학"이라고 답했습니다.

문회 : 1972년부터 1978년까지 예일대학교에서 석사와 박사 과정을 하셨습니다. 그곳에서 현상학 연구로 방향을 정하신 건가요?

하이데거 연구를 위해 중세철학까지 섭렵

모란 : 완전히 그런 것은 아닙니다. 당시 나의 지도교수였던 카스턴 해리스(Karsten Harries)는 하이데거 전공자로, 하이데거 70세 기념문집에 참여한 유일한 미국 철학자였습니다. 나는 예일대 박사학위 자격시험을 1976년 5월에 통과했는데, 바로 그달에 하이데거가 세상을 떠나고 말았습니다. 지도교수는 박사논문을 하이데거로 쓰지 말라 하시더군요. 저작이 너무 많아 박사논문을 쓰기에는 까다롭다는 것이 그 이유였습니다. 대신 하이데거에게 많은 영향을 주었다고 하면서 요하네스 에크하르트(Meister Johannes Eckhart)를 추천하셨습니다.

크리스마스를 보내러 집으로 돌아왔을 때, 더블린의 서점에서 요하네스 스코투스 에리우게나(Johannes Scottus Eriugena)의 저작 한 권을 발견했습니다. 그는 아일랜드의 초기 철학자로, 에크하르트에게 중대한 영향을 미쳤습니다. 그래서 나는 그를 연구하기로 결정을 했습니다.

하이데거는 존재 문제가 중세에 잊혀졌다고 주장했는데, 사실 에리우게나는 존재와 허무에 대해 길게 논한 적이 있습니다. 그래서 논문에서 하이데거가 철학사를 잘못 해석했다고 적었습니다.

당시 나는 지도교수인 해리스의 모든 하이데거 수업에 참여했고, 많은 하이데거 연구자들과 교류했습니다. 독일의 오토 푀겔러(Otto Pöggeler), 뮌헨의 디터 헨리히(Dieter Henrich) 등이 대표적입니다. 1989년 박사학위를 받은 후 독일고등교육진흥원(DAAD) 장학금을 받고 뮌헨대학교로 가서 베르너 바이어발테스(Werner Beierwaltes)를 따라 공부를 했습니다. 해리스가 1976년 발표한 글에서 그는 나의 도움에 대해 감사의 주석을 남기기도 했습니다. 하이데거의 철학에서 '대지'가 지니는 의미에 대해 그에게 설명해 준 적이 있었거든요. 따라서 정확하게 말하면 내 논문은 중세철학이 아니라 우선 하이데거 연구에 초점이 있었습니다.

문회 : 그럼 현상학은 어떻게 해서 시작하게 되셨습니까?

21세기 전후, 하이데거 연구를 위해 후설의 원고 시리즈를 출판

모란 : 예일대학교에 있었을 때, 나는 모든 현상학 수업을 들었습니다. 케이시(Edward S. Casey)가 현상학을 가르쳤고, 카르(David Carr) 역시 나의 선생님이었습니다. 사실 헤겔과 마르크스에 관한 락모어(Tom Rockmore)의 강의도 들은 적이 있습니다. 그는 2017년 7월 북경대학교에 방문교수로 왔지요. 나는 계속해서 하이데거를 공부하다가 1990년 초에 이르러서야 후설을 공부하기 시작했습니다. 출판으로 이어진 것은 1996년 혹은 2000년부터입니다. 2000년에 출판된 『현상학 입문』이 그 예입니다. 중국에서도 이유증李幼蒸에 의해 번역되어 중국인민대학교 출판사에서 출판되었습니다.

후설을 연구한 것은 사실 하이데거를 더 잘 이해하기 위함이었습니다.

나는 하이데거가 현상학을 "사물이 자신을 있는 그대로 현현하게 하는 것"으로 설명한 데에 흥미를 가져, 그가 대체 어디서 이런 관점을 가지게 되었는가를 생각했습니다. 하이데거는 『존재와 시간』의 첫 부분에서 현상학과 관련된 논의를 하는데, 후설과 그의 『논리연구』에 감사를 표합니다. 특히 '범주직관' 개념은 내가 하이데거 연구에 앞서 먼저 후설의 『논리연구』 연구로 되돌아가야 했던 이유이기도 합니다. 이 책은 당시 품절된 상태라 내가 직접 로트리치출판사에 연락을 했더니 출판사에서는 신판을 만들어야겠다고 하더군요. 나중에 내가 『논리연구』 신판의 서문을 쓰기도 했습니다. 그 후에는 다시 후설의 『관념 I』 영역본의 서문도 썼지요. 이렇게 해서 나는 후설 연구자로 알려지게 되었습니다. 더욱이 2005년에는 『에드문트 후설 : 현상학의 정립자』이라는 책까지 썼으니까요.

현상학에서 나는 주로 네 가지 주제를 다룹니다. 바로 지향성, 의식, 체화(embodiment), 상호주관성으로서 모두 핵심적인 현상학의 주제들입니다. 1990년대에 나는 지향성과 관련된 논문을 다량 집필했고, 분석적 심리철학과 많은 대화를 진행했습니다. 그 중 인용률이 가장 높고 영향력이 가장 큰 논문은 「브렌타노의 테제」("Brentano's Thesis")로 분석철학 학술잡지에 발표되었습니다. 1996년에는 영국심리철학연맹의 회장이 되었습니다. 이는 세계에서 가장 오래된 철학협회 중 하나로, 아마 1886년에 창립된 것으로 알고 있습니다.

문회 : 다시 말해 선생님을 단순히 현상학자로만 볼 것이 아니라 사실은 심리철학, 분석철학과의 소통 또한 매우 밀접하다고 이해하면 될까요?

영국의 각 학과를 방문하며 현상학을 강의, 미국 분석철학자들을 런던으로 초청하여 교류

모란 : 나의 한 가지 목표는 바로 대륙철학과 분석철학 간의 대화를

촉진하는 것입니다. 1990년에 『국제철학연구저널』(*International Journal of Philosophical Studies*)를 창간했는데, 창간호를 읽어 보면 내가 말한 "분석철학과 대륙철학 간의 대화"에 뜻을 두고 있음을 발견할 겁니다. 나는 철학 대화란 어떤 개념을 둘러싼 채 이루어져야 한다고 생각합니다. 특히 심리철학이 그렇습니다. 지향성 같은 개념의 경우 후설과 하이데거가 이를 두고 토론을 벌였고, 데닛(Daniel Dennett), 존 설(John Rogers Searle), 퍼트남(Hilary Whitehall Putnam) 등 미국의 많은 분석철학자들도 이에 관해 토론한 적이 있습니다.

나는 언제나 현상학적인 사고, 특히 선험적인 사고방식을 고수하고 있습니다. 하지만 분석적 심리철학은 대부분 자연주의적이지요. 예전에 후설의 자연주의 비판에 관한 논문 한 편을 쓴 적 있습니다. 많은 사람들이 현상학을 자연화하려고 한다는 것이었습니다. 나와 단 자하비(Dan Zahavi) 역시 이 점에 반대했습니다. 이 글은 꽤 영향력이 있었습니다.

1980년대에는 장기간에 걸쳐 정기적으로 영국현상학협회에 참여했으며, 1985년에는 아일랜드에서 학술회의를 조직하기도 했습니다. 또한 옥스퍼드, 케임브리지, 에식스, 맨체스터, 런던 등의 영국 대학들로부터 자주 초청을 받아 해석학을 강의하러 갔습니다. 그들 대학은 분석철학을 위주로 하면서도 지향성, 의식, 감각지각 같은 개념을 다루었기 때문이죠. 강연을 하면 학생들은 보통 후설이 이에 대해 무엇이라고 했는지를 묻곤 합니다. 나 역시 이 점을 보기 위해 후설을 연구한 것입니다. 물론 후에는 하이데거도 연구했지만요.

아일랜드왕립협회 철학위원회 위원장으로서 나는 드레퓌스, 데닛, 설, 퍼트남 등을 더블린으로 초청하여 대화의 장을 만들기도 했습니다.

문회 : 그래서 선생님 역시 분석철학과 교류를 많이 하시나요?

분석철학자가 현상학을 읽으려는 이유 : 둘에게는 공통의 뿌리가 존재

모란 : 그렇습니다. 2008년 대규모 저작인 『20세기 철학 라우트리지 가이드』(*The Routledge Companion to Twentieth Century Philosophy*)를 편집한 이유기도 합니다. 나는 분석철학과 대륙철학 간의 균형을 시도합니다. 실제로 만약 정말로 철학을 하고 싶다면 양쪽을 모두 읽어야 한다고 생각합니다. 칸트 이후 분석철학과 대륙철학으로 분열이 일어났지만, 이들은 모두 데카르트에서 칸트에 이르는 근대유럽철학사에 공통의 뿌리를 가지고 있습니다. 다만 분석철학이 과학과 과학의 성취에 대해 좀 더 민감하게 반응하여 심리학, 컴퓨터의 발전, 과학과의 만남 등을 더욱 의식하는 반면, 유럽철학전통은 보다 문학과 인문과학으로 향해 있을 뿐입니다. 메를로퐁티가 좋은 예로, 그는 예술에 관심이 많지요.

문회 : 우리에게, 혹은 분석철학자들에게 후설을 읽어야 하는 이유 몇 가지를 제시한다면요?

모란 : 나는 후설이 의식의 서로 다른 주제들을 분리시키지 않고 이들을 상호관련된 것으로 보았다고 생각합니다. 최근에 와서야 철학자들이 이 점을 의식하기 시작했습니다. 예를 들어 분석철학자들은 감각지각을 연구하는 데 많은 시간을 들이는데, 그들은 이를 상상 혹은 기억과 제대로 연관시켜서 생각해 보지 않았습니다. 하지만 후설은 감각지각에 대해 사고하고 담론할 때, 감각지각 속에 상상의 요소가 포함되어 있다고 하였습니다. 만일 우리가 탁자를 관찰한다고 한다면, 이때 우리는 보이지 않는 탁자의 다른 측면까지 상상으로 구성하여 이를 받아들인다는 것입니다. 따라서 이들은 상호 연관됩니다. 이것이 바로 메를로퐁티가 말한 교접 혹은 교류의 개념입니다.

따라서 나는 현상학의 요점이 바로 해석을 시도하기 전에 경험을 묘사해야 하는 것이라고 생각합니다. 이 점은 매우 중요합니다. 그렇지 않다면 환원론적 해석에 빠져 버리기 때문입니다. 분석철학 특히 최근 100년간의 심리철학의 상황이 바로 이러합니다. 행동주의가 주도해 온 심리철학은 마음에 대해 논하려고 하지 않았습니다.

문회 : 후설이 이 양 전통의 대표라고 말할 수 있을까요?

모란 : 그는 두 전통에 모두 거대한 영향을 미쳤습니다. 많은 사람들이 그를 우선 분석전통의 철학자라고 부르고 싶어 합니다. 후설을 연구하는 철학자들은 그의 사상이 브렌타노에서 왔고 설과 데닛, 김재권에게 영향을 주었다고 생각합니다. 그들은 문제의 시작이 하이데거라고 생각하지요. 이제 사람들은, 예를 들면 모호성에 관해 글을 쓴 윌리엄슨 (Tim Williamson)은 언어가 아무리 정확하다 하더라도 후설이 말하는 시각의 탄력성, 불확정성 등이 필요하다는 것을 깨달았습니다. 특히 일생생활에서 타인과 교류할 때는 불확정적인 시각에서 설정된 언어 맥락이 존재하게 마련입니다.

문회 : 정확한 데이터를 얻을 수 없을 텐데요.

모란 : 그렇습니다. 데카르트식의 수학적 스타일로 얻을 수 있다고 한 정확성은 가질 수 없습니다. 하지만 우리는 좀 더 복잡한 구조를 인정할 필요가 있습니다. 이는 대륙철학과 분석철학을 결합하는 데 도움이 될 것이라고 봅니다.

문회 : 어떤 사람들은 현상학이 텍스트 분석을 과도하게 중시한 나머지 점차 그 본래의 의미와 중요성을 상실하게 되었다고 비판합니다. 일종의 신스콜라철학이 되어 버렸다는 것입니다. 이에 대해서는 어떻게 생각하십니까?

현상학은 텍스트 분석을 과도하게 중시, 자칫 신스콜라철학이 되어 버릴 위험성이 존재

모란 : 일정 부분 타당한 면이 있는 비판이라고 생각합니다. 작년에 타계한 나의 절친한 친구 레스터 엠브리(Lester Embree)가 바로 그런 비판을 한 적이 있습니다. 사람들이 현상학을 하지 않고 문헌학을 하여 새로운 것을 만들어 내지 못한다는 것이 주요 내용이었지요. 그런데 이는 사실입니다. 하이데거를 연구하는 사람들은 마지막에 가서는 결국 하이데거와 같은 논조를 띠게 되는 경우가 종종 있습니다. 이들은 최후에는 사건(Ereignis)과 존재의 의미, 존재와 존재자의 차이 등등을 논하는 것으로 귀결되곤 했습니다. 일종의 스콜라철학으로 변한 것이지요.

진정한 철학자는 어떤 한 철학전통의 기술언어를 버리고 나서도 다른 전통의 언어를 사용해서 표현할 수 있어야 합니다. 어떤 한 개념이 의미하는 바를 다른 기술적 언어로 표현하거나 사고할 수 있어야 한다는 것이지요. 최고의 철학자들이라면 이것이 가능합니다. 하지만 그저 후설의 텍스트를 중복해서 말하는 데 그친다면 더 큰 혼란만 가중시키는 꼴이 되겠지요.

문회 : 제대로 이해한 것인지는 모르겠지만, 기술적 용어를 벗어나서도 더욱 명료하게 해석을 할 수 있어야 한다는 말씀이시군요.

모란 : 맞습니다. 예를 들어, 후설의 생활세계(Lebenswelt) 개념은 최소 6~7개, 혹은 그 이상의 서로 다른 의미를 지니고 있습니다. 따라서 이 개념은 일정한 융통성(혹은 탄력성)을 지니고 있습니다. 그래서 이를 제대로 이해하기 위해서는 가능한 한 많이 후설을 읽어 보아야 합니다. 이 개념의 서로 다른 함의를 낱낱이 분석해 보아야 하지요. 하이데거, 가다머 그리고 기타 인물들이 모두 후설에서 이 개념을 가져 왔습니다.

그런데 이들은 매우 상대주의적인 방식으로, 심지어 이렇게까지 이야기합니다. "많은 생활세계가 있을 수 있으며, 그것들은 완전히 분리되어 있다"라고요.

문회 : 현상학자로서 현상학 발전을 촉진하기 위해 많은 일들을 하셨습니다. 예를 들면 <현상학 가이드> 시리즈 총서를 계속 편집하고 계시고, 많은 대형회의도 개최하셨습니다. 이 많은 일들이 모두 전 세계 현상학자들의 공동 작업인데요, 이를 후설식 '작업철학'의 실천이라고 볼 수도 있을까요?

현상학은 공동의 과제, 과학자들이 함께 같은 문제를 처리하는 것과 같은 이치

모란 : 그렇습니다. 완전히 정확합니다. 후설은 현상학이 공동의 과제라고 보았습니다. 현상학은 다른 사람들과 함께 실천해야 하며, 이러한 의미에서 공동으로 작업하는 과학자과 같다고 보았지요. 과학자들은 하나의 문제를 함께 다룹니다. 후설은 철학자들 역시 비슷한 방식으로 현상학을 연구해야 한다고 생각했고, 이를 그리스어 'symphilosophein'를 사용하여 설명했습니다. 바로 '하나의 철학사고'라는 뜻입니다. 실제로 이러한 점에서 엠브리를 칭찬할 수 있습니다. 그가 바로 이러한 관점을 지니고 있었습니다. 그는 여러 다양한 지역에 현상학을 하는 사람들이 살고 있고 또한 이들이 전혀 접촉하고 있지는 않지만 여전히 그들 간에 깊은 관련이 있음을 발견했습니다. 따라서 그는 현상학자조직(OPO) 하나를 건립했습니다. 나는 체코에서 열린 OPO의 제2회 회의에 참여하였는데, 유국영劉國英, 장찬휘張燦輝, 관자윤關子尹을 비롯한 홍콩에서 온 철학자들 몇몇을 만나기도 했습니다. 2006년에는 홍콩에서 제3회 OPO 회의가 열렸는데, 나는 이때 처음으로 중국에서 온 철학자를 만날 수 있었습니다. 근희평靳希平은 2011년 북경대학교에서 이 회의를 개최하기도 하였습니다.

어쨌든 전체적인 이념은 바로 하나의 현상학 세계를 건립하는 것입니다. 나는 이것이 아주 위대한 관념이라고 생각합니다. 아시다시피 나는 최근 회의를 조직하여 세계의 많은 현상학자들을 한데 모아서 이들이 서로 교류할 수 있도록 하고 있습니다. 이는 중국의 학자들에게도 더 큰 도움이 될 것입니다. 지금 이 시대는 인터넷을 통해 서로 밀접하게 연결되어 있어, 우리는 반드시 세계에 대한 전반적인 이해를 가져야만 합니다.

문회 : 보스턴칼리지 철학과 학과장에 부임하셨습니다. 이번 세계철학대회 이후에는 어떤 계획을 가지고 계십니까?

미래 계획 : 보스턴칼리지에서 현상학과 해석학 분야의 다문화 간 연구를 계속할 것

모란 : 그렇습니다. 올해 여름 더블린대학교에서 은퇴합니다. 내일(8월 16일)은 국제철학연맹 신임회장을 선출하지요. 지금 내 나이를 보면 새로운 삶을 시작하는 것에 전혀 문제가 없습니다.(웃음) 보스턴칼리지로 옮긴 이후에도 계속해서 연구를 이어 나갈 예정입니다. 특히 현상학과 해석학 분야에서는 간문화적 연구가 매우 중요합니다.

글 ∥ 정벽서鄭辟瑞·장준국張俊國·이념李念(연합인터뷰팀)

주디스 버틀러
Judith Butler

인간은 젠더 문제 속의 권력관계를 항상 주시해야 한다

비판이론, 젠더이론, 정치철학, 문학이론 분야의 저명 학자

주디스 버틀러

인터뷰이 : 주디스 버틀러(Judith Butler), 이하 '버틀러'로 약칭
　　　　　(미국 캘리포니아대학교 버클리캠퍼스 비교문학과 교수)

인터뷰어 : 기도祁濤(복단대학교 철학부 강사)
　　　　　장인張寅(복단대학교 철학부 강사)
　　　　　—— 이하 '문회'로 대칭

인터뷰 일시 : 2018년 6월~7월(수차례의 메일 인터뷰)

주디스 버틀러의 언론과 저서는 지난 20년간 엄청난 수의 팬덤을 얻었지만 상당한 논란을 불러오기도 했다. "칭찬을 한 몸에 받고, 비난도 한 몸에 받았다"라고나 할까. 작년 그녀는 브라질에서 열린 학술회의에서 현지 극우파의 공격을 받았다. 그들은 그녀의 초상에 불을 붙이는 퍼포먼스를 벌이면서 그녀의 이론과 영향력도 함께 파괴시키고자 했다. 그렇게 창밖에서는 격렬한 항의의 목소리가 들려 왔지만, 버틀러는 평소와 다름없는 침착하고 용감한 모습으로 회의를 이끌었다. 버틀러는 자신의 학문 연구와 현실 사이의 관계를 명확히 하고, 양극단의 사이에 적극적으로 서서 세계의 지식인들에게 책임을 전하는 하나의 분명한 상징과도 같다.

세계 속에서 그녀는 매우 도전적이며 독창적이라는 이미지가 있다. 이는 논쟁적이라는 의미도 된다. 1989년 출판된 『젠더트러블』(Gender Trouble)을 위시하여 여러 저작 속에서 그녀는 주체가 태어나면서부터 지니게 되는 '남성' 혹은 '여성'이라는 관점을 전복시켰다. 그녀는 인류에게 이어져 온 후천적인 '역할수행' 속에서 젠더라는 효과를 구성하게 된다는 점에 주의할 것을 요청한다. 버틀러의 이론은 세상을 놀라게 했는데, 학계는 그녀의 이론이 한편으로는 유럽철학의 욕망이론과 맞닿아 있고 다른 한편으로는 현실의 여성주의운동과 맞닿아 있음에 주목했다. 하지만 어떤 독자들은 그녀의 작품은 유해한 독초와 같으므로 세상에 존재해서는 안 된다고 굳게 믿기도 한다.

버틀러는 인터뷰에 자주 응하지만 중국의 학자 및 언론과 공개적으로 교류하는 경우는 적은 편이다. 이번 세계철학대회를 언급하면서 그녀는 중국에 자신의 생각을 알릴 수 있어 기쁘며, 자신에 대한 기존의 인식이 바뀌기를 희망한다고 솔직한 심정을 드러냈다. 인터뷰에서 우리는 대학 건설, 철학교육, 사회적 이슈 등 중국 최신의 논의들을 소개했다. 그녀는 이 주제에 대해 많은 관심을 보였는데, 어쩌면 이러한 논의들이 그녀의 다음 저작의 주제가 될지도 모르겠다. 62세 버틀러에게 이번의 만남은 아주 적절하게 내린 단비와도 같았다.

【철학과의 인연 그리고 궤적】

문회 : 유대인 가정에서 태어나 어려서부터 유대인 교육을 받았다고 알고 있습니다.

분석철학이 대세였던 1970년대 예일대학교에서 수학, 유럽대륙철학에 많은 관심

1970년대, 분석철학은 이미 미국에서 대세가 되었습니다. 당시 예일대학교 시절에는 유럽대륙철학에 많은 관심을 가지셨는데요, 풀브라이트 장학지원을 받아 독일 하이델베르크대학교에도 가셨지요. 독일관념론, 프랑크푸르트학파의 비판이론, 20세기 유럽대륙철학의 주요 사상사조가 선생님의 저작에 많은 영향을 미쳤음을 확인할 수 있고, 상술한 이론이 다루지 않은 논제들에도 답하셨습니다. 최근 선생님이 급진적 민주라는 문제에 관심을 가지는 것에 주목할 필요가 있는 것 같습니다. 한 인터뷰에서는 급진적 민주의 연맹이 나아가야 할 방향을 모색하는 것이 본인의 임무라고 말씀하셨습니다. 이러한 민주는 굉장히 넓게 확산되고 있습니다. 현재 우리는 정치적 저항이라는 의미에서만 이러한 연맹을 이해하고 있는 것 같습니다. 정치적 저항 역시 선생님이 강조하시는 계급적 관점의 중요한 한 원인입니다만, 서로 다른 계급이 경제구조에서 다른 지위를 가진다는 점에 대해서는 고려해 보셨는지요? 이는 고용노동 문제가 항상 계급관계에서 우선적인 위치에 있다는 것을 의미합니다. 선생님이 입장이 신자유주의적 고용－노동관계에 대한 반대로 옮겨가게 될지가 궁금합니다.

급진적 민주 속의 저항양식 연구 : 극단적 형태의 자본주의는 어떻게 사회의 공정성을 해칠까

버틀러 : 말씀하신 대로입니다. 최근 확실히 작업의 초점을 저항의 양식에 맞추고 있습니다. 특히 미국으로 대표되는 서양세계의 자본주의에서 나타나는 극단적 형식이 주가 되지요. 이는 생태환경을 위협하고 빈부 간에 극단적인 불평등을 초래합니다. 나는 이러한 형식이 반드시 타파되어야 한다고 생각합니다.

현대사회에서는 그 숫자가 지속적으로 증가하는 계급이 등장했습니다. 이들은 단순한 실업 혹은 저임금 인구가 아니라 생활이 극단적으로 불안정한 사람들입니다. 이들은 정상적인 직장도, 연금도, 의료보험도 없이 그때그때 생기는 일로 연명하는데, 견딜 수 없는 긴 시간 동안 자금공급이 끊기기도 합니다. 이러한 불안정한 생활 상황은 무산계급이라는 전통적인 관념과도 완전히 일치하지는 않습니다.

현재 이들은 일을 하고 그에 대한 보수를 못 받게 될 수도 있는 상황이지만, 많은 사람들은 노동계약도 체결하지 못하고 그 어떤 노조에도 속하지 못하고 있습니다. 이런 상황은 극단적으로 임시적인 생활 상태로 이어지며, 그 숫자 또한 나날이 증가하고 있습니다. 물론 나는 충분한 취업보장과 최저임금 조치에 찬성하는 입장입니다만, 이것은 재산의 재분배나 의료 및 주택환경의 보장과는 또 다른 문제입니다. 후자의 내용이야말로 공정사회의 중요한 부분입니다.

【철학사상과 업적】

문회 : 얼마 전, 중국의 어떤 소셜미디어에서 한 동영상을 놓고 열띤 토론이 벌어졌습니다. 동영상은 중국의 한 영화감독 집에서 벌어진 어떤 모임으로부터 시작됩니다. 이 영상에서 감독은 그의 영화에 주인공으로 출연하는 여배우에게 춤을 추라고 시킵니다. 심지어 이 여배우는 춤을 추기에 부적합한 신발을 신고 있던 상황이었습니다. 이 감독은 여배우에게 업무적으로 많은 도움을 주었기 때문에 분명 둘의 관계는 아주 좋은 상태였을 것이기는 합니다.

동영상이 널리 퍼진 후에, 어떤 사람들은 이 감독의 행위가 그의 남성친구들에게 여배우를 지배하는 자신의 권력을 드러내 보이고자 한 것이라고 해석했습니다. 집이라는 개인적 공간을 선택한 것이 그 지배성의 의도를 여실히 드러내 준다는 것입니다. 다른 한 시각에서는, 비록 이 여배우가 마치 열세에 놓여 있는 것처럼 보이지만 실질적으로 둘은 동등한 권력관계 속에 있으므로 여배우 스스로 그러한 관계를 거부하지 않은 이상 우리가 이 감독을 질책할 권리는 없다고 말합니다.

선생님은 이 두 관점을 어떻게 평가하십니까?

'춤 출 것을 요구받은 여배우' : '동의'는 종종 딜레마에 직면하고 선택은 '권력동태'에 의해 제한된다

버틀러 : 사건의 전말을 완전히 알지 못하는 상황이라 쉽게 판단을 내릴 수는 없겠지만, 이 여배우가 만약 미래의 업무관계에서 이 감독에게 의존해야 하는 상황이라면 자유롭게 그의 요구를 거절할 수 없음이 분명하겠지요. '동의'(consent)의 문제를 다루는 것은 매우 까다롭습니다. 여성들은 자신의 선택의 폭이 권력동태(power dynamics)에 의해 이미 제한받고 있다는 것을 종종 발견합니다. 우리는 이러한 사실을 눈여겨보아야 합니다.

비록 여배우와 감독이 같은 분야 즉 영화산업이라는 분야에 종사하고는 있지만, 이것이 그들이 모든 면에서 평등한 관계라는 것을 의미하는 것은 아닙니다. 어떤 여성들은 춤추는 것을 선택할 수도 있겠지요. 하지만 그들은 대개 자신이 싫다고 말할 힘과 자유가 있다는 사실조차 깨닫지 못하고 있습니다. 분명히 알아야 할 것은, 춤이 이러한 자유에 대한 표현이 되는 것도 오직 업무상으로 그 각본과 계획을 따르겠다고 미리 동의한 상황에서의 일이라는 점입니다.

물론 그러한 상황에서도 우리는 노동조건에 대한 '동의'라는 문제에 대해 따져볼 수 있겠지요. 사적인 모임은 결코 일이 아니지만, 그곳에서 일어난 일들이 업무장소에서 발생하는 인간관계와 향후 추세에 영향을 미칠 가능성도 있습니다. 따라서 공과 사를 더 엄격하게 구분하여, 여성이 거절의 의사를 보이고자 할 때에도 일에 영향을 미칠 것을 걱정하지 않을 수 있게 해야 합니다. 아마도 이 여성은 당시의 상황으로 인해 불편함을 느꼈지만 이를 잘못이라고 여기지 않았거나, 혹은 그러한 요구는 그 자체로 잘못이라고 생각해 본 적이 없었을지도 모릅니다.

문회 : 중국의 몇 개 대학에서는 최근 사제 간 캠퍼스 내 연애 문제를 교사윤리감찰 범위에 집어넣었습니다. 중국의 대학에서는 이러한 연애 관계를 장려하지도 않지만, 그렇다고 이를 명확히 금지하지도 않습니다. 선생님은 성 차이와 성 차별 문제를 계속 논의하시는데, 현대의 대학교육체계 내에서의 사제 간 연애 현상에 대해서는 어떻게 생각하십니까?

사제 간 캠퍼스 내 연애 : 모든 형태의 성폭력을 배척하는 것이 원칙, 사제 간 연애에서 이해관계를 분리시켜야

버틀러 : 우선 우리는 사제 간의 성폭력과 성관계를 구별해야 합니다. 이 둘은 서로 다른 문제입니다. 성폭력은 언제나 잘못된 것입니다. 마땅히 법률과 정치적 수단을 통해 억제되어야 합니다. 오늘날 교수와 대학원생 간의 성관계는 어떤 지역에서는 잘못된 것으로 여겨지지만 그렇지 않은 곳도 있습니다. 어찌되었건 간에 학생들 역시 이미 '동의'가 가능한 연령에 이르렀고, 이러한 현상을 보는 방식도 시대에 따라 많이 변화하였습니다. 그런데 그 두 사람이 자신들을 관계 속의 평등한 구성원으로 보든 아니든 간에, 이러한 관계에는 항상 권력적 성향의 동태적 변화가 있습니다.

개인적으로는 학생과 성적 관계를 가진 남녀 교수는 해당 학생을 가르치는 지도그룹에서 완전히 퇴출되어야 한다고 생각합니다. 그 학생에게 어떤 추천서도 제공해서는 안 되고, 사적 관계가 종료된 후에 교수가 학생에게 학문적으로 보복하는 일 역시 없어야 하며, 또한 교수가 학생에게 편파적인 시선을 보내거나 보복을 행해서는 더더욱 안 될 것입니다. 그런데 대다수의 사람들은 사제 간의 그 어떤 성관계도 그 자체로 이미 잘못된 것이며 처벌이 필요하다고 주장합니다. 이 때문에 교수직을 박탈당한 교수도 있습니다. 어떤 사람들은 일단 학생과 "낭만적 우정"의 관계가 생길 조짐이 보이기만 해도 교수가 곧바로 사퇴하거나 휴직을 당해야 한다고 말하기까지

합니다. 나는 "무엇이 낭만적 우정인가"라는 문제를 그 누가 판단할 수 있을지는 잘 모르겠습니다. 하지만 모든 형태의 성폭력에 맞서는 데 전념하는 것이야말로 여성주의자이자 학자로서 우리가 짊어져야 할 전 세계적 책임이라고 생각합니다.

문회 : 최근 성행하는 '미투운동'에는 반대하는 목소리도 있습니다. 이들은 이 운동이 지나치게 급진적이라고 비판합니다. 남성이 여성에게 접근하는 과정에서의 '치근덕거림'은 일종의 성적 자유라는 것입니다.(예를 들어, 영화에서 남자 주인공이 처음에는 여자 주인공의 마음에 들지 않았지만 마음에 들 때까지 계속해서 접근하는 장면의 클리셰가 자주 등장합니다.) 또한 이들은 이 운동이 남성에 대한 '정치적 박해'의 혐의가 있다고 지적합니다. 이에 대해서 어떻게 보십니까?

두 번째 버전의 '성적 자유'는 사실 파괴적, 개인의 자유는 사회의 자유라는 전제 하에 의미를 지녀

버틀러 : 최소한 두 가지 종류의 '성적 자유'를 구분해야 합니다. 첫 번째 버전의 '성적 자유'는 남과 자신에게 피해를 주지 않는 범위에서 성생활을 추구할 권리를 말합니다. 이러한 종류의 '성적 자유'는 성적 취향의 자유의 기초가 됩니다. 성적 취향이란 본래 그 누구에게도 피해를 주지 않기 때문입니다. 여성의 경우도 마찬가지로 그 누구에게도 피해를 주거나 받지 않는다는 상황 하에서 자유롭게 성생활을 추구할 권리가 있습니다. 이는 또한 그녀들이 분명히 동의를 했을 경우에만 가능하다는 것을 의미하기도 합니다. 물론 이러한 점은 남성에게도 똑같이 적용되며, 동성 간의 관계든 이성 간의 관계든 동등하게 중요합니다.

두 번째 종류의 '성적 자유'는 일종의 개인주의적 견해로서, 한 개인이 타인 혹은 사회에 끼치는 피해와는 무관하게 어떤 방식으로든 자신의 성적 욕망을 추구할 권리를 지닌다는 것입니다. 이러한 자유는 굉장히 파멸적인 형식입니다. 이는 근본적으로 진정한 자유가 아닙니다. 개체의 자유란 사회적 자유라는 전제 하에서만 유의미하기 때문입니다. 성적 자유를 표현하기 위해 타인과 그의 행복에 대한 기본적 의무를 저버려서는 안 됩니다. 이는 개인의 자유를 이러한 복지가 실현될 수 있는 사회적 조건보다 우선시하는 것이며, 개인의 자유를 인간의 존엄에 대한 보장보다 우선시하는 것입니다. 따라서 나는 이러한 종류의 성적 자유를 자유가 아닌 파멸이라고 봅니다.

아마 지금도 여전히 가볍게 어떤 여성들을 '마녀'라고 지칭하는 경우가 있을 것입니다. 이 단어는 아주 오랫동안 '여성혐오'(misogyny)의 역사 속에 예속되어 있었습니다. 지금은 성희롱과 성폭행을 피할 권리를 확보한 여성들을 지칭하는 말로 쓰이고 있습니다.

문회 : 헤겔식의 사망 개념이 선생님과 기타 몇몇의 철학자의 저작에서 종종 등장합니다. 예를 들어, 1987년작 『욕망의 주체』(*Subjects of Desire*)에서 헤겔 『현상학』의 주체에 관해 분석했을 때, 주체는 "죽어 버리는 존재자가 결코 아니다. 사망을 이루어 내는 행위자(agency)이다"라고 쓰셨습니다. 비록 철학적으로 매우 시사점이 있고 설득력이 있지만, '사망'이라는 단어는 일상언어에서 온 것으로서 '지양', '수행성'(performativity) 등과는 상반되는 것 같습니다. 일상대화 속에서 헤겔과 같은 방식으로 이 단어를 사용하는 것은 분명 무리가 있습니다. 대중문화 내에서도 이처럼 죽음을 보여 주는 작품은 드문 것 같습니다.

최근 몇 십 년 동안 '젠더', 'cool'과 같은 상용어에 대한 용법이 선생님을 포함한 많은 비판자들에 의해 현저한 변화를 겪었다는 점을 고려한다면, 헤겔식의 사망 개념 또한 일상생활 속으로 들어갈 것이라고 생각하거나 혹은 들어가야 한다고 생각하십니까? 아니면 문화와 도덕에 대해 충격을 줄 것이므로 학계에만 국한되어야 할까요?

'사회적 사망'의 비유 : 완전히 살아 있다고 할 수 없는 존재들, 사회적으로 존중받아야

버틀러 : 인종주의와 노예제도를 비판한 많은 저자들은 '사회적 죽음'(social death) 관념에 대해 논의한 것이 있습니다. 사회학자 올란도 패터슨(Orlando Patterson)이 이 용어를 사용했던 것으로 기억합니다. 하지만 그에 앞서 헤겔의 영향을 받은 두 보이스(W. E. B. Du Bois)는 시민의 신분을 박탈당한 채 재산으로 취급받은 사람들 역시 완전히 살아 있다고는 할 수 없는 존재자로 전락했다고 지적한 바 있습니다. 따라서 헤겔식으로 말하자면, 우리는 어떤 사람들이 죽은 존재 혹은 죽어야 하는 존재로 취급받는다는 사실을 목격할 수 있습니다. 이것이 바로 '사회적 사망'의 한 측면입니다. 이들은 살아 숨 쉬고 있지만 인간으로서 동등하게 존중받거나 대우받지 못하고 있습니다. 따라서 '사회적 사망'이란 하나의 비유라고도 볼 수 있겠지만, 이 비유 자체가 매우 중요합니다.

프란츠 파농 (Frantz Fanon)이 역설했듯이, 인종주의적 상황에서 흑인은 "비–존재자적인 상황으로 전락해" 버렸습니다. 분명 이들은 여전히 생존해 있으면서 인종주의의 고난을 겪고 있지만, 살아 있지 않은 존재처럼 취급받고 있습니다. 억압적인 상황에서는 자신들이 완전히 살아 있다고 느낄 수 없습니다. 따라서 우리는 사회적 경험과 사회적 고난이라는 차원에 대해 논할 방법을 모색해야 합니다.

문회 : 『권력의 정신적 삶』(The Psychic Life of Power : 중국어판은 강소인민출판사에서 2008년 출판)에서 "복종에 대한 애착(attachment)은 권력의 작동으로 생겨난다. 이러한 정신적 효과는 권력이 작동하는 면모를 분명하게 드러나도록 해 주며, 권력의 작동으로 생산되는 것 중 가장 위험한 것이다"라고 하셨습니다. 애착의 생산이라는 측면에서 보면 이 말은 확실히 성립합니다. 하지만 이러한 설명은 이미 어떤 권력관계 내에서 종속되어 있는 주체에 대해서는 별로 유효하지 않은 것 같습니다. 이러한 주체들 중 일부는 종속적 지위를 선택하고자 하는 경우도 있습니다. 이는 진보적 노력에 일련의 문제들을 가져오지요. 선생님의 투쟁과정

속에서 이 문제를 어떻게 처리하는지 알고 싶습니다.

'억압의 내면화'는 '복종에 대한 애착'

버틀러 : 많은 사회심리학 저작의 작가들이 '억압의 내면화'(internalized oppression) 현상을 말합니다. 예를 들어, 앞에서 언급한 파티의 사례에서 불편한 신발을 신고도 춤을 추는 데 동의한 여배우가 과연 억압을 내면화한 상태인지는 그녀의 머릿속에 들어가지 않는 이상 확답할 수 없습니다. 하지만 다른 한 가지 사례를 들면, 미국의 많은 농부들은 트럼프 정권 하에서 경제적 손실을 입고 있음에도 여전히 이 대통령을 지지하는 것을 볼 수 있습니다. 어떻게 이 점을 해석해야 할까요? 그들이 자신의 이익을 고려하지 않는다고 이해해야 할까요? 나는 이들이 트럼프의 권력운용방식을 흠모한다고 생각합니다. 그의 횡포를 흠모하고, 그가 납세를 싫어하는 듯한 모습을 흠모하고, 심지어는 국가를 경멸하는 모습까지도 흠모합니다.

그들은 트럼프 정권 하에서 더 많은 착취를 당하게 될 뿐이겠지만, 상상 속에서는 더 강해지고 자유로워질 수 있습니다. 우리는 그들이 "억압을 내면화시켰다"라고 말하겠지만, 그들은 오히려 이런 형태의 행정 권력에 복종하는 것을 즐기고 있을지도 모릅니다. 한편으로는 복종하면서 다른 한편으로는 오히려 자신이 더 강하고 자유롭다고 느끼기만 하면 그만이지, 자신들이 처한 곳에 존재하는 갈등을 파악할 필요는 없기 때문입니다. '동질감'(identification)이 어떻게 정치 상황에서 작동하며 어떻게 이에 대응해야 하는지, 우리는 좀 더 자세히 고찰해 보아야 합니다.

문회 : 2000년 출판된 『안티고네의 주장』에서 선생님은 헤겔, 라캉, 이리가레(Luce Irigaray)의 안티고네 해석을 비판하였습니다. 이들이 안티고네를 "하나의 정치적 형상, 즉 거역하는 말을 하여 정치적인 대가를 초래한 하나의 표상으로 해석하지

않고 정치와 대립하는 전前정치(prepolitical)에 대한 설명으로 보며, 친족관계라는 표상은 정치와 무관한데도 이미 그것을 정치에 가능조건을 제공하는 영역으로 보고 있다"는 것입니다. 계속해서 안티고네가 친족관계와 국가 혹은 사회 영역 사이의 구분을 '생산성의 위기'로 여기고자 했다고 해석하셨습니다. 이는 아감벤 (Giorgio Agamben)의 최근 내전에 관한 연구와도 관련이 있는 것 같습니다. 특히 둘 다 위기에 대해 강조하고 있지요. 그의 논점에 대해 간단히 논평을 부탁드립니다.

아감벤의 관점과는 차이 : '안티고네'는 친족관계와 국가 영역의 구분을 생산성의 위기로 끌어올린 것

버틀러 : 나의 관점은 안티고네가 정치적 모범이 되기에는 완전하지 않다는 것입니다. 왜냐하면 그녀의 저항형식이 그녀 자신의 파멸을 초래했기 때문이지요. 그녀는 참주僭主인 삼촌의 권세에 굴복하는 대신 파멸의 위험을 감수하고자 했습니다. 이는 충분히 용감한 행동이 었습니다만 결국 자신의 파멸을 초래하고 말았습니다. 그녀는 삼촌이 자신을 파멸시키도록 부추긴 꼴이 되었는데, 이는 독자에게 그녀가 정치적 저항의 과정에서 자기파멸이라는 목표를 실행시킨 것은 아닌 가 하는 의문을 심어 주었습니다.

한 사람의 여성으로서 그녀는 가정을 대표하거나 가정의 신으로 여겨졌으며, 정치에 참여해서는 안 된다고 여겨졌습니다. 하지만 그녀는 이러한 역할에 부합하지 않았지요. 왕국의 권위에 의문을 제기했고, 그녀의 형제인 폴리네시스(Polyneices)의 장례가 정중하고 공개적으로 치러져야 한다고 주장하면서 가족의 죽음이 공개적으로 인정받기를 희망했습니다. 국왕 크레온(Creon)이 그의 시체를 새들의 먹이로 던져 버려야 한다고 한 것은 그녀를 격노하게 만들었습니다. 하지만 그녀는 가족으로서 분노한 것일까요, 아니면 한 시민으로서 분노한 것일까요? 아마도 그녀가 친족관계와 국가 영역의 구분을 거부한 것은, 자신의 형제를 매장하고 애도할 권리에 국가가 간섭해서는 안 된다고 주장하기 때문일 것입니다.

나는 아감벤의 작업을 면밀하게 살펴보지는 않았지만, 그가 주로 관심을 가진 것은 사법체계(regimes of law)에 대한 질문이었습니다. 이 체계가 생명에 대해 과도한 통제와 감시를 시행하고 있다는 것이지요. 그는 어쩌면 법률에 대해 나보다 더 큰 회의를 가지고 있을 수도 있습니다. 그런데 내전 상황에서 두 종류의 서로 다른 형식의 권력이 권위를 다투고 있다고 가정한다면, 이는 분명 또 다른 권력의 이름으로 다른 한 법률체제를 전복시킬 수 있는 가능성을 열어 놓은 것입니다. 안티고네는 비록 죽음을 당했지만, 정작 그 자신도 모르는 채 또 다른 정치적 권위를 인정하는 질서를 통해 크레온 정권을 타도하였습니다.

문회 : 『위태로운 삶』(*Precarious Life*)이라는 책에서 독특한 버전의 헤겔을 선보이셨습니다. 헤겔이 생각하기에 인정은 "누군가의 이미 그러한 모습을 인정하는 것"을 의미하는 것이 아니라, "생성을 요청하고 변화를 일으키며 항상 타인과 상호 관련이 있는 미래를 요구한다는 것을 의미한다"라고 하셨습니다. '인정'에 대한 이러한 견해는 명백히 다른 인정이론에 관한 비판이며, 마치 사랑을 모델로 하여 만들어진 것 같습니다. 사랑은 반드시 생성에 관계되기 때문입니다. 그래서 사람들은 선생님이 인정을 사랑과 관련시키는 것을 어떻게 보시는지에 관심이 많습니다.

헤겔적 의미의 상호인정 : 사랑은 유일한 형식이 아니며, 평등한 생명권 사이에서는 상호인정이 가능

버틀러 : 나는 확실히 '인정'을 헤겔식대로 '상호인정'으로 이해합니다. 내가 상대를 인정하는 것은 상대도 나를 인정할 능력이 있다는 것에 의존합니다. 이는 너와 나 사이의 구조적 평등을 의미하지요. 하지만 서로를 인정하는 것이 반드시 사랑이라는 형식일 필요는 없습니다. 서로 무관심한 사람들, 나아가 서로 적대시하는 사람들 사이에도

인정은 존재할 수 있습니다. 사람들은 타인에 대해 자세히 알지 못해도 자신과 타인 사이에 존재하는 구조적 평등을 인식할 수 있습니다. 이런 구조적 평등은 모든 사람이 평등한 생명권을 지니고 있다는 것을 의미합니다. 이 권리는 사람들이 삶을 가능하고 살기 좋은 곳으로 만들게 하는 자원을 가질 것을 요구합니다. 또한 이 구조적 평등은 그 누구도 그 어떤 사람들보다 더 우월하지 않다는 것을 의미하기도 합니다.

【중국철학 그리고 세계철학대회를 바라보다】

문회 : 중국철학과 이번 세계철학대회에 대한 선생님의 견해를 듣고 싶습니다.

이번 세계철학대회는 어떤 우월한 관점도 없어, 사상의 전 세계적 교류가 폭력과 무지를 대체할 것

버틀러 : 세계철학대회로 북경에 올 수 있어서 매우 기쁩니다. 대회 첫날 저녁에 기부강좌인 <보부아르> 시리즈에서 강연을 합니다. 이는 여성주의철학을 긍정하고 사고하는 중요한 시간입니다. 나는 이 대회에서 어떤 관점도 다른 관점보다 우위에 있지 않다는 점에 주목했습니다. 이는 매우 좋은 현상입니다. 자기 사고의 한계를 극복할 기회이자 다른 소리를 경청하여 자신을 변화시킬 수 있는 계기가 될 수 있습니다. 또 풍부한 사상들이 전 세계적 차원에서 교류함으로써 폭력과 무지에 맞서나갈 수 있습니다. 따라서 이번 회의에 참가할 수 있어서 매우 기쁩니다.

문회 : 현재의 철학 연구에서는 전문화된 학교 내의 연구와 사회적 문제에 관한 연구 사이의 거리가 점점 더 멀어지고 있는 것 같습니다. 학자들은 점차 공적 영역의 일로부터 멀어지면서, 아주 협소한 주제의 연구에 몰두하고 있습니다.

선생님은 철학자로서 이 두 영역 사이의 균형을 어떻게 추구하십니까?

학자는 자신의 생각을 대중에게 알릴 의무가 있어 : 학술 연구의 의제 또한 공공 여론의 주제

버틀러 : 대학에서 일하는 학자들은 자신이 일하는 장소의 상황에 주의를 기울여야 합니다. 미국에서는 대학이 감당할 수 있는 능력이 점차 떨어지고 있고 대학에 진학할 수 있는 기회 또한 줄어들고 있는데, 이는 대학이 전 국민을 위해 서비스를 제공할 수 없다는 것을 의미합니다. 예컨대 현재 우리는 미래에 대한 회의를 가지게 하는 극심한 기후변화 속에서 살아가고 있습니다. 우리의 생활환경에 대한 이러한 위협들을 무시할 수 없습니다. 학자로서 우리는 대학이 왜 중요한지, 권위와 권력, 젠더와 폭력을 어떻게 바라보아야 할지에 대해 엄숙하게 사고해야 합니다. 이는 학술 연구의 주제인 동시에 공공 여론의 주제이기도 합니다. 우리는 이런 의제들에 대한 가장 최선의 생각들을 대중에게 알려 그들도 이런 문제들을 되돌아 볼 수 있도록 해야 합니다.

문회 : 오늘날의 일부 중국 대학들은 교양교육을 크게 발전시키고 있습니다. 복단대학교 역시 이를 추진하는 데 큰 역량을 쏟고 있습니다. 철학 교육의 경우 이러한 변화는 두 가지 중대한 전환을 의미합니다. 하나는 철학 교육의 목표가 철학 연구를 전공하는 학생에만 국한된 것이 아니라 모든 학생을 대상으로 교양강의를 진행하는 방향으로 전환되고 있다는 것이며, 다른 하나는 철학 교육의 내용 역시 철학적 지식이나 비판적 사고에 그치지 않고 시민의식을 키우는 데 필요한 문명적 교양으로 옮겨 가고 있다는 것입니다. 선생님의 교육과 연구 경험에 비추어 보았을 때, 이러한 추세를 어떻게 생각하십니까? 그리고 미래 철학 교육의 발전 추세에 대해서는 어떻게 보시나요?

교양교육으로서의 철학 : 신중하고 공정한 판단의 형성, 성찰한 적 없는 기본 전제에 대한 문제제기

버틀러 : 나 역시 철학이 교양교육의 일부라는 점에 찬성합니다. 우리는 여러 텍스트들에 대한 독해를 통해 우리가 당연하다고 생각해 왔던 전제에 문제를 제기할 수 있어야 합니다. 또한 우리는 도덕적 딜레마에 당당히 직면하여 도덕 의무에 대해 생각해 보아야 하며, 정의, 미, 지식, 현실의 본질에 대해 가르치고 배울 기회를 가져야 합니다. 이들은 여전히 철학과 종교의 핵심 문제를 이루며, 이들은 때때로 서로 융합되는 접점이 되기도 합니다.

'시민적 정체성'이란 하나의 복잡한 개념입니다. 그것이 과연 무엇을 의미할지는 여전히 우리가 배우는 내용에 달려 있습니다. 우리가 철학을 배우는 것이 더 나은 시민이 되기 위해서라면 우리가 배워야 하는 것은 국가에 대한 복종심을 높이는 철학일 것입니다. 하지만 좀 더 신중하고 공정한 판단을 위해, 혹은 긍정해야 하는 가치와 문제를 제기해야 하는 가치들 간의 차이를 이해하기 위해 철학을 배울 수도 있습니다.

문회 : 8월 13일 저녁, 첫 기부강연 시몬 드 보부아르 강좌에서 선생님이 강연을 하신다고 들었습니다. 강연의 내용을 미리 소개해 주시면 감사하겠습니다.

첫째 날 열리는 보부아르 기부강좌, '젠더' 번역의 단일언어주의를 초월할 것인가에 초점

버틀러 : 기부강좌는 세계철학대회의 특별한 프로그램으로, 작고한 유명 철학자의 이름을 따고 있습니다. 시몬 드 보부아르는 "여자는 타고나는 것이 아니라 만들어지는 것이다"라는 유명한 말을 남긴 바 있습니다. 이 명제는 후대에 많은 영향을 미쳤습니다. 그녀의 이름을 딴 강좌는 이번 철학대회에서 새롭게 생긴 것이기에 첫 번째 강연자가 된 것을 매우 영광스럽게 생각합니다.

내 강연의 주제는 『번역에서의 젠더 : 단일언어주의의 초월』입니다.

젠더(gender)라는 단어는 사실 한 과학자/의학자가 19세기 양성 아동을 다루는 과정에서 발명된 말입니다. 따라서 나는 우선 젠더라는 단어의 유래를 살펴보고, 각국에서 이를 어떻게 받아들였으며 데리다를 포함한 철학자들은 어떻게 보았는지를 살펴보려고 합니다. 나의 젠더이론 연구의 일관된 관점과 같이, 먼저 성性이 언어 속에서 하나의 사실로 구성된다는 점을 지적하고 싶습니다. 따라서 성과 젠더는 완전히 분리될 수 없습니다. 언어는 그 구성환경을 벗어날 수 없으니까요. '젠더'라는 단어는 그 외래성으로 인해 비영어권 언어로 들어오게 될 경우 늘 번역 문제가 발생했습니다. 여기에는 일련의 정치, 문화, 심리, 해석학적 문제가 걸려 있습니다. 정리하자면, 우리는 단일언어주의의 신념을 버리고 언어 간의 번역 불가능성을 직시할 수 있어야 합니다. 나아가 이를 바탕으로 "우리는 현존하는 다양한 젠더 관계, 다양한 젠더에 관한 언어, 젠더화된 현실 속의 다양한 생활방식이라는 측면에서 더 나은 세계를 실현할 수 있도록 노력해야 할 것입니다."

문회 : 인터뷰에 응해 주셔서 대단히 감사합니다. 세계철학대회에서의 강연을 기대하겠습니다.

글 ‖ 기도祁濤(연합인터뷰팀)

손 갤러거
Shaun Gallagher

학제간 협력 속에서 체화된 인지는 비로소 가능해진다

인지과학 전문가

숀 갤러거

인터뷰이 : 숀 갤러거(Shaun Gallagher), 이하 '갤러거'로 약칭
      (미국 멤피스대학교 철학과 교수, 호주 울런공대학교 명예교수)

인터뷰어 : 하정何靜(화동사범대학교 철학과 부교수), 이하 '문회'로 대칭

인터뷰 일시 : 2018년 5월~6월(수차례의 메일 인터뷰)

고희에 가까운 갤러거 교수에게서는 좀처럼 세월의 흔적을 찾아보기 힘들었다. 이 아일랜드계 미국 철학자는 언제나 이처럼 밝고 활기찬 모습이었다. 우연히 찾아본 한 장의 사진 속에서 그는 환한 미소를 띠고 있었는데, 등 뒤의 하늘의 구름이 모두 그의 미소 짓는 모습을 밝게 비추고 있었다. 주체 간의 상호작용을 통해 자율성을 높인다는 그의 체화된 인지이론이 혹시 이런 모습은 아닐까?

그의 열정적인 모습은 과거 철학에 빠져 몰두하던 모습에서, 어린 시절 미지의 세계를 탐구하던 넘치는 호기심에서 그대로 이어지고 있다. 고등학교 때의 아퀴나스를 시작으로 대학 시절에는 사르트르와 까뮈, 이어서 박사과정 때는 현상학까지, 그의 철학 탐구는 여전히 변함없이 계속되고 있다. 1980년대 그는 현상학이라는 '무기'를 가지고 인지과학에 뛰어들었고, 얼마 지나지 않아 1세대 인지과학에서 2세대 인지과학으로의 패러다임 전환을 불러일으켰다. 그는 '표상적 계산을 핵심으로 하는 고전인지과학 연구의 패러다임을 철저히 비판하면서 '체화, 각인, 생성, 확장을 핵심으로 하는 '체화된 인지' 사상을 직접 제시하였다. 이 사상에는 현상학자 메를로퐁티, 신경과학자 바렐라(Francisco Javier Varela García), 생물학자 깁슨(James Jerome Gibson) 등 많은 학자의 영향이 담겨 있다.

2006년 미국에 방문학자로 가게 되었을 때 그를 처음 만난 후, 나는 그의 주최로 4년에 한번 열리는 〈4E 국제심포지엄〉에 참가한 적이 있다. 이후 많은 국제학술회의에서 그와 함께했다. 그는 지난해(2017년) 『생성주의적 방안 : 마음에 관해 다시 사고하다』(*Enactivist Interventions : Rethinking the Mind*)를 내놓았고, 십 년에 걸쳐 집필 중인 『행동과 상호작용』(*Action and Interaction*)[1] 역시 곧 출판을 앞두고 있다. 그의 학문적 원천은 바로 동료들과 진행하는 토론 및 분석이다. 토론회 상에서 그는 너그러우면서도 엄격하게 반대자들에 반박하며, 방문학생들과도 대등한 입장에 서서 의견을 교류한다.

십 년이 넘게 그와 메일을 주고받으며 교류하던 어느 날, 갤러거는 사석에서 학제간 연구의 고충을 내게 털어 놓았다. 학문 간 '협력과 호혜'에 대해 모두가

---

1) 역자 주 — 2020년 4월 9일 출판.

잘 이해하는 것은 아니며, 어떤 과학자들은 과학을 이해하지 못하는 철학자들과 교류하는 것을 달가워하지 않다가 시너지효과를 직접 체험하고 나면 그제야 마음을 열곤 한다는 것이다. 갤러거는 여전히 철학에 인지과학, 심리학, 인류학, 신경과학 영역을 도입함으로써 철학이 최초부터 지니고 있던 간학문적 본성을 회복하게 해야 한다는 이념을 굳게 지니고 있다.

【철학과의 인연 그리고 궤적】

문회 : 갤러거 교수님, 인터뷰에 응해 주셔서 대단히 감사합니다. 2세대 인지과학 연구 패러다임을 제시한 것으로 학계에 명성을 얻으셨습니다. 실존주의, 현상학에서 한 걸음 더 나아가 학문 간의 경계를 넘나들며 연구를 진행하고 계십니다. 최초에 어떻게 해서 철학에 관심을 가지게 되셨습니까?

고등학교 시절의 흥미가 박사과정까지 이어져, 현상학을 연구하다가 후에 인지과학으로 넘어가

갤러거 : 고등학교 시절 나의 라틴어 선생님은 철학의 꿈을 이루지 못한 분이셨습니다. 학기마다 우리는 '철학자의 휴가'라고 부르는 기간 동안 철학 토론을 진행했습니다. 당시 주로 토론한 것은 토마스 아퀴나스였습니다. 대학교에 들어가서는 철학을 전공으로 택했습니다. 당시에 실존주의를 접했지요. 사르트르, 카뮈를 접하고 나서는 더 많은 철학 원전들에 관심이 생기게 되었습니다. 처음에는 아리스토텔레스부터 시작했고, 그 이후로도 점차 철학에 깊이 빠져들어 많은 철학 작품을 읽게 되었습니다. 그러다 철학박사 과정에 진학하기로 결정을 하고 실존주의사상의 뿌리를 탐구하겠다고 마음먹었습니다. 그 뿌리를 좇아가다 보니 현상학에 도달하더군요. 나중에는 다시 인지과학으로 방향을 바꾸었습니다.

나는 학문과 거리가 먼 기술자 집안에서 태어났습니다. 부모님은 아일랜드에서 이민을 오셔서, 생활을 위해 열심히 일해야 하셨습니다. 따라서 내가 철학 연구를 할 수 있게 된 것은 매우 영광스러운 일이라고 늘 생각해 왔습니다. 스스로 운이 좋았다고도 생각합니다.

문회 : 많은 사람들이 철학을 '안락의자'에 앉아서 하는 일이라고 생각합니다. 선생님의 경우 철학과 각계의 대화를 추진하기 위해 오랫동안 노력해 오셨습니다. 철학, 자연과학, 세계 간의 관계에 대해서 어떻게 생각하십니까?

신경과학과의 협력, 정신질환자, 운동신경 손상자, 우주비행사를 관찰한 경험

갤러거 : 나의 후기의 작업이 바로 현상학, 심리철학, 인지과학 간의 교류와 협력을 추진하는 것이었습니다. 이는 경험과학의 연구 성과를 늘 유심히 살펴보아야 한다는 것을 의미하지요. 이뿐만이 아니라 심리학자, 인류학자, 신경과학자들과도 자주 협력 연구를 합니다. 그래서 나는 보통 '안락의자'를 떠나 있는 편입니다.

과학자들과의 협력의 범위는 단지 논문을 함께 쓰는 것에만 국한되지 않고 내가 직접 과학 실험을 하거나 임상적 진단을 하는 것까지도 포함합니다. 1980년대 영국 케임브리지대학교 연구위원회의 인지와 뇌과학 연구센터에 방문학자로 가 있을 때 나는 처음으로 과학자들과 협업 연구를 시도했습니다. 그곳에서 나는 앤서니 마셜(Anthony Marcel)과 협력하여 신경손상 환자에 대한 치료 과정 일부에 참여하였습니다. 시카고대학교에 있었을 때는 데이비드 맥닐(David McNeil), 조너선 콜(Jonathan Cole)과 함께 IW 환자(자기수용적 감각과 목 아래의 지각을 상실한 사람)들을 연구하였습니다. 우리는 이 질병이 환자의 기계적 운동능력을 손상시켰음에도 불구하고 여전히 환자가 어떤 손동작을 구사할 수 있다는 것을 발견했습니다. 매우 흥분되는 작업이었습니다. 영국의 한 텔레비전 방송국의 과학 프로그램에서 우리의 실험에 대해 보도하기도 하였습니다. 실험의 진행을 순조롭게 하고 방송의 재미도 보장하기 위해 다량의 조율 작업이 필요했지만 매우 흥미로운 작업이었습니다. 이런 일들은 모두 '안락의자' 밖에서 진행되었지요.

그리고 신경과학자 프란시스코 바렐라(Francisco Varela)와의 협력 또한 빼놓을 수 없습니다. 그는 나에게 많은 영향을 주었습니다. 나는 그가 세상을 떠난 뒤에도 신경현상학에 관한 그의 구상을 이론과 실천 양 측면에서 계속 진행하고자 했습니다. 그래서 몇 년 전에는 우주비행사들의 체험에 관한 특수한 실험에도 참여했습니다. 이 체험은 심리적, 미학적 체험뿐만 아니라 그들의 전반적인 느낌을 모두 포함합니다.

내가 알기로 우리의 연구는 해당 분야 내에서 첫 번째로 시도된 실험입니다. 우리는 100명의 피험자를 초청하여 이들을 가상의 우주비행 장면 속으로 들어가게 한 뒤, 바렐라의 신경현상학 방법을 사용하여 EEG, fNIR, ECG 등의 모니터에서 얻은 3인칭 데이터를 현상학적 인터뷰와 설문지를 통해 얻은 1인칭 데이터와 서로 결합시켰습니다. 나는 이 연구가 몇 가지 매우 의미 있는 결과들을 도출해 내었다고 생각합니다. 이 결과는 2015년 출간된 『경외와 기적에 관한 신경현상학』(*A Neurophenomenology of Awe and Wonder*)에서 발표되었습니다.

문회 : 한 명의 철학자로서 개인의 일상생활과 연구 작업을 어떻게 분배하시는지 간략히 소개해 주시길 부탁드립니다.

철학 일벌레의 하루 일과 : 강의, 연구, 잡지편집, 문헌 읽기……

갤러거 : 나는 철학에 빠진 일벌레입니다. 나를 잠시 멈추게 할 수 있는 사람은 내 아내뿐입니다. 아내 덕분에 나도 음악 감상에 빠졌거든요. 멤피스의 바에는 언제나 훌륭한 블루스나 재즈 연주가 있습니다.

레스토랑에 가서 아내와 함께 밥을 먹는 것도 좋아합니다. 하지만 기본적으로는 매일 일을 합니다. 내가 받은 수많은 메일에 최대한 답변을 하고자 하며, 관련 분야의 최신 연구 성과를 살피고 많은 과학 논문을 읽습니다. 그리고 나는 지금 한 학술잡지의 공동편집장을 맡고 있습니다. 이 역시 일정한 업무 시간을 차지합니다.

현재 내가 맡고 있는 강의의 업무량 자체는 그리 많지 않지만, 이전보다는 강의와 행정 업무를 많이 부담하고 있습니다. 하지만 기본적으로 나는 가르치는 일을 좋아하고, 제자들이나 방문학자들과 서로 교류하는 것을 좋아합니다. 학회나 강연에 참가하기 위해 여행을 하는 경우도 많습니다. 많은 사람들이 나더러 묻더군요. 어떻게 하면 그렇게 많은 학술행사에 참가하면서 에너지를 유지할 수 있냐고요. 사실 그저 "일이 있으면 있는 대로" 하는 것뿐입니다. 오히려 일을 할 수 있어서 정말 다행이라고 생각합니다.

문회 : 향후 5년 혹은 10년 사이에 어떤 연구 계획을 가지고 계신가요?

향후 5년의 계획 : 『행동과 상호작용』이 곧 탈고, 자아모델 이론에 관한 저술활동을 계속할 것

갤러거 : 우선 『행동과 상호작용』의 원고를 완성시켜야 합니다. 이 책에서 나는 행동이론의 일부 문제를 고찰하였습니다. 행동의 본질, 의도, 행위자와 연합행동 등의 문제 등이 있습니다. 그리고 더 나아가 사회적 상호작용과 집단지향성 문제를 고찰하였습니다. 책 마지막 부분에서는 식별에 초점을 맞춘 비판적 사회이론의 의미에 대해 고찰하였습니다. 예를 들면, 악셀 호네트(Axel Honneth)의 연구가 대표적입니다. 이 책은 현재 동료평가가 진행 중인데, 건설적인 비평을 받아 책의 완성도를 높일 수 있었으면 합니다. 이 외에도 최근 자아모델 이론에 관한 또 다른 한 권의 책 집필에 착수하였습니다. 이 책에서 나는

행동유도성 이론을 병리질환의 응용에 접목시키려고 시도하고 있습니다. 이 역시 매우 설레는 작업이긴 하지만 구체적으로 언제 완성될지는 알 수 없습니다.

전반적으로 말해 당분간은 책의 원고와 논문을 쓰는 데 집중할 것 같습니다. 나는 이미 너무 많은 논문들과 글을 발표했기 때문에, 이제 이 성과들을 한데 모아 내가 토론하는 주제들 간에 일치성이 있는지를 살펴볼 때가 되지 않았나 싶습니다. 이것이 현재 나의 대략적인 계획입니다.

【철학사상과 업적】

문회 : 저명한 현상학자로서 선생님은 체화된 인지, 사회인지, 철학적 병리학 등의 분야에서 중요한 공헌을 하셨습니다. 철학에 대한 본인의 가장 큰 공헌을 스스로 평가한다면 어떻게 볼 수 있을까요?

사상운동에 참여한 듯한 기분 : 현상학을 인지과학에 도입시켜 체화된 인지를 제시

갤러거 : 나의 연구를 인정해 주셔서 감사합니다. 내 연구 분야들은 서로 밀접하게 관련이 있다고 생각합니다. 만약 체화된 인지에 대해서 사고하려면 동시에 사회인지와 정신질병에 대해 대해 다시 한 번 살펴보아야 합니다. 나는 새로운 방식으로 현상학을 인지과학에 도입하고자 항상 노력해 왔습니다.

이 방면에 관해 영감을 준 학자들은 드레퓌스(Hubert Dreyfus), 바렐라와 같은 앞선 시대의 철학자들과, 인지과학 이전 시대의 메를로퐁티 등이 있습니다. 내가 하는 일은 이 철학자들이 이룩한 업적 위에서 진행되었습니다. 물로 나조차도 가끔씩은 이를 의식하지 못하기도 합니다. 나는 나 자신만의 방식으로 현상학(특히 메를로퐁티의 현상학)과

인지과학을 연결하고자 노력했으며, 드레퓌스나 바렐라의 작업을 과도하게 의식하지는 않았습니다. 1980년대에는 현상학을 응용하여 체화된 인지적 관점을 제시하였습니다.

1992년 마셜의 초청을 받고 케임브리지에서 일주일 동안 학제간 연구 작업에 참석한 적이 있습니다. 그곳에서 마셜, 앤드류 멜초프 (Andrew Meltzoff), 조너선 콜 등의 철학자 및 과학자들을 만났습니다. 당시 나는 현상학이 어떻게 인지과학에 기여할 수 있는지를 목격하고 는 콜, 마셜, 멜초프와 함께 작업을 시작했으며, 대니얼 데닛(Daniel Dennett)과 드레퓌스 등의 철학자의 작품을 읽기 시작했습니다. 나중에 바렐라를 알게 되었고, 그의 작업에 익숙해지기 시작했지요. 그래서 마치 내가 하나의 사상운동에 참여한 것만 같은 느낌이 들었습니다.

사회인지 분야에서 나는 매우 비판적인 관점을 제시했습니다. 마음 이론(이론과 시뮬레이션을 포함)이 과도하게 이성적이고 뇌에 의존하는 환원주의적 방향이었던 것과는 반대로, 나는 사회교류의 체화라는 관점을 제시하였습니다. 현재 많은 철학자들이 이 분야에서 연구를 진행하고 있습니다. 이에 앞서 나는 사회인지의 상호작용적인 방향을 제시했는데, 언어학자이자 인류학자인 찰스 굿윈(Charles Goodwin)이 이 방향으로 많은 작업을 행했습니다. 우리는 모두 메를로퐁티와 제임스 깁슨(James Gibson) 같은 이론가들로부터 영감을 얻었습니다.

문회 : 심리철학과 인지과학 전통은 인지를 전적으로 대뇌에서 발생되는 과정으로 여깁니다. 선생님은 저작과 논문을 통해 여러 차례 이러한 관점을 비판하였고, 현상학과 실용주의 전통에서 출발하는 생성과 체화된 인지의 관점을 옹호하셨습니다. 관련된 논증을 간단히 소개해 주실 수 있을까요? 체화된 인지의 방향은 전통적 계산 방향을 전면적으로 뒤바꾼 일종의 혁명인가요, 아니면 이를 개선한 결과인가요?

전통적 계산 방향과는 다르게 체화된 인지는 뇌를 뛰어넘어 생성주의와 정서의 4A를 강조

갤러거 : 그렇습니다. 나는 체화된 인지와 전통적 계산의 방향성이 매우 다르다고 생각합니다. 전통적 계산은 이른바 '좁은 마음'이라는 관점을 지닙니다. 여기에서 '좁다'라는 말은 인지과학적인 의미에서 '뇌 속'의 내용을 의미합니다. 이러한 내재주의적 관점과는 반대로, 체화된 인지는 일종의 '넓은' 혹은 외재주의적인 관점을 강조하며 인지를 뇌의 과정이나 개체의 마음 상태로만 여기지 않습니다.

현재 연구자들은 종종 4E에 관해서 이야기를 합니다. 체화된(embodied), 삽입된(embedded), 확장된(extended), 생성된(enactive) 인지가 그것입니다. 이 외에도 4A도 있습니다. 정서(affect), 차이성(alterity), 행동유도성(affordance), 자율성(autonomy)이 그것입니다. 물론 다마지오(Antonio Damasio) 이래로 정서와 감정 문제는 줄곧 주목을 받았습니다만, 생성주의는 더 큰 공헌을 했습니다. 차이성이란 우리의 인지생활에 영향을 미치는 상호주체성과 사회성의 측면이라는 특징을 말합니다. 행동유도성 개념은 깁슨(그는 현상학 특히 메를로퐁티의 영향을 많이 받았습니다.)으로부터 온 것으로, 인지적 생물학과 확장(혹은 분포) 개념을 설명하는 과정에서 점차 중요해지고 있습니다.

자율성 개념에 관한 문제는 좀 더 자세히 살펴보아야 합니다. 생성주의 문헌에는 생물적 자율의 기본 형식에 관한 논의가 있습니다. 하지만 우리는 주체 간의 교류 과정 속에서의 관계적 자율이 사회와 정치철학에서 어떤 의미를 지니는지에 대해 좀 더 깊이 고찰해 보아야 합니다. 나는 곧 출판될 『행동과 상호작용』이라는 신간에서 이 문제에 관해 논의하였습니다. 나는 체화 및 사회인지적 작업이 인간의 자율, 인지, 도덕적 관계, 기본적 정의 등을 사고하는 데 중요한 의미를 갖는다고 생각합니다.

문회 : 2017년에 『생성주의적 방안 : 마음에 관해 다시 사고하다』를 출판하셨습니다. 이 책이 어떤 측면에서 2006년 출간된 저서 『몸이 어떻게 마음을 만드는가』의 작업을 계승(혹은 수정)했다고 보십니까?

10년에 걸쳐 완성된 『행동과 상호작용』 : 체화─생성인지와 행동유도적 상상력에 초점

갤러거 : 『생성주의적 방안 : 마음에 관해 다시 사고하다』와 『몸이 어떻게 마음을 만드는가』에서 한 작업은 분명 일맥상통합니다. 나는 일련의 상호 연관된 개념들을 탐구하고, 예측 과정과 체화적 인지에 대한 비판 등의 생성주의철학의 성과들을 직접적으로 활용하였습니다. 그리고 체화─생성인지를 보다 거시적 관점의 역사와 현대적 배경에 놓고 고찰함으로써 생성주의철학과 현상학 및 실용주의와의 관계를 보여 주고, 그것이 어떻게 체화된 인지의 내재주의적 버전과 다른지를 나타내고자 하였습니다. 이를 위해 지향성, 표상, 직감, 정서, 상상력 등의 개념을 고찰하였습니다. 또한 나는 체화 과정에 대한 탐구를 진행하여 행동유도에 기초한 상상력 개념을 제시하였습니다. 이러한 개념들을 한데 모아서 발표하는 방식은 분명 사람들의 예상을 뛰어넘는 일이었습니다.

『생성주의적 방안』의 집필 작업은 상당히 빨라서 몇 년의 시간만을 들였는데, 사실 『생성주의적 방안』 이전부터 『행동과 상호작용』을 출판하고자 준비 작업을 하고 있었습니다. 이 책은 『몸이 어떻게 마음을 만드는가』의 연장이라고 보시면 될 것 같습니다. 『행동과 상호작용』의 준비에는 장장 10년의 시간이 들었습니다.

문회 : 대단하십니다. 『행동과 상호작용』이 얼른 출판되었으면 하네요. 하이데거와 메를로퐁티의 작업에 기초하여 드레퓌스는 일종의 무표상적 지능 형식을 옹호했습니다. 하지만 앤디 클락(Andy Clark)은 인간의 지능에는 최소한 어느 정도의 표상이

필요하다고 봅니다. 이들 간의 논쟁에 관해서는 어떻게 생각하십니까? '체화된 인지'의 개념과 '표상' 개념은 결코 서로 공존할 수 없는 것일까요?

"표상의 도전" : 나의 과학실용주의 관점 vs 그루쉬의 본체론의 승인

갤러거 : 『생성주의적 방안』의 한 장에서 이 문제에 관해 전문적으로 다루었습니다. 나는 이 논쟁을 "표상의 도전"이라고 부르는데, 이를 분석하면서 왜 클락이 말한 행동유도적 표상 개념이 인지과학의 표준적 표상 개념이 아닌가를 보여 주고자 하였습니다. 이를 위해 행동이론 속의 표상 개념 및 표준적 표상 개념이 갖추어야 하는 특징들에 초점을 맞추어, 행동과정 속에서 이러한 표상의 특징이 불필요하거나 혹은 서로 연관된다는 것을 설명하였습니다. 결론적으로 클락을 비롯해 마이클 휠러(Michael Wheeler), 릭 그루쉬(Rick Grush), 마크 롤랜즈(Mark Rowlands) 등이 말하는 최소 정도의 표상은 표준적 의미의 표상이 아닙니다.

그루쉬는 최근 내 책에 대한 서평을 발표하면서 나의 관점에 대해 비판을 제기하였습니다. 하지만 나는 결코 이를 받아들이지 않습니다. 내가 옹호하는 관점은 일종의 과학실용주의적 표상 관념입니다. 이러한 표상 관념은 보다 물리적인 해석(뉴런적·비뉴런적 과정 전반을 포괄하여 이루어지는 해석. 동적 시스템을 특징으로 함)의 여지를 담고 있습니다. 만약 표상 개념의 제시가 과학자의 작업을 용이하게 하기 위해서이고 과학자들이 표상에 대한 규범적인 정의(그들은 일반적으로 이것이 단지 공변의 형식일 뿐, 완전히 표준적 개념은 아니라고 생각합니다.)를 내릴 수 있다는 가정 하에서라면, 과학실용주의적 표상 관념은 충분히 가능해집니다. 하지만 이에 오도되어 표상에 관한 본체론을 승인해서는 안 됩니다. 이에 관해서는 윌리엄 벡텔(William Bechtel)의 기계론적 관점을 참고할 수 있습니다. 그는 작용을 일으키는 시스템 상의 메커니즘에 대해 해석해야 한다는 본체론적인 설명 대신, 과학자가 활용하는 기계론적인 진술을 해석의 도구로 삼았습니다.

과학실용주의의 관점에 따르면 과학자는 표상 혹은 기계론적 개념을 활용하여 해석을 진행할 수 있습니다(더 좋은 해석을 얻기 전까지는). 하지만 그들은 표상이나 기계 자체를 해석하는 것을 목적으로 하지 않고, 그 물리적 과정에 대해 설명하는 것을 목적으로 합니다. 적어도 우리가 인지와 같은 생물-사회현상을 설명할 때는 말입니다.

문회 : 선생님과 기타 생성주의자들은 다른 전통적 방향, 즉 시뮬레이션론(simulation Theory)과 이론론(theory-theory) 외의 다른 하나의 길을 제공하고자 하며, 우리가 상호작용을 통해 타인을 이해할 수 있다고 강조합니다. 그렇다면 선생님은 어떻게 '상호작용'를 정의하십니까? 비교적 차원이 낮은 인지메커니즘을 기초로 하는 상호작용의 과정(눈빛이나 얼굴표정 같은)만을 다루고, 우리가 다른 사람과 상호작용 하는 것을 돕는 '마음 읽기'의 과정은 다루지 않나요?

우리는 어떻게 타인을 이해해야 할까 : 자율체 쌍방은 결합-공변共變하는 상호작용의 과정을 이행

갤러거 : 그렇습니다. 상대적으로 나는 타인의 마음상태(신념, 욕망 등)를 이해하는 것을 목적으로 하는 '마음 읽기' 과정은 소수의 현상이라고 생각합니다. 내가 앉아서 다른 사람과 대화를 나누는데, 상대방의 의도를 이해하기 위해서는 볼 수 없는 상대의 마음상태 속으로 들어가야만 한다고 말한다면 무슨 말인지 잘 이해가 되지 않을 겁니다. 이런 상황에서는 언어 대신 아까 언급한 몇 가지 체화의 과정, 즉 눈빛, 얼굴표정, 자세, 동작, 주변환경 등이 상황을 정확히 이해하는 데 도움을 줄 수 있습니다. 우리가 일상에서 타인과 교류하는 대다수의 상황에서 많은 양의 '부호적 자원'(굿원의 용어를 빌리자면)이 존재합니다. 또한 대다수의 경우 우리는 직접적으로 타인과 상호작용을 진행하며 (일종의 2인칭적 시각에서) 존재하는 모든 체화적 자원을 활용합니다.

단순히 제3인칭적인 시각으로만 타인을 관찰하지 않는다는 것입니다. 따라서 사회인지 속에서 중요한 작용을 발휘하는 것은 바로 상호작용(모든 체화와 지각적 과정)이지 대중심리이론에 근거하여 진행되는 추론이나 시뮬레이션이 아닙니다.

상호작용에 대한 기술적 정의는 다음과 같습니다. 그것은 둘 혹은 그 이상의 자율체가 함께 참여하는 공변의 결합 과정으로서, (1) 공변과 결합의 과정에서 쌍방은 서로에게 영향을 미치게 되며 이때 자가유지의 동적 조직이 구성됩니다. 따라서 (2) 자율의 범위가 확대되건 축소되건 행위자의 자율은 파괴되지 않습니다. 이는 매우 복잡한 과정입니다. 하지만 본질적으로 메를로퐁티가 말한 "상호작용의 육화성"의 개념과 관련됩니다. 이는 두 개체 간의 쌍방향적 만남이 어느 한 쪽을 초월하는 결과를 낳는다는 내용입니다. 특히 상호작용을 통한 의미 발생이라는 측면에서 메를로퐁티의 "상호작용의 육화성"과 많은 관련이 있습니다. 바로 이러한 의미 발생의 상황에서 우리는 타인을 이해할 수 있게 됩니다. 또한 바로 그 상황에서 우리는 자신과 타인의 자율성을 향상시킬 수도 있고 반대로 자율성을 떨어뜨릴 수도 있습니다. 이것이 바로 관계적 자율 개념입니다.

예를 들어서 설명해 보겠습니다. 만약 당신이 어떤 불화로 인해 룸메이트와 말다툼을 했다고 가정하겠습니다. 당신은 냉정을 찾은 후에 룸메이트에게 사과를 하러 가기로 결정했습니다. 사과하려는 마음을 가지고 룸메이트를 찾아갔는데, 룸메이트는 여전히 화가 나서 사과를 받아들이기는커녕 오히려 당신에게 화를 버럭 내는 것입니다. 그러자 당신은 사과해야 하는 사람은 내가 아니라 너라고 하면서 역시 화를 내며 문을 박차고 나가 버립니다. 이 간단한 예는 상호작용의 과정이 때로는 완전히 자율적이라는 것을 말해 줍니다.

문회 : 모란(Moran) 교수는 "당신은 뼛속 깊이 자연주의자인가, 아니면 의식은 자연이

파악할 수 없는 것이라고 생각하는가?"라는 질문을 던진 적이 있습니다. 선생님은 여기에 어떻게 답하시겠습니까?

뉴런의 과정으로만 이해해서는 인지를 설명할 수 없어, 간학문적 방식으로 '동적 게슈탈트'를 구성해야

갤러거 : 나는 절대적으로 자연주의자입니다. 의식에 관한 '난제'에는 나도 답하기 힘듭니다. 왜냐하면 나는 의식이라는 문제가 문제 자체로 이미 틀린 것이라 생각하기 때문입니다. 이미 이원론을 상정하고 있는 것이지요. 그런데 나는 연속적이면서 심지어 조금 다른 자연 개념을 가정합니다. 따라서 내가 자연주의자라고 말하는 것은 결코 과학이 정의한 자연적 방식만을 받아들인다는 의미가 아닙니다. 시간 관계상 여기에서 구체적으로 밝힐 수는 없지만, 『오스트레일리아 철학평론』에 한 편의 글을 발표한 적이 있습니다. 이 글에서 나는 현상학과 과학에 근거하여 이 관점에 대해 설명하였습니다.

이 문제를 사고하는 다른 방식으로서 나는 비환원주의적 방향을 사용합니다. 우리가 해석하고자 하는 모든 사물은 한 가지 종류의 사물에 근거하여 해석될 수 없습니다. 따라서 뉴런 과정이나 신체, 환경, 사회적 과정 하나에만 의존해서는 인지를 충분히 설명하기 힘듭니다. 따라서 내가 동적 게슈탈트라고 부르는 개념을 통해 이 과정을 고려해 볼 필요가 있습니다. 또한 방법론적으로 우리는 간학문적 방식을 사용할 수도 있습니다. 신경과학, 인류학, 심리학, 경제학, 철학 등 모든 인문 예술과 과학을 통해 인지를 종합적으로 설명하는 것이 필요합니다.

【중국철학 그리고 세계철학대회를 바라보다】

문회 : 이번 세계철학대회의 주제는 "학이성인"입니다. 이는 중국의 유가전통에서

온 말입니다. 유가사상에 따르면 "학이성인"이란 개인의 도덕함양을 말하며, 개인의 성장과 발전의 근거 및 이유가 됩니다. 다른 한편으로 "학이성인"은 이론과 실천의 상호결합이라는 실천적 지혜를 드러내고 있습니다. 선생님의 사상전통에 비추어 본다면 이 주제를 어떻게 이해할 수 있을까요?

학이성인 : 체화된 인지의 시각에서 보면, 개체가 상호주체적이고 사회·문화적인 실천에 참여하는 과정

갤러거 : 학이성인은 한 개체가 상호주체적이고 사회·문화적인 실천활동에 참여하는 과정이라 할 수 있습니다. 나는 오랜 기간 동안 체화된 인지와 주체 간의 상호교류에 대해 관심을 가져 왔고, 사회인지이론의 주류적 방향성을 비판해 왔습니다. 이에 관해 여전히 많은 작업이 시급히 이루어져야 한다고 생각합니다. 이번 세계철학대회의 발표(19일에 있을 전문주제회의 <마음, 뇌, 신체, 의식, 감정>)에서는 대뇌가 인지 과정에서 발휘하는 작용에 관해 초점을 맞추어, 비환원론적 방향성에 대해 변론을 제공해 보려고 합니다.

나는 신경과학만으로는(아주 중요하기는 하지만) 우리가 인지와 인간의 체험을 제대로 이해할 수 없다고 생각합니다. 더욱 광범위한 신체 과정(정서 과정을 포함)을 고려해야 하며, 인간이 처한 환경과 관련된 물리적, 사회적, 문화적 관계의 프로세스 또한 함께 고려해야 합니다. 심지어 영아기 단계부터 사회활동은 우리의 인지시스템과 우리가 세계를 경험하는 방식을 결정하기 시작합니다. 우리 자신은 우리 이외의 구조들과 상호작용을 이루고 있습니다. 신경과학이 인지에 대한 이해를 상당 부분 증진시키긴 했지만 아직 체화된 인지, 상황적 인지, 발달심리학, 생태심리학, 동적 시스템 이론, 응용언어학, 행동유도성 이론, 인류학의 문화환경 개념 및 물질참여 개념 등에 대해서는 더 많은 연구가 필요합니다.

문회 : 중국철학에 대해서는 어느 정도 이해를 하고 계십니까? 중화문명에 대해서는 어떤 기대를 가지고 계신가요?

맹자의 '추推'와 '사思' 그리고 메를로퐁티의 '체화된 지능'을 결합하여 공연 속의 마음을 연구

갤러거 : 나는 현재 유럽철학과 끊임없이 쏟아져 나오는 과학의 성과조차 미처 감당해 내지 못하고 있습니다. 그래서 중국철학을 연구할 시간을 더 많이 가졌으면 하면서도 아직까지 깊게 연구하지는 못했습니다. 하지만 요즘에는 맹자의 사상에 관심이 생기기 시작했습니다. 특히 맹자의 '추推'(혹은 '達')와 '사思'의 관념에 주목하고 있습니다. 전자는 특정한 사례에서 출발, 유추를 통해 통찰을 얻어 내는 방법을 말합니다. 후자는 행동에 마음을 집중하여 이성적 자기인지를 일으키는 것이지요. 이러한 관점이 예술과 체육 운동 방면의 전문적인 공연을 이해하는데 큰 시사점을 줄 수 있다고 생각합니다. 나는 맹자의 이러한 사상을 메를로퐁티의 '체화된 지능'이라는 개념과 연관시킵니다. 이 주제는 호주연구위원회의 후원으로 진행되는 "전문가 공연 속에서의 마음"이라는 과제의 일부이기도 합니다. 현재 울런공대학교의 연구팀과 이 과제를 함께 연구하고 있습니다.

이 외에도, 많은 측면에서 유럽철학과 미국철학은 서로 포용될 수 있습니다. 세계 철학을 연구함으로써 자신의 고유한 철학전통 역시 더 풍부해질 수 있습니다. 중국철학도 예외는 아니지요. 이 점에 관해서는 미국의 실용주의자 듀이(John Dewey)를 본받을 필요가 있습니다. 그 역시 방문학자로 중국에 온 적이 있지요. 그는 중국에서 배운 철학에 대단한 열정을 보였습니다. 최근 마침 그의 저서 『중국강연록』을 읽고 있습니다.

문회 : 중국철학, 특히 맹자 사상에 관심을 가지게 되셨다니 참으로 기쁩니다. 듀이도

분명 1919년부터 1921년까지 중국에 2년 2개월간 머물면서 11개 성에 발자취를 남겼습니다. 북경대학에서 석좌교수를 지내기도 했지요. 미국으로 돌아간 뒤에도 중국의 정치, 사회, 교육 상황에 대해 계속해서 관심을 보였습니다. 듀이의 많은 중국 제자들이 후에 훌륭한 사상가와 교육가로 자라나 중국 근대문명의 발전에 중요한 영향을 끼쳤습니다. 그렇다면 현재 미국의 철학 발전 추세에 대해서는 어떻게 보십니까?

미국의 철학 발전 추세 : 1970년대부터 점차 간학문적 연구로 회귀

갤러거 : 철학의 범위는 매우 넓고(많은 세부 분야와 관련되어 있습니다.) 철학은 끊임없이 변화하고 있기 때문에 그 추세를 한 마디로 말하기는 어렵습니다. 다만 개인적인 견해로는 점차 간학문적 추세로 나아가고 있다고 봅니다. 현재 과학, 문학, 예술과의 관계는 점점 더 긴밀해지고 있지요. 나는 이 점이 매우 중요하다고 생각합니다.

19세기 말 현대적 대학의 구조가 자리 잡던 시기에 들어 철학은 편협한 모습으로 변했습니다. 철학자들은 스스로를 전문 분야에 가두어 넣고 다른 과학과 교류를 하지 않았습니다. 주로 논리학, 언어학, 개념분석, 좁은 의미의 형이상학과 인식론 등에만 관심을 가졌지요. 사실 이러한 편협한 철학 분류는 전통적 철학과 같지 않습니다. 17세기나 18세기, 심지어 19세기의 철학만 하더라도 당시 철학자들이 종종 과학자이기도 했던 것을 발견할 수 있을 것입니다. 데카르트 역시 수학자이자 물리학자였고, 로크는 법률과 의학을 연구했으며, 제임스는 생리학과 심리학을 가르쳤습니다.

따라서 우리는 철학이 항상 간학문적이었다고 말할 수 있습니다. 적어도 기타 학문의 영향에 대해 개방적이었음은 확실합니다. 이와 같은 변화는 20세기 초에 다시금 시작되고 있습니다. 최근의 철학 역시 간학문적인 특징을 보이기 시작했습니다.(1970년대부터라고 생각합니다.)

문회 : 답변 감사합니다.

갤러거 : 감사합니다. 중국의 독자들과 교류할 수 있어 매우 영광입니다.

글 ‖ 하정何靜(연합인터뷰팀)

양국영
楊國榮

'도道'에서 '사事'까지 :
중국철학은 세계 철학에 자원을 제공할 수 있어

'구체적 형상학'의 개방체계 창시자, 중국철학사 전문가

양국영

인터뷰이 : 양국영楊國榮
(국제형이상학협회 회장, 국제철학원[IIP] 회원, 화동사범대학교 철학과 교수)

인터뷰어 : 공화남貢華南(화동사범대학교 철학과 교수)
곽미화郭美華(상해사범대학교 철학부 교수)
── 이하 '문회'로 대칭

인터뷰 일시 : 2018년 4월~5월(대면 인터뷰)

실천지혜, 쉽게 이해할 수 있는 이 두 한자어의 조합은 철학에서 특별한 함의를 지닌다. 아리스토텔레스가 일찍이 이에 대해 논의한 바 있고, 칸트 또한 이와 비슷한 '실천이성'을 언급한 적이 있다. 양국영 선생은 논리적 분석과 변증적 사고를 바탕으로 중국철학과 서양철학의 자원을 함께 도입하였다. 『인간 행동과 실천지혜』라는 그의 저서는 2016년, 중서 사상의 융합이라는 특징과 그 풍부한 독창성을 인정받아 1638년 설립된 네덜란드 브로이 학술전문출판사에 의해 영어로 번역, 출간되었다. 같은 이유로 『성기成己(나를 이룸)와 성물成物(사물을 이룸)』역시 백년 역사의 인디애나대학교 출판사에 의해 제작되었다. 그해 9월, 59세의 화동사범대학 철학과 교수 양국영은 국제철학원(IIP)으로부터 회원으로 추대되었다는 통보를 받았다. 1937년 성립된 국제철학원은 평소 국제철학계의 '상원'으로 불리는 단체로, 연중 104명의 정원을 유지하고 있다. 현재 중국의 국제철학원 회원은 고희의 두유명杜維明과 고령의 구인종邱仁宗 두 선생뿐이다.

1978년 화동사범대학교에 입학하여 1988년 풍계馮契 선생으로부터 철학박사학위를 받기까지, 양국영 선생은 화동사범대학교에서 10년간을 수학한 후 유학길에 올랐다. 30세에도 여전히 변함없는 열정으로 고대에서 근현대까지의 중국철학을 다루었으며, 유학 특히 리학理學을 중점적으로 연구하였다. 서양철학도 마찬가지로 고대철학부터 현대철학까지를 두루 연구하였다. 특히 분석철학과 현상학에 깊이 매진하여 중서철학 융합의 길을 서서히 걸어 나갔다. 사변을 좋아하는 그는 영미 분석철학의 논리적 추리, 개념분석적 논증을 흡수하였으며, 중국철학의 철학 자원 역시 발굴하고자 하였다. 최근 발표한 '구체적 형상학'을 주장한 세 권은 개념구축 측면에서 독창성을 지니고 있다고 평가된다. 양국영 선생은 자신의 연구체계를 구축하는 데 특히 매진하였다. 메타철학 연구에서 탁월함을 보인 그는 최근에는 '도덕적 선'이라는 측면을 융합시켰다. 중서철학을 구분하지 않고 역사와 사상을 아우르며 형이상과 형이하를 겸한 그의 학문은 이제 현실적 의미를 추구하는 데까지 나아가고 있다.

양국영 선생은 2014년 병환으로 중태에 빠지는 생사의 험난한 기로에 선적이 있었지만 이 엄중한 변고에도 굴하지 않았고, 인터뷰 과정에서 '느낌', '사事'의 개념을 분석하면서 이러한 생명의 체험을 스스럼없이 공유해 주었다. 아마도 이러한 경험이 그의 엄격한 이론분석에 따뜻한 체온을 더해 주는 것은 아닐까 하는 생각이 들었다.

【철학과의 인연 그리고 궤적】

문회 : 대학입학시험 부활 후 첫해에 대학생이 되신 것으로 알고 있습니다. 1978년 2월 화동사범대학교 정치교육과에 입학한 지 올해로 40년이 되었습니다. 그리고 20세기의 유명한 철학자 풍계馮契 선생의 첫 박사과정 학생으로 1988년에 박사학위를 취득하셨지요. 언제부터 철학에 관심을 가지게 되셨나요? 언제 철학을 평생의 업으로 삼아야겠다고 결정하셨나요?

중고등학교 시절 손에 잡히는 대로 책을 읽어, 이론적 사유를 좋아해

양국영 : 철학과 인연을 맺은 것은 1970년대로 거슬러 올라갑니다. 당시는 특수한 시절이라 정규교육을 받을 기회가 없었고, 손에 잡히는 대로 책을 읽었습니다. 문학작품이나 역사, 경제, 철학을 포함한 이론서 등 손에 잡히는 대로 책을 읽었습니다. 가장 처음으로 읽은 철학책은 애사기艾思奇의 『변증유물주의』(당시 대학의 교과서)와 왕약수王若水의 『마르크스주의의 인식론은 실천론』(책 이름이 정확히 기억나지 않습니다)이었습니다. 이 두 권의 책은 논증이 비교적 명료해서 철학적 사고를 초보적 수준이나마 터득할 수 있었습니다. 당시에는 마르크스주의 계열의 저작을 읽자는 분위기가 강했습니다. 이를 계기로 나 역시 이 계열의 저작을 많이 읽었습니다. 『반듀링론』, 『포이어바흐와 독일 고전철학의 종말』, 『국가와 혁명』, 『공산당선언』 등이 있습니다. 『마르크스–엥겔스 선집』도 간단히 훑어보았는데, 아주 깊이 내용을 이해하

지는 못했지만 그래도 깊은 인상을 남겼습니다. 중고등학교 시기 말미에는 주로 『자치통감』과 같은 역사 방면의 저서를 많이 읽었습니다. 이 시기에는 특정한 학문을 정해 놓고 책을 읽었다고 말하기가 어렵습니다. 그저 손에 잡히는 대로 읽었을 뿐이지요. 철학도 그 중 하나일 뿐이었습니다. 후에 나의 두뇌가 점차 이론적 사유에 편중되고 나서야 철학에 대해 일정한 관심이 생겨났습니다.

풍계의 『논리발전』이 나의 마음을 흔들어

진정으로 철학에 관심을 가지게 되었다고 할 수 있는 것은 대학시절부터입니다. 당시 다니던 학과는 정치교육과로, 이 학과에서는 사회과학과 인문학과의 여러 방면을 다루었습니다. 철학 역시 그 중 하나였습니다. 2년이 지나 세부전공을 선택할 때가 되어 나는 철학을 선택하였습니다. 이때는 특히 풍계 선생의 영향을 많이 받았습니다. 당시 그의 『중국고대철학 논리발전』이 영인본으로 전해지고 있었는데, 이것을 읽고 큰 감동을 받았습니다. 이전에도 임계유任繼愈의 『중국철학사』나 북경대학 주편의 『중국철학사』 등 중국철학통사를 적지 않게 읽었는데, 이 저작들과 비교해서 풍계 선생의 책이 훨씬 신선했습니다. 그의 설명에는 비범한 깊이가 있었습니다. 나중에는 그의 『논리사유의 변증법』을 읽게 되었는데, 이 책을 통해 다른 각도에서 그의 이론체계를 이해할 수 있었지요. 그의 저작이 담고 있는 사변적 역량과 이론적 통찰은 다시 한 번 내게 깊은 인상을 남겼습니다. 그 속에서 나는 여러 방면의 철학을 이해할 수 있었을 뿐 아니라, 철학을 어떻게 할 것인가에 대해 점차 깨달을 수 있었습니다.

【철학사상과 업적】

문회 : 중국고대철학으로 철학에 입문한 뒤 중서철학비교로 시야를 넓히셨다가 최근에

는 중국철학사에서의 구체적인 개념 구축이라는 방법론으로 옮겨 가셨습니다. 이후 '구체적 형상학'에 관한 3권의 책을 발표하면서 "창조를 이끄는 돌풍"이라는 평가를 받고 계십니다. 그 중 『도론道論』은 '사면창작상'(思勉原創獎)을 수상하기도 했지요. 이 대표작들이 중서철학의 시각을 겸비한 것과 관련이 있다고 할 수 있을까요?

'구체적 형상학'을 주장한 『도론道論』 포함 4권의 저서는 중서철학의 시야를 겸비했다는 평가

양국영 : 대표작을 말하자면 크게 두 가지 측면으로 구분해서 말할 수 있을 것 같습니다. 바로 중국철학사와 철학이론입니다. 역사와 사상은 구분될 수 없습니다. 하지만 구체적인 저작 내에는 치중되는 부분이 있을 수 있지요. 중국철학사의 경우, 유학 방면의 저서로는 『심학적 사유』, 『선善의 여정』 등이 있고, 도가 방면의 저서로는 『장자의 사상세계』를 들 수 있습니다. 철학이론의 경우, 현재까지 가장 대표적으로 4권의 책이 있습니다. 『도론道論』, 『윤리와 존재』, 『성기成己와 성물成物』, 『인류 행동과 실천지혜』가 그것입니다. 구체적 형상학은 사실상 이네 권이라고 보아도 무방합니다.

중서철학 시야의 겸비라는 문제는 독일의 학자 뮐러(Hans-Georg Moeller)의 견해를 인용해 보겠습니다. "양국영은 20세기의 주요 중국사상가들의 연구 방향을 따라 송명리학 전통을 부활시키고자 노력했으며, 유·불·도를 회통하고자 하였다. 이와 동시에 칸트, 헤겔, 하이데거 등으로 대표되는 서양철학 체계 속의 형이상학적이고 역사적이고 존재론적인 방향을 받아들였다", "양국영은 웅십력熊十力(1885~1968), 풍우란馬友蘭(1895~1990), 모종삼牟宗三(1909~1995)과, 특히 지도교수 풍계馮契(1915~1995) 등 20세기의 중국철학자들을 그대로 계승하고 있다. 이들 선현들은 중국철학사뿐 아니라 서양의 고대와 현대의 사상에도 정통하다.(양국영 역시 그렇다.) 이들은 현재 서양의 주류 학술기관에서 가르치는 '철학'의 형식과 일부 내용을 받아들이는 동시에 중국고대사상을 이 새로운 양식 속에 성공적으로 포함시켰다. (아카데믹한) 중국 철학은 바로 이렇게 탄생했다."(뮐러, 「상황과 개념 ─ 양국영의 '구체적 형상학'」, 『사회과학전선』, 2014년 제9호) 그의 이러한 견해가 타당한지는 학계의 평을 들어 봐야겠지요.

문회 : 왕국유王國維 선생은 학문을 하는 데 "고금중서의 구분은 없다"라는 원칙을 제시한 적이 있습니다. 이 원칙은 이미 많은 학자들에게서 보편적인 원칙으로 자리 잡았지요. 선생님은 김─풍(김학림─풍계) 학파를 계승하고 이를 발전시켜 후학의 모범이 되셨습니다. 인문학자에게 60~70세는 학문의 황금기로서 차분히 자신의 구상을 써 내려 갈 수 있는 시기가 아닌가 싶습니다. 선생님의 향후 10년간 학술 계획을 듣고 싶습니다.

미래 계획 : '사事' 개념의 고찰, 세계는 '사事'에 기초하고 인간은 '사事'로 인해 존재한다

양국영 : 여기에서는 이렇게 큰 주제를 간단하게밖에 언급할 수 없겠네요. 요즘 고민하고 있는 문제는 주로 '사事'의 철학적 의미에 관해서입니다. 『인간 행동과 실천지혜』에 이어서 논하고자 하는 주제가 바로 이것입니다. '사事'는 한 측면에서 보자면 행동과 연관이 있지만, 여전히 보다 넓은 의미를 지니고 있습니다. 중국 전통철학의 표현에 따르자면 '사事'는 인간이 '하는' 것입니다. 보다 넓은 의미로 확장하면 인간의 각종 활동이라고 할 수 있습니다. 인간이 '하는' 것에는 과학연구나 예술창작 역시 포함됩니다. 일반적으로 과학연구에 '종사從事'한다, 예술창작에 '종사'한다고 말하는 것도 이러한 활동이 '사事'와 관련이 있음을 보여 줍니다. 이러한 의미의 '사事'는 중국철학에서 말하는 '행行'을 포함하고 있으며, 마르크스주의 전통의 '실천' 또한 포함하고 있습니다.

중국철학의 '행行'은 일상적 행위, 도덕실천과 더 많이 연관되면서 그에 상응하는 윤리적 의미를 드러내지만, 마르크스주의에서 말하는 사회적 실천은 비교적 인식론적 의미에 치중되어 있습니다. 앞에서 언급한 『마르크스주의의 인식론은 실천론』이 전형적으로 실천의 인식론적 의의를 찾고 있습니다. 넓은 의미에서 볼 때, '사事'는 상술한 두 가지 측면을 동시에 포함하면서 인간존재를 표상하기도 합니다. 인간은 데카르트의 말(생각한다, 고로 나는 존재한다)처럼 '사고'로 인해 존재하는 것이 아니라, '사事'로 인해 존재합니다(일한다, 고로 나는 존재한다). '사事'는 '일하다'(做事)라는 의미를 포함하는 동시에 '일을 처리하다'(處事)라는 의미와도 연결됩니다. 일을 한다는 것은 사물과의 교류를 의미하지만, 일을 처리한다는 것은 사람과 사람 간의 교류에 더 가깝습니다. 전반적으로 '사事'는 인간의 존재 과정 속에서 본원적인 의미를 지닌다고 할 수 있습니다. 이것이 바로 내가 최근에 관심을 가지는 문제입니다.

'사事'는 철학 토론의 중요한 논제가 될 수 있고, 세계 철학에 자원을 제공해 줄 수 있어

계속해서 한동안은 현실세계와 '사事'의 관계를 포함한 앞서 언급한 문제들을 보다 집중적으로 논하게 될 것 같습니다. 현실의 세계는 원시적 태초의 세계와는 다릅니다. 태초의 세계는 인간이 일을 하기 이전부터 이미 존재했습니다. 인간의 삶과 그에 내재한 현실세계는 인간이 일을 하는 과정과 밀접한 관련을 맺고 있습니다. 인간이 '사事'로 인해 존재한다는 것은 "생각한다, 고로 나는 존재한다"라는 명제가 아닌 "일한다, 고로 나는 존재한다"라는 명제로 설명될 수 있습니다. 넓은 의미에서 철학적으로 심心-물物, 지知-행行의 관계를 토론하는 것 역시 본원적으로는 '사事'에 기초하며, 기타 기본적인 철학 문제들 역시 '사事'에서 그 근원을 발견할 수 있습니다. 이러한 의미의 '사事'는 중국철학의 독특한 개념으로, 서양철학에는 완전히 대응하는 개념이 없습니다.

넓게 이야기하자면, '사事'에는 영어의 affair, engagement, humanized thing 과 같은 다방면의 함의가 담겨져 있습니다. 하지만 그 철학적 의미는 affair, engagement, humanized thing에만 국한되지는 않습니다. 앞에서 중국철학이 세계 철학에 자원을 제공해 줄 수 있다고 언급한 바 있는데, 바로 '사事' 개념이 그 좋은 사례가 될 것 같습니다. 분명 중국철학의 기존 전통 가운데에서 '사事'와 같이 보편적 의미를 지닌 철학 자원을 정리해 낼 수 있을 것입니다. 김악림金嶽霖 선생은 『인식론』에서 '사事' 개념을 언급하면서 '것', '개체 사물'과 연관시켜 논한 적이 있습니다. 이 역시 살펴볼 가치가 있긴 합니다만, 그는 좁은 의미의 인식론에 치중하여 '사事' 개념의 철학적 의미를 다소 한정적으로 사용하였습니다. 이 외에도 내가 이전에 고찰했던 '세勢', '수數', '운運', '기幾' 등의 중국철학 개념 역시 비슷한 의미를 내포하고 있습니다.

문회 : 확실히 '사事'에 대한 개념 정리를 통해 중국철학이 세계 철학에 기여할 수 있는 바를 발견할 수 있을 것 같습니다. 이 외에도 관심을 가지고 있는 다른 분야가 있다면요?

'사事'와 공부론의 관계 : 사事 위에서 수양하다

양국영 : 중국철학이 세계로 향하고 현대사회에 새로운 의미를 드러낼 수 있으려면 더 많은 방면에서의 착실한 작업이 필요합니다. 중국철학의 중요 문제, 중요 개념과 범주들은 분명 좀 더 다듬고 정리할 필요가 있습니다. 고전 역시 더 깊이 해석되어야 합니다. 이 모든 것들이 결코 외면할 수 없는 작업들입니다. 나 역시 더 노력해야 할 것이고요.

문회 : 『존재의 차원』이라는 책이름을 『도론道論』으로 바꾸셨습니다. 도를 사상의 핵심으로 본 것인데, 도를 언급하자니 수도修道의 문제가 떠오릅니다.

양국영 : 수도修道는 가르침을 말하지요(修道之謂敎).

문회 : 그렇습니다. 수도修道, 가르침, 공부론과 같은 문제들은 도와 밀접하게 관련됩니다. 현재 학계의 많은 학자들이 공부론에 관심을 가지고 이를 연구하고 있습니다. 선생님도 이 문제를 고찰하신 적이 있으신가요?

양국영 : 이는 넓은 의미에서 성인成人의 문제와 관련됩니다. 전에 출판된 『인간 행동과 실천지혜』을 포함하여 다양한 측면과 각도에서 이 문제를 다룬 적이 있습니다. 공부론은 중국철학의 개념으로서 다양한 측면에서, 다양한 형식으로, 다층적인 각도로 구체적으로 전개될 필요가 있습니다. 내 작업 역시 그 일환으로 볼 수 있을 것입니다. 요약하자면 나는 '성기成己'와 '성물成物'에 주안점을 두었습니다. 나는 공부론 자체가 성기成己와 성물成物을 지향하며, 이를 벗어난 공부론은 그 존재의미를 상실한다고 생각합니다. 이러한 측면에서 보면 내가 지금 관심을 가지는 '사事'의 철학적 의미 역시 인간적 성취를 다룬다고 볼 수 있습니다. 인간이란 본래 '사事'로서 존재하기 때문입니다. 하지만 공부론 연구가 늘 그래 왔던 것처럼 송명리학으로만 환원되어서는 안 됩니다. 즉, 심성함양의 문제로만 국한되어서는 안 된다는 것입니다.

현재 공부 문제를 논하는 사람들은 여전히 주로 공부와 의식활동을 서로 연관시키고자 합니다. 그러나 공부론은 의식활동에만 한정되는 것이 아닙니다. 공부의 전개 과정은 구체적으로 (대상과 교류하며) 일을 하는 과정, (인간과 교류하며) 일을 처리하는 과정을 말합니다. 이 과정은 본래 개체의 자아성찰을 필요로 하지만, 단순히 개체의 내재적 정신세계의 활동로만 한정될 수 없습니다. 사실 왕수인과 같은 일부 송명리학자들 역시 이를 주목했습니다. 왕수인은 "구체적인 사태 속에서 수양할 것"을 강조했는데, 이는 '사事'와 공부를 서로 연관시킨 것입니다. '사事'는 결코 외재적인 것이 아닙니다. 이는 뒤에서 언급할 인간의 감수 문제와 관련됩니다. 그 구체적인 내용은 세계에 대한 인간의 적응(human beings to world)이면서, 반대로 인간에 대한 세계의 적응(world to human beings)이기도 합니다.

【중국철학 그리고 세계철학대회를 바라보다】

문회 : 중국철학 개념이 어떻게 하면 세계 철학에 자원을 제공할 수 있을지에 관해 이야기를 나누어 보았습니다. 사실 중국 및 서양의 철학사를 놓고 보면 철학과 세계의 관계는 부단히 변화하고 있습니다. 중국철학자로서 철학과 현대세계와의 관계를 어떻게 이해하십니까?

인간과 세계에는 세 가지 측면의 관계가 있어 : 설명-감수-규범

양국영 : 철학과 현대세계와의 관계 배후에는 철학과 세계의 관계라는 보다 더 보편적 차원의 문제가 내포되어 있습니다. 후자는 인간과 세계의 관계 문제와 구분될 수 없지요. 가장 일반적인 의미에서 철학과 세계 혹은 인간과 세계의 관계는 이하의 세 가지 측면을 벗어나지 않습니다.

첫 번째는 세계에 대한 설명 측면입니다. 인간은 항상 세계를 여러 가지 방식으로 이해하는 것을 추구해 왔습니다. 이와 관련된 것이 바로 "무엇인가?"라는 물음입니다. 이 문제는 경험지식의 측면에서 제기될 수도 있고 철학적 측면에서 사고할 수도 있습니다. 전자의 측면에서 제기되는 문제는 세계의 한 측면, 한 영역, 특정한 하나의 대상을 지향하며, 그 내용 또한 보다 경험지식적 측면으로 드러납니다. 후자의 경우 특정한 범위를 넘어서는 전체 세계에 대한 물음입니다. 즉 형이상적 측면에서 세계란 "무엇인가"를 묻고 답합니다.

두 번째는 세계에 대한 인간의 감수感受[1] 측면입니다. 세계에 대한

---

1) 역자 주 ― 의미를 풀어서 설명하자면, 인간이 세계를 경험하고 감각하여 받아들인

설명이 넓은 의미에서 "무엇인가"에 관한 것이라면, 세계에 대한 감수(affectively experiencing)란 세계가 인간에 대해 "어떤 의미를 지니는가"에 관한 문제입니다. 이는 예술, 종교, 윤리, 과학 등 여러 방면을 모두 포함할 수 있습니다. 인간이 세계와 맺는 관계 속에서 감수는 중요한 측면을 형성합니다. 인간은 어떠한 세계가 존재하는가에 관심을 가질 뿐만 아니라, 이 세계가 인간에 대해 어떤 의미를 지니는지 또한 '감수할' 수 있습니다. 이러한 '감수'의 내용은 '좋고 나쁨', '아름다움과 추함', '이로움과 해로움' 등의 형태로 나타납니다. 구체적인 개인에게 이 세계는 과연 어떠한 의미로 다가올까요? 이 역시 간과할 수 없는 중요한 문제입니다. 같은 대상이나 같은 세계가 다른 개체에 대해 서로 다른 의미를 가진다는 사실은 세계를 받아들이는 데에 개체의 차이가 있다는 점을 말해 줍니다.

세 번째는 세계에 대한 규범 측면입니다. 규범은 당위를 다루는 것으로, 세계에 대한 규범은 세계가 어떠해야 하는가의 문제와 연관됩니다. 인간은 세계가 무엇인지를 묻고 각기 다른 방식으로 세계를 받아들이지만, 세계가 어떤 것이어야 하는지에 대해서도 관심을 가집니다. 여기에서 '당위'는 현실에 근거하며 인간의 이상과 필요에 기초합니다. 인간은 기존의 세계에 만족하지 못하고 항상 다양한 방식으로 기존의 존재하는 것들을 변화시키며, 이를 이상적인 형태로 만들어 갑니다. 이러한 과정은 넓은 의미에서 세계에 대한 규범으로 나타나게 됩니다. 세계에 대한 설명이 세계에 대한 이해(무엇인가)에 치중해 있고 세계에 대한 감수가 인간에 대한 세계의 의미(무엇을 의미하는가)에 치중해 있다면, 세계에 대한 규범은 곧 세계가 당위적인 존재형태(세계는 무엇이어야 하는가)가 되도록 노력하는 것을 말합니다.

다는 의미로, 세계에 대한 인간의 직접적인 참여 속에서 세계가 인간에게 어떻게 다가오며 받아들여지는지에 관한 문제를 가리킨다. 번역상의 어려움으로 인해 여기에서는 원문인 '감수[感受]'라는 표현을 그대로 사용하기로 한다.

세 측면의 관계, 각각 "무엇인가", "무슨 의미인가", "무엇이어야 하는가"

세계 설명, 세계 감수, 세계의 규범화는 각각 세계란 무엇인가, 세계란 무슨 의미인가, 세계는 무엇이 되어야 하는가와 연관됩니다. 이는 인간과 세계의 관계의 각기 다른 측면을 구성합니다.

구체적으로 세계 설명은 세계의 참된 형태를 지향합니다. 이러한 형태는 인간이 임의로 창조하거나 바꿀 수 있는 것이 아닙니다. 세계 설명의 관점에서 보면, 세계란 어떤 것인가 하는 것은 마땅히 세계 그 자체에 따라 파악되어야 합니다. 이런 점에서 인간이 바로 이 세계에 적응하는 것이라 볼 수 있습니다(human beings to world). 사실 인간과 세계의 설명적 관계는 세계에 대한 인간의 적응을 더 많이 나타냅니다.

이에 비해 세계 감수는 중개의 의미를 지니는 동시에 세계에 대한 이해와 설명을 전제로 삼기도 합니다. 만약 세계의 현실형태를 이해하지 못한다면 세계에 대한 진정한 감수도 어렵기 때문입니다. 이러한 점에서 "무슨 의미인가라는 질문은 "무엇인가"라는 질문에 기초합니다. 한편으로, 세계 감수는 세계에 대한 인간의 지향에 변화를 불러일으킬 수 있습니다. 만약 세계가 인간의 이상에 합치하지 않는다고 할 때, 어떻게 이 세계를 변화시킬 것인가의 문제가 수면위로 떠오르게 됩니다. 만약 세계가 인간에게 '좋은' 의미로 받아들여진다고 하더라도 여전히 어떻게 '더 좋은' 것에 도달할 것인가 하는 문제는 존재합니다.

최종적으로 세계에 대한 규범화는 세계 설명에서 언급하는 "무엇인가"와 세계 감수가 함축하는 "무슨 의미인가"의 문제에서 한 걸음 더 나아가 "무엇이어야 하는가"의 문제로 향합니다. 인간과 세계와의 관계에서 볼 때, 세계 설명이 세계에 대한 인간의 적응(human beings to world)에 치중하고 있다면 세계의 규범화는 인간에 대한 세계의 적응(world to human beings)을 더 많이 표현합니다.

문회 : 이전에는 대상이라는 부분에 대해서는 감수성을 별로 언급하지 않았습니다.

감수의 풍부성, 다양성, 개체성은 인간과 세계의 구체적 상호작용에 기초가 돼

양국영 : 나는 예전에도 감수성 문제를 제기한 적이 있지만, 그때는 주로 도덕감수성, 생존감수성 등 구체적 측면에 치중했습니다. 그러나 지금은 그것을 인간과 세계와의 관계라는 보다 넓은 측면에서 이해하고 있으며, 세계가 인간에 대해 지니는 의미를 감수의 구체적 함의로 보고 있습니다. 인간과 세계와의 관계는 인간과 대상세계와의 관계만을 내용으로 하지 않습니다. 인간과 인간의 관계 또한 포함됩니다. 인간과 외부세계의 상호작용 속에서 물리적 대상 즉 산천초목과 같은 자연은 각각의 인간에게 서로 다른 의미를 줄 수 있습니다. 마찬가지로 인간과 인간 간의 상호교류 속에서도 개별 인간과 각각의 사건들은 각종 다양한 감수를 일으킵니다. 감수는 인간으로 하여금 세계를 더욱 풍부하게 파악할 수 있게 합니다. "무엇인가"에 대한 '설명'은 사실 측면에서 세계를 이해하는 데 치중하며, '감수'는 인간 자신을 세계 속으로 융합시킵니다. 세계 자체의 다양성과 인간 정신세계의 풍부성 역시 이를 통해 하나로 융화될 수 있습니다. 살아 움직이는 인간존재에게서 이는 필수불가결한 점입니다. 인간은 기계가 아니며, 매우 풍부한 존재형태입니다. 특히 인간의 정신세계는 더더욱 그러합니다. 늘 다양한 의의와 의미로 가득합니다.

감수의 다양성, 풍부성, 개체성은 인간과 세계의 상호작용 과정이 구체적으로 드러난 결과라고 볼 수 있습니다. 인간과 세계의 관계를 논할 때, 일반적으로 세계 설명과 세계의 규범화에 주목하는 경우가 많습니다. 즉 인간은 한편으로는 세계를 이해하고자 하며, 한편으로는 세계를 변화시키고자 합니다. 하지만 이 둘과 관련이 있는 세계의 감수라는 측면은 충분히 주목받지 못합니다. 물론 전혀 다루지 않는다는 말이 아니라, 다른 측면만큼 중요하게 생각하지 않는다는 말입니다.

이 시대의 철학은 자본, 권력, 기술이 인간에게 미치는 영향에 대해 대답해야 해

일반적인 의미에서 철학은 인간과 세계의 관계라는 기본 문제와 항상 마주하고 있으며, 이에 대해 대답할 필요가 있습니다. 표현방식은 달랐을지라도 어느 시대건 이러한 문제는 피할 수 없는 것이었습니다. 현재 우리가 처한 시대적 환경에서는 아래와 같은 몇 가지 문제가 특히 두드러집니다.

첫 번째는 자본이 인간에게 미치는 영향입니다. 시장경제가 확산됨에 따라 자본의 그림자가 드리우지 않는 곳이 없어졌습니다. 이에 자본이 인간에게 미치는 영향 또한 현대사회가 반드시 직시해야 하는 문제가 되었지요. 마르크스에서 서양 마르크스주의 및 기타 각종 사회이론에 이르기까지 각기 다른 방면에서 이 문제에 관해 다각도로 관심을 가지고 분석하였습니다. 예를 들어 마르크스는, 자본의 작용 하에 인간은 상품화되는 경향에 직면하곤 한다고 지적하였습니다. 상품화는 인간소외를 야기할 가능성이 있습니다. 현대사회 속에서 자본의 개념은 점차 확대되어 가는 듯 보입니다. 금전만이 자본인 것이 아니라 지식, 정보, 기술을 포함한 문화 또한 자본이 될 수 있습니다. 인간이 장악한 각종 사회적 자원은 모두 자원일 수 있습니다. 따라서 넓은 의미의 자본은 인간의 각 측면을 지배하고 통제할 수 있습니다. 이것이 현대사회가 직시해야 할 문제입니다.

두 번째는 권력입니다. 권력은 정치 영역에 속하는 것으로, 동서양을 막론하고 권력에 의한 인간의 속박과 영향은 점차 두드러지고 있습니다. 권력은 직접적인 정치권위라는 형식으로 드러날 수 있으며, 간접적인 방식으로 사람들에게 영향을 미칠 수도 있습니다. 푸코는 지식과 권력을 함께 연관시키면서 권력의 다양한 형식 및 권력이 사회생활의 다방면에 미치는 영향에 대해 주목하였습니다. 권력의 가장 큰 특징은 지배와 통제입니다. 역사와 현실 속에서 외재적 권력(power)이 개인의 권리(right)를 말살시키는 문제를 자주 목격할 수 있습니다. 어떻게 하면 다양한 형태의 권력을 합리적으로 안착시켜서 권력이 사회의 각 방면에서 보다 합리적인 방향으로 작동할 수 있을지에 관한 문제가 바로 지금 우리가 주의 깊게 살펴보아야 할 문제입니다. 현재 정치학, 정치철학이 주류 학문으로 떠올라서 자유주의, 권위주의, 철인정치 등 각양각색의 해결방안이 그에 대응하여 생겨나고 있습니다. 이는 권력이 사람들의 삶에 미치는 영향을 반영하는 한 단면입니다. 따라서 권력 그 자체에 대한 사고는 철학의 중요한 문제가 됩니다.

세 번째 방면은 기술입니다. 기술이 현대사회와 인간사회에 미치는 영향은 이미 많은 사람들의 관심을 끄는 문제가 되었습니다. 정보기술, 인공지능, 바이오기술(유전자복제 같은) 등 인간생활의 여러 방면에서 밀접한 관련을 맺고 있습니다. 어떤 의미에서 현대인은 일상의 매순간 항상 기술의 제약을 받고 있습니다. 기술은 인간의 생활방식을 끊임없이 변화시키며, 인간을 점차 기술에 의존하게 만들고 있습니다. 정치권력은 때로는 사람들과 직접적으로 관계하지 않을 수도 있지만, 기술은 빠져나갈 여지없이 인간의 삶에 그대로 따라옵니다. 인공지능이 인간을 지배하고 통제하는 것과 같은 또 다른 문제를 야기할 수도 있다는 것입니다. 오늘날 많은 사람들이 미래에는 로봇이 인간을 통제하게 될지도 모른다고 우려하고 있습니다. 이러한 우려는 기술이 점차 현대사회에서 직시하지 않을 수 없는 문제가 되어 가고 있음을 잘 보여 줍니다.

철학적 시야로 사회문제에 참여, 합리적인 가치를 지향

현재 직면하고 있는 위와 같은 문제들은 경험적이고 지식적인 측면에서 고려하고 대응해 나가야겠지만, 철학적 시야를 가지고 이 문제의 해결에 참여하는 것도 필요합니다. 철학적 시야는 가치의 측면에서 합리적인 방향으로 이끌어 줄 수 있습니다. 인간은 항상 의미를 추구해 가기 마련입니다. 앞에서 언급한 감수성이 바로 이와 관련됩니다. 칸트는 만약 인간이 없다면 세계는 황무지와 같을 것이라고 말한 적 있습니다. 이는 사실 인간을 떠난 세계는 의미가 없다는 뜻이기도 합니다만, 다른 한편으로는 인간이 의미의 추구를 포기하고 나면 허무주의로 떨어지게 됨을 경고한 말이기도 합니다. 허무주의의 내재된 특징이 바로 의미의 소거입니다. 의미의 추구는 좋은 삶, 가치 있는 삶, 완벽한 인격, 이상적 사회, 합리적인 관계 등에 관한 고찰을 포함할 수 있습니다. 이러한 문제들은 단지 경험적 지식만으로 해결될 수 있는 것이 아닙니다. 여기에서도 마찬가지로 철학적 사고가 필요합니다. 철학자가 반드시 구체적인 문제들을 해결해야 하는 것은 아니지만, 이들은 사람들이 관심을 가지고 이 문제들을 사고하도록 인도할 수 있기 때문에 결국 사회 및 인간존재 자체가 더욱 인간성에 부합하도록 만들 수 있습니다.

문회 : 이번 세계철학대회의 주제인 "학이성인"에 대해서 어떻게 생각하십니까?

학이성인 : 중국의 철학전통을 드러내면서 세계성 또한 지녀

양국영 : "학이성인"이라는 제목 그 자체만 놓고 보면 분명 중국철학적 전통을 그대로 드러내고 있습니다. 하지만 그 속에는 분명 세계성 또한 담겨 있습니다. 간단히 말해, 처음으로 중국에서 거행되는 세계철학대회니만큼 중국철학의 전통을 드러내는 것이 당연합니다만 이것이 세계 차원의 대회니만큼 보편적인 철학적 함의를 가질 필요도 있습니다. '학學'과 '성인成人'을 하나로 연결시킨 것은 중국철학의 일이관지─以貫之의 전통을 드러내 주는 것인 동시에 세계적 의미도 지니고 있습니다.

학學 : 인식론 범주에 속하는 것, 윤리학적·가치론적 함의 역시 포함

'성인成人'을 '학學'의 지향점으로 삼는다는 것은 인간이 완성된 존재가 아니라 생성되고 있는 존재라는 것을 말해 줍니다. 인간이 존재하는 과정은 끊임없이 생성되는 과정입니다. 철학사적으로 보면 유가가 인간의 이러한 생성성에 많은 관심을 보였습니다. 자기완성, 인격완성에 관한 유가의 학설은 이 점을 잘 보여 줍니다. 후기 근대철학의 하이데거 역시 이 점에 주목했습니다. 그의 『존재와 시간』이 바로 이를 주요 관심의 대상으로 삼았습니다. 그에 따르면 인간이라는 개체적 존재는 우선 시간의 영역 속에 놓이게 되는데, 여기에는 인간의 생성성에 대한 긍정이 포함되어 있습니다. 이러한 견해와 함께, 실존이 본질에 우선한다는 명제가 하이데거를 통해 하나로 연결되면서 이제 인간은 더 이상 정해진 본질에 얽매여 있는 존재가 아니게 됩니다.

"학이성인"이라는 명제 속에서 '학學'은 단순히 지식의 획득 과정에 한정되지 않고 보다 넓은 의미로 사용됩니다. '학學'에 대한 이러한 이해는 중국철학 특히 유가전통과 매우 부합합니다. 유가적 의미에서 '학學'은 단순한 지식 획득의 과정이 아니라 인간 자신의 성장 과정, 즉 '성인成人'의 과정과 서로 연관됩니다. 이러한 의미의 '학學'은 윤리학적·가치론적 함의를 함께 지니며, 단순히 인식론의 범주에만 머무르지 않습니다. 물론 "학이성인"을 강조하는 것은 '성인成人'을 '학學'의 전체 목적으로 여기게 만들 수도 있는데, 이러한 이해방식 역시 '학學'의 의미를 제한하는 것입니다. 여기서 마땅히 자각해야 할 것은, '학學'이 인간 자신의 성취에만 연관되는 것이 아니라 성기成己와 성물成物의 통일을 표현한다는 것입니다. 즉, 자신만 이루는 것이 아니라 동시에 사물을 이루어야 한다는 말입니다. 서양 근대 이래의 철학전통 속에서 '학學'은 지식의 파악에만 치중해 왔기 때문에 곧장 성물成物과 연결되어, '학學'이 성인成人 또는 성기成己와 가지는 연관성은 간과되거나 잊혀 버리는 경우가 많습니다. 이런 편향성은 당연히 극복되어야 하겠지만, '성인成人'을 위해 '성물成物'을 배제한다는 다른 한 극단으로 흘러가서도 안 될 것입니다.

위의 질문들은 다시 처음에 언급했던 인간과 세계와의 관계 문제로 돌아갑니다. 앞서 언급한 바와 같이 인간은 항상 세계의 규범화에 대한 문제와 마주하고 있습니다. 이 문제는 넓은 의미에서 '성인成人 혹은 성기成己'와 '성물成物'이라는 두 측면을 포함합니다. 즉 인격완성과 세계성취가 그것입니다. "학이성인"은 비교적 넓은 시야에서 이해할 필요가 있습니다. 결론적으로 말해 성인成人과 성물成物은 명확히 분리될 수 없습니다. 성인成人 및 성기成己를 떠난 채 성물成物에만 관심을 갖는 것도 하나의 편향이고, 성인成人만을 강조하는 것 역시 또 다른 편향으로 나아갈 수 있습니다.

문회 : 이는 첫 번째 문제와 결합시킬 수 있겠습니다. 왜냐하면 현대의 세계는 방금 언급하신 자본, 기술, 권력 등이 사람들을 확고하게 장악하고 있기 때문입니다. 그렇다면 이러한 환경에서 현대세계는 자본, 기술의 인간에 대한 통제로 나타나게 됩니다. 이는 선생님이 늘 말씀하신 세계의 분화, 인간의 분화로 나아가게 되며, 성인成人, 성기成己, 성물成物이라는 이상으로부터 멀어지게 될 것입니다. 이러한 점에서 학이성인은 현대의 이러한 상황에도 적용될 수 있겠습니다.

성인成人 : 자유로운 인격의 배양을 지향하는 동시에 세계의 성취도 포함

양국영 : 그렇습니다. 사실 현대사회의 인간은 인간 이외의 힘에 의해 좌우되고 지배와 통제를 받곤 합니다. 이러한 배경에서 인간 자신의 성취가 최종적으로 지향하는 바는 바로 자유로운 인격의 배양이 될 것입니다. 성인成人을 자유로운 인격의 배양이라고 말한다면, 과연 자유로운 인격은 어떻게 배양되는 것일까요? 이는 우리가 스스로 관심을 가져야 할 중요한 문제입니다.

철학적 의미에서 "학"을 이해해 보자면 인간을 한정짓는 현대세계의 각 요소에 대응한다는 점 외에도 보다 더 넓은 의미를 부여할 수 있습니다. 물론 여기에는 인간존재 전반에 대한 총체적인 이해가 우선적으로 전제되어야겠지요. 우리는 자유로운 인격을 성취하는 문제와 마주하고 있으면서 동시에 세계를 성취하는 문제 또한 안고 있습니다. 만약 인간 자신의 성취에만 집중하여 세계에 대한 변혁을 도외시하게 된다면, 인간은 그 자체로 공허하고 단편적이게 될 것입니다. 송명시기 리학자들은 인간의 심성 문제에만 관심을 가지고 인심을 도심으로 만들고자 한 끝에 세계에 대한 역할을 상실하고 말았습니다. 이것이 바로 앞서 말한 것과 같은 편향된 결과입니다. 현실생활 속에서 성인成人과 성물成物은 분리될 수 없습니다. 성물成物이란 결국 인간에게 인간성 발전에 보다 적합한 환경을 만들어 주기 위한 것으로 귀결됩니다. 이러한 점에서 볼 때, 성물 그 자체는 목적이 아닙니다. 하지만 성인의 과정에서도 성물은 분리될 수 없습니다. 그렇지 않으면 추상화의 경향을 피할 수 없습니다.

문회 : 중국철학 혹은 중국문명에 대한 이해와 기대에 관해 한 말씀 부탁드립니다.

세계 철학의 쥬류 속에 중국철학이 포함되어야 해, 중국철학을 이해하지 못하는 것은 미래의 결함으로 작용할 것

양국영 : 역사는 이미 세계역사의 시대에 진입했으며 중서문화의 만남은 이미 진행 중입니다. 이러한 상황에서 중국철학이 세계 철학에 녹아들어 서로 다른 철학전통과의 조화 속에서 새로운 형태로 거듭났으면 하는 바람이 있습니다. 중국철학이 세계 철학에 녹아들어 세계적 범위의 백가쟁명에 동참해야 한다는 것은 풍계 선생이 지난 세기에 이미 언급한 바 있습니다. 세계 철학에 참여하고 함께 융합된다는 것은 중국철학의 특징을 버린다는 의미가 아닙니다. 오히려 중국철학

만의 독특한 시야를 드러낼 필요가 있습니다. 구체적으로 말해 두 가지 시각에서 살펴보도록 하겠습니다.

우선 세계 철학의 범위에서 보면 중국철학은 보다 실질적인 측면에서 세계 철학의 시야 속에 진입해야 하며, 한학자들의 연구 대상으로만 머물러서는 안 됩니다. 중국철학이 진정으로 세계 철학의 주류 속으로 들어가 세계 철학이 되고 서양철학을 포용하려면, 철학적 사고를 진행하는 데 필요한 주요 사상자원을 발굴하여 자신만의 체계를 세워야 합니다. 19세기 이래 서양철학이 근대 중국철학의 중요한 발전 배경이 되고 중요한 자원으로 활용되었던 것처럼, 중국철학 역시 주류의 서양 철학자가 철학적 사고를 진행하는 데 중요한 배경이 될 수 있어야 합니다. 단순히 한학자들의 역사 및 종교적 연구 대상으로 머물러서는 안 됩니다. 그리하여 주류의 서양철학이 중국철학을 필수적인 이론자원으로 여기고 중국철학을 이해하지 못하는 것을 철학사상의 결점으로 여기게 될 때, 우리는 중국철학이 진정으로 세계 철학의 범위에 들어섰다고 말할 수 있을 것입니다. 이러한 날이 얼른 다가오기를 희망합니다. 주류의 서양철학이 중국철학을 그들의 문제를 사고하고 철학체계를 세우는 데 중요한 자원으로 여기기 전까지는, 중국철학이 어떤 방식으로 세계에 진출하고 소개되든 그 열기는 표면적인 차원에 머무르는 것이라고 할 수 있습니다.

중국철학에는 이미 이루어진 형태도 있고 현재 생성중인 것도 있어

다음으로 중국철학 그 자체를 놓고 보자면, 중국철학은 이미 형성된 것이기도 하고 계속해서 생성되고 있는 것이기도 합니다. 이미 형성된 것이란, 선진시대 이래로 중국철학이 스스로 형성해 온 역사적 형태를 말합니다. 현재 우리가 말하는 선진철학, 양한철학, 위진현학, 수당불교, 송명리학 등이 모두 중국철학에서 이미 형성된 형태들이지요. 하지만 동시에 중국철학은 부단한 생성의 과정 속에 놓여 있기도 합니다. 이 생성 과정은 결코 오늘날 끝을 맺지 않을 것입니다. 현재의 중국철학은 여전히 생성과정을 거치고 있다고 말할 수 있습니다. 생성이라는 관점에서 보면 중국철학은 새로운 의미와 새로운 형태를 획득할 필요가 있습니다. 앞서 말한 것과 같이 역사적으로 선진, 양한, 위진, 수당, 송명, 그리고 근대까지 다양한 철학의 형태가 출현하였습니다. 오늘날의 철학은 기존 철학의 형태를 돌아보는 것에 그치지 말고, 기존의 철학을 계승·발전시키는 한편으로 후대에 새롭게 생겨날 철학에도 새로운 사상적 자원을 제공해야 합니다. 간단히 말해, 개방적인 시야를 가지고 세계에 걸쳐 있는 서로 다른 철학전통을 충분히 이해하고, 나아가 이로부터 다양한 사상의 자원을 받아들여 소화시켜 내어야 합니다. 동시에 이 시대에 제기되는 다양한 문제들에 대응하여 새로운 사상체계를 형성함으로써 중국철학의 유구한 역사적 물줄기에 새로운 것을 남겨야 합니다. 나는 이것이 중국철학이 현재 처한 위치라고 생각합니다.

물론 앞에서 말한 것과 같이 철학은 지혜에 대한 다양하고 개성적인 탐구이지, 천편일률적인 것일 수 없습니다. 모든 철학자들은 자신이 처한 시대와 개인적인 배경, 흥미, 경험, 이해, 세계에 대한 깨달음 등에서 출발하여 자신만의 새로운 사고를 형성해야 합니다. 오늘날 세계 철학으로 가는 과정 속에서 철학은 여전히 다양화되고 개성화된 발전 과정 속에 놓일 것입니다.

문회 : 선생님의 이러한 이상은 여러 사람들의 공동의 노력이 필요할 것 같습니다. 중국철학의 현황과 추세를 살펴보자면 어떻게 진단하시겠습니까?

중서가 분리되고 역사와 사상이 어긋난 상황에서 중서 및 마르크스 사상의 삼자적 소통이 절실

양국영 : 단도직입적으로 말해 지금 중국철학의 발전 현황과 추세는

만족스럽지 못합니다. 여러 가지 원인이 있을 수 있습니다. 철학사와 철학이론은 분리될 수 없는 것임에도 이러한 현상이 비교적 보편적으로 발생하고 있습니다. 왕국유 선생이 지적했듯이 배움에는 중서의 구분이 없습니다. 철학적 측면에서 보면, 배움에 중서가 없다는 말은 세계 철학을 이루는 개방적인 시각으로 인류 문명의 발전 과정 속에 축적된 다양한 지혜의 자원들을 두루 다룬다는 것을 의미합니다. 하지만 안타깝게도 중서 분리의 현상은 오늘날 쉽게 찾아볼 수 있습니다. 역사와 사상이 어긋나고 중서가 분리된 현상은 연구 방향성의 측면에서 중국철학의 발전을 크게 제한하고 있습니다.

이 외에도 시대에 입각한 이론적, 구조적 사고 또한 비교적 적습니다. 우리는 철학이 현실에 부합해야 한다는 호소의 목소리를 종종 듣곤 합니다. 하지만 이러한 주장을 하는 자체가 이미 진정으로 시대에 부합하지는 못하고 있다는 반증입니다. 중국철학과 서양철학 그리고 마르크스주의철학 간의 소통이라는 측면 또한 비슷한 상황입니다. 삼자 간의 장벽을 무너뜨리자는 요구가 제기된 지 이미 십여 년이 더 지났지만, 이는 여전히 호소에만 그치고 있을 뿐 현실적으로 소통을 위한 작업이 이루어지는 것을 보기 힘듭니다. 구체적인 철학 연구 분야에서 다소 진전이 있었을지는 몰라도, 전반적으로는 여전히 미흡해 보입니다.

문회 : 많은 가르침 감사합니다. 세계철학대회가 호소에서 행동으로 이어지는 좋은 계기가 될 수 있을 것 같습니다.

글‖공화남貢華南(연합인터뷰팀)

골람레자 아바니
Gholamreza Avani

동·서양 모두와 대화가 가능한 이슬람철학의 힘

이슬람철학 전문가

골람레자 아바니

인터뷰이 : 골람레자 아바니(Gholamreza Avani), 이하 '아바니'로 약칭
    (전 이란철학연구소 소장, 전 국제이슬람철학회 회장)

인터뷰어 : 석영택石永澤(상해사회과학원 철학연구소 보조연구원), 이하 '문회'로 대칭

인터뷰 일시 : 2018년 3월~7월(수차례의 메일 인터뷰)

때로는 미국에서 하버드에 있는 아들과 함께 지내면서 지도교수인 후세인 나세르와 학술 토론을 벌인다. 때로는 상해 〈세계 중국학〉 포럼에 참가하거나, 북경대학교 고등연구원에서 강의를 하거나, 정주 〈문명대화〉 숭산포럼에서 강연을 한다. 때로는 독일로 날아가 책을 사기도 하고 스위스로 가서 포럼에 참석하기도 하며, 때로는 고국 이란으로 돌아와서 고금의 철학으로 삼대 제자를 가르치기도 한다. 75세의 이란철학연구소 명예교수 아바니는 능숙한 외국어 능력을 바탕으로 이처럼 동서양 각국을 넘나들며 학술활동을 진행하고 있다. 그의 전문 분야는 이슬람철학, 서양철학, 비교철학 등으로 매우 다양하다.

현대과학기술에 문제가 발생한 관계로(메일이 단절되었다!) 장장 3개월에 걸쳐 진행되었던 이번 인터뷰를 통해 아바니 교수는 우리의 지식세계를 한층 새롭게 만들어 주었다. 예컨대, 이슬람철학은 고대그리스철학의 번역판이 아니라거나, 서양에서 단언하듯 이슬람철학은 "아비로이의 사망과 함께 종말을 고한" 것이 결코 아니라는 사실 등이 그와의 대담을 통해 새롭게 알게 된 점이다. 사실 이슬람철학은 아비로이 사후에도 중단되거나 하지 않았다. 오히려 자신만의 보다 독특한 형태로 발전을 이어 나갔다. 이란은 이슬람철학을 보호하면서 오랫동안 번영을 이루어 왔고, 이슬람철학은 수피주의, 아라비 학파, 사드라 학파, 그리고 도시의 이름으로 명명된 각양각색의 학파들까지 풍부하고 다양한 발전을 이루었다.

아바니 교수는 편향된 사실을 바로잡는 동시에, 이슬람철학이 동서양 철학의 건강한 대화를 담당할 수 있다는 자각과 자신감을 드러내었다. 그는 1960년대 초부터 1970년대 중반까지 레바논 소재의 미국대학에서 철학 학부교육을 받았고, 테헤란대학교로 건너가 석·박사 과정을 마쳤다. 이 과정에서 동서양 철학에 대한 고른 식견과 학자로서의 넓은 시야를 갖추게 되었다. 어떻게 근대성에 대응하고 어떻게 자국의 문화적 신분과 공공정체성을 회복할 것인지 등이 모두 그가 동서양의 철학자들과 함께 대화하는 주제가 된다.

아바니 교수는 이란철학연구소 소장, 국제이슬람철학회 회장(2003~2011)을 역임했고, 이란 우수교수상, 파라비(Farabi) 인문상(2009) 등을 수상하였으며, 카자흐스탄공화국과학원 명예회원(2011)에 추대된 바 있다. 그의 개인적 성취는 더욱더 그 포용력을 넓혀 가고 있다. 현재 이란의 고등교육기관에서 이슬람철학과의 숫자는 서양철학과 어깨를 나란히 하고 있다. 이를 바라보는 아바니 교수는 지혜의 추구라는 점에서 동서양 모두가 각자의 장점을 지닌다는 사실을 다시 한 번 확인한다.

【철학과의 인연 그리고 궤적】

문회 : 선생님께서는 이슬람철학 분야의 저명한 학자인 동시에 세계적 안목과 인문학적 감성을 동시에 갖추신 것으로 알고 있습니다. 이번 인터뷰에 응해 주셔서 대단히 감사합니다.

이란은 위대한 국가로 오랜 역사와 깊은 철학적 전통을 지니고 있습니다. 하지만 태어나면서부터 철학자인 사람은 없는 법이지요. 어떻게 철학과 인연을 맺게 되었는지, 어떻게 철학 연구의 길을 가게 되었는지 소개 부탁드립니다. 그리고 학문 과정 속에서 어떤 결정적인 순간이나 흥미로운 경험이 있었다면 함께 소개해 주시면 감사하겠습니다.

베이루트 아메리칸대학교 수석 입학

아바니 : 여러 대학에서 철학을 가르친 것이 벌써 45년이 넘었습니다. 그간 3대에 걸친 제자들을 배출했는데, 그 중 일부는 이미 각 대학에서 철학 교수로 재직하고 있습니다. 나는 다른 도서관을 이용하는 것 외에도 약 1만 권의 장서가 있는 도서관을 가지고 있습니다. 철학 분야의 책은 서양, 이슬람, 인도, 중국 등의 서적을 망라하고 있고, 문학과 예술 분야의 책들도 풍부합니다.

고등학교를 마칠 당시 베이루트 아메리칸대학교(American University of Beirut)에서 장학생을 선발했는데, 수백여 명의 고등학생들이 신청을 했습니다. 나 역시 고향에서 영어 시험을 통해 선발되어 시험에 참가했는데, 처음에는 가망이 없을 것이라고 생각했었습니다. 하지만 대략 한 달쯤 지난 뒤에 아버지의 친구 한 분이 그 근처를 지나다가 합격자 발표 명단을 보게 되었습니다. 호기심에 달려가 보았더니 내 이름이 맨 위에 있더라는 겁니다. 그래서 그분이 전화를 걸어 소식을 알려 주었습니다. 나는 그분을 통해 겨우 시험에 합격했다는 것을 알 수 있었습니다.

후에 두 번의 시험과 한 번의 면접이 더 있었습니다. 그 결과 10명의 장학생으로 선발이 되었지요. 10명 가운데 나 포함 총 2명만이 인문계를 지원했습니다. 이후 스스로에게 종종 질문을 던져 보곤 했습니다. 만약 아버지의 친구분께서 그 명단을 보지 못했다면 나는 어떠한 인생을 살고 있었을까요? 아메리칸대학교에는 걸출한 철학 교수뿐만 아니라 다양한 언어의 장서를 구비한 상당히 훌륭한 도서관도 있어 많은 것을 얻을 수 있었습니다.

문회 : 알려진 바에 의하면, 선생님은 고대그리스어나 라틴어를 포함하여 다양한 언어에 깊이 정통하다고 들었습니다. 철학 연구와 외국어 능력에 대해서 이야기를 나누어 보고 싶습니다.

아랍어와 영어에서 라틴어와 중국어까지, 훌륭한 언어 능력을 겸비

아바니 : 근대성(비록 많은 결함이 있지만)이라는 이 진귀한 선물은 문명의 만남, 그리고 뛰어난 학자들이 타문화를 깊이 연구한 결과로 주어진 선물입니다. 만약 여러 종류의 언어를 익히지 못했다면 이는 불가능했을 것입니다.

젊었을 때는 언어 학습의 기회를 갖기가 어려웠습니다. 나는 아랍어를 꽤 잘하는 편인데, 아랍어는 중고등학교 필수과목이었습니다. 아침저녁 수업 사이에 아랍어 스승을 찾아 그들과 함께 14권의 고전 아랍어 개요를 읽었습니다. 영어도 잘합니다. 정규 교재 외에 도서관에서 얻을 수 있는 모든 자료를 읽은 것 같습니다. 나는 늘 과자점에 가서 중고 영어잡지를 사서 읽곤 했습니다. 가게에서는 영어잡지로 사탕을 포장해서 팔았는데, 항상 사전을 빌려 처음부터 끝까지 그것을 읽고 공부하였습니다. 아메리칸대학교 시절에는 프랑스어 수업도 몇 과목 들어서 프랑스어 원문도 읽을 수 있게 되었습니다.

나는 테헤란대학교에서 철학 석사 및 박사 과정을 밟았습니다. 당시 교수들이 대개 독일, 프랑스, 미국, 영국 등지에서 학위를 받은 사람들이어서 다양한 언어를 습득할 환경이 마련될 수 있었지요. 내가 철학교사로 재직하던 당시에 관심이 생겨 독일에서 2년 동안의 언어강화과정에 참가했는데, 독일어를 공부할 수 있는 장학금을 얻기도 했습니다. 지금도 자주 독일에 가서 책을 사곤 합니다.

또 저명한 일본의 철학자이자 언어학자인 이즈츠 도시히코(Toshihiko Izutsu) 선생에게서 고대그리스어를 사사한 적도 있습니다. 이 외에도 『도덕경』, 『역경』, 중국철학의 자연개념, 이븐 아라비와 관련된 『지혜의 보고』(Fuṣūs al-Hikam) 5년 과정 등 다양한 과정에도 참여했고, 이란철학연구소에 와서는 이슬람철학을 연구하는 저명한 학자들과 라틴어를 공부하기도 했습니다.

중국어에도 관심이 많습니다. 한번은 라루스도서관 테헤란 지부(the Tehran Branch of the Libraire Larousse)를 찾았는데, 갑자기 예일대학교 출판사에서 출판된 너무나도 멋진 중국어 입문서가 눈에 들어 왔습니다. 책이 얼마나 정교하게 잘 만들었는지, 정말 독서광들에게는 가장 이상적인 모습을 모두 갖추고 있었지요. 마치 책 표지가 금방이라도 언어를 습득하게 만들어 줄 것만 같았습니다. 조금의 망설임도 없이 다른 책은 보지도 않고 이 책을 사려고 계산대로 가져갔는데, 아쉽게도 당시 돈이 부족해 책을 사지 못하고 돌아왔습니다. 그다음 주에 돈을 마련해서 다시 그곳을 찾았는데, 안타깝게도 이미 책이 다 팔린 후였습니다. 그 이후로 하나의 다짐이 생겼습니다. "서점에 갈 때는 반드시 돈을 충분히 가지고 가자!"라고요.

문회 : 선생님의 철학 저작 역시 매우 풍부합니다. 대표작을 소개해 주시면 감사하겠습니다. 본인의 최대 업적과 연구의 특징은 무엇이라고 생각하십니까? 그리고 앞으로의 연구 계획과 현재 진행 중인 과제가 있다면 함께 소개 부탁드립니다.

동·서양철학과 이슬람철학의 비교연구

아바니 : 나는 서양, 동양, 이슬람을 포함하여 다양한 문화의 철학을 두루두루 알고 있는 편입니다. 따라서 비교철학 연구, 특히 본체론, 윤리학, 인식론, 형이상학, 예술론 등의 문제에 관심이 많습니다. 이미 아랍어와 페르시아어의 고전 텍스트들을 편집, 출판하였으며, 이를 영어와 페르시아어로도 번역했습니다. 내가 가장 좋아하는 책 중 하나는 『루미 : 철학연구』(Rumi : A Philosophical Study)로, 내가 북경대학교 고등인문연구원에서 진행했던 강좌로 구성되어 있습니다. ABC 국제그룹공사와 카지출판사에서 동시 출판되었습니다.

나는 북경대학교 고등인문연구원에서 <이븐 아라비>라는 과정을 강의한 적이 있습니다. 이 역시 후에 책으로 나왔습니다. <이슬람철학사>라는 대학원생 과정을 수업하기도 했습니다. 비교적 기초적인 문제를 다룬 수업이었는데, 이것 역시 빠른 시일 내에 출판되었으면 합니다. 이 외에도 현재 50여 편의 논문을 수정작업하고 있습니다. 이 논문들은 여러 국제회의에 제출했던 것으로, 5~6권 정도의 책으로 엮어 출판하기를 바라고 있습니다.

【철학사상과 업적】

문회 : 아랍철학, 무슬림철학이라는 이름에 비해 이슬람철학이라는 명칭을 사용하기를 바라시는 것 같습니다. 세 가지 명칭은 어떻게 구분되나요?

왜 아랍철학이나 무슬림철학이 아닌 '이슬람철학'인가?

아바니 : 전근대시대에는 이슬람 영토의 철학자들을 간단히 'al-faylasuf' (그리스어 philosophos의 아랍어 번역으로, al-hakim이라고도 한다. '성스러운 철인'이라는 의미)라고 불렀습니다. 그들은 무슬림이었지만 자신들의 직업이 '이슬람철학자'라고는 생각하지 않았습니다. 그들의 철학은 기타 모든 과학 분과와 같이 본질적으로는 보편적인 것이었기 때문입니다. 철학은 궁극적인 진리를 탐구하는 것으로, 개인과 문화, 국가로부터 독립적인 것으로 여겨졌지요. 현재 서양 철학사가들은 그들의 철학을 '마호메트의', '아랍인의', '아랍의' 철학이라고 부릅니다. 무슬림 혹은 이슬람의 철학으로 칭하는 경우는 거의 없습니다.

그런데 '아랍' 혹은 '아랍인'의 철학이라는 호칭은 명백히 잘못된 것입니다. 소수의 예외를 제외하면 대다수의 소위 무슬림 철학자들은 아랍인이 아니라 페르시아인이었기 때문입니다. 여래불의 종교를 불교, 그리스도의 종교를 그리스도교라고 부르듯, 그들은 이슬람을 '마호메트'의 종교, 이슬람철학을 '마호메트'의 철학이라고 부르는 것입니다. 이런 표현은 정확하지 않습니다. 『코란』에 따르면 이슬람교는 역사적 종교일 뿐 아니라 태초의 종교입니다. 선대의 위대한 선지자들에 받은 가르침이 최후의 봉인된 선지자 마호메트에 의해 다시 부활한 것이기 때문이지요.

'무슬림철학'이라는 용어 역시 다소 오류가 있습니다. 아주 정교한 표현은 아니라고 생각합니다. 왜냐하면 '무슬림'은 개별 신앙자라는 속성을 지닙니다. 우리가 "존은 무슬림이다"라고 말하는 것처럼, 이는 철학 학파를 가리키는 말이 아닙니다. 따라서 만약 하나의 전문적인 명칭을 지정해서 사용해야 한다면 '이슬람철학'이 보다 적합하다고 할 수 있습니다.

"이슬람이라는 이름이 붙는 순간 철학이 아닐 수 있으며, 만약 그것이 철학이라면 이슬람이 아니게 될 수도 있다"라는 반대의견이 제기될 수도 있습니다. 어느 정도는 타당한 말이지만, 사실 "이슬람의", "그리스의" 혹은 "그리스화된", "유대의" 등의 수식어는 철학이 철학일 수 있는 그 본질적인 의미에는 큰 영향을 주지 못합니다. 마치 중국과 스페인의 음식이 모두 음식이며, 성분이 다르고 발전 역사가 다르더라도 둘 모두 영양분을 제공하여 신체를 유지하게 해 준다는 점에서 차이가 없는 것과 마찬가지 이치입니다.

하지만 사람들은 다음과 같은 점을 명심해야 합니다. 이슬람문명에서 교의학(Kalam)과 철학은 분명하게 구별됩니다. 전자는 모든 전제를 계시(『코란』, 『성경』 등등)로부터 가져오지만 후자는 이성, 지식, 지성, 엄격한 논증을 기초로 한다는 점이 그 차이점입니다.

문회 : 이 구분은 매우 중요한 것 같습니다. 그렇다면 이슬람철학의 주요 연구 내용은 무엇이며, 서양철학과는 어떤 차이가 있고 어떤 특징을 지니는지요?

이슬람철학은 궁극의 문제에 관심을 가져, 서양철학의 논리·추리와 동양철학의 직관·종합성을 겸비

아바니 : 이슬람철학의 주요 특징 중 하나는 철학을 '하나의 엄격한 과학'으로 여긴다는 것입니다. 이슬람철학은 논리에서 출발하여 이를 자연철학, 물리학, 수학, 실천철학(윤리학, 정치학, 가정[家政]철학), 인성과학 및 궁극적 인간론(철학적 인간학), 철학우주론, 본체론, 형이상학, 이성신학 등의 분야와 서로 결합시켰습니다. 다른 학과들이 사물의 현상을 다룬다면, 철학은 사물의 제1원리와 존재의 원인을 다룹니다.

그 외에도, 각종 과학이 다루는 문제는 그 주제에 한계가 있지만 철학이 주목하는 문제들은 궁극적 문제들입니다. 이는 다른 학과 속에서는 답을 찾을 수 없는 문제들입니다. 사물의 본질, 자유와 결정론, 동일과 차이, 통일과 다양성을 비롯한 많은 유사한 문제들을 다루지요.

한편, 이슬람철학은 동서양 사이의 지리, 문화, 지식 구간에서 활발히 발전해 왔기에 동서양 철학의 가교 역할을 담당할 수 있습니다. 사람들은 이슬람철학이 서양철학과 마찬가지로 엄격한 논리성, 추리성, 논증성을 가지고 있으면서 동시에 동양철학과 같이 사색적, 종합적, 직관적이며 지혜를 담고 있다고 여깁니다. 따라서 이슬람철학은 동서양 모두와 함께 건전하고 건설적이며 효과적으로 대화를 진행할 수 있습니다.

게다가 이슬람교는 일종의 보편종교로서 철학 교육을 장려합니다. 이슬람교의 경전인 『코란』에 따르면, 신성한 사자[1]들은 『코란』에 언급되어 있든 그렇지 않든 모두 최고의 스승이자 지혜의 화신으로서 "지혜를 품부 받아 많은 복을 지닐 수 있습니다."(코란, 2: 269) 따라서 경문과 사자를 믿는 것은 모든 무슬림의 마땅한 도리로서, 이들은 지식과 지혜를 추구하기 위해 노력해야 합니다.

문회 : 이슬람철학은 고대그리스사상 특히 아리스토텔레스사상의 영향을 깊이 받았습니다. 그래서 어떤 학자들은 이슬람철학은 고대그리스철학이 이슬람세계에서 재현된 것이라고도 말합니다. 여기에 동의하십니까? 현대 이슬람철학과 고대 이슬람철학은 어떤 차이가 있습니까? 혹은 이슬람철학이 현대세계에서 연구하는 주제와 방법론은 어떻게 발전 혹은 진전하였습니까?

다른 문명의 탐구를 위해 전례 없는 번역운동이 전개

---

1) 역자 주 — Rasūl, 이슬람교에서 신의 계시를 받은 사람.

아바니 : 『코란』에서는 신도들에게 언제 어디서나 지식(ilm)과 지혜 (hikmah)를 추구할 것을 지시했습니다. 그래서 무슬림들은 그 당시 자신들이 알고 있던 기타 문명, 예를 들면 그리스, 로마, 비잔틴, 페르시아, 인도 등을 탐구하기 시작했습니다. 이후 역사상 유례없는 위대한 번역운동이 일어났지요.

'지혜의 궁전'(Bayt al-Hikmah)이라 불리던 위대한 기관에서 거의 모든 과학적 분과와 철학의 위대한 저작들 및 그 주요 주석들이 훌륭한 번역자들(이들은 모두 시리아어를 할 수 있었고, 네스토리우스파 기독교도들도 있었습니다.)에 의해 번역되었습니다. 압바스 왕조의 칼리파 및 바르마크(Barmakids), 나와바디스(Nawbakhtis) 같은 페르시아 재상이 이를 전폭적으로 지지했지요. 최선의 사본을 구하여 최선의 교정본을 만든 다음 최선의 역자를 선정하여 번역을 진행하였고, 그 후 전문가가 이를 편집하였습니다. 이처럼 무슬림 학자들은 대량의 고대그리스 저작의 번역본을 장악하였습니다. 그래서 원본인 그리스어판은 소실되고 번역본인 아랍어판만 남아 있는 경우도 많습니다. 이 외에도 바라위어(중세페르시아어), 산스크리트어, 라틴어, 그리고 기타 몇몇 언어의 작품들도 번역되었습니다.

8세기에 발생한 이 위대한 번역운동은 거대하고 폭넓은 철학활동을 불러일으켰고, 무슬림들은 동시대의 다른 문명을 뛰어넘을 수 있었습니다. 무슬림이 매우 많은 그리스 경전을 번역하여 소유하고 있을 당시, 라틴어를 사용하는 서양에서는 아리스토텔레스의 논리학 두 편을 제외하고는 플라톤의 『티마이오스』 중의 일부와 포르피리오스의 『범주론 입문』(Eisagōgē)만이 번역될 뿐이었습니다. 그리스어를 사용하던 동방정교회는 교조신학적 논변에 빠져 있었지요.

알 킨디 : 200여 권에 달하는 방대한 저술 활동, 『지성론』은 아리스토텔레스 사상의 해석

서양의 일부 철학사가들은 이슬람철학이 고대철학의 재현이라고 주장하는데, 이러한 주장은 이슬람철학에 대한 인식 부족에서 기인합니다. 무슬림 철학자들은 그리스를 포함한 기타 문명이 선사한 거의 모든 철학과 과학의 문제들을 새롭게 사고하였습니다.

그 최초의 무슬림 철학자는 바로 알 킨디(al-Kindi)라고 알려져 있습니다. 신뢰할 만한 고대의 자료, 예를 들어 이븐 알 나딤의(Ibn al-Nadim)의 『백과전서 목록』(al-Fihrist)에 따르면 킨디는 200여 편의 작품을 저술했습니다. 그 중 대부분이 소실되었고, 현존하는 것은 여러 도서관에 흩어져 있는데 라틴어와 헤브루어 번역본도 일부 남아 있습니다. 이븐 나딤은 고대의 저명한 목록학자로 킨디 이후의 1세기 가량의 출판 현황을 모두 기록하였습니다. 그는 "킨디는 당대의 가장 박학한 학자였다. 모든 고대의 과학에서 유일무이한 인물이다.…… 그는 많은 종류의 과학 저작, 예를 들면 논리학, 철학, 기하학, 산수, 음악, 천문, 그리고 기타 학문에 관한 책을 편찬했다. 자연철학자 속에서도 그의 이름이 등장하는데, 그가 자연철학에 더욱 관심을 가졌기 때문이다"라고 하였습니다.

앞서 언급했듯이 킨디의 일부 작품은 라틴어로도 번역되었는데, 그 중 가장 중요한 작품은 『지성론』(Risalah fi'l-'aql)입니다. 라틴어로는 *De Intellectu*라고 번역되었습니다. 이 논문은 아리스토텔레스의 저작에 등장하는 '지성' 개념의 여러 함의들을 설명한 것입니다.

파라비 : 18편의 논리서, 다양한 언어를 구사, 음악에 정통, 덕성에 기초하지 않은 각종 사회를 상세히 분석

또 한 명의 위대한 인물을 꼽아 보자면 아부 나스르 무함마드 이븐 무함마드 알 파라비(Abū Naṣr Muḥammad ibn Muḥammad al Fārābī)가 있습니다. 통상적으로 알 파라비(Al-Farabi)라고 불립니다. 고대에는 제2의 스승(magister secundus; 아리스토텔레스가 제1의 스승)으로 불리기도 했습니다. 그는 모든 학문 분과에서 다양한 작품을 남겼는데, 뛰어난 지성과 예민한 비판성으로 분과 하나하나의 원칙을 세우고 윤곽을 그렸습니다.

파라비는 우선 위대한 논리학자였습니다. 그는 대략 18편의 논리학 저서를 썼습니다. 그가 언어철학의 정립자가 될 수 있었던 것은 그의 기독교 스승인 요나스(Matta ibn Yunus)와 저명한 아랍어 어법학자인 사라피(Sayrafi) 사이에 벌어졌던 장기간의 격렬한 토론 덕분입니다. 사라피는 아랍어 어법의 완성도 덕분에 사람들이 그리스와 아리스토텔레스의 논리학을 사용하지 않는 것이라고 단언했습니다.

파라비는 이슬람에서 가장 위대한 정치철학자이기도 합니다. 그는 이 분야에서도 중요한 저작을 여럿 남겼습니다. 『덕성도시국가 주민의 의견』, 『공민관리론』, 『행복의 획득에 관한 평론』, 『공민정부론』, 『덕성공동체론』, 『플라톤 법률편 개요』 등이 있습니다.

그는 다양한 종류의 사회를 분석하기도 했습니다. 오직 덕성사회에서만 행복을 얻을 수 있다고 본 만큼, 그는 덕성을 기초로 하지 않는 다양한 사회의 가능성을 하나하나 분석하여 이를 경계하고자 했습니다. 파라비는 덕성도시국가의 지도자 12가지 특징을 분류하였는데, 이 점이 바로 그를 위대한 성현, 더 정확하게 말하면 신성한 사자(Divine Messenger)에 반열에 오르게 한 것입니다.

이 외에도 그는 이론과 실천 모두에서 위대한 음악가였습니다. 그의 『음악에 관한 위대한 책』(al-Musiqa al-Kabir)은 의심할 여지없이 최고의 음악이론서입니다. 그는 70여 종의 언어에 능통했다고 여겨지는데, 과장된 측면이 있겠지만 최소한 여러 언어에 능통한 인물이었다는 것은 분명합니다. 파라비의 여러 저작은 라틴어로 번역되어 교과서로 널리 사용되었습니다. 『지성론』(De Intellectu)과, 훗날 스콜라철학의 동명 저작의 모델이 된 『학과 분류』(De Scientiis)가 대표적입니다.

이븐 시나 : 동서양에 자자한 명성, 아리스토텔레스를 능가하는 논리학자

이븐 시나(라틴명 아비센나, 980~1037)는 의심할 여지없이 이슬람교의 가장 위대한 철학자입니다. 그는 동서양 모두에 막대한 영향을 미쳤습니다. 그의 공헌은 너무 방대해서 여기에서 다 논할 수 없습니다. 그의 자서전에 따르면 그는 평생토록 단잠을 자 본 적이 없고, 낮에는 지식을 얻기 위해 최선을 다하는 것 외에는 아무것도 하지 않았다고 합니다. 그는 책을 읽으며 맞닥뜨린 문제 하나하나에 대해 문서를 준비하고 이를 해설하면서 "나는 이 문제를 증명할 수 있을 때까지 계속해서 문제의 전제조건을 사고하였다"라고 서술하였습니다. 이것이 바로 그가 초기 및 후기의 소요학파와 다른 이유이며, 단순히 아리스토텔레스와 관련된 작품을 쓰거나 평론을 남기는 번역자가 아니라 독립적 사고를 하는 철인인 이유입니다.

또한 이븐 시나는 역사상 가장 위대한 논리학자 중 한 사람으로, 매우 예리한 분석과 비판정신을 가졌으며 많은 중요한 문제에서 아리스토텔레스를 능가했습니다. 논리사가들은 아리스토텔레스는 논리의 중점이 명제였기 때문에 명제논리라는 이름이 붙었고, 스토아학파의 논리는 조건을 특히 강조했다고 평합니다. 이븐 시나는 이 명제논리와 조건논리를 매우 높은 수준으로 결합시켰습니다. 『치료론』(al-Shifa)의 논리학 제6장 제6편에서 그는 다음과 같이 말하고 있습니다. "여기에서는 조건적 명제와 그 조건의 삼단논법에 관해 논의하는 데 주력했다. 고향에 있을 때 나는 이미 이 문제에 대해 많이 알고 있다고 생각해서 그에 관한 책을 한 권 썼다. 이후 여행 중에 나는 부득이하게 모든 화물과 재산을 버려야만 했는데, 그때 이 책도 유실하고 말았다. 아마 내가 머물렀던 나라에는 이 책이 남아 있었을 것이다. 내가 논리학 분야에 종사한 지 18년이 지났을 때, 나는 한 권의 조건식에 관한 책을 입수하게 되었는데 이 책은 내가 아닌 근래의 가장 박식한 학자에게로 공을 잘못 돌리고 있었다. 더욱이 그 내용이 모호하고 공허하며 믿을 만한 것이 못 되어, 저자가 소기의 목적을 달성하지 못한 것으로 보였다.……"

이후 이븐 시나는 술어논리를 확장하게 되는데, 특히 시제논리와 양상논리에서 아리스토텔레스의 성취를 훌쩍 뛰어넘었습니다. 어떤 면에서는 심지어 현대의 시제논리와 양상논리를 뛰어넘은 부분도 있습니다.

이븐 시나 : 가장 난해한 형이상학의 공리화를 시도, 『치료론』, 『동방철학』, 『의전』 등의 작품이 세전

이 외에도 이븐 시나는 절대적 과학방법론의 원칙을 정립한 최초의 철학자입니다. 그는 논리학의 공리를 통해 모든 과학의 공리화를 성공적으로 이루어 냈습니다.

20세기의 가장 위대한 철학 문제 중 하나는 유클리드 기하학이 시도했던 것처럼, 산수를 과연 공리화 할 수 있는가 하는 문제입니다. 하지만 30년간의 고된 노력에도 불구하고 유클리드 기하학에서는 단지 몇 개의 부분적이고 파편적인 법칙만을 완성시켰을 뿐입니다. 기하학을 공리화하는 것은 기하학 자체가 아니라 논리학입니다. 다른 명제로부터 하나의 명제를 추론해 내어 공리를 만들고, 이런 과정을 거쳐 모든 과학을 공리화하는 것이지요. 이러한 방법을 사용하여 이븐 시나는 공리화가 가장 까다로운 형이상학까지도 공리화하는 데 성공하였습니다.

만일 아리스토텔레스의 형이상학을 잘 이해하고 있다면 이븐 시나의 이 업적을 쉽게 알아차릴 수 있을 것입니다. (공리화에 관한) 그의 성과는 14권의 책($\alpha \cdot \beta \cdot \gamma$……)과 『치료론』의 '형이상학'에 분포해 있습니다. '형이상학'은 두 가지로 구분됩니다. 일반형이상학과 특수형이상학입니다. 일반형이상학이 다루는 것은 본질의 문제 및 그 속성으로 후에 크리스티앙 볼프는 이를 '본체론'으로 명명했습니다. 특수형이상학이 다루는 것은 신과 그 속성, 신정론 문제, 실천철학과 종교의 형이상학적 원칙 등입니다.

이븐 시나는 그의 저작 『치료론』(al-Shifa)의 서론에서 보통의 철인들을 위해 이 작품을 썼다고 하면서, 소요학파 동료들의 철학 교의에 근거하여 이를 더 향상시키고 체계화시켰으며 결점과 부족한 부분을 보충하여 개선했다고 밝혔습니다. 하지만 이븐 시나는 다시 첨언하기를, 혹시 자신의 철학을 더 깊이 이해하기를 원하는 사람들을 위해 『동방철학』(al-Hikmah al-Mashriqiyya)을 써서 자신의 철학관을 서술했다고 하였습니다. 이 책의 서문에서 이븐 시나는 아리스토텔레스 이후의 소요학파가 아리스토텔레스를 억측하여 정론으로 만들었다고 비판하면서, 이러한 관점을 교리학(Kalam)의 가장 광적인 파벌에 비유하기도 했습니다. 아리스토텔레스 본인은 그 어떤 선입견도 지니지 않았으며, 철학의 요점만을 서술하고 타인이 자신의 철학을 완성시켜 줄 것을 바랄 뿐이었다는 것입니다. 한편 이븐 시나는 아리스토텔레스가 "많은 비그리스적 자원"의 덕을 입었다고 주장했습니다.

불행한 것은 그의 동방 계열 저작이 몇 권 남아 있지 않다는 것입니다. 그가 세상을 떠날 무렵에 원수인 가즈나(Ghaznavid) 왕조의 마흐무드가 이스파한의 성읍을 약탈했는데, 이때 그의 집 또한 병사들에게 약탈당해서 『중재의 서』(Kitab al-Insaf) 20권을 포함한 그의 최신 작품들이 모두 소실되고 말았습니다. 이 책은 동서양 철학자들이 다룬 수천가지 문제에 관해 평결을 내린 작품입니다. 현재 남아 있는 그의 동방 계열 작품들은 다음과 같습니다. 『사랑론』(Risalah fi'l-Ishq)은 본체론, 우주론, 인류학 및 신비주의적이고 상징적인 낭만 이야기들을 담고 있습니다. 『새에 관하여』(Risalat al-Tayr)와 『하이 이븐 야크잔』(Hayy ibn Yaqzan), 그리고 『권유론』(al-Isharat)의 형이상학에 관한 최후의 몇 장은 그의 철학적 라이벌이었던 라지(Razi)를 참고하여 무슬람 수피들의 정신경지에 초점을 맞춘 것으로, 수피파를 고찰하는 가장 훌륭한 형이상학적 설명입니다.

그는 위대한 의사이기도 했습니다. 그의 의학 대작 『의전』(al-Qanūn)은 동양(중국과 인도를 포함하여)과 서양의 의학에 모두 깊은 영향을 주었습니다. 유럽에서 그의 라틴어판이 의학 교과서로 채택되었고, 구텐베르크(Gutenberg)가 활자를 발명한 뒤 두 번째로 인쇄한 책이 바로 이 책입니다.(『성경』이 첫 번째.)

아비로이 : 아리스토텔레스의 모든 작품을 주해, 중세와 르네상스에 영향

이 외에도 이븐 루시드(Ibn Rushd, 라틴명 아비로이)를 빼놓을 수 없습니다. 이븐 루시드는 서양에서 '주석가'로 불립니다. 그는 아리스토텔레스의 모든 작품에 단문, 중문, 장문으로 주석을 남겼습니다. 그의 작품들은 라틴어로 번역되어 서양의 중세와 르네상스시기의 철학부흥에 지대한 영향을 미쳤습니다.

이슬람문화의 과학과 철학 저작들은 기독교인들의 손에 넘어간 뒤 톨레도(Toledo)로 들어갔고, 다시 시칠리아를 비롯한 이탈리아를 중심으로 라틴어로 번역되어 유럽 암흑시대 이후의 학술부흥을 불러일으켰습니다. 나아가 대학의 성립(첫 번째는 노트르담 성당, 옥스퍼드, 케임브리지)이 유럽 각지에 보편화되면서 고대그리스의 학문이 되살아날 수 있었던 것도 이슬람의 주석서들 덕분이었습니다.

서양세계에 전파된 이슬람의 과학과 철학은 서양의 과학과 철학사 책들에서는 부분적으로만 인정받고 있습니다. 불행한 것은 대부분의 책들에서 이슬람철학이 이븐 루시드의 죽음과 함께 종말을 고했다는 완전히 잘못된 주장을 펴고 있다는 점입니다. 실제로는 이러한 평가와는 정반대로 이븐 루시드의 시기부터 페르시아인의 땅에서 이슬람철학은 서서히 번영이 시작되고 있었습니다.

수흐라와르디 : 조명학파의 정립자, 서양철학의 개념을 바꿀 수 있는 현존적 지식이론

조명학파(the school of Illumination)의 정립자인 수흐라와르디(Suhrawardi)는 이븐 루시드와 동시대의 인물입니다. 그는 소요학파가 논리학, 자연철학, 인식론, 본체론, 신학 등의 여러 분야의 많은 문제들을 바꾸어 놓았다고 비판했습니다. 그는 실재(reality)에 대한 접근 및 진리 획득의 방법론에 근거하여 철학가에 대한 분류를 진행했는데, 가장 하위에 둔 철학자가 바로 아리스토텔레스와 같은 소요학파 철학자들이었습니다. 수흐라와르디는 철학의 개념에 대해 근본적인 변화를 시도하였습니다. 자연의 원리가 그리스어로 말해진다는 서양 철학적 관점과는 반대로 수흐라와르디는 이를 반박하면서, 지혜의 빛은 모든 마음에서 많든 적든 빛나고 있으며 진정한 신은 다른 민족의 지혜를 빼앗거나 그리스인에게만 정을 베풀지는 않고 지혜와 은총을 후하게 베풀 것이라고 하였습니다.

수흐라와르디의 철학은 빛의 이론에 기초하고 있습니다. 그에게서 철학은 빛 그 자체로 정의됩니다. 철학은 다른 사물을 밝혀 주는 것이지요. 물리의 빛은 우연적인 것입니다. 모든 물체가 모두 빛을 내는 것은 아니기 때문이지요, 그리고 물리의 빛은 육신 속에 존재합니다. 실재의 빛은 인간의 영혼입니다. 이는 자신에게서 분명히 드러나고 자신이 쉽게 파악할 수 있습니다. 이 빛은 다른 모든 사물을 밝혀 자신에게 드러날 수 있도록 해 줍니다. 인간의 영혼은 스스로 현존하면서, 개념을 통해서가 아니라 그 자신을 직접적으로 인식합니다. 수흐라와르디의 현존적 지식이론이 정확하게만 이해된다면 시대의 한 획을 그을 것이며, 인식론의 많은 신비한 문제들을 해결할 수 있습니다. 물리적 빛과 실재의 빛은 모두 신의 빛(the Divine Light)에 의해 존재합니다. 신의 빛은 자신 안에 담겨져 있으며 그 자신을 목적 및 원인으로 합니다. 수흐라와르디에게서 동양은 광명의 근원을 상징하며 서양은 어둠의 근원을 상징합니다.

철학은 교의학파(mutakallimun)로부터, 특히 아슈아리파, 즉 아슈아리의 추종자들로부터 맹렬한 공격을 받았습니다. 그 대표 인물이 바로 가잘리(Ghazali)입니다. 당시에 셀주크 왕조는 이슬람 동부에 다양한 대학을 건립하였는데, 그곳에서 모든 과학과 철학 강의를 금지하였습니다. 가잘리는 각종 책과 논문에서 철학자들을 몰아냈고, 수학과 자연과학 강의를 금지시켰습니다.

이러한 상황은 이븐 시나의 추종자들에 의해 겨우 구제받을 수 있었습니다. 바마니아(Bahmanyar), 로카리(Lawkarī), 유명한 시인이자 철학자인 오마르 하이얌(Omar Khayyam; 위대한 성인, 수학자이자 천문학자, 오늘날 이란인들은 그의 생일을 기념합니다.), 수흐라와르디와 이후의 나시르 딘 투시(Nasir al-Din al-Tusi)가 그들입니다.

이란의 철학 현황 : 서양철학과와 어깨를 나란히 하는 이슬람철학과

긴 이야기를 짧게 정리하자면, 이란 땅에서는 많은 다양한 철학유파가 출현하였습니다. 우선 이븐 아라비(Ibn Arabi) 학파가 있습니다. 이 학파의 구성원들은 대부분 페르시아인들이었습니다. 반면 물라 사드라(Mulla Sadra) 학파는 오늘날에도 여전히 추종자가 많습니다. 간단히 말해 하나의 제국이 성립되면 그 수도는 머지않아 이성과 과학 전파의 위대한 중심이 되기 마련입니다. 따라서 우리는 호라(Horasan), 이스파한(Esfahan), 마라하(Maraghah), 타브리즈(Tabriz), 쉬라즈(Shiraz), 사지와르(Sabziwar), 쿰(Qom), 테헤란(Teheran)의 학파를 이야기할 수 있게 되었습니다. 테헤란이 이란의 수도가 되자 성현들이 이 도시에 모여들었고, 결국 철학의 중심이 되었습니다. 최근에 들어서 테헤란은 "천 명의 성인들의 도시"(shahr-i hizār ḥakīm)라 불리고 있습니다.

이란은 이슬람세계에서 유일하게 철학이 계속 번영해 온 국가입니다.

이슬람철학은 종교계는 물론이고 최근에는 대학에서도 강의되고 있습니다. 이란은 현재 서양철학과와 비슷한 숫자의 이슬람철학과를 보유하고 있습니다. 서양철학과 이슬람철학의 절묘한 결합은 많은 청년학자들과 철학자들에게 새로운 시야를 열어 주었습니다.

【중국철학 그리고 세계철학대회를 바라보다】

문회 : 철학과 세계와의 관계를 어떻게 이해하고 계신지 모르겠습니다. 서양문명 속에서 파생되어 출현한 근대성의 힘은 근현대 이래 전 세계에서 매우 강세를 보였습니다. 하지만 최근에는 많은 문제와 맞닥뜨리고 있지요. 예를 들어, 이슬람원리주의와 근대성은 일종의 공모관계에 있습니다. 이슬람세계는 어떻게 세계화, 세속화, 근대화라는 도전을 대하는지, 이슬람철학이 현대세계에서 어떠한 역할을 담당할 수 있을지, 이슬람세계가 독특한 근대화의 길을 걸어갈 수 있을지에 대해 말씀 부탁드립니다.

철학은 지혜에 대한 추구, 주관적인 철학을 고집해서는 안 돼

아바니 : 말씀하신 것처럼 근대주의는 많은 어려움에 처해 있습니다. 근대주의는 동양문명에 충격을 주면서 많은 위기와 곤경을 몰고 왔습니다. 위대한 성인들과 신성한 종교들이 모든 사람들을 위해 만든 보편적인 원칙에서 벗어나 버렸고 철학(지혜의 사랑)이 지혜와의 연결을 잃어버렸다는 사실이 그것을 말해 주고 있지요.

현대의 과학 역시 그러합니다. 현대과학은 순수하게 기계적이고 도구적이며 파괴적입니다. 전체 우주를 지배하는 영원한 지혜와 하늘의 운명으로부터 멀어졌지요. 특히 지금 시대에는 주관주의가 철학에서 지고지상의 지위를 점하고 있습니다. 모든 철학자들이 진리를 파괴한 채 진리의 단편만을 주관적인 칠판에다 쓰고 있습니다. 심지어 일부 종교철학자들 가운데서도 불가지론자, 회의론자, 심지어 무신론자인 경우가 있습니다. 이 역시 상황을 더욱 곤란하게 만듭니다. 철학 또한 그 본질과는 반대로 교조적으로 변했고, 서로가 서로의 말을 경청하려 하지 않습니다.

문회 : 이번 대회의 주제인 "학이성인"을 어떻게 보십니까?

학이성인 : 지혜의 학문인 철학의 주요 목표, 모든 종교의 주요 목표이기도

아바니 : "학이성인"은 그야말로 가장 적절한 주제가 아닌가 합니다. 학이성인은 중국철학, 특히 유가철학의 핵심이자 정수입니다. 지혜의 학문의 주요 목표이면서 모든 종교의 주요 목표이기도 합니다. "학이성인"은 자아의 현실태를 인식하고 이를 길러 나가 완성에 이르게 하는 것을 뜻합니다. "학이성인"의 의미를 제대로 이해하기 위해 다른 종교나 공인된 전통의 도움을 받을 수도 있습니다. 예를 들어, 이슬람의 한 선지자는 이렇게 말했습니다. "자기 자신을 인식해야만 진정으로 참된 주를 인식할 수 있다." 이는 자아인식의 문제는 세계의 근본원리에 대한 인식의 문제와 분리될 수 없음을 의미합니다. 소크라테스는 그리스철학의 연구 중심을 우주에서 인간 자신으로 돌려놓았습니다. 그는 델피 신전의 잠언인 "너 자신을 알라"를 철학의 좌우명으로 삼았습니다. 그가 사용한 철학의 기술은 '산파술'이었는데, 이는 철학이 자아의 정신을 정성스럽게 길러 낸다는 의미를 지니고 있습니다. 이를 통해 정신의 위기를 피하고자 했지요.

무슬림 성인들과 위대한 수피의 성도들은 자아수련을 매우 중시했습니다. 정신의 길에 서서 최종적으로는 사랑과 합일을 이루었습니다. 예를 들어, 위대한 수피의 시인인 루미는 동시대 학자들이 외재적인 과학에 지나치게 관심을 쏟은 나머지 미덕을 길러 자기인식을 실현한다는 이념을 저버렸다고 비판했습니다. 그는 "자신의 가치를 제대로 인식하지 못하는 사람은 어리석은 자이다"라고 했지요.

소크라테스는 우주론에 관심이 없음을 자부했지만 대부분의 동양전통에서는, 심지어 플라톤에게서조차도 자기인식은 우주론과 서로 분리될 수 없습니다. 일반적으로 그리스 철학자들은 인간은 작고 세계는 크다고 여겼습니다. 하지만 무슬림의 성인들은 이와 반대입니다. 인간이 바로 창조의 최종 목적이기 때문입니다. 인간은 모든 신성한 이름의 소유자이며, 신의 형상으로 창조된 존재입니다. 『코란』에 따르면 참된 주는 그의 정신을 인간의 신체에 주입시켜 놓았습니다. 그래서 수피주의의 대스승인 이븐 아라비는 "완전한 인간이 존재하지 않는 세상은 영혼 없는 몸과 같다. 완전한 인간이 바로 세상의 정신이다"라고 말하기도 했습니다. 두말할 필요도 없이 역사상 지금 이 시대만큼 비인간적인 시대는 없었습니다. 중국의 위대한 성인 노자가 "시대의 끝에서 고귀함은 비천함으로 변하고 모든 형상은 거꾸로 뒤집힌다"라고 한 것이 떠오르는군요. "학이성인"은 현재의 인간이 처한 난관에 더없이 적합한 주제인 것 같습니다. "학이성인"이라는 주제의 선택이 매우 적절했음을 다시 한 번 강조하고 싶네요. 만약 우리의 풍부한 문화유산에 도움을 청하지 않는다면 지금의 곤경에서 벗어나기는 어려울 것 같습니다.

문회 : 최근 여러 차례 중국을 방문하셨습니다. 학술토론회에 참가하거나 북경대학교 고등인문연구원에서 강좌를 진행하기도 하셨는데요, 중국철학에 대한 통찰과 깨달음이 분명 있으실 것 같습니다. 현재 중국의 전통철학 연구 역시 창조와 혁신이라는 문제에 마주하고 있습니다. 중국철학의 발전 추세에 대해 어떤 생각을 가지고 계십니까? 중국철학 혹은 중국문명에 대해 얼마나 이해하고 있으며 어떤 기대를 가지고 계신가요?

중국철학이 자신의 문화적 정체성을 발견하고 회복하기를 희망

아바니 : 중국, 인도, 이란 등 동양 국가들은 유구한 전통을 지니고 있으며,

성인의 지혜에 의해 지탱되고 있습니다. 나는 우리가 어려움에서 벗어날 수 있는 유일한 길은 자신의 문화적 정체성을 발견하는 것이라고 생각합니다. 이는 모방을 통해서가 아니라 진정한 각성과 부활을 통해서만 가능합니다. 중국철학의 내용은 지극히 풍부합니다. 이슬람, 인도 등 기타 현명한 전통과의 만남과 대화를 통해 다시금 활력을 불어넣을 수 있습니다. 장엄하고 신성한 개인과 공공의 정체성을 회복함으로써 서양으로부터 물려받은 현대의 위기들을 극복할 수 있을 것입니다.

앞에서 말한 것과 같이 45년 전 나는 중국의 스승들에게서 『역경』, 『도덕경』, 자연철학 등을 배웠습니다. 따라서 중국 고전철학에 비교적 익숙합니다. 이즈츠 교수가 이란철학연구소에 있으면서 불교 선종에 관한 저서 한 편을 출판하였는데, 나는 이러한 저서들과 학교 도서관에서 얻을 수 있는 많은 자료들을 통해 중국철학에 대한 이해를 높여 나갔습니다. 나세르(Seyyed Hossein Nasr) 교수가 이란철학연구소의 업무를 담당했을 당시 이즈츠 교수와 다른 연구자들을 위해 대략 천 권 가량의 중국 서적을 제공한 적이 있는데, 나 역시 백 권이 넘는 엄선된 중국의 역사 및 각종 철학유파들에 관한 영역본들을 받을 수 있었습니다. 이 책들을 보면서 중국인들은 자신의 귀중한 역사적 유산을 사랑한다는 것을 다시 한 번 느낄 수 있었습니다.

글 ‖ 석영택石永澤(연합인터뷰팀)

로저 에임스
Roger T. Ames

철학 최후의 종착역은 진리가 아니라 지성의 대화

중서비교철학, 중국철학 전문가

로저 에임스

인터뷰이 : 로저 에임스(Roger T. Ames; 중문명 安樂哲), 이하 '에임스'로 약칭
(북경대학교 인문석좌교수, 베르그루언[Berggruen] 펠로우십 학자,
하와이대학교 명예교수)

인터뷰어 : 왕혜령王惠靈(내몽고대학교 철학부 강사), 이하 '문회'로 대칭

인터뷰 일시 : 2018년 5월 30일(대면 인터뷰)

5월 이후 에임스 교수가 거리로 나오면 캠퍼스 안팎의 많은 사람들이 그를 알아본다. 북경대학교 개교 120주년을 기념하는 TV 뉴스의 한 토막에 출연한 덕분이다. 당시 71세의 에임스는 짧은 인터뷰를 통해, 중국철학이 세계로 뻗어나가 서양인들이 중국을 더 잘 이해할 수 있도록 하겠다고 자신의 사명을 밝힌 바 있다.

　　토론토에서 출생한 그는 미국에서 장기간 교편을 잡았다. 그의 학술 여정은 자못 전기적인 색채를 풍긴다. 18세부터 중국철학에 관심을 갖기 시작한 뒤 미국, 캐나다, 일본, 영국, 홍콩, 대만 등을 전전하며 노사광勞思光, 방동미方東美, 라우(D. C. Lau), 그레이엄(A. C. Graham) 등 중국과 외국의 걸출한 스승들에게서 사사했다. 에임스 교수는 중국 고대경전 번역 분야에서도 지대한 공헌을 했다. 그의 영역본 작품에는 『손자병법』, 『논어』, 『중용』, 『도덕경』, 『효경』 등이 있다. 이 번역본은 국내외로 널리 퍼져 나갔다. 또한 중서철학 비교연구에 매진하면서 각 철학을 '원래의 맛' 그대로 이해하고자 노력하였다. 그는 서양인의 중국문화에 대한 각종 '오해'를 해소하고자 시도하였으며, 이를 인정받아 중국 학교와 문화부 등으로부터 '회림문화상'(會林文化獎), '공자문화상'(孔子文化獎) 등의 각종 영예를 얻기도 하였다. 재학 시기에는 함께 공부하던 멤버인 홀(David Hall), 로즈문트(Henry Rosemont Jr.) 등과 함께 '일다불분一多不分'이라는 이름의 공동체를 꾸리고 중서사상 비교연구에 관한 3부작을 남기기도 하였다. 몇 해 전에 그가 제시한 '유가 역할윤리학'은 학계에 많은 생기를 불어넣어 주었다. 이는 에임스가 국내외 많은 동료 학자에게 주목받는 계기가 되어 주었다.

　　하와이대학에서 은퇴한 그는 2017년 9월 북경대학 인문석좌교수로 부임하였다. "나의 가장 큰 성과는 40여 명의 제자들입니다. 그들이 제일 중요합니다. 한평생 가르친 제자들이 세계 곳곳에 포진해 있다는 것, 그것이 내 행복입니다." 2017년 11월 그의 생일을 맞아 제자들이 북경에 운집했다. 제자들과 함께했던 그 순간의 행복감은 "남들이 뭐라든 내 갈 길을 가겠다"는 그의 신념을 더욱 견고하게 해 주었다.

호화호특呼和浩特시에서 출발하여 나는 밤새 기차를 타고 새벽에 북경에 도착하였다. 기쁜 마음으로 에임스와 재회했고, 잊지 못할 대화들을 나누었다.

【철학과의 인연 그리고 궤적】

문회 : 미국에서 생활하면서 장기간 교편을 잡으셨습니다. 미국을 제2의 고향이라고 말할 수 있을 텐데요. 북경대학교에 온 뒤부터의 이 '제3의 고향'이 선생님의 작업에 새로운 활력을 불어넣을 수 있을 것이라고 생각합니다. 본인의 학문 여정을 되돌아본다면 어떻게 평가할 수 있을까요?

18세부터 시작한 철학 연구, 일생동안 '가장 사적인' 작업에 종사

에임스 : 나는 철학 연구에 종사하는 것은 '가장 사私적인' 일이 아닐까 생각합니다. 이 작업은 항상 '자신'을 사고하여 '자신'을 향상시키려는 일이니까요. 한 사람의 철학 선생으로서 나는 책을 읽고, 글을 쓰고, 젊은이들과 문제에 대해 토론합니다. 항상 반성하고 소중히 여길 줄 아는 삶을 살고 있지요.

한평생을 돌아보면, 과거에는 "너는 기만자야, 이런 삶을 살아서는 안 돼"라는 말을 들을까 걱정도 했습니다. 겉보기에는 우리 같은 사람들이 "아무것도 하지 않으면서" 적지 않은 월급에 별 어려움 없이 살아가는 것처럼 느껴졌기 때문입니다. 그래서 지극히 이기적인 차원에서 "철학자의 수가 너무 많아지면 이런 삶을 누릴 수 없으니, 철학자들이 너무 많아지지 않으면 좋겠다"라는 생각을 하기도 했습니다. 윌리엄 제임스(William James)는 "철학이 빵을 구워 주지는 못한다"라고 했는데, 당시에는 나 역시도 철학 작업을 일종의 '사치'라고 생각했던 것 같습니다.

철학과의 인연은 내가 18세가 되던 해에 시작됩니다. 나는 홍콩에 교환학생으로 가게 되었는데, 그때가 내 인생의 첫 전환점이었습니다. 당시 나는 외국 학생(비교적 독립적)과 중국 학생(비교적 어리고 노는 것을 좋아함)들의 특징에 크게 차이가 난다는 것을 발견했습니다. 서로를 '이해하지 못하는' 그런 느낌이었지요. 그때부터 시작해서 "이 둘을 서로 이해시켜 보자"는 목표를 세웠습니다.

이제 나는 벌써 일흔이 다 되었습니다. 과거 42년간의 세월을 되돌아보면, 우선 마흔 명이 넘는 박사 제자를 배출했는데 그들은 세계 각지에서 교직을 수행하고 있고 자신들만의 사고를 지니고 있습니다. 마치 '할아버지'와 같은 존재가 되었다고 할까요. 많은 '자식들'이 생긴 셈이지요. 그들의 학문적 성과를 볼 때마다 만족과 위안을 받습니다. 나 자신의 학문에 대해 감히 이야기해 보자면, 중국 고전문헌을 영어로 번역하는 일에 주력했습니다. "그들이 스스로 말하게끔 만들었다"라고나 할까요. 이를 통해 서양의 용어로 중국사상을 독해하려는 시도를 뒤집고자 했습니다. 이 부분이 스스로 가치 있다고 생각하는 부분이며 내가 항상 매진하고 있는 방향입니다.

국제적 학자의 양성을 위해 북경대학에 새로운 비교철학 수업 개설

다음 학기에 북경대학교에서 『중국철학 고전의 영문번역 연구』라는 과목을 개설할 예정입니다. 지금 교재를 준비 중이지요. 중국 고전저작의 중문과 영문 대조본도 넣을 것이고, 앞부분에서는 고전 텍스트의 해석적 문맥(Interpretive context)을 밝혀서 그 문화적 의미를 더 잘 독해할 수 있도록 하려고 합니다. 대략적인 책의 내용은 이렇습니다.

한 사람의 선생으로서 나의 목표는 학생들이 비교철학적 입장에서 철학을 공부하고 이해하는 것을 돕는 것입니다. 이들이 국제적인 시각을 가진 학자로 발돋움할 수 있도록 함께 책을 읽어 나가고자 합니다. 따라서 이 수업의 취지는 학생들이 중국어로 중국철학을 말할 수 있도록 하는 것 외에, 영어로 중국철학을 토론하고 설명할 수 있도록 하려는 것도 있습니다. 이는 매우 중요합니다. 북경대학교는 국제화된 대학입니다. 여기서 배출된 인재들이 세계 각지로 나아가게 됩니다. 이들이 각지에서 각각의 외국어로 세계인들에게 중국철학 본래의 맛을 소개해야 합니다.

앞으로 이어질 구체적인 작업들은 중국 학자들의 국제화를 돕고 중국문화와 중국철학이 세계로 나가는 것을 돕는 일들입니다. 개인적으로는 중국인에게 "중국인이 듣고 싶어 하는 말"을 강의하는 것이 아니라 국제화의 길을 가려고 합니다. 중국은 자신의 지위에 서서 자신의 목소리를 내야 합니다. 이렇게 해야 근본적으로 중서 간의 소통과 이해가 가능해질 것입니다. 이는 중국만을 위한 것이 아니라 외국을 위한 것이기도 합니다.

【철학사상과 업적】

문회 : 선생님의 가장 대표적인 학문적 관점에 대한 소개를 부탁드립니다.

로즈문트과 내가 공동으로 제시한 '역할윤리', 중국철학이 '자신의 말을 하도록' 만드는 것이 목표

에임스 : '역할윤리'는 로즈문트(Henry Rosemont) 교수와 내가 공동으로 제시한 새로운 개념입니다. 이는 "중국이 자신에 대해 말하도록" 하려는 것으로서, 여기에서는 '특색 있는 어휘체계'가 매우 중요하게 작용합니다. 로즈문트와 나는 항상 언어철학적 문제에 관심을 가졌습니다. 우리는 비효통費孝通, 당군의唐君毅, 노사광勞思光 등 중국 전통사상가들의 발걸음을 따랐습니다. 하지만 동시에 곽제용郭齊勇이나 진래陳來 같은 현대사상가들의 문제제기와 지적에도 주의를 기울였습니다.

사실 나의 학문적 성과는 이들과 분리될 수 없습니다. 비록 이들이 나를 자주 비판하기는 하지만 말입니다. 이러한 비판은 주로 우리들 사이의 언어의 '장벽' 때문에 발생합니다. 예를 들면 곽제용은 나의 생각이 '국한적'이라고 지적한 적 있습니다. 그런데 첫째, 나는 유학이 보편적이라고 생각하지 않습니다. 둘째, 유학은 하나의 궁극적인 관심 목표를 지니는 것이 아니라고 생각합니다.

현재 많은 사람들이 중국어의 '普適'(보편)을 영어의 'Universal'에 대응시킵니다. 하지만 'Universal'이라는 말은 본래부터 '궁극성'(Ultimacy · Final End)이라는 함의를 내포하고 있습니다. 특히 신(God)이라는 개념이 두드러지지요. 이는 중국어의 의미 속에는 존재하지 않습니다. 중국에는 '신'(God)이라는 개념이 존재하지 않기 때문입니다. 중국어에서의 '궁극'은 일종의 '최적화', '최대화', '최선의 효과 상태'라는 공생체계(Optimizingsymbiosis)를 말합니다. 가장 최적화되고 조화된 상태이지요. 따라서 중국어의 의미로만 '普適'이라는 단어를 사용하는 것은 문제가 안 됩니다만, 이를 서양전통에 가져다 붙인다면 오해가 발생하게 됩니다. 따라서 서로 큰 차이가 있는 서양의 관념과 중국의 관념을 견강부회 식으로 함께 엮어서는 안 된다고 봅니다.

문회 : 중서철학의 비교연구에 장기간 종사하고 계십니다. 이러한 시각에서 철학에 대해서는 어떤 이해를 가지고 계십니까?

철학의 현대적 사명 : 지식론에서 '사회적 지혜'로 복귀해야

에임스 : 내가 추구하는 철학의 방향성의 모범이 되는 사람은 바로 존 듀이(John Dewey)입니다. 듀이 역시 동양을 방문한 적이 있습니다. 우선 일본에 갔다가 후에 중국에 왔었지요. 그는 『철학의 재구성』(*Reconstruction in philosophy*)이라는 책을 썼는데, 여기서 아주 명확하게 '철학자의 방식'에 대해 비판을 가했습니다. 철학자 또한 '보통사람들'의 문제제기와 마주해야 한다는 것이지요. 철학자들의 책임이 단순히 기술적인 철학 문제를 다루는 것에만 있지 않고, 일상생활의 문제에도

있다는 말입니다. 나는 미국철학의 실용주의사상을 고찰해 왔는데, 그 핵심이 되는 문제가 바로 "철학은 어떻게 삶을 변화시키는가?"(What difference does it make?)라는 것입니다. 나는 현대사회에 사회적 지성 (Social intelligence)이 필요하다고 생각합니다. 현대세계에는 수많은 문제들이 존재합니다. 지구온난화, 식품안전, 수질오염, 전염병의 창궐, 환경파괴, 소득불평등과 같은 각종 문제들이 있습니다. 바로 이때, 인간은 철학을 통해 이 문제들을 대할 필요가 있습니다.

문회 : 그러한 인류적 문제들을 철학적 문제라고 할 수 있을까요?

에임스 : 세계의 기아 같은 문제들은 사실 '문제'가 아닙니다. 그 문제를 해결하는 방법을 알고 있기 때문입니다. 과학과 과학기술은 이미 충분한 단계에 진입했습니다. 사실 마음만 먹는다면 당장에라도 문제를 해결할 수 있습니다. 따라서 우리의 문제들은 과학의 문제가 아니라, 바로 도덕의 문제이며 윤리학의 문제입니다. 도덕과 윤리학의 사고는 모두 철학이지요.

문회 : 철학은 현대사회에서 어떠한 역할을 담당해야 한다고 보십니까?

에임스 : 20세기 서양철학에서 제기된 내재적 비판은 추상적인 제2세계의 가설에서 니체의 담론으로 돌아와야 한다는 것이었습니다. 즉, 우리의 '몸'으로, 우리의 일상생활로 철학이 돌아와야 한다는 것을 말합니다. '사실'(The truth)만을 논할 것이 아니라 '나의 사실'(My truth)을 논해야 한다는 것이지요. 그 결과 20세기 서양철학은 일상으로 복귀하였습니다.

그런데 중국철학은 한 번도 일상생활을 떠난 적이 없습니다. 이것이 바로 중국철학의 특징입니다. 중국철학은 절대 추상적이고 시스템적인 사상이 아닙니다. 우리 인간과 인간의 관계, 가정의 문제들을 마주합니다. 학생과 선생, 개인과 그 조상과의 관계, 이 모든 것들이 일상생활 속의 관계일 수 있습니다.

문회 : 근대와 현대를 어떻게 구분하십니까?

20세기 서양 특히 유럽대륙철학의 특징은 지혜의 회복

에임스 : 둘은 큰 차이가 없습니다. 현대는 지금의 우리와 가장 가까운 시기를 말하고, 근대는 기술적 전환(Technical turn)을 기준으로 합니다. 20세기 서양철학의 가장 큰 특징은 '지혜의 회복'입니다. 철학의 '지식론'(Philo-episteme)적 경향을 뒤바꾸었지요. 플라톤과 아리스토텔레스의 시대에서부터 점차 서양철학은 '지혜에 대한 사랑'(Philo-sophie)이라는 맥락과 멀어져 갔습니다. 고대그리스가 '원칙', 즉 영원불변의 지식대상 같은 개념을 숭상한 것 역시 '형이상학적 사고'(Metaphysical thinking)입니다.

가장 추상적인 지식이 가장 실재적인 것이라는 이 교조적 원칙은 명백히 우리의 일상생활을 벗어나 있습니다. 일상생활이 없다면 지혜도 없습니다. 지혜란 실용적인 것입니다. 하지만 서양의 전통사상은 지식론으로 변모해서, 지식의 추구를 목표로 삼았습니다. 현재 대학의 철학과정 역시 지식론(Epistemology)일 뿐 '지혜론'(Philo-wisdom)과는 거리가 멉니다. 20세기 서양철학이 했던 자기성찰은 지혜를 회복해야 한다는 것이었습니다. 따라서 현대철학이 지니는 책임은 사회 지성을 이끌어 나가는 것이라 할 수 있습니다.

문회 : 철학자가 어떻게 사회를 이끌어야 할까요?

철학은 보편적 대상과 마주하여 일종의 책임을 진다

에임스 : 사람들은 종종 철학에 대한 '오해'를 가지고 있습니다. 철학을 전문적이고 단편적인 학습의 대상으로 여기는 것입니다. 그런데 모든 사람에게서 그 자신의 고유한 특수성을 드러낼 수 있는 부분은 바로 그의 철학, 사고, 가치에 내재해 있습니다. 따라서 철학은 '전문적인' 철학이 아닌 보편적인 삶의 측면에 존재합니다.

아주 전형적인 사례가 하나 있습니다. 우리는 화학을 공부하건 사회학을 공부하건, 최후의 학위는 모두 철학박사(Doctor of philosophy)입니다. 철학의 내재적 의미가 여기에까지 이르고 있지요. 즉, "사회가 어떤 모습으로 변하고", "물리학, 화학, 문학 등 각 분과의 가장 기본적인 이념은 무엇인가"라는 문제에 철학자가 답을 제시할 책임을 진다는 것입니다.

문회 : 만약 우리가 생활 속에서 철학을 배우고 이해할 수 있다고 할 때, '철학카페'라는 프랑스의 보편적인 현상에 대해서는 어떻게 생각하시나요?

철학의 최후 종착역은 '진리'가 아니라 '지성의 대화'

에임스 : 유럽의 매우 중요한 하나의 성취이며, 지혜를 추구하는 전반적인 사회현상이 구현된 결과라고 생각합니다. 미국의 최대 문제는 서민들이 철학과 분리된 상태에 처해 있다는 것입니다. 사회 곳곳에 그 부작용이 발생하고 있습니다. 특히 정치 분야에 미치는 영향이 크지요.

십 수 년 전, 나는 벨기에 루벤대학교 강연을 요청받았습니다. 당시 청중이 200명이 넘었습니다. 학생만 있었던 것이 아니라, 사회 각계의 사람들(법률가, 엔지니어, 자영업자 등)도 많았습니다. 하지만 이들 모두가 예외 없이 철학에 깊은 관심을 가지고 있었습니다. 철학이 대학 속의 단순 지식으로 머무르지 않고 사회의 보편적 수요로 자리 잡은 것입니다. 유럽의 이러한 모습에 나는 매우 탄복하였습니다. 철학자들의 생각 역시 매우 사회적입니다. 하지만 지금 미국 사회에서는 철학에 별 관심이 없습니다. 이러한 추세는 트럼프가 미국의 대통령이 된 이후에 더욱 분명해졌습니다. 사회(도덕 및 사상 교육)에 더욱 배타적인 가치가 유행하게 된 결과를 가져왔지요. 오직 자신만을 생각하는 이기주의가 사회의 유일한 목소리가 된 것 같습니다.

철학이 사회에 기여할 수 있는 최대의 공헌은 포용적인 지혜를 추구하여 인간이 직면한 현재의 어려움과 점점 복잡해지는 현실적 상황에 대응하는 것입니다. 작년 리차드 번스타인(Richard Bernstein)이 복단대학교를 방문하여 그와 함께 회의에 참가한 적이 있습니다. 그는 『객관주의와 상대주의를 넘어』(Beyond Objectivism And Relativism)라는 책을 썼습니다. 책에서 그는 철학의 최후의 종착역은 진리가 아니라 '지성의 대화'(Intelligent conversation)라고 하였습니다. 나는 철학자의 가장 중요한 책임은 토론에 참여하는 것이고, 마지막 순간까지 논리를 견지하는 것이라 생각합니다. 모든 철학자가 이러한 자각을 지니고 잘 준비해야 합니다.

【중국철학 그리고 세계철학대회를 바라보다】

문회 : 이번 세계철학대회의 주제 "학이성인"을 어떻게 이해하십니까?

서양은 인간의 개인주의에 대한 이해를 제공, 유학은 '인간'을 위한 두 번째의 선택지를 제시

에임스 : "학이성인"의 주제는 매우 선명한 중국적 특색을 지니고 있습니다. 매우 기대가 됩니다. 이번 회의에는 6000명이나 되는 사람들이 참가하는 것으로 알고 있습니다. 그 중 2000명 정도가 세계 각지에서 오고, 나머지는 모두 중국 본토의 사람들입니다. 중국철학에게 "자신을 말할" 기회가 주어진 것입니다.

현재 중국철학이 마주하고 있는 가장 큰 문제는 서양의 개념을 사용하여 중국의 사상을 설명한다는 것입니다. 그 원인은 19세기 후반 서양의 교과과정이 동아시아로 들어옴으로써 중국 자체의 언어체계에 거대한 영향을 주었기 때문일 것입니다. 따라서 지금 우리가 중국철학을 논할 때는 본체론, 윤리학, 형이상학 등 서양철학의 범주를 벗어나기가 힘듭니다.

지금까지 중국철학의 학자들은 대부분 서양의 개념을 사용해서 "철학이란 무엇인가"를 설명해 왔습니다. 사실 중국철학은 자신의 목소리로 말을 할 수 있는 힘이 있습니다. 이번 대회의 주제는 중국철학과 밀접한 관련이 있으며, 내가 지금 쓰고 있는 『유가 역할윤리』(*Theorizing Persons for Confucian Role Ethics*)와도 서로 관련이 있습니다. 만약 유학을 논하고자 한다면, 가장 먼저 논해야 할 것은 '인간'을 어떻게 이해하는가 하는 문제입니다. 유학이 현대세계에 기여할 수 있는 가장 큰 지점은 바로 서양의 개인주의 외에 인간 개념에 대한 제2의 이해방식을 제공할 수 있다는 것입니다.

문회 : "학이성인"은 영어로는 어떻게 번역해야 할까요?

후기 비트겐슈타인 사상과 중국 관념 속의 '인간' 개념의 유사성

에임스 : 일부는 학이성인을 "Learning to be human"(인간이기 위해 배운다)라고 번역하는데, 나는 이를 "Learning to become human"(인간이 되기 위해 배운다)라고 번역합니다. "Human beings"(인간임)과 "Human becomings"(인간됨)은 아주 좋은 구분입니다. Human beings은 하나의 개인이자 개체이며 스스로 그러한 존재, 이미 형성된 하나의 영혼입니다. 반면 Human becomings는 하나의 과정으로, 자기수양을 통해 우리는 하나의 인간이 될 수 있습니다. 전자는 배타적이지만 후자는 포용적입니다. Human beings의 잠재성은 순전히 하나의 개인에 내재해 있지만, Human becomings의 잠재성은 그 환경에 달려 있습니다. 바꾸어 말하면, 서양에서 '잠재'라는 개념은 직접적으로 '고유성'이라는 개념과 연결되지만, 중국문화적 맥락에서 '잠재'는 '관계성'으로 나타납니다.

문회 : 인지과학의 '실용주의적 전환' 역시 인간의 각종 관계성을 강조합니다. 이러한 발전 및 변화를 어떻게 보십니까?

에임스 : 현재 서양에서는 한창 유학적인 사상이 출현하고 있습니다. 예를 들어 조지 미드(George Mead)와 찰스 테일러(Charles Taylor)는 인간은 하나의 관계라고 하였습니다. 서양에서는 참신한 생각일지 모르지만 사실 이러한 사상은 진작부터 중국의 전통사상에 뿌리를 두고 있었습니다.

유학에서는 인간은 매순간 관계 속에 처해 있으며, 이 관계는 환원될 수 없는 것이라고 봅니다. 우리에게 개별적인 것은 없으며, 모든 것은 관계라는 것이지요. 우리의 생명은 피부 속에 있는 것이 아니라 세계 속에 있습니다. 우리의 가장 큰 문제는 '다리'와 '걸음'을 혼동하는 점입니다. 구체적으로 말해 '신체'(Body)와 '인간'(person) 사이의 관계를 혼동한다는 것이지요. 인간은 하나의 활동(Activity)이자 사건(Event)이지, 하나의 대상(Object)이 아닙니다. 오늘날, 앞서 말한 유학의 전통사상이 서양세계에서 점차 인정되고 중시되고 있습니다.

문회 : 활동(Activity)이라는 개념은 후기 비트겐슈타인의 '언어게임'을 떠올리게 합니다. 사실 후기 비트겐슈타인이 강조한 것 역시 '언어활동'이었습니다.

에임스 : 후기 비트겐슈타인과 중국 전통사상은 공통된 부분이 있습니다. 나는 머지않아 북경대학교에서 비트겐슈타인과 유가를 연결하는 수업을 열고자 합니다. 가족유사성(Family resemblances)이나 언어게임

(Language games) 등의 개념이 모두 유가와 관련이 있습니다.

문회 : 개념 자체로 말하자면 '가족유사성' 이론 내에는 어떤 모순이 존재합니다. 만약 가족유사성이 성립한다면 세계의 존재 모두가 서로 유사한 것이 되는데, 그렇다면 구분이라는 것은 어떻게 이루어지나요?

에임스 : 이러한 구분은 유비적(Analogy)입니다. 이 과정에서는 정지되어 있고 독립된 개체화(Individuation)의 방법을 사용하지 않습니다. 아리스토텔레스식의 공리화된 개체성(Principle individuation)은 일종의 본체론적인 본질로서, 이는 하나의 형상(Eidos)만을 지닙니다. 하지만 유가에서는 다른 가능성을 지니고 있습니다. 인간은 수양을 통해 구체화를 실현하게 되며, 개별적이고 특수한 인간으로 거듭나게 됩니다. 공자는 보통의 사람이 아니라 군자이자 인자仁者이자 성인으로, 하나의 특수한 인간입니다. 따라서 규범성을 지닌 개인이 됩니다. 학습을 통해 자신을 길러 나간다면 인간이 될 수 있을 것입니다. 이것이 바로 "학이성인"입니다.

문회 : 인간은 종종 좋고 나쁨의 구분이 있습니다. 어떻게 '나쁜 사람'의 존재를 이해해야 할까요?

'나쁜 사람'은 '군자'에 상대되는 '소인', '성인成人'의 기회를 상실

에임스 : 인간존재의 '대', '소'의 차이는 지극히 정상적입니다. 나쁜 사람은 소인이지요. 만약 교육을 받지 못하고 타인과 좋은 관계를 형성하지 못한다면 '소인'으로 향해 가게 됩니다. 중국에서 악(Evil)은 기회를 헛되게 상실하는 것을 의미합니다. 만약 어떤 사람이 대인이 될 수 있는 기회를 가졌는데도 불구하고 소인이 되려고 한다면 이것이 바로 '악'입니다. '악'은 정지되어 변하지 않는 성질의 것이 아니라,

하나의 결점입니다. 이에 대해 반드시 직접적인 처벌이 가해지는 것은 아니지만, 결점을 지닌 인간은 기회를 상실하게 됩니다. 규범성을 지니는 인간은 하나의 걸작품(Masterpiece)과 같습니다. "학이성인"이 바로 그 최종의 형태입니다. 만약 "왜 인간이 되어야 하는가?"라고 묻는다면 "하나의 개인이기 위해서"라고 답하겠습니다. 이는 자신으로부터 나오는 것이지 관계만을 의미하지 않습니다. 인간이 된다는 것은 개인이기 위함입니다.

문회 : 중국철학과 세계와의 관계를 어떻게 보십니까?

중국문명에서는 '무한게임'을 강조, 인간에게 필요한 '윈-윈'구조

에임스 : 제임스 카스(James Carse)의 '유한게임'과 '무한게임'의 구분이 이 문제를 이해하는 데 도움을 줄 것 같습니다. 예를 들면, 유한게임은 바둑과 같습니다. 하나가 시작되면 하나가 끝이 나며, 일정한 규칙이 있고, '승리'와 '패배'가 있습니다. 명백하게 폐쇄적 모형입니다. 만약 게임을 인간의 행위라고 한다면 우리의 '게임'은 교육, 상업, 외교관계 등 각양각색의 활동을 포함합니다.

현대사회에서 "승리가 아니면 패배"라는 유한게임(Winners-losers) 모형은 매우 보편적입니다. 이는 개인주의 이데올로기와 분리될 수 없습니다. 미국과 중국의 게임이 바로 이러한 형태입니다. 하지만 무한게임은 이와 다릅니다. 게임의 시작도 없고 끝도 없습니다. 그 목적은 관계를 강화하는 데 있으며, 이것으로 복잡한 세계와 마주하고자 합니다. 새로운 세계의 질서는 기존의 고정된 방식을 변화시켜 나가야 합니다. 우리의 가장 최종적 목표는 보다 훌륭한 삶을 성취하는 것이기 때문입니다. 따라서 현재 인간이 직면한 '딜레마' 상황에서 무한게임의 모형을 채택한다면 '함께 승리'할 수도 있고 '함께 패배'할 수도 있습니다. 지금의 경제적·정치적 국면(세계질서)과 개인주의, 그리고 상술한 국가

간의 관계 양상은 서로 분리될 수 없습니다. 이제 시대는 변화했고, 우리에게는 새로운 세계질서가 필요합니다. 이 새로운 세계질서는 중국사상 속의 "자신을 세우고자 하면 남을 먼저 세워라"[1]라는 정신과 일치합니다. 이는 바로 무한게임의 모형입니다.

따라서 우리는 유한게임 모형에서 무한게임 모형으로 넘어가야 합니다. '함께 승리'할 수 없으면 '함께 패배'하게 됩니다. 즉, 한 편이 살지 못하면 나머지 다른 한 편 모두 죽는다는 점을 깨달아야 합니다.

문회 : 중국철학은 이 과정에서 어떤 역할을 담당해야 할까요?

"생생불식"은 중국문명의 과정적 특징을 표현, 중국철학은 그 세계적인 지위를 지녀야 할 것

에임스 : 중국철학은 하나의 궁극적 답, 혹은 단번에 모든 것을 해결해 줄 답을 제공해 주지 않습니다. 대신 더욱 중요한 역할을 할 수 있습니다. 현재까지 200년간 중국은 자신의 '목소리'와 '위치'를 지니지 못했습니다. 중국은 자신의 자리를 찾고 그 자리에 서서 '자신의 말'을 해야 합니다.

20세기 초 듀이가 중국을 방문하여 북경대학교에 온 적이 있습니다. 하지만 당시에는 학자들이 듀이에 큰 관심을 갖지 않았습니다. 유럽의 신흥철학에 관심이 있었기 때문입니다. 칸트는 여전히 철학의 기준이었고, 칸트의 이론을 배우지 않으면 기준에 못 미치는 것이나 마찬가지였습니다. 당시 이러한 생각을 가진 사람들이 많아 중국의 철학연구는 유럽대륙철학의 패러다임을 그대로 답습했습니다. 하지만 20세기 중엽을 지나면서부터 서양철학은 칸트의 이원론, 즉 비개인적 이성 (impersonal reason)이라는 개념과 추상적 범주의 사고를 배척하고 과정

---

1) 역자 주 — 『論語』, 「雍也」, "夫仁者, 己欲立而立人, 己欲達而達人."

적 사유방식으로 전환하여 인간의 경험실천의 과정을 이해해 나가기 시작했습니다. 화이트헤드(A.N.Whitehead)와 베르그송(Henri Bergson)이 그 선두주자라 할 수 있습니다.

20세기 서양철학은 대체로 과정의 철학입니다. 현상학, 실용주의, 실존주의, 해석학 등이 모두 그에 속합니다. 이들은 모두 변화된 세계관을 받아들였습니다. 따라서 마치 칸트가 20세기에 우리에게 그러한 존재였던 것과 마찬가지로, 21세기의 철학에서 『역경』의 "생생불식生生不息"적 사유방식이 우리 철학연구의 모범이 되지 않으리라고는 그 누구도 장담할 수 없습니다. 21세기가 시작되면 과정적 사유는 더욱 중시될 것입니다. 중국 전통사상은 항상 과정의 사유였습니다.

문회 : 변화 중인 사회에서 필요한 질서와 원칙은 어떻게 생산되고 유지될까요?

중국사회 가족의 힘은 여전히 일상생활 속에서 작용을 발휘

에임스 : 이 문제에 대한 답은 라이프니츠로 돌아가는 것이 가장 좋을 것 같습니다. 그는 정치철학, 사회철학과 윤리학을 논하려면 중국 전통의 사상자원을 귀감으로 삼아야 한다고 보았습니다. 예를 들면 중국의 '예禮'는 굉장히 풍부한 개념입니다. 이는 서양의 법률과는 다르지요. 물론 서양에도 '예'가 있지만, 그것이 가리키는 맥락은 중국의 '예' 개념과는 많은 차이를 보입니다.

엄복嚴複은 이천 년 중화제국의 정치질서와 사회질서를 논하면서, 그러한 질서를 이루는 데 중앙집권적 정치체제가 대략 30% 정도 영향을 미쳤다면 나머지 부분은 가족적 요소에 의해 좌우되었다고 한 바 있습니다. 그만큼 중국의 가족 관념과 가족제도는 매우 중요하며, 현대사회 역시 이를 필요로 합니다.

문회 : 중국에서 한 가족 혹은 가정의 '가풍'이나 '가훈' 또는 가족의 규범 등은 쉽게 찾아볼 수 있지만 그 속에 서양의 '귀족'과 같은 개념은 없는 것 같습니다. 그 차이를 어떻게 이해해야 할까요? 중국의 전형적인 가족을 대표하는 것은 무엇이라고 생각하십니까?

에임스 : 20세기 이전, 사람들은 한 가족 안에서 태어났고 그 삶 전체가 가족 안에 속해 있었습니다. 경제, 정치, 신분 등이 모두 가족과 불가분의 관계를 맺고 있었고, 동시에 가족 자체가 매우 크고 복잡한 조직을 이루고 있었습니다. 현대사회도 마찬가지입니다. 예를 들어, 명절에 집에 돌아가면 수십 명에서 심지어 백 명에 가까운 사람들이 모이는 가족 모임에 참가하게 됩니다. 그 전형적인 예가 바로 전목錢穆2)의 가족입니다. 현대 이전의 중국 제도는 완전히 가족제도(씨족, 촌락)에 의존하고 있었다고 말할 수 있습니다. 이런 상상을 해 볼 수 있습니다. 현재 미국은 80만 명의 경찰이 국가질서를 유지하고 민간인을 관리하고 있는데, 이전에 중국에도 이러한 경찰이 있었나요? 그렇다면 중국의 정치질서, 사회질서는 어디서 온 것일까요? 과거 중국에서는 연장자들의 식견과 담력을 사용하여 상황판단을 내렸습니다. 그에 따라 정부기관은 일상적 삶과는 큰 관련이 없었습니다. 문제와 갈등은 주로 가족 내부의 판단에 의해 해결되었지요.

문회 : 중국철학, 중국전통, 중화문명 등의 다양한 방식의 표현이 있습니다. 어떻게 구분할 수 있을까요?

중화문명은 인류의 일부, 한 국가의 차원에만 국한되지 않아

에임스 : 우리가 기존에 지니고 있는 '오해' 중 하나는 바로 중국과 인도를

---

2) 역자 주 ― 전목(1895. 6. 9~1990. 8. 30)은 중국의 역사학자 및 사상가로, 생전에 대가족을 이룬 것으로 유명하다.

각각의 '국가'로 보는 것입니다. 사실, 이들은 두 개의 '국가'가 아니라 두 개의 '문명'입니다. 일반적인 국가와 비교해 보면 이들은 우선 규모의 면에서 완전히 다릅니다. 예를 들면, 중국의 인구는 아프리카 전체 인구의 삼분의 일을 차지하며 유럽 전체 인구의 두세 배나 됩니다. 따라서 우리는 중국과 인도를 '중국대륙', '인도대륙'으로 부르는 것이 맞을 수도 있습니다. 이들은 '대륙'(Continents)이며 '문명'(Civilizations)으로, 국가의 범위를 넘어서는 다른 차원의 규모를 보여 주고 있습니다. 유가문명(혹은 한자문화권[Sinitic Cultures])은 멀리 한국, 일본, 베트남 등지에까지 전파되었지요. 또한 태국을 예로 들면 인구의 대부분이 중국에서 왔고, 말레이시아나 인도네시아 역시 상황은 비슷합니다. 현재 북미(밴쿠버와 토론토 등)에도 화교들이 굉장히 많습니다. 많은 지역의 도시들이 중국의 일부분이라고 '여길 수' 있습니다. 따라서 만약 '화교'나 '유학'과 같은 관념을 논한다면 최소한 세계 인구의 삼분의 일이 이와 관련되어 있습니다. 따라서 중국문명은 한 국가의 문명이 아닙니다. 인류의 일부입니다.

철학과 문명은 밀접한 관계가 있습니다. 만약 서양문명을 논한다면 플라톤과 기독교를 떠날 수 없습니다. 그렇기 때문에 20세기 서양철학에서 내부 비판이 있었다 하더라도 우리의 상식(Common sense)은 여전히 플라톤에 기초하여 전개됩니다. 이와 비교하여 말하자면, 중국의 문명이나 철학은 특히 유학과 분리될 수 없습니다. 유학은 세대를 이어 내려온 전통입니다. 철학은 전통을 계승하면서 발전한다는 점에서 문명과도 역시 밀접한 관계에 있습니다.

문회 : 미국에서 중국철학의 발전 현황은 어떻습니까?

세계와 마주하는 기회, 중국철학은 "빨리하는 것보다 잘하는 것을 추구해야"

에임스 : 중국의 굴기는 세계에 지대한 영향을 미쳤습니다. 현재 모든

사람이 중국을 알고 싶어 합니다. 따라서 지금 서양에서는 중국과 관련된 화제가 항상 뜨거운 이슈가 되곤 하지요. 이는 좋은 현상입니다. 나는 늘 중국의 동료들에게 "조급해하지 말 것"을 주문합니다. "중국의 발전은 한 시대에 걸친 발전입니다."

30년 전의 중국은 지금과는 전혀 달랐습니다. 지금의 발전과 변화 속도가 지나치게 빨라서 젊은 층들은 당혹스러움을 느끼지 않을 수 없습니다. 중국은 분명 자신만의 기회가 있습니다. 다만 "빨리해야 하는 것이 아니라 잘해야 하고", "외국인들이 중국을 오해하게 만들 것이 아니라 진정으로 중국 사상을 이해하게 만들어야 합니다."

중국 국내 상황은 매우 좋습니다. 정부나 학계 모두가 중국의 미래가 자신의 전통문화와 밀접한 관련이 있음을 알고 "자신을 존중하고, 자신감을 가지고, 자신의 전통을 이해하고자 합니다." 지금 모든 대학에 국학원이 있고, 심지어는 외국에도 공자학원이 있습니다. 이러한 환경은 매우 좋습니다. 꾸준히 지속해 나가야지, 한 번에 모든 것을 이룰 수는 없습니다.

이 외에도, 중국의 경전을 외국어로 다시 번역할 필요가 있습니다. 이번에는 중국 자신의 철학 관념을 사용해서 표현해야지, 기독교나 서양종교적 관념의 틀을 사용하여 중국적 관념을 오해하게 만들어서는 안 됩니다. 만약 지금 서양의 도서관에서 중국 철학고전을 찾고자 한다면 BL-BQ(宗教)와 PL(文學) 파트로 가야 합니다. 철학 파트에 있지 않습니다. 그만큼 중국철학은 상당 부분 '오해'받고 있습니다.

문회 : 미국의 중국철학 발전에는 어떤 변화가 있습니까?

대륙 본토에서 온 철학자가 미국의 중국철학 발전을 촉진

에임스 : 1990년대 이후, 미국에서 중국철학의 발전은 새로운 면모를 보였습니다. 이전에는 미국에서 중국철학을 가르쳤던 사람들이 모두

서양인이나 홍콩, 대만의 학자였습니다. 그 후 50에서 100명 정도(李晨陽, 倪培民, 王蓉蓉 등)의 중국대륙 본토에서 교육을 받은 젊은 학자들이 미국에서 학위를 마친 후 계속 미국에 남아 교편을 잡았습니다. 이는 일대 전환입니다. 이들 청년 학자들이 미국인들의 중국철학 이해에 진전을 가져왔습니다. 이들은 강의와 연구에서 많은 공헌을 했고, 미국의 동료들과 함께 미국의 중국철학 연구의 기틀을 잡았습니다. 현재 미국의 일부 중국철학을 연구하는 선두주자들은 모두 중국대륙 출신의 학자들입니다.

문회 : 이 학자들의 발전 현황은 어떻습니까?

에임스 : 이들 모두는 이미 자신들의 제자를 지니고 있습니다. 나의 경우와 같이 학생들이 바로 그들의 자부심이지요. 학자들은 서로 다른 학술적 입장을 지니게 마련입니다만, 끊임없는 배움의 여정 속에서 함께 학술 교류를 이어나가고 있습니다. 예를 들어, 복단대학교의 황용黃勇은 로즈문트에게 사사하였는데, 뒤에 유학길에 올라 미국에서 30년간 교수로 재직했다가 5년 전 다시 홍콩 중문대학의 교수로 돌아왔습니다. 그와 함께 로즈문트의 제자로 있었던 예배민은 코네티컷대학교에서 조엘 쿠퍼먼(Joel Kupperman)에게 사사한 후 미국에서 30년간 교수로 있었고, 현재는 북경사범대학교의 교수로 와 있습니다. 북경대학교 출신의 이신양 역시 미국에서 30년간 교편을 잡았다가 현재는 싱가포르에서 강의를 하고 있습니다. 왕용용 또한 북경대학교 출신으로, 장세영 선생의 첫 대학원생 제자입니다. 현재는 로스앤젤레스 로욜라대학교의 철학 교수로 있습니다. 이러한 사례는 매우 많습니다. 따라서 미국의 중국철학 연구 현황은 옛날에 비할 바가 아닙니다.

문회 : 현재 미국의 철학 발전 상황은 어떻습니까?

현재의 미국철학은 건전하고 포용적, 반세기 전처럼 분석철학만 있지 않아

에임스 : 개인적으로 생각하기에 현재 미국의 철학 발전은 건강하고 포용적입니다. 1960~70년대에는 분석철학이 철학계의 주도적인 위치를 점했지만 현재는 유럽대륙철학과 서로 경쟁하고 있고, 부단히 발전해 온 본토의 철학 즉 미국실용주의의 도전도 있으며, 중국철학이나 일본철학 같은 다원화된 철학과도 서로 소통하면서 발전하고 있습니다. 물론 여전히 분석철학은 중요한 위치를 차지하고 있습니다. 일종의 도구적 역할을 담당하고 있지요. 하지만 이것만으로는 부족합니다. 우리는 지혜를 필요로 합니다. 따라서 현재 철학의 자기이해는 변화하고 있는 것 같습니다. 철학 전공(전문 분야) 역시 이에 따라 변화하고 있습니다. 더욱 포용성을 가지고 있지요. 지금 철학자에게는 기회가 아주 많습니다. 하와이대학교에서 중국철학을 전공하는 박사를 예로 들면, 이들이 일자리를 구할 확률이 90%에 육박합니다.

문회 : 철학 전공의 고학력자들이 점차 많아진다면 진로는 어떻게 고려할 수 있을까요?

에임스 : 철학은 세상에서 살아가는 존재의 형식(Being in the world)입니다. 철학으로 박사학위를 받고 이상적인 일자리를 찾지 못했다고 해서 문제될 것은 없습니다. 진정한 철학자라면 어떤 직업에 종사하든(예를 들어, 편집인이든 택시 운전수든) 그 자신에게는 모두 같습니다. 왜냐하면 그는 한 명의 진정한 철학자로서 자신의 가치에 관심을 가지고 거시적인 문제에 주목하며 인류의 공동 운명에 관심을 가진다는 사명감을 지니고 있기 때문입니다.

글 ‖ 왕혜령王惠靈(연합인터뷰팀)

카란 싱
Karan Singh

현대 해석의 과정에서 새롭게 탄생한 인도철학은
더 이상 신비주의가 아니다

'일원론' 철학 전문가

카란 싱

인터뷰이 : 카란 싱(Karan Singh), 이하 '싱'으로 약칭
        (인도 상원의원회 의원, 전 네루대학교 총장, 전 주미대사)

인터뷰어 : 장화룡章華龍(『문회보』 인도 주재 특파원)
        육시이陸詩怡(복단대학교 국제관계 및 공공사무학부 석사과정,
                유엔 뉴스인터넷사업부 인턴)
        원녹로袁珠璐(『문회보』 기자)
        사정謝婷(화동사범대학교 철학과 박사과정)
        ── 이하 '문회'로 대칭

인터뷰 일시 : 2018년 5월~7월(영상 및 대면 인터뷰, 수차례의 메일 인터뷰)

7월 18일 오후, 뉴델리 중앙대사관 지구의 한 별장 앞에서 나와 인도 주재 특파원 장화룡章華龍이 열 명에 달하는 경호원들의 매서운 눈초리를 뚫고 '왕'이라 불리는 카란 싱의 저택 대문을 열었다. 올해 87세의 저택 주인은 교육이나 세계의 시국, 인도철학 등에 대해 입을 떼자 이내 활발한 사고를 유감없이 펼쳐, 마치 과거 출판된 그의 자서전을 다시 읽는 듯한 느낌을 받았다. 인터뷰 말미에 그는 자신의 여러 수집품들을 꺼내 우리에게 보여 주었다. 파란만장한 그의 인생 발자취가 고스란히 녹아 있었다. 프랑스 칸에서 태어난 그는 주미대사, 중국-인도문화교류위원회 위원장을 지냈고, 5대륙을 두루 돌아다니며 철학과 문화를 강연했다. 인도 국내에서는 왕족의 후손으로서 그가 거처하던 잠무카슈미르 주의 섭정왕, 총독, 주장관 등을 역임했고, 이후 인도 국민회의 정부에서 보건가족계획부와 교육문화부 장관에 올랐으며, 작년에는 부통령으로 지명되기도 하였다. 시집 『공작의 왕』을 출간했고, '일원론'을 깊이 연구했으며, 거액의 기부를 하면서도 직무수행 시에는 단 한 푼도 수령하지 않았다. 6월 스카이프 화상 인터뷰에서 그는 신학자, 시인, 정치가라는 삼위일체의 호칭에 자부심 넘치는 호탕한 웃음으로 화답했다.

　87년의 시간, 그는 인도와 세계의 변화와 충돌을 직접 목도하고 경험했다. 그 속에서 그가 맡은 사회적 역할 또한 계속해서 변화했지만, 이 모든 것은 그의 철학적 깨달음을 위한 주석에 불과했다. "지식을 위한 지식에 만족하지 않는" 인도철학의 그림자가 가득 드리운 듯했다. "철학은 타인을 이해하고 세계를 이해하기 위한 것입니다." 그는 철학을 통해 인간은 어떤 곳에 처해 있든 균형을 유지할 수 있다고 믿는다.

　그는 인도철학을 소개한 자신의 베스트셀러 저서를 소개하면서 특히 자랑스러워했다. 소니아 간디와 함께 후진타오 주석을 방문하여 교류한 일을 되새기며 잊을 수 없는 경험이라고 말하기도 했다. 서양식 교육을 받은 그가 볼 때, 인도철학과 서양철학을 직접 비교하는 것은 바람직하지 못하다. 탄생한 시대가 다르기 때문이다. 하지만 그는 동양철학과 서양철학은 서로 힘을 빌릴 수 있다고 주장한다. 그의 경험을 남들이 본받고 모방할 수 있을지를 질문하자 그는, 인생이란 기묘한 탐험과도 같지만 진리를 탐구하는 것은 우리 모두가 공통으로 경험할 수 있는 것임을 매번 깨닫는다고 웃으며 답했다. 이에 화제가 다시 그가 처음 접했던 플라톤에 대한 깨달음으로 이어졌다.

【철학과의 인연 그리고 궤적】

문회 : 정치, 문화교육, 종교(철학) 등 많은 분야에서 깊이 있는 연구를 하고 계십니다. 이번 제24차 세계철학대회에서는 5번째 전체회의인 '전통'을 주관하게 되셨습니다. 인터뷰에 응해 주셔서 대단히 감사합니다. 처음에 어떻게 철학 공부를 시작하게 되셨고, 이후 어떻게 전문적으로 철학 연구의 길로 들어서게 되셨나요?

철학 연구의 세 단계의 길, 철학은 "타인 이해, 세계 이해를 돕는 것"

싱 : 나의 철학 여정은 대략 세 단계로 구분할 수 있습니다. 첫 번째 단계는 학습 단계입니다. 델리대학교에서의 전문적인 철학 훈련은 나에게 철학이라는 대문을 열어 주었습니다. 그 뒤 철학에 깊은 관심이 생겼습니다. 처음 시작할 당시에는 고대그리스의 플라톤을 연구했고, 이후 인도철학을 연구하기 시작했습니다. 박사논문은 스리 오로빈도 (Sri Aurobindo)의 철학과 정치사상에 관한 것이었습니다. 그는 위대한 혁명가인 동시에 위대한 사상가이자 철학자로, 인류 두뇌의 진화가 곧 인류의 진화와 같으며 인류는 광물–식물–동물–인류라는 진화의 경로를 거쳐 왔다고 했습니다. 또한 이러한 진화는 여전히 진행 중이며, 인류는 결코 진화의 종점이 아니라고 했습니다.

박사과정을 마치고 나에게는 새로운 철학적 사고가 생겼습니다. 철학은 마땅히, 그리고 분명히 모든 개인의 삶 및 모든 영혼의 회복과 밀접한 관계를 맺고 있다는 사실을 깨닫기 시작했습니다. 모든 사람이 철학자이고, 모든 사람에게 세계를 이해하고 해석하는 고유의 방식이 있다는 것이 바로 이 단계에서 깨달은 주된 내용입니다.

그 후 다양한 직책을 맡으며 다양한 사회적 역할을 경험하게 되었고, 그에 따라 철학에 대한 이해 또한 한층 더 깊어졌습니다. 철학은 포용과 조화를 의미할 수 있습니다. 피부, 인종, 종교와 신앙, 연령, 성별, 생활배경을 막론하고 철학은 타인을 이해하고 세계를 이해하는 데 도움을 줄 수 있습니다.

문회 : <지식, 지혜 및 정신성에 관한 철학적 성찰>을 주제로 한 중국–인도 학술세미나가 인도에서 개최되었을 때, 세계적 유학자인 두유명 선생(국제철학연맹 지도위원회 위원)이 선생님의 발언을 듣고 인도철학 방면에 조예가 매우 깊다고 극찬하였습니다. 특히 '일원론'이라는 심오하면서도 독특한 연구에 대해 언급하였습니다. '일원론'에 대해 간단히 설명 부탁드립니다.

제한적 '일원론'을 연구, 어느 정도는 '총체론'의 측면도

싱 : 다소 복잡한 문제입니다. 정확하게 말하자면 나의 '일원론'은 제한적 '일원론'(qualified monism)이며, 일종의 '제한적 불이론不二論'입니다. 이러한 이론은 우주만물의 최종적인 본체를 브라만(梵, 혹은 신)으로 여깁니다. 브라만은 전지전능하며, 존재하지 않는 곳이 없습니다. 브라만은 본질적으로 순수한 정신으로서 일종의 앎입니다. 이는 무한한 신성과 무한한 힘을 지닙니다. 브라만은 모든 사물의 창조자이면서 그 사물들을 유지시키고 소멸시키는 존재입니다. 브라만이 현상계로 드러나는 것은 참된 변화입니다. 이 변화 속에서 '원인'은 진정으로 '결과'로 변화합니다. 브라만이 변화하여 구현된 현상계는 모두 진실된 것입니다. 브라만과 개별 자아 간의 관계라는 측면에서 '제한적 불이론'은 브라만, 세계, 개별 자아가 유기적인 전체를 이룬다고 봅니다. 세계와 개별 자아는 브라만의 성질(덕성) 혹은 그 부분일 뿐이지요.

브라만과 개별 자아, 세계의 관계는 실체와 성질, 혹은 전체와 부분의 관계입니다. 이러한 관계를 실체의 측면에서 본다면, 실체는 그것의 어떤 성질과도 같지 않으며, 모든 성질의 총합과도 같지 않습니다. 실체는 그것의 어떤 성질도 초월하지요. 성질의 측면에서 보면, 성질은 하나의 실체에 속해 있지만 그 성질이 곧 실체라는 것을 의미하지는 않습니다. 따라서 브라만은 개별 자아와 세계에 의해 제한을 받지만, 여전히 하나의 완전한 실체입니다.

문회 : '일원론' 혹은 '제한적 불이론'의 연구는 주로 어떤 각도에서 착수하셨습니까? 국내외의 기타 학자들의 '일원론' 관련 연구와 비교하여 선생님의 '일원론' 연구는 어떤 차이점이 있는지요?

싱 : 모든 사람들이 '일원론'에 대해 각자의 견해를 가집니다. 따라서 이 질문에 정확한 답을 하기는 어려울 것 같습니다. 구체적으로 말하면 브라만과 개별 자아의 관계 문제는 베단타 전통의 중심 문제 중의 하나입니다. 이 문제에 대한 견해에 따라 서로 다른 유파들이 형성되었습니다. 불일불이론不一不異論, 불이론不二論, 제한적 일원론(혹은 제한적 불이론), 샥티(Shakti)식 제한적 불이론 등입니다. 이 서로 다른 견해들은 베단타철학 자체를 풍부하게 만들고 발전을 촉진시켰습니다. 나는 '일원론'에 관한 다양한 연구 방향들이 모두 그 자체로 중요한 의미를 지닌다고 생각합니다.

문회 : 일찍이 많은 중요한 직책을 역임하셨습니다. 인도 교육문화부 장관, 주미대사 등이 대표적입니다. 철학적 배경이 이런 중요한 사회적 직책을 수행하는 데 도움을 주었다고 생각하십니까?

철학자, 작가, 정치가의 삼위일체가 바로 다원화된 '나'이자 심층적인 '나'

싱 : 무슨 일을 하든 철학은 항상 도움을 줄 수 있습니다. 정치가나 대사로서 일하는 것과 철학은 겉보기에는 직접적인 관계가 없는 것처럼 보입니다. 하지만 철학은 인간 개성의 형성을 돕습니다. 특정한 분야에 필요한 능력을 직접적으로 강화시켜 주지는 못할 수 있겠지만, 내재적 성격, 사유방식, 사물을 보는 관점 등에 많은 영향을 미칠 수 있습니다. 따라서 내가 어떤 자리에 있든 무슨 상황에 처하든 철학은 균형을 찾는 데 많은 도움을 주었습니다.

문회 : 철학자(신학자), 시인(작가), 정치가라는 세 가지의 호칭 가운데 가장 좋아하는 것은 어떤 것입니까?

싱 : 신학자, 작가, 정치가라는 이 호칭들 모두를 좋아합니다. 사실 이 세 가지 호칭을 동시에 사용해서 부를 수 있다면 좋겠습니다. 이 세 가지의 역할은 내 삶과 떼려야 뗄 수 없는 것이며, 이러한 서로 다른 경험이 만나 지금의 나를 만들었기 때문입니다. 따라서 어느 하나도 버릴 수 없습니다. 이 모든 것이 합쳐졌을 때 완전한 나를 이룰 수 있기 때문입니다. 이들 호칭이 곧 나라는 인간의 내적 성장의 증거이기도 하지만, 더 중요한 것은 바로 이러한 호칭 아래 가려져 있는 다원화되고 심층적인 자아입니다. 이러한 경험들을 통해 사람들은 저를 더 잘 이해할 수 있을 것입니다.

문회 : 87세의 고령에도 불구하고 여전히 원기가 왕성하신 모습을 보니 대단하시다는 생각이 듭니다. 철학자들은 모두 장수를 하는 것 같습니다. 이번에 인터뷰를 진행한 24명의 철학자 가운데, 97세의 장세영 선생을 제외하고는 가장 고령이십니다. 기타 철학자들도 대개 70세에서 85세 사이이고, 60세 이하의 학자는 고작 20%밖에 되지 않습니다. 건강의 유지 비결에는 어떤 것이 있을까요?

마음의 평정을 찾아 주는 철학, 청춘을 유지하고 장수를 가능케 하는 비결

싱 : 이 모든 것이 철학의 공로가 아닌가 싶습니다.(큰 웃음) 그래서 우리
　철학자들이 이렇게 오래 살 수 있는 것이죠. 철학은 마음의 평정을
　찾는데 도움을 주고, 그 과정에서 끊임없이 자아를 승화시킬 수 있습니
　다. 지금도 마찬가지입니다. 현재 이 지역의 기온이 45도에 육박하는데,
　이러한 덥고 건조한 환경에서도 철학적 사고를 통해 마음을 가라앉혀
　서 그 어떤 환경의 방해도 받지 않는 경지로 들어갈 수 있습니다.

문회 : 선생님의 경험을 현재의 인도나 세계의 젊은 철학자들에게 적용시킬 수 있을까
　요? 이들에게 가장 해 주고 싶은 조언이 무엇인가요?

젊은이들에 대한 조언 : 진리를 탐구할 것

싱 : 비록 어떤 부분의 경력(편집자 주─왕족 출신)은 따라할 수 없겠지만
　다른 어떤 경험들은 가능합니다. 성실함, 노력, 진지함, 인내심 등입니
　다. 만약 기회가 있다면 나는 지금의 젊은이들에게 해 주고 싶은
　말이 있습니다. 인생이란 기묘한 모험이자 여행으로, 끊임없이 진리를
　추구하고 탐색하고 발견해 나가라는 것입니다.

【철학사상과 업적】

문회 : 지금까지 수십여 편의 저작을 발표하셨습니다. 중국 학자들은 『리시스의
　지혜 : 세 개의 우파니샤드─이샤바스야, 케나, 만두캬』(*Wisdom of the Rishis : The
　Three Upanishads─Ishavasya, Kena and Mandukya*), 『시바 산』(*The Mountain of
　Shiva*), 『힌두교의 표준서』(*The Sterling Book of Hinduism*) 등의 다양한 작품들을
　통해 선생님의 종교 및 철학 사상을 이해하고 있는데요, 보다 많은 중국의 학자들이
　선생님의 철학을 접했으면 하는 바람이 있습니다. 본인의 저작 중에서 가장 마음에
　드는 것은 어떤 작품인가요?

『힌두교의 표준서』: 국내외 학자를 위해 힌두교 이해의 대문을 열다

싱 : 내가 가장 마음에 드는 작품은 『힌두교의 표준서』입니다. 이 책은 힌두교의 각종 개념을 정리하고, 힌두교의 기원과 발전을 소개하며, 힌두교의 함의와 그 참된 의미에 관해 탐색하였습니다. 인도철학의 저서 가운데 드물게 가독성이 좋은 책일 것입니다. 인도의 많은 대학들이 이 책을 교재나 참고문헌으로 사용하고 있습니다. 이 책은 힌두교에 관심이 있는 젊은이들이 더 빠르고 깊게 힌두교를 이해할 수 있도록 도와주고, 더 많은 젊은이들을 인도철학의 세계로 데려와 부단히 인도철학계의 대열을 확장시켰습니다. 이렇게 인도철학계에 젊은 피가 수혈됨으로써 새로운 사상과 에너지가 생겨났지요. 따라서 이 책을 통해 인도철학의 전통을 계승하여 후대에 물려주었다는 의미에서 나도 조금은 인도철학에 기여를 하지 않았나 생각합니다.

문회 : 그렇다면 중국 학자가 선생님의 저작을 통해 어떤 내용을 이해하기를 바라시나요?

싱 : 중국 학자들이 내 책을 통해 인도철학에 대한 오해를 바로잡고 더 정확하게 인도철학을 이해했으면 합니다. 많은 사람들은 인도가 신비적이기 때문에 인도철학 역시 신비적이라고 생각합니다. 하지만 사실은 그렇지 않습니다. 인도철학은 포용력이 강하고, 우리와도 친근합니다. 진정으로 이해하려는 마음만 있다면 인도철학은 결코 말로 표현할 수 없는, 혹은 신비주의적인 그런 철학으로 남아 있을 수 없습니다. 인도철학은 개방적이며 외부의 탐색을 기다리고 있습니다. 따라서 더 많은 중국의 학자들이 보다 용감하게 인도철학의 베일을 열어젖혔으면 좋겠습니다. 아마 새롭게 알게 된 인도철학사상을 통해 이 세계를 더 잘 이해할 수 있게 될 것입니다. 물론 나 역시 더 많은 중국의 학자들과 친구가 되고 싶습니다. 함께 교류하면서 서로 이해를 증진하고 발전해 나가기를 기원합니다.

문회 : 일찍이 축심문명시대에 인도는 우수한 문명을 탄생시켰습니다. 현대의 인도철학(신학)의 발전 현황이 어떤지 소개 부탁드립니다. 특히 인도철학 연구와 서양철학 연구의 관계에 대해 말씀 부탁드립니다.

인도철학과 서양철학이 서로 힘을 합쳐야만 근대화 과정 속의 위기를 해결할 수 있어

싱 : 서양철학의 종류는 너무나도 많고, 인도철학에도 다양한 유파들이 있습니다. 따라서 이 둘을 단순 비교하기는 어렵습니다. 더욱이 어떤 측면에서는 양자 간에 근본적으로 서로 비교가 불가능한 부분도 있습니다. 각기 서로 다른 역사적 배경과 문화적 환경 하에서 탄생했기 때문입니다.

고전주의에서 현재에 이르기까지 철학은 많은 변화를 겪었습니다. 서로 다른 해석 속에서 생명력을 획득했지요. 지금과 같은 시대, 우리는 철학을 통해 기후변화, 공포주의, 난민 등의 각종 근대화의 문제를 해석하고자 시도해야 합니다. 서양철학이든 인도철학이든 모두 매우 중요합니다. 이들의 중요성은 기술의 발전이나 사회의 진보에 의해 퇴색되지 않을 것입니다. 현대사회는 번영이라는 화려한 외면 하에 수많은 문제들을 드러냈습니다. 이제라도 철학적 측면으로 되돌아가 이를 사고하고 다루고 해결할 필요가 있습니다. 인도철학과 서양철학이 서로 힘을 합쳐야만 가능할 것입니다.

문회 : 최근 인도 영화 『출발선』이 중국에서 인기리에 상영되어 많은 중산 계층의 반향을 불러일으켰습니다. 아시아 국가는 모두 교육을 매우 중시합니다. 중국의 고등교육기관들은 모두 '일류 학교', '일류 전공'을 건립하고자 합니다. 한때 학교의 총장을 지낸 분으로서 인도의 교육 현황에 대한 설명을 부탁드리고, 발전의 전망과 그를 위한 조언도 함께 부탁드립니다.

교육 투자의 증대, 그리고 공립학교와 사립학교가 힘을 합쳐야

싱 : 솔직히 나는 인도의 교육 현황에 만족하지 않습니다. 현재 정부가
　　 교육에 투입하는 비용은 GDP 대비 6%에 불과합니다. 정부가 교육
　　 부문에 더 많은 돈을 투자해야 한다고 생각합니다. 그리고 공립학교와
　　 사립학교가 모두 역할을 수행할 수 있도록 정부와 민간 부분이 서로
　　 긴밀히 연동할 필요가 있습니다.

문회 : 1970년대부터 인도문화관계위원회가 전 세계 각지에 인도문화센터를 설립하
　　 기 시작했습니다. 현재 런던, 뉴욕, 카이로, 북경 등지에 총 26개 문화센터가
　　 있습니다. 인도 정부는 해외 문화센터를 40개까지 확대하고자 합니다. 인도문화센
　　 터의 현황에 대한 간략한 소개를 부탁드립니다.

해외 인도문화센터를 40개까지 확대할 것, 인도문화 전파에는 외국학자의
도움도 필요

싱 : 이 문화센터는 주로 요가나 음악, 무용 같은 인도문화를 전파하는
　　 역할을 맡고 있습니다. 중국의 공자학원과 비슷합니다. 이 문화센터를
　　 기점으로 현지에서 체계적인 조직 활동을 벌여 인도문화를 확산시켜
　　 나갈 수 있을 것이라 기대하고 있습니다. 미래에는 문화센터의 범위가
　　 더욱 넓어져서 인도문화의 영향력을 상승시켜야 할 것입니다.

문회 : 인도는 다민족, 다종교, 다언어 국가입니다. 영어의 광범위한 사용은 문화전파
　　 에 태생적인 이점을 안고 있습니다. 또한 유구한 역사와 깊은 문화적 저력은
　　 중국 학자들을 포함한 세계의 많은 학자들을 인도로 불러들여 연구, 학습, 견학,
　　 관광을 하도록 이끌었습니다. 인도의 문화 가운데 세상 사람들이 가장 배울 만한
　　 가치가 있고 세계에 가장 전파할 만한 부분은 무엇이라고 생각하십니까?

싱 : 인도문화는 확실히 많은 가치가 있습니다. 그 중 추천을 한다면
　　 우선 베단타(Vedanta)전통을 들고 싶습니다. 이는 인도가 철학 분야에

기여할 수 있었던 인도만의 특수한 문화입니다.

문회 : 외국의 학자들, 특히 중국 학자들에게 인도에 와서 어떤 전공을 공부해 보라고
추천하시겠습니까?

싱 : 과거에 마드라스대학교(University of Madras)에 간 적이 있는데, 그곳
에는 많은 중국 유학생들이 있었습니다. 현재 점점 더 많은 유학생들이
인도로 몰려들고 있습니다. 철학을 제외하고 외국의 학자들은 현지의
언어, 기술 등을 배울 수 있습니다. 이들의 학습이 인도문화의 보존과
계승에 매우 중요한 역할을 담당합니다.

【중국철학 그리고 세계철학대회를 바라보다】

문회 : 인도문화관계위원회 위원장, 인도문화대사를 맡으신 바 있습니다. 2010년
중인수교 60주년 때 중국 성도의 문수원文殊院을 방문하여 중국 장애인들이 공연한
『나의 꿈』과 중국 미술가의 인도풍 작품전 등을 감상하신 적이 있습니다. 이
활동은 중―인 두 국가의 문화 분야의 상호교류를 더욱 깊게 해 주었습니다.
인도 문화계의 지도자로서 중국과의 교류 속에서 중국철학 혹은 중국문명에
대해 어떤 인상을 받으셨습니까? 중국철학에는 어떤 기대를 가지고 계신가요?

후 주석과 접견을 가지며 공자와 유가철학의 중요성을 논의

싱 : 확실히 나는 인도문화관계위원회 위원장과 인도문화대사로 오랜
기간 동안 재직했습니다. 중국철학에 대해 저는 공자를 대표로 하는
유가와 노자를 대표로 하는 도가의 사상에 관심이 많습니다. 중국에서
는 5·4운동 시기에 "공가점孔家店 타도"[1]의 바람이 불기도 했는데,

---

1) 역자 주 ― 중국의 신문화혁명인 5·4운동 시기에, 혁명세력이 유가로 대표되는 중국
전통문화 타파를 주장하며 내걸었던 구호.

현재 중국에서 공자가 다시 부활하고 있다는 사실이 매우 기쁩니다. 내가 북경을 방문하여 후진타오 주석과 함께 오찬을 가지던 때에 그에게 물었습니다. "중국에서는 다시 공자를 중시하는데, 공자가 중국에서 어떤 의미인가요?"라고요. 후진타오 당시 주석은 "공자는 중국에서 매우 중요합니다. 그는 인간의 가치관, 사회질서, 인간과 인간의 양호한 관계를 대표합니다"라고 하더군요. 내가 중국철학에 대해 가진 가장 깊은 인상이 바로 이러한 부분입니다. 사실 이 외에는 중국철학에 대해 말할 수 있는 부분이 없습니다만, 그래도 중국철학의 미래 발전에 대해서는 긍정적으로 바라보고 있습니다.

문회 : 중국문화 가운데 어떤 부분에서 비교적 매력을 느끼십니까?

싱 : 사실 중국문화에 대한 이해가 그렇게 깊거나 전면적이지 않습니다. 하지만 몇 가지 특별히 저를 매료시키는 것들이 있습니다. 우선은 중국의 예술로서, 중국에 머문 기간 동안 저는 중국의 몇몇 대학과 고궁을 방문했는데, 중국의 조형물, 회화, 건축 등이 모두 저를 매료시켰습니다. 중국의 유구한 역사 속에 축적된 문화는 정말 놀라웠지요. 1960~70년대 시기는 중국에게 있어 하나의 재앙과도 같았습니다. 인도 역시 이를 반면교사로 삼아 자신의 문화전통을 잘 보존해야 합니다. 이는 매우 중요한 부분입니다. 이 외에도 중국의 음식문화에 깊은 감명을 받았습니다. 나는 중국음식을 특히나 좋아해서, 우리 집의 주방장 또한 중국음식을 조리할 수 있습니다.

문회 : 이번 세계철학대회는 많은 철학전통이 그 장점을 발휘할 수 있도록 힘을 쏟고 있습니다. 지난 한 세기 동안 서양의 철학 주류가 그대로 전 세계 철학의 주류가 되어 왔습니다. 선생님은 철학과 현대세계와의 관계를 어떻게 보십니까?

세계 철학을 주도했었던 동양철학, 그 생명력을 다시 되살려야

싱 : 실제로 과거 몇 세기 동안은 동양철학이 철학계를 주도하였습니다. 하지만 서양의 식민통치의 영향으로 서양철학이 그 주도적인 위치를 넘겨받았지요. 나는 동양철학, 특히 인도와 중국의 철학에는 지혜가 풍부하다고 생각합니다. 이 지혜는 서양철학과 훌륭히 상호보완을 이룰 수 있습니다. 서양철학에는 충돌하는 입장들이 많고, 심지어 모순을 강조하기도 합니다. 하지만 동양철학은 조화와 통일을 더 중시합니다. 마음의 방식으로 사람들을 하나로 모으는 데 목적이 있지요. 나는 이것이 더 중요하다고 생각합니다. 동양철학의 중요성을 새롭게 발견하고 주목하여 탐구해 나갈 필요가 있습니다.

문회 : 제24차 세계철학대회의 주제는 "학이성인"입니다. 이는 중국 유가전통에서 온 말입니다. 유가의 견해에 따르면 "학이성인"은 배움을 통해 스스로를 천지 사이의 소통자와 능동자로 이루어 나간다는 것을 뜻합니다. 이 소통자 혹은 능동자는 천지만물이 자신의 목적을 실현하는 것을 돕는 역할을 합니다. 여기에서 자아실현이란, 가능한 한 많은 자원을 차지하는 것과는 무관하며, 덕을 지닌 사람이 되고자 하는 것입니다. 덕을 지닌 인간은 타인, 자연, 천지 그리고 자신과도 조화로운 관계를 유지할 수 있습니다. 불행하게도 현대사회에서는 이런 사상이 점점 쇠퇴하고 물질주의적 생활관이 유행하고 있습니다. 선생님의 이해 혹은 사상전통에 근거하여 볼 때 "학이성인"은 무엇을 의미할까요?

학이성인 : 세계에 대한 사랑으로 충만하고 포용정신을 겸비하며 만물을 따뜻하게 살피는 인간이 되는 것

싱 : 저는 "학이성인"은 인간이 될 수 있는 가능성을 최대한 발휘하는 것이라고 생각합니다. 태어나는 것이 반드시 '인간이 되었다는 것을 의미하지는 않습니다. 중요한 것은 "어떠한 인간이 되느냐" 하는 것입니다. 여기에서의 인간은 '인간의 덕목'을 갖춘 인간입니다. 외적

인 것뿐만 아니라 내적인 것도 포함합니다. 내가 이해하는 인간의 덕목이란, 세계에 대한 사랑으로 충만하고 포용정신을 지니며 만물에 대해 따뜻한 정을 느끼는 것입니다. 인간은 고립된 개체나 종일 수 없습니다. 인간은 사회적 동물이기 때문입니다. 인간과 인간 사이에는 관계와 소통이 필요하고, 인간과 각종 동식물 및 기타 종 사이에도 빈번한 접촉이 있어야 합니다. 이와 동시에 우리는 인간과 인간 사이의 차이성이라는 것을 존중해야 합니다. 이것이 철학이 우리에게 주는 가르침일 것입니다.

문회 : 이전에 세계철학대회에 참가한 적이 있으신가요? 세계철학대회에서 어떤 인상을 받으셨습니까?

세계철학대회 : 어느 학자의 한 마디에서 머리가 울리는 깨달음을 얻어

싱 : 2013년 아테네에서 열린 세계철학대회에 참가한 적이 있습니다. 벌써 5년 전 일이 되었네요. 나는 이 철학대회가 정말 대단한 자리라고 생각합니다. 이 무대를 통해 세계각지의 다양한 철학자들이 한데 모여 자신의 관점과 생각을 발표하고 또 토론할 수 있으니까요. 나에게는 새로운 친구를 만나고 새로운 관점과 교류하며 새로운 지식을 획득하는 장소입니다. 때로는 다른 학자의 한 마디 말에서 머리가 울리는 듯한 강렬한 깨달음을 얻어서 오랫동안 나를 괴롭혔던 문제들을 해결하기도 합니다. 또 같은 처지의 학자들끼리 느끼는 애틋함 같은 것도 공유할 수 있지요. 이러한 감정은 일상생활에서는 느낄 수 없는 굉장히 소중한 것들입니다. 따라서 나는 늘 세계철학대회에 감사하고 있습니다. 앞서 아테네 대회에 참가했을 때는 하버드대학교의 두유명 교수가 나에게 이러한 감정을 느끼게 해 주었지요. 인상이 매우 깊었습니다. 이번이 두 번째로 참가하는 대회입니다. 많이 기대하고 있습니다.

문회 : 세계철학대회가 철학 발전을 촉진하는 과정에서 어떤 역할을 하고 있다고 보십니까?

싱 : 철학 발전의 촉진이 바로 세계철학대회가 가지는 의의입니다. 많은 철학자들을 한데 모이게 해서, 철학의 중요성을 새롭게 발굴해 내고 철학을 우리의 생활 속에 녹아내리게 시도하는 것이지요. 철학은 수학이나 화학, 물리학과 같지 않습니다. 철학은 우리가 의지해서 생존하는 것이기 때문에, 상아탑에만 머물러 있지 말고 우리의 생활 속에 참여해야 합니다.

문회 : 인도 철학계는 세계철학대회라는 국제적인 행사를 매우 중시해서, 매년 빠지지 않고 자리를 빛내는 것 같습니다. 인도 철학계가 이번 대회에 어떤 계획을 가지고 있는지 말씀해 주시면 감사하겠습니다.

싱 : 인도 학계는 확실히 이 대회를 중시해서, 인도철학자 연구위원회 (ICPR)는 항상 이 대회에 인원을 파견합니다. 하지만 이번 대회에서는 구체적으로 어떻게 계획을 마련하였는지 모르겠습니다. 내가 이번에 참가하는 것은 '단독행동'이기 때문입니다. 더 많은 인도 학자들이 참가할 수 있었으면 좋겠습니다. 다만 깜짝 놀랄 만한 모습을 보여 줄 것은 확실합니다. 함께 기대해 봅시다.

문회 : 이번 대회에서 발언할 내용은 무엇인가요? 독자들에게 간략히 소개해 주실 수 있으신가요?

〈지구촌 사회에 보내는 다섯 가지 경문〉을 강연, 고대철학의 지혜를 어떻게 활용할 것인가를 탐구

싱 : 현재 우리가 어떻게 고대철학의 지혜를 활용해 나갈 것인가를 함께 고민해 나가자는 것이 주된 내용입니다. 삼천 년 전의 개념들은 현재에

도 여전히 우리에게 통찰을 안겨 줄 수 있습니다. 다만 너무 많은 시간의 간격이 있기 때문에 지금 이 개념들이 모호하게 느껴질 수도 있고, 또 널리 전파되지 못한 탓에 많은 사람들이 생소하게 받아들일 수도 있습니다. 심지어 그릇된 편견이나 오해로 '찬 밥 대우'를 받고 있기도 합니다. 이러한 현실을 고려하여 나는 발표 제목을 <지구촌 사회에 보내는 다섯 가지 경문>으로 정했습니다.

경문에 담긴 내용들은 외재적이지 않고 겉으로 분명하게 드러나지 않는, 언어로 전해지는 것이 아니라 마음으로 의미를 깨달아야 하는 진리입니다. 나는 연구를 통해 이 경문들이 현대의 삶과 어떻게 연관되어 있는지를 연구했습니다. 즉 고대 경문의 지혜가 현대사회에서 어떻게 응용될 수 있을지를 논의하고자 합니다. 나의 대략적인 입장을 요약하면, 전통은 우리가 처해 있는 시대와 환경을 결합하여 새롭게 발견하고 새롭게 이해해야지만 그 최대의 의미를 발휘할 수 있고 생명력을 되찾을 수 있다는 것입니다.

문회 : 인터뷰에 응해 주셔서 대단히 감사합니다. 인도철학에 대해 새로운 인식을 심어 주셨습니다.

글 ‖ 원녹로袁珠瑠 · 육시이陸詩怡 · 사정謝婷(연합인터뷰팀)

마티아스 루츠-바흐만
Matthias Lutz-Bachmann

현대 프랑크푸르트학파의 명제 :
사회변동에 마주하여 던지는 비판과 제안

프랑크푸르트학파 제3세대의 대표인물
마티아스 루츠-바흐만

인터뷰이 : 마티아스 루츠-바흐만(Matthias Lutz-Bachmann), 이하 '루츠-바흐만'으로
　　　　　약칭
　　　　　(독일 프랑크푸르트대학교 철학과 교수 겸 인문고등연구원 원장)
인터뷰어 : 주일대朱一代(프랑크푸르트대학교 철학과 박사과정), 이하 '문회'로 대칭
인터뷰 일시 : 2018년 7월 중순(대면 인터뷰)

프랑크푸르트를 굽이굽이 흐르는 마인강은 쉴 새 없이 몰아치던 독일 이성광풍의 산 증거이다. 1960년대 말 중학생이었던 루트-바흐만은 프랑크푸르트학파 1, 2세대를 대표하는 마르쿠제, 하버마스 등이 캘리포니아와 프랑크푸르트에서 베트남전과 사회 불공정에 항의하여 목소리를 높이던 그 포부에 큰 감명을 받고, 그들의 연설과 격문에 완전히 빠져들었다. 이러한 분위기 속에서 그는 1970년대 프랑크푸르트대학교 철학과에 진학했고, 후에 하버마스만큼이나 이름 높았던 슈미트로부터 박사학위를 받았다. 물론 아펠과 하버마스의 영향도 깊이 받았다. 현재 66세인 루트-바흐만은 이미 프랑크푸르트학파 제3세대의 대표 인물이 되었다. 그와 호네트, 포르스트 등이 각자 프랑크푸르트학파의 다양한 지향점을 이끌어 가고 있다.

루트츠-바흐만의 연구는 매우 넓은 시야를 자랑한다. 고전부터 현대까지, 정치철학, 윤리학, 종교학을 두루 섭렵하고 있다. 현대의 정치철학 분야에서 그의 '세계정의'(global justice) 이론은 아주 큰 영향력을 지니고 있다. 이 이론은 민족국가체계와 전통적 초강대국의 강권정치를 초월하여, 폭넓고 민주적이며 정치적인 세계 공공영역을 향해 가고자 한다. 그는 아펠과 하버마스의 계몽과 이성 이념을 받아들이는 한편, 고전후기철학, 중세철학, 근대초기철학에 대한 고찰을 통해 프랑크푸르트학파의 이론을 유럽 근대초기의 계몽전통과 연관시키고자 했다. 이를 통해 그는 프랑크푸르트 제1세대 사상가들이 열어젖힌 근대계몽이성에 대한 비판이라는 사업을 이어 나가고자 한다.

과학 연구와 인문을 관장하는 프랑크푸르트대학교 부총장 자리에 있으면서 그는 각종 연구소를 설립하여 "대학의 연구 수준과 명성을 크게 제고시켰다"는 평을 들었다. 현재는 인문고등연구원 원장으로서 철학 연구와 현대 자연과학 및 인문과학 간의 학제간 연구 사업을 추진하고 있다. 연구원이 추진하는 4대 주제에는 〈과학, 사회, 예술의 복잡성 이론〉이라는 주제나, 새로 건립된 '종교동태 연구센터'에서 진행하는 유대교, 기독교, 이슬람교 사이의 상호 긍정과 비판의 관계사 연구 등이 포함된다. 현대사회의 문제에 대응하는 이러한 노력을 인정받아 그는 2017년 헤센문화상을 수상하기도 했다.

인터뷰에서 그는 백 년 전 호르크하이머가 바랐던 철학과 과학 간의 결합이
이상적으로 진행되고 있다며 매우 기쁘다는 반응을 보였다.

【철학과의 인연 그리고 궤적】

문회 : 선생님 우선 헤센문화상[1] 수상을 축하드립니다.

2017년의 헤센문화상 수상

독일 헤센주 과학예술부 장관이 시상식에서 다음과 같은 소개로 선생님의 철학적
공헌에 찬사를 보냈습니다. "급속히 증가하는 지식과 기술의 지속가능성에 대해
끊임없이 회의가 계속되고 있습니다. 이는 우리 사회에 새로운 윤리적 문제를
가져다주었습니다. 이러한 질문에 보편적이면서도 효과적인 답을 찾는 것은 우리
의 영원한 과제입니다. 마티아스 루츠-바흐만 교수는 철학 연구를 통해 사회에
도덕적 지침과 문제해결의 기반을 제공하였습니다. 또한 그는 프랑크푸르트 괴테
대학교의 부총장(2009~2015)으로서 대학의 과학연구 수준과 명성을 크게 높였습
니다. 이에 감사를 표하지 않을 수 없습니다."
선생님은 이론과 실천, 철학과 정치라는 다양한 방면에 뛰어들어 비범한 성과를
거두었습니다. 처음에 어떻게 해서 철학의 길로 들어가게 되셨나요?

루츠-바흐만 : 학창시절 시절 세 가지의 경험을 통해 철학의 길로 향하게
되었습니다. 우선 고대그리스어와 라틴어를 배운 일입니다. 아마도
유럽 고전에 대한 나의 첫 탐구라고 할 수 있을 것입니다. 다음은
종교 문제에 대한 사색이고, 마지막은 프랑크푸르트의 젊은이로서

---

1) 편집자 주 — Hessischer Kulturpreis. 1982년 독일의 헤센 주정부에서 제정한 문화
관련 표창으로, 과학이나 예술(문학·미술·음악·영화·건축 등) 또는 문화전파 등의
분야에서 특별한 성취를 이룬 사람에게 주는 상이다.

정치활동에 참여한 경험입니다. 프랑크푸르트가 바로 1970년대 학생 운동의 이론 중심지 중 하나였다는 사실을 간과해서는 안 되겠지요.

문회 : 알프레드 슈미트(Alfred Schmidt)의 지도로 박사학위를 취득하셨습니다. 그는 프랑크푸르트학파 제2세대의 주요 인물로 여겨집니다. 그의 저작 『마르크스의 자연 개념』(*Der Begriff der Natur In der Lehre von Marx*)은 마르크스철학사의 새 장을 연 책으로 평가되며, 1960~70년대 "유럽의 저항운동 속에서 가장 많이 읽힌 책 중 하나"로 여겨지고 있습니다. 그는 1970년대 초에 하버마스의 후임으로 막스 호르크하이머를 계승하여 프랑크푸르트대학교 철학과 및 사회학과 교수에 임명되었습니다. 1980년대의 '목요강좌'를 통해 전설로 불렸으며, 당시 많은 비전공 자까지도 그를 보기 위해 몰려들었습니다. 이 강좌는 무엇에 관한 것이었나요? 당시 선생님도 대학에 있었습니까?

하버마스의 후임이었던 지도교수 슈미트, 그의 '목요강좌'는 20여 년간의 세월을 풍미

루츠-바흐만 : 네, 당시 대학을 다니고 있었지요. 심지어 슈미트 교수가 교직에 임명되기 이전부터 있었습니다. 슈미트는 아도르노(Theodor W. Adorno)가 세상을 떠나고 하버마스(Jürgen Habermas)가 첫 번째로 프랑크푸르트를 떠난 이후에 교수가 되었습니다. 청년 학생이었던 우리는 그의 박학한 지식과 달변, 철학의 연원에 대한 탁월한 이해(특히 헤겔 철학에 대한 투철한 이해, 마르크스 경제학 비판에 대한 철학적 해석, 당대 구조주의와의 논쟁)에 매료되었고, 많은 자극을 받았습니다. 그의 강좌 <유물주의의 역사>는 전설로 남아 있지요. 무려 20년 넘게 지속되면 서 많은 젊은 학생들을 한 세대 한 세대 매료시켜 나갔습니다.

문회 : 슈미트 교수의 철학적 성과에 대해서 소개해 주실 수 있나요? 선생님이 학교를 다닐 시절, 학과의 분위기는 어땠습니까?

그해 사회와 세계정치는 철학 수업의 일부와도 같았다

루츠-바흐만 : 당시의 분위기는 더할 나위 없이 좋았습니다. 사회와 세계정치 문제가 마치 철학 수업의 일부와도 같았지요. 서유럽, 파리, 로마에서 강연자들이 왔고, 스페인과 남미에서 온 색다른 관점을 가진 학자와 미국의 비판적 지식인들도 모여들었습니다. 호르크하이머, 아도르노, 마르쿠제(Herbert Marcuse), 벤야민(Walter Benjamin)의 텍스트의 기초 위에서 우리는 프랑크푸르트학파 제2의 전성기를 맞이하게 되었습니다. 다만 슈미트가 날이 갈수록 쇼펜하우어와 니체 등의 방향을 따라가면서부터 나는 점점 앞선 시대의 스승들과는 멀어지게 되었습니다. 즉 그때부터 시작하여 계몽철학, 우선은 칸트에 심취하게 되었고, 이어서는 분석철학에 빠져들었습니다. 물론 아펠(Karl-Otto Apel)의 철학 역시 매우 매력적이었습니다. 그는 당시 프랑크푸르트대학에서 교수직을 맡고 있었습니다. 하버마스도 빼놓을 수 없습니다. 교수직에서는 은퇴했지만 발표하는 글들을 통해 항상 그 자리를 지키고 있었습니다.

문회 : 프랑크푸르트학파의 모습을 담은 역사적인 사진이 프랑크푸르트 보켄하임 캠퍼스 인근의 보켄하이머 바르테(Bockenheimer Wart) 지하철 역내에 크게 걸려 있어서, 오고가는 학생과 행인들이 모두 볼 수 있습니다. 이 사진에 관한 뒷이야기가 있다면 소개해 주시겠습니까?

니체가 반계몽이라는 사실을 점차 깨닫기 시작

루츠-바흐만 : 1980년 여름학기 니체토론회 때의 사진입니다. 당시 주제는 니체의 『반시대적 고찰』에 관한 것이었지요. 내가 칠판에다 두 개의 기본 개념인 골동품적 역사(antiquarische Historie)와 비판적 역사(kritische Historie)를 써 놓고 막 설명을 마쳤을 때, 유명한 여성 사진작가인

바바라 클렘(Barbara Klemm)이 들어와 막 완공된 보켄하이머 바르테 지하철역에 걸 대학의 '일상 사진'을 찾고 있다고 말하더군요. 당시 나는 막 박사논문을 제출한 상태였습니다. 칸트와 마르크스 역사철학 체계의 공통점을 발굴하는 과정에서 나는 이미 슈미트의 현대 해석을 팽개쳐 버린 상태였지요. 그는 니체가 계몽의 계승자가 아니라 쇼펜하우어처럼 반계몽적이며, 하이데거와 친 나치 지식인들이 그 속에서 영감을 얻었다는 사실을 깨닫지 못했습니다. 슈미트는 물론 그들과는 거리가 멀었지만, 그 역시 이러한 비이성적인 반계몽의 소용돌이에서 완전히 벗어나지는 못했습니다.

문회 : 그렇다면 슈미트는 프랑크푸르트학파에서 어떤 존재였습니까? 그와 프랑크푸르트학파 제1세대 철학자, 예를 들면 호르크하이머나 아도르노와의 관계는 어땠습니까?

슈미트는 프랑크푸르트 제1세대 철학가의 작품을 독일어로 번역, 만년에는 점점 정치와 멀어져

루츠-바흐만 : 슈미트가 프랑크푸르트학파 제2세대의 중요한 인물인 것은 분명합니다. 아도르노보다는 호르크하이머가 그에게 더 많은 영향을 주었습니다. 슈미트는 후에 군첼린 뇌르(Gunzelin Schmid Noerr)과 함께 호르크하이머 전집을 엮어 출판했습니다. 그는 일찍부터 프랑크푸르트 제1시대 철학자의 중요 저작을 영어에서 독일어로 번역하였는데, 이는 프랑크푸르트학파 철학의 전파를 촉진시켰습니다. 슈미트는 나이가 들수록 가르치는 철학의 내용이 정치와는 멀어져 갔습니다. 그는 프랑크푸르트 제1세대 철학자들과 마찬가지로 하버마스와 차이를 보였습니다. 하버마스는 여전히 독일 정치와 지성계의 중심입니다. 유럽 전체로 보아도 마찬가지입니다.

문회 : 프랑크푸르트학파의 많은 철학자들을 공부했고, 후에는 그들의 동료가 되었으며, 이어서 이곳에서 연구와 강의를 하여 오늘에 이르게 되셨습니다. 아펠이나 하버마스와 같이 철학에 중요한 공헌을 한 학자들에 대해서 이야기를 해 주실 수 있을까요? 선생님과의 관계는 어떠한가요?

유럽대륙철학과 분석철학을 성공적으로 융합시킨 '근대 속의 공공이성' 연구의 영향을 받아

루츠-바흐만 : 나의 철학 연구는 아펠과 하버마스에게서 영향을 많이 받았습니다. 여기에서 짧게 말하기에는 끝이 없을 정도이지요. 간단히 말하면, 그들의 작업의 핵심은 근대라는 조건하에서 어떻게 공공이성을 세울 것인가 하는 문제입니다. 그들의 이러한 창조적 이론은 오늘날 방방곡곡에 영향을 미치고 있습니다. 과학이론, 사회이론, 도덕이론, 법이론 등에서부터 세계정의와 세계정치에 이르기까지 영향을 미치지 않는 곳이 없을 정도지요. 최근 하버마스는 종교 문제를 다시 고찰하고 있습니다. 이처럼 그들의 이론이 광범위한 영역에서 받아들여질 수 있는 것은 이성 이론 덕분입니다. 이 이성은 언어 그리고 소통하는 언어행위 속에 뿌리내리고 있습니다. 이러한 철학 방안을 바탕으로 오늘날 우리는 이데올로기와 비이성주의를 효과적으로 반박할 수 있게 되었습니다. 과학자연주의 또한 이것으로 반박이 가능합니다.

문회 : 프랑크푸르트학파 철학이 아펠과 하버마스에 이르러 발전된 것은 유럽철학과 영미철학이 소통과 융합을 이룬 결과라고도 볼 수 있습니다. 그 대표적인 사례가 아펠과 피어스(Charles S.Peirce) 간의, 또는 하버마스와 오스틴(John L.Austin) 및 설(John R.Searle) 간의 소통과 융합입니다. 유럽대륙철학과 영미철학은 현재 중국에서는 서로 굉장히 분리되어 있어서 양자 간에 효과적인 소통 무대를 찾지 못하고 있습니다. 여기에 대해서 한 말씀 부탁드립니다.

루츠-바흐만 : 아펠과 하버마스의 철학은 매우 의미가 있습니다. 그들은 독일/유럽철학의 전통(칸트-헤겔-마르크스, 키에르케고르, 신칸트주의, 후설, 초기 하이데거, 프랑크푸르트학파의 철학전통)과 영미철학의 이론(미국실용주의, 특히 피어스 비트겐슈타인 언어철학, 롤즈의 정의론, 분석철학이 옥스퍼드, 케임브리지, 미국에서 발전을 이룬 성과들)을 연결시켰습니다.(물론 초기의 일부 작업은 나치에 의해 해산되기 전까지의 빈학파로 거슬러 올라갈 수 있습니다.) 아펠과 하버마스의 연구는 풍성한 성과를 거뒀고, 독일의 철학 담론을 이러한 방향으로 전환시켰습니다.

문회 : 슈미트, 아펠, 하버마스 등에 이어서 프랑크푸르트학파는 제3세대를 맞이하게 되었습니다. 선생님 외에도 호네트(Axel Honneth)과 포르스트(Rainer Forst) 등이 이에 속하는데요, 이들에 대해서 논해 볼 수 있을까요?

호네트는 실천이성 문제에서 특출, 포르스트는 변호이론으로 담론윤리와 규범성을 논의, 나는 아리스토텔레스와 칸트를 계승

루츠-바흐만 : 둘은 프랑크푸르트의 존경스러운 동료들입니다. 우리는 비판이론 제3세대의 풍부한 스펙트럼 속에서 각기 다른 전통과 유파를 대표하고 있습니다. 우리 세 명 가운데 호네트는 나보다 세 살이 많지만 포르스트는 나보다 14살이 적습니다. 나이 상으로는 학생 뻘이지요. 그는 하버마스의 학생이었는데, 나는 그가 하버마스의 제자들 가운데 가장 우수한 학생이라고 생각합니다. 따라서 나와 호네트는 포르스트가 비록 가장 젊지만 제3세대 비판이론에서 없어서는 안 될 중요한 일원이라고 생각하고 있습니다. 호네트는 몇 년 전 은퇴한 후 프랑크푸르트에서는 다시 강의를 하지 않았습니다. 현재는 주로 미국 컬럼비아대학교에서 학술활동을 하고 있습니다. 대신 나와 포르스트가 함께 비판이론에 대한 각종 도전에 대응하고 있습니다.

호네트는 헤겔철학과 관련이 있는 '인정이론'을 통해 사회철학 분야의 실천이성 문제를 부각시켰습니다. 포르스트는 하버마스의 이론 이후 그 '변호이론'을 담론윤리(discourse ethics)와 규범성(normativity) 논의로 확장시켰습니다. 내 관점은 포르스트와 더 가깝습니다. 하지만 윤리학과 정치철학을 지나치게 제한하는 것에 대해서는 이견이 있습니다. 이 문제를 위해 나는 연관된 다른 철학이론을 도입했습니다. 바로 아리스토텔레스와 칸트입니다. 적어도 토마스 아퀴나스에 이르면 이러한 단서가 분명하게 드러납니다. 나는 아쉽게도 한동안 끊겨져 버렸던 유럽 근대초기의 계몽전통을 프랑크푸르트학파의 이론과 긴밀하게 연결시키고자 시도했습니다. 이러한 전통은 12~14세기 때 이미 분명해졌습니다.

문회 : 중요한 방향을 제시해 주셔서 감사합니다. 프랑크푸르트학파 제3세대가 학파의 전통을 계승하는 동시에 각자 다른 논리의 길을 따라 발전해 나간 것을 확인할 수 있었습니다. 현재 중국은 호네트를 대표로 하는 '헤겔적 방향성'에 대해서는 비교적 많은 이해가 이루어져 있습니다. 하지만 아펠-하버마스-바흐만으로 이어지는 '칸트적 방향성'의 계승과 그 내재적 논리발전에 대해서는 아는 바가 적습니다. 그렇다면 선생님이 보시기에 프랑크푸르트학파 여러 세대의 철학자들이 매진하는 목표는 무엇이라고 생각하십니까? 하나의 학파로서 프랑크푸르트학파 이론의 특징은 어디에 있다고 보시나요?

> '칸트적 방향성'은 호네트의 '헤겔적 방향성'과는 구분, 이성적이고 더 정의로운 공공관계의 실현이 목표

루츠-바흐만 : 간단히 말해 이성-담론-반성이라는 계몽도구를 통해 최대한 이성적이고 정의로운 공공관계를 실현하려는 것입니다. 이는 사회적, 정치적 공간은 물론이고 경제, 과학, 예술, 종교 등의 영역에서도 마찬가지로 적용됩니다. 비판이론은 항상 현대세계의 조건 하에서 철학을 재구성하고자 하였습니다. 진리와 이성적 지식을 찾아 독립적

이고 자유롭고 이성적인 인간에 대한 존중을 실현하려는 것이지요. 특히 인간을 기타 목적의 희생양으로 만들려는 모든 이데올로기(칸트의 인간은 목적 그 자체라는 말에 반대되는 것들)에 맞서 인간존엄에 대한 보호를 필수적인 것으로 만들고자 하였습니다. 이것이 바로 지금까지 프랑크푸르트학파 이론과 실천의 핵심이었습니다.

문회 : 프랑크푸르트학파의 사회연구소(IfS)는 이미 많은 사람에게 알려져 있습니다. 프랑크푸르트대학교 철학과와 프랑크푸르트학파는 무슨 관계입니까?

프랑크푸르트대학고 철학과는 비판이론 이외의 기타 우수한 철학전통도 보존

루츠-바흐만 : 프랑크푸르트대학교 철학과가 각별히 중시하는 점은 바로 비판이론 외에도 기타 철학전통과 그를 대표하는 우수한 인물들을 보유하고자 한다는 것입니다. 이러한 특징은 현재까지 잘 유지되고 있습니다.

문회 : 1989년부터 1994년까지 선생님은 베를린 자유대학교 철학과 사회과학원 교수로 재직하셨고, 1994년부터는 계속해서 프랑크푸르트대학교에서 연구와 강의를 하고 계십니다. 특히 프랑크푸르트대학교에서는 과학 연구와 인문과학을 주관하는 부총장 및 철학과 역사학부 학장을 역임하시면서 임기 중에 여러 연구소들을 대학 내에 건립하셨지요. 프랑크푸르트대학교 고등연구원, 이슬람연구센터, 역사인문과학연구센터, 프랑스─독일 역사와 사회과학 연구소 등이 대표적입니다. 2012년부터는 프랑크푸르트대학교 인문고등연구원 원장을 맡고 계십니다. 그곳에서도 연구토론 모임이나 각종 다양한 활동을 조직하셨습니다. 특히 철학과 현대 실험음악, 과학과 시문학 간의 교류활동이 인상적이었는데요, 이 작업들을 시작하게 된 배경은 무엇인가요?

인문고등연구원에서 전개된 활동과 연구는 간학문적 성격을 띠고 있어, 이는 호르크하이머의 100년 전 이상

루츠-바흐만 : 프랑크푸르트대학교 철학과의 작업과 인문고등연구원의 활동은 상호보완적 관계를 이루고 있습니다. 왜냐하면 좋은 철학, 명실이 상부하는 철학이란 항상 대학 내의 기타 과학 및 학과의 문제, 즉 '세계'의 문제와 서로 연결되기 때문입니다.

현재 인문고등연구원에는 크게 4가지의 연구 주제가 있습니다. 첫째는 규범성에 관한 연구로, 철학이 법학, 경제학, 정치학과 상호작용하는 과정에서 확장된 정의 방안에 관한 연구입니다. 둘째는 '역사연구센터'에서 진행하는 역사 연구 방향의 갱신 문제입니다. 셋째는 철학과 기타 학과 간의 교류, 특히 물리학, 생물학, 화학, 사회학, 음악학과 같은 자연과학 및 사회과학과의 대화 속에서 드러나는 "과학, 사회, 예술의 복잡성 이론" 문제입니다. 넷째는 최근 건립된 '종교동태연구센터'의 연구 주제로, 이천 년 동안의 유대교, 기독교, 이슬람교 간의 상호 긍정과 비판의 관계사 문제입니다.

이러한 질문들은 모두 간학과적 성격을 지니고 있는데, 철학의 적극적인 참여를 필요로 합니다. 이를 철학과 특정 과학의 결합이라고 보아도 좋을 것 같습니다. 인문고등연구원에서는 국제연구원, 방문학자들과 함께 높은 수준의 연구팀을 이루어 수차례 합동연구를 진행한 바 있습니다. 그 속에서 100년 전 호르크하이머가 바랐던 철학과 과학의 이상적인 결합을 확인할 수 있었지요.

문회 : 선생님의 토론회는 제게도 많은 것을 깨닫게 해 주었습니다. 세계의 철학자와 다양한 인문과학 문아의 전문가, 심지어 자연과학자들까지도 토론회에 초청하셨지요. 이들은 각기 다른 문제들, 예를 들면 급속히 발전하는 현대사회에 수반되는 각종 정치철학적 문제들을 가져왔습니다. 이 문제들을 둘러싸고 벌어진 토론은 많은 사람들의 시야를 넓혀 주었습니다. 서로 다른 지식 배경을 지닌 학자들이 발표자의 주제에 비판적으로 질문하고 응답하는 과정에서 토론의 깊이가 심화될 수 있었습니다. 또한 이러한 작업에 사용된 이론들과 방법론은 토론회의 큰 수확이

라 할 수 있습니다. 실천철학을 다리로 삼지 않는 이론철학적 지식은 현대사회를 분석하는 데 제 역할을 하기 힘듭니다. 토론회가 끝나면 '로마넬라'(Romanella)라는 피자가게로 자리를 옮겨 '2차전'을 진행하셨습니다. 이곳에서는 토론이 보다 느슨하고 주제 또한 더 광범위했습니다. 다양한 국가에서 온 철학자들이 서로 교류하고 우정을 쌓을 수 있었던 좋은 기회였지요. '피자집 철학토론' 이야기를 좀 해 주시면 감사하겠습니다.

연구토론회와 이어진 '피자집 철학토론', 서로 경청하고 배우고 교류하다

루츠-바호만 : 좋은 철학이란 독서와 토론 외에도 활동력과 '경청' 능력에 의해서도 결정될 수 있습니다. 타인의 통찰력으로부터 배울 수 있는 능력 말이지요. 공식적인 토론회 자리가 아닌 사석에서 오히려 경청하기가 더 수월할 수 있습니다. 그 옛날 소크라테스 또한 이를 잘 알고 있어서 자주 이렇게 했다는 기록이 있습니다. 그래서 우리도 토론회가 끝나고 그렇게 했지요. 토론회에는 늘 세계 각지에서 온 동료들과 친구들이 있었습니다. 아시아, 라틴아메리카, 유럽, 북미, 그리고 아프리카와 오스트레일리아까지 각지의 사람들이 포진해 있었습니다. 이탈리아 요리는 고기가 있는 것, 고기가 없는 것, 생선 요리, 파스타 등등 다양한 음식을 선택할 수 있었기에 이러한 상황에 적합했지요. 그 중에서도 '로마넬라'의 나무 오븐에서 갓 나온 피자는 잊을 수 없는 맛이었습니다. 맛있는 음식과 함께한 토론을 어떻게 잊을 수 있을까요.

【철학사상과 업적】

문회 : 선생님의 학술 여정을 돌아보면서 철학사상의 특징에 대해서 대략적이나마 이해를 할 수 있었던 것 같습니다. 본인의 연구 중점은 무엇이라고 할 수 있을까요? 본인이 생각하기에 본인의 가장 큰 학술적 공헌은 어떤 부분이라고 생각하십니까?

프랑크푸르트학파의 비판이론, 칸트와 아퀴나스 연구와 '세계정의'가 나의 연구 중점

루츠-바흐만 : 나의 연구 영역은 상당히 광범위 합니다. 윤리학, 정치철학, 종교철학 연구 외에도 고전후기철학, 중세철학, 근대초기철학, 현대철학 연구까지도 포함합니다. 최근 복잡한 체계의 과학이론과 인식론 문제 또한 연구하고 있습니다. 하지만 그 중에서 가장 중요한 것은 역시 프랑크푸르트학파의 비판이론 그리고 칸트와 토마스 아퀴나스 연구이겠지요. 최근 나의 『윤리학 입문』이 일본어로 번역되었는데, 이 책에서는 패러다임을 초월하는 보편 방식을 제시했습니다. 내가 제시한 '평화와 법권' 이론은 일종의 세계정의를 설명한 것으로, 전통적 초강대국 간의 강권정치와 민족국가체제를 초월하여 하나의 광범위하고 민주적이며 정치적인 세계 공공영역을 지향합니다.

문회 : 중세철학의 영향사에 대해 자세히 고찰하면서 현대철학자로서의 시각도 잃지 않으셨습니다. 이 작업은 중세철학과 현대인들과의 거리를 좁힌 것으로 평가됩니다. 이 작업에 대해 소개 부탁드립니다.

18세기의 '계몽'은 '반쪽짜리 계몽'

루츠-바흐만 : 18세기의 '계몽'은 사실 유럽 중세의 법이론과 과학 분야에서 시작된 것입니다. 하지만 각종 편견과 이데올로기가 주도하는 이해관계로 인해 유럽의 중세사상 전통 속에서 이 계몽의 발단은 항상 부정되어 왔습니다. 심지어 완전히 인식 속에서 '제거'되기도 했습니다. 이러한 전제에서 출발해서 살펴보아야 호르크하이머와 아도르노가 제시한 '계몽의 변증법', 즉 근대'이성의 몰락'이 설명될 수 있습니다.

내 중세철학 연구는 상당 부분 일반적인 견해와는 상반되는 관점을 위한 것입니다. 우리에게 19세기와 20세기를 가져다 준 '반쪽짜리 계몽'과는 대조됩니다. 중세는 더 많은 계몽의 잠재성을 함축하고 있습니다. 이 문제에 관해 나는 두 가지 출판 시리즈를 기획하였습니다. 하나는 프라이부르크 헤르더출판사의 <중세철학 도서관>(*Herders Bibliothek der Philosophie des Mittelalters*) 시리즈이고, 다른 하나는 슈투트가르트 프롬만–홀츠부크출판사의 <중세와 근대의 정치철학과 법이론>(*Politische Philosophie und Rechtstheorie des Mittelalters und der Neuzeit*) 시리즈입니다. 이 출판 프로젝트는 중세와 근대의 핵심적인 문헌을 발굴하여 상술한 오류들을 지속적으로 수정해 나가기 위한 목적을 지니고 있습니다. 이는 매우 중요하고 올바른 방향성이라 생각됩니다.

문회 : '반쪽짜리 계몽'(halbierte Aufklärung) 개념은 어떻게 이해하십니까? 근대초기의 계몽전통과 중세에 광범위하게 잠재되어 있던 계몽의 단서 등에 대해 설명을 부탁드립니다.

루츠-바흐만 : 나의 관점은 몇몇 중요한 철학 및 제도–과학사 연구자들의 관점과 일치합니다. 11~12세기의 과학과 문화 발전에서 만약 계몽이 시작되지 않았더라면 막스 베버가 이성화와 '세계의 탈신성화'(desacralization) 과정이라 묘사했던 18~19세기 유럽의 계몽도 이해할 수 없을 것이라고 생각합니다. 이러한 결론은 '12세기 과학의 르네상스'(피터 바이마르의 『12세기 과학의 르네상스』 및 게오르그 빌란트 주편의 '12세기 르네상스'에 관한 논문집 참조)에도 마찬가지로 적용됩니다. 물론 '최초의 공공 지식인'의 등장에도 적용될 수 있습니다. 그 대표적인 인물이 페트루스 아벨라르두스(Petrus Abaelardus)입니다. 그는 프랑스의 저명한 역사학자 자크 르 고프(Jacques Le Goff)에 의해 "제1의 근대인"(premier homme moderne), "법률적 혁명"(저명한 미국 법률역사학자 헤롤르 베르만[Herold Berman]이 그의 저서 『법률과 혁명』에서 서술한 것과 같은 표현)이라 묘사되었습니다.

물론 중세에는 다른 많은 발전도 있었는데, 철학 영역에서는 12~13세기의 유사한 발전 과정에 주목할 필요가 있습니다. 이를 정리해 보면 다음과 같습니다. 고전의 전통을 계승한 철학이 '논변술'(ars dialectica)의 영향으로 체계적이고 과학적인 형태로 발전하였으며, 프랑스와 이탈리아, 그 밖의 많은 지역의 학교에서 철학이 강의되기 시작했습니다. 이러한 과정을 거쳐 논리학과 인식론, 형이상학과 자연철학의 새로운 형태가 출현했고, 중세 후기(13세기)에는 윤리학/도덕철학 및 법이론의 새로운 형태가 출현했습니다. 이는 후대의 철학 논의에 중요한 토대가 되었지요.

간단히 말해 나의 관점에서 말하고자 하는 것은 두 가지 측면입니다. 첫째, 계몽(유럽적 의미의)은 11~12세기부터 시작되어 대학(역시 중세에 시작된)과 아카데미 및 자유시장 속에서 지속적으로 발전했습니다. 둘째, 18~19세기의 계몽은 초기 계몽운동 중의 특정한 것들, 예컨대 시대의 발전추이에 부합한 단편적 관점만이 계승된 것입니다. 이것이 바로 근대의 전형적 계몽 형식으로, 나는 이를 '반쪽짜리 계몽'이라고 부릅니다.

문회 : 아도르노 이래로 '계몽'은 프랑크푸르트학파의 핵심 논제 가운데 하나로 떠올랐습니다. 선생님 역시 본인의 이론을 내셨지요. '계몽비판'을 어떻게 이해하십니까?

계몽비판 : 호르크하이머와 아도르노는 『계몽의 변증법』, 『이성의 상실』을, 하버마스는 "탈선하는 근대성"을 남겨

루츠-바흐만 : 호르크하이머와 아도르노는 1940년대 저작에서 이러한 단편적이고 '반쪽'에 불과한 계몽에 대해 철학적이고 과학-문화적 분석을 내놓으면서 예리한 비판을 시도했습니다. 대표적인 저작이 바로 1944년 두 사람이 함께 펴낸 『계몽적 변증법』(*Dialektik der*

Aufklärung, 이는 그들이 캘리포니아 망명 중 쓴 것입니다.), 호르크하이머가 1947년 출판한 『이성의 상실』(*Eclipse of Reason*)입니다. 나 역시 프랑크푸르트학파의 1세대 이론에 뒤이어 앞서 언급한 두 가지 관점을 제시하였습니다. 하버마스에게도 "탈선하는 근대성"이라는 유명한 명제가 있습니다. 그는 탈선하는 열차로 비유를 들었습니다. 모든 비판이론은 당시의 정치, 사회, 과학 체제와 우선 비판적인 관계에 처하게 됩니다. 이러한 비판은 계몽의 모든 잠재력이 아직 다하지 않았음을 증명하기 위한 것입니다. 즉 계몽비판은 '반계몽'이 아니라, 근대 및 근대적 '이성'의 단편적이고 잘못된 발전에 대한 비판입니다.

문회 : 선생님의 연구 분야는 매우 넓습니다. 저서와 엮어낸 책도 다양합니다. 중국 학자들에게 추천한다면 어떤 작품을 추천하시겠습니까?

중국의 학자들에게 마르크스에서 칸트까지 통하는 『역사와 주체』를 추천

루츠-바흐만 : 나는 박사논문인 『역사와 주체 — 임마누엘 칸트, 칼 마르크스의 역사철학 개념에 관해』(*Geschichte und Subjekt: Zum Begriff der Geschichtsphilosophie bei Immanuel Kant und Karl Marx*)에서 하나의 길을 제시한 적이 있습니다. 마르크스에서 출발하여 헤겔의 유심론 철학이 아닌 칸트와 그의 계몽, 도덕행위, 정치 방안으로 소급해 가는 길입니다. 중국의 독자들도 분명히 여기에 관심이 있을 것입니다. 그리고 앞서 언급한 『윤리학 입문』 역시 추천할 만합니다. 2012년 레클람출판사에서 출판되었고 올해는 일본어로도 번역되었습니다. 초학자들에게 비교적 적합한 책입니다.

새롭게 출판한 책 몇 권도 언급하고 싶네요. 나와 제임스 보만(James Bohman)이 각각 독일어와 영어로 동시에 출판한 논집 『법권을 통해 평화에 이르다』(*Frieden durch Recht*), 『세계국가 혹은 국가세계?』 (*Weltstaat oder Staatenwelt?*), 그리고 안드레아스 니더베르거(Andreas

Niederberger) 등과 협동하여 출판한『세계화 과정 속에서의 전쟁과 평화』(*Krieg und Frieden im Prozess der Globalisierung*),『코스모폴리스』(*Kosmopolis*) 시리즈, 아모스 나시멘토(Amos Nascimento)와 협동하여 출판한『인권, 인간존엄 그리고 세계주의의 이상』(*Human Rights, Human Dignity and Cosmopolitan Ideals*) 등이 있습니다. 그 밖에 나는 라우틀리지 출판사(런던과 뉴욕)를 통해『인간존엄 : 인권의 비판이론적 시각에서』(*Human Dignity: Perspectives from a Critical Theory of Human Rights*)를 막 펴낸 참인데, 이 책은 인권에 대한 비판이론으로부터 출발하여 하버마스, 나시멘토, 포르스트 및 기타 학자들의 관점을 모아 놓은 공동 연구의 성과물입니다. 또 8월에는 캄푸스출판사(프랑크푸르트와 뉴욕)를 통해 중세(13~14세기) 정치철학의 '지배권과 소유권' 개념을 논한『자연과 통치』(*Von Natur und Herrschaft*)가 출판될 예정입니다. 마지막 두 책은 전자판과 종이판의 동시출판이 확정되어 있습니다.

문회 : 이 저작들은 선생님의 '세계정의' 이론으로 들어가는 길목을 제공해 주는데요, '세계정의' 이론에 대해 좀 더 설명을 해 주시면 좋겠습니다.

세계정의 : 칸트의 정치적 정의는 국가 간의 조약에 관한 것이 아니라 유엔 국제법의 출발점

루츠-바흐만 : '세계정의' 이론은 '정치적 정의'의 구상에서 왔습니다. 최종적으로는 공공법권 혹은 공화법권(Recht)으로 실현될 수 있습니다. 이 개념의 이론적 근거는 홉스, 로크, 루소가 아닌 바로 칸트입니다. 하버마스와 포르스트 역시 이 관점을 공유하고 있는데, 나의 결론이 보다 철저한 면이 있습니다. 나는 오늘날의 세계가 하나의 전체로서 강력한 '세계법권'을 지니지 못하기 때문에 평화유지, 핵무기와 같은 대량학살무기의 제한, 환경과 기후 문제, 자원분배 및 빈곤 문제, 난민 문제, 전 세계 금융시장의 통제 등의 절박한 세계적 문제들을 해결할 수 없다고 생각합니다.

내가 이해하는 '세계법권'은 오늘날 단순히 '국가 간'에 적용되는 조약이나 계약이 아닙니다. 진정한 의미의 새로운 정치 법권이며 공공적 법질서입니다. 이는 전 세계를 연결하는 것으로, 1948년 유엔 인권선언이 바로 이러한 이념의 토대 위에 세워진 것입니다. 이 법권체계는 유엔이 구축하는 질서 속에서 형성되어 발전해 나가고 있지만 아직은 많이 미흡합니다. 이를 구현한 현실의 사례가 바로 새로운 세계 공화 법권정신을 바탕으로 만들어진 국제형사재판소(아직 미국, 중국, 러시아 등의 승인을 받지 못했습니다.)입니다. 전후 독일과 일본에 대해 뉘른베르크와 도쿄에서 실시한 전범재판이 바로 이러한 법권체계 발전의 기초로 작용했습니다.

칸트가 말한 철학 원칙을 좀 더 발전시켜 말하자면, 이러한 법권은 반드시 '전제적'이지 않고 '공화적'이어야 하며 반드시 —오늘날과 같은 국제사법國際私法이 아니라— 공공적이어야 합니다. 이를 실현하기 위해서는 우선적으로 '강대국'의 주권이 제한되어야 하며 '세계 공공 영역'의 지지를 받아야 합니다. 칸트는 '세계 공공영역'을 개별 국가권력체계를 바로잡는 것으로 보았습니다. 이 법권은 허상이나 유토피아가 아닙니다. 이미 오늘날의 국제법의 출발점이 되었습니다.

【중국철학 그리고 세계철학대회를 바라보다】

문회 : 제24차 세계철학대회의 주제는 "학이성인"입니다. 인간에게 주목하고 인간과 세계와의 관계에 초점을 맞추고 있는 주제이지요. 선생님은 철학과 세계와의 관계를 어떻게 생각하십니까?

철학은 인간과 세계 그리고 과학 간의 반성적 관계

루츠-바흐만 : 철학은 기타 과학과 같은 학문이 아닙니다. 철학은 과학의 수단을 빌려서 '인간 지식의 제1원리에 대한 성찰'과 '인간의 유한한 이론이성 및 실천이성에 대한 반성'을 통해 진리를 탐구합니다. 철학은 지식에 대한 탐구로서 과학에 앞서는 것 혹은 과학의 기초라고 말할 수 있습니다. 따라서 철학은 한편으로는 과학을 매개로 삼고, 다른 한편으로는 자신에게만 의존하여 반성적으로 세계에 대한 이해를 추구해 나갑니다. 이러한 의미에서 철학은 인간과 세계 그리고 과학 사이의 반성관계라 할 수 있습니다. 이는 인간과 다른 형식의 지식들 사이의 반성관계를 포함하기도 합니다. 예술과 문학, 종교 등이 그 대표적인 예입니다. 인간은 이러한 지식 속에서 자아와 세계에 대한 인식을 표현합니다.

문회 : 과거 세계철학대회에 참가한 적이 있으신가요? 만약 있다면 지난 대회의 경험과 이번 대회에 대한 기대를 말씀해 주시면 감사하겠습니다.

철학에는 '세계와 자유'라는 단 하나의 '조국'만이 존재할 뿐

루츠-바흐만 : 지난 보스턴 대회와 이스탄불 대회에 참가한 적이 있습니다. 나는 세계철학대회를 매우 중시합니다. 마치 세계의 시민들이 한자리에 모이는 모임 같다고나 할까요. 철학에는 오직 하나의 '조국'만이 있습니다. 고대의 아테네나 알렉산드리아도 아니고, 중세의 파리나 옥스퍼드도 아닙니다. 철학의 '조국'은 스토아주의자가 이해하는 것처럼 '세계'(세계국가, Kosmopolis)와 '자유'에 있습니다. 정치, 군사, 경제의 권력자가 이를 허용한다는 가정 하에 인류의 사상의 자유, 언론의 자유, 비판의 자유는 온 세상을 하나로 묶어 둘 수 있습니다. 오늘날의 철학은, 칸트와 마르크스로부터 알게 되고 호르크하이머와 하버마스를 통해 이해하게 되었듯이, 단순히 "사상 속에서 세계를 이해하는 것"(헤겔의 정의처럼)이 아니라 '비판하는' 것입니다. 칸트에게서는 이성에 대한 비판이며, 마르크스에게서는 경제에 대한 비판입니다. 이 비판은 또한 과학 맹신에 대한 비판, 정치에 대한 비판, 부자유에 대한 비판, 빈곤과 전쟁이 가져오는 고난에 대한 비판일 수 있습니다. 철학에 종사하는 사람들은 이번 세계대회를 계기로 교류와 만남을 이어나가면서 이 공론의 장에서 함께 학습하고 서로를 배워 나가야 합니다. 우리는 그런 능력과 기회를 지니고 있습니다. 유럽과 미국의 철학 역시 아시아, 아프리카, 라틴아메리카의 철학자에게 배워야 합니다. 바로 이러한 점에서 세계철학대회는 중요한 의미를 지닙니다.

문회 : 이번 대회의 주제인 "학이성인"을 어떻게 이해하십니까?

> **학이성인 : 철학의 영원한 사명, '세계주의'의 방안을 제정하여 국가,**
> **민족, 인류 협력의 기초로 삼아야**

루츠-바흐만 : 이 격언은 하나의 요구로서, 언제나 철학의 사명이었습니다. 현재 세계화와 인간의 발전에 수반되어 오는 많은 문제들이 존재합니다. 자원의 남용, 날로 늘어가는 빈곤화와 난민 문제, 핵무기와 같은 대량살상무기의 확산, 국가주의, 포퓰리즘, 신국수주의 출현 등이 그것입니다. 이러한 현실에 비추어 보면 "학이성인"은 '세계주의'라는 정치 방안을 제정해야 한다는 하나의 요구일 수 있습니다. "학이성인"을 통해 우리는 평화롭고 공정하고 사회적인 방법으로, 즉 진정으로 '인간적'인 방법으로 문제들을 해결할 수 있습니다.

오늘날 우리는 국제적 협력과 상호교류를 줄일 것이 아니라, 평화롭게 자신의 세계를 타인에게 개방해 나가야 합니다. 인권에 대한 우리의 바람은 새로운 세계정치 방안에 매우 좋은 지침서가 됩니다. 따라서 "학이성인"은 인권으로 향하는 세계정치의 방안과 구속력 있는 법적 원칙을 의미할 수 있습니다. 우리는 반드시 이를 국가, 민족, 인류 간의 협력의 기초로 삼아야 합니다.

문회 : 점차 더 많은 중국의 젊은이들이 철학에 관심을 가지고 있습니다. 그들과

다른 독자들 모두에게 조언을 하나 해 주신다면요?

유럽철학을 공부할 때는 플라톤과 아리스토텔레스부터 읽어 나갈 것

루츠-바흐만 : 우선 유럽철학을 공부하려면 고전부터 읽어 나가시길
조언하고 싶습니다. 반드시 비판적으로 읽어야 합니다! 19세기부터
시작하지 말고, 플라톤과 아리스토텔레스부터 시작해서 고전 후기와
유럽의 중세까지를 다 읽어야 합니다. 그렇지 않으면 칸트와 헤겔,
피어스와 비트겐슈타인, 호르크하이머와 하버마스로부터 무엇을 배
울 수 있을지를 알 수 없습니다. 이들은 철학의 원류에다 더할 것은
더하고 뺄 것은 빼는 방식으로 자신들의 체계를 쌓아올렸습니다.
이러한 체계를 따라가야만 진정한 철학 독해라고 할 수 있습니다.
최소한 나는 이 방식이 합리적이고 중요하다고 생각합니다.

문회 : 중국에 와 보신 적이 있나요? 중국에 대해 어떤 인상과 기대를 가지고 계신가요?

루츠-바흐만 : 예전에 북경대학교를 방문한 적이 있는데, 개방적인 학문
분위기와 풍성한 토론에 깊은 인상을 받았습니다. 이번에 다시 방문하
게 되어서 정말 기쁩니다. 북경뿐만 아니라 이 거대하고 중요한 나라의
다른 지역도 방문할 수 있다면 좋겠습니다. 그러면 중국철학을 더
잘 이해할 수 있겠지요.

문회 : 좋은 말씀 대단히 감사합니다.

글∥주일대朱一代(연합인터뷰팀)

뱅상 데콩브
Vincent Descombes

번외편

언어철학은 사회철학을 위한 것이어야 한다

언어철학, 행위철학 전문가

뱅상 데콩브

인터뷰이 : 뱅상 데콩브(Vincent Descombes), 이하 '데콩브'로 약칭
　　　　　(프랑스 파리 고등사회과학연구소 교수)

인터뷰어 : 사정謝晶(복단대학교 철학부 강사), 이하 '문회'로 대칭

인터뷰 일시 : 2018년 8월(수차례의 메일 인터뷰)

1980년 영어판 『현대 프랑스철학』 서문에서 옥스퍼드 베일리얼칼리지의 알랭 몬테피오레(Alan Montefiore)는 데콩브를 이렇게 표현했다. "훌륭한 안내자란 자신의 분야에 전문지식을 가지고 있으면서 자신의 분야로 넘어온 낯선 사람과 진정으로 교류할 수 있는 자이다. 데콩브가 바로 이러한 훌륭한 안내자이다."

75세의 뱅상 데콩브는 40년 전의 이 작품 이후 『모든 종류의 객체 문법』(Grammaire d'objets en tous genres), 『마음의 양식』(La denrée mentale), 『의미의 체제』(Les institutions du sens), 『주체의 보어』(Le complément de sujet), 『곰의 추리와 기타 실천철학에 관한 논문』(Le raisonnement de l'ours, et d'autres essais de philosophie pratique), 『정체성의 혼란』(Les embarras de l'identité) 등 십 수편에 달하는 작품을 통해 프랑스는 물론이고 영미학계에서도 큰 반향을 일으켰다. 그의 '철학 교류'는 언어철학, 행동철학, 사회철학, 정치철학, 주체철학 등 여러 분야를 넘나들었다. 그가 프랑스 현대철학계를 대표하는 인물임에는 이견의 여지가 없다.

프랑스 파리에 있는 고등사회과학연구원(EHESS)에서 장기간 교편을 잡은 데콩브는 고대그리스철학, 독일관념론, 분석철학, 사회학, 인류학 등의 전통에 정통할 뿐만 아니라, 이 전통 위에서 사회성, 의미, 주체, 행동, 정체성 등에 관한 자신의 독특한 관점을 내보였다. 나는 과거 운 좋게도 그에게 직접 가르침을 받을 수 있었다. 그의 세련된 논증 스타일, 사상사와 텍스트에 대한 깊은 이해, 독립적인 사상의 건립 등은 그저 감탄만을 자아낸다. 나는 그의 학파를 초월한 학문적 영향과 깊은 인문학적 관심, 그리고 세계적 시야를 갖춘 넓은 도량에 깊이 매료되었다.

그는 사람됨이 무척이나 소박하여, 일인칭 화법을 좋아하지 않았고 자신에 대해 말하는 것은 더욱 삼가는 편이었다. 세계철학대회라는 기회를 통해 우리는 운 좋게 그를 만날 수 있었다. 그는 현대의 프랑스철학에 대해 매우 직설적인 태도를 지니고 자신만의 분석 스타일을 엄격하게 지키면서도 특히 사회학에 관심이 많았는데, 이러한 모습은 전통에 기초를 두되 학파의 경계를 타파하고 현실에 깊이 관심을 가지는 현대 프랑스철학의 특징을 그대로 드러내고 있었다.

그의 '이차적 보편주의'는 최근 그의 주요 관점 중 하나로서, 유럽 사상가로서의 그가 지닌 유럽중심주의에 대한 반성과 다양한 사회·문화 간 대화에 대한 책임감을 잘 반영하고 있다.

【철학과의 인연 그리고 궤적】

문회 : 선생님은 현대 프랑스의 가장 중요한 철학자 중의 한 분이십니다. 사람들은 흔히 철학사에서 현상학, 정신분석학, 구조주의, 포스트모더니즘 등이 한꺼번에 뒤섞여 나타나는 현상을 '프랑스이론'(French Theory)이라 부릅니다. 선생님은 바로 이 프랑스철학의 황금기를 계승한 인물로 여겨지고 있지요.

중국의 독자들은 대개 프랑스철학을 해설한 초기작 『현대 프랑스철학』을 통해 선생님의 이론을 이해합니다만, 프랑스에서는 분석철학을 도입하고 활용한 것으로 이름을 알리셨습니다. 한편 선생님이 관심을 가지는 문제들 중에는 사회학과 인류학 차원의 문제들도 많습니다. 특히 에밀 뒤르켐(Émile Durkheim), 마르셀 모스(Marcel Mauss), 루이 뒤몽(Louis Dumont), 에드몬드 오르티게(Edmond Ortigues) 등의 사회학자 및 인류학자에게 주목하셨지요. 이러한 점들로 인해 선생님의 사상이 선명한 독창성을 지니는 것이 아닐까 추측해 봅니다. 어떠한 철학 훈련이 이러한 독창성을 가능하게 했나요? 미셸 푸코(Michel Foucault), 레비스트로스(Claude Lévi-Strauss), 자크 데리다(Jacques Derrida), 장 프랑수아 리오타르(Jean-François Lyotard) 등의 사상가들이 중요한 역할을 했나요?

1960년대 소르본대학교, 비판적 관념론 철학가인 플라톤, 데카르트, 칸트만을 강조

데콩브 : 나는 1960년대 소르본대학교에서 학업을 마쳤습니다. 프랑스식 교육을 받았지요. 하지만 이것이 주로 프랑스철학을 배웠다는 말은 아닙니다. 오늘날에도 여전히 주도적인 위치를 점하고 있는 프랑스식 철학교육은 철학사 및 각 학자들에 대한 이해를 매우 중시합

니다. 내가 학교를 다니던 당시에는 비판적 관념론에서 추종하는 플라톤, 데카르트, 칸트 등을 깊이 공부할 것을 요구받았습니다. 일종의 프랑스식 신칸트주의랄까요. 나는 아리스토텔레스나 헤겔에 관한 수업은 한 번도 들은 적이 없습니다. 상황이 이러니 중세의 사상가들은 말할 것도 없지요. 이에 비추어 보면 오늘날의 상황은 크게 개선되었습니다. 과거와 달라진 점 가운데 중요한 사실 하나는, 지금의 수업과정 속에는 일반적인 심리학과 사회학이 있다는 점입니다. 메를로퐁티와 푸코는 심리학 강의로 커리어를 시작했지만 둘 다 인문과학으로서의 철학의 발전에 큰 역할을 했지요.

전통적 수업과 동시에 하이데거·마르크스 같은 전위적인 사상을 독학

방금 사상가 몇 명을 언급하셨는데, 나는 소르본에 있을 때 데리다의 수업을 들은 적이 있습니다. 그는 당시 폴 리쾨르(Paul Ricoeur)의 조교였지요. 내가 후설의 현상학을 이해할 수 있었던 것은 리쾨르의 수업 덕분입니다. 그는 매년 후설의 일부 저작을 자세히 강의했습니다. "실천적 작업"(학생이 문제를 제기할 수 있음을 의미)이라는 이름의 이 수업에서, 당시 아무 논문도 발표하지 않은 상태였던 조교 데리다는 텍스트를 매우 깊이 있게 독해할 것을 주문했습니다. 그는 고전 텍스트를 논할 때면 한 문장 속의 가능한 모든 의미를 끈기 있게 고찰하곤 했는데, 그 모습이 아주 인상 깊었습니다.

미셸 푸코, 레비스트로스, 자크 데리다, 장 프랑수아 리오타르 등 후대에 중대한 영향을 미친 사상가들에 대해 얼마나 이해하고 있었는지를 물어 보셨죠? 사실 지금에 와서 돌이켜 보자면 당시의 학습 방식은 다소 놀라운 면이 있습니다. 우리는 서로 완전히 다른 두 가지 경로를 통해 학문의 세계로 들어갔습니다. 하나는 코스워크 과정을 따르는 정통 교과수업입니다. 시험에 통과하고 적합한 박사논문의 주제를 찾기 위해서는, 즉 학자로서의 삶을 시작하기 위해서는 이 과정의 학습이 필수불가결합니다. 다른 한편으로, 학생들 사이에는 전위적인 반전통 문화가 존재했었습니다. 학생들은 하이데거와 마르크스 사상을 넘나들었고 구조주의에 흠뻑 매료되었습니다. 하지만 이 사상들을 스스로 공부할 수밖에 없었습니다. 따라서 한편으로는 스토아학파, 칸트주의 등의 고전적 학설과 이론을 공부하면서 다른 한편으로는 자신의 사상적 발전을 위해 각자가 스스로 독서를 진행하였습니다. 이러한 독서는 모험적이면서도 반항의 향기를 물씬 풍겼습니다.

【철학사상과 업적】

데콩브 : 내 첫 번째 저작은 1971년 박사논문의 세 번째 부분을 개작하여 펴낸 『플라톤주의』입니다. 지금 보면 이 책은 순수한 프랑스식 철학 교육의 산물이었던 것 같습니다. 물론 1977년 『현대 프랑스철학』을 출판했을 때부터 이미 이 프랑스적 전통에 회의를 가지고 있었지요.

문회 : 선생님의 회의는 무엇에 대한 것이었습니까?

당시 "철학은 모든 사상을 조화시킬 수 있다"는 입장이 유행, 1977년 『현대 프랑스철학』에서 이에 의문을 제기

데콩브 : 나는 당시 우리 세대가 훗날 '포스트구조주의'나 '프랑스이론'이라고 불리게 될 이 철학 유파 속에서 무엇을 얻을 수 있을지 회의가 들었습니다. 이런 생각은 책 전체를 관통하고 있는데, 처음 몇 페이지에서부터 이미 그런 회의가 분명하게 드러납니다. 미국인들은 이 사상들이 어떤 이론적 동맹관계 속에 있다고 생각하지만, 사실 이들 간에는 매우 현란하고 정교한 사상적 논쟁이 오갔습니다. 많은 다른 프랑스인

들처럼 나 역시 그 속에 빠져들었지요. 하지만 이 논쟁이 실은 막다른 길로 향하고 있다는 것 역시 어렴풋이 깨닫고 있었습니다.

당시 철학자들은 경쟁적으로 어떤 하나의 이념을 추구했습니다. 그 이념은 바로 그들이 받은 '프랑스식' 교육의 산물로서, 보편의 철학이 존재할 수 있다는 입장에서 모든 위대한 사상가들을 조화시켜 이데올로기와 사상의 진보를 이루어 내려는 것이었습니다. 이러한 약화된 '헤겔주의'는 자연스럽게 사람들로 하여금 창조적 철학은 끝을 향해 달려가고 있다고 생각하게 만들었습니다. 말할 만한 모든 중요한 사상은 이미 전부 등장했고, 이제 '철학의 종결'만을 앞두고 있다는 것이었지요. 이러한 주제는 종종 당시 프랑스의 '하이데거주의자'들에게 차용되었습니다. 이 종결은 절정을 의미하는가, 아니면 사망을 의미하는가? 사람들은 의견이 분분했습니다. 그것이 절정이든 사망이든 중요한 것은, 철학하는 사람들은 한 발 늦게 도착했고 남은 것은 오직 역사뿐이라는 사실이었습니다.

"모든 원칙을 포괄하는 총원칙이 있을 수 있다는 판단에 의문을 제기하라"는 젊은 철학자들의 관점 속에서 전통의 쇠퇴를 목격

(물론 자신감이 지나친 측면은 있지만) 그때까지 제기되었던 문제들을 더욱 철저히 문제제기하는 방식으로 서양철학 전통의 속박으로부터 탈피하고자 했던 것이 바로 프랑스 전후세대의 가장 우수한 젊은 철학자들(푸코, 레비스트로스, 데리다, 리오타르)이 모색했던 방향입니다. 이들은 서양철학 전통 전반에서 미리 상정된 것(바꾸어 말하면, 모든 편견)으로부터 탈피할 방법을 찾아야 한다고 생각했습니다. 이에 따라 일종의 모험이 시도되곤 했는데, 이는 더 철저한 방식을 찾고자 하는 학자들 사이의 경쟁이 낳은 결과였습니다. 이들은 각종 원칙에 문제를 제기하는 것만으로는 부족하다고 여겨, 모든 원칙을 포괄하는 '총원칙'과 모든 가정을 포괄하는 '총가정'이 존재할 수 있다는 사실에

의문을 제기하려 했습니다. 경쟁자들 사이에서 두각을 나타내고 고지를 선점하려는 것이었지요. 즉, 이를 통해 경쟁대상들이 여전히 각종 편견을 지니고 있으며 여러 가지 사상에 의해 '조종'당하고 있다는 것을 증명하려 했던 것입니다. 간단히 말해, 철저하지 못하면 한순간에 초월당하는 상황이었지요. 내가 보기에 이러한 경쟁은 사상을 막다른 길로 향하게 만들었습니다. 나는 이 경쟁 속에서 어떤 비범한 생명력이 아닌, 전통의 쇠퇴를 목격했습니다. 나는 그 속에서 벗어나고자 했지요.

프랑스철학에 비해 분석철학은 보다 직접적으로 고전 텍스트를 독해

문회 : 분석철학이 선생님을 막다른 골목에서 빠져나오게 해 주었나요?

데콩브 : 1969년 병역의무로 몬트리올대학교에서 2년간 강의를 했습니다.(국제협력업무로 군입대를 대체할 수 있었습니다.) 그리고 거기에서 플라톤에 관한 논문 한 편을 완성할 수 있었습니다. 당시 나는 고대그리스철학을 분석철학적 방식으로 독해할 수 있다는 사실을 발견했습니다. 놀라운 것은 기존의 '프랑스식' 배경 하의 독해보다 분석철학식 독해가 플라톤이나 아리스토텔레스가 제기한 문제들을 더욱 잘 이해할 수 있게 해 주었다는 사실입니다.

하나의 텍스트를 마주하여 분석철학자는 직접 텍스트가 제기한 문제로 들어갑니다. 프랑스철학을 하는 동료들은 "플라톤을 동시대의 사람으로 상정하는 것이 어디 말이나 되는가?"라며 이를 탐탁지 않게 여기지요. 분석철학자는 플라톤이 토론했던 문제들—예를 들면, 일─과 다多의 문제, 허구명제의 가능성 문제 등─을 현재 우리에게 의미 있는 문제, 플라톤이 해결해 줄 수 있는 문제로 상정하고 논의를 합니다. 그런데 이런 방식은 사실 플라톤의 능력을 절하시키는 것입니다. 만약 우리가 플라톤을 동시대인으로 두고자 한다면 그가 말하려는 바를 우리의 언어로 표현해 내야 합니다. 그의 말을 단순히 인용하거나 그리스어로 된 것을 프랑스어로 번역하는 데에서 그치지 말고, 책임감 있는 철학적 언어로 번역해 내어야 합니다.

투겐트하트의 『자기의식과 자기규정』에서의 시도 : 독일관념론과 분석철학의 상통 가능성

1980년 나는 에른스트 투겐트하트(Ernst Tugendhat)가 1979년 출판한 『자기의식과 자기규정』을 읽었습니다. 내가 분명히 관심을 가질 것이라며 친구 한 명이 독일에서 이 책을 가져다주더군요. 확실히 이 책은 나에게 결정적인 영향을 미쳤습니다. 이 책은 우리가 보다 창조적인 방식으로 독일관념론과 언어분석철학을 나란히 대치시킬 수 있다는 사실을 알려 주었지요. 자기의식에서 도출해 낸 특수한 결론들 외에도, 그는 우리가 근거하는 모든 텍스트들(플라톤이든 아리스토텔레스든 혹은 헤겔이든 하이데거든)에 순수하게 철학적인 방식으로 접근할 수 있음을 알려 주었습니다. 어떤 텍스트 속의 문제와 우리의 문제가 관계되는 지점을 발견했을 때, 우리는 텍스트에 그 답을 요구할 수 있다는 뜻입니다. 투겐트하트가 바로 이러한 방식을 처음으로 시도했던 인물 중 하나입니다. 오늘날에는 '분석적 칸트주의'(스트로슨) 혹은 '분석적 헤겔주의'(브랜덤, 맥도웰) 등의 방식이 이미 보편화되었습니다.

문회 : 이러한 방향으로 전환한 뒤의 첫 번째 성과가 바로 『모든 종류의 객체 문법』 (1983)입니다. 분석철학적 방법론은 당시의 프랑스 철학자들에게 여전히 낯선 존재였습니다. 선생님은 이를 통해 그들에게 무엇을 말하고 싶었나요?

분석적 방법론의 두 요소 : 언어의 우선성과 최소단위로서의 말

데콩브 : 책에서는 특히 두 가지 관점을 강조하였습니다. 당시 나에게는 아주 중요한 것들로, 그동안 철학하던 방식을 철저히 되돌아보게

만들어 준 것들입니다. 첫 번째 관점은 '말의 의미'의 문제가 인식의 문제보다 우선해야 한다는 것입니다. 두 번째 관점은 분석철학의 분석성이 언어분석을 통한 개념분석에 있다는 것입니다. 이때 분석의 대상이 되는 언어란 '발화發話된 말'을 가리키고, 그 단위는 단어가 아니라 명제입니다. 단어를 이루는 단위는 글자이지요.

첫 번째 관점에 관해서 말하자면, 더밋(Michael Dummett)이 안스콤(Elizabeth Anscombe)의 뒤를 이어 거듭 말했듯, 근대철학은 모두 인식론 문제의 우선성 위에 건립되었습니다. 근대철학의 주된 문제는 데카르트적 회의에 관한 대답으로, 어떻게 우리의 판단을 증명하고 그것을 확정할 것인가 하는 것이었습니다. 그런데 인식론의 우선성이라는 전제는 충분히 문제를 제기할 만합니다. 더밋은 프레게와 비트겐슈타인의 방법론 속에 숨어 있는 어떤 하나의 관점을 통해 그것을 표현하고자 했습니다. 바로 "어떻게 이 명제를 증명할 수 있는가" 하는 문제를 제기하기 위해서는 우선 그것이 무엇을 말하는지를 확정할 수 있어야 하며, 그것이 현실에 대해 지니는 책임 즉 명제의 진리값조건(인식론적인 경험조건이 아닌 논리적인 진리값조건)을 확정할 수 있어야 한다는 것입니다. 하나의 명제에 의문을 제기하기 위해서는 먼저 그것이 무엇을 말하는지 이해할 수 있는 능력이 있어야 합니다. 이것이 바로 넓은 의미에서의 논리(추리에 관한 이론뿐 아니라, 언어의미론 즉 표의적 패턴에 대한 연구이기도 합니다.)가 인식론에 대해 지니는 우선성입니다.

'언어학적 전환'의 의미 : 인식론의 우선성에 대한 문제제기, 발화된 '명제' 속의 기능을 고찰하다

나는 이 '언어학적 전환'이 그 어떤 프랑스철학자의 가장 과감한 시도보다도 더 철저하고 더 겸손하다고 생각합니다. 철저하다고 말한 것은 프랑스철학자들이 감히 논하지 못한 근대철학의 핵심적인 교조(인식론의 우선성)에 문제제기를 했기 때문이고, 겸손하다고 말한 것은 이러한 방식이 우리를 일종의 '소크라테스적 상황'으로 데려다 주기 때문입니다. 다시 말해, 우리는 대화 상대에게 가장 우선적으로 "무엇을 말하려고 하는지"를 물어야 합니다.

두 번째 관점의 경우, 1960년대의 사람들은 이미 사고와 언어가 불가분의 관계에 있음을 인정하고 있었습니다.(물론 메를로퐁티는 이 점을 부인하겠지요. 그는 이 문제에서는 베르그송을 충실히 따르고 있습니다.) 그렇다면 내가 투겐트하트에게서 배운 것은 무엇일까요? 나는 상술한 관점이 철학에 분석적 방향을 위한 방법론을 제시해 주기에는 부족하다는 사실을 배웠습니다. 투겐트하트는 하이데거의 학생으로서 이 핵심적 문제를 제대로 파악하였습니다. 분석적 방법에 무관심한 철학자는 언어에 대해 논할 때 단어를 떠올리기 십상이지만, 분석의 대상은 당연히 명제입니다. 비트겐슈타인은 언어분석이 반드시 단어에서 출발해야 한다는 관점, 즉 언어는 근본적으로 우리 주위의 사물을 명명하는 단어들의 집합이라는 순진한 생각에 문제를 제기하였습니다. 언어분석 속에 단어를 고찰하고 그 의미를 따지는 것이 포함되기는 하지만, 이는 발화된 상황 속에서 그것을 고찰한다는 뜻입니다. 즉 단어가 명제(진술뿐만 아니라 문제제기, 가정, 명령을 포함하여) 속에서 발휘하는 기능을 고찰한다는 의미입니다.

문회 : 이후 모든 저작 속에서 상술한 두 가지 관점이 발견됩니다. 한편으로는 사회학적 문제에 대해서도 지속적인 관심을 보이셨습니다. 특히 『마음의 양식』(1995), 『의미의 체제』(1996), 『정체성의 혼란』(2013)에서 이러한 특징이 두드러집니다. 이 저서들은 이미 사회철학의 고전이 되었습니다. 이 문제에 대해서는 어떻게 생각하십니까?

> "총체적 인간에 대한 학과로서의 철학은 인문과학을 위해 무엇을 할 수 있을까"

데콩브 : 처음부터 사회학에 대해 관심이 많았습니다. 그래서 철학과 더불어 사회학의 학사학위도 이수했지요. 당시의 철학 과정은 인문학의 기초과정을 부분적으로 포함하고 있었고, 인문학과는 그들의 철학적 원류로부터 완전히 벗어나 있지는 않았습니다. 따라서 푸코가 후에 『말과 사물』에서 말했던 것과 같은, 모든 지식을 통일하자는 생각(모스는 아마도 "총체적 인간"에 대한 과학이라고 표현했을 것입니다.)들이 탄생했습니다. 이 통일된 과학은 철학적 기초를 필요로 합니다. 메를로퐁티는 소르본대학교의 한 커리큘럼(이 커리큘럼은 이미 『아동심리학과 교육학 : 1949~1952년 소르본대학교의 커리큘럼』이라는 제목으로 통합본이 출판되었습니다.)에서 경험현상학을 철학적 기초로 삼았습니다. 나 역시 어떤 의미에서는 메를로퐁티의 기획을 수용했지만, 그가 철학을 "의식에 대한 묘사"라고 정의한 것에 반해 나는 "행동에 관한 분석"으로 정의하였습니다. 이 작업은 일정 부분 비트겐슈타인과 아리스토텔레스(특히 안스콤의 『지향』에서 해석한)에서 소재를 차용했습니다.

당시, 낮에는 철학과 학생으로서 인문과학의 기초를 공부했고 밤에는 <사회주의 혹은 야만>이라는 이름의 모임에서 코넬리우스 카스토리아디스(Cornelius Castoriadis)와 함께 그가 쓰고 있던 역사이론에 관한 텍스트(후에 출판된 『사회의 상상 메커니즘』의 일부에 해당)를 읽었습니다. 그는 문화인류학을 제대로 이해한다면 마르크스와 『자본론』, 그리고 역사결정론이라는 관점 자체에 대한 우리의 판단을 철저하게 바로잡을 수 있을 것이라고 생각했습니다. 이는 "역사철학 속에서 무엇을 얻을 수 있는가?"라는 깊은 문제제기와 연결될 수 있습니다.

사회철학과 언어철학을 융합하여 『의미의 체제』를 저술

사회철학에 대한 나의 관심 역시 이러한 계기에서 출발합니다. 나는 당시 박사논문의 주제를 '사회학의 기원'에 관한 것으로 제출했습니다. 역사적 의미에서의 최초를 말하는 것이 아니라, 사회학이라는 생각이 출현한 바로 그 순간 즉 사회과학에 대한 필요성을 깨닫게 되는 바로 그 순간을 말하는 것이었습니다.

이러한 주제는 사회학을 떠올리는 그 자체로 이미 일종의 위협에 직면한 것이라는 역설로부터 구상된 것이었습니다. 이 역설은 사회학이라는 이 학과의 명칭에도 내포되어 있습니다. '사회'라는 단어는 법률에서 온 것으로 계약적 연합체를 지칭하지만, 사회학(진정한 사회학)은 사회연대에 대한 개체주의적 구상을 비판하기 위해 탄생된 것입니다. 즉 근대의 계약론적 사회 구상을 가리킵니다. 나는 논문을 통해 사회학과 내부에 구조적인 긴장과 갈등이 존재하며, 이 긴장과 갈등이 영향력 있는 여러 사회학 저작들 속에서 의미를 지니기도 하고 모순을 이루기도 한다는 점을 증명하고자 했습니다.

1977년 나는 현대 '경제' 관념의 탄생에 관해 논한 뒤몽의 『평등인』을 읽게 되었습니다. 뒤몽은 당시 인도 카스트제도 연구로 구조주의의 권위자가 되어 있었습니다. 막 출판된 『평등인』을 읽은 후, 나는 그가 다룬 내용이 바로 나의 박사논문 주제(게다가 만약 내가 다루었다면 그렇게 잘하지 못했을 것입니다.)임을 깨달았습니다. 물론 나의 작업은 인류학적 관점이 아닌 철학적 관점(개념분석의 관점)에 입각한 것이기는 했지만, 연구 주제의 중복을 피하기 위해 '사회철학'적 내용과 '언어철학'적 내용을 엮어 하나의 연구로 만들어야만 했습니다. 이는 방대한 작업을 필요로 하는 것이었지요. 이후 『의미의 체제』(1996)에 이르러서야 언어철학과 심리철학을 사회철학을 위해 사용할 능력이 어느 정도 갖추어졌다는 생각을 하게 되었습니다.

문회 : 그래도 선생님은 박사논문의 주제를 포기하지 않으셨지요. 오히려 이 구상은 『의미의 체제』 내에서, 일반적으로 말하면 선생님의 사회철학 전반에서 핵심적인 지위를 지닙니다. 이 문제에 대해서 좀 더 설명해 주시겠습니까?

데콩브 : 사회학을 위협하는 그 역설을 요약하는 개념이 있습니다. 바로
'집단개체'(individu collectif: 프랑스어)라는 개념입니다. 엄밀한 의미에서
보면, 사회학을 연구하는 사회학자는 진정한 사회를 연구하고 싶어
하지, 개체 간의 단순한 상호작용을 연구하고자 하지 않습니다. 이들은
사회라는 하나의 총체를 논하고자 하기 때문에 인간 집합체를 구체적
총체(totalité)로 봅니다. 그러면서도 이 사회학자들은 현대적 사상 또한
지니고 있기 때문에 일반적인 사람들과 같이 하나의 개인을 하나의
개체로 여기기도 합니다. 많은 측면에서 이러한 관점은 성립되지요.
사회라는 총체가 존재하고, 현대인들이 자신을 하나의 개체로 여긴다
면, 어떻게 이 두 관점을 조화시킬 수 있을까요? 사회계약을 포함한
정치철학적 방법은 일반의지(general will)를 지닌 집단주체를 탄생시켰
습니다. 이는 하나의 집단적 개체라고 볼 수 있습니다. 이들은 자신들이
원하는 것을 하나로 묶을 수 있는 공동의 의지 즉 일반의지를 지니고
있기 때문입니다. 이에 따르면 사회는 하나의 집단개체가 됩니다.
이는 일군의 개체들로 이루어진 또 하나의 개체입니다. 하지만 이
개념은 확실한 개념이라고 할 수 없습니다. 만약 복합체를 이루는
구성 부분 가운데 일부가 여전히 그 개체성을 유지하고 있다면, 그들이
구성하는 총체는 단지 하나의 집합물이거나 식별 가능한 다양한
원소들의 조합에 지나지 않을 것입니다. 시간 속에서 개체화될 수
있는 존재일 수 없습니다.

나는 집단개체 개념을 통해 뒤몽이 관심을 가지던 문제를 순수하게
철학적 관점에서 다루었습니다. 그는 철학자들이 총체 개념에 대해
거의 말하지 않는다고 수차례 언급한 바 있습니다. 그가 겨냥한 철학자
들은 바로 독일관념론 사상가였습니다. 그는 독일 관념론이 여전히

칸트가 건립한 기계적 총체와 유기적 총체 간의 대립(『판단력비판』 중) 속에 머물러 있음을 말하고자 했습니다. 하지만 사회적 총체는 기계적 총체도, 유기적 총체도 아닙니다. 따라서 우리는, 사회적 총체는 기계적 총체와는 달리 그 총체의 구성성분에 우선한다는 것을 증명할 수 있는 또 다른 형식 및 그 총체와 구성성분 간의 관계를 새롭게 상정할 필요가 있습니다.

정리하자면, 나는 철학자들에게 총체의 형식과 구성의 문제에서 개념을 명확히 밝혀 줄 것을 주문했던 뒤몽의 요청에 대응하고자 했습니다. 나는 분석철학이라는 수단을 통해 이 작업을 시도했지요.

문회 : 같은 방식으로 사회성 문제뿐만 아니라 주체 문제(『주체의 보어』), 행동 문제(『곰의 추리와 기타 실천철학에 관한 논문』), 정체성 문제(『정체성의 혼란』)에 관해서도 개념 정리를 진행하셨습니다. 어떤 문법(철학적 의미에서의)적 도구를 사용하여 이 문제들을 탐구하셨나요?

철학적 문법을 사용하여 '주체', '지식', '행동', '정체성' 등의 개념을 정리

데콩브 : 어떤 문법도구를 사용하였는가? 지금 이 질문은 비트겐슈타인 으로부터 어떤 영감을 얻었느냐는 질문이겠지요?

우선 한 가지 분명히 할 것은 철학자에게 속하는 문제를 결코 언어학자에게 전가하지 말아야 한다는 것입니다. 우리가 사용해야 하는 문법이란 철학적 문법입니다. 비트겐슈타인은 미학 강의에서 이렇게 설명한 적이 있습니다. '좋음'이라는 단어를 예로 들면, 일반적으로 사람들은 "무엇이 좋은 것인가? 무엇이 좋은 것에 좋음의 속성을 지니게 하는가?" 라는 물음을 던져야 한다고 생각합니다. 맞습니다. 그렇다면 이 문제에는 어떻게 답해야 할까요? 우리는 대개 좋은 스프, 좋은 행동, 좋은 책, 좋은 제안 등등의 구체적 사례를 고찰하지만, 그 속에서 '좋음'의 속성을 찾는 데까지는 이르지 못합니다. 비트겐슈타인은 철학 논술한 편을 마치 문법적 논술, 즉 문장성분에 관한 작품이라는 생각까지 들게 만듭니다.

이 '문장성분' 개념(partes orationis)은 라틴어 문법에서 온 것으로, 우리의 문장(우리의 담화를 구성하는) 속에 있는 명사, 동사, 형용사, 부사, 접속사 등을 가리킵니다. 그런데 비트겐슈타인은, 철학적 문법의 논술에 포함된 일부 장절들은 철학자들에게는 유용하지만 언어학자들에게는 알 필요도 없고 또 알 수도 없다고 했습니다. 예를 들면 인칭대명사(나, 너, 그, 그녀, 우리 등)에 관한 내용이 그렇습니다. 구체적으로 보면 1인칭과 3인칭의 차이 같은 문제를 들 수 있는데, 여기에는 3인칭에서 나타나는 재귀대명사의 두 가지 용법, 즉 간접인용 형식(존은 출발할 준비가 되었다. : John was ready to leave 'himself'.)과 직접인용 형식(존이 "나는 출발할 준비가 되었다"라고 말했다. : John said "I am ready to leave 'myself'.")도 포함될 수 있습니다. 이러한 인칭대명사에 관한 내용을 분석할 때면 철학자들은 인간 주체에 관해 지닌 우리의 개념들에 대해서도 깊이 생각해 보아아만 합니다.

언급한 기타 개념에 관해서는 그것들이 속한 '성분'의 내용에 포함시켜야 합니다. 예를 들어, 인간 행동에 관한 개념은 동사의 장절에 들어가야 합니다. 동사는 다음과 같은 특징을 지닙니다. 만약 우리가 어떤 동사를 사용하여 행위자들이 무엇을 하는지를 묘사하고자 한다면, 우리는 이 행위자에게 자신이 하고 있는 일에 대한 지식(누군가가 결혼을 할 때, 그는 분명 자신이 결혼한다는 것을 알 것입니다.)을 알려줄 수 있어야 합니다. 이는 일종의 지식이지만, 특수한 지식이며 일인칭적 지식입니다. 관찰자의 지식이 아니지요. 이 지식을 통해 행위자는 자기 의사를 지닌 상태에서 진행되고 있는 그 일을 알고 있습니다. 행위자는 바로 자신의 의사를 실행하기 있기 때문에 그것을 아는 것입니다. 정리하자면 이는 안스콤의 『지향』에서 '실천지식'이라고 부른 바로 그 지식입니다.

'정체성' 개념의 경우, 이것은 의문사 특히 '누구'(어떤 사람)에 관한 장절에 속하게 됩니다. 이 문제는 두 가지 방식으로 이해할 수 있습니다. 어떤 사람의 정체성에 관한 문제(이때 우리가 묻는 것은, 그의 이름은 무엇이며, 누구와 관계가 있는가? 등의 질문입니다.)와, 어떤 사람이 자신을 어떻게 바라보는지에 관한 문제, 즉 스스로 자신을 어떤 사람이라고 여기며 어떤 사람이 되고 싶다고 생각하는지에 관한 문제입니다. 첫 번째 함의에서의 '누구'는 '사람들 중의 어떤 사람'과 호환이 가능합니다. 하지만 두 번째에서는 불가능합니다.(만약 누군가가 "나는 나 자신이고 싶다"고 말할 때, "사람들 중의 어떤 사람이 되고 싶은가?"라고 되물을 수 없습니다.)

【중국철학 그리고 세계철학대회를 바라보다】

문회 : 제24차 세계철학대회가 현재 북경에서 열리고 있습니다. 이 대회의 취지는 철학이 세상을 향하게끔 하는 것입니다. 선생님의 사상은 자율, 행위, 사회적 연대, 개인과 집단의 정체성과 같은 사회참여적 문제와 관련이 있습니다. 이 기회를 빌려 철학과 세계와의 관계를 어떻게 생각하고 계시는지 여쭈어 보고 싶습니다.

철학은 세계에 대한 광범위한 인식, 개인 혹은 한 분야의 지성의 한계로부터 출현한 반성적 활동

데콩브 : 이 문제는 "현대세계에서 철학활동을 하는 것은 어떤 의미인가"라는 질문으로 이해해도 되겠지요?
"무엇이 철학이며, 무엇이 철학이 아닌가?"라는 문제는 "무엇이 과학인가?", "무엇이 종교인가?", "무엇이 정신수양인가?" 등의 문제와 마찬가지로 두세 마디의 말로 단순히 정의내릴 수 있는 것이 아닙니다. 하지만 나는 '철학'이라는 단어가 두 가지 측면의 의미로 이해될

수 있다고 생각합니다.

우선 철학은 '세계에 관한 광범위한 지식'으로 이해할 수 있는데, 이는 개인의 생각으로부터 나온 것입니다.(따라서 우리가 어떤 집단이나 문명에 개체성을 부여하여 '하나의 집단사고'로 보지 않는 이상, 그 집단이나 문명 자체의 철학을 논하는 것은 사실 매우 어렵습니다.)

다음으로, 철학이라는 단어는 일종의 반성적 활동을 지칭하는 것일 수도 있습니다. 철학의 도구는 바로 고대그리스 사상가들이 발명한 개념분석방법으로, 오늘날 이 방법에는 여전히 고대그리스의 명칭이 붙어 있습니다. '변증법'(dialectique), '분석'(analytique), '본질'(eidétique) 이 그것이지요. 이 반성적 활동은 근거 없이 아무렇게나 전개된 것이 아닙니다. 현대의 한계와 난관에 마주친 각 분야의 지성들이 그로부터 벗어나기 위해 사유한 것입니다. 이는 현대의 과학적 진보 속에서, 정치·법률·윤리 등의 문제에 대한 이해 속에서, 보다 보편적 의미에서는 우리 자신에 대한 이해 속에서 비롯된 것입니다. 그리스 철학자들은 위에서 언급한 방법론에 의거, 이를 세 가지로 분류했습니다. 논리적 문제, 물리적 문제, 윤리(정치를 포함하는 광의의 윤리)적 문제가 그것입니다. 이는 학과로서의 철학에 부여할 수 있는 가장 훌륭한 분류가 아닐까 생각합니다.

현대철학이 직면한 도전 : 개념 연구를 개척하고, 다른 문화와 통할 수 있는지 따져 물어야

상술한 '개념'에 대한 분석, 보다 정확하게 말하자면 '개념체계'(하나의 개념은 독립적으로 이해되거나 연구될 수 없기 때문입니다.)에 대한 분석은 우선 (불가피하게) 하나의 언어 혹은 문화적 범위 속에서 전개됩니다. 이러한 사실은 오늘날 이 시대의 철학자들에게 다시 한층 더 중요한 문제로 연결됩니다. 이제 철학자들은 어떻게 하면 철학적 분석을 보다 넓은 범위로 확장할 수 있을 것인가, 어떻게 하면 한 지성체계

내에서 보편적이고 필수적인 요소들과 부가적인 요소들을 구분해 낼 수 있을 것인가 하는 것을 고민하게 되었습니다.

필수적 요소란 개념을 정의하는 '원인', '행위', '수' 와 같은 요소들(이들은 많은 철학자들이 토론하는 핵심 개념입니다.)입니다. 요소의 정의가 바뀐다면 철학의 내용 자체가 바뀌게 되는 그러한 개념들이지요. 모든 사람들이 잘 알고 있는 철학사의 한 개념을 예로 들자면, 우리는 인과관계의 개념에 대해 다음과 같이 질문할 수 있습니다. 이를 단순히 "일련의 사건들의 법칙성"으로 정의할 수 있는가?, 만약 이러한 정의를 받아들인다면 우리는 이를 여전히 인과관계의 개념으로 사용할 수 있는가, 아니면 그것은 이미 인과적 의미를 상실하였는가? 등의 질문입니다. 혹자는 만약 철학활동이 이런 식으로 진행된다면 철학은 그저 상식을 지키는 것, 심지어는 특정 시기 특정 배경 하에서 상식을 지키는 것으로 단순화되어 버릴 수 있다고 말합니다. 하지만 사실 그렇지 않습니다. 철학적 문제는 '일상언어' 속에 있지 않기 때문입니다. 철학은 일상생활 속 언어에만 머물러 있을 수 없습니다. 자연과학, 역사학, 법 실천, 나아가 인과관계의 방식으로 표현될 수 있는 모든 부분들에서 우리는 우리의 개념이 요청하는 것에 대해 깊이 고찰해야 합니다. 우리는 이러한 지성세계 내부의 다양한 언어환경으로 인해 곤혹감을 느끼게 되고, 철학자들 사이에서도 다양한 논의가 발생하게 되는 것입니다.

그런데 이러한 철학적 분석은 하나의 개념으로부터 나온 어떤 것에 대한 분석으로, 이때의 개념은 한 문화의 고유한 지성체계가 제공하는 것이고 이때의 문화는 보편적인 것이 아니라 특수한 것입니다. 따라서 현대철학이 직면한 진정한 과제는 철학의 개념 연구를 확장시키는 것입니다. 우리가 사용하는 개념들 가운데 어떤 것들이 바꿀 수 있는 것이고 어떤 것들이 바꿀 수 없는 것인가 하는 문제도 계속해서 따져 보아야 하겠지만, 자기 문화 속의 개념만을 탐구하는 것도 결코 바람직하지 않습니다. 우리의 개념이 타 문화에서도 사용될 수 있는지, 나아가 우리의 개념 정의가 모든 문화 속에서 성립될 수 있는지를 계속해서 탐구할 필요가 있습니다. 다시 말해, 우리의 철학적 작업은 인류학자들 및 역사학자들의 작업과 합쳐져야 합니다. 역사학자들의 경우, 그들의 작업은 곧 한 시대의 사상전통을 다른 시대의 사상전통으로 번역하는 일이라 할 수 있습니다.

비교인류학은 두 종류의 '보편주의'를 제시, 후자는 '유아론'을 뛰어넘어 모든 지성체계에 도달하고자 하는 것

마르셀 모스를 창시자로 하는 비교인류학 전통은 우리에게 두 종류의 보편주의를 구분할 것을 가르쳐 주었습니다.

일차적 보편주의는 다음과 같은 사상가들의 태도를 말합니다. 즉, 이들은 자신에 대한 단순한 성찰을 통해 지성체계가 요구하는 모든 보편적인 개념 요소들을 도출해 낼 수 있다고 생각합니다. 이러한 태도는 누구나 쉽게 이해할 수 있는 것으로, 어쩌면 우리에게는 가장 자연스러운 사고방식이겠지요. 만약 누군가의 생각이 옳다면 그 사람은 같은 문제에 대해서는 다른 사람들 역시 자신의 생각과 같아야 한다고 생각할 것입니다. 어떤 사상가들은 이러한 이유로 자신은 타인이 속한 모든 세계를 이해할 수 있다고 믿었습니다. 이를 위해 그들은 단지 편견과 선입견 앞에서 비판정신을 유지하기만 하면 되었습니다.

그러나 이러한 일차적 보편주의, 즉 계몽적 보편주의(18세기적 의미의)는 현대사회에 적용되기에는 부족합니다. 오늘날에는 이와 완전히 상반된 태도가 주도적인 위치를 점하고 있습니다. 바로 보편적 상대주의입니다. 이러한 태도를 지닌 사람들은 인간의 문화가 서로 소통할 수 없는 이상 문화적 유아론唯我論에 만족하며 살아갈 수밖에 없다고 주장합니다. 이차적 보편주의는 상대주의와는 대립됩니다. 이들은 번역이라는 작업을 통해 개념요소에 관한 철학적 연구를 건립하고자 합니다. 서로 다른 언어 간에는 번역이 존재합니다. 이는 엄연한 사실이며, 우리는 이를 평가할 수 있습니다. 하지만 또 다른 분명한 사실은, 그 어떠한 번역도 완벽할 수 없다는 것입니다. 물론 어떤 번역이 다른 것보다 더 나을 수는 있겠지요. 번역은 언제나 실현 가능한 것(따라서 유아론은 일종의 가상일 뿐입니다.)이지만, 노력을 기울이지 않는다면 실현될 수 없고 개선될 수 없습니다. 번역은 설명과 해석의 작업이면서 동시에 발명의 작업이기도 합니다. 즉 더 보편적인 사상형식에 대한 발명입니다. 번역이 발명일 수 있는 것은 하나의 언어(문화)에서 다른 하나의 언어로 넘어가는 과정에서 반드시 존재하는 변화를 묘사하기 때문입니다. 이렇게 함으로써 우리는 모든 지성체계에 적용되는 필수요소에 도달할 희망을 얻게 됩니다.

문회 : 제24차 세계철학대회의 주제는 "학이성인"입니다. 이는 유가의 준칙이지만 이번 회의에 참가한 서양 학자들의 강렬한 반향을 불러일으켰습니다. 이 속에는 휴머니즘 전통의 숨결이 그대로 드러나고 있기 때문입니다. 방금 말씀하신 바에 따르면, 이 "학이성인"의 과정 속에는 인간이 되는 '성인成人' 외의 다른 방식이 존재할 수 있습니다. 선생님의 저작 『인간성 훈련』(*Exercices d'humanité*)의 이름을 빌린다면, 이 역시 일종의 '인간성 훈련'이라고 할 수 있겠습니다.

학이성인 : 일종의 인간성 훈련, 철학가는 이 과정 속에서 다원문화에 대한 이해로 나아가야 해

데콩브 : 그렇습니다. 어떤 철학자는 '이차적 보편주의'로 향하는 과정 속에서 "학이성인"을 달성할 수도 있을 것입니다.

문회 : '철저한 비교'의 작업에 관해 토론을 나누어 보았으니, 이제 선생님이 중국사상을 어떻게 이해하고 어떤 기대를 가지고 계신지를 듣고 싶습니다.

중국 학자는 세계와 소통할 수 있는 언어로 자신들의 철학을 말해야

데콩브 : 중국의 사상과 문명에 관한 철학적 연구에 직접 참여하려면 반드시 중국의 언어를 읽고 말할 수 있어야 하며, 이를 통해 중국의 고전 텍스트(원문)와 그 실천적 자료들을 직접 연구할 수 있어야 합니다. 하지만 사람들은 자신이 읽을 수 있는 언어로 된 자료에 만족할 수밖에 없지요. 따라서 중국의 지식인들(철학자, 작가, 사학자 등)이 스스로를 어떻게 이해하고 있는지를 알려주되 서로 공유할 수 있는 용어를 사용하여 전달해 주었으면 합니다. 이러한 용어는 공동의 노력을 통해 만들어 나가야 하겠지요.

글 ‖ 사정謝晶(연합인터뷰팀)

후기

2017년 말부터 구상을 시작한 "세계 철학자 24인의 인터뷰", 지금에 와서야 느긋한 마음으로 당시를 돌아보지만 그때만 해도 하루하루가 마치 영화의 한 장면을 떠올리게 하는 극적인 긴장의 연속이었다.

상상력을 필요로 하다

제24회 세계철학대회의 개최가 점점 가까워지고 있었다.[1] 먼 길을 나섰던 이웃이 귀가를 앞두고 있는 상황이라고 할까, 어찌된 일인지 전혀 낯선 느낌이 들지 않았다. 때는 2012년 11월, 두유명 선생이 처음으로 '문회강당'을 찾아 "인仁의 반성 : 2018년을 향해 가는 유가철학"이라는 주제로 강연을 진행할 당시부터 이미 2018년 세계철학대회 개최를 위한 포석이 자리하고 있었을지도 모른다. 2013년 8월, 그리스 아테네에서 두유명 선생을 필두로 하는 중국 학자들이 차기 세계철학대회를 유치하는 데 성공했다. 나 또한 당시 상황에 촉각을 곤두세우고 시시각각으로 전해지는 긴장과 환희를 보도한 바 있다. 2015년 11월에는 국제철학원 (IIP)의 회원 연례회의가 중국에서는 최초로 북경대학교에서 개최되었다. 물론 나 역시도 "인간의 차원"이라는 주제로 개최된 이 회의를 취재하기 위해 참가하였다. 2017년 8월에는 마찬가지로 북경대학교에서

---

1) 역자 주 — 글이 작성된 시기는 세계철학대회 이전으로, 이 인터뷰는 철학대회 기간 중 차례차례 발표하는 것을 목표로 기획되었다.

<제24회 세계철학대회 D-365 기념 발대식>이 개최되었다. 나는 집에서 영상중계를 통해 이 행사를 관람하였는데, 그날 이후 <중국철학자공동체>라는 막연한 아이디어 하나가 뇌리를 맴돌기 시작했다. 상해에서 시작해 현재는 전국 단위의 매체로서 전 세계를 시야에 아우르는 우리 『문회보』가 할 수 있는 일은 과연 무엇일까? 헌정! 순간 이 한마디가 불쑥 떠올랐다.

　일의 성사에는 항상 누군가 앞장서서 일을 진행하는 사람이 있게 마련이다. 마치 두유명 선생이 그랬듯이 말이다. 하버드에서 북경대학교를 거쳐 오면서 그는 잠시도 쉬지 않고 유학儒學을 세계로 내보내고 세계의 유학을 다시 국내로 들여오게 하는 데 힘썼다. 그의 노력 덕분으로 중국의 학계는 사시사철 무성히 꽃을 피워 향기가 그칠 줄을 몰랐다. 한편 북경대학교 측도 빼놓을 수 없다. 이 거대한 프로젝트의 담당 기구로서 다차원적으로 발생되는 문제를 수용하고 해결한 공로는 간과할 수 없는 것이다. 그렇다면 '상해학파'의 근거지인 우리 상해는 학술계를 위해 무엇을 할 수 있을까? 이러한 고민이 더해져 2017년 말 화동사범대학교에서 열린 한 학술모임에서 나는 동년배인 화동사범대학교의 유양검劉梁劍, 복단대학교의 재청화才清華 선생과 함께 먼저 이 기획을 제안했고, 손향신孫向晨 원장, 욱진화郁振華 교수, 진입신陳立新 주임 등에게 이를 알리는 동시에 문회보 사에도 이 안건을 보고했다. 그러니 이 인터뷰 기획은

문회보–복단대학교–화동사범대학교가 손을 잡고 진행한, 제24회 세계철학대회를 향한 '헌정'이라 보아도 되지 않을까?

욱진화 교수는 제24회 세계철학대회에 대한 헌정이니만큼 인터뷰 대상자 또한 24명으로 정하는 것이 어떻겠느냐고 제의했다. 막연했던 하나의 상상력이 진전에 진전을 거듭해 현실로 실현되는 순간이었다.

투철한 협동정신을 필요로 하다

오늘날의 세계에서 오로지 한 사람의 힘만으로 어떤 일을 성사해 내는 것은 기적과도 같다. 하지만 두 사람만 있어도 새로운 의견이 생겨나고, 세 사람이 모이면 다원화가 가능해지는 법. 우리가 함께 올라탄 이 작은 '운명공동체' 한 척은 각기 다른 사공들의 의견을 동력으로 삼아서 때로는 제자리에서 회전하고 때로는 앞을 향해 나아가며 공동의 목표에 도달하기 위해 끊임없이 노력했다.

2018년 1월 22일, 살을 에는 추위가 몰아친 날로 기억한다. 나는 복단대학교와 화동사범대학교, 두 학교에서 제시한 인원선발제안서를 들고 북경대를 찾아 사지곤謝地坤, 유철劉哲, 정낙송程樂松 선생 등과 함께 구체적인 인선에 관해 논의했다. 이번 세계철학대회(WCP)의 두 주관단체인 국제철학연맹과 북경대학교 산하 집행위원회를 대표하는 이들이었다. 일주일 뒤 상해로 돌아와서 두 학교에서 재차 회의를 열어 이에 관한 토론을 이어갔다. 서로 관점과 입장이 달랐기에 의견이 다를 수밖에 없었다. 때로는 상충되는 지점도 있었지만 끊임없이 서로 소통한 끝에 결국 최대한 의견을 모은 24인의 명단과 예비명단을 완성시킬 수 있었다. 조직위원회에서 희망했던 다원화 및 새로운 분야에 대한 배려라는 요구를 담아내었고, 세계 주류 학자들에 대한 인터뷰를 바라는 학자들의 희망도 충분히 수용하였다.

　이후 인터뷰를 진행하는 과정에서 등장할 여러 가지 상이한 의견들에 대해서는 최소한 한 가지 원칙만은 확실히 하기로 했다. 바로 소통과 설득을 통해 합의에 도달한다는 것이었다. 우리는 상대방의 의견에 귀 기울여 장점을 받아들이면서 매번 원만한 타협을 이끌어 낼 수 있었다.

무자비한 추진력, 그 이상을 필요로 하다

　2018년 설날 전, 나와 유양검, 재청화 선생은 기획팀을 이루어 각자 맡을 일을 분담하고 매우 세밀한 단위의 진도표를 작성하였다. 그런데 처음 예상과는 달리, 세계철학대회의 공식조직위원회가 전반적인 지휘를 맡아 주었음에도 불구하고 회의 참가를 신청한 철학자들 가운데 다수가 우리의 요청에 응답해 주지 않았다. 그에 반해 인터뷰어를 모으는 과정에서 젊은 박사과정생들의 참여도는 이미 기존 학자들을 상회하고 있었다. 이에 우리는 중대한 문제에 직면할 수밖에 없었다. "친분도 없고 열성적으로 참여하지도 않는 이 학자들과 어떻게 연락을 할 것인가?"

우리 '운명공동체'는 다시 원점을 맴돌기 시작했다. 인터뷰가 진행되던 3월부터 7월까지, 진행 현황을 기록해 둔 상황표는 한시도 내 곁을 떠난 적이 없었다. 매일 잠자리에 들기 전과 잠에서 깬 후에 한 번씩은 꼭 표를 보며 상황을 점검하다 보니, 나중에는 종이가 너덜너덜해져서 글을 알아볼 수 없을 지경이었다. 진행 상황을 공유하는 단체채팅방에서도 누군가와 새롭게 연락이 닿았다는 소식이 들리면 함께 기뻐하며 서로를 격려하곤 했다. 연락이 닿지 않는 학자들의 수가 열 명 남짓한 수에서 여덟, 일곱으로 점차 줄어들었다. 어떤 이들에게는 부단한 기다림이 통했고, 어떤 이들은 정중한 독촉이 주효했다. 때로는 외부의 도움을 통한 공략이 필요하기도 했다.

한 명의 기자로서 나는 이름과 성만 제대로 안다면 연락할 수 없는 사람이 세상에 없다고 믿어 의심치 않았다. 물론 세계 각지로 파견되어 나가 있던 문회보 특파원들의 역할도 빼놓을 수 없다. 러시아, 나이지리아, 이란, 인도, 브라질 등지에서 이들은 우리를 도와 인터뷰 대상자들에게 연락을 취해 주었다. 나는 당시 철학자들과 연락을 취할 때 중국어로 된 서신을 첨부했었는데, 5월 말경부터 인터뷰를 진행했던 나이지리아

오케르 신부에게는 "선생님의 연락을 기다리는 것이 마치 성탄절 선물을 기다리는 것 같네요. 6월 1일 '세계 아동의 날'을 맞아 이 선물에 도착한다면 얼마나 좋을까요"라는 서신을 보내기도 했다. 결국 얼마 지나지 않아 그의 연락을 받을 수 있었다. 중국의 여러 학자들 역시 일이 성사되는 데 도움을 보탰다. 요신중姚新中, 고선양高宣揚 같은 학자들은 적극적으로 우리의 기획을 지원해 주었다. 이들 덕분에 연락이 닿지 않아 생긴 문제들을 해결할 수 있었다. 그 과정에서 두 명의 명단을 교체하는 일도 있었다.

　마지막으로 반드시 언급하고 가야 할 것은, 최종적으로 완성된 철학자 25인의 인터뷰 원고들은 모두 인터뷰팀 전체의 협력이 아니었다면 결코 이루어낼 수 없었을 것이라는 사실이다. 계속되는 인터뷰, 번역, 감수의 작업 속에서 우리는 반복되는 갖가지 절차적 문제에 직면하곤 했다. 이 과정 속에서 우리의 인터뷰팀은 34명으로까지 확대되었으며, 중국어, 영어는 물론이고 러시아어, 프랑스어, 독일어까지 다루어야 했다. 하지만 우여곡절 끝에 무사히 작업이 진척되어, 온라인 발표를 며칠 앞둔 어느 날 버틀러 교수의 회신을 끝으로 모든 원고를 완성할 수 있었다. 정말이지, 그저 천지신명에게 감사할 따름이다. 작업이 진행되는 동안 각자의 개성과 습관과 템포의 차이를 조율하기 위해 팀원들 모두가 기꺼이 나의 '무자비한' 지시에 따라 주었고, 나 역시 하루에

서너 시간 밖에 잠을 자지 못한 채 미뤄지는 원고의 '무자비함'을 견디며 편집 작업을 했다. 지금에 와서 돌아보자니, 참으로 스릴 넘치면서도 화기애애한 순간이 아니었나 싶다.

다차원적 공명과 울림을 필요로 하다

철학이라는 이 고차원적 두뇌활동은 21세기에 들어 기존의 단순했던 작업 방식과는 다른 보다 다차원적인 공명을 필요로 하게 되었다. 우선은 매체를 통한 전파라는 공명을 빼놓을 수 없다. 우리는 인터뷰를 통해, 강좌를 통해, 지면을 통해 다양한 방식으로 사람들에게 이 기획을 전달하고자 했다. 융합매체의 시대, 우리는 새로운 매체를 적극적으로 이용하여 이를 알렸는데, 대략 50만에 육박하는 인원이 직간접적으로 이 기획을 접한 것으로 여겨진다. 그 노력의 결과로 세계철학대회에 참여한 대부분의 학자들이 우리의 기사를 접하고 향유할 수 있었다. 마지막에는 홍보에 도움을 준 사람들 20명을 선발하여 "I Love WCP"라는 이름의 상을 수여했는데, 이들에게는 평소 흠모하던 철학자들에게 직접 질문할 수 있는 기회가 주어졌다. 문회강당이 개최되는 현장에서는 더욱 많은 대면의 장이 마련되어, 많은 사람들이 자신의 철학적 영감을 고취시킬 기회를 가질 수 있었다. 반면 정태적 문자로 표현되는 책은 일종의 기념이면서도 다시금 사고할 수 있는 공간을 제공해 주는 것이기도 하다. 이 자리를 빌려 인민출판사의 노고에 대해서도 감사드린다.

또 하나의 공명은 철학자들과의 만남을 통해 이루어졌다. 사전 인터뷰의 경우, 시간과 공간의 제약으로 인해 절반 정도는 이메일 인터뷰를 진행해야만 했는데, 대략 60% 정도는 전공의 측면에서 서로 밀접한 관계에 있었기 때문에 서면이라는 공간이 적확한 표현에 오히려 도움이 되었던 것도 사실이다. 하지만 세계철학대회 현장에서의 대면은 더욱 깊은 소통을 가능케 했다. 어떤 학자들은 짧은 만남 속에서 새로운 학술 협력이라는 성과를 얻어 내기도 했다.

이제 30만 자에 달하는 그간의 노력이 출판이라는 결실을 앞두고 있다. 인터뷰를 진행하던 순간을 돌이켜 보자니 좀처럼 실감이 나지 않는다. 좌절의 순간에 했던 다짐들, 타인의 도움을 받았을 때의 따뜻함, 65일간 이어진 야근의 흥분감, 철학자들의 다양한 통찰력을 접했을 때의 감동, 서로 다른 의견을 설득시켜 왔던 지혜, 발간 후에 있을 호평이나 유감의 말 등, 이 모든 것들이 최후에는 우리가 걸어가는 "학이성인"의 길에 스스로 빛나는 하나의 광경으로 남게 될 것이다. 우리의 주체성과 상호주체성 역시 중국철학이 걸어갈 길고 긴 여정 속에서 서로를 감화시키고 감동시켜서 함께 손잡고 나아갈 수 있게 만들어 주는 원동력이 될 것이다.

마지막으로, 이번 기획에 대한 『문회보』사의 헌신적인 지원에 감사드리고 복단대학교 철학원, 화동사범대학교 철학과의 과감한 결정에도 감사드린다. 이들 지도부의 혜안과 글로벌한 시각은 이번 기획을 통해 국내외 학자들의 진심어린 찬사를 받았다. 그야말로 상해학파의 풍격을 천하에 널리 드러낸 것이다. 만약 새로운 기회가 다시 한 번 주어진다면 좀 더 발전된 모습으로 지금보다 더 나은 결과를 만들어 낼 수 있지 않을까 기대해 본다.

글∥이념李念(『문회보』 기자, 문회강당 담당자, 연합인터뷰 주최인)